Stefan Abels

Whistleblowing im Spannungsverhältnis von Geheimnis- und Hinweisgeberschutz

Schriften zum Straf-,
Strafprozess- und Strafvollzugsrecht

Band 17

LIT

Stefan Abels

Whistleblowing im Spannungsverhältnis von Geheimnis- und Hinweisgeberschutz

LIT

∞

Gedruckt auf alterungsbeständigem Werkdruckpapier entsprechend
ANSI Z3948 DIN ISO 9706

Bibliografische Information der Deutschen Nationalbibliothek
Die Deutsche Nationalbibliothek verzeichnet diese Publikation in der Deutschen Nationalbibliografie; detaillierte bibliografische Daten sind im Internet über https://dnb.dnb.de abrufbar.

ISBN 978-3-643-15623-5 (br.)
ISBN 978-3-643-35623-9 (PDF)
Zugl.: Köln, Univ., Diss., 2024

Verlagskontakt:
Fresnostr. 2 D-48159 Münster
Tel. +49 (0) 2 51-62 03 20
E-Mail: lit@lit-verlag.de https://www.lit-verlag.de

Auslieferung:
Deutschland: LIT Verlag, Fresnostr. 2, D-48159 Münster
Tel. +49 (0) 2 51-620 32 22, E-Mail: vertrieb@lit-verlag.de

Vorwort

Die vorliegende Arbeit beleuchtet die Strafbarkeitsrisiken für Whistleblower unter besonderer Berücksichtigung der Einflüsse des GeschGehG und des HinSchG. Sie wurde von der Rechtswissenschaftlichen Fakultät der Universität zu Köln im Sommersemester 2024 als Dissertation angenommen. Die mündliche Prüfung fand am 21.06.2024 statt.

Mein besonderer Dank gilt meinem Doktorvater, Herrn Prof. Dr. Dr. h.c. Martin Waßmer, der die Befassung mit der hochinteressanten Thematik des Whistleblowings angeregt hat und während der gesamten Dauer meiner Promotion jederzeit zu einem konstruktiven fachlichen Austausch zur Verfügung stand und so maßgeblich zum Gelingen dieser Arbeit beitrug. Zudem bedanke ich mich bei Frau Dr. habil. Eva Kiel für die freundliche und zügige Übernahme der Zweitkorrektur.

Zudem gebührt meinen Freunden großer Dank, die mir während meiner Promotion stets zur Seite standen und ganz wesentlich dazu beitrugen, dass ich mich an diese Zeit gerne zurückerinnere.

Von ganzem Herzen danke ich meiner Familie, die mir seit jeher eine unschätzbar große Stütze ist und ohne die diese Arbeit nicht möglich gewesen wäre.

Köln, im August 2024 Stefan Abels

Inhalt

Einleitung

I. Einführung in die Thematik

Das Strafrecht ist das schärfste Schwert des Staates. Es gelangt erst dann zur Anwendung, wenn andere staatliche Reaktionen ausscheiden. Theorien einer legitimatorischen Begrenzung des Strafrechts besagen etwa, dass strafrechtliche Sanktionierung nur dann in Betracht kommt, wenn eine Strafnorm den Schutz eines Rechtsguts bewirkt.[1] Nach Ansicht des BVerfG[2] darf ein Verhalten nur dann im Wege des Strafrechts geahndet werden, wenn es in besonderer Weise sozialschädlich und für das geordnete Zusammenleben unerträglich ist. Seine Verhinderung müsse besonders dringlich sein. Wird sich nun das Verhalten eines Whistleblowers[3] vor Augen geführt, kann die Dringlichkeit einer strafrechtlichen Sanktionierung hinterfragt werden. Denn Whistleblower informieren durch ihre Offenbarungen regelmäßig über illegale oder unmoralische Verhaltensweisen, die ohne ihr Handeln vielleicht für immer verborgen geblieben wären. Der wohl bekannteste Whistleblower, Edward Snowden, förderte umstrittene Geheimdienstpraktiken der NSA ans Tageslicht und stieß dadurch einen noch nie dagewesenen Diskurs über staatliche

---

[1] Insbesondere *Roxin/Greco*, Strafrecht AT Bd. 1, § 2 Rn. 12; *Schünemann*, in: Hefendehl/Hirsch/Wohlers, Die Rechtsgutstheorie, S. 133; *Steinberg*, in: FS Rüping, 91, 99.

[2] BVerfGE 120, 224, 239; 88, 203, 258.

[3] Obwohl im Folgenden aus Gründen der besseren Lesbarkeit die maskuline Form gewählt wurde, beziehen sich die Aussagen selbstverständlich auf alle Geschlechter.

Überwachungspraktiken an. Der Whistleblower Pav Gill, der aufgrund seiner Tätigkeit in der Rechtsabteilung von Wirecard in Singapur illegale Machenschaften bereits früh feststellte und der Financial Times meldete, trug zur Aufdeckung des größten Wirtschaftsskandals der deutschen Nachkriegsgeschichte bei. Die ehemalige Altenpflegerin Brigitte Heinisch, die im Rahmen ihrer Tätigkeit eklatante Pflegemissstände vorfand, machte auf diese im Rahmen einer Strafanzeige aufmerksam und förderte den Diskurs über menschenwürdige Pflegebedingungen in Deutschland. Whistleblowing ist – das zeigen bereits die angeführten Einzelfälle – ein wichtiges Instrument zur Aufdeckung strafbaren Verhaltens und zur Förderung des politischen Meinungsbildungsprozesses.

Dennoch existieren zahlreiche Vorschriften, die Whistleblower dem Risiko der Strafbarkeit aussetzen. Denn den berechtigten Interessen von Whistleblowern stehen gleichsam private und staatliche Geheimhaltungsinteressen gegenüber, die strafrechtlich abgesichert sind. So wird der Verrat von geheimen Unternehmensinformationen durch spezialgesetzliche Vorschriften geschützt. Hierzu zählt insbesondere das 2019 als Reaktion auf die EU-Geschäftsgeheimnis-Richtlinie (im Folgenden: Geschäftsgeheimnis-RL) erlassene GeschGehG, das die Verletzung von Geschäftsgeheimnissen in § 23 GeschGehG strafrechtlich sanktioniert. Geheime Informationen von Unternehmen sind mitunter ein entscheidender Faktor für einen funktionierenden Wettbewerb und können einen erheblichen Wettbewerbsvorteil bedeuten.[4] Unternehmen haben daher ein großes wirtschaftliches Interesse an deren Geheimhaltung. Dasselbe gilt für

---

[4] Vgl. hierzu Erwägungsgrund 1 Geschäftsgeheimnis-RL, S. 1.

die Offenbarung von vermeintlichem Fehlverhalten einer Organisation. Dadurch können für das betroffene Unternehmen irreparable Reputationsschäden entstehen, die selbst bei Haltlosigkeit der Vorwürfe kaum rückgängig zu machen sind.

Der Gesetzgeber hat bei dem Erlass von Regelungen, die den Geheimnisschutz betreffen, einen schwierigen Balanceakt zu vollziehen. Den legitimen Geheimhaltungsinteressen von Unternehmen sowie staatlichen Einrichtungen stehen die berechtigten Interessen der hinweisgebenden Person gegenüber. Während Geheimhaltungsvorschriften bereits seit langer Zeit Gegenstand gesetzlicher Regelungen sind, bestanden Offenbarungsrechte von Whistleblowern nur in eng begrenzten Bereichen und unterlagen strengen Voraussetzungen.[5] Mittlerweile nimmt die Regelungsdichte zum Schutz von Whistleblowing-Aktivitäten zu. In der Geschäftsgeheimnis-RL wurden die berechtigten Interessen von Whistleblowern und ein möglicher Konflikt mit den dortigen Geheimhaltungsvorschriften mitbedacht, und mit Art. 5 lit. b) Geschäftsgeheimnis-RL wurde ein Ausschlussgrund zugunsten von Whistleblowern statuiert.[6] Darüber hinaus sollen berechtigte Interessen hinweisgebender Personen durch das auf die EU-Whistleblower-Richtlinie (im Folgenden: Whistleblower-RL) zurückgehende HinSchG weiter gestärkt werden.

---

[5] Vgl. etwa das Beschwerderecht des Arbeitnehmers nach § 17 Abs. 2 ArbSchG wegen der Verletzung von Arbeitsschutzvorschriften, dazu unter Kap. 4 I. 7 a) bb).
[6] Erwägungsgrund 20 Geschäftsgeheimnis-RL, S. 4.

II. Gang und Zielsetzung der Untersuchungen

Die Untersuchung der Strafbarkeit von Whistleblowing erfordert im ersten Teil einige Vorarbeit. Neben der Klärung der Frage, was überhaupt unter dem Phänomen des Whistleblowings zu verstehen ist, bedarf es einer genauen Darstellung der widerstreitenden Interessen. Besondere Bedeutung wird einer verfassungsrechtlichen Überprüfung zukommen, die den Weg für die Frage ebnen wird, unter welchen Voraussetzungen Whistleblowing überhaupt strafbar sein darf und inwiefern es durch einen Ausschluss- bzw. Rechtfertigungsgrund vor Strafbarkeit zu schützen ist. Vor der Untersuchung der einzelnen möglichen Straftatbestände wird daher das Spannungsverhältnis zwischen Whistleblowing und Geheimnisschutz anhand der wechselseitig zu berücksichtigenden Grundrechte näher untersucht. Ein Hauptaugenmerk der vorab zu untersuchenden Rechtsgrundlagen liegt auf der Whistleblower-RL sowie dem nationalen HinSchG, denen als möglicherweise entscheidende Regelungsgrundlagen für ein erlaubtes Whistleblowing das dritte Kapitel gewidmet ist.

Sodann kann eine der wesentlichen Zielsetzungen der zugrunde liegenden Bearbeitung – namentlich die Beurteilung der Strafbarkeitsrisiken für Whistleblower de lege lata – angegangen werden. Diese wird im Lichte der zuvor gewonnenen Erkenntnisse erfolgen. Im Zentrum der strafrechtlichen Prüfung steht zunächst das auf die Geschäftsgeheimnis-RL zurückgehende GeschGehG, das mit § 23 GeschGehG eine weitreichende Strafnorm für den Verrat von Betriebs- und Geschäftsgeheimnissen privatrechtlicher Organisationen beinhaltet. Dort werden sodann insbesondere solche Rechtsfragen diskutiert, die für die Strafbarkeitsrisiken von Whistleblowern wesentlich sind. Exemplarisch ist insofern die in der Literatur viel diskutierte und für das Whistleblowing äußerst bedeutsame Fragestellung, ob illegale Geheimnisse überhaupt tatbestandlichen Schutz erfahren oder ob diese aus dem Schutzumfang von Geheimhaltungsvorschriften auszunehmen sind. Würden diese nämlich nicht geschützt, wäre ein beträchtlicher Teil des Whistleblowings keinem erhöhten Strafbarkeitsrisiko ausgesetzt. Besondere Relevanz wird anschließend den Ausschluss- und Rechtfertigungsgründen zukommen. Der Gesetzgeber hat mit dem Ausschlussgrund von § 5 Nr. 2 GeschGehG und dem HinSchG Regelungen geschaffen, die das Strafbarkeitsrisiko für Whistleblower auf ein Maß herabsenken könnten, das den widerstreitenden Interessen gerecht wird.

Im Anschluss an die Darstellung des de lege lata bestehenden Strafbarkeitsrisikos wird ein Resümee gezogen, das die Frage beantworten soll, ob die bestehenden Strafbarkeitsrisiken angemessen sind. Besonderes Augenmerk wird in den Schlussbetrachtungen auf den Neuregelungen des HinSchG liegen. In diesem Zusammenhang wird die Frage beantwortet, ob ein hinreichender Schutz von Whistleblowern vor Sanktionierung gegeben ist oder ob weiterer Optimierungsbedarf besteht.

Kapitel 1: Grundlagen des Whistleblowings – Begriffsklärung, Funktionen und rechtliche Grundlagen

I. Zum Begriff des Whistleblowings als Untersuchungsgrundlage

Um die potenzielle Strafbarkeit des Whistleblowings zu untersuchen, muss zunächst geklärt werden, welches Verhalten als Whistleblowing anzusehen ist. Ohne eine treffende Begriffsbestimmung kann eine Subsumtion unter die im weiteren Verlauf der Arbeit zu untersuchenden Tatbestände – zu denen sowohl die Straftatbestände als auch mögliche Ausschlussnormen zählen – nicht erfolgen. Das Konzept der vorzunehmenden Begriffsbestimmung wird in einem ersten Schritt die Herkunft und Entwicklung des Begriffs „Whistleblowing" analysieren, um auf dieser Grundlage möglicherweise erste Rückschlüsse für das zu untersuchende Verhalten zu ziehen. Im nächsten Schritt werden die gängigsten Definitionen des Whistleblowings dargestellt, wobei diese auf ihre Gemeinsamkeiten und Unterschiede geprüft werden. Im Anschluss können Definitionsmerkmale auf Basis der bereits gewonnenen Erkenntnisse für eine tragfähige Arbeitsgrundlage entwickelt werden.

1. Ansätze zur Übersetzung unter Berücksichtigung von Herkunft und Entwicklung des Begriffs „Whistleblowing“

Die tatsächliche Herkunft des Begriffs „Whistleblowing“ ist nicht endgültig geklärt. In zahlreichen Publikationen wird das Wort auf die englischsprachige Wendung *„to blow the whistle“* zurückgeführt.[7] Aber auch über deren Ursprung gibt es keine gesicherten Angaben.[8] Am verbreitetsten ist wohl die Annahme, der Begriff des Whistleblowings sei auf das Pfeifen einer Trillerpfeife zwecks Warnung vor einer Gefahrensituation durch einen englischen Polizisten zurückzuführen.[9] Andere assoziieren mit dem Terminus *„to blow the whistle“* das Pfeifen eines Schiedsrichters beim Sport.[10] Gemein haben diese möglichen Ursprungsformen jedenfalls, dass ein Pfiff erfolgt, um die betroffenen Akteure (Zivilisten bzw. Sportler) dazu zu bewegen, die geltenden Regeln einzuhalten. Dieser Gedanke kann

---

[7] *Aust*, Der Schutz personenbezogener Daten, S. 27; *Düsel*, Gespaltene Loyalität, S. 26; *Fahrig*, Verhaltenskodex, S. 28; *Gerdemann*, Transatlantic Whistleblowing, S. 4; *Korte*, Die Information des Aufsichtsrats durch die Mitarbeiter, S. 121; *Redder*, Der verfassungsrechtliche Schutz von Whistleblowern, S. 26; *Reufels/Deviard*, in: CCZ 2009, 201; *Reuling*, Whistleblowing im Krankenhaus, S. 30.

[8] *Aust*, Der Schutz personenbezogener Daten, S. 28; *Miceli/Near*, Blowing the Whistle, S. 15; *Redder*, Der verfassungsrechtliche Schutz von Whistleblowern, S. 26.

[9] *Briegel*, Einrichtung und Ausgestaltung unternehmensinterner Whistleblowing-Systeme, S. 14; *Düsel*, Gespaltene Loyalität, S. 26; *Engländer/Zimmermann*, in: NZWiSt 2012, 328, 329; *Gerdemann*, Transatlantic Whistleblowing, S. 4; *Peters/Branch*, Blowing the Whistle, S. 17 f.; *Reiter*, in: RIW 2005, 168.

[10] *Koch*, in: ZIS 2008, 500; *Miceli/Near*, Blowing the Whistle, S. 15; *Wiedmann/Seyfert*, in: CCZ 2019, 12.

auch bei der später noch relevant werdenden Frage fruchtbar gemacht werden, welches Motiv ein Whistleblower verfolgen muss, damit er auch tatsächlich als Whistleblower angesehen werden kann. Im Übrigen scheinen die Assoziationen, die mit dem Pfeifen eines Polizisten bzw. eines Schiedsrichters verbunden werden können, für die Begriffsbestimmung des dem Whistleblowing zugrunde liegenden Verhaltens wenig zielführend, da sie über die Person des Whistleblowers und den Zusammenhang der getroffenen Äußerungen keinen Aufschluss geben. Auch die Übersetzung der englischen Phrase erfasst das Phänomen für die vorzunehmende Beurteilung der Strafbarkeit nicht ausreichend.[11] Wörtlich bedeutet *„to blow the whistle"* nämlich „in die Pfeife blasen".[12] Dem Begriff des Whistleblowings kommt im Deutschen wohl das „Verpfeifen" am nächsten. Dementsprechend wird dieses Verständnis in der Literatur auch teilweise als Arbeitsgrundlage verwendet.[13] Eine unkritische Verwendung des Ausdrucks „Verpfeifen" erscheint jedoch problematisch, da dieses im deutschen Sprachgebrauch negativ konnotiert ist und somit einer unvoreingenommenen Überprüfung der rechtlichen Konsequenzen entgegensteht.[14]

Schließlich steht der Begriff „Verpfeifen" auch nicht im Einklang mit dem gesellschaftlichen Verständnis von Whistleblowing. In den Vereinigten Staaten von Amerika wird Whistleblowing in der öffent-

---

[11] Ebenso *Pittroff*, Whistle-Blowing-Systeme in deutschen Unternehmen, S. 9.

[12] *Briegel*, Einrichtung und Ausgestaltung unternehmensinterner Whistleblowing-Systeme, S. 14; *Reuling*, Whistleblowing im Krankenhaus, S. 30.

[13] *Schmitt*, Verpfeifen, S. 1. 3

[14] Ebenfalls ablehnend *Donato*, Whistleblowing, S. 10; *Reuling*, Whistleblowing im Krankenhaus, S. 30; *Schulz*, Ethikrichtlinien und Whistleblowing, S. 23.

lichen Wahrnehmung – jedenfalls weit überwiegend – positiv aufgenommen und als Ausdruck von Zivilcourage angesehen.[15] Das Aufdecken von Missständen wird dort durch die Verleihung von Preisen honoriert[16] und durch rechtliche Rahmenbedingungen geschützt.[17] Aber auch in der Bundesrepublik Deutschland wird der Ausdruck Whistleblowing weitaus positiver aufgenommen, als es noch vor einigen Jahren der Fall war.[18] Die Ursachen für die über viele Jahre verbreitete negative Einstellung zum Whistleblowing sind u. a. in der Geschichte des Landes zu suchen. Die schmerzlichen Erfahrungen, die Deutschland mit Bespitzelungen in der DDR oder dem Denunziantentum des Nationalsozialismus gemacht hat, sind im Bewusstsein der deutschen Gesellschaft offenbar so stark verwurzelt, dass auf nur im entferntesten Sinne vergleichbare Formen des Denunzierens mit Ablehnung begegnet wird.[19]

Mittlerweile haben sich die überwiegend negativen Assoziationen gewandelt. Auch hierzulande wird nun zumindest erkannt, dass die Thematik nicht nur im negativen Sinne von Denunzieren bzw. Ver-

---

15 *Schemmel/Ruhmannseder/Witzigmann*, Hinweisgebersysteme, S. 5.

16 *Glazer/Glazer*, Whistleblowers, S. 246 ff.; *Paschke/Jessen*, in: RdTW 2015, 1, 2.

17 *Großbach/Born*, in: AuR 1989, 374.

18 Ebenso *Paschke/Jessen*, in: RdTW 2015, 1, 5, die insbesondere auf Unternehmen verweisen, die nunmehr den Nutzen des Whistleblowings erkennen; kritisch: *Hefendehl*, in: FS Amelung, 617.

19 *Forst*, in: EuZA 2013, 37, 43; *Mahnhold*, in: NZA 2008, 737; *Müller*, in: NZA 2002, 424, 426; *Paschke/Jessen*, in: RdTW 2015, 1, 5; *Pfeifle*, Finanzielle Anreize, S. 26; *Schemmel/Ruhmannseder/Witzigmann*, Hinweisgebersysteme, S. 21 f.; *Tinnefeld/Rauhofer*, in: DuD 2008, 717, 721.

pfeifen zu verstehen ist, sondern als wichtiger Bestandteil zur Aufdeckung von Missständen dienen kann, die von staatlicher Seite allein nicht aufgeklärt werden können.[20] Die gesteigerte Akzeptanz für das Whistleblowing findet sich mittlerweile auch in der Rechtswirklichkeit wieder. So hat die Europäische Union mit der Whistleblower-RL erst kürzlich die Bedeutung von Whistleblowing für die Aufklärung von Verstößen gegen das Unionsrecht gestärkt.[21] Auch Unternehmen machen sich – unabhängig vom Bestehen einer entsprechenden Rechtspflicht – die Vorteile des Whistleblowings immer öfter durch die Einrichtung interner Meldekanäle zunutze.[22] Interne Whistleblower-Systeme sind in den meisten großen Unternehmen bereits Standard und nicht mehr aus einem funktionierenden Compliance-Management-System wegzudenken.[23]

Insoweit erscheint es kaum mehr zeitgemäß, Whistleblowing als unmoralisches Verpfeifen anderer zu bewerten. Eine Übersetzung des Begriffs Whistleblowing mit „Verpfeifen" oder „Denunzieren" ist damit für die Erfassung der Thematik schlichtweg ungeeignet, aber auch neutralere Formulierungen sind nicht sachgerecht.[24] Deutschsprachige Begriffe wie „Informant" sind zwar treffender als negativ

---

[20] Vgl. dazu später Kap. 1 II. 1. Funktionen des Whistleblowings.

[21] Erwägungsgrund 2 Whistleblower-RL, S. 1.

[22] *Paschke/Jessen*, in: RdTW 2015, 1, 5.

[23] *Sonnenberg*, in: JuS 2017, 917, 920; *Stück*, in: ArbRAktuell 2015, 337, 339.

[24] Ebenfalls ablehnend gegenüber anderen möglichen Übersetzungen: *Donato*, Whistleblowing.
S. 10 f.; *Hülsberg/Kuhn*, in: Inderst/Bannenberg/Poppe, Compliance, Kap. 6 D. I. 1 Rn. 212 ff.; *Reuling*, Whistleblowing im Krankenhaus, S. 30; *Soppa*, Die Strafbarkeit des Whistleblowers, S. 27.

konnotierte Wendungen wie „Verpfeifen", „Verraten" oder „Denunzieren", jedoch besteht die grundsätzliche Schwierigkeit der Übertragung des Begriffs ins Deutsche darin, dass die Übersetzungen in der Regel vorbelastet sind und somit die Gefahr einer Vermischung mit anderen Begriffen besteht.[25] So wird der Begriff „Informant" bereits für Personen verwendet, die Strafverfolgungsbehörden Informationen zur Verfügung stellen.[26] Letztlich ist eine Übersetzung ins Deutsche aber auch nicht notwendig. Der Begriff „Whistleblowing" ist mittlerweile im hiesigen Sprachgebrauch ausreichend etabliert,[27] ist Bestandteil des Dudens und wird in Rechtsprechung[28] und rechtswissenschaftlicher Literatur[29] deutlich häufiger zugrunde gelegt als andere denkbare Begriffe.

Nachfolgend wird also der Begriff „Whistleblowing" zur Beschreibung des untersuchten Phänomens beibehalten. Synonym wird der Begriff des Hinweisgebers bzw. der hinweisgebenden Person Eingang in die Bearbeitung finden. Rechtsgrundlagen wie das HinSchG verwenden diesen nämlich als Synonym für das betreffende Phänomen.

---

[25] Ähnlich: *Soppa*, Die Strafbarkeit des Whistleblowers, S. 27.

[26] *Herold*, Whistleblower, S. 31.

[27] *Müller*, in: NZA 2002, 424, 426; *Sänger*, Aktiengesellschaft, S. 24; *Busekist/Fahrig*, in: BB 2013, 119, 120; *Ullrich*, in: NZWiSt 2019, 65.

[28] OLG Oldenburg, NZWiSt 2021, 30; LAG Köln, CCZ 2013, 224; LAG Hamm, RDG 2012, 72.

[29] Anstatt vieler: *Donato*, Whistleblowing, S. 10 f.; *Pfeifle*, Finanzielle Anreize; *Reuling*, Whistleblowing im Krankenhaus, S. 30.

2. Ansätze zur Definition in Literatur und Rechtsprechung

Für eine tragfähige Arbeitsgrundlage werden zum Zwecke der vorliegenden Untersuchung zunächst aussagekräftige Definitionen aus Literatur und Rechtsprechung thematisiert, um – zunächst ohne Wertung – Gemeinsamkeiten und möglicherweise auch Unterschiede auszumachen. Auf dieser Grundlage können die jeweiligen Bestandteile des dem Whistleblowing zugrunde liegenden Verhaltens für die nachfolgende Untersuchung der Strafbarkeit herausgearbeitet werden.

a) Definition von Miceli/Near

Die wohl bekannteste Definition des Whistleblowings stammt von *Miceli/Near*.[30] Demnach ist Whistleblowing die durch ein Mitglied einer Organisation (unabhängig davon, ob es sich um ein aktuelles oder ehemaliges Mitglied handelt) erfolgte Enthüllung von illegalem oder unmoralischem Verhalten, welches im Verantwortungsbereich der Organisationsführung liegt, gegenüber Personen oder Organisationen, die dagegen einschreiten können.

Bei näherer Betrachtung dieser Begriffsbestimmung ergeben sich drei Definitionsmerkmale: Zunächst beschreibt die Definition (1) die *Person* des Whistleblowers. Dabei wird deutlich, dass ein Whistleblower nicht jedermann sein kann, sondern nur jemand, der – auch ehemaliges – Mitglied einer Organisation ist. (2) *Gegenstand* der Enthüllungen des Whistleblowings sind illegale oder unmoralische Verhaltensweisen und (3) *Adressaten* des Whistleblowings sind Personen oder Organisationen, welche die Möglichkeit haben, gegen die

---

30 *Miceli/Near*, Organizational Dissidence: The case of Whistle-Blowing, S. 4.

benannten Missstände einzuschreiten. In subjektiver Hinsicht beinhaltet diese Definition keine Vorgabe. Eine bestimmte Motivlage des Whistleblowers wird mithin nicht vorausgesetzt.

b) Weitere Definitionsansätze

Neben dem bekannten Ansatz von *Miceli/Near* werden in der Literatur weitere Definitionsansätze vertreten, die Modifikationen beinhalten, welche für die Untersuchung des strafbaren Verhaltens durchaus entscheidend sein können. So wird Whistleblowing auch als Weitergabe von Informationen an eine zur Entgegennahme solcher Informationen zuständige Stelle angesehen, wobei das Ziel verfolgt werden muss, dadurch den Missstand zu beseitigen.[31] Diese Definition fasst das dem Whistleblowing zugrunde liegende Verhalten deutlich enger als diejenige von *Miceli/Near*. Erfasst ist demnach nur ein Verhalten, das gegenüber einer zuständigen Stelle gemeldet wird, wobei eine genaue Angabe darüber, was unter einer solchen Stelle zu verstehen ist, fehlt. Auch in subjektiver Hinsicht enthält die Definition ein zusätzliches Merkmal. Der Whistleblower muss gerade das Ziel haben, den Missstand zu beenden. Auch *Deiseroth*[32] verlangt bei der Begriffsbestimmung subjektiv ein Handeln auf der Grundlage von gemeinnützigen Motiven und scheidet demzufolge Fälle aus, in denen eine Person eigennützige Ziele verfolgt. Andere hingegen setzen eine hierarchische Unterordnung des Whistleblowers gegenüber der betroffenen Organisation voraus.[33]

---

[31] *Forst*, in: SGb 2014, 413.

[32] *Deiseroth*, Whistleblowing in Zeiten von BSE, S. 9; ebenfalls *Redder*, Der verfassungsrechtliche Schutz von Whistleblowern, S. 29.

[33] *Hofmann*, in: ZCG 2006, 121, 123; *Schmitt*, Verpfeifen, S. 2.

Die Definition von Transparency International beinhaltet – wie diejenige von *Miceli/Near* – hingegen keine derartigen Einschränkungen. Ein Whistleblower ist nach dem Ansatz von Transparency International eine Person, die Informationen über Korruption oder anderes Fehlverhalten, das in oder von einer Organisation begangen wurde, gegenüber Personen oder Organisationen offenlegt, von denen angenommen werden kann, dass diese Maßnahmen ergreifen.[34] Eine Motivlage wie das Offenbaren zum Zwecke der Behebung des Missstandes wird nicht verlangt. Der Gegenstand des Whistleblowings umfasst hiernach neben der Korruption sämtliches Fehlverhalten – also illegale oder unmoralische Tatbestände. Auch hinsichtlich des Adressatenkreises wird der Begriff von Transparency International denkbar weit gefasst. Letztlich muss von dem Adressaten nur erwartet werden können, dass er Handlungsmöglichkeiten besitzt, um gegen das Fehlverhalten vorzugehen.

c) Stellungnahme

Die hier dargestellten Definitionsansätze – mit denen im Übrigen kein Anspruch auf Vollständigkeit erhoben wird – unterscheiden sich nicht unerheblich voneinander. Auch wenn Teile der Literatur die vorgestellten Definitionsansätze eher als kleinere Modifikationen der geläufigsten Definition von *Miceli/Near* ansehen,[35] kann es von entscheidender Bedeutung für die vorliegende Untersuchung sein, wie weit der Gegenstand und der Adressatenkreis des Whist-

---

[34] www.transparency.org/en/our-priorities/whistleblowing zuletzt aufgerufen am 30.06.2024.

[35] Vgl. etwa *Schenkel*, Whistleblowing, S. 12.

leblowings gefasst werden und welche Motive von einem Whistleblower verlangt werden. Wenn Gegenstand und Adressatenkreis des Whistleblowings eng gefasst werden und zusätzlich verlangt wird, dass der Whistleblower bei der Offenlegung billigenswerte Motive verfolgt, dann wirkt sich dies zwangsläufig einschränkend auf den Untersuchungsgegenstand aus.

Grundsätzlich ist ein weites Verständnis für die Zwecke dieser Bearbeitung am geeignetsten, um bei der Bewertung des strafbaren Verhaltens ein breites Spektrum abzudecken. Eine Differenzierung nach Inhalt, Adressaten und Beweggründen der Offenbarung wird damit freilich nicht gegenstandslos. Vielmehr wird diese im Rahmen der Frage nach der (straf-)rechtlichen Bewertung des jeweiligen Verhaltens von wesentlicher Bedeutung sein, ohne vorab zu einer Beschränkung des Untersuchungsgegenstandes zu führen. Gleichwohl dürfen die Vorzüge einer weiten Begriffsbestimmung nicht dazu führen, dass der Begriff „Whistleblowing" an Trennschärfe verliert und Verwechslungen mit anderen Phänomenen, die nicht Bestandteil der Untersuchung sind, entstehen.

3. Zu den einzelnen Begriffsmerkmalen von „Whistleblowing"

Die überblicksartig dargestellten Definitionen beinhalten unterschiedliche Begriffsmerkmale. Wegen der grundsätzlichen Vorzüge einer weiten Begriffsbestimmung gilt die Definition von *Miceli/Near* als Ausgangspunkt für die Bestimmung der einzelnen Begriffsmerkmale. Daher wird im Folgenden unter Zugrundelegung der sich aus dieser Definition ergebenden Eigenschaften untersucht, wie diese im Einzelnen zu verstehen sind, wobei die grundsätzlichen Vorzüge einer weiten Begriffsbestimmung nicht zulasten der Trennschärfe gehen dürfen.

a) Objektive Begriffsmerkmale

Der Definition von *Miceli/Near* sind grundsätzlich drei objektive Definitionsmerkmale zu entnehmen: Sie beschreibt die *Person* des Whistleblowers als einen aktuellen oder ehemaligen Angehörigen einer Organisation, legt als *Gegenstand* des Whistleblowings illegales oder unmoralisches Verhalten der Organisationsführung zugrunde und nennt als *Adressaten* alle Personen und Organisationen, die möglicherweise gegen das gemeldete Verhalten einschreiten können.

aa) Angehöriger einer Organisation

In persönlicher Hinsicht beinhaltet diese Definition die Einschränkung, dass Whistleblower nur Angehörige einer Organisation sein können, wobei auch ehemalige Organisationsangehörige erfasst werden. Damit ist der Begriff „Whistleblower" an die Mitgliedschaft in einer bestimmten Organisation geknüpft und schließt andere Personen, wie z. B. investigative Journalisten, die in keiner Beziehung zu der betroffenen Organisation stehen, aus dem Begriff aus.[36]

Das Merkmal der Organisationszugehörigkeit versteht sich jedoch nicht von selbst, sondern ist Modifikation und Konkretisierung zugänglich. So erscheint es denkbar, den Personenkreis auf abhängig Beschäftigte zu beschränken.[37] Eine solche Sichtweise legt nahe, als

---

[36] *Donato*, Whistleblowing, S. 18; *Schemmel/Ruhmannseder/Witzigmann*, Hinweisgebersysteme, S. 7.

[37] *Berthold*, Whistleblowing in der Rechtsprechung, S. 1; *Kania*, in: Küttner, Personalbuch, Whistleblowing Rn. 1; *Müller*, in: NZA 2002, 424, 426; *Schmitt*, Verpfeifen, S. 5.

Whistleblower lediglich Personen anzusehen, welche die Begriffsmerkmale von § 611a Abs. 1 Satz 1 BGB erfüllen – also einem anderen zur Leistung weisungsgebundener, fremdbestimmter Arbeit in persönlicher Abhängigkeit verpflichtet sind. Demgegenüber kann die Mitgliedschaft bzw. Zugehörigkeit zu einer bestimmten Organisation auch denkbar weit verstanden und als Whistleblower jede Person angesehen werden, die privilegierten Zugang zu Informationen oder Daten einer Organisation hat.[38] Konsequenz einer solchen Sichtweise ist, dass der Personenkreis der Whistleblower deutlich über die Angehörigen eines Unternehmens hinausgeht. Whistleblower können dann auch Lieferanten oder Kunden eines Unternehmens sein.[39] Eine solche Sichtweise wird jedoch zu Recht kritisch gesehen. Charakteristisch für einen Whistleblower ist sein besonderer Interessenkonflikt bei der Offenbarung bestimmter Informationen.[40] Ein solcher ist aber dann gerade nicht gegeben, wenn kein irgendwie geartetes Weisungsverhältnis zwischen dem Whistleblower und der Organisation besteht, deren Fehlverhalten offengelegt werden soll.[41] Im Übrigen verschwimmen die Konturen des Begriffs „Whistleblower“, wenn darunter jede beliebige Person gefasst wird, die – auch rein zufällig – über ihr zugängliche Informationskanäle von Missständen erfahren hat. Den Begriff aber derart zu begrenzen,

---

[38] *Imbach Haumüller*, Whistleblowing in der Schweiz, S. 17; *Jubb*, in: Journal of Business Ethics (21) 1999, 77, 78.

[39] Bejahend *Berndt/Hoppler*, in: BB 2005, 2623, 2624; *Donato*, Whistleblowing, S. 12; *Imbach Haumüller*, Whistleblowing in der Schweiz, S. 17.

[40] *Pfeifle*, Finanzielle Anreize, S. 32; auch *Donato*, Whistleblowing, S. 12, die davon spricht, dass Kunden, Lieferanten und Gläubiger einem anderen „Entscheidungskalkül“ unterliegen.

[41] *Donato*, Whistleblowing, S. 12.

dass darunter nur abhängig Beschäftigte fallen, welche die Definitionsmerkmale gem. § 611a BGB erfüllen, erscheint ebenfalls nicht sachgerecht. Die vertragliche Ausgestaltung darf nicht ausschlaggebende Eigenschaft des Whistleblowers sein. Auch dürfen keine überzogenen Anforderungen an das Vorliegen eines Weisungsverhältnisses gestellt werden. Der benannte Interessenkonflikt kann nämlich sowohl bei abhängig Beschäftigten als auch bei leitenden Angestellten entstehen, soweit diese Kenntnis von Missständen erlangen. Auch selbstständige Personen, die für einen bestimmten Auftraggeber tätig werden, können Whistleblower sein, wenn sie in irgendeiner Weise in den Arbeitsablauf der Organisation eingegliedert und dieser zur Loyalität verpflichtet sind.[42] Diesen Loyalitätspflichten unterliegen nämlich nicht nur Arbeitnehmer,[43] sondern auch Gesellschafter von Personen-, Handels- und Kapitalgesellschaften[44] sowie Personen, die selbstständig sind und für einen übergeordneten Auftraggeber tätig werden, sodass sich dieselben Interessenkonflikte ergeben können wie bei abhängig Beschäftigten. Damit erscheint eine Beschränkung auf Offenbarungen von abhängig Beschäftigten im engeren Sinne nicht sachgerecht. Dasselbe gilt für Offenbarungen von Angehörigen aus dem öffentlichen Dienst.[45] Diese stehen eben-

---

[42] Ähnlich *Pfeifle*, Finanzielle Anreize, S. 32.

[43] Zu den Loyalitätspflichten von Arbeitnehmern vgl. *Brötzmann*, in: öAT 2017, 73.

[44] So zum Beispiel die Treuepflicht des Geschäftsführers einer GmbH, *Altmeppen*, in: Altmeppen, GmbHG, § 43 Rn. 35.

[45] *Günther*, in: NVwZ 2018, 1109, 1110 f.

falls wie die zuvor beschriebenen Personengruppen in einem Abhängigkeitsverhältnis zur Organisation und sind dieser von Gesetzes wegen zur Loyalität verpflichtet.[46]

Auszunehmen sind hingegen Personen, die zwar in die Organisation eingegliedert sind, diese Eingliederung aber gerade dem Zweck dienen soll, Missstände aufzudecken.[47] Die interne Compliance-Abteilung ist folglich nicht von der Definition des Whistleblowings umfasst.[48]

Der Begriff des Whistleblowers ist damit grundsätzlich weit zu verstehen. Nicht nur abhängig Beschäftigte, sondern auch anderweitig in die Organisation eingegliederte Personen fallen darunter. Damit die Definition nicht an Trennschärfe verliert und keine Vermischung mit anderen Phänomenen, wie z. B. dem Informanten, dem V-Mann und dem Kronzeugen, entsteht, genügt es jedoch nicht, dass ein irgendwie gearteter Zugriff auf Daten oder Informationen vorliegt. Vielmehr zeichnet sich Whistleblowing dadurch aus, dass die betreffende Person einem Interessenkonflikt unterliegt, der seine Ursache im Bestehen von Loyalitäts- bzw. Treuepflichten gegenüber dem Ar-

---

[46] Zur Loyalitäts- und Verschwiegenheitspflicht von Personen des öffentlichen Dienstes *Günther*, in: NVwZ 2018, 1109; *Reich*, in: BeamtStG, § 37 Rn. 2 ff.

[47] *Donato*, Whistleblowing, S. 17.

[48] *Donato*, Whistleblowing, S. 17; *Haglunds*, Enemies of the people, S. 29 f.; *Pfeifle*, Finanzielle Anreize, S. 33.

beitgeber hat. Insoweit wird auch häufig von Organisationsverbundenheit gesprochen.[49] Gleichwohl soll nicht jede Organisationsverbundenheit genügen.[50] Ließe man jede „lockere“ mittelbare Verbindung genügen, würde der Begriff auf Kunden angewandt werden, die gerade nicht dem für Whistleblower typischen Interessenkonflikt unterliegen, womit nahezu jeder, der in irgendeiner Weise mit einer Organisation in Kontakt tritt und Informationen erhält, zum Whistleblower werden könnte.

bb) Illegales oder unmoralisches Verhalten der Organisation

Die Definition von *Miceli/Near* erfasst mit illegalem oder unmoralischem Verhalten geradezu jedwedes Fehlverhalten einer Organisation. Dennoch versteht sich diese nicht von selbst. Während das Vorliegen illegalen Verhaltens durch die Prüfung der Gesetzeslage verhältnismäßig einfach bestimmt werden kann,[51] hängt die Frage danach, ob unmoralisches Verhalten vorliegt, von einer persönlichen Wertung ab, sodass es unklar bleibt, welche Maßstäbe an solche Verhaltensweisen anzulegen sind. Ungeachtet der Schwierigkeit, unmoralisches Verhalten zu definieren, muss dieses jedoch zwingend dem Gegenstand des Whistleblowings zugeordnet werden.[52] Andernfalls

---

[49] *Herold*, Whistleblower, S. 37; *Berndt/Hoppler*, in: BB 2005, 2623, 2624.

[50] Anders wohl *Kölbel/Herold*, in: MschrKrim 2010, 424, 425, die auch eine mittelbare Organisationsverbundenheit, wie sie etwa Kunden haben, genügen lassen.

[51] *Edwards*, Die Rechtmäßigkeit von Whistleblowing, S. 11; *Sviences/Trygstad*, in: Brown/Lewis/Moberly/Vandekerckhove, S. 96.

[52] Der überwiegende Teil der Literatur erfasst ebenfalls unmoralische Verhaltensweisen vgl. nur *Berndt/Hoppler*, in: BB 2005, 2623, 2624; *Donato*,

wird ein Whistleblower de facto zur Prüfung gezwungen, ob das von ihm als verwerflich – d. h. unmoralisch – empfundene Verhalten einen Rechtsverstoß darstellt.[53] Dies würde ihn jedoch vor nahezu unlösbare Probleme stellen. Meldungen über Steuertricks oder Gesetzesumgehungen[54], die überwiegend als verwerflich angesehen werden, für die jedoch (noch) kein Verbotsgesetz existiert, würden damit nicht zum Gegenstand des Whistleblowings zählen.

Gleichwohl fragt es sich, was konkret unter unmoralischen Verhaltensweisen zu verstehen ist. Auch wenn dem Whistleblower ein gewisser Spielraum bei der Beurteilung dessen, was er als unmoralisch einordnet, zustehen muss, wird hier ein Definitionsansatz verwendet, der diesen Begriff fassbarer machen soll. Der Begriff der Moral und der Legitimität knüpft an die Vorstellungen der Allgemeinheit an, die als Voraussetzung für das gesellschaftliche Leben gelten. Das Offenbaren von Informationen durch einen Whistleblower betrifft also neben illegalem – also gesetzeswidrigem – Verhalten auch Verstöße gegen Werte, die nach den überwiegenden gesellschaftlichen Anschauungen als notwendige Voraussetzung für ein gedeihliches

Whistleblowing, S. 23 ff.; *Rotsch/Wagner*, in: Rotsch, Criminal Compliance, § 34 Rn. 5 f.; *Schenkel*, Whistleblowing, S. 10 f.; a.A.: *Leisinger*, Whistleblowing und Corporate Reputation Management, S. 30 f.

[53] *Pittroff*, Whistleblowing-Systeme, S. 10; *Berndt/Hoppler*, in: BB 2005, 2623, 2625; *Klasen/Schaefer*, in: BB 2012, 641.

[54] Bei der Gesetzesumgehung werden Gesetzeslücken durch den Täter ausgenutzt. Jemand der – wenn auch in unethischer Weise – die Verwirklichung eines Tatbestandes umgeht, kann wegen Art. 103 Abs. 2 GG grundsätzlich nicht bestraft werden. *Dannecker/Bülte*, in: Wabnitz/Janovski/Schmitt, Handbuch Wirtschafts- und Steuerstrafrecht, Kap. 1 Rn. 110.

Zusammenleben angesehen werden.[55] Auch das Offenbaren trivialer Verstöße kann als Whistleblowing angesehen werden.[56] Wie schwerwiegend ein (moralischer) Verstoß letztlich ist, hat für die Bewertung des Whistleblowings und die zu treffenden Abwägungsfragen eine entscheidende Bedeutung, sodass auch ein vermeintlich leichter Verstoß nicht voreilig dem Whistleblowing-Begriff entzogen werden darf. Dass die Beurteilung eines Moralverstoßes subjektiv gefärbt ist und von dem Moralverständnis des Whistleblowers abhängt, spricht nicht entscheidend gegen die Einbeziehung von Moralverstößen. Vielmehr ist eine subjektive Betrachtungsweise dem Whistleblowing grundsätzlich immanent – auch wenn es um die Meldung von Gesetzesverstößen geht, denn auch hier hält der Whistleblower ein bestimmtes Verhalten subjektiv für gesetzeswidrig und damit meldebedürftig. Eine gewisse Filterfunktion wird schließlich durch die gewählte Definition erreicht, da unmoralisches Verhalten an „überwiegende gesellschaftliche Anschauungen" anknüpft. Kein Whistleblowing liegt folglich vor, wenn der Whistleblower ein als moralisch anerkanntes Verhalten als moralisch verwerflich ansieht und dieses offenbart. Freilich darf diese Einschränkung nicht zu streng verstanden werden. Durch Whistleblowing soll es gerade möglich werden, Diskussionen über Grundwerte neu anzustoßen und die Öffentlichkeit auf bisher unbeachtete Phänomene aufmerksam zu machen.[57]

---

[55] Insoweit vergleichbar die Definition zur öffentlichen Ordnung vgl. BVerfG, NVwZ 2008, 671, 673.

[56] Dagegen *Leisinger*, Whistleblowing und Corporate Reputation Management, S. 30 f.

[57] *Edwards*, Die Rechtmäßigkeit von Whistleblowing, S. 12.

Demgegenüber kann das Verbreiten von Gerüchten oder angeblichen Informationen nicht tauglicher Gegenstand des Whistleblowings sein.[58] Dies bedeutet aber nicht, dass von Whistleblowern hundertprozentige Sicherheit in Bezug auf mögliches Fehlverhalten verlangt werden kann.[59] Vielmehr werden nur solche Offenbarungen ausgeschlossen, die auf einer offensichtlich unsicheren Tatsachengrundlage basieren. Wie gesichert die Information tatsächlich ist, kann schließlich bei der Beurteilung der (straf-)rechtlichen Relevanz berücksichtigt werden und wird somit Gegenstand der Abwägung widerstreitender Interessen.

Damit der Begriff des Whistleblowings abgrenzbar bleibt und seine Konturen nicht verschwimmen, kann nicht jede Meldung über illegales oder unmoralisches Verhalten, das im Zusammenhang mit einer Organisation begangen worden ist, als Whistleblowing betrachtet werden. Zum Teil wird daher verlangt, dass die Offenbarung ein „schwerwiegendes“ Fehlverhalten beinhalten muss und Rechtsgüter und Interessen von einer bestimmten Qualität betroffen sein müssen.[60] Kennzeichnend für das Vorliegen von Whistleblowing ist aber nicht zwangsläufig die besondere Schwere des Vorwurfs (im Übrigen wieder ein Merkmal, das Abgrenzungsprobleme mit sich bringt),

---

[58] *Berndt/Hoppler*, in: BB 2005, 2623, 2624; *Leisinger*, Whistleblowing und Corporate Reputation Management, S. 34 ff.; *Pittroff*, Whistleblowing-Systeme, S. 10; *Schemmel/Ruhmannseder/Witzigmann*, Hinweisgebersysteme, S. 7; *Soppa*, Die Strafbarkeit des Whistleblowers, S. 62.

[59] *Schemmel/Ruhmannseder/Witzigmann*, Hinweisgebersysteme, S. 7.

[60] *Edwards*, Die Rechtmäßigkeit von Whistleblowing, S. 8; *Leisinger*, Whistleblowing und Corporate Reputation Management, S. 30.

sondern der Bezug zum Allgemeinwohl, das sich durch das Bestehen eines öffentlichen Interesses auszeichnet.[61]

Soweit in der Definition von *Miceli/Near* von Fehlverhalten einer Organisation die Rede ist, ist der Begriff der Organisation weit zu verstehen. Hierunter fallen nicht nur privatwirtschaftliche Unternehmen, sondern auch öffentliche Einrichtungen, wie bspw. Behörden.[62] Diese Unterscheidung wird auch bei der Untersuchung der unterschiedlichen strafrechtlichen Auswirkungen von Whistleblowing im öffentlichen und privaten Sektor relevant. Besonderen Anlass geben hierzu der dreißigste Abschnitt des StGB, der Straftaten im Amt regelt, sowie das GeschGehG, das nach seinem Gesetzeszweck das Verhältnis zwischen Privaten regeln soll.[63] Gleichwohl ist eine trennscharfe Abgrenzung nicht immer ohne Weiteres möglich. Denn selbst das GeschGehG kann auf öffentliche Stellen anwendbar sein, wenn diese am privatrechtlichen Rechtsverkehr teilnehmen.[64]

---

[61] *Boatright*, Ethics, S. 91; *Haglunds*, Enemies of the People, S. 30 ff.; *Pfeifle*, Finanzielle Anreize, S. 35.

[62] *Schemmel/Ruhmannseder/Witzigmann*, Hinweisgebersysteme, S. 4.

[63] *Hiéramente*, in: BeckOK, GeschGehG, § 1 Rn. 6.

[64] *Harte-Bavendamm*, in: Harte-Bavendamm/Ohly/Kalbfus, § 1 Rn. 8.

cc) Adressat des Whistleblowings (internes/externes Whistleblowing)

Laut der Definition von *Miceli/Near* erfolgt die Meldung des Fehlverhaltens gegenüber Personen oder Organisationen, von denen erwartet werden kann, dass sie gegen das gemeldete Verhalten einschreiten können,[65] wobei der Whistleblower selbst außerstande sein muss, diesen Missstand zu beheben.[66] Dadurch wird zunächst deutlich, dass die entgegennehmende Stelle nicht jede private Person oder Organisation sein kann. Die Erörterung von Missständen mit Arbeitskollegen, der Familie oder Freunden kann nicht als Whistleblowing angesehen werden.[67] Teile der Literatur verlangen zudem, dass die Aufdeckung des Fehlverhaltens außerhalb des normalen Dienstweges erfolgen muss.[68] Sofern dies nicht der Fall ist, sei nur die interne Risikobewältigung betroffen, ohne dass Whistleblowing vorliege.[69]

---

[65] *Miceli/Near*, Organizational Dissidence: The case of Whistle-Blowing 1985, S. 4.

[66] *Miceli/Near*, Blowing the Whistle, S. 16.

[67] *Miceli/Near*, Blowing the Whistle, S. 16.

[68] *Berndt/Hoppler*, in: BB 2005, 2623, 2624; *De George*, in: Lexikon der Wirtschaftsethik, S. 1276; *Kölbel/Herold*, in: MschrKrim 2010, 424, 425; *Rohde-Liebenau*, Risikokommunikation, S. 11.

[69] *Kölbel/Herold*, in: MschrKrim 2010, 424, 425; *Rohde-Liebenau*, Risikokommunikation, S. 11; *Schemmel/Rumannseder/Witzigmann*, Hinweisgebersysteme, S. 4; *Weber-Rey*, in: AG 2006, 406, 407.

Bisweilen wird sogar angenommen, dass die Offenbarung von Missständen an externe Stellen Voraussetzung für Whistleblowing ist.[70] In diesem Zusammenhang wird die Unterscheidung zwischen internem und externem Whistleblowing relevant. Während sich der Whistleblower beim externen Whistleblowing gegenüber unternehmensexternen Stellen wie Behörden, Medien, Interessengruppen oder Öffentlichkeit äußert, betrifft das interne Whistleblowing Mitteilungen an Stellen, die der Organisation zuzurechnen sind.[71] Die Thematik des Whistleblowings lediglich auf das externe Whistleblowing zu beschränken, vermag jedenfalls nicht zu überzeugen. Dies liegt zum einen daran, dass die Meldung an interne Stellen in der Regel pragmatischer ist, um Missstände zu beseitigen. So haben Unternehmen die Möglichkeit zur Selbstregulierung und können Missstände selbst beheben.[72] In der Regel ist die Hemmschwelle für Whistleblower auch niedriger, sich an eine interne Stelle zu wenden, die der betroffenen Organisation zuzurechnen ist, als unmittelbar extern zu melden.[73] Dass der EU-Gesetzgeber insbesondere das interne Whistleblowing anerkennt und fördern will, zeigt ebenfalls die neue

---

[70] *Jubb*, in: Journal of Business Ethics (21) 1999, 77, 78.

[71] *Hefendehl*, in: FS Amelung, 617, 620; *Kreis*, Whistleblowing als Beitrag zur Rechtsdurchsetzung, S. 122; *Leisinger*, Whistleblowing und Corporate Reputation Management, S. 28; *Thüsing*, in: Thüsing/Forst, Beschäftigtendatenschutz und Compliance, § 6 Rn. 26; *Weber-Rey*, in: AG 2006, 406, 407.

[72] *Schenkel*, Whistleblowing, S. 26.

[73] *Pittroff*, Whistleblowing-Systeme, S. 14 f.; *Schenkel*, Whistleblowing, S. 26.

Whistleblower-RL. Diese sieht die verpflichtende Einrichtung interner Meldekanäle vor und soll somit das interne Whistleblowing als Normalfall etablieren.[74]

An der verbreiteten Einschränkung, Whistleblowing liege nicht vor, wenn die Informationsweitergabe den üblichen Dienstweg betreffe, kann nicht weiter festgehalten werden.[75] Wenn das interne Whistleblowing akzeptiert wird, dann ist es konsequenterweise auf sämtliche Stellen zu erweitern, die dem Unternehmen zuzurechnen sind. Dazu zählen Vorgesetzte, Geschäftsleitung, Betriebsrat, Betriebsbeauftragte, Compliance-Abteilung und intern eingerichtete Hinweisgebersysteme.[76] Soweit ein Whistleblower sich an ein internes Whistleblowing-System wendet, beschreitet er „den normalen Dienstweg",[77] was seine Eigenschaft als Whistleblower jedoch nicht infrage stellt. Die Wertungen der Whistleblower-RL, welche die Einrichtung interner Whistleblowing-Strukturen fördern soll, zeigen gerade, dass Whistleblowing weit zu verstehen und auch bei Beschreiten des Dienstweges erfüllt ist. Schließlich fehlt es der Einschränkung „außerhalb des normalen Dienstweges" an Trennschärfe. Soweit der Whistleblower „den normalen Dienstweg" beschreitet – indem er bspw. das Fehlverhalten seinem Vorgesetzten

---

[74] Vgl. insofern Art. 7 Abs. 2 Whistleblower-RL, der eine Präferenz der Richtlinie für interne Meldungen erkennen lässt. Dazu Kap. 3 I. 3. a) bb) ccc).

[75] So bereits *Donato*, Whistleblowing, S. 14; *Schenkel*, Whistleblowing, S. 25; *Steigert*, Whistleblowing, S. 25; a.A.: *Briegel*, Einrichtung und Ausgestaltung unternehmensinterner Whistleblowing-Systeme, S. 17; *Hofmann*, in: ZCG 2006, 121, 123; *Kölbel/Herold*, in: MschrKrim, 424, 425; *Wolz*, Whistle-Blowing, S. 13 f.

[76] *Rotsch/Wagner*, in: Rotsch, Criminal Compliance, § 35 Rn. 10.

[77] *Donato*, Whistleblowing, S. 14.

meldet –, ist einschränkend zu verlangen, dass er davon ausgeht, dieser sei nicht in das gemeldete Verhalten involviert.[78] Aus der herangezogenen Definition ergibt sich bereits, dass Adressat des Whistleblowings eine Person sein muss, die gegen den Missstand einschreiten kann. Dies ist jedoch bei einer Person, die an dem gemeldeten Verhalten beteiligt war, nicht zu erwarten.

An das von *Miceli/Near* geforderte Merkmal, dass die entgegennehmende Person oder Organisation dazu in der Lage sein muss, gegen das Fehlverhalten einzuschreiten, dürfen keine überhöhten Anforderungen gestellt werden. Ausreichend ist es, wenn die entgegennehmende Stelle als Zwischenglied für die tatsächlich einschreitende Stelle fungiert.[79] Andernfalls würden mögliche Adressaten wie Presse oder Enthüllungsplattformen, von der Definition des Whistleblowings ausgenommen.

dd) Fehlende Möglichkeit des Whistleblowers zur Beseitigung des Missstandes

Miceli/Near ergänzten die Definition des Whistleblowings schließlich noch um das Merkmal, dass der Whistleblower selbst außerstande sein muss, den Missstand zu beseitigen.[80] Mit dieser Einschränkung sollen diejenigen Fälle ausgeschlossen werden, in welchen der Whistleblower eine dominante Stellung in der Organisation einnimmt, die es ihm ermöglicht, den Missstand aus eigener Kraft

---

[78] *Rotsch/Wagner*, in: Rotsch, Criminal Compliance, § 35 Rn. 10.
[79] *Groneberg*, Whistleblowing, S. 37; *Pfeifle*, Finanzielle Anreize, S. 37.
[80] *Miceli/Near*, Blowing the Whistle, S. 15 ff.

zu beseitigen.[81] Dies bedeutet mithin nicht, dass leitende Angestellte[82] oder Personen in Führungspositionen per se nicht zu Whistleblowern werden können. Vielmehr steht der Whistleblower-Eigenschaft nur die Möglichkeit entgegen, den Missstand in der konkreten Situation selbst zu beheben. Zu hohe Anforderungen dürfen aber auch an dieses Merkmal nicht gestellt werden. Die nur vage Möglichkeit, den Missstand durch eine interne Meldung zu klären, ist nicht ausreichend.

b) Subjektive Begriffsmerkmale

Subjektive Begriffsmerkmale des Whistleblowings sind in der Definition von *Miceli/Near* nicht enthalten. Gleichwohl werden diese in der Literatur in verschiedenen Ausformungen verlangt.[83] So wird eine Person, welche Fehlverhalten offenbart, nur dann als Whistleblower angesehen, wenn sie bei der Offenlegung aus gemeinnützigen Beweggründen handelt.[84] Andere verlangen ganz allgemein, dass Whistleblowing auf lauteren, uneigennützigen Motiven basieren muss.[85] Eine weitere Einschränkung verlangt in subjektiver Hinsicht das Ziel des Whistleblowers, einen bestehenden Missstand zu

---

[81] Etwa durch Aufdeckung, Untersuchung und Sanktionierung *Miceli/Near*, Blowing the Whistle, S. 15 ff.

[82] Vgl. zum Begriff des leitenden Angestellten § 5 Abs. 3 Satz 2 BetrVG.

[83] Für eine Einschränkung anhand von subjektiven Begriffsmerkmalen im Grundsatz etwa *Deiseroth/Derleder*, in: ZRP 2008, 248, 250; *Glazer/Glazer*, Whistleblowers, S. 11 ff.; *Redder*, Der verfassungsrechtliche Schutz von Whistleblowern, S. 28; *Schulz*, Whistleblowing in der Wissenschaft, S. 51.

[84] *Deiseroth*, Whistleblowing in Zeiten von BSE, S. 9; *Redder*, Der verfassungsrechtliche Schutz von Whistleblowern, S. 28 f., der Whistleblower anhand der Motivlage von „Denunzianten" abgrenzt.

[85] *Casper*, in: FS Winter, 77, 79.

beseitigen.[86] Fragen nach der Motivlage des Whistleblowers sind auch in der Rechtsprechung immer wieder von großer Bedeutung. So hat der EGMR bspw. im Zusammenhang mit einer fristlosen Kündigung eines Arbeitnehmers, der eine Strafanzeige gegen seinen Arbeitgeber gestellt hat, entschieden, dass eine mit Schädigungsabsicht erstattete Strafanzeige keinen Schutz genießt.[87]

Auch wenn die Motivlage wie in der benannten Entscheidung des EGMR für die rechtliche Beurteilung des Verhaltens des Whistleblowers entscheidend sein mag, sollte sie auf der vorgeschalteten Ebene der Begriffsbestimmung noch keine Bedeutung haben.[88] Die grundsätzliche Schwierigkeit der Nachweisbarkeit der Beweggründe spricht gegen eine begriffliche Einschränkung.[89] Whistleblowing basiert oftmals nicht auf einem einzelnen Auslöser, sondern ist das Resultat eines Motivbündels: Neben dem in vielen Fällen bestehenden Interesse, Gemeinwohlinteressen zu fördern, mag ein Whistleblower bei der Offenbarung von Missständen von möglicherweise weniger anerkennenswerten Beweggründen geleitet sein, wie bspw. von finanziellen Vorteilen, Anerkennung oder Rachegedanken.[90] Welches

---

[86] *Thüsing*, in: Thüsing/Forst, Beschäftigtendatenschutz und Compliance, § 6 Rn. 2.

[87] EGMR, RdA 2012, 108.

[88] Im Ergebnis ebenso *Berndt/Hoppler*, in: BB 2005, 2623, 2624; *Groneberg*, Whistleblowing, S. 35; *Jubb*, in: Journal of Business Ethics (21) 1999, 77, 78; *Kölbel/Herold*, in: MschrKrim 2010, 424, 425; *Pfeifle*, Finanzielle Anreize, S. 38; *Rotsch/Wagner*, in: Rotsch, Criminal Compliance, § 35 Rn. 10; *Schemmel/Ruhmannseder/Witzigmann*, Hinweisgebersysteme, S. 7; *Schenkel*, Whistleblowing, S. 16.

[89] Ebenso *Herold*, Whistleblower, S. 44.

[90] *Berndt/Hoppler*, in BB 2005, 2623, 2624; *Donato*, Whistleblowing, S. 7; *Leisinger*, Whistleblowing und Corporate Reputation Management, S. 79.

Motiv bei der Vielzahl der möglichen Anreize letztlich ausschlaggebend war, wird regelmäßig nicht zu beantworten sein.[91] Entscheidend sollte im Ergebnis vielmehr sein, ob objektiv ein öffentliches Interesse an dem offengelegten Missstand besteht – dieses wird nämlich unabhängig von der Motivlage des Whistleblowers befriedigt. Whistleblowing, das auf altruistischen, anerkennenswerten Motiven beruht, muss im Ergebnis nicht zwangsläufig zu einem Mehrwert für die Allgemeinheit führen. Demgegenüber können gleichermaßen Offenbarungen, die auf zu missbilligenden Beweggründen basieren, zur Förderung des Gemeinwohls beitragen.[92]

Eine einschränkende Auslegung des Whistleblowing-Begriffs durch subjektive Begriffsmerkmale würde ebenfalls zu einer vorschnellen Einschränkung des Untersuchungsgegenstandes führen. Eine Ausdifferenzierung nach unterschiedlichen Motiven findet vielmehr Eingang in die (straf-)rechtliche Beurteilung des Whistleblowings.[93]

4. Weitere Abgrenzung

Die gewählte – weite – Definition ist unabdingbar, um die Vielgestaltigkeit des Whistleblowings vollumfänglich zu erfassen. Damit aber keine Verwechslungen entstehen, bedarf es im Folgenden einer kurzen Abgrenzung von verwandten Phänomenen. In der Regel

---

[91] *Schemmel/Ruhmannseder/Witzigmann*, Hinweisgebersysteme, S. 24; zur Problematik im Umgang mit Motivbündeln auch *Rotsch/Wagner*, in: Rotsch, Criminal Compliance, § 35 Rn. 35.

[92] *Leisinger*, Whistleblowing und Corporate Reputation Management, S. 79; *Sänger*, Aktiengesellschaft, S. 22.

[93] Vgl. dazu Kap. 4.

ergibt sich eine zutreffende Abgrenzung bereits aus der zugrunde gelegten Definition.

Der investigative Journalismus dient zwar oftmals der Aufdeckung von Missständen und erfolgt gegenüber einer meist externen Stelle. Dieser ist vom Whistleblowing-Begriff auszunehmen, da das Merkmal der Zugehörigkeit zu der betroffenen Organisation nicht erfüllt ist.[94] Schwerer fällt die Abgrenzung zu den Begriffen des Informanten[95] bzw. des V-Manns[96]. Grundsätzlich scheint es möglich zu sein, diese Personen unter die herangezogene Definition zu subsumieren. V-Männer und Informanten können zur Gewinnung von Informationen durchaus in ein Unternehmen eingegliedert werden und so als „Angehörige einer Organisation" angesehen werden. Die übrigen Begriffsmerkmale des Whistleblowings bereiten ebenfalls keine Schwierigkeiten. Gleichwohl werden sie hier nicht als Whistleblower angesehen.[97] Ebenso wie den internen Compliance-Abteilungen kommt diesen Personen die Aufgabe zu, Missstände aufzuklären.

---

[94] *Donato*, Whistleblowing, S. 18; *Leisinger*, Whistleblowing und Corporate Reputation Management, S. 37; *Schemmel/Ruhmannseder/Witzigmann*, Hinweisgebersysteme, S. 7.

[95] Ein Informant ist eine Person, die im Einzelfall bereit ist, gegen Zusicherung der Vertraulichkeit der Strafverfolgungsbehörde Informationen zu geben. Er gehört zu den Privatpersonen, die zur Strafverfolgung herangezogen oder eingesetzt werden. *Werner*, in: Weber, Rechtswörterbuch, Informant.

[96] Ein V-Mann ist eine Person, die, ohne einer Strafverfolgungsbehörde oder einem Nachrichtendienst anzugehören, bereit ist, diese bei der Aufklärung von Straftaten oder verfassungsfeindlichen Bestrebungen auf längere Zeit vertraulich zu unterstützen und deren Identität grundsätzlich geheim gehalten wird. Sie gehört zu den Privatpersonen, die zur Strafverfolgung eingesetzt werden. *Werner*, in: Weber, Rechtswörterbuch, V-Person.

[97] A.A. *Hefendehl*, in: FS Amelung, 617, 619.

Letztlich spricht die nur zum Schein erfolgte Eingliederung der Personen in das Unternehmen gegen die Whistleblower-Eigenschaft.[98] Diese Personen sind nämlich nicht der Organisation, in die sie zur Aufdeckung eingegliedert wurden, zur Loyalität verpflichtet, sondern den Strafverfolgungsbehörden, von denen sie beauftragt worden sind.[99] Damit kann es auch nicht zu einem Interessenkonflikt im Verhältnis zur Organisation kommen, der aber charakteristisch für einen Whistleblower ist.

Auch der Begriff des Kronzeugen muss von demjenigen des Whistleblowers abgegrenzt werden. Als Kronzeuge wird ein Zeuge bezeichnet, der – selbst als Mittäter oder Teilnehmer der Straftat verdächtigt oder überführt – für die Anklage als Belastungszeuge auftritt.[100] Im deutschen Strafprozess gibt es mit § 46b StGB und § 31 BtMG Vorschriften, die Kronzeugen einen „Strafrabatt" oder gar ein Absehen von der Verfolgung der Straftat gewähren, wenn der Kronzeuge einen wesentlichen Beitrag zur Offenbarung eines Sachverhalts geleistet hat. Ähnlichkeiten mit dem Begriff des Whistleblowers sind freilich nicht von der Hand zu weisen. So stehen die Offenbarungen eines Kronzeugen mit illegalem Verhalten im Zusammenhang und betreffen oftmals eine bestimmte (kriminelle) Organisation, welcher der Kronzeuge angehört.[101] Auch in subjektiver Hinsicht werden Parallelen offenbar. Ein Whistleblower, der Fehlverhalten seiner Organisation preisgibt, unterliegt einem vergleichbaren

---

[98] *Donato*, Whistleblowing, S. 12; *Pfeifle*, Finanzielle Anreize, S. 33.

[99] *Pfeifle*, Finanzielle Anreize, S. 33.

[100] *Werner*, in: Weber, Rechtswörterbuch, Kronzeuge; *Beulke/Swoboda*, Strafprozessrecht, Rn. 528.

[101] *Ruppel*, Anreize zur Selbstreinigung, S. 26.

Interessenkonflikt wie ein Angehöriger einer Bande, der erwägt, gegen diese einen Aufklärungsbeitrag zu erbringen.[102]

Gleichwohl sprechen sowohl subjektive als auch objektive Gesichtspunkte dagegen, einen Kronzeugen als Whistleblower anzusehen, auch wenn subjektive Begriffsmerkmale nach der hier vertretenen Auffassung für die Begriffsbestimmung grundsätzlich keine Bedeutung haben sollen. Bei der Aussage eines Kronzeugen ist die Aussicht auf eine Strafmilderung bzw. gar einen Ausschluss von der Strafbarkeit derart handlungsleitend, dass ein deutlicher Unterschied in der Motivation zur Handlung eines typischen Whistleblowers besteht. Die Kronzeugenregelungen gem. § 46b StGB oder § 31 BtMG richten sich zudem lediglich an den Täter[103] einer Tat im Sinne von § 100a Abs. 2 StPO. Während der Gegenstand des Whistleblowings grundsätzlich jedes Fehlverhalten sein kann, muss es sich bei der Offenbarung durch einen Kronzeugen somit zunächst um eine Tat im Sinne von § 100a Abs. 2 StPO handeln. Auch die Person des Kronzeugen weicht von derjenigen des Whistleblowers ab. Während ein Kronzeuge zwingend Beteiligter der angezeigten Tat sein muss, ist dies bei einem Whistleblower gerade keine Voraussetzung.[104]

---

[102] *Lutterbach*, Die strafrechtliche Würdigung des Whistleblowings, S. 40.

[103] Umfasst werden entgegen dem Wortlaut nicht nur (Mit-)Täter, sondern auch Beteiligte an einer Straftat, *Maier*, in: MüKo, StGB, § 46b, Rn. 18.

[104] Vgl. dazu auch *Hardinghaus*, Strafzumessung bei Aufklärungs- und Präventionshilfe, S. 9; *Reuling*, Whistleblowing im Krankenhaus, S. 46; *Ruppel*, Anreize zur Selbstreinigung, S. 26.

Den Kronzeugen als Whistleblower anzusehen, würde auch dem Erfordernis der Abgrenzbarkeit und Trennschärfe des Whistleblowing-Begriffs zuwiderlaufen. Zwar wurde eine eher weite Definition gewählt, dies dient dazu, das Phänomen des Whistleblowings einer differenzierten rechtlichen Bewertung zuzuführen. Dagegen soll das Whistleblowing kein Sammelbegriff für alle erdenklichen Offenbarungsformen werden.

Oftmals findet sich in der Literatur auch die Abgrenzung des Whistleblowings von Intrigen[105], vom Rufmord[106] und vom Verbreiten von Gerüchten[107].[108] Letztlich ist eine gesonderte Abgrenzung in diesen Fällen aber nicht notwendig. Vielmehr ergibt sich schon unter Zugrundelegung der herangezogenen Begriffsmerkmale, dass diese nicht als Whistleblowing angesehen werden können. Gegenstand des Whistleblowings muss nämlich ein Fehlverhalten sein, das seinerseits nicht auf einer völlig unsicheren Tatsachengrundlage beruhen darf. Bloße Gerüchte zählen damit schon gar nicht zum Whistleblo-

---

[105] Reihe von hinterhältigen, heimtückischen Machenschaften, mit denen jemand gegen einen anderen arbeitet, seine Pläne o. Ä. zu durchkreuzen, ihm zu schaden sucht.

[106] Rufmord ist die böswillige Schädigung des Rufes, des Ansehens eines anderen (durch Verleumdungen).

[107] Informationen über Sachverhalte oder Personen, die subjektiv geprägt und faktisch ungesichert sind, *Schemmel/Ruhmannseder/Witzigmann*, Hinweisgebersysteme, S. 7 f.

[108] *Donato*, Whistleblowing, S. 17; *Leisinger*, Whistleblowing und Corporate Reputation Management, S. 34 ff.; *Schemmel/Ruhmannseder/Witzigmann*, Hinweisgebersysteme, S. 7 f.

wing, womit Phänomene wie „Wichtigtuerei", „Rufmord" oder „Intrigen" bereits nach der gewählten Begriffsbestimmung ohne weitere Abgrenzung auszuscheiden sind.

5. Zwischenergebnis und Grundlage der nachfolgenden Untersuchungen

Der Untersuchung liegt nach den getroffenen Darstellungen ein weites Begriffsverständnis zugrunde. Dies dient dazu, mehrere verschiedene Handlungsformen zu erfassen und diese einer differenzierten rechtlichen Bewertung zuzuführen. Da die Begriffsmerkmale des Whistleblowings wesentlich für die weitere Bearbeitung – insbesondere für die Bewertung des strafbaren Verhaltens – sind, werden die wesentlichen Erkenntnisse der Begriffsbestimmung im Folgenden zusammengefasst:

- Die *Person des Whistleblowers* zeichnet sich durch ihre Zugehörigkeit zu einer bestimmten Organisation aus. Dabei ist es unerheblich, ob diese im öffentlichen oder im privaten Sektor tätig wird. An die Organisationsangehörigkeit dürfen keine überspannten Anforderungen gestellt werden. Whistleblower können nicht nur Personen sein, die in einem arbeitsvertraglichen Abhängigkeitsverhältnis stehen, sondern auch vergleichbare Personen, unabhängig davon, ob es sich um leitende Angestellte oder Selbstständige handelt. Indizielle Bedeutung kommt insofern dem typischen Interessenkonflikt zu, welchem der Whistleblower zwischen Offenbarung und Geheimhaltung unterliegt. Die Beziehung des Whistleblowers zur jeweiligen Organisation wird jedoch bei der Beurteilung der Strafbarkeit von entscheidender Bedeutung sein. So gibt es Tatbestände, die von einer speziellen

Stellung in einer Gesellschaft abhängen – wie in § 85 GmbHG und § 404 AktG geregelt[109] – oder die Strafbarkeit von der Zugehörigkeit zum öffentlichen Sektor abhängig machen.

- *Gegenstand* des Whistleblowings kann nach der hier gewählten Definition jedes Fehlverhalten – einschließlich eines als moralisch verwerflich angesehenen Verhaltens – sein. Grundsätzlich kommt es darauf an, ob der Whistleblower ein Verhalten als illegal oder unmoralisch ansieht. Bei der Prüfung der Strafbarkeit des Whistleblowings wird es jedoch von Bedeutung sein, ob der Whistleblower illegales oder lediglich unmoralisches Verhalten meldet.

- Der Begriff „Whistleblowing" beschränkt sich nicht auf externe Offenbarungen, sondern umfasst auch interne Meldungen innerhalb der Organisation. Geeigneter *Adressat* des Whistleblowings sind somit nicht nur Stellen, von denen direkt eine Beseitigung des Missstands zu erwarten ist, sondern auch Adressaten, von denen ein „Zwischenschritt" zur Aufklärung ausgehen kann (z. B. zunächst Information an die Presse).

- Whistleblowing liegt jedoch nicht vor, wenn die Meldung von einer übergeordneten Person stammt, die den Missstand *selbst beseitigen* kann. Hieran dürfen aber keine zu hohen Anforderungen gestellt werden. Die bloß vage Möglichkeit der Beseitigung genügt nicht.

---

[109] Dazu Kap. 4 III. 2., 3.

- Subjektive Einschränkungen sind für die Begriffsbestimmung nicht angezeigt. Gleichwohl können diese für die Beurteilung der Strafbarkeit eines Verhaltens von Bedeutung sein.

6. Ausblick auf die weitere Begriffsverwendung

In der nachfolgenden Bearbeitung werden aufgrund der Vorzüge, welche die englischsprachigen Bezeichnungen „Whistleblowing“ und „Whistleblower“ beinhalten, diese Termini verwendet, damit Verwechslungen oder Vermengungen mit anderen Phänomenen möglichst ausgeschlossen werden. Soweit der Begriff „Hinweisgeber“ bzw. „hinweisgebende Person“ im Folgenden verwendet wird, gilt dieser als Synonym für Whistleblower. Der deutsche Gesetzgeber tendiert hinsichtlich der Begrifflichkeit eher zu einer Übersetzung ins Deutsche und verwendet insofern „hinweisgebende Person“ bzw. „Hinweisgeber“,[110] weshalb diese Begriffe auch hier als Synonyme verwendet werden. Hinsichtlich des Verhaltens des Whistleblowers wird außerdem zwischen „Melden“ und „Offenbaren“ unterschieden. Während die Meldung eines Fehlverhaltens die Bekanntgabe eines solchen im oben genannten Sinne an eine unternehmensinterne Stelle oder eine staatliche Stelle (bspw. gegenüber den für den gemeldeten Missstand zuständigen Behörden) beinhaltet, liegt eine Offenbarung vor, wenn der Whistleblower die Öffentlichkeit – bspw. über die Presse – unmittelbar informiert. Dieser Unterscheidung wird später im Rahmen der rechtlichen Bewertung noch entscheidende Bedeutung zukommen.

---

[110] Vgl. insofern die Terminologie des HinSchG, BT-Drucks. 20/3442, S. 1.

II. Effekte von Whistleblowing

Whistleblowing ist ein ausgesprochen facettenreiches Phänomen, das den Strafverfolgungsbehörden und der Öffentlichkeit wichtige Informationen vermitteln kann. Als Kehrseite kann es aber auch dazu kommen, dass die Reputation eines Unternehmens durch die Offenbarung eines Missstandes nachhaltig geschädigt wird. Es gehört mitunter zu den Interessen eines Unternehmens, dass geheime Informationen nicht nach außen gelangen. Dasselbe gilt für Geheimnisse des Staates, welche bei Bekanntwerden schwere Nachteile für dessen Funktionsfähigkeit zur Folge haben können.

1. Funktionen des Whistleblowings

Wie sich bereits aus der dargestellten Definition ergibt, ist Whistleblowing nicht im negativen Sinne als Denunzieren oder Gerüchteverbreiten zu verstehen, sondern hat die Offenbarung von Missständen zum Gegenstand. Zwar war die gesellschaftliche Wahrnehmung – u. a. aus historischen Gründen – bisher nicht vergleichbar positiv wie bspw. diejenige in den USA.[111] Gleichwohl zeichnet sich eine steigende gesellschaftliche Akzeptanz für das Whistleblowing als Instrument zur Bekämpfung von Missständen ab. Diese Entwicklung zeigt sich insbesondere daran, dass auch hierzulande Hinweisgeber ausgezeichnet werden und Whistleblower-Netzwerke existieren, die sich für die Interessen der Whistleblower einsetzen.[112] Die

---

[111] *Mahnhold*, in: NZA 2008, 737; *Schemmel/Ruhmannseder/Witzigmann*, Hinweisgebersysteme, S. 21 f.; *Tinnefeld/Rauhofer*, in: DuD 2008, 717, 722.

[112] *Schemmel/Ruhmannseder/Witzigmann*, Hinweisgebersysteme, S. 23.

Vorzüge, die durch Offenbarungen von internen Hinweisgebern ausgehen, scheinen offensichtlich zu sein. Während es für Außenstehende überaus schwierig sein kann, Informationen über Missstände zu erlangen, haben Organisationsangehörige Einblicke in betriebsinterne Prozesse und können somit Abweichungen und Fehlverhalten deutlich einfacher erkennen.[113] Insbesondere komplexe Abläufe in Wirtschaftsunternehmen können oftmals nur von Angehörigen des Unternehmens durchschaut werden.

a) Erkennen und Aufdeckung von Wirtschaftsstraftaten

Der Anteil der Wirtschaftskriminalität an der Gesamtkriminalität ist nach den Daten der polizeilichen Kriminalstatistik als grundsätzlich gering anzusehen. Das Bundeskriminalamt registrierte für das Jahr 2022 insgesamt 73.114 Fälle, die dem Bereich der Wirtschaftskriminalität[114] zugerechnet wurden, was einen Anteil von nur 1,3 % der Gesamtkriminalität ausmacht.[115] Auch die Aufklärungsquote[116] ist bei Wirtschaftsstraftaten auf einem konstant hohen Niveau. Sie be-

---

[113] *Schemmel/Ruhmannseder/Witzigmann*, Hinweisgebersysteme, S. 23.

[114] Was unter Wirtschaftskriminalität bzw. Wirtschaftsstraftaten zu verstehen ist, ist umstritten. Nach der vorzugswürdigen – praktikablen – Ansicht bestimmt sich der Begriff nach dem Katalog des § 74c GVG, wonach Wirtschaftsstraftaten solche sind, für welche die Wirtschaftsstrafkammern prozessual zuständig sind. Zum Meinungsstand vgl. *Dannecker/Bülte*, in: Wabnitz/Janovsky/Schmitt, Handbuch Wirtschafts- und Steuerstrafrecht, Kap. 1 Rn. 5 ff.; *Wittig*, Wirtschaftsstrafrecht, § 2 Rn. 1 ff.

[115] BKA Bundeslagebild Wirtschaftskriminalität 2022, S. 5.

[116] Die Aufklärungsquote betrifft das prozentuale Verhältnis zwischen aufgeklärten und erfassten Fällen, *Völschow*, Kriminologie ländlicher Räume, S. 26.

trug im Jahr 2022 91,8 %, während die Aufklärungsquote von Straftaten insgesamt im Jahr 2022 durchschnittlich lediglich 57,3 % betrug.[117] Diese Zahlen dürfen jedoch nicht fehlinterpretiert werden. Zwar mögen der geringe Anteil der Wirtschaftskriminalität und die hohe Aufklärungsquote auf den ersten Blick indizieren, dass dieser Kriminalitätsbereich im Vergleich zu anderen Deliktstypen nicht sonderlich schwer ins Gewicht fällt. Dass die Wirtschaftskriminalität in quantitativer Hinsicht nur 1,3 % der Gesamtkriminalität ausmacht, darf jedoch nicht darüber hinwegtäuschen, dass die hierdurch hervorgerufenen qualitativen Schäden immens sind.[118] Der in der PKS 2022 ausgewiesene Gesamtschaden betrug für das Jahr 2022 6,082 Milliarden Euro.[119] Davon entfielen etwa 2,084 Milliarden Euro auf Wirtschaftsdelikte.[120] Zugleich bedeutet die hohe Aufklärungsquote von 91,8 % im Bereich der Wirtschaftskriminalität nicht etwa, dass Wirtschaftsstraftaten ausreichend erfasst und registriert werden. Vielmehr gibt die Aufklärungsquote in den polizeilichen Kriminalstatistiken nur Aufschluss darüber, dass ein Ermittlungsergebnis eines namentlich bekannten oder in flagranti überführten Täters festgestellt worden ist.[121] Dies kann sich freilich nur auf die der Polizei bekannt gewordenen Fälle beziehen, nicht aber auf die, welche ihr von Anfang an verborgen geblieben sind.

---

[117] BKA Bundeslagebild Wirtschaftskriminalität 2022, S. 8.

[118] Vgl. hierzu *Meier*, Kriminologie, § 11 Rn. 1; *Müller-Gugenberger*, Wirtschaftsstrafrecht, Kap. 1 A. I. Rn. 1.5 ff.; *Wittig*, Wirtschaftsstrafrecht, § 1 Rn. 3 ff.

[119] BKA Bundeslagebild Wirtschaftskriminalität 2022, S. 8.

[120] BKA Bundeslagebild Wirtschaftskriminalität 2022, S. 8.

[121] *Meier*, Kriminologie, § 5 Rn. 30 ff.; *Schulte*, Kontrolle und Delinquenz, S. 17.

aa) Zum Dunkelfeld der Wirtschaftskriminalität

Während das zuvor beschriebene Hellfeld diejenigen Straftaten ausweist, welche den Strafverfolgungsbehörden zur Kenntnis gelangten und in einem Strafverfahren verarbeitet wurden, betrifft das Dunkelfeld die übrigen begangenen Delikte, die den Strafverfolgungsbehörden nicht bekannt geworden sind.[122] Das Bekanntwerden von Straftaten einschließlich der damit verbundenen Zuordnung zum Hellfeld ist in erster Linie durch das Anzeigeverhalten von Privatpersonen und die Ermittlungstätigkeit der Strafverfolgungsbehörden bedingt.[123] Grundsätzlich scheint das Anzeigeverhalten gegenüber der eigenen Ermittlungstätigkeit für das Bekanntwerden einer Straftat von größerer Bedeutung zu sein. So wird davon ausgegangen, dass etwa 90 % der Straftaten, die dem Hellfeld zugerechnet werden, durch Strafanträge privater Personen bekannt werden.[124] Eine geringe Anzeigebereitschaft der Bevölkerung legt also ein weites Dunkelfeld nahe. Das Anzeigeverhalten von Privatpersonen hängt von mehreren Faktoren ab. So korrelieren die Art des Deliktes und die Schadenshöhe mit der Strafantragswahrscheinlichkeit.[125] Grundsätzlich fällt auf, dass eine über dem Durchschnitt liegende Bereitschaft zur Strafanzeige bei Eigentumsdelikten vorliegt, deren Meldung Voraussetzung für die Gewährleistung von Versicherungsschutz ist.[126]

---

[122] *Dirr*, Kriminalität im Hell- und Dunkelfeld, S. 4; *Kreuzer*, in: NStZ 1994, 10; *Schneider*, Kriminologie, S. 182; *Singelnstein/Kunz*, Kriminologie, § 15 Rn. 6 f.

[123] *Neubacher*, Kriminologie, Kap. 3 Rn. 1; *Singelnstein/Kunz*, Kriminologie, § 15 Rn. 12.

[124] *Kölbel*, in: Müko, StPO, § 158 Rn. 8; *Neubacher*, Kriminologie, Kap. 3 Rn. 1.

[125] *Neubacher*, Kriminologie, Kap. 3 Rn. 11 f.

[126] *Hermann*, Werte und Kriminalität, S. 222; *Neubacher*, Kriminologie, Kap. 3 Rn. 11.

Im Übrigen wird angenommen, dass die Anzeigeneigung bei Vermögensdelikten mit einer hohen Schadenssumme steigt.[127] Da es sich bei Wirtschaftsstraftaten um Delikte handelt, die einen Großteil des insgesamt verursachten materiellen Schadens ausmachen, scheint auch dieser Gesichtspunkt für eine hohe Anzeigebereitschaft zu sprechen, die zu einer Aufhellung des Dunkelfeldes führt. Maßgebend dafür, dass eine Privatperson eine Strafanzeige stellt, ist jedoch, dass diese das beobachtete Verhalten als kriminell interpretiert.[128] Wirtschaftskriminalität zeichnet sich aber regelmäßig durch ihre Undurchsichtigkeit und Komplexität aus. Die Abgrenzung zwischen strafbaren und straffreien Verhaltensweisen kann sich im Einzelfall als überaus schwierig darstellen. So existieren im wirtschaftlichen Bereich seit jeher Umgehungshandlungen bzw. Umgehungsgeschäfte, bei denen Personen versuchen, durch die tatsächliche Vornahme künstlich erscheinender Handlungen und Geschäfte in den Anwendungsbereich einer Norm zu gelangen (Erschleichung) bzw. diese zu umgehen (Umgehung).[129] Dieses Vorgehen ist im Gegensatz zu den Scheingeschäften[130] grundsätzlich nicht strafbar, da ein Verhalten – auch wenn es als noch so strafwürdig empfunden wird – wegen des Fundamentalgrundsatzes des Art. 103 Abs. 2 GG nur bei Vorliegen einer gesetzlichen Bestimmung bestraft werden kann.[131] Für einen juristischen Laien wird es kaum möglich sein,

---

[127] *Hermann*, Werte und Kriminalität, S. 222.

[128] *Kölbel*, in: Müko, StPO, § 158 Rn. 8.

[129] *Bruns*, in: GA 1986, 1; *Dannecker/Bülte*, in: Wabnitz/Janovsky/Schmitt, Handbuch Wirtschafts- und Steuerstrafrecht, Kap. 1 Rn. 110.

[130] Bei einem Scheingeschäft wird die Vornahme einer Handlung nur vorgegeben (Täuschung). Die Rechtswirkung der Handlung soll jedoch nicht eintreten. *Mansel*, in: Jauernig, BGB, § 117, Rn. 2.

[131] *Kudlich/Oğlakcıoğlu*, Wirtschaftsstrafrecht, 1. Teil Rn. 79.

zwischen strafbaren Scheingeschäften und grundsätzlich straflosen Umgehungshandlungen zu unterscheiden, was ihn in seiner Anzeigebereitschaft unter der vorstehenden Prämisse beschränkt. Da Wirtschaftsstraftaten regelmäßig einen Unternehmensbezug aufweisen, werden diese oftmals von Mitarbeitern des Unternehmens entdeckt. Angesichts der Tatsache, dass die Hemmschwelle bei Unternehmensangehörigen wegen zuvor benannter zu befürchtender Repressalien als eingeschränkt betrachtet werden kann, wird auch hierdurch die Entdeckung von Wirtschaftsstraftaten infolge mangelnder Anzeigebereitschaft erschwert.

Zwar trifft es, wie bereits dargelegt, zu, dass mit Zunahme des materiellen Schadens auch die Wahrscheinlichkeit der Erstattung einer Strafanzeige steigt. Dieser Gedanke trägt aber nur in denjenigen Fällen, in welchen es tatsächlich eine Privatperson als Opfer gibt. Sofern Rechtsgüter der Allgemeinheit betroffen sind, ist kein Opfer zu individualisieren, das bei der Polizei eine Strafanzeige stellen könnte. Wirtschaftsstraftaten schützen jedoch regelmäßig das Allgemeininteresse, sodass kein unmittelbar betroffenes und individuell bestimmbares Opfer zu erkennen ist.[132] Der Subventionsbetrug nach § 264 StGB, illegale Preisabsprachen im Kartellrecht, die nach § 81 GWB geahndet werden, sowie das Vorenthalten und Veruntreuen von Arbeitnehmerentgelt gem. § 266a StGB sind zwar dazu geeignet, erhebliche materielle Schäden hervorzurufen, diese entstehen aber nicht bei Privatpersonen, sondern der Allgemeinheit, was nahelegt, dass das damit einhergehende abgesenkte Meldeverhalten auch zu einem weiten Dunkelfeld führt.

---

[132] Vgl. hierzu auch *Neubacher*, Kriminologie, Kap. 20 Rn. 6.

Die Entdeckung von Wirtschaftsstraftaten hängt somit maßgeblich von der staatlichen Ermittlungstätigkeit ab. Doch diese ist angesichts der rechtlichen Erfassungsschwierigkeiten Grenzen ausgesetzt. Neben den zuvor schon thematisierten möglichen Umgehungs- und Scheinhandlungen, die es nicht nur für Laien schwierig machen, strafbares Verhalten zu erkennen, existieren komplexe rechtliche und tatsächliche Fragen hinsichtlich der Abgrenzbarkeit zwischen strafbarem und straflosem Verhalten, sodass auch hierdurch das Erkennen von Wirtschaftsstraftaten erschwert wird.[133]

Rechtliche und tatsächliche Schwierigkeiten bestehen nicht nur bei der Entdeckung von Wirtschaftsstraftaten, sondern auch bei deren Erledigung. Das Wirtschaftsstrafrecht wird bisweilen als „neuartiger Verfahrenstyp" bezeichnet.[134] Zutreffend ist jedenfalls, dass die rechtliche und tatsächliche Komplexität von Wirtschaftsstraftaten eine Vielzahl von Verteidigungsansätzen ermöglicht.[135] Neben dem Wissensvorsprung, den Straftäter von Wirtschaftsstraftaten als Angehörige eines oftmals komplex organisierten Unternehmens haben, verfügen diese über weitaus größere Verteidigungsressourcen als der Durchschnitt der Tatverdächtigen.[136] So verwundert es nicht, dass es im Bereich der Wirtschaftskriminalität nur in einer unterproportionalen Anzahl der Fälle zu Anklagen kommt und häufig Absprachen getroffen werden. Die relativ geringe Zahl von Anklagen lässt sich

---

[133] *Neubacher*, Kriminologie, Kap. 20 Rn. 6.

[134] *Güroff*, in: Neue Kriminalpolitik 2005, 142, 145.

[135] *Neubacher* spricht etwa davon, dass das Machtgefälle zwischen dem Gericht und den Strafverfolgungsbehörden auf der einen Seite und dem Beschuldigten auf der anderen Seite hier nicht so ausgeprägt ist, wie in anderen Verfahren. *Neubacher*, Kriminologie, Kap. 20 Rn. 8.

[136] *Neubacher*, Kriminologie, Kap. 20 Rn. 8 f.

letztlich auch auf die weit überdurchschnittliche Länge von Wirtschaftsstrafverfahren zurückführen, die eine Absprache aus Entlastungsgründen in diesem Bereich besonders attraktiv macht.[137]

bb) Chance zur Aufhellung des Dunkelfeldes durch Whistleblowing

Whistleblower sind als Betriebsangehörige regelmäßig in Unternehmensabläufe eingebunden und können oftmals zuverlässig über internes Fehlverhalten berichten. Angesichts der erheblichen Schwierigkeiten, eine Wirtschaftsstraftat zu entdecken bzw. diese adäquat aufzuklären, können entsprechende Angaben eines Unternehmensangehörigen von ganz erheblichem Wert für die Behörden sein.

Dass Whistleblowing zur Erkennung und Aufdeckung von Straftaten beitragen kann, erscheint nach dem zuvor Dargestellten offenkundig. Zwar liegen keine gesicherten Zahlen dahingehend vor, wie viele Wirtschaftsstraftaten durch Whistleblowing erkannt werden konnten, das Bundeslagebild Korruption aus dem Jahr 2021 weist jedoch darauf hin, dass Whistleblowing ein geeignetes Instrument zur Bekämpfung von Korruption ist. So kamen Korruptionsverfahren in 6,6 % der Fälle durch bekannte und in 6,4 % der Fälle durch anonyme hinweisgebende Personen zustande.[138] Damit lässt sich dem Lagebild dennoch nicht entnehmen, wie der Begriff des Hinweisgebers zu verstehen ist, ob er der hier gewählten Definition des Whistleblowers entspricht und wie sich das Whistleblowing auf die Wirtschaftskriminalität im Allgemeinen auswirkt.[139] Bei der Kor-

---

[137] *Huber*, in: NStZ 1996, 530, 533.

[138] BKA Bundeslagebild Korruption 2021, S. 17.

[139] *Pfeifle*, Finanzielle Anreize, S. 63.

ruption ist aber, wie bei den übrigen Wirtschaftsstraftaten, von einem hohen Dunkelfeld auszugehen,[140] womit die aus dem Bundeslagebild Korruption gewonnenen Erkenntnisse durchaus auf die Wirtschaftskriminalität im Allgemeinen übertragen werden können. Auch wenn der Begriff „Hinweisgeber", so wie ihn das Bundeskriminalamt verwendet, nicht mit der ausgewählten Definition übereinstimmt, spricht die Weite dieser Begriffsdefinition für einen beträchtlichen Anteil des Whistleblowings an der Aufdeckung von Korruption und Wirtschaftsstraftaten im Allgemeinen.

Die Bedeutung von Whistleblowing bei der Aufdeckung von Wirtschaftsstraftaten wird zudem immer wieder mit den Studien der Wirtschaftsprüfungsgesellschaften KPMG[141] und PwC[142] belegt.[143] Die Wirtschaftsprüfungsgesellschaft KPMG befragte für ihre im Jahr 2020 veröffentlichte Studie „Wirtschaftskriminalität in Deutschland" 1.000 Unternehmen. Auf die Frage, wie wirtschaftskriminelle Handlungen im Unternehmen entdeckt werden, gaben 55 % der teilnehmenden Unternehmen an, dass dies im Zusammenhang mit offenen Hinweisen durch Unternehmensangehörige geschehen sei.[144] Freilich kann nicht davon ausgegangen werden, dass

---

140 Zum Dunkelfeld der Korruptionsdelikte vgl. *Bannenberg*, in: Wabnitz/Janovsky/Schmitt, Handbuch Wirtschafts- und Steuerstrafrecht, 13. Kap. Rn. 22 ff.

141 KPMG, Im Spannungsverhältnis, Wirtschaftskriminalität in Deutschland 2020.

142 PwC, Wirtschaftskriminalität.

143 *Schenkel*, Whistleblowing, S. 22 ff.; *Koch*, in: ZIS 2008, 500, 503; a.A. *Pfeifle*, Finanzielle Anreize, S. 63 ff.

144 KPMG, Im Spannungsverhältnis, Wirtschaftskriminalität in Deutschland 2020, S. 36.

es sich bei den in der Studie geführten „Hinweisen durch Unternehmensangehörige“ ausnahmslos um Whistleblowing nach dem hier genannten Verständnis handelt. Wirtschaftskriminelle Handlungen, die im Rahmen eines Whistleblowing-Systems aufgedeckt wurden, sind für das Jahr 2020 mit 15 % beziffert worden. Insgesamt kann die Bedeutung interner Hinweise und somit auch des Whistleblowings zur Kriminalitätsbekämpfung aber angesichts dieser Zahlen kaum bestritten werden.

Die zunehmende Bedeutung von Whistleblowing im Kampf gegen Wirtschaftskriminalität lässt sich schließlich auch anhand statistischer Erhebungen festmachen. Während eine internationale Studie aus dem Jahr 2006 von *Bussmann/Werle*[145] angab, dass Whistleblowing lediglich zu 4 % der aufgedeckten Straftaten beitrug, scheinen die aktuelleren Statistiken ein anderes Bild zu zeichnen. Dies zeigt sich schon an der KMPG-Studie, die im Jahr 2016 auswies, dass wirtschaftskriminelle Handlungen in 8 % der Fälle durch Hinweisgebersysteme aufgedeckt wurden. In den darauffolgenden Jahren stieg diese Zahl kontinuierlich an und betrug im Jahr 2020 bereits 15 %.[146] Diese Tendenz hängt freilich mit der wachsenden Implementierung von Hinweisgebersystemen zusammen, die grundsätzlich dazu geeignet sind, Whistleblower zu stärken und ihnen einen rechtssicheren Rahmen zu bieten.[147] Bisweilen wird befürchtet, dass der politische Druck zur Einführung eines Hinweisgebersystems zu

---

[145] *Bussmann/Werle*, in: Brit. J. Criminol 2006, 1128, 1135.

[146] KPMG, Im Spannungsverhältnis, Wirtschaftskriminalität in Deutschland 2020, S. 37.

[147] Zu den Vorteilen von Hinweisgebersystemen ausführlich *Egger*, in: CCZ 2018, 126, 128 f.; *Ruhmannseder/Behr/Krakow*, Hinweisgebersysteme, Kap. 3 I. 4. Rn. 174; *Wiedmann/Greubel*, in: CCZ 2019, 88, 91 f.

einer lediglich formalen, rein symbolischen Umsetzung führen könnte, Unternehmen in Wahrheit jedoch darauf bedacht seien, Meldungen geheim zu halten.[148] Faktisch belegen lassen sich diese Befürchtungen allerdings nicht. Denn die Zahl der im Rahmen von Hinweisgebersystemen aufgedeckten Straftaten korreliert mit deren gestiegener Implementierung. Wie weitreichend der Nutzen eines Hinweisgebersystems ist, hängt jedoch von der konkreten Umsetzung und den daran gestellten Anforderungen ab.

b) Whistleblowing als Chance für Unternehmen

Whistleblowing wirkt sich insofern auch nicht zwangsläufig einseitig zugunsten der Strafverfolgungsbehörden und zulasten der betroffenen Organisation aus. Vielmehr wird im Folgenden dargelegt, dass Whistleblowing nicht nur Chancen für das Erkennen und Aufdecken von Wirtschaftsstraftaten bietet, sondern Unternehmen durch das gezielte Nutzen von Hinweisgebersystemen eine finanziell einschneidende und prestigeschädigende Strafe bzw. Geldbuße abwenden können.

aa) Reaktionsmöglichkeiten auf Fehlverhalten

Jedenfalls erfolgt beim internen Whistleblowing eine Meldung zunächst an eine Stelle, die der betroffenen Organisation zuzurechnen ist.[149] Damit wird diese möglicherweise über illegales Verhalten in Kenntnis gesetzt, das den Verantwortungsträgern bis dato noch verborgen geblieben war. Das Bewusstsein über eine Straftat versetzt

---

[148] *Blount/Markel*, in: Fordham J. Corp. & Fin. L. 17 2012, 1023, 1046; *Pfeifle*, Finanzielle Anreize, S. 66.

[149] Zum Begriff des internen Whistleblowings vgl. Kap. 1 I. 3. a) cc).

die betroffene Organisation in die günstige Lage, über Handlungsmöglichkeiten zu verfügen: Sie kann einen Rechtsexperten (bspw. auch die interne Compliance-Abteilung) mit der Prüfung der Situation beauftragen und Möglichkeiten eruieren, Schaden abzuwenden oder ihn möglichst gering zu halten. Im Wirtschaftsstrafrecht eröffnet die frühe Kenntnis einer Straftat dem betroffenen Unternehmen mehrere Möglichkeiten. So ist es etwa bei rechtzeitigem Erkennen der Vollendung eines Subventionsbetruges, dessen Vollendung bereits mit der Bewilligung der Subvention eintritt,[150] möglich, Straffreiheit zu erlangen, wenn die Auszahlung der Subvention verhindert wird, § 264 Abs. 6 Satz 1.[151] Vergleichbare Regelungen existieren z. B. zum Kapitalanlagebetrug (§ 264a Abs. 3 StGB) und zum Kreditbetrug (§ 265b Abs. 2 StGB).[152] Damit kann nicht nur die Individualstrafe, die dem einzelnen Verantwortungsträger droht, abgewendet, sondern auch eine etwaige Unternehmensgeldbuße (§ 30 OWiG) verhindert werden. Grundlage für jede Unternehmensgeldbuße, deren Verhängung neben der wirtschaftlichen Sanktionierung auch Reputationsschäden nach sich zieht, ist nämlich, dass die Anknüpfungstat verfolgbar ist.[153] Neben den wirtschaftlichen Folgen

---

[150] *Gaede*, in: Matt/Renzikowski, StGB, § 264 Rn. 60; *Perron*, in: Schönke/Schröder, StGB, § 264, Rn. 66.

[151] *Ceffinato*, in: Müko, StGB, § 264 Rn. 118; *Mischke*, in: KommJur 2011, 281, 285; *Osman Isfen*, in: Leitner/Rosenau, Wirtschafts- und Steuerstrafrecht, § 264 StGB Rn. 82.

[152] Zur tätigen Reue im Wirtschaftsstrafrecht im Allgemeinen und den damit verbundenen Verteidigungsmöglichkeiten vgl. *Krack*, in: NStZ 2001, 505.

[153] *Meyberg*, in: BeckOK, OWiG, § 30 Rn. 62.

einer Unternehmensgeldbuße können einschneidende strafprozessuale Maßnahmen, die ganz erhebliche Reputationsschäden für Unternehmen mit sich bringen, abgewendet werden.

Das rechtzeitige Erkennen von Straftaten, das durch ein funktionierendes internes Whistleblowing-System gefördert wird, kann zudem im Steuerstrafrecht enorme Vorteile haben, weil eine wirksame Selbstanzeige wegen Steuerhinterziehung gem. § 371 Abs. 1 AO zur Straffreiheit führt. Gerade in diesem Bereich ist die rechtzeitige Kenntnis einer Straftat von immenser Bedeutung, da bei Kenntniserlangung der Finanzbehörden bzw. der Strafverfolgungsbehörden ein Strafbarkeitsausschluss gem. § 371 Abs. 2 AO regelmäßig nicht mehr in Betracht kommt.[154]

bb) Gefahrenabwehrpotenzial

Freilich dient Whistleblowing nicht nur der Entdeckung und Aufklärung bereits begangener Straftaten. In einem frühen Stadium kann es Wirkung zur Prävention von Straftaten und anderem Fehlverhalten entfalten.[155] Dies hat zudem zur Folge, dass ein Schaden des Einzelnen oder – häufig im Wirtschaftsstrafrecht – der Allgemeinheit erst gar nicht entsteht und Unternehmen (bei interner Meldung des Fehlverhaltens) bzw. die zuständigen Behörden bei externer Meldung, sachgerecht reagieren können, bevor ein entsprechender Schaden tatsächlich entsteht. Insbesondere bei einer bevorstehenden, aber tatsächlich noch nicht begangenen Handlung, die dem Umweltschutz-,

---

[154] Vgl. zu den Voraussetzungen einer strafbefreienden Selbstanzeige bei der Steuerhinterziehung *Kohler*, in: MüKo, StGB, § 371 AO Rn. 45 ff.; *Simon/Wagner*, Steuerstrafrecht, S. 167 ff.

[155] *Schemmel/Ruhmannseder/Witzigmann*, Hinweisgebersysteme, S. 25.

dem besonderen Sicherheits- oder dem Arbeitsschutzrecht zuwiderläuft,[156] kann Whistleblowing dazu dienen, entstehende Gefahren bereits im Vorfeld zu bekämpfen, ohne dass diese in einen Schaden münden, womit Whistleblowing im gesamtgesellschaftlichen Interesse ist.[157]

c) Beitrag zur öffentlichen Meinungsbildung

Im Jahr 2013 dominierte die Berichterstattung über die Überwachungspraktiken von Geheimdiensten lange Zeit die politische Diskussion. Grund dafür waren die Enthüllungen des ehemaligen NSA-Mitarbeiters und Whistleblowers Edward Snowden, der im Juni 2013 eine verdachtsunabhängige Überwachung der Telekommunikation und des Internets durch die NSA enthüllte. Nachdem er im Rahmen seiner Tätigkeit auf das Ausmaß der weltweiten Überwachungspraktiken der Internetkommunikation stieß, deren Rechtmäßigkeit er anzweifelte, kopierte er sensible Geheimdienstinformationen auf eine Speicherkarte, um diese für seine späteren Enthüllungen zu verwenden. Nachdem Snowden nach Hongkong geflohen war, übermittelte er die geheimen Dokumente an den *Guardian* und die *Washington Post*, welche Snowdens Erkenntnisse – unter partieller Veröffentlichung der geheimen Dokumente – einer breiten Öffentlichkeit zugänglich machten.

---

[156] Diese Rechtsbereiche sind ebenfalls von der Whistleblower-RL umfasst, vgl. Art. 2 Whistleblower-RL.

[157] *Schemmel/Ruhmannseder/Witzigmann*, Hinweisgebersysteme, S. 25.

Diese Form des – externen – Whistleblowings ist dem öffentlichen Meinungsbildungsprozess besonders dienlich.[158] Gerade in der Sicherheitspolitik setzen die Regierungen eher auf Geheimhaltung, was den Meinungsbildungsprozess in diesem Bereich geradezu unmöglich macht und eine demokratische Kontrolle erschwert.[159] Dabei handelt es sich um einen Politikbereich, der massive Grundrechtseinschränkungen durch Überwachungsmaßnahmen als mögliche Eingriffe in Art. 2 Abs. 1 i. V. m. Art. 1 Abs. 1 GG, Art. 10 GG und Art. 13 GG mit sich bringen kann und nach verfassungsrechtlichem Selbstverständnis vom Parlament, das seine Legitimation vom Wahlvolk ableitet, entschieden werden muss.[160] Diese legitimierende Wirkung kann das durch den Wähler legitimierte Parlament aber nur insoweit ausüben, als es über Tatsachen unterrichtet ist, die für seine Willensbildung maßgebend sind.[161] Gerade in Bereichen, die für die Öffentlichkeit eher undurchsichtig sind, können Whistleblower zu der erforderlichen Transparenz für die öffentliche Meinungsbildung beitragen.[162] Den Nutzen des Whistleblowings für den Prozess der Meinungsbildung illustriert der Fall „Edward Snowden" eindrucksvoll. Während Überwachungspraktiken von Geheimdiensten in der öffentlichen Diskussion eher ein Schattendasein fristeten, wurde die Diskussion über die Grenzen der staatlichen Überwachung neu entfacht. Auch wenn bis heute umstritten ist, ob die von

---

[158] *Edwards*, Die Rechtmäßigkeit von Whistleblowing, S. 13; *Schenkel*, Whistleblowing, S. 27.

[159] *Fischer-Lescano*, in: Blätter 2013, 63, 64.

[160] Zur Wesentlichkeitstheorie BVerfGE 49, 89, 126; *Kotzur*, in: Münch/Kunig, Art. 20 GG Rn. 156 ff.

[161] *Fischer-Lescano*, in: Blätter 2013, 63, 69.

[162] *Edwards* bezeichnet dies als „Transparenzfunktion des Whistleblowings" *Edwards*, Die Rechtmäßigkeit von Whistleblowing, S. 13.

Snowden offenbarten Überwachungspraktiken rechtmäßig gewesen sind, besteht kein Zweifel daran, dass der demokratische Willensbildungsprozess durch die Enthüllungen gefördert worden ist.[163]

2. Widerstreitende Interessen

Neben den nicht bestreitbaren Vorzügen des Whistleblowings für die Kriminalitätsbekämpfung, die Gefahrenabwehr und den öffentlichen Meinungsbildungsprozess kann Whistleblowing dazu führen, dass in andere – berechtigte – widerstreitende Interessen eingegriffen wird. Diese können zum einen Geheimhaltungsinteressen privatwirtschaftlicher Unternehmen sein, deren wirtschaftlicher Erfolg oftmals ganz wesentlich von spezifischem Know-how abhängt, das bei einem Gelangen an die Öffentlichkeit erheblich an Wert verliert. Zum anderen existieren jedoch auch staatliche Geheimhaltungsinteressen, bei deren Verletzung zu befürchten ist, dass der Staat seine Aufgaben nicht mehr sachgerecht wahrnehmen kann.

a) Geheimhaltungsinteresse der Privatwirtschaft

Unternehmen haben in vielfältiger Hinsicht ein Interesse daran, dass Interna nicht nach außen gelangen. Werden geheime Informationen offenbart, kann dies zu einem immensen wirtschaftlichen Schaden führen. Mitunter können Geheimnisse eine derartige Bedeutung für Unternehmen besitzen, dass diese für dessen Erfolg konstitutiv

---

[163] Zur Bedeutung des Falles „Snowden“ für den Meinungsbildungsprozess vgl. auch *Kreis*, Whistleblowing als Beitrag zur Rechtsdurchsetzung, S. 165.

sind.[164] Instruktiv ist insofern das Beispiel der Coca-Cola-Rezeptur als eines der bestbehüteten und wertvollsten Unternehmensgeheimnisse.[165] Aber nicht nur für den individuellen Erfolg sind Geschäftsgeheimnisse von immenser Bedeutung. Deren Geheimhaltung ist im Allgemeinen für einen fairen und funktionierenden Wettbewerb entscheidend. Da der Unternehmenserfolg nicht selten von exklusiven Innovationen abhängt, welche die Mitbewerber überraschen, ist der Schutz von Geschäftsgeheimnissen notwendiger Bestandteil eines funktionierenden Wettbewerbsrechts.[166] Auch auf EU-Ebene wurde dem gesteigerten Erfordernis, Geschäftsgeheimnisse wirksam zu schützen, mit der Geschäftsgeheimnis-RL, die 2019 mit dem GeschGehG in innerstaatliches Recht transformiert wurde, Rechnung getragen.[167] Whistleblowing und die Geheimhaltungsinteressen eines Wirtschaftsunternehmens können damit in ein Spannungsverhältnis geraten, sodass für einen gerechten Ausgleich gesorgt werden muss.

Neben den wirtschaftlichen und technischen Geheimnissen eines Unternehmens kann Whistleblowing sich zudem nicht unerheblich auf dessen Reputation auswirken. Schließlich wird nach der ausgewählten Definition des Whistleblowings das Verhalten einer Organisation offengelegt, das nicht selten erhebliche Rechtsverstöße zum

---

[164] BGH, GRUR 1955, 388, 389 f.; *Alexander*, in: Köhler/Bornkamm/Feddersen, UWG, Vorb. UWG Rn. 38; *Hoeren*, in: Hoeren/Münker, GeschGehG, Vorb. §§ 1–2 Rn. 1.

[165] *Doepner*, in: FS Tilmann, 105; *Hoeren*, in: Hoeren/Münker, GeschGehG, Vorb. §§ 1–2 Rn. 1.

[166] *Alexander*, in: Köhler/Bornkamm/Feddersen, UWG, Vorb. UWG Rn. 39.

[167] Zum gesteigerten Erfordernis zum Schutz von Geschäftsgeheimnissen vgl. etwa Erwägungsgrund 4 Geschäftsgeheimnis-RL.

Gegenstand hat. Die Reputation eines Unternehmens ist entscheidend für dessen Marktwert.[168] Eine Studie von *Weber Shandwick* mit *KRC Research*[169] ergab, dass die Reputation eines Unternehmens im weltweiten Durchschnitt 63 % seines Marktwertes ausmacht.[170] Der positive Ruf wirkt sich nicht nur direkt auf den Umsatz aus. Vielmehr wird es einem Unternehmen mit gutem Ruf auch leichter fallen, qualifizierte Mitarbeiter für sich gewinnen zu können[171] oder behördliche Erlaubnisse ohne einschneidende Auflagen zu erhalten.[172]

Da die Unternehmensreputation von subjektiven Empfindungen Einzelner abhängt, ist sie ein fragiles Konstrukt.[173] Soweit ein Fehlverhalten einer Organisation durch Whistleblowing nach außen gelangt, kann dies einen einschneidenden Reputationsverlust bedeuten, der einen über Jahre aufgebauten Ruf zunichtemacht. Umso schwerer fällt es ins Gewicht, wenn das offenbarte Fehlverhalten eine ver-

---

[168] Allgemein zur Thematik: *Eger*, Unternehmensreputation, S. 40 ff.; *Gainer-Ross*, Corporate Reputation, 2008.

[169] In der Studie „The State of corporate reputation in 2020: everything matters now“ von *Weber Shandwick* und *KRC Research* (im Folgenden *Weber-Shandwick*, Corporate Reputation) wurden 2.227 Führungskräfte aus 22 Märkten befragt, um die Bedeutung der Unternehmensreputation herauszuarbeiten.

[170] *Weber-Shandwick*, Corporate Reputation, S. 13.

[171] *Eger*, Unternehmensreputation, S. 43.

[172] *Buß*, in: Piwinger/Zerfass, Handbuch Unternehmens-Reputation, S. 227, 237; *Forstmoser*, in: FS Watter, 197, 203.

[173] *Warren Buffet*: „It takes 20 years to build a reputation and five minutes to ruin it“ Quelle: Financial Times, 4.4.2011, In Buffett we trust; abrufbar unter https://www.ft.com/ content/3a44e3c2 – 5eea-11e0-a2d7– 00144feab49a zuletzt aufgerufen am 30.06.2024; *Eger*, Unternehmensreputation, S. 44.

meintliche Straftat zum Gegenstand hat und infolgedessen staatsanwaltschaftliche Ermittlungsmaßnahmen durchgeführt werden. Selbst wenn sich der Verdacht letztlich nicht bestätigt und es zu einer Verfahrenseinstellung kommt, kann der Ruf eines Unternehmens gleichwohl irreparablen Schaden genommen haben.[174] Wochenlange negative Berichterstattung kann in einer digitalisierten Welt drastische Auswirkungen haben. Die Einstellung des Verfahrens vermag den in der Öffentlichkeit entstandenen Eindruck, ein Unternehmen habe sich rechtswidrig verhalten, oftmals nicht mehr auszugleichen. Whistleblowing verlangt nämlich nicht, dass die Offenbarungen mit Sicherheit illegale Verhaltensweisen betreffen.[175] Damit kann eine Organisation nun auch zu Unrecht in ein schlechtes Licht gerückt werden, was dauerhafte Reputationsschäden zur Folge haben kann. Zumindest kurzfristig muss ein börsennotiertes Unternehmen mit einer Beeinträchtigung des Aktienkurses rechnen.[176] Laut einer US-amerikanischen Studie[177] führten Vorwürfe von Whistleblowern zu einem durchschnittlichen Kursverlust des betroffenen Unternehmens von 2,84 %, wobei die Auswirkungen auf den Aktienkurs, in Abhängigkeit von der Art des Deliktes mehr oder weniger gravierend ausfallen konnten. Besonders problematisch ist, dass diese Konsequenzen unmittelbar nach der Anschuldigung eintreten, ohne dass die Vorwürfe tatsächlich zutreffen müssen oder entkräftet werden können.

---

[174] *Thüsing/Rombey*, in: NZG 2018, 1001.

[175] Kap. 1 I. 3. a) bb).

[176] Vgl. hierzu auch *Pfeifle*, Finanzielle Anreize, S. 74.

[177] *Bowen/Call/Rajgopal*, in: Acc. Rev. 85 2010, 1239.

b) Staatliche Geheimhaltungsinteressen

Offenbarungen von Interna können nicht nur privatwirtschaftlichen Unternehmen immensen Schaden zufügen, sondern auch das Vertrauen in die Lauterkeit staatlicher Einrichtungen erschüttern.[178] Obwohl kaum unterschätzt werden kann, wie wichtig das Informieren der Öffentlichkeit für die demokratische Willensbildung ist, muss auch berücksichtigt werden, welche Bedeutung der Schutz der Geheimhaltungsinteressen staatlicher Stellen im Einzelfall hat. Exemplarisch ist die Tätigkeit von Strafverfolgungsbehörden, deren laufende Ermittlungstätigkeit durch eine Informationsweitergabe nach außen erheblich gestört werden kann. Aber auch darüber hinaus bestehen Geheimhaltungsinteressen des Staates. Behörden sind bspw. dazu verpflichtet, die Geheimhaltungsinteressen und den Datenschutz Privater zu wahren. Diesem Schutz können sie jedoch nur gerecht werden, wenn interne Informationen vor dem Zugriff und der Offenbarung Dritter abgesichert sind. Dem Staat obliegt insofern eine Schutzfunktion, die er nur wahrnehmen kann, wenn er Informationen geheim hält. Die berechtigten Geheimhaltungsinteressen des Staates, welche mitunter entscheidend für eine geordnete Aufgabenerledigung der jeweils zuständigen Behörden sind,[179] stehen in einem Spannungsverhältnis zu dem Informationsinteresse der Me-

---

[178] Vgl. etwa den Fall Snowden, der dazu geführt hat, dass die Überwachungspraktiken des Staates in der öffentlichen Diskussion thematisiert wurden.

[179] BVerfGE 28 191, 200; *Träger*, in: LK-StGB, § 353b Rn. 1.

dien und der Bürger, die ihre Kontrollfunktion nur mit den notwendigen Informationen ausüben können.[180] Diesen Konflikt beider Interessen in einen angemessenen Ausgleich zu bringen, wird schließlich wesentlich für die Beurteilung dessen sein, ob eine Offenbarung rechtmäßig oder rechtswidrig erfolgt ist.

III. Rechtliche Grundlagen des Whistleblowings

Der Interessenkonflikt zwischen den Offenbarungs- und Geheimhaltungsinteressen spiegelt sich auch in den Rechtsgrundlagen wider. Exemplarisch sind insofern zwei EU-Richtlinien: So dient die Geschäftsgeheimnis-RL dazu, vertrauliches Know-how zu schützen und der Verletzung von Geheimhaltungspflichten entgegenzuwirken,[181] wohingegen die Whistleblower-RL Personen, die im Rahmen ihrer Tätigkeit auf Missstände aufmerksam werden, ermutigen soll, diese zu melden. Bereits vor den benannten EU-Richtlinien existierten nationale Geheimhaltungsvorschriften, die den Schutz privatwirtschaftlicher[182] und staatlicher Geheimnisse[183] regelten. Auch die Regelungsdichte erlaubter Offenbarungshandlungen hat zugenommen. Die wohl wichtigste Meldungs- und Offenbarungsbefugnis für Whistleblower beinhaltet § 5 Nr. 2 GeschGehG, der unter bestimm-

---

[180] *Träger*, in: LK-StGB, § 353b Rn. 1.

[181] Vgl. Erwägungsgrund 4 Geschäftsgeheimnis-RL.

[182] Zur Entwicklung der Strafbarkeit wegen Geheimnisverrats vgl. *Brammsen*, in: MüKo, Lauterkeitsstrafrecht, § 17 UWG Rn. 1 f.

[183] Vgl. insofern etwa die Historie zu den Vorschriften über den Landesverrat oder den Verrat von Geschäfts- und Dienstgeheimnissen *Barthe/Schmidt*, in: LK-StGB, Vorb. § 93 Rn. 1 ff.; *Puschke*, in: MüKo, StGB, § 353b Rn. 7 ff.

ten Voraussetzungen Enthüllungen von Geschäftsgeheimnissen erlaubt.[184] Ebenso können in anderen Teilbereichen, wie bspw. im Arbeitsschutzrecht, Konstellationen für erlaubtes Whistleblowing vorliegen. Das Recht hat damit einen schwierigen Balanceakt zu vollführen. Es muss den berechtigten Geheimhaltungsinteressen privatwirtschaftlicher Unternehmen und staatlicher Stellen ausreichend Rechnung tragen, um einen funktionierenden Wettbewerb und die Funktionsfähigkeit staatlicher Einrichtungen zu gewährleisten. Beim Schutz von Geheimnissen hat der Staat jedoch Augenmaß walten zu lassen. Keinesfalls darf der Geheimnisschutz dazu führen, dass eine ungerechtfertigte Beschränkung der Meinungs- und Pressefreiheit erfolgt.

1. Verfassungsrechtliche Grundlagen

Unter dieser Prämisse fällt zunächst den verfassungsrechtlichen Wertungen erhebliche Bedeutung zu. Namentlich wird es maßgeblich darauf ankommen, inwieweit das Interesse am Geheimnisschutz eine Beschränkung des Whistleblowings rechtfertigt. In den nachfolgenden Darlegungen werden die wechselseitig grundrechtlich geschützten Interessen gegenübergestellt, um herauszuarbeiten, unter welchen Voraussetzungen das Whistleblowing überhaupt eingeschränkt werden darf. Von maßgebender Bedeutung ist im Folgenden auch die Unterscheidung zwischen staatlichem und privatwirtschaftlichem Geheimnisschutz. Während sich privatwirtschaftliche Unternehmen als juristische Personen des Privatrechts auf Grundrechte berufen können, gilt dies grundsätzlich nicht für juristische

---

[184] Vgl. hierzu noch ausführlich Kap. 4 I. 5. a).

Personen des öffentlichen Rechts,[185] für die jedoch möglicherweise andere Verfassungsgüter ins Feld geführt werden können.

Damit kommt den verfassungsrechtlichen Voraussetzungen eine entscheidende Funktion bei der Beurteilung zu, ob ein Verhalten als strafbar oder straffrei anzusehen ist. Soweit ein Verhalten in den grundrechtlich geschützten Bereich fällt, ist eine Strafbarkeit nur unter strenger Wahrung des Verhältnismäßigkeitsgrundsatzes denkbar. Wenn ein Straftatbestand ein grundrechtlich geschütztes Verhalten entgegen den grundgesetzlichen Vorgaben einschränkt, muss dieser jedenfalls verfassungskonform (einschränkend) ausgelegt werden.[186] Eine verfassungskonforme Auslegung kommt immer dann infrage, wenn der Wortlaut Raum für eine entsprechende Auslegung bietet – andernfalls ist die Norm verfassungswidrig.[187] Zugunsten des Whistleblowers kommt insofern insbesondere die Meinungsfreiheit nach Art. 5 Abs. 1 Satz 1 GG in Betracht, die im Folgenden Gegenstand der Untersuchungen sein wird. Im Zuge dessen sind auch die widerstreitenden – verfassungsrechtlich geschützten – Interessen der vom Whistleblowing betroffenen privatwirtschaftlichen bzw. staatlichen Organisationen in den Blick zu nehmen.

---

[185] BVerfGE 143, 246, 313, Rn. 187; Ausnahme bei Vorliegen einer grundrechtstypischen Gefährdungslage BVerfGE 45, 63, 79; *Dreier*, in: Dreier, Grundgesetz-Kommentar, Art. 19 Abs. 3 Rn. 34, 56.

[186] Zur verfassungskonformen Auslegung von Straftatbeständen vgl. etwa *Schmitz*, in: MüKo, StGB, § 1 Rn. 99 ff.; *Eisele*, Strafrecht BT 1, Rn. 17.

[187] *Eisele*, Strafrecht BT 1, Rn. 17.

a) Verfassungsrechtlicher Schutz des Whistleblowings nach Art. 5 Abs. 1 Satz 1 GG

Für die Beantwortung der Frage, ob und inwieweit Whistleblowing unter den verfassungsrechtlichen Schutz der Meinungsfreiheit nach Art. 5 Abs. 1 Satz 1 GG fällt, bedarf es angesichts der weiten Begriffsverwendung einer differenzierten Betrachtungsweise. Der Ausdruck Whistleblowing erfasst nach dem hiesigen Verständnis Offenbarungen von Fehlverhalten eines Organisationsangehörigen gegenüber Stellen, die gegen das Fehlverhalten einschreiten können.[188] Dies gilt nach der gewählten Definition unabhängig davon, ob die betreffende Person einem privatwirtschaftlichen Unternehmen oder einer Einrichtung des öffentlichen Rechts angehört. Ebenso kommt es nicht darauf an, dass der Whistleblower seine Identität offenlegt. Für den grundrechtlichen Schutz können diese Fragen jedoch von entscheidender Bedeutung sein.

aa) Schutzbereich gem. Art. 5 Abs. 1 Satz 1 GG

Der Schutzbereich der Meinungsäußerungsfreiheit wird durch den Leitbegriff der Meinung geprägt. Er umfasst jeden Akt der Stellungnahme, des Dafürhaltens oder Meinens, wobei gerade die Subjektivität der Wertung das Vorliegen einer Meinung kennzeichnet.[189] Das BVerfG legt den verfassungsrechtlichen Leitbegriff der Meinung

---

[188] Zu den Einzelheiten vgl. Kap. 1 I. 3. cc).

[189] BVerfGE 71, 162, 179; 61, 1, 9; BVerfG, NJW 1972, 811, 813. *Schultze-Fielitz*, in: Dreier, Grundgesetz-Kommentar, Art. 5 Abs. 1–2 Rn. 62; *Grimm*, in: NJW 1995, 1697, 1698.

weit aus: Das Vorliegen einer Meinung hängt nicht von der Sittlichkeit des Geäußerten oder der Wirkung auf andere ab,[190] nicht davon, ob das Geäußerte als „wertvoll oder wertlos“[191] qualifiziert wird, und auch nicht davon, ob die Äußerung richtig oder falsch, begründet oder unbegründet ist[192]. Eine dahingehende Unterscheidung ist zum einen mit der Bedeutung der Meinungsfreiheit für die freiheitlich-demokratische Grundordnung nicht in Einklang zu bringen und zudem praktisch oftmals gar nicht möglich. Darüber hinaus ist es ohne Bedeutung, ob die Äußerung auf einer tragfähigen Begründungsgrundlage beruht[193] oder als harmlos oder gefährlich[194] zu klassifizieren ist. Nach zutreffender Auffassung sind auf Ebene des Schutzbereiches selbst unsachliche, abwertende oder gar beleidigende Äußerungen erfasst.[195]

aaa) Erfassung von Tatsacheninformationen

Dieses weite Verständnis der Meinungsfreiheit bietet auch für Whistleblower ein hohes Schutzniveau. Es kommt also für die Qualifizierung als Meinung nicht darauf an, ob der Whistleblower seine Aussagen nachvollziehbar begründet oder wie sie aus Sicht eines objektiven Betrachters bewertet werden. Gleichwohl stellt sich anhand der aufgezeigten Definition des Whistleblowings die entscheidende Frage, ob auch Tatsachenbehauptungen dem Schutzbereich des Art.

---

[190] BVerfGE 20, 56, 97.
[191] BVerfGE 30, 336, 347.
[192] BVerfGE 61, 1, 7; 33, 1, 14.
[193] BVerfGE 90, 255, 259; 85, 1, 15; 61, 1, 7; 42, 163, 171.
[194] BVerfGE 90, 241, 247.
[195] BVerfG, NJW 2019, 2600; *Schmidt*, in: Erfurter Kommentar zum Arbeitsrecht, Art. 5 GG Rn. 5; *Masing*, in: JZ 2012, 585.

5 Abs. 1 Satz 1 GG zuzurechnen sind. Diese Überlegung ist essenziell für das Phänomen des Whistleblowings, da dieses oftmals gerade die Offenbarung von Fehlverhalten anhand von Tatsachenschilderungen zum Gegenstand hat. Eine subjektive Prägung des Geäußerten ist nicht zwingend. Whistleblowing kann nämlich auch darin bestehen, dass Unterlagen offengelegt werden, aus denen ein Fehlverhalten einer Organisation offenbar wird.

Der Wortlaut des Art. 5 Abs. 1 Satz 1 GG, der ausdrücklich das Äußern und Verbreiten von Meinungen schützt, legt die Annahme nahe, dass Tatsachenbehauptungen hiervon nicht erfasst sind.[196] Das BVerfG[197] legt den Schutzbereich des Art. 5 Abs. 1 Satz 1 GG jedoch weiter aus und erfasst neben Werturteilen grundsätzlich auch Tatsachenbehauptungen. Tatsachenbehauptungen sind nach ständiger Rechtsprechung vom Schutzbereich des Art. 5 Abs. 1 Satz 1 GG erfasst, soweit sie Voraussetzung für das Bilden von Meinungen sind.[198] Damit unterliegt auch das Whistleblowing in weiten Teilen dem Schutzbereich des Art. 5 Abs. 1 Satz 1 GG. Wenn jemand nämlich Tatsachen offenbart, die ein Fehlverhalten einer Organisation beinhalten, dann dienen die offenbarten Informationen dazu, sich über die Organisation insgesamt eine Meinung zu bilden.

---

[196] *Schemmer*, in: BeckOK, GG, Art. 5 Rn. 6.

[197] Vgl. BVerfGE 97, 381, 387; 90, 1, 15; 85, 1, 15; 61, 1, 8.

[198] BVerfGE 97, 381, 387; 90, 1, 15; 85, 1, 15; 61, 1, 8.

Grund für dieses weite Verständnis ist insbesondere, dass oftmals nicht zwischen einer Meinung und einer Tatsachenbehauptung unterschieden werden kann.[199] Fast jede geäußerte Tatsache erfährt allein durch ihre Auswahl und die Art der Mitteilung eine Wertung, wobei jedes Werturteil letztlich auf Erfahrungen und Erkenntnisse zurückzuführen ist, was eine Unterscheidung geradezu unmöglich macht[200] und der verfassungsrechtlichen Bedeutung des Art. 5 GG für die freiheitlich-demokratische Grundordnung nicht gerecht wird. Maßgeblich dafür, dass eine Tatsachenbehauptung dem Schutzbereich des Art. 5 GG unterfällt, ist, dass diese wahr ist. Erwiesenermaßen unwahre oder bewusst falsche Tatsachenbehauptungen werden nicht durch die Meinungsfreiheit geschützt.[201] Da das bewusste Verbreiten von Falschinformationen schon gar nicht unter den Schutzbereich des Whistleblowings fällt, wird diese Konstellation auch in der weiteren Bearbeitung nur von untergeordneter Bedeutung sein. Denkbar ist jedoch, dass ein Whistleblower fälschlicherweise von einem Missstand ausgeht und daher unwahre Informationen offenlegt. Ein solches Verhalten ist nach dem zuvor Dargestellten vom Schutzbereich der Meinungsfreiheit umfasst.

bbb) Anonyme Offenbarungen

Der Begriff des Whistleblowings hängt zudem nicht davon ab, ob der Whistleblower seine Identität offenbart. Oftmals hat er aufgrund zu befürchtender Repressalien ein Interesse daran, namentlich nicht benannt zu werden, da er arbeitsrechtliche oder gar strafrechtliche

---

[199] *Schulze-Fielitz*, in: Dreier, Grundgesetz-Kommentar, Art. 5 GG Rn. 65; *Starck*, in Mangoldt/Klein/Starck, GG, Art. 5 Abs. 1, 2 Rn. 25.

[200] *Schulze-Fielitz*, in: Dreier, Grundgesetz-Kommentar, Art. 5 GG Rn. 63 m.w.N.

[201] BVerfGE 90, 241, 248; 61, 1, 8; *Betghe*, in: Sachs, GG, Art. 5 Rn. 28.

Konsequenzen fürchtet. Auch wenn die Preisgabe der Identität des sich Äußernden einen wesentlichen Einfluss auf Glaubhaftigkeit und Authentizität der Offenbarung hat, setzt der Schutzbereich der Meinungsfreiheit dies nicht voraus.[202] Zwar hat das BVerfG sich bislang noch nicht zum Schutz anonymisierter Mitteilungen geäußert, der BGH[203] hat jedoch in einer Entscheidung, in der es um anonyme Lehrerbewertungen im Internet ging, richtigerweise angenommen, dass auch anonyme Äußerungen von Art. 5 Abs. 1 Satz 1 GG erfasst sind. Andernfalls bestehe die Gefahr, dass der sich Äußernde aus Furcht vor Repressalien gänzlich von der Meinungsäußerung absehe. *Redder*[204] weist bei der zugrunde liegenden Entscheidung jedoch darauf hin, dass diese sich auf die Meinungsäußerung im Internet beziehe, dessen Besonderheiten beachtet werden müssten und nicht verallgemeinerungsfähig seien. Letztlich besteht die Gefahr von Repressalien bei der Offenbarung der Identität jedoch unabhängig von Ort oder Plattform der Äußerung. Selbst beim internen Whistleblowing kann der Ruf des Hinweisgebers im Kreis seiner Kollegen geschmälert werden.[205]

---

[202] BVerfGE 97, 391, 395; *Grabenwarter*, in: Maunz/Dürig, GG, Art. 5 Abs. 1, 2 Rn. 86.

[203] BGH, NJW 2009, 2888, 2892; für einen Schutz anonymer Äußerungen ebenso *Starck/Paulus*, in: Mangoldt/Klein/Starck, GG, Art. 5 Rn. 90.

[204] *Redder*, Der verfassungsrechtliche Schutz von Whistleblowern, S. 46.

[205] Im Ergebnis auch *Redder*, Der verfassungsrechtliche Schutz von Whistleblowern, S. 44.

Das BAG[206] hingegen hat in einer Entscheidung aus dem Jahr 2003 einer anonymen Arbeitnehmeranzeige den Schutz des Art. 5 Abs. 1 Satz 1 GG verwehrt, da jemand, der unter dem Deckmantel der Anonymität handle, gerade nicht seine persönliche Meinung kundtue. Es fehle also an der Subjektivität des Geäußerten, die für die Meinungsfreiheit konstitutiv sei. Zudem könne eine anonyme Äußerung nicht an einer geistigen Auseinandersetzung teilnehmen.

Freilich birgt Anonymität die Gefahr, dass Falschinformationen über vermeintliches Fehlverhalten verbreitet werden, ohne dass entsprechendes Verhalten sanktioniert werden kann.[207] Gleichwohl vermögen die Bedenken des BAG nicht zu überzeugen. Es verkennt in seiner Entscheidung, dass Äußerungen je nach Lage des Einzelfalls nur unter Inkaufnahme von Repressalien möglich wären.[208] Eine derartige Beschränkung des Schutzbereichs verbietet sich aber auch aufgrund des Wortlauts des Art. 5 Abs. 1 Satz 1 GG, der die freie Meinungsäußerung gerade nicht an die Offenbarung der Identität knüpft. Soweit die Anonymität missbräuchlich verwendet wird, soll zudem

---

[206] BAGE 107, 36, 44.

[207] *Redder*, Der verfassungsrechtliche Schutz von Whistleblowern, S. 48; vgl. hierzu auch die aktuelle Diskussion und das im Zuge dessen erlassene Gesetz zur Bekämpfung von Rechtsextremismus und Hasskriminalität im Internet, BT-Drucks. 87/20.

[208] *Bock*, Die Übertragbarkeit der Kommunikationsfreiheiten, S. 294.

nicht daraus folgen, dass der Schutzbereich ungerechtfertigt ausgeweitet wird, denn Schmähkritik[209] und unrichtige Tatsachenbehauptungen fallen von vornherein nicht unter den Schutzbereich der Meinungsfreiheit.

ccc) Zwischenergebnis

Der Schutzbereich der Meinungsfreiheit ist nach dem zuvor Festgestellten also weit zu fassen und bietet für Whistleblower ein hohes Schutzniveau. Unabhängig davon, ob deren Äußerungen als Tatsachenbehauptungen im genannten Sinn verstanden werden oder ob diese unter Preisgabe der Identität erfolgen, entfaltet Art. 5 Abs. 1 Satz 1 GG eine Schutzwirkung für Whistleblower.

Soweit das Verhalten des Whistleblowings unter Strafe gestellt wird, bedeutet dies einen Eingriff in den Schutzbereich der Meinungsfreiheit.[210] Aber auch die Kommunikationsgrundrechte des Art. 5 GG sind nicht schrankenlos gewährleistet. Sie finden ihre Grenzen gem. Art. 5 Abs. 2 GG in den Vorschriften der allgemeinen Gesetze, den gesetzlichen Bestimmungen zum Schutz der Jugend und dem Recht der persönlichen Ehre. Da das Recht der persönlichen Ehre bei den von dem Whistleblowing oftmals betroffenen Organisationen keine wesentliche Bedeutung hat, kommt auch für das Whistleblowing die

---

[209] Bei der sog. Schmähkritik handelt es sich nicht nur um die bloße Herabsetzung einer Person. Vielmehr muss gerade die Diffamierung einer Person im Vordergrund stehen BVerfGE 82, 272, 283 f.; *Vendt*, in: Hamburger Kommentar, Gesamtes Medienrecht, 4. Teil 1. Kap. Rn. 13.

[210] Zur umstrittenen Frage, ob zwei Eingriffsstufen (Verhaltens- und Sanktionsebene) zu unterscheiden sind, vgl. Kap. 2 II.

relevante Schranke der allgemeinen Gesetze zum Tragen. Im Gegensatz zu natürlichen Personen haben Unternehmen nämlich weder eine persönliche Ehre noch sind sie Träger eines allgemeinen Persönlichkeitsrechts.[211] Unter den relevanten allgemeinen Gesetzen, welche einen Eingriff in die Meinungsfreiheit rechtfertigen können, sind solche zu verstehen, die keine bestimmte Meinung verbieten und einem schlechthin zu schützenden Allgemeingut dienen.[212] Die Wechselwirkungslehre schreibt insofern vor, dass eine Einschränkung der Meinungsfreiheit unter diesem Gesichtspunkt nur unter strenger Wahrung des Verhältnismäßigkeitsgrundsatzes gerechtfertigt ist,[213] was bei der Bewertung der Strafbarkeit zu berücksichtigen sein wird.

b) Schutzwürdige Interessen von Unternehmen als Rechtfertigung strafrechtlicher Sanktionierung

Da Whistleblowing (vermeintliches) Fehlverhalten von Organisationen beinhaltet, können die getätigten Offenbarungen grundrechtlich geschützte Interessen der betroffenen Organisation beeinträchtigen. Dass Geschäftsgeheimnisse und die Reputation eines Unternehmens dessen Erfolg maßgebend beeinflussen, hat die vorherige Darstellung bereits gezeigt. Inwiefern diese auch dazu geeignet sind, die Kommunikationsgrundrechte des Whistleblowers einzuschränken, hängt prinzipiell vom grundrechtlichen Schutz der benannten Interessen ab. Dabei wird auch die Frage entscheidend sein, ob Fehlverhalten bzw. illegale Verhaltensweisen grundrechtlichen Schutz

---

[211] OLG Dresden, ZUM-RD 2021, 633, 636.

[212] BVerfGE 93, 266, 291; 71, 162, 175 f.; 28, 282, 292; 7, 198, 209 f.

[213] *Fechner*, in: Becker/Stern, GG-Kommentar, Art. 5 Rn. 282.

erfahren, denn diese sind, wie bereits festgestellt, Gegenstand des Whistleblowings.

aa) Grundrechtliche Gewährleistungen nach Art. 14 GG

Der Eigentumsschutz nach Art. 14 GG erstreckt sich sowohl auf natürliche Personen als auch auf juristische Personen des Privatrechts, die nach Maßgabe von Art. 19 Abs. 3 GG von Art. 14 GG geschützt werden.[214] Juristische Personen des öffentlichen Rechts unterliegen nach zutreffender Ansicht des BVerfG[215] – unabhängig davon, ob das Eigentum für die Wahrnehmung öffentlicher Aufgaben eingesetzt wird oder nicht – nicht dem Schutz gem. Art. 14 GG. Entscheidend dafür, ob eine juristische Person des öffentlichen Rechts sich auf Grundrechte berufen kann, ist das Bestehen einer grundrechtstypischen Gefährdungslage.[216] Eine solche ist dann anzunehmen, wenn ein Träger öffentlicher Gewalt dem Staat in gleicher Weise unterworfen ist wie eine Person des Privatrechts.[217] Der Schutz von Privateigentum dient in erster Linie dem Eigentümer als Grundlage für eine private Initiative und ein eigenverantwortliches Leben.[218] Dieser Schutzgedanke greift bei juristischen Personen des öffentlichen Rechts gerade nicht ein, da die individuelle Eigenverantwort-

---

[214] BVerfGE 66, 116; 4, 7, 17; *Epping/Hillgruber*, in: BeckOK, GG, Art. 14 Rn. 37.

[215] BVerfGE 143, 246 Rn. 187 ff.; 21, 362; 45, 63.

[216] BVerfG, NJW 1977, 1960; BVerfG, NJW 1982, 2173, 2174; BVerfG, NJW 2017, 217.

[217] *Bettermann*, in: NJW 1969, 1321, 1326; *Muckel*, in: JURA 2000, 411, 413.

[218] BVerfGE 52, 1; 50, 290, 339; 61, 82, 108 f.; *Papier/Shirvani*, in: Maunz/Dürig, GG, Art. 14 Rn. 333.

lichkeit des Handelns wegen gesetzlicher Kompetenz- und Aufgabenzuweisungen in den Hintergrund tritt.[219] Die Einschränkung der Meinungsfreiheit für Whistleblower, die öffentlich-rechtlichen Organisationen angehören, kann demzufolge jedenfalls nicht mit Art. 14 GG als kollidierendes Verfassungsrecht gerechtfertigt werden.

Der persönliche Schutzbereich für juristische Personen des Privatrechts ist hingegen eröffnet. In sachlicher Hinsicht schützt die Eigentumsfreiheit, wie bereits angeklungen, vermögenswerte Rechtspositionen, die der Einzelne privatautonom nutzen darf.[220] Insofern unterliegt der Eigentumsfreiheit nicht nur das Sacheigentum, sondern auch Immaterialgüterrechte fallen darunter.[221] Geschützt wird lediglich das bestehende Eigentum, womit weder Umsatz- und Gewinnchancen noch tatsächliche Gegebenheiten erfasst werden.[222] Die für den Gegenstand des Whistleblowings relevanten Betriebs- und Geschäftsgeheimnisse könnten insofern unter die vom Schutzbereich erfassten Immaterialgüterrechte fallen. Voraussetzung für den verfassungsrechtlichen Schutz von Immaterialgüterrechten gem. Art. 14 Abs. 1 GG ist, dass sie dem Inhaber vermögenswerte Befugnisse zur eigenverantwortlichen und privatautonomen Nutzung umfassend zuweisen.[223] Demzufolge wird das Urheberrecht[224] oder das

---

[219] Vgl. BVerfGE 61, 82, 101; *Papier/Shirvani*, in: Maunz/Dürig, GG, Art. 14 Rn. 333.

[220] *Altrock/Oschmann*, in: Altrock/Oschmann/Theobald, EEG, B III. 3. Rn. 84; *Papier/Shirvani*, in: Maunz/Dürig, GG, Art. 14 Rn. 160.

[221] *Heutz*, Das Spannungsverhältnis, S. 17.

[222] BVerfGE 105, 252, 278; 81, 208, 227 f.; 68, 193, 222 f.

[223] *Depenheuer/Froese*, in: Mangold/Klein/Starck, Art. 14 GG Rn. 148.

[224] BVerfG, NJW 2001, 1783, 1784; BVerfGE 79, 29, 40.

Patentrecht[225] von der Eigentumsfreiheit nach Art. 14 Abs. 1 GG geschützt. Soweit Betriebs- bzw. Geschäftsgeheimnisse die schöpferische Leistung eines Urhebers oder eines Erfinders beinhalten, unterfallen sie dem grundgesetzlichen Schutz des Art. 14 Abs. 1 GG. Das Recht des Erfinders (Patentrecht) ist insofern schon vor der Patenterteilung verfassungsrechtlich geschützt.[226] Soweit Betriebs- und Geschäftsgeheimnisse aber nicht den Immaterialgüterrechten zugeordnet werden können, werden diese nicht verfassungsrechtlich geschützt. Dies folgt schon daraus, dass diese ein vermögenswertes Recht darstellen, das dem Berechtigten in der gleichen Weise ausschließlich zusteht wie das Eigentum an einer Sache.[227] Dass dies jedenfalls nicht generell für Betriebs- und Geschäftsgeheimnisse gelten kann, ergibt sich schon daraus, dass der Inhaber die Weitergabe eines Geheimnisses einem Dritten nicht verbieten kann, wenn dieser es durch eigene Leistung ebenfalls erreicht hat oder die Information offenkundig ist.[228] Sofern eine Angabe sich jedoch den Immaterialgüterrechten zuordnen lässt (insbesondere dem Urheber- und Patentrecht), unterliegt sie freilich auch dem Schutz des Art. 14 Abs. 1 GG.[229] Praktisch ist der verfassungsrechtliche Schutz für Betriebs- und Geschäftsgeheimnisse aber weitreichender. Das BVerfG schützt das Recht des Erfinders nämlich bereits vor der Patentertei-

---

[225] BVerfGE 36, 281.

[226] BVerfGE 36, 281; *Bryde/Wallrabenstein*, in: Münch/Kunig, Art. 14 GG Rn. 40.

[227] *Wolff*, in: NJW 1997, 98, 100.

[228] BGH, GRUR 1955, 468; *Wolff*, in: NJW 1997, 98, 100.

[229] *Wolff*, in: NJW 1997, 98, 100.

lung verfassungsrechtlich, womit auch Betriebs- und Geschäftsgeheimnisse, die diesem Sachzusammenhang zuzuordnen sind, dem Schutz des Art. 14 Abs. 1 GG unterliegen.

Der Ruf eines Unternehmens hat zwar beträchtlichen Einfluss auf dessen wirtschaftlichen Erfolg, gleichwohl fällt er nicht unter die vom Schutz des Art. 14 Abs. 1 GG umfassten Rechte, da ihm keine den Immaterialgüterrechten vergleichbare geistige Leistung zugrunde liegt. Die Reputation eines Unternehmens als immaterielles Gut dem Schutz des Art. 14 GG zuzuordnen, würde zu einer konturenlosen Ausweitung des verfassungsrechtlichen Schutzes der Immaterialgüterrechte führen.

Da der Ruf bzw. die Reputation eines Unternehmens nicht den Immaterialgüterrechten zugeordnet werden kann, kommt ein Schutz vor Rufschädigung nach Art. 14 Abs. 1 GG lediglich dann in Betracht, wenn der „eingerichtete und ausgeübte Gewerbebetrieb" von Art. 14 Abs. 1 GG erfasst wird. Der BGH[230] hat dem eingerichteten und ausgeübten Gewerbebetrieb erstmals im Jahr 1957 zivilrechtlichen Schutz gewährt. Nach der zugrunde liegenden Entscheidung ist nicht nur das Eigentum in seinem Bestand geschützt, sondern auch dessen einzelne Erscheinungsformen sind einbezogen. Der gewerbliche Tätigkeitskreis sei vor unmittelbaren Störungen zu bewahren. Insgesamt umfasse der eingerichtete und ausgeübte Gewerbebetrieb alles, was den wirtschaftlichen Wert eines Unternehmens ausmache. Da die Reputation eines Unternehmens, wie insbesondere die Studie von *Weber Shandwick* mit *KRC Research*[231] zeigt, erheblichen Anteil

---

[230] BGH, GRUR 1957, 494.
[231] Vgl. dazu Kap. 1 II. 2. a).

am Wert eines Unternehmens ausmacht, ist sie vom eingerichteten und ausgeübten Gewerbebetrieb nach der vorgenannten weiten Sichtweise umfasst.

Ob dieser allerdings auch verfassungsrechtlichen Schutz nach Art. 14 Abs. 1 GG genießt, hat das BVerfG[232] bislang offengelassen. Jedenfalls ist eine Gleichstellung mit dem besonders weitgehenden zivilrechtlichen Schutz bisher ausgeblieben. Im Gegensatz zum BGH, der vom eingerichteten und ausgeübten Gewerbebetrieb letztlich alle Eingriffe erfasst sieht, die den Wert eines Unternehmens betreffen, verlangt das BVerfG für den verfassungsrechtlichen Schutz gem. Art. 14 Abs. 1 GG eine Beeinträchtigung der Substanz des Gewerbebetriebs.[233] In späteren Entscheidungen[234] zweifelt das BVerfG den verfassungsrechtlichen Schutz des eingerichteten und ausgeübten Gewerbetriebs grundsätzlich an und will tatsächliche Gegebenheiten grundsätzlich dem verfassungsrechtlichen Eigentumsschutz entziehen. Jedenfalls wird in der Rechtsprechung des BVerfG deutlich, dass bloße Gelegenheiten oder Chancen nicht vom verfassungsrechtlichen Eigentumsbegriff umfasst sind.[235] Wird mit dem BVerfG also ein Eingriff in die Sachsubstanz des Gewerbebetriebs gefordert und werden bloße Chancen und günstige Gelegenheiten dem verfassungsrechtlichen Schutz entzogen, unterfiele der

[232] BVerfGE 143, 246, 331 f.; BVerfG, NJW 2005, 589, 590.
[233] BVerfGE 51, 193.
[234] BVerfGE 51, 193, 222; vgl. hierzu auch *Koreng*, in: GRUR 2010, 1065, 1067.
[235] BVerfGE 45, 142, 173; vgl. hierzu auch BVerfGE 108, 370, Rn. 61.

Ruf bzw. die Reputation eines Unternehmens nicht dem verfassungsrechtlichen Schutz des Art. 14 Abs. 1 GG.[236]

Eine andere Perspektive würde das durch Art. 14 GG verkörperte Recht auf Eigentum – unzulässigerweise – auf alle auf dem Markt realisierbaren Vermögenswerte erstrecken.[237] Dass der eingerichtete und ausgeübte Gewerbebetrieb zivilrechtlichen Schutz als sonstiges Recht erfährt, ist letztlich auch nicht mit einem umfassenden Schutz gem. Art. 14 Abs. 1 GG zu begründen, sondern vielmehr mit einer Abwägung der widerstreitenden Interessen.[238] Im Übrigen ist der Schutz des eingerichteten und ausgeübten Gewerbebetriebs auch für den adäquaten Schutz von Unternehmen nicht entscheidend. Möglicherweise können etwaige Lücken durch Anwendung des Art. 12 GG geschlossen werden.

bb) Grundrechtlicher Schutz nach Art. 12 GG

Neben Art. 14 GG, der Betriebs- und Geschäftsgeheimnisse jedenfalls unter bestimmten Voraussetzungen teilweise schützt, ist aufseiten der vom Whistleblowing betroffenen Unternehmen die Berufsfreiheit als kollidierendes Verfassungsrecht von Bedeutung, da der Schutz durch Art. 14 Abs. 1 GG – wie zuvor festgestellt – unvollkommen ist. Der Schutzbereich der Berufsfreiheit umfasst im Allgemeinen eine auf Dauer angelegte Tätigkeit, die der Schaffung und

---

[236] BVerfGE 105, 252, 278; *Philipp*, Staatliche Verbraucherinformationen, S. 175 ff.; *Graßhof*, in: Graßhof Nachschlagewerk, Art. 14 Nr. 127.

[237] *Wieler*, in: Dreier, Grundgesetz-Kommentar, Art. 14 Rn. 63.

[238] *Sprau*, in: Grüneberg, § 823 BGB Rn. 126; *Wieler*, in: Dreier, Grundgesetz-Kommentar, Art. 14 Rn. 63.

Erhaltung einer Lebensgrundlage dient.[239] Dabei beschränkt sich der Schutz der Berufsfreiheit nicht nur auf Privatpersonen, sondern bezieht auch juristische Personen des Privatrechts ein.[240] Für juristische Personen des öffentlichen Rechts gilt im Rahmen des Art. 12 GG der Grundsatz, dass diese sich nicht auf Grundrechte berufen können.[241]

In sachlicher Hinsicht ist zu beachten, dass Art. 12 GG im Gegensatz zu Art. 14 GG nach ständiger Rechtsprechung des BVerfG[242] dem Berufstätigen bzw. dem Unternehmen als juristische Person des Privatrechts ein Recht auf Außendarstellung einräumt. Die Berufsfreiheit nach Art. 12 Abs. 1 GG umfasst damit nicht nur die berufliche Tätigkeit als solche, sondern schützt zudem mit ihr zusammenhängende Handlungen, die der Förderung des beruflichen Erfolges dienen.[243] Dies vorausgesetzt, wird von Art. 12 Abs. 1 GG also auch der Ruf bzw. die Reputation eines Unternehmens als wesentlicher Faktor der Außendarstellung geschützt.

cc) Verfassungsrechtlicher Schutz von illegalen Verhaltensweisen

Sofern Whistleblowing tatsächliches Fehlverhalten einer Organisation betrifft, bedarf es der Klärung, ob Verhalten, das als moralisch verwerflich oder gar illegal anzusehen ist, dem Schutz des Grundgesetzes unterliegt. Soweit bereits kein legitimer Zweck zum Schutze

---

[239] BVerfGE 97, 12, 22; 96, 302, 307; 50, 290, 362; *Kämmerer*, in: Münch/Kunig, Art. 12 GG Rn. 27.

[240] BVerfGE 97, 228, 253; 50, 290, 363.

[241] *Kämmerer*, in: Münch/Kunig, Art. 12 GG Rn. 25.

[242] BVerfGE 95, 173, 181; 85, 248, 256.

[243] BVerfGE 94, 372, 389; 85, 248, 256.

solcher Verhaltensweisen besteht, wären diese schon gar nicht dazu geeignet, die Grundrechtsausübung von Whistleblowern einzuschränken. Zunächst mag damit die Annahme naheliegen, dass verbotene Verhaltensweisen grundsätzlich keinen Schutz verdienen. Insofern wird exemplarisch nach einer in früherer Rechtsprechung[244] und Literatur[245] belegten Auffassung vertreten, dass der Schutzbereich der Berufsfreiheit nicht eröffnet ist, soweit die berufliche Tätigkeit unerlaubt ist.

Dieser Rechtsauffassung wohnt ein allgemeiner Rechtsgedanke inne, der sich grundsätzlich auf illegale Verhaltensweisen übertragen ließe. Grundrechtlichen Schutz verdiente damit nur solches Verhalten, das im Einklang mit geltendem Recht steht. Illegale Verhaltensweisen und somit auch Geschäfts- und Betriebsgeheimnisse, die nicht mit dem geltenden Recht in Einklang stehen bzw. eine Schädigung der Reputation des Unternehmens durch die Offenbarung illegalen Verhaltens zur Folge haben, könnten mangels legitimen Schutzes schon gar nicht zur Einschränkung der Meinungsäußerungsfreiheit des Whistleblowers führen.

Solch eine pauschale Sichtweise ist jedoch durchgreifenden Bedenken ausgesetzt. Ob ein Verhalten illegal ist, bemisst sich in erster Linie nach dem einfachen Recht. Würde dieses jedoch als Bewertungsgrundlage dafür genommen, ob ein Verhalten grundrechtlichen Schutz erfährt, obläge es dem einfachen Gesetzgeber, über die

---

[244] BVerfGE 68, 272, 271; 7, 377, 397; BVerwGE 87, 37, 40 f.; 71, 183, 189; 22, 286, 287; OVG NRW, NJW 1986, 2783; VG Düsseldorf, GewArch 1990, 207, 208.

[245] *Badura*, Staatsrecht, C Rn. 80; *Hofmann*, in: Schmidt-Bleibtreu, GG, Art. 12 Rn. 5; *Kingreen/Poscher*, Grundrechte, Rn. 937; *Uber*, Freiheit des Berufs, S. 99 f.

Reichweite des Schutzbereiches von Grundrechten zu bestimmen.[246] Jedoch ist es gerade der Gesetzgeber, der sein Verhalten an den Vorgaben des Grundgesetzes unter größtmöglicher Schonung der Grundrechte ausrichten muss.[247]

Soweit statt des Merkmals der „Erlaubtheit" für die Eröffnung des Schutzbereiches verlangt wird, dass die Tätigkeit nicht „schlechthin gemeinschädlich" ist,[248] vermag auch dies nicht zu überzeugen. Das Merkmal der Gemeinschädlichkeit ist konturenlos und hängt von den jeweiligen sozialen Anschauungen ab, die einem stetigen Wandel unterliegen. Damit kann dieses kein rechtssicheres allgemeingültiges Merkmal zur Bestimmung des Schutzbereiches sein.[249] Insoweit ist auch nicht zu befürchten, dass Verhaltensweisen, die der Gemeinschaft ausschließlich Schaden zufügen, in rechtsmissbräuchlicher Weise grundrechtlichen Schutz nach Art. 12 Abs. 1 GG erhalten.[250] Vielmehr stellt dies gerade die Einbruchstelle für einen gerechtfertigten Eingriff in die Berufsfreiheit dar.

Gegen einen pauschalen Ausschluss illegaler Verhaltensweisen spricht zudem, dass ein solcher jede weitere Abwägung unmöglich macht. Sofern Fehlverhalten bzw. illegalen Geschäfts- und Betriebsgeheimnissen von vornherein verfassungsrechtlicher Schutz versagt

---

[246] In Bezug auf das exemplarisch ausgewählte Merkmal des Erlaubtseins bei der Berufsfreiheit ebenso BVerwG, NVwZ 1995, 475; BVerfG, NJW 2006, 1261; BVerwGE 97, 12, 22; *Berg*, in: GewArch 1997, 249, 252.

[247] *Johnston*, Lauterkeitsrechtliche Unterlassungsansprüche, S. 59.

[248] BVerfGE 115, 276, 301.

[249] *Kämmerer*, in: Münch/Kunig, Art. 12 GG Rn. 33.

[250] *Kämmerer*, in: Münch/Kunig, Art. 12 GG Rn. 33.

wird, bedarf es hierfür einer Begründung, die der Verfassung nicht zu entnehmen ist.[251]

c) Staatliche Geheimhaltungsinteressen

Wie die vorherigen Darstellungen gezeigt haben, gilt der grundrechtliche Schutz der Art. 14 Abs. 1 GG und Art. 12 Abs. 1 GG grundsätzlich nur für natürliche und juristische Personen des Privatrechts. Dies bedeutet jedoch nicht, dass nicht auch staatliche Geheimhaltungsinteressen dem Interesse des Whistleblowers, seine Meinung nach Maßgabe des Art. 5 Abs. 1 GG zu äußern, entgegengehalten werden können. Wie Art. 12 Abs. 1 GG dem Arbeitgeber ein Recht auf Außendarstellung einräumt, das durch Offenbarungen des Whistleblowers beeinträchtigt wird, beinhaltet Art. 33 Abs. 5 GG die verfassungsrechtlich abgesicherte Treuepflicht eines Beamten zum Staat, wonach der Beamte bei der Ausübung seines Amtes zur uneigennützigen Amtsführung verpflichtet ist und seine eigenen Interessen zurückzustellen hat.[252] In diesem Zusammenhang kann aus Art. 33 Abs. 5 GG auch eine Verschwiegenheitspflicht abgeleitet werden,[253] die gerade bei der Frage nach der Tragweite der Offenbarungsbefugnisse des Whistleblowers entscheidende Bedeutung haben kann. Insofern ist relevant, dass aus Art. 33 Abs. 5 GG – und den einfachgesetzlichen Konkretisierungen wie z. B. § 4 BBG – das grundsätzliche Verbot folgt, verwaltungsfremde Stellen zur Lösung interner Konflikte heranzuziehen.[254] Freilich kann Art. 33 Abs. 5

---

[251] *Redder*, Der verfassungsrechtliche Schutz von Whistleblowern, S. 118; *Scholz*, in: Düring/Herzog/Scholz, GG-Kommentar, Art. 12 Rn. 29.

[252] BVerfGE 119, 247, Rn. 55.

[253] *Brenner*, in: Mangoldt/Klein/Starck, GG, Art. 17 Rn. 66.

[254] *Redder*, Der verfassungsrechtliche Schutz von Whistleblowern, S. 129.

GG nicht zu einem grundsätzlichen Vorrang vor der Meinungsfreiheit führen. Hier bedarf es wiederum einer sorgfältigen Abwägung der widerstreitenden Interessen.[255]

Abgesehen von der aus Art. 33 Abs. 5 GG resultierenden Treuepflicht, deren persönlicher Anwendungsbereich sich ausschließlich auf Beamte und Richter erstreckt, nicht aber auf andere Angehörige des öffentlichen Diensts,[256] existieren staatliche Interessen, die im Einzelfall dem Recht des Whistleblowers aus Art. 5 Abs. 1 GG entgegengehalten werden können. Verfassungsrang hat bspw. die Abwehr von Gefahren für das Staatswohl, wenn die Offenbarung einer Information dazu führen würde, die innere oder äußere Sicherheit zu beeinträchtigen.[257]

Besonders problematisch ist die Frage, inwiefern ein verfassungsrechtliches Geheimhaltungsinteresse des Staates bestehen kann, sofern der aufgedeckte Missstand ein illegales Verhalten zum Gegenstand hat. Durch die Bindung des Staates an Gesetz und Recht gem. Art. 20 Abs. 3 GG erscheint dies zusätzlich klärungsbedürftig.[258] Gleichwohl sprechen wie bei natürlichen und juristischen Personen des Privatrechts ebenfalls die besseren Argumente dafür, illegalen

---

[255] *Battis*, in: Sachs, GG, Art. 33 Rn. 74.

[256] *Battis*, in: Sachs, GG, Art. 33 Rn. 69; *Jarass*, in: Jarass/Pieroth, GG, Art. 33 Rn. 49.

[257] In dieser Konstellation kann auch das parlamentarische Fragerecht des Bundestages gegenüber der Regierung, das für die demokratische Willensbildung von maßgebender Bedeutung ist (BVerfG, NVwZ 2018, 51, 52), als entgegenstehendes Verfassungsrecht eingeschränkt sein. *Glauben/Edinger*, in: DÖV 1995, 941, 945; *Harks*, in: JuS 2014, 979, 981.

[258] *Redder*, Der verfassungsrechtliche Schutz von Whistleblowern, S. 134.

Geheimnissen nicht per se verfassungsrechtlichen Schutz abzusprechen. *Redder*[259] führt folgerichtig an, dass es hauptsächlich vier durchgreifende Gründe gibt, warum auch illegalen Geheimnissen des Staates nicht ohne Weiteres der verfassungsrechtliche Schutz versagt werden sollte. Zunächst sei die Abgrenzung zwischen legalen und illegalen Verhaltensweisen oftmals komplex, sodass eine vorschnelle Klassifizierung eines Geheimnisses als illegal – und somit als nicht schutzwürdig – weitreichende Konsequenzen haben würde. Aber selbst dann, wenn ein Geheimnis als solches zwar illegal sei, könne dieses dazu beitragen, andere legale und schutzwürdige Interessen zu bewahren. Zudem können illegale Geheimnisse in einem untrennbaren Zusammenhang mit legalen Interna stehen, sodass der Schutz des einen nicht ohne den Schutz des anderen möglich sei. Nicht zuletzt mag es Konstellationen geben, in denen die Kenntnis von illegalen Geheimnissen Rückschlüsse auf legale Geheimnisse zulässt.

Diese Erwägungen führen im Zusammenhang mit den bereits zuvor genannten dazu, dass auch illegale Geheimnisse des Staates nicht ohne jede Abwägung hinter den Kommunikationsgrundrechten zurückstehen müssen. Vielmehr muss eine Abwägung im Einzelfall darüber Aufschluss geben, welchem Interesse der Vorrang zu gewähren ist. Ob die Informationen tatsächlich illegale Verhaltensweisen betreffen und von welchem Gewicht dieses Verhalten ist, kann in der vorzunehmenden Abwägung berücksichtigt werden.

---

[259] *Redder*, Der verfassungsrechtliche Schutz von Whistleblowern, S. 134.

d) Schlussfolgerungen für die weitere Bearbeitung

Meldungen von Whistleblowern unterliegen dem verfassungsrechtlichen Schutz des Art. 5 Abs. 1 Satz 1 GG. Verbunden mit dem enormen Nutzen, den Whistleblowing im Einzelfall für die Aufdeckung von Straftaten und die politische Meinungsbildung leisten kann, stellt sich die Frage, ob eine strafrechtliche Sanktionierung unter verfassungsrechtlichen Gesichtspunkten zu rechtfertigen ist.[260] Jedenfalls zeigt die vorherige Darstellung bereits, dass sich gewichtige grundrechtlich geschützte Interessen gegenüberstehen, die bei der Frage des „Ob" und ggf. des „Wie" der Strafbarkeit von Whistleblowern zu berücksichtigen sind.

Für die Beurteilung der Strafbarkeit eines Verhaltens sind Grundrechte von wesentlicher Bedeutung.[261] Sie sind nicht nur Abwehrrechte des Einzelnen gegen staatliche Eingriffe, die dieser dann möglicherweise mittels einer Verfassungsbeschwerde rügen kann. Sie beinhalten zudem eine objektive Wertentscheidung, welche die Rechtsordnung und Rechtsanwendung beeinflusst.[262] Denkbar ist es insofern, die Wertungen der Grundrechte derart in die Rechtsanwendung von Straftatbeständen einfließen zu lassen, dass unbestimmte Rechtsbegriffe in Einklang mit den grundgesetzlichen Wertungen ausgelegt werden.[263] Geeignetes Beispiel hierfür ist etwa die Wahrnehmung berechtigter Interessen gem. § 193 StGB. Um festzustel-

---

[260] Vgl. zu dieser Frage Kap. 2.

[261] *Jahn/Kirsch*, in: Rotsch, Criminal Compliance, § 33 Rn. 88 f.

[262] BVerfGE 7, 198, 205; 6, 32, 40.

[263] *Herdegen*, in: Maunz/Dürig, GG, Art. 1 Abs. 3 Rn. 17 ff.; *Lang/Wilms*, Staatsrecht II, § 4 Rn. 78.

len, ob eine Meinungsäußerung nach § 193 StGB straffrei ist, können die widerstreitenden verfassungsrechtlichen Interessen Eingang in die Prüfung finden.[264] Neben § 193 StGB, dem in der nachfolgenden Bearbeitung Bedeutung zukommt,[265] existieren weitere Normen mit unbestimmten Rechtsbegriffen, die als Einbruchstelle für eine verfassungskonforme Auslegung dienen können. An geeigneten Stellen werden die getroffenen Erwägungen für die Auslegung dieser Rechtsbegriffe erneut herangezogen. Aber auch über die benannten unbestimmten Rechtsbegriffe als Einbruchstelle für verfassungsrechtliche Erwägungen hinaus bedarf es einer hinreichenden Beachtung der Grundrechte. Andernfalls obläge es dem einfachen Gesetzgeber, die Grundrechte als objektive Wertentscheidungen des Verfassungsgebers nur dann zu berücksichtigen, wenn eine entsprechende einfachgesetzliche Regelung einen unbestimmten Rechtsbegriff beinhaltet.[266]

2. Europarechtliche Vorgaben

Die strafrechtliche Beurteilung des Whistleblowings hängt zudem wesentlich von europarechtlichen Vorgaben ab. Insofern sind die bereits angeklungenen Richtlinien, namentlich die Geschäftsgeheimnis-RL sowie die Whistleblower-RL, von besonderer Bedeutung. Beide Richtlinien schützen Interessen, zwischen denen jedenfalls auf den ersten Blick ein Spannungsverhältnis besteht. Die nachfolgende Darstellung gibt zunächst einen Überblick über die beiden Richtli-

---

[264] BVerfG, NJW 1961, 819, 820; *Eisele/Schittenhelm*, in: Schönke/Schröder, StGB, § 193 Rn. 12.

[265] Vgl. insbesondere Kap. 4 II. 4. b) dd).

[266] BVerfGE 7, 198, 205 f.; *Epping*, Grundrechte, Rn. 348 f.

nien, der im weiteren Verlauf der Arbeit vertieft wird. Der Whistleblower-RL ist aufgrund ihrer Bedeutung für die untersuchte Strafbarkeit des Whistleblowings ein eigenes Kapitel gewidmet.

a) Geschäftsgeheimnis-RL – RICHTLINIE (EU) 2016/943

Im Jahr 2016 verabschiedete die Europäische Union die Richtlinie zum Schutz von Geschäftsgeheimnissen, um vertrauliches Know-how und vertrauliche Geschäftsinformationen vor rechtswidrigem Erwerb, rechtswidriger Nutzung und rechtswidriger Offenlegung zu schützen. Anlass einer unionsweiten Regelung war insbesondere, innerhalb des gesamten Binnenmarktes einen ausreichenden und kohärenten Schutz für Geschäftsgeheimnisse gegen rechtswidrigen Erwerb, rechtswidrige Nutzung und Offenbarung zu schaffen, Art. 1 Abs. 1 Geschäftsgeheimnis-RL.[267] Die Geschäftsgeheimnis-RL wurde in der Bundesrepublik Deutschland im Jahr 2019 durch das GeschGehG in innerstaatliches Recht transformiert. Auch wenn eine Umsetzung der Richtlinie bereits erfolgt ist, lohnt zunächst ein Blick auf die Richtlinie, da diese – insbesondere bei Bestehen von Abweichungen – als wesentliche Auslegungshilfe herangezogen werden kann.

Die Geschäftsgeheimnis-RL wird durch den Begriff des Geschäftsgeheimnisses geprägt. Das Vorliegen eines Geschäftsgeheimnisses, welches in Art. 2 Nr. 1 Geschäftsgeheimnis-RL definiert wird, ist die entscheidende Schutz- und Anwendungsvoraussetzung der Richtlinie. Der Begriff des Geschäftsgeheimnisses setzt im Wesentlichen das Vorliegen dreier Bausteine voraus: Bei einem gegen den

---

[267] Erwägungsgrund 10 Geschäftsgeheimnis-RL.

rechtswidrigen Erwerb, die rechtswidrige Nutzung und Offenlegung geschützten Geschäftsgeheimnis muss es sich (1) um eine geheime Information oder Tatsache handeln, die (2) wegen ihrer Geheimheit von kommerziellem Wert ist und (3) durch angemessene Geheimhaltungsmaßnahmen vor rechtswidrigem Erwerb geschützt ist. Als Verletzungshandlung im Sinne der Richtlinie werden der rechtswidrige Erwerb, die rechtswidrige Nutzung und die rechtswidrige Offenbarung benannt, vgl. Art. 4 Abs. 2 bis 5 Geschäftsgeheimnis-RL. Für die hiesige Thematik des Whistleblowings von besonderer Bedeutung ist, dass die Geschäftsgeheimnis-RL widerstreitende – berechtigte – Interessen zum Geheimnisschutz anerkennt. So wird in Art. 1 Abs. 2 Geschäftsgeheimnis-RL darauf hingewiesen, dass die Freiheit der Meinungsäußerung und die Informationsfreiheit von der Richtlinie unberührt bleiben. Zudem ist in Art. 5 lit. b) Geschäftsgeheimnis-RL eine für das Whistleblowing entscheidende Regelung statuiert. Hiernach haben die Mitgliedstaaten sicherzustellen, dass die mittels Richtlinie vorgesehenen Maßnahmen, Verfahren und Rechtsbehelfe nicht erfolgen, sofern die Handlung zur Aufdeckung eines beruflichen oder sonstigen Fehlverhaltens oder einer illegalen Tätigkeit erfolgt ist und damit beabsichtigt wurde, das allgemeine öffentliche Interesse zu schützen. Diese für das Whistleblowing entscheidende Regelung wird in der weiteren Bearbeitung – insbesondere der erfolgten Umsetzung durch das GeschGehG (§ 5 Nr. 2 GeschGehG) – eingehend thematisiert.[268] Ziel der Richtlinie war es jedenfalls, Whistleblowing weiterhin zu ermöglichen, sofern es im öffentlichen Interesse liegt.[269]

Die Richtlinie regelt den zivilrechtlichen Schutz für Geschäftsgeheimnisse, Art. 6 Abs. 1 Geschäftsgeheimnis-RL. Im Mittelpunkt der Richtlinie stehen der prozessrechtliche Schutz von Geschäftsgeheimnissen (Art. 9 Geschäftsgeheimnis-RL) sowie vorläufige und vorbeugende prozessuale Maßnahmen.[270] Auf eine europarechtliche Harmonisierung der Strafbarkeit der Verletzung von Geschäftsgeheimnissen hat die Richtlinie hingegen verzichtet. Diese war jedoch im deutschen Recht von entscheidender Bedeutung und setzte sich bis 2016 aus den Einzeltatbeständen des UWG zusammen. Die zivilrechtliche Haftung ergab sich zu einem wesentlichen Teil aus § 823 Abs. 2 BGB i. V. m. dem einschlägigen Schutzgesetz aus dem UWG.[271] Ein Verzicht auf einen strafrechtlichen Schutz durch die Richtlinie lässt sich insbesondere mit dem unterschiedlich ausgestal-

---

[268] Vgl. hierzu Kap. 4 I. 5. a).

[269] *Kalbfus*, in: GRUR 2016, 1009, 1015; vgl. auch Erwägungsgrund 20 Geschäftsgeheimnis-RL; welche Auswirkungen die Richtlinie für erlaubtes Whistleblowing hat und inwiefern sich die Anforderungen hieran im Vergleich zur bisherigen Rechtsprechung ändern, wird im Rahmen der Prüfung der Umsetzung der Richtlinie durch das GeschGehG thematisiert, vgl. Kap. 4. I.

[270] *Kalbfus*, in: GRUR 2016, 1009.

[271] *Kalbfus*, in: GRUR 2016, 1009; *Ohly*, in: Ohly/Sosnitza, § 17 UWG Rn. 44, 48.

teten Geheimnisschutz in den Mitgliedstaaten und der damit verbundenen Komplexität einer Harmonisierung begründen.[272] Im deutschen Recht entschied der Gesetzgeber sich jedoch dafür, die Strafbarkeit der Verletzung von Geschäftsgeheimnissen fortzuführen und regelte diese mit § 23 GeschGehG neu. Insofern hat der deutsche Gesetzgeber von der ihm durch die Richtlinie eingeräumten Möglichkeit eines weitergehenden Schutzes Gebrauch gemacht.[273]

b) Whistleblower-RL – RICHTLINIE (EU) 2019/1937

Die am 16.04.2019 verabschiedete Whistleblower-RL soll hinweisgebenden Personen erstmalig einen rechtssicheren Rahmen gewähren. Whistleblower, die im öffentlichen Interesse liegende Missstände im Zusammenhang mit ihrer Beschäftigung oftmals frühzeitig erkennen,[274] sollen durch die neue Whistleblower-RL geschützt werden.[275] Gerade dort, wo Bedrohungen des öffentlichen Interesses bestehen, die ohne die Mitarbeit von Hinweisgebern unentdeckt bleiben würden, sollen Whistleblower zur Aufklärung beitragen.[276] Straftaten wie Korruption, die ein weites Dunkelfeld aufweisen und deren Aufdeckung ganz wesentlich von Insiderinformationen abhängt, sollen durch die neue Whistleblower-RL und die damit verbundene Ermutigung für Whistleblower besser bekämpft werden.[277]

---

[272] *Wiese*, Die EU-Richtlinie über den Schutz vertraulichen Know-hows, S. 9.

[273] Erwägungsgrund 10 Geschäftsgeheimnis-RL.

[274] Vgl. zu dieser Thematik bereits Kap. 1. II. 1. a).

[275] Erwägungsgrund 1 Whistleblower-RL.

[276] *Dilling*, in: CCZ 2019, 214; vgl. insofern auch etwa Erwägungsgrund 10 Whistleblower-RL, der etwa auf die Schwierigkeiten der Beweiserhebung im Umweltrecht hinweist.

[277] Vgl. Erwägungsgrund 12 Whistleblower-RL.

Der Anwendungsbereich beschränkt sich nach Art. 2 Whistleblower-RL allerdings auf Verstöße gegen das Unionsrecht, womit nationale Rechtsverstöße nicht von der Richtlinie erfasst werden. Entscheidend wird daher sein, inwiefern die nationalen Gesetzgeber über den Anwendungsbereich der Richtlinie hinausgehen.[278]

Ein rechtssicherer Rahmen für Whistleblower, der diese zu Aufdeckungshandlungen animieren soll, soll insbesondere durch ein umfassendes Repressalienverbot gewährleistet werden. Der Verlust des Arbeitsplatzes, schlechte Zeugnisse oder gar die Einleitung eines Strafverfahrens (vgl. insofern die nicht abschließende Aufzählung des Art. 19 Whistleblower-RL), die den Whistleblower von der Aufdeckung von Missständen abhalten könnten, sollen durch die neue Richtlinie ausgeschlossen werden. Da die neue Whistleblower-RL einen wesentlichen Teil der Bewertung der Strafbarkeit ausmacht, werden die Voraussetzungen für einen Hinweisgeberschutz nach der Whistleblower-RL im 3. Kapitel gesondert thematisiert.

c) Rechtsprechung des EGMR

Auch Entscheidungen des EGMR zur Thematik des Whistleblowings sind bei der nachfolgenden Beurteilung der Strafbarkeit eines Verhaltens zu berücksichtigen. Die Entscheidungen des EGMR beinhalten in der Regel Feststellungsurteile zu der Frage, ob ein Unterzeichnerstaat der EMRK gegen diese verstoßen hat.[279] Sofern der EGMR eine Konventionsverletzung feststellt, führt dies nicht nur zu

---

[278] Vgl. Kap. 3 II.

[279] *Meyer-Ladewig/Brunozzi*, in: Meyer-Ladewig/Nettesheim/Raumer, EMRK, Art. 46 Rn. 4; *Sagan*, in: NomosKommentar, Gesamtes Arbeitsrecht, Art. 46 EMRK Rn. 1.

der aus Art. 46 Abs. 1 EMRK resultierenden Pflicht, diese abzustellen.[280] Vielmehr müssen die Mitgliedstaaten auch Vorkehrungen treffen, damit sich diese Konventionsverletzungen nicht wiederholen.[281] Für das deutsche Recht haben darüber hinaus Entscheidungen, die nicht nur auf den spezifischen Gegebenheiten des Einzelfalls beruhen, sondern darüber hinausgehende allgemeingültige Aussagen beinhalten, Orientierungswirkung, woraus sich für die nationalen Gerichte eine Berücksichtigungspflicht ergibt.[282]

Aus diesem Grunde sind auch die Entscheidungen des EGMR für die vorzunehmende Beurteilung der Strafbarkeit von Whistleblowing von wesentlicher Bedeutung. Nach der Rechtsprechung des EGMR[283] fällt Whistleblowing in den Anwendungsbereich der durch Art. 10 EMRK geschützten Freiheit der Meinungsäußerung: Art. 10 EMRK entfalte auch im Privatrecht auf dem Arbeitsplatz Wirkung und beinhalte für die Mitgliedstaaten auch dort die positive Verpflichtung, die Meinungsfreiheit im Verhältnis von Privatpersonen zu schützen.[284] Damit stellten Belastungen in Form von arbeitsrechtlichen Konsequenzen einen Eingriff in die Freiheit der Meinungsäußerung dar. Nichts anderes kann für strafrechtliche Konsequenzen gelten, die oftmals noch einschneidender für den Betroffenen sind. Der EGMR macht hinsichtlich des persönlichen Schutzes

---

[280] *Lenz*, in: Quaas/Zuck/Funke-Kaiser, Prozesse in Verwaltungssachen, § 9 Rn. 155; *Sartorius*, in: Berlit/Conradis/Pattar, Existenzsicherungsrecht, Teil VII C. Rn. 36.

[281] *Breuer*, in: Karpenstein/Mayer, EMRK, Art. 46 Rn. 2.

[282] BVerwG, NvwZ 2002, 87; *Grabenwarter/Pabel*, EMRK, § 16 Rn. 8 f.; *Nußberger*, in: RdA 2012, 270, 273.

[283] EGMR, NZA 2011, 1269, 1270.

[284] So bereits EGMR, Urteil vom 26.02.2009 – 29492/05 Nr. 85.

wie die Whistleblower-RL keinen Unterschied zwischen privatrechtlichen und öffentlich-rechtlichen Arbeitsverhältnissen,[285] was nahelegt, die strafrechtlichen Konsequenzen nicht ungleich zu behandeln. Aber auch Art. 10 EMRK gewährt für den Whistleblower keinen schrankenlosen Schutz. Dem Recht des Whistleblowers steht wiederum das Recht des Arbeitgebers auf Schutz seines guten Rufs und Wahrung seiner rechtlichen Interessen gegenüber.[286] An dieser Stelle ähnelt das ins Feld geführte Abwägungsmaterial der Bewertung der verfassungsrechtlich geschützten Interessen.[287] Der EGMR betont, dass die Pflicht eines Angestellten zur Loyalität und Vertraulichkeit von Informationen auch erfordert, dass dieser einen Missstand nicht sogleich nach außen richten darf, sondern zunächst den Vorgesetzten bzw. eine innerbetriebliche Stelle oder Einrichtung mit dem Verdacht des Fehlverhaltens als milderes Mittel konfrontieren muss.[288] Insofern geht der EGMR also von einem grundsätzlichen Vorrang der internen Meldung aus, die nur dann nicht erforderlich sein soll, wenn eine innerbetriebliche Klärung aussichtslos erscheint.[289] Zum Schutz der beiderseitigen Interessen muss ein Arbeitnehmer zunächst intern um Abhilfe bitten, bevor er einen Missstand an externe Stellen weitergibt.

---

[285] Gleichwohl hält der EGMR eine stärkere Verpflichtung zur Loyalität von Angestellten des öffentlichen Dienstes für möglich, EGMR, NZA 2011, 1269, 1271.

[286] EGMR, NZA 2011, 1269, 1271.

[287] Vgl. dazu unter Kap. 1 III. 1.

[288] EGMR, NZA 2011, 1269, 1271.

[289] EGMR, ZD-Aktuell 2011, 9.

Der EGMR erlegt einem Whistleblower zudem Nachforschungsobliegenheiten auf, bevor er einen Missstand gerechtfertigt an eine externe Stelle melden darf. Im Jahr 2021 hatte der EGMR[290] über einen Fall zu entscheiden, in dem ein stellvertretender Chefarzt eines Krankenhauses seinen unmittelbaren Vorgesetzten wegen des Verdachtes auf aktive Sterbehilfe bei der Staatsanwaltschaft anzeigte. Die Anzeige erfolgte, da zehn Patienten innerhalb kurzer Zeit nach der Verabreichung von Schmerzmitteln verstorben waren, was angesichts der geringen Kapazität des Krankenhauses (34 Betten) auffällig war. Die zu den Patienten vorhandenen umfangreichen Papierakten hätten jedoch Aufschluss darüber gegeben, dass der Verdacht unbegründet war. Daher entschied der EGMR, dass die Kündigung des stellvertretenden Chefarztes wegen seiner Anzeige an die Staatsanwaltschaft gerechtfertigt war. Auf den grundsätzlichen Schutz, den Art. 10 EMRK hinweisgebenden Personen vermittelt, hätte er sich nur dann berufen können, wenn er die Informationen korrekt und zuverlässig ausgewertet hätte, wozu die sorgfältige Analyse der Papierakten gezählt hätte. Der EGMR nimmt gerechtfertigtes Whistleblowing also erst dann an, wenn sich jemand ernsthaft um die Verifizierung seines Verdachtes bemüht. Inwiefern diese Rechtsprechung noch mit der neuen Whistleblower-RL vereinbar ist, die einen subjektiven Ansatz verfolgt (ein Whistleblower muss einen Verstoß mit hinreichendem Grund angenommen haben), wird im weiteren Verlauf dieser Untersuchung zu klären sein.[291]

---

[290] EGMR, NJW 2021, 2343.

[291] Vgl. Kap. 3 I. 2. a).

d) Zwischenergebnis

Das Europarecht und das Verfassungsrecht schützen beide sowohl die Meinungsfreiheit des Whistleblowers als auch Geschäftsgeheimnisse der vom Whistleblowing betroffenen Organisationen. Ein lückenloser Schutz für Hinweisgeber ist durch die europarechtlichen Vorgaben jedoch nicht gegeben. Ein genereller Ausschluss der Strafbarkeit des Whistleblowings ist den europarechtlichen Grundlagen nicht zu entnehmen. Dies ergibt sich nicht nur aus dem beschränkten persönlichen Anwendungsbereich der Whistleblower-RL, sondern auch aus der grundsätzlich differenzierten Betrachtungsweise der zugrunde liegenden Rechtsquellen. Gemein ist diesen nämlich, dass stets eine sorgfältige Abwägung zwischen dem Interesse des Schutzes von internen Betriebs- und Geschäftsgeheimnissen und dem Recht des Whistleblowers auf Offenlegung von Missständen vorzunehmen ist. Whistleblower müssen sich grundsätzlich an verschiedene Vorgaben halten, bevor sie europarechtlichen Schutz erhalten. Inwiefern sich dies auf die Strafbarkeit auswirkt und ob entsprechende Regelungen in der Praxis einen ausreichenden Schutz für Whistleblower bieten, wird im weiteren Verlauf der Arbeit bewertet.

3. Einfachgesetzliche Grundlagen

Während einfachgesetzliche Grundlagen zum Schutz von vertraulichen Informationen und geheimen Interna schon längere Zeit existieren,[292] liegt bislang kein einheitliches Whistleblowerschutzgesetz vor. Die gesetzgeberische Bestrebung,[293] ein Schutzgesetz für Whistleblower zu erlassen, welches diesen einen rechtssicheren Rahmen bietet und sie vor Benachteiligungen schützt, scheiterte zunächst im Bundestag und fand keine Mehrheit.[294] Dies mag sich jedoch durch das HinSchG ändern.[295] Ungeachtet dessen gibt es in Deutschland schon länger vereinzelt Regelungen, die das Phänomen des Whistleblowings berühren und partiellen Schutz gewährleisten, wobei es sich in erster Linie um vereinzelte Beschwerderechte des Arbeitnehmers handelt, die ihrem Anwendungsbereich nach sehr beschränkt sind.[296] Die nachfolgende Ausführung wird die bestehenden Beschwerde- und Offenbarungsrechte überblicksartig darstellen, um erste Schlussfolgerungen über das Ausmaß des Whistleblowerschutzes zu ziehen. Je nach ihrer Relevanz für die Frage der Strafbarkeit des Whistleblowings werden diese im Rahmen der strafrechtlichen Bewertung der infrage kommenden Handlung vertieft analysiert.

---

[292] Insbesondere früher das UWG, das 2016 durch das GeschGehG abgelöst wurde.

[293] Zuletzt BÜNDNIS 90/DIE GRÜNEN mit einem Gesetzesentwurf im Bundestag v. 26.09.2018 bzgl. eines Whistleblowerschutzgesetzes, BT-Drucks. 19/4558.

[294] *Groß/Platzer*, in: NZA 2017, 1097, 1098; *Seifert*, in: CCZ 2019, 12, 13 f.

[295] Dazu Kap. 3 II.

[296] *Schmitt*, in: NZA-Beilage, 2020, 50.

a) Beschwerderechte des Arbeitnehmers

Entsprechende Regelungen zum erlaubten Whistleblowing sind im Arbeitsrecht oftmals als Beschwerderechte ausgestaltet. § 17 Abs. 2 ArbSchG räumt einem Arbeitnehmer u. a. die Möglichkeit ein, eine Behörde über unzureichende Sicherheits- und Gesundheitsmaßnahmen zu informieren. Das System des § 17 Abs. 2 ArbSchG ist zweistufig. Der Arbeitnehmer darf seine Beschwerde nicht unmittelbar der Behörde melden, sondern muss zunächst den Arbeitgeber um Abhilfe bitten. Erst wenn dieser keine Abhilfe schafft, ist eine externe Meldung möglich.[297] Das Gesetz verlangt im Anwendungsbereich des § 17 Abs. 2 ArbSchG mithin die Vornahme einer innerbetrieblichen Klärung. Ein Verstoß gegen Sicherheits- und Gesundheitsmaßnahmen muss nach dem Wortlaut der Vorschrift nicht tatsächlich vorliegen. Ein Whistleblower wird hiernach auch dann geschützt, wenn er hinreichenden Grund zur Annahme eines entsprechenden Verstoßes hatte, selbst wenn dieser sich schließlich nicht bewahrheitet.[298] Rechtsfolge des erlaubten Whistleblowings nach § 17 Abs. 2 ArbSchG ist ein umfassendes Benachteiligungsverbot, das dem Repressalienverbot der Whistleblower-RL ähnelt.[299] Der Begriff der Benachteiligung ist ebenfalls wie derjenige der Repressalien weit zu verstehen und beinhaltet unmittelbare und mittelbare Benachteiligungen – auch etwa den Ausschluss von Begünstigungen.[300]

---

[297] *Wank*, in: Erfurter Kommentar zum Arbeitsrecht, § 17 ArbSchG Rn. 2.

[298] *Otto*, in: NomosKommentar, Gesamtes Arbeitsrecht, § 17 ArbSchG Rn. 4; *Wiebauer*, in: Landmann/Rohmer, GewO, § 17 ArbSchG Rn. 21.

[299] Vgl. dazu Kap. 3 I. 4.

[300] *Otto*, in: NomosKommentar, Gesamtes Arbeitsrecht, § 17 ArbSchG Rn. 11.

Darüber hinaus existieren weitere Beschwerderechte von Beschäftigten. So haben diese etwa nach § 13 AGG das Recht der Beschwerde, wenn sie sich aus den in § 1 AGG genannten Gründen benachteiligt fühlen. Insofern beschränkt sich der Anwendungsbereich des in § 13 AGG geregelten Beschwerderechts auf Benachteiligungen, welche wegen Rasse oder ethnischer Herkunft, Geschlecht, Religion oder Weltanschauung, Behinderung, Alter oder sexueller Identität erfolgen und im Zusammenhang mit dem Beschäftigungsverhältnis stehen, wobei auch ein weiter gefasster Zusammenhang mit dem Beschäftigungsverhältnis, wie etwa auf außerbetrieblichen Feiern oder Fortbildungsmaßnahmen, für ausreichend erachtet wird.[301] Die Beschwerde darf nur innerhalb des Betriebs, des Unternehmens bzw. der Dienststelle erfolgen, womit das externe Whistleblowing nicht vom Beschwerderecht des § 13 AGG umfasst ist.[302]

Im Gegensatz zu der zuvor dargestellten Vorschrift des § 17 Abs. 2 ArbSchG, die zwar das tatsächliche Vorliegen von Verletzungen gegen Arbeitsschutzvorschriften nicht zwingend voraussetzt, aber das Bestehen konkreter Anhaltspunkte für eine Pflichtverletzung verlangt, genügt es im Rahmen des § 13 AGG, wenn sich der Arbeitnehmer benachteiligt „fühlt". Damit geht aus dem Wortlaut schon hervor, dass an die subjektiven Elemente keine besonderen Anforderungen gestellt werden. Mithin werden nicht etwa konkrete Anhaltspunkte verlangt, sondern der Beschäftigte muss nur darlegen,

---

[301] *Berg*, in: Däubler/Hjort/Schubert/Wolmerath, Arbeitsrecht, § 13 AGG Rn. 5.
[302] *Benecke*, in: BeckOGK, § 13 AGG Rn. 10; Berg, in: Däubler/Hjort/Schubert/Wolmerath, Arbeitsrecht, § 13 AGG Rn. 6.

aus welchen Gründen er sich benachteiligt fühlt.[303] Angesichts des beschränkten Anwendungsbereichs der Vorschriften, die nur in ganz bestimmten Fallkonstellationen eine Beschwerdemöglichkeit einräumen, und der (zunächst gegebenen) Beschränkung auf in erster Linie interne Stellen,[304] wird allenfalls ein Bruchteil der Whistleblowing-Problematik erfasst.

b) Vorschrift gem. § 5 Nr. 2 GeschGehG

Eine gewichtigere Funktion für die Strafbarkeit des Whistleblowings kommt in jedem Fall der Vorschrift des § 5 Nr. 2 GeschGehG zu. Diese hat nämlich gerade das für das Whistleblowing so wichtige Aufdecken von rechtswidrigen Handlungen sowie beruflichem und sonstigem Fehlverhalten zum Gegenstand. Damit wird jedenfalls nach dem Wortlaut der Vorschrift nicht nur ein Teilaspekt – wie in § 17 Abs. 1 ArbSchG der Verstoß gegen Sicherheits- und Gesundheitsvorschriften – geregelt, sondern jedes illegale und sonstige Fehlverhalten.[305] Der Schutz des § 5 Nr. 2 GeschGehG könnte jedoch nicht so weitreichend sein, wie es zunächst den Anschein hat. Es handelt sich nämlich um eine Vorschrift, die aufgrund ihrer systematischen Stellung im GeschGehG und dem im Wortlaut normier-

---

[303] *Berg*, in: Däubler/Hjort/Schubert/Wolmerath, Arbeitsrecht, § 13 AGG Rn. 4; *Legerlotz*, in: Heidel/Hüßtege/Mansel/Noack, BGB AT, § 13 AGG Rn. 8.

[304] Bei der Vorschrift des § 17 Abs. 2 ArbSchG ist zunächst der Vorgesetzte und bei fehlender Abhilfe durch den Arbeitgeber die zuständige Behörde zu informieren.

[305] Wie der Tatbestand letztlich auszulegen ist, insbesondere das Verständnis des sonstigen Fehlverhaltens, wird im Rahmen der strafrechtlichen Bewertung in Kap. 4 I. 5. a) aa) bbb) näher thematisiert.

ten Anknüpfungsgegenstand des „Geschäftsgeheimnisses“ möglicherweise nur die Strafbarkeit nach dem GeschGehG ausschließt. Wie die nachfolgende Darstellung zeigen wird, gibt es jedoch weitaus mehr Strafvorschriften, die Strafbarkeitsrisiken für Whistleblower bergen, als die Strafvorschrift des § 23 GeschGehG. Darüber hinaus bestehen weitere ungeklärte Fragen zum Ausnahmetatbestand des § 5 Nr. 2 GeschGehG, die zu Rechtsunsicherheiten für Whistleblower führen. So ist u. a. nicht geklärt, ob die Vorschrift unmittelbar externes Whistleblowing zulässt oder ob ein Whistleblower sich zunächst um interne Abhilfe bemühen muss.[306] Diese Fragen werden bei der Prüfung der Strafbarkeit von Whistleblowing erörtert.

c) Weitere Vorschriften

Des Weiteren existieren Vorschriften, die Whistleblowing zwar nicht ausdrücklich gestatten, jedoch im Einzelfall eine Meldung oder Offenlegung rechtfertigen bzw. die Strafbarkeit ausschließen können. Dazu zählt z. B. das Anzeigerecht nach § 138 StGB oder eine sektorspezifische Meldepflicht wie diejenige des § 43 GwG. Da diese jedoch keine speziellen Whistleblowing-Vorschriften sind, werden sie an geeigneter Stelle im Rahmen der Prüfung der Strafbarkeit thematisiert.[307]

---

[306] Ausführlich zum Erfordernis eines vorherigen innerbetrieblichen Klärungsversuchs Kap. 4 I. 5. a) cc).

[307] Kap. 4 I. 7.

Kapitel 2: Notwendigkeit und Reichweite einer strafausschließenden Whistleblowerschutzvorschrift

Die Darstellung der Vorzüge von Whistleblowing für die öffentliche Meinungsbildung, die Strafverfolgung und selbst die betroffenen Unternehmen wirft zunächst die Frage auf, ob Whistleblowing, in bestimmten Fallkonstellationen, mit dem schärfsten Schwert des Staates – dem Strafrecht – begegnet werden sollte. De Jure bestehen für Whistleblower, dies werden die Darstellungen im vierten Kapitel weiter vertiefen, Strafbarkeitsrisiken, die ggf. mit einem weitreichenden Ausschluss- bzw. Rechtfertigungsgrund abgemildert werden sollten.

Das Strafrecht ist die Ultima Ratio des Gesetzgebers.[308] Es soll nur dann zur Anwendung gelangen, wenn es sich um ein Verhalten handelt, das besonders sozialschädlich und für das geordnete Zusammenleben von Menschen unerträglich ist.[309] Damit der Ultima-Ratio-Grundsatz nicht zu einer inhaltslosen Floskel verkommt,[310] muss in besonderer Weise geprüft werden, ob ein Verhalten dem oben genannten Grundsatz entspricht. Dieser erwächst aus dem Verhältnismäßigkeitsprinzip, das sich aus der Verfassung ergibt,[311] und ist da-

[308] BVerfGE 39, 1, 47; *Otto*, in: NomosKommentar, Gesamtes Arbeitsrecht, § 17 ArbSchG Rn. 4; *Roxin*, in: JuS 1966, 377, 382 f.; *Schünemann*, in: FS Herzberg, 39, 41.

[309] BVerfGE 120, 224, 239 f.; 88, 203, 258; *Landau*, in: ZStW 2009, 965, 971 f.

[310] So auch *Landau*, in: ZStW 2009, 965, 971 f.

[311] BVerfGE 39, 1, 47; *Weigend*, in: LK-StGB, § 1 Einl. Rn. 1.

mit bei der Beantwortung der Frage, ob ein Verhalten mit dem Strafrecht sanktioniert werden darf,[312] vom Gesetzgeber zu berücksichtigen. Bevor der Gesetzgeber ein bestimmtes Verhalten unter Strafe stellt, muss er die grundrechtlich geschützten Interessen des Täters berücksichtigen (z. B. die allgemeine Handlungsfreiheit).[313] Speziell auf das Whistleblowing bezogen, drängt sich die durch Art. 5 Abs. 1 GG geschützte Meinungsäußerungsfreiheit auf, die der Gesetzgeber in seine Abwägung einzubeziehen hat und die einer Bestrafung entgegenstehen könnte. Auf Basis der vorstehenden Erwägungen ist im Folgenden zu ermitteln, ob die bereits bestehenden Strafbarkeitsrisiken für Whistleblower grundsätzlich rechtfertigbar sind oder ob der Gesetzgeber Whistleblowing mit einem Ausschluss- bzw. Rechtfertigungsgrund vor Strafbarkeit schützen muss. In der anschließenden Prüfung können insbesondere die Erkenntnisse der verfassungsrechtlichen Vorüberlegungen fruchtbar gemacht werden.[314]

---

[312] *Frisch*, in: FS Stree/Wessels, 69.

[313] *Joecks/Erb*, in: MüKo, StGB, Einl. Rn. 22.

[314] Kap. 1 III. 1.

I. Die Rechtsgutslehre und ihre Funktion

Bevor die Strafbarkeit des Whistleblowings der eingangs angekündigten Interessenabwägung unter besonderer Berücksichtigung des Verhältnismäßigkeitsgrundsatzes unterzogen werden kann, ist zunächst zu erörtern, ob das Verhalten des Whistleblowings mit einem Gut kollidiert, das durch das Strafrecht gesichert werden kann.[315] Dem Begriff des Rechtsguts kommt, neben seiner Bedeutung zur Auslegung von (Straf-)Tatbeständen,[316] insofern Bedeutung zu, als es als Schranke für ein kriminalisierungswürdiges Verhalten angesehen wird.[317] Die Rechtsgutslehre hilft dabei, das schärfste Schwert des Staates maßvoll anzuwenden und den Täter vor einer Bestrafung zu beschützen, wenn sein Verhalten nicht als Verletzung eines schützenswerten Rechtsguts angesehen werden kann.[318] Für den Gesetzgeber bildet die Rechtsgutslehre insoweit eine Schranke, als dass er vor dem Erlass eines Straftatbestandes sorgfältig prüfen muss, ob dieser tatsächlich dem Schutz schützenswerter Rechtsgüter dient.[319] Da sich die Strafbarkeit nicht nur aus einem einzelnen Tatbestand

---

[315] *Roxin*, in: JuS 1966, 377, 381; *ders*, Strafrechtliche Grundlagenprobleme, S. 13.

[316] Sog. systemimmanente Funktion: *Kudlich*, in: ZStW 2015, 635, 638; *Roxin/Greco*, Strafrecht AT Bd. 1, § 2 Rn. 4 f.

[317] Sog. systemkritische Funktion des Rechtsgutsbegriffs *Schünemann*, in: Hefendehl/Hirsch/Wohlers, Die Rechtsgutstheorie, S. 133; *Steinberg*, in: FS Rüping, 91, 99; ablehnend *Amelung*, in: Hefendehl/Hirsch/Wohlers, Die Rechtsgutstheorie, S. 159 ff.; *Nakamichi*, in: ZIS 2017, 324, 324 f.

[318] *Appel*, in: KritV 1999, 278, 281.

[319] *Neumann/Saliger*, in: Kindhäuser/Neumann/Paeffgen/Saliger, StGB, Vorb. § 1 Rn. 112; *Roxin/Greco*, Strafrecht AT Bd. 1, § 2 Rn. 12; *ders.*, in: JuS 1966, 377, 382.

selbst ergibt, sondern stets mögliche Ausschluss- und Rechtfertigungsgründe zu berücksichtigen sind, kann die Rechtsgutslehre auch bei der Frage herangezogen werden, ob Strafbarkeitsrisiken durch entsprechende Ausschluss- und Rechtfertigungsgründe beseitigt werden müssen.

Gelangt der Gesetzgeber zu dem Ergebnis, ein Verhalten verletzt bloß Moralvorstellungen, kann er sich der Ultima Ratio – des Strafrechts – nicht bedienen,[320] sondern muss dem Verhalten – freilich unter Wahrung der verfassungsmäßigen Vorgaben – auf andere Weise begegnen. Zugleich muss er bereits bestehende Strafbarkeitsrisiken durch Ausschluss- bzw. Rechtfertigungsgründe ausräumen. Besonders relevant für die hiesige Thematik ist insofern die Frage, ob der Gesetzgeber auch illegale Geheimnisse durch das Strafrecht schützen darf, ob diesen Rechtsgutscharakter zukommt oder ob er diese vom strafrechtlichen Geheimnisschutz ausnehmen muss. Wäre dies der Fall, so müsste ein Großteil des Whistleblowings als straffrei angesehen werden, denn Gegenstand des Whistleblowings sind regelmäßig Missstände, die nicht selten illegale Verhaltensweisen aufdecken.[321]

Eine konsequente Anwendung der Rechtsgutslehre hätte selbst in der jüngeren Vergangenheit zur Vermeidung staatlichen Unrechts führen können. Geeignetes Beispiel ist der bis zum 11. Juni 1994 exis-

---

[320] *Appel*, in: KritV 1999, 278, 281; *Roxin/Greco*, Strafrecht AT Bd. 1, § 2 Rn. 3 f.

[321] Kap. 1 I. 3. a) bb).

tierende Straftatbestand des § 175 StGB, der homosexuelle Handlungen unter Strafe stellte.[322] Dieser wurde durch das BVerfG[323] zunächst mit der Begründung, Homosexualität verstoße gegen die sittlichen Anschauungen des Volkes und stehe nicht im Einklang mit den Lehren der beiden großen christlichen Konfessionen, für verfassungskonform gehalten.[324] Dass dies ein verheerender Verstoß gegen den dargelegten Rechtsgutsgedanken ist, zeigt bereits, dass es an einem zu schützenden Rechtsgut fehlt. In Wahrheit knüpft der Tatbestand lediglich an Moralvorstellungen und religiöse Anschauungen an, die mit dem Gedanken eines liberalen Strafrechts, das durch den Rechtsgutsgedanken verkörpert wird, nicht in Einklang zu bringen ist.

Der Weg zur Verfassungswidrigkeit der beispielhaft genannten Norm ist auch auf andere Weise möglich. Deutlich wird gleichwohl, dass der Rechtsgutsgedanke dem Gesetzgeber den kaum bestrittenen Ultima-Ratio-Gedanken des Strafrechts vor Augen führt und jedenfalls Verhaltensweisen aus dem Tatbestand ausscheidet, die diesem Gedanken widersprechen. Da die Rechtsgutstheorie gerade vermeiden will, dass Verhaltensweisen, die bloß moral- oder pflichtwidrig anmuten, bestraft werden, bedarf es einer genauen Definition des

---

[322] Dieses Beispiel auch bei *Roxin/Greco*, Strafrecht AT Bd. 1, § 2 Rn. 17; *ders.* in: GA 2013, 433, 436 f.

[323] BVerfG, NJW 1957, 865.

[324] Zur Geschichte der Strafvorschrift des § 175 StGB vgl. *Hilpert/Hillgruber*, Görres-Gesellschaft, Staatslexikon, Bd. 3, Homosexualität II.

Rechtsguts. Denn andernfalls würden die Vorteile, die eine rechtsgutsbezogene Betrachtungsweise liefern kann, in ihr Gegenteil verkehrt.[325]

1. Hinführung zum Begriff des Rechtsguts

Strafbarkeit kommt nach der Rechtsgutslehre nur dann in Betracht, wenn der Straftatbestand ein Rechtsgut schützt. Die Benennung eines Strafrechtsguts ist damit Legitimationsvoraussetzung für Strafen.[326] Im Folgenden wird geklärt, was unter dem Begriff des Rechtsguts zu verstehen ist.

Im Ausgangspunkt lieferte *Feuerbach (1775–1833)*[327] mit seiner Rechtsverletzungslehre jedenfalls einen gewichtigen Schritt zur Annäherung an den Rechtsgutsbegriff und die moderne Rechtsgutslehre, auch wenn diese Begriffe selbst keinen Eingang in seine Werke gefunden hatten. Unter Strafe gestellt werden dürfen nach Feuerbach nur solche Verhaltensweisen, die in den Rechtskreis anderer eingreifen und deren Rechte verletzen. Eine Überschreitung moralischer Gebote hingegen könne eine strafrechtliche Sanktionierung nicht legitimieren. So fand der nicht eheliche Beischlaf keinen

---

[325] *Hefendehl*, in: ZIS 2012, 506.

[326] *Kudlich*, in: ZStW, 2015, 635, 638.

[327] Nach Feuerbach war nicht das Pflichtwidrige für die Frage der Strafbarkeit entscheidend, sondern allein die Gefährlich- und Schädlichkeit der Tat: *Feuerbach*, Revision, S. 66; zur Straftheorie Feuerbachs vgl. auch *Kuhli*, in: RphZ 2015, 343.

Eingang in das von Feuerbach entworfene und 1813 in Kraft getretene Bayerische Strafgesetzbuch.[328] Freilich ist nicht von der Hand zu weisen, dass strafrechtlich verbotene Verhaltensweisen von der Allgemeinheit regelmäßig auch als unmoralisch empfunden werden.[329] Der Ansatz Feuerbachs besteht jedoch darin, dass eine Moralverletzung isoliert keine strafbegründende Wirkung haben kann. Noch problematischer als die bloße Orientierung an einer kaum näher zu konkretisierenden Moral der Allgemeinheit ist ein Strafrecht, das ad hoc konstruierte Pflichtverletzungen unter Strafe stellt.[330] Diese – insbesondere in der Zeit des Nationalsozialismus verbreitete – Sichtweise[331] stellte eine Übertragung des Schutzes der (Freiheits-)Rechte Einzelner auf die Gemeinschaft dar.[332] Dass die Strafrechtslehre im Nationalsozialismus auf einen nicht näher definierten und willkürlich gewählten Gemeinschaftsgedanken rekurriert, geht unweigerlich mit der Ablösung der Rechte Einzelner einher, die nur insofern geschützt werden, als diese als Bestandteil des Gemeinschaftsbegriffs anzusehen sind. Mit der Bestrafung angeblich gemeinschaftsschädlicher Pflichtverletzungen und der damit verbundenen Loslösung subjektiver Rechte Einzelner entfernt sich der Staat auch von dem Gedanken grundrechtlicher Freiheitsrechte, die dem Bürger als Abwehrrechte gegen den Staat zustehen.[333] Er selbst ist

---

[328] *Kubiciel*, in: Koch/Kubiciel/Löhnig/Pawlik, Feuerbachs bayerisches Strafgesetzbuch, S. 403.

[329] *Kudlich*, in: ZStW, 2015, 635, 644; *Pawlik*, Das Unrecht des Bürgers, S. 135.

[330] *Hefendehl*, in: ZIS 2012, 506.

[331] Vertreter insbesondere: *Schaffstein*, das Verbrechen als Pflichtverletzung.

[332] *Gutmann*, Ideologie der Gemeinschaft, S. 1 f.; *La Torre/Hull*, in: JoJZG 2010, 111, 112.

[333] *Gutmann*, Ideologie der Gemeinschaft, S. 7.

nämlich Bestandteil der Staatsgemeinschaft und muss sich Pflichtverletzungen gegen diese enthalten. Die Unklarheit des Begriffs der Pflichtverletzung gegen die Gemeinschaft ist dabei durchaus gewollt und ermöglicht es dem Staat, ideologiebasierte Straftatbestände zugunsten eines imaginären Gemeinschaftsganzen zu erlassen,[334] ohne (Freiheits-)Rechte des Täters bzw. (Rechts-)Güter des Opfers zu berücksichtigen.

Eine Strafbarkeit lässt sich also keineswegs mit der Begründung rechtfertigen, das unter Strafe gestellte Verhalten sei als moral- oder pflichtwidrig anzusehen. So begrüßenswert Feuerbachs Rechtsverletzungslehre im Ausgangspunkt ist, vermag diese das aktuelle Strafrecht und die damit geschützten Rechtsgüter nicht vollständig zu erklären. Soweit *Feuerbach* davon ausgeht, es dürfe nur solches Verhalten bestraft werden, das in den Rechtskreis eines anderen eingreift, sind damit Ungenauigkeiten verbunden. Die Bestimmung des Rechtskreises eines anderen und der Rechtsverletzungscharakter einer Handlung sind nämlich davon abhängig, was als verletzbares Recht angesehen wird. Die Problematik zeigt *Kuhli*[335] anhand folgenden Beispiels aus dem Bayerischen Strafgesetzbuch (1813) auf. Während der uneheliche Beischlaf als bloße Moralvorstellung nicht dem Strafrecht unterfiel, wurde der Ehebruch strafrechtlich sanktioniert, was mit der Verletzung des Ehevertrages einschließlich des daraus resultierenden Rechts des betrogenen Ehepartners „auf den ausschließlichen naturgemäßen Gebrauch der Geschlechtsteile" be-

---

[334] *Gutmann*, Ideologie der Gemeinschaft, S. 7.

[335] *Kuhli*, in: ZJS 2021, 271, 272.

gründet wurde. Eine Unterscheidung zwischen strafloser Moralwidrigkeit und strafbarer Rechtsverletzung ist in dieser Konstellation kaum noch zu treffen.[336]

Auch gegen die Rechtsgutslehre wird aufgrund ihrer Konturenlosigkeit immer wieder Kritik vorgebracht, die nicht gänzlich von der Hand zu weisen ist.[337] Im Laufe der Jahrzehnte haben sich verschiedene Definitionsansätze für den Begriff des Rechtsguts ergeben, die in ihrer Vielzahl kaum mehr zu überschauen sind.[338] Gerade die große Anzahl der Rechtsgutsbegriffe, die das Rechtsgut als rechtlich schützenswertes Gut[339], als Partizipationsmöglichkeit an der Gesellschaft[340], als elementares Gemeinschaftsgut[341] oder als Funktionseinheit, ohne die ein Leben in unserer Gesellschaft nicht möglich sei[342], verstehen, ruft berechtigte Kritik auf den Plan.[343] Ein Begriff, der nicht einheitlich definiert werden kann oder keiner klaren Definition zugänglich ist, kann kaum geeignete Beschränkung für den Strafgesetzgeber sein. Dies gilt umso mehr, wenn der Rechtsgutsbegriff so weit definiert wird, dass er letztlich doch bloße Moralvorstellungen umfasst.

---

336 *Kuhli*, in: ZJS 2021, 271, 272.

337 *Dubber*, in: ZStW 2005, 485, 504 ff.; *Stratenwerth*, in: FS Lenckner, 377, 388; *Weigend*, in: LK-StGB, Einl. Rn. 4 f.

338 *Engländer*, in: ZStW 2015, 616, 619 f.; *Roxin/Greco*, Strafrecht AT Bd. 1, § 2 Rn. 3; Darstellung im Überblick auch bei *Stratenwerth*, in: FS Lenckner, 377.

339 *Freund*, in: MüKo, StGB, Vorb. § 13 Rn. 46.

340 *Calliess*, Theorie der Strafe, S. 143.

341 So insbesondere BVerfGE 90, 145, 201.

342 *Rudolphi*, in: FS Honig, 151, 163.

343 *Roxin/Greco*, Strafrecht AT Bd. 1, § 2 Rn. 3.

Nachfolgend soll der Rechtsgutsbegriff als Grundlage der systemkritischen Rechtsgutslehre so bestimmt werden, dass er im Geiste eines liberalen Strafrechts eine reale Beschränkung des Gesetzgebers darstellt. Dabei ist vornehmlich zwischen formellem und materiellem Rechtsgutsbegriff zu unterscheiden. Der formelle Rechtsgutsbegriff, der insbesondere von *Binding*[344] geprägt wurde, knüpft hauptsächlich an den Vorstellungen des Gesetzgebers an. Laut *Binding* ist dasjenige als Rechtsgut zu betrachten, welches nach Auffassung des Gesetzgebers Bedingung eines gesunden Zusammenlebens der Gesellschaft ist und von ihm mittels einer Verhaltensnorm geschützt wird. Eine solche Betrachtung läuft jedoch der hier bevorzugten Funktion des gesetzgebungskritischen Rechtsgutsbegriffs zuwider.[345]

Vorzuziehen ist ein materieller Rechtsgutsbegriff, der auf die Aufgaben des Strafrechts rekurriert.[346] *Roxin*[347] hat gemäß einem liberalen Strafrechtsverständnis zutreffend dargelegt, dass die Aufgabe des Strafrechts darin besteht, ein freies und friedliches Zusammenleben der Bürger unter größtmöglicher Schonung der wechselseitigen Freiheitsrechte zu gewährleisten. Besonderes Augenmerk liegt auf der Gewährleistung der Grundrechte. Unter diesem Gesichtspunkt leuchtet es also ein, dass eine Beschränkung von Freiheitsrechten anderer – Tötung oder Körperverletzung, Diebstahl oder Betrug – als Beeinträchtigung der Freiheitsrechte unter Strafe zu stellen ist, um – und das ist die Aufgabe des Strafrechts – ein friedliches,

---

[344] *Binding*, Die Normen und ihre Übertretung Bd. 1, S. 353 ff.

[345] Vgl. unter Kap. 2 I.; so auch *Engländer*, in: ZStW 2015, 616, 619.

[346] *Roxin/Greco*, Strafrecht AT Bd. 1, § 2 Rn. 3 ff.

[347] *Roxin/Greco*, Strafrecht AT Bd. 1, § 2 Rn. 8; *Roxin*, in: JuS 1966, 377, 381 f.

freiheitliches menschliches Zusammenleben zu gewährleisten.[348] Freilich dient das Strafrecht nicht nur dem Schutz von Individualrechtsgütern, sondern auch den Rechtsgütern der Allgemeinheit, sofern diese sich jedenfalls mittelbar auch auf Rechtsgüter des Einzelnen auswirken.[349] So lassen sich auch Straftatbestände wie Steuerhinterziehung[350] oder Umweltdelikte legitimieren, welche Rechtsgüter des Einzelnen zumindest mittelbar tangieren. Inwiefern jedoch auch illegale Verhaltensweisen als Rechtsgut im Sinne der Rechtsgutslehre angesehen werden können, oder ob diese dem Schutz einer Strafnorm durch einen Ausschluss zu entziehen sind, bedarf einer eingehenden Betrachtung.

2. Kritik an der rechtsgutsbezogenen Perspektive

Bevor die Rechtsgutslehre konkret auf das Phänomen „Whistleblowing" angewendet wird, gilt es, die – teilweise berechtigte – Kritik an der Rechtsgutslehre zu berücksichtigen, um fehlerhafte Schlussfolgerungen zu vermeiden. Die systemimmanente Wirkung des Rechtsgutsbegriffs – also diejenige bei der Auslegung von Straftatbeständen – wird übereinstimmend anerkannt.[351] Demgegenüber ist eine systemkritische Wirkung des Rechtsgutsbegriffs – also die Benennung von Strafrechtsgütern als Legitimationsvoraussetzung des

---

[348] *Roxin/Greco*, Strafrecht AT Bd. 1, § 2 Rn. 9.

[349] *Roxin/Greco*, Strafrecht AT Bd. 1, § 2 Rn. 9.

[350] Dieses Beispiel auch bei *Roxin/Greco*, Strafrecht AT Bd. 1, § 2 Rn. 9.

[351] *Gaede*, in: Hefendehl/Hirsch/Wohlers, Die Rechtsgutstheorie, S. 183; *Rönnau*, in: JuS 2009, 209, 211; *Zweigle*, Gesetzgeber im Konflikt, S. 65.

Strafens[352] – höchst umstritten und über Jahrzehnte hinweg bereits Gegenstand vieler Auseinandersetzungen gewesen.[353]

Einer der Kernkritikpunkte an der systemkritischen Wirkung des Rechtsgutsbegriffs ist bereits angeklungen. Der Begriff des Rechtsguts ist nach Auffassung einer Vielzahl von Autoren zu unbestimmt, um eine tragfähige Grundlage einer strafrechtlichen Legitimationsprüfung darzustellen.[354] So führe die Inhaltsleere des Rechtsgutsbegriffs dazu, dass zur Legitimation einer Vorschrift nur ein passendes Rechtsgut erfunden werden müsse.[355] Diese Kritik ist – jedenfalls in dieser Pauschalität – nicht gerechtfertigt. Freilich sind Ansätze, die unter dem Rechtsgutsbegriff bspw. die Moralvorstellungen der Allgemeinheit verstehen, für eine legitimatorische Begrenzung des Strafrechts ungeeignet und führen die Ziele einer systemkritischen Rechtsgutslehre ad absurdum. Selbst wenn den Kritikern zuzugeben ist, dass auch der hier präferierte Ansatz von *Roxin* keinen subsumierbaren Begriff für jedwede Strafnorm beinhaltet, so können mit ihm jedenfalls solche Verhaltensweisen herausgefiltert werden, die

---

[352] *Kudlich*, in: ZStW, 2015, 635, 638.

[353] Für eine systemkritische Wirkung des Rechtsgutsbegriffs etwa *Fischer*, Die Legitimität des Sportwettbetrugs, S. 109; *Roxin/Greco*, Strafrecht AT Bd. 1, § 2 Rn. 13 ff.; *Roxin*, in: GA 2013, 433; *ders.*, in: FS Hassemer, 573; *Rudolphi*, in: FS Honig, 151, 155; dagegen bspw.: *Appel*, Verfassung und Strafe, S. 390; *Freund/Rostalski*, in: GA 2020, 617, 624; *Frisch*, in: Hefendehl/Hirsch/Wohlers, Die Rechtsgutstheorie, S. 215; *Hirsch*, in: FS Spinellis, 436, 445; *Stuckenberg*, in: GA 2011, 653.

[354] *Dubber*, in: ZStW 2005, 485, 503 ff.; *Freund/Rostalski*, in: GA 2020, 617, 624; *Stuckenberg*, in: GA 2011, 653, 656 f.; *Timm*, Gesinnung, S. 236 ff.

[355] *Frisch*, in: Hefendehl/Hirsch/Wohlers, Die Rechtsgutstheorie, 217.

in einem liberalen Rechtsstaat nicht strafbar sein dürfen.[356] Insofern dürfen also an die Rechtsgutslehre keine falschen Anforderungen gestellt werden. Sie stellt kein Patentrezept für die Bewertung dar, ob gewisse Verhaltensweisen mit dem Strafrecht sanktioniert werden dürfen. Sie kann aber in einem ersten Schritt solche Verhaltensweisen ausschließen, die unter keinen Umständen strafbar sein dürfen. Dazu zählt bspw. die Strafbarkeit von Homosexualität, um das zu Beginn dieses Kapitels erläuterte Beispiel aufzugreifen.

Die vorgebrachten Kritikpunkte vermögen daher nur teilweise zu überzeugen. Insgesamt überwiegt der Nutzen der Rechtsgutslehre auch heutzutage noch eindeutig die Schwächen. Insbesondere eine historische Betrachtung, die bereits zuvor angeklungen ist, bringt die Vorzüge einer systemkritischen Rechtsgutslehre zum Vorschein. Befürworter der Rechtsgutslehre weisen zudem richtigerweise auf die historisch belegten Nachteile einer Loslösung vom Rechtsgüterschutz als Aufgabe des Strafrechts hin, die einen schmerzlichen Höhepunkt in der Zeit des Nationalsozialismus hatte.[357]

Für eine abschließende Bewertung der Strafbarkeit eines Verhaltens ist die Rechtsgutslehre allein zwar ungeeignet. Sie kann nach dem zuvor Dargestellten jedoch in einer Art Vorprüfung als erste Hürde bei der Beantwortung der Frage eingesetzt werden, ob eine Strafbarkeit mangels schutzwürdigen Rechtsguts ausscheidet. *Weigend*[358] nimmt insofern an, dass die Legitimation des Strafens nicht bloß von dem Begriff des Rechtsguts abhängen kann, sondern eine Abwägung

---

[356] *Roxin/Greco*, Strafrecht AT Bd. 1, § 2 Rn. 13 ff.; *Roxin*, in: GA 2013, 433, 436 ff.; *ders.* in: FS Hassemer, 573, 579 f.; *Steinberg*, in: FS Rüping, 91, 99 f.

[357] *Hefendehl*, in: ZIS 2012, 506.

[358] *Weigend*, in: LK-StGB, Einl. Rn. 7.

anhand des verfassungsrechtlich geschützten Proportionalitätsgedankens vorzunehmen ist. Wird an die Rechtsgutslehre nicht die Anforderung gestellt, letztverbindlich zu beurteilen, ob ein Verhalten strafbewehrt sein darf oder nicht, kann diese als erster Schritt einer strafrechtlichen Legitimationsprüfung genutzt werden. In einem zweiten Schritt ist dann zu prüfen, ob die übrigen verfassungsmäßigen Anforderungen des Strafens, wie z. B. der Grundsatz der Verhältnismäßigkeit unter besonderer Berücksichtigung des Ultima-Ratio-Gedankens des Strafrechts, gewahrt sind.

3. Rechtsgutscharakter der durch Whistleblowing betroffenen Güter

Die vorstehenden Erwägungen machen zunächst Folgendes deutlich: Whistleblowing kann jedenfalls nicht deshalb eine strafrechtliche Sanktionierung erfahren, weil es als moralisch verwerflich im Sinne von Denunziantentum, Verrat oder Verpfeifen angesehen wird. Vielmehr bedarf es eines konkreten Rechtsguts, das dem Whistleblowing gegenübersteht. Der hier präferierte Rechtsgutsbegriff von *Roxin*[359] wäre jedenfalls dann erfüllt, wenn es sich um grundlegende Gemeinschaftsbelange handelt, die Bestandteil der grundgesetzlichen Werteordnung sind, wozu insbesondere die Grundrechte zählen.[360] Denn diese beinhalten gerade die Freiheitsrechte des Einzelnen, die durch *Roxins* Konzeption des strafrechtlichen Rechtsgüterschutzes gewährleistet werden sollen. Wie bereits

---

[359] *Roxin/Greco*, Strafrecht AT Bd. 1, § 2 Rn. 8; *Roxin*, in: JuS 1966, 377, 381 f.
[360] So auch *Vogel*, in: StV 1996, 110, 111 f.

die grundrechtlichen Erwägungen, die im Rahmen des ersten Kapitels dargestellt worden sind,[361] gezeigt haben, kann Whistleblowing dazu führen, dass Freiheitsrechte einer bestimmten Organisation beeinträchtigt werden. So fallen Geheimnisse eines Unternehmens nach dem zuvor Dargestellten unter den Schutz der Eigentumsfreiheit nach Art. 14 Abs. 1 GG und die unternehmerische Betätigungsfreiheit gem. Art. 12 Abs. 1 GG.

Besonderer Erörterung bedarf die Frage, ob eine Strafbarkeit des Whistleblowings legitimiert werden kann, wenn Gegenstand des Whistleblowings der Verrat von illegalen Verhaltensweisen ist oder ob für diese Konstellation ein Strafbarkeitsausschluss eingreifen muss. Maßgebend für die Beantwortung dieser Frage ist nach *Roxins* Rechtsgutsbegriff wiederum die Frage, ob die Werteordnung des Grundgesetzes illegale Geheimnisse schützt. Wäre dies nicht der Fall, müssten diese vom schützenden Anwendungsbereich einer Strafnorm ausgenommen werden.

Im Ergebnis gebietet eine verfassungsrechtliche Sichtweise jedoch keinen Ausschluss von illegalen Geheimnissen, womit diese jedenfalls nach der Rechtsgutstheorie durch das Strafrecht geschützt werden dürfen. Würde man illegalen Geheimnissen von vornherein den verfassungsrechtlichen Schutz verwehren, wären diese ohne Berücksichtigung eines widerstreitenden unternehmerischen Geheimhaltungsinteresses schlechthin ungeschützt und dem Geheimnisverrat preisgegeben. Nichts anderes gilt für illegale Staatsgeheimnisse, die aus verfassungsrechtlicher Sicht trotz der Bindung des Staates an

---

[361] Kap. 1 III. 1.

Recht und Gesetz gem. Art. 20 Abs. 3 GG verfassungsrechtlichen Schutz genießen.[362]

II. Unterscheidung zwischen Verhaltens- und Sanktionsnorm unter besonderer Berücksichtigung der Bedeutung des Verhältnismäßigkeitsgrundsatzes

Dass eines der vorbenannten schützenswerten Rechtsgüter betroffen ist, genügt für die Legitimation des Strafens allein noch nicht. Das betroffene Rechtsgut bildet zunächst nur isoliert das zu schützende Gut, ohne ein möglicherweise schutzwürdiges widerstreitendes Interesse in ein Verhältnis zu setzen. Sofern das widerstreitende Interesse überwiegt, ist eine Strafbarkeit nicht zu rechtfertigen. Bereits bestehende Strafbarkeitsrisiken müssen durch einen Strafbarkeitsausschluss beseitigt werden. Konkret auf das Whistleblowing bezogen, ergibt sich daher folgendes: Da es bereits Straftatbestände gibt, die – im noch näher zu untersuchenden Umfang – Strafbarkeitsrisiken für Whistleblower bergen, ist anhand der nachfolgenden Verhältnismäßigkeitsprüfung zu untersuchen, ob diese mit den verfassungsrechtlich geschützten Interessen des Whistleblowers in Einklang stehen. Sollte das insbesondere durch Art. 5 Abs. 1 GG geschützte Offenbarungsinteresse des Whistleblowers die privaten und staatlichen Geheimhaltungsinteressen überwiegen, müssten bestehende Strafbarkeitsrisiken durch einen auf das Whistleblowing zugeschnittenen Strafausschluss aufgehoben werden. Welche Reichweite ein solcher Strafbarkeitsausschluss hat, hängt wiederum davon

---

[362] Kap. 1 III. 1 b), c).

ab, wie das private bzw. staatliche Geheimhaltungsinteresse in einer Gesamtabwägung zu gewichten ist.

Bei der verfassungsrechtlichen Rechtfertigung der Strafbarkeit eines bestimmten Verhaltens genügt ein im Einzelfall überwiegendes Interesse jedoch allein nicht. Vielmehr ist zu berücksichtigen, dass das Strafrecht das schärfste Schwert eines Staates ist, dessen Anwendung einer besonderen Rechtfertigung bedarf, womit es weitere Instrumente zur Legitimation des Strafens bedarf.

1. Normtheorie von Karl Binding

Ein solches Instrument kann in der viel zitierten Normtheorie von Karl *Binding*[363] erblickt werden. In ihrem Ausgangspunkt sieht diese eine strikte Trennung zwischen Verhaltens- und Sanktionsnorm vor. *Binding* unterscheidet insofern zwischen zwei Stufen. Die Strafgesetze, die eine Sanktionierung eines bestimmten Verhaltens vorsähen, stünden dabei nur auf zweiter Stufe. *Binding* wendet sich auch gegen die verbreitete Auffassung, ein Straftäter übertrete durch sein Verhalten das Gesetz. Demgegenüber geht er davon aus, dass dieser sich gerade dem Strafgesetz entsprechend verhält, da er durch sein Verhalten die Voraussetzungen der Strafnorm erfüllt. Den Strafvorschriften vorgelagert hingegen seien Gesetze, die *Binding* Normen nennt, die der Straftäter übertritt.[364] Die Aufgabe des Strafrechts besteht nach *Binding* also darin, eine Übertretung der vorausgehenden

---

[363] *Binding*, Die Normen und ihre Übertretung Bd. 1.

[364] *Binding*, Die Normen und ihre Übertretung Bd. 1, S. 7; *Kaufmann*, Logik und Rechtswissenschaft, S. 97.

Norm mit einer Strafe zu belegen oder diese für straffrei zu erklären.[365] Bei den vorgelagerten Normen muss es sich nach *Binding* nicht um geschriebenes Gesetzesrecht handeln. Vielmehr existierten diese selbstständig. Der Grund dafür sei insbesondere in der verschiedenen Zweckrichtung beider Stufen zu suchen. Normen dienten der Prävention, wohingegen Strafgesetze eine Reaktion auf begangene Pflichtverletzungen darstellten. Besonders deutlich wird diese Unterscheidung im Betäubungsmittelstrafrecht.[366] Die Vorschrift des § 3 BtMG verbiete – als Verhaltensnorm – den Besitz von Haschisch. Ein Verstoß gegen diese Verhaltensnorm führt auf der zweiten Ebene zu der aus § 29 BtMG resultierenden Strafe.[367] Auf der zweiten Ebene unterschieden sich die den Strafgesetzen vorgelagerten Normen und die Strafgesetze selbst in ihrem Adressaten. Während Normen an den Bürger adressiert seien und die § 212 StGB vorgelagerte Verhaltensnorm „Du sollst nicht töten!“ ein Tötungsverbot für den Bürger statuiert, sei der Staat Adressat der Strafgesetze.[368] Dieser müsse in dem Fall der Verwirklichung der Voraussetzungen eines Strafgesetzes durch den Bürger aktiv werden und diesen mit einer Strafe belegen.

---

[365] *Binding*, Die Normen und ihre Übertretung Bd. 1, S. 45; *Koriath*, Grundlagen strafrechtlicher Zurechnung, S. 271.

[366] *Lagodny*, in: Hefendehl/Hirsch/Wohlers, Die Rechtsgutstheorie, S. 83.

[367] *Burghardt*, in: Normentheorie und Strafrecht, S. 73.

[368] So auch *Frisch*, in: GA 2019, 185, 197 f.; *Rostalski*, in: RphZ 2018, 157, 162; *Vogel*, Norm und Pflicht, S. 27 ff.

2. Übertragung der Theorie Bindings auf eine moderne Normentheorie und Schlussfolgerung für die anschließende Legitimationsprüfung

Bindings Normtheorie ist seitjeher Gegenstand kontroverser Auseinandersetzungen gewesen. Eine vertiefte Auseinandersetzung mit sämtlicher Kritik an der Normtheorie oder sämtlichen diskutierten Modifikationen kann im Rahmen dieser Arbeit nicht erfolgen.[369] Der Normtheorie von Binding wird insbesondere entgegnet, dass auch den Strafnormen general- und spezialpräventive Wirkung beizumessen sei.[370] Die Abschreckungswirkung, die von einem Straftatbestand ausgehe, sei um ein Vielfaches größer als diejenige einer bloßen Verbotsnorm, die lediglich ein Verbot ausspreche, selbst aber keine Sanktion androhe.[371] Zudem seien Straftatbestände keine Verhaltensnormen, die einen Sollenssatz formulierten.[372] Dieser sei weder ausdrücklich in Straftatbeständen enthalten noch seien diese logisch zwingende Voraussetzung für einen Straftatbestand. Das Strafgesetzbuch beinhalte an keiner Stelle einen Sollenssatz, wie bspw. „Du sollst nicht töten". Es folge vielmehr einer „Wenn-dann-Beziehung", die bei der Verwirklichung eines Straftatbestandes eine sanktionsbewehrte Rechtsfolge vorsieht. Bei den Sollenssätzen von Binding handele es sich mithin um eine bloße Fiktion, die nicht der Konzeption des Strafgesetzbuches entspreche.

---

[369] Zur Kritik an Bindings Normtheorie vgl. etwa *Hilliger*, Das Rechtsdenken Karl Bindings, S. 226 ff.; *Renzikowski*, in: ARSP 2001, 110, 112 ff.

[370] *Koriath*, Grundlagen strafrechtlicher Zurechnung, S. 277.

[371] *Herzberg*, in: ZIS 2021, 420, 420 f.; *Koriath*, Grundlagen strafrechtlicher Zurechnung, S. 277.

[372] *Kröger*, Der Aufbau der Fahrlässigkeitsstraftat, S. 334 ff.

Allerdings darf bei der Kritik an *Bindings* Normtheorie ihr gesetzgebungskritisches Potenzial nicht verkannt werden, das auch heutzutage bei der kritischen Überprüfung von bestehenden Strafnormen herangezogen werden kann. Das dualistische Prinzip *Bindings* ermöglicht es, eine strukturierte verfassungsrechtliche Prüfung vorzunehmen, die das Bestehen einer Verhaltensnorm als eigenständigen Eingriff wertet und die darüber hinausgehende Beschwer, die ein strafbewehrtes Verbot beinhaltet, hinreichend zu berücksichtigen.[373] Eine solche Zweiteilung führt dem Gesetzgeber eines ganz deutlich vor Augen: Nicht jeder Verhaltensnormverstoß darf mit dem schärfsten Schwert des Staates – dem Strafrecht – sanktioniert werden. Vielmehr ist die Sanktionsnorm einer zusätzlichen isolierten Verhältnismäßigkeitsprüfung zu unterziehen und muss verfassungsrechtlichen Anforderungen genügen. Denn die strafrechtliche Sanktionierung eines Verhaltens ist der schwerste Eingriff des Staates, der einer besonderen Rechtfertigung bedarf.[374] Auch wenn das BVerfG sich nicht ausdrücklich der Normtheorie anschließt bzw. die Unterscheidung zwischen Verhaltens- und Sanktionsnorm nicht ausdrücklich benennt, sind doch Tendenzen erkennbar, die auf eine gesonderte Prüfung von Verhaltens- und Sanktionsnorm hinauslaufen.

---

[373] Für diese Unterscheidung im Rahmen einer verfassungsrechtlichen Überprüfung auch *Appel*, Verfassung und Strafe, S. 25.

[374] *Appel*, Verfassung und Strafe, S. 25.

Die Unterscheidung zwischen Verhaltens- und Sanktionsnorm hat in der Rechtsprechung des BVerfG im Laufe der Jahre zunehmend an Bedeutung gewonnen.[375] Das BVerfG[376] denkt insofern exemplarisch das Verhaltensgebot bzw. Verbot unabhängig von der Ermächtigung zum Erlass eines Strafgesetzes. Es erkennt spezifische Besonderheiten von Sanktionsnormen an und unterzieht diese einer eigenständigen Überprüfung, die etwa die Einhaltung des Bestimmtheitsgrundsatzes und des aus dem Rechtsstaatsprinzip folgenden Grundsatzes des schuldangemessenen Strafens[377] zum Gegenstand hat.[378]

Sollte bereits keine ungeschriebene, den Strafgesetzten vorgelagerte, Verhaltensnorm existieren, die Whistleblowing beschränkt, so ist eine Strafnorm nicht legitimierbar. Gelangt die erste Stufe der Legitimationsprüfung mithin zu dem Ergebnis, dass eine Verhaltensnorm, die Whistleblowing in einer bestimmten Konstellation unterbinden soll oder an bestimmte Voraussetzungen knüpft, den verfassungsrechtlichen Anforderungen – insbesondere dem Grundsatz der Verhältnismäßigkeit – zuwiderläuft, bedarf es in jedem Fall eines Ausschluss- bzw. Rechtfertigungsgrundes, welcher die Strafbarkeit beseitigt.

---

[375] Vgl. diesbezüglich zur Entwicklung der Rechtsprechung des BVerfG *Burghardt*, Normentheorie und Strafrecht, S. 64 ff.

[376] BVerfGE 88, 203, 252 f.; 90, 145, 200.

[377] BVerfGE 80, 244, 255; 50, 205, 214; 45, 187, 259 f.

[378] *Appel*, Verfassung und Strafe, S. 79; *Burghardt*, in: Normentheorie und Strafrecht, S. 59.

3. Legitimationsprüfung

Eine der Strafnorm vorgelagerte Verhaltensnorm, die Whistleblowing verbietet bzw. bestimmte Voraussetzungen an ein erlaubtes Whistleblowing knüpft, muss demzufolge ihrerseits einen legitimen Zweck verfolgen, zum Erreichen des Zwecks erforderlich und angemessen sein. Ist dies nicht der Fall, existiert schon keine Verhaltensnorm, auf die sich ein strafbewehrtes Verbot des Whistleblowings stützen ließe, womit Whistleblowing von den bestehenden Strafnormen zum Geheimnisschutz durch einen Strafausschluss auszunehmen wäre.

Für die vorzunehmende Legitimationsprüfung kommt es wiederum entscheidend darauf an, was unter dem Verhalten des Whistleblowings zu verstehen ist. Die hier verwendete Definition von *Miceli/Near* versteht unter Whistleblowing: Die von einem Mitglied einer Organisation (unabhängig davon, ob es sich um ein aktuelles oder ehemaliges Mitglied handelt) erfolgte Enthüllung von illegalem oder unmoralischem Verhalten, das im Verantwortungsbereich der Organisationsführung liegt, gegenüber Personen oder Organisationen, die dagegen einschreiten können.[379]

a) Legitimer Zweck einer das Whistleblowing beschränkenden Verhaltensnorm

Eine Verhaltensnorm, die eine Beschränkung des Whistleblowings ausspricht, muss im ersten Schritt der Legitimationsprüfung einen legitimen Zweck verfolgen. Eine solche das Whistleblowing einschränkende Verhaltensnorm dient jedenfalls den zuvor benannten

---

[379] Vgl. hierzu Kap. 1 2. a).

Interessen der durch das Whistleblowing betroffenen Organisationen, die regelmäßig einen Reputationsverlust oder gar die Offenlegung existenzieller Unternehmensinformationen zu befürchten haben. Der Schutz von Reputation und Unternehmensgeheimnissen ist insbesondere Ausfluss der durch Art. 12 Abs. 1 GG geschützten unternehmerischen Betätigungsfreiheit[380] und stellt als solcher einen legitimen Zweck dar. Wenn mit der Rechtsgutslehre gefordert wird, dass der legitime Zweck in dem Schutz eines bestimmten Rechtsguts bestehen muss,[381] lässt sich dieses jedenfalls mit der durch Art. 12 Abs. 1 GG geschützten unternehmerischen Betätigungsfreiheit benennen, womit das Bestehen eines legitimen Zwecks zu bejahen wäre.

Zweifel hinsichtlich des legitimen Zwecks ergeben sich jedoch aus dem Wesen der durch das Whistleblowing aufgedeckten Informationen: Whistleblower decken mit ihren Enthüllungen nach der hier verwendeten Definition illegales oder unmoralisches Verhalten gegenüber Personen oder Organisationen auf, die dagegen einschreiten können. Damit stellt sich unweigerlich die Frage, ob ein Verhindern entsprechender Offenlegungen einen legitimen Zweck verfolgen

---

[380] Vgl. hierzu Kap. 1 III. 1. b) bb).

[381] So die Rechtsgutslehre *Roxin/Greco*, Strafrecht AT Bd. 1, § 2 Rn. 12; *Roxin*, in: JuS 1966, 377, 381 f.; das BVerfG lehnt das Erfordernis des Schutzes eines bestimmten Rechtsgutes ab, BVerfGE 120, 224. Gleichwohl beginnt es die verfassungsrechtliche Verhältnismäßigkeitsprüfung mit der ausdrücklichen Benennung der durch die Norm geschützten Rechtsgüter *Britzke*, § 217 im Lichte des strafrechtlichen Rechtsgutskonzeptes, S. 82; *Neumann/Saliger*, in: Kindhäuser/Neumann/Paeffgen/Saliger, StGB, Vorb. § 1 Rn. 119b, das legt nahe, dass ein legitimer Zweck jedenfalls dann gegeben sein soll, wenn die (Verhaltens-)Norm den Schutz eines Rechtsgutes bezweckt.

kann. Insofern können jedoch die zuvor angestellten Erwägungen fruchtbar gemacht werden: Es gibt nämlich keinen Grundsatz, der illegale oder unmoralische Geheimnisse grundsätzlich dem verfassungsrechtlichen Schutz entzieht bzw. diese für schlechterdings schutzunwürdig erklärt.[382] Damit wird auch der legitime Zweck eines Verhaltensnormverbotes, das den Schutz von illegalen bzw. unmoralischen Verhaltensweisen bezweckt, nicht in Zweifel gezogen.

b) Eignung und Erforderlichkeit einer das Whistleblowing beschränkenden Verhaltensnorm

Eine Beschränkung des Whistleblowings müsste zur Förderung der genannten legitimen Zwecke auch geeignet sein. Dies setzt voraus, dass das gewählte Mittel jedenfalls zur Förderung des mit der Maßnahme verfolgten Zwecks (hier – partielles – Verbot) beiträgt, wobei ein vollständiges Erreichen des Zwecks nicht erforderlich ist.[383] Diesem Erfordernis wird eine Beschränkung des Whistleblowings jedenfalls gerecht. Da das Whistleblowing, wie dargelegt, regelmäßig den Unternehmenserfolg beeinträchtigende Offenlegungen beinhaltet, fördert eine Einschränkung des Whistleblowings jedenfalls den Zweck des Schutzes der unternehmerischen Betätigungsfreiheit.[384]

Eine das Whistleblowing beschränkende Verhaltensnorm müsste auch erforderlich sein, um die beabsichtigten Ziele der Regelung zu erreichen. Dafür muss diese unter den gleich wirksamen Mitteln das

---

[382] Vgl. dazu bereits Kap. 1 I. b) cc).

[383] BVerfGE 96, 10, 23; 81, 156, 192.

[384] Dasselbe gilt für den Geheimnisschutz im öffentlichen Recht.

relativ mildeste darstellen.[385] Nach dieser Prämisse stellt eine Verhaltensnorm, die eine möglichst weitreichende Beschränkung des Whistleblowings vorsieht, die effektivste Form des Schutzes von Unternehmensinterna dar. Eine Verhaltensnorm, die nur ein Teilverbot ausspricht, ist nicht dazu geeignet, das durch die Vorschrift intendierte Ziel gleichermaßen zu fördern. Die Frage, ob und ggf. inwiefern eine das Whistleblowing beschränkende Verhaltensnorm verhältnismäßig ist, ist somit Sache der Angemessenheit.

c) Angemessenheit zur Erreichung des Zwecks

Ganz maßgebend für die Beantwortung der Frage, in welchem Ausmaß eine das Whistleblowing beschränkende und dem Strafgesetz vorgelagerte Verhaltensnorm verhältnismäßig ist, ist die Bewertung der Angemessenheit. Ein generelles (vorstrafrechtliches) Verbot des Whistleblowings, das keinen Raum für erlaubtes Whistleblowing zulässt, ist weder mit dem Grundsatz der Verhältnismäßigkeit[386] noch mit dem Verbot, eine bestimmte Art und Weise der Meinungsäußerung bzw. eine bestimmte Meinung als solche zu untersagen,[387] vereinbar. Eine – wie auch immer geartete – Beschränkung des von der Meinungsfreiheit geschützten Whistleblowings muss stets die herausragende Bedeutung der Kommunikationsgrundrechte berücksichtigen.[388] Die vom BVerfG zu diesem Zwecke entwickelte Wech-

---

[385] BVerfGE 126, 112, 144 f.; 120, 274, 321; 105, 17, 36.

[386] Erforderlich ist vielmehr eine einzelfallbezogene Abwägung unter Berücksichtigung der geschützten Grundrechte.

[387] *Starck/Paulus*, in: Mangoldt/Klein/Starck, Art. 5 GG Rn. 293.

[388] BVerfGE 7, 198, 208 f.; *Starck/Paulus*, in: Mangoldt/Klein/Starck, Art. 5 GG Rn. 293.

selwirkungslehre erfordert, dass ein allgemeines, die Meinungsfreiheit beschränkendes Gesetz seinerseits einer Beschränkung durch die Kommunikationsgrundrechte zuzuführen ist, um dem besonderen Wertgehalt der Kommunikationsgrundrechte Rechnung zu tragen.[389] Konsequenz dessen ist, dass bestehende Verhaltensnormverstöße wiederum durch spezielle Erlaubnissätze ausgeglichen werden müssen.

aa) Berücksichtigung der Wechselwirkungslehre bei der Beschränkung von Whistleblowing

Ein Gesetz, das – bspw. zum Schutze von Unternehmensgeheimnissen – eine (auch mittelbare) Beschränkung von Whistleblowing zur Folge hat, muss mithin seinerseits selbst einer Beschränkung zugeführt werden, welche die besondere Bedeutung der Kommunikationsgrundrechte berücksichtigt. Im Einzelfall muss bei Whistleblowing konkret berücksichtigt werden, dass es als solches unter den Schutz der Meinungsäußerungsfreiheit fällt.[390] Ein (Teil-)Verbot von Whistleblowing darf mithin allenfalls so weit gehen, wie es berechtigte Interessen des Whistleblowings unberührt lässt. Dies erfordert im Einzelfall, dass eine Verbotsnorm jedenfalls nicht uneingeschränkt gilt und Ausnahmeregelungen für berechtigtes Whistleblowing existieren müssen. Wie weitreichend entsprechende Ausnahmeregelungen sind bzw. ob ein (Teil-)Verbot überhaupt angemessen ist, ist eine Frage der Güter- und Interessenabwägung.

---

[389] Vgl. BVerfGE 120, 180, 199 f.; 117, 244, 260; 50, 234, 241.

[390] Kap. 1. III. 1. a).

bb) Güter- und Interessenabwägung

Im Anschluss an die Wechselwirkungslehre wird eine umfassende Güter- und Interessenabwägung nötig, bei der sich zunächst die Frage stellt, inwiefern diese überhaupt zulasten des Whistleblowings ausschlagen kann. Denn Whistleblowing beinhaltet die Aufklärung über illegales oder unmoralisches Verhalten der vom Whistleblowing betroffenen Organisation[391] und scheint damit als solches weder verbots- noch sanktionswürdig, sondern müsste bei bereits bestehenden Strafbarkeitsrisiken durch eine Ausschlussnorm für straffrei erklärt werden. Freilich greift eine solch pauschale Betrachtungsweise zu kurz. Vielmehr dürfen die berechtigten Interessen des betroffenen Unternehmens nicht unberücksichtigt bleiben. Damit eine umfassende Abwägung vorgenommen werden kann, dürfen jedenfalls nicht ausschließlich die schutzwürdigen Interessen des Whistleblowers berücksichtigt werden. Gegenüberzustellen sind insofern die Beeinträchtigungen, die von Whistleblowing ausgehen können. Das Wesen des Whistleblowings besteht darin, dass eine unternehmensangehörige Person Unternehmensinterna, die wesentlich zum Erfolg eines Unternehmens beitragen können,[392] offenlegt, womit die grundrechtlich geschützten Positionen aus Art. 14 bzw. Art. 12 GG berührt werden.[393] Sofern ein Whistleblower im öffentlichen Dienst tätig ist und Interna offenbart, sind ebenfalls kollidierende verfassungsrechtlich geschützte Interessen denkbar.

---

[391] Vgl. zu den Einzelheiten Kap. 1 I. 3.

[392] Vgl. die Schilderungen unter Kap. 1 II. 2. a).

[393] Siehe Kap 1. I. III. b).

Die Tatsache, dass Gegenstand des Whistleblowings allgemein gesprochen Missstände sind, führt zwar nicht dazu, dass die widerstreitenden Interessen keinen Schutz erfahren.[394] Im Rahmen der Interessenabwägung ist der Umstand, dass die Offenbarungen unmoralisches oder gar illegales Verhalten beinhalten, jedoch zu berücksichtigen. Ein Verbot der Offenbarung bewusster Verleumdungen ist freilich leichter zu rechtfertigen als ein Verbot von Whistleblowing, das über Missstände aufklärt. Eine weitere Unterscheidung mag darin bestehen, wie schwer der gemeldete Verstoß wiegt bzw. ob es sich um einen messbaren Gesetzesverstoß handelt oder lediglich um unmoralisches Verhalten. Eine Pauschallösung ist allerdings hiermit nicht zu erreichen. Die Aufdeckung von als unmoralisch empfundenen Verhaltensweisen stellt eine geschützte Meinungsäußerung im Sinne des Art. 5 Abs. 1 GG dar. Darüber hinaus kann die Aufdeckung unethischen Verhaltens die Interessen der Öffentlichkeit im gleichen oder sogar in höherem Maße berühren als ein messbarer Gesetzesverstoß, womit die Aufdeckung unmoralischen Verhaltens im Rahmen der Verhältnismäßigkeitsprüfung nicht weniger schwer wiegt.

Im Ergebnis lässt sich festhalten, dass es für die Aufdeckung von Missständen – unabhängig davon, ob sie eine messbare Gesetzesverletzung beinhaltet – immer Raum geben muss. Eine Norm, die Geheimhaltungsinteressen schützt und dabei jede Möglichkeit der Offenlegung verbietet, ohne dabei berechtigte Interessen des Whistleblowers durch einen Ausschluss- oder Rechtfertigungsgrund zu

---

[394] Denn auch illegale Geheimnisse können im Schutzbereich des Art. 14 GG bzw. Art. 12 GG liegen, Kap. 1 III. 1. b) cc).

schützen, geht in unverhältnismäßiger Weise zulasten der grundrechtlich geschützten Interessen eines Whistleblowers und dem öffentlichen Informationsinteresse. Damit bedarf es zum Whistleblowerschutz eines Strafbarkeitsausschlusses, der bereits bestehende Strafbarkeitsrisiken abmildert. Allerdings fordert die Meinungsfreiheit gleichwohl nicht, dass Whistleblowing durch einen Ausschluss- bzw. Rechtfertigungsgrund uneingeschränkt und ohne jede Rücksichtnahme auf die Interessen der betroffenen Organisation gewährleistet wird.

cc) Ausgestaltung eines Ausschlussgrundes

In einzelnen Bereichen können Einschränkungen einer Whistleblowerschutzvorschrift gerechtfertigt sein, um den schutzwürdigen Interessen von betroffenen Unternehmen Rechnung zu tragen. Zwar stellt auch eine Regelung, die eine bestimmte Verfahrensweise für Whistleblowing vorsieht, einen Eingriff in die Meinungsfreiheit nach Art. 5 Abs. 1 GG dar.[395] Dieser ist aber deutlich weniger einschneidend und grundsätzlich dazu geeignet, die beiderseitigen Interessen in Einklang zu bringen. Ein entsprechender Verfahrensablauf kann darin zu sehen sein, dass ein schützender Ausschlussgrund nur dann eingreift, wenn der Whistleblower vor einer Information der Öffentlichkeit zunächst eine zwischengeschaltete Stelle bzw. die betroffene Organisation selbst über den von ihm erkannten Missstand aufklären muss, bevor er seine Information einer breiten Öffentlich-

[395] Der Schutzumfang der Meinungsfreiheit bezieht sich nämlich auch darauf, den Adressat der Äußerung frei zu wählen, vgl. Kap. 1 III. 1. a) aa).

keit zugänglich macht und Unternehmen kaum rückgängig zu machenden Schaden erleiden.[396] Freilich darf ein solches Verfahren nicht dazu führen, dass Whistleblowing faktisch unmöglich oder über Gebühr beeinträchtigt wird. Insofern wird im Verlaufe der Untersuchung immer wieder der Verhältnismäßigkeitsgrundsatz bei der Bewertung von Verfahrensvorschriften für Whistleblowing herangezogen. Darüber hinaus müssen diese für die gebotene Rechtssicherheit sorgen. Regelungen über die Einhaltung eines bestimmten Verfahrensablaufs müssen rechtssicher und klar formuliert sein. Andernfalls besteht die Gefahr, dass Hinweisgeber aus Unsicherheit von einer Aufdeckung absehen.

Zudem kann ein Nichteingreifen eines Ausschluss- bzw. Rechtfertigungsgrundes unter Verhältnismäßigkeitsgesichtspunkten dann in Betracht kommen, wenn die Äußerungen der hinweisgebenden Person lediglich ungesicherte Informationen oder Behauptungen darstellen. Ein entsprechendes Bild zeichnet die Entscheidung des EGMR zum Whistleblowing, wonach das Recht des Whistleblowers auf freie Meinungsäußerung Geheimhaltungsinteressen bei Nicht-Erfüllung von Nachforschungsobliegenheiten weichen musste. Zwar hängt der Schutzbereich der Meinungsfreiheit nicht davon ab, inwieweit eine bestimmte Äußerung durch Nachforschungen verifiziert wurde. Gleichwohl handelt es sich jedenfalls um einen Umstand, der zum Schutze der berechtigten Interessen von Unternehmen berück-

---

[396] Dieser Gesichtspunkt wird im weiteren Verlauf der Arbeit noch eine wesentliche Rolle spielen. Vgl. dazu insbesondere die Frage nach einer vorherigen innerbetrieblichen Klärung im Rahmen des § 5 Nr. 2 GeschGehG, Kap. 4 I. 5. a) bb) aaa).

sichtigt werden sollte. Jedenfalls bei der Verbreitung bloßer Vermutungen wird die Verhältnismäßigkeitsprüfung regelmäßig zugunsten der Geheimhaltungsinteressen des Unternehmens ausschlagen, sodass es gerechtfertigt erscheint, in diesem Fall einen Strafbarkeitsausschluss nicht eingreifen zu lassen.

Unter Verhältnismäßigkeitsgesichtspunkten können strengere Anforderungen an erlaubtes Whistleblowing auch dann gestellt werden, wenn Whistleblower aufgrund ihrer Stellung in einer Organisation des Privat- oder öffentlichen Rechts besondere Einflussnahmemöglichkeiten besitzen. Denn in solch einem Fall werden sie regelmäßig in der Lage sein, den Missstand selbst zu beseitigen.[397] Eine gleichwohl vorgenommene Öffentlichkeitsbekanntmachung würde sich einseitig zulasten der Geheimhaltungsinteressen der betroffenen Unternehmen bzw. staatlichen Einrichtungen auswirken, ohne dass eine entsprechende Belastung erforderlich wäre. Insofern erscheint es gerechtfertigt, einen Strafausschluss für diesen Fall nicht eingreifen zu lassen.

dd) Zwischenergebnis Verhältnismäßigkeit

Die für die freiheitlich-demokratische Grundordnung konstitutive Meinungsäußerungsfreiheit erfordert große Achtsamkeit bei der Beschränkung von Whistleblowing. Dieses gänzlich zu untersagen, widerspricht dem Grundsatz der Verhältnismäßigkeit. Vielmehr bedarf es eines weitreichenden Strafausschlusses. Allerdings gebührt der

---

[397] Ein Whistleblower ist grundsätzlich eine Person, die mangels Möglichkeit, einen Missstand selbst zu beseitigen, Hinweise in- bzw. extern meldet Kap. 1 I. 3. a) dd).

Meinungsfreiheit kein uneingeschränkter Vorrang. Ein angemessener Ausgleich der widerstreitenden Interessen kann Hinweisgebern abverlangen, zunächst interne Wege zu nutzen, bevor sie sich an die Öffentlichkeit bzw. Behörden wenden. Zudem macht es einen Unterschied, ob ein Whistleblower einen Verstoß aufgrund von belegbaren Fakten nachvollziehbar annimmt oder lediglich nicht näher begründete Behauptungen über vermeintliches Fehlverhalten aufstellt. Bei Letzterem kann es zum Schutz von Unternehmensgeheimnissen gerechtfertigt sein, einen Strafbarkeitsausschluss nicht eingreifen zu lassen.

4. Zweite Stufe der Legitimationsprüfung

Dass eine Verhaltensnorm Whistleblowing an bestimmte Voraussetzungen knüpft und dieses als verbotswidrig klassifiziert, sofern diese nicht eingehalten werden, sagt jedoch noch nichts über die Verhältnismäßigkeit der Strafbarkeit von Whistleblowing aus.[398] Diese ist ihrerseits gesondert einer Verhältnismäßigkeitsprüfung zu unterziehen, in der die Besonderheiten des Strafrechts zu berücksichtigen sind. Der legitime Zweck einer strafbewehrten Beschränkung des Whistleblowings besteht in dem durch Art. 14 GG bzw. Art. 12 GG gewährleisteten Schutz der Geheimnisse eines Unternehmens. Die strafrechtliche Absicherung eines solchen Verstoßes ist dazu geeignet, die Einhaltung dieses Zwecks zu fördern. Durch die Androhung einer Kriminalstrafe und die damit einhergehende Abschreckungswirkung wird eine noch stärkere Wirkung erzielt als durch ein bloßes

---

[398] *Appel*, Verfassung und Strafe, S. 79; auch das BVerfG trennt diese beiden Ebenen in der „Cannabis-Entscheidung“. Das umfassende Umgangsverbot des § 29 Abs. 1 BtMG sei verhältnismäßig, während eine uneingeschränkte Kriminalisierung unverhältnismäßig sei, BVerfGE 90, 145, 187 f.

Verbot bzw. ein Gebot eines einzuhaltenden Verfahrensablaufs. Im Rahmen der Erforderlichkeitsprüfung der strafrechtlichen Sanktionsnorm ist der Ultima-Ratio-Grundsatz des Strafrechts zu berücksichtigen.[399] Es darf kein gleich wirksames milderes Mittel als eine strafrechtliche Sanktionierung geben, um die Einhaltung des Verbots bzw. des Verfahrensablaufs zu gewährleisten. Ein pauschaler Hinweis darauf, das Strafrecht sei geeigneter als alle anderen Formen der Sanktionierung, da es als schärfstes Schwert des Staates die stärkste Motivationskraft zur Einhaltung einer Vorschrift bietet, wird der fundamentalen Bedeutung des Ultima-Ratio-Grundsatzes jedenfalls nicht gerecht. Zu berücksichtigen ist, ob mildere Formen der Sanktionierung, wie bspw. verwaltungsrechtliche oder zivilrechtliche Maßnahmen, in Betracht kommen.[400] Denkbar wäre insofern, es bei zivilrechtlichen Maßnahmen gegen den Whistleblower zu belassen, wenn ein Ausschlussgrund nicht zu seinen Gunsten eingreift. Diese können mit einem Recht zur Kündigung ebenfalls einschneidend sein. Gleichwohl darf die dem Gesetzgeber im Sinne der Gewaltenteilung zu Recht eingeräumte Einschätzungsprärogative nicht verkannt werden.[401] Jedenfalls erscheint es im Einzelfall nicht nach jeder Betrachtungsweise ausgeschlossen, das Strafrecht zum Schutze der zuvor benannten Geheimhaltungsinteressen und zulasten des Whistleblowings einzusetzen. Oftmals sind zivilrechtliche Maßnahmen, wie etwa arbeitsrechtliche Konsequenzen, nicht ausreichend, um die Geheimhaltungsinteressen des betroffenen Unternehmens oder der staatlichen Einrichtung in gleichem Maße zu schützen wie eine strafrechtliche Sanktionierung. Verhältnismäßig

---

399 *Schaut*, Europäische Strafrechtsprinzipien, S. 261.

400 *Frisch*, in: NStZ 2016, 16, 24.

401 *Gärditz*, in: JZ 2016, 641, 647 ff.

im engeren Sinne kann eine solche aber nur in Ausnahmefällen sein. Grundsätzlich ist Whistleblowing als gesellschaftlich erwünschtes Verhalten durch einen weitreichenden Strafausschluss zu schützen. Gleichwohl mag es Konstellationen geben, in denen auch eine strafrechtliche Sanktionierung gerechtfertigt ist – etwa dann, wenn es sich um ungesicherte Informationen handelt, die ohne jegliche Verifizierung nach außen getragen werden und für ein Unternehmen zu massiven Schäden führen. Der Gesetzgeber hat also die Möglichkeit, erlaubtes Whistleblowing nur unter bestimmten – jedoch maßvoll ausgewählten – Voraussetzungen zuzulassen. Sofern diese Voraussetzungen nicht erfüllt werden, kann im Einzelfall eine Strafbarkeit in Betracht kommen.

III. Ergebnis zur Notwendigkeit einer strafausschließenden Whistleblowerschutzvorschrift

Die Frage danach, unter welchen Voraussetzungen ein bestimmtes Verhalten strafrechtlicher Sanktionierung zugeführt werden darf, ist seit jeher Gegenstand kontroverser Diskussionen gewesen. Die dargestellte Rechtsgutstheorie dient, wie gesehen, als erster Filter für die Frage, ob eine strafrechtliche Sanktionierung in Betracht kommt oder ob ein bestimmtes Verhalten straffrei gestellt werden muss. Eine Strafbarkeit des Whistleblowings kommt also nicht in Betracht, weil es als moralisch verwerflich im Sinne von Denunzieren oder Verpfeifen angesehen werden mag. Vielmehr muss ein Rechtsgut betroffen sein, das im Eigentumsschutz (Art. 14 GG) und im Schutz der unternehmerischen Betätigungsfreiheit (Art. 12 Abs. 1 GG) erblickt werden kann. Daran ändert auch die Illegalität eines Geheimnisses nichts. Das Grundgesetz nimmt auch diese nicht vom verfassungsrechtlichen Schutz aus.

Die präferierte doppelte Verhältnismäßigkeitsprüfung ergibt auf der Ebene eines Verhaltensnormverstoßes, dass Whistleblowing aufgrund der überragenden Bedeutung der Meinungsfreiheit und seiner grundsätzlichen gemeinwohlfördernden Natur einen Strafausschluss verdient und nur im Einzelfall als verbotswidrig angesehen werden kann. Dies gilt dann, wenn es sich um ungesicherte Informationen handelt, die das betroffene Unternehmen ohne ausreichende Tatsachengrundlage in ein schlechtes Licht rücken. Zudem ist eine Strafbarkeit unter Verhältnismäßigkeitsgesichtspunkten unter Umständen möglich, wenn der Whistleblower sich nicht an einen vorgesehenen Verfahrensablauf hält, der dem Schutz der wechselseitigen Interessen dient. Denkbar ist, dass ein Ausschlussgrund eine vorherige innerbetriebliche Klärung verlangt, bevor ein Whistleblower sich an externe Stellen oder die Öffentlichkeit wenden kann. Zudem kommt eine Strafbarkeit dann in Betracht, wenn Whistleblowing im Einzelfall nicht erforderlich ist, um das angestrebte Ziel der Beseitigung eines Fehlverhaltens zu erreichen. Denkbar sind zum einen wiederum Fallkonstellationen, in denen die Wahl eines milderen Mittels – namentlich einer innerbetrieblichen Klärung zur Missstandsbeseitigung – unterblieben ist. Zum anderen mag ein Whistleblower aufgrund seiner gesteigerten Einflussnahmemöglichkeiten im Unternehmen selbst dazu in der Lage sein, den erkannten Missstand zu beseitigen. Diesen gleichwohl nach außen zu tragen, kann im Einzelfall zu einem Nichteingreifen von Whistleblowerschutzvorschriften und somit zu einer Strafbarkeit führen.

Kapitel 3: Die Whistleblower-RL und die Umsetzung durch das nationale HinSchG

Die neue Whistleblower-RL beabsichtigt, das Whistleblowing, dessen positive Effekte in Bezug auf die Aufdeckung von Straftaten oder anderer Rechtsverstöße bereits wissenschaftlich belegt sind,[402] zu fördern, um insbesondere dem Unionsrecht zu größerer Geltung zu verhelfen.[403] Dem Informationsdefizit, das im Ergebnis zu einem Rechtsdurchsetzungsdefizit führt, soll durch einen besseren Schutz von Hinweisgebern abgeholfen werden.[404] Dafür soll Whistleblowern erstmals ein rechtssicherer Rahmen eingeräumt werden, der ihnen eindeutige Vorgaben zum einzuhaltenden Verfahren macht und einen breiten Schutz vor Repressalien gewährt. Aus der Rechtsnatur der Whistleblower-RL ergibt sich das Erfordernis der nationalen Umsetzung. Maßgebliche Rechtsgrundlage für Whistleblowing-Handlungen wird sodann das nationale HinSchG. Dieses wird im Anschluss an die Darstellungen zur Whistleblower-RL insbesondere dahingehend untersucht, ob die Richtlinienvorgaben hinreichend umgesetzt worden sind und ggf. bestehende Umsetzungsspielräume sinnvoll ausgefüllt wurden.

---

[402] Vgl. hierzu bereits Kap. 1 II. 2. a) und insbesondere die Studie von KPMG, Im Spannungsverhältnis, Wirtschaftskriminalität in Deutschland 2020.

[403] Erwägungsgrund 2 Whistleblower-RL.

[404] *Schmolke*, in: AG 2018, 769, 770.

I. Die Whistleblower-RL

Während der Schutz von Hinweisgebern in Ländern wie den USA[405], dem Vereinigten Königreich[406] oder Frankreich[407] durch ein geregeltes Verfahren – insbesondere durch Hinweisgebersysteme – schon seit längerem selbstverständlich ist[408] und in diesem Bereich für die notwendige Rechtssicherheit sorgt, existierte in den meisten Mitgliedstaaten der Europäischen Union bislang kein einheitlicher Schutz für hinweisgebende Personen.[409] Dies sollte sich mit der neuen Whistleblower-RL, die am 23.10.2019 verabschiedet wurde und von den Mitgliedstaaten bis zum 17.12.2021 in innerstaatliches Recht transformiert werden musste, ändern. Dabei ging der Whistleblower-RL ein zähes Ringen voraus. Dem Europäischen Parlament gingen die Regelungen zum Schutz von Hinweisgebern nicht weit genug, woraufhin der Richtlinienentwurf zugunsten der Forderungen des Europäischen Parlaments geändert wurde.[410] Die Richtlinie wurde demzufolge insbesondere in den Punkten personaler Anwendungsbereich, Schutz anonymer Hinweisgeber und Stufenfolge zwischen interner und externer Meldung weitgehend angepasst.[411]

---

[405] *Taschke/Pielow/Volk*, in: NZWiSt 2021, 85.

[406] *Forst*, in: EuZA 2013, 54 ff.

[407] Zum Schutz von Hinweisgebern in Frankreich, wo insbesondere die Implementierung von Hinweisgebersystemen vorgeschrieben ist: *Querenet-Hahn/Kettenberger*, in: CB 2017, 8.

[408] *Taschke/Pielow/Volk*, in: NZWiSt 2021, 85.

[409] Erwägungsgrund 4 Whistleblower-RL.

[410] Vgl. zum Entwurfsverfahren insbesondere *Schmolke*, in: NZG 2020, 5, 5 f.

[411] *Schmolke*, in: NZG 2020, 5, 5 f.

Im Folgenden werden die wesentlichen Regelungen der Richtlinie, insbesondere der Anwendungsbereich der Richtlinie, die Voraussetzungen für den Hinweisgeberschutz, das von Whistleblowern einzuhaltende Verfahren und die sich aus ihr ergebenden Rechtsfolgen dargestellt. Aufgrund der Rechtsnatur als Richtlinie soll noch keine detaillierte Prüfung einzelner Tatbestandsmerkmale erfolgen. Art und Umfang des tatsächlichen Whistleblowerschutzes hängen letztlich nämlich von der Umsetzung der Richtlinie ab. Dies gilt umso mehr, als die Richtlinie den Mitgliedstaaten an zahlreichen Stellen Umsetzungsspielräume einräumt.[412] Die nachfolgenden Darstellungen haben aus diesem Grund die wesentlichen Rahmenbedingungen der Richtlinie sowie ihre mindestens einzuhaltenden Voraussetzungen zum Gegenstand.

1. Anwendungsbereich der Richtlinie

a) Persönlicher Anwendungsbereich

Der Anwendungsbereich der Richtlinie wurde im Gesetzgebungsverfahren der Europäischen Union kontrovers erörtert. Im Wesentlichen wurde darum gestritten, inwieweit auch anonyme Hinweisgeber oder Gehilfen von Whistleblowern von der neuen Richtlinie umfasst sein sollten.[413] Im Ergebnis wurde der personale Anwendungsbereich der Whistleblower-RL denkbar weit gefasst. So erfasst der

---

[412] Insbesondere wird den nationalen Gesetzgebern eingeräumt, ein höheres Schutzniveau für Whistleblower zu gewähren vgl. insofern etwa die ausdrückliche Regelung in Art. 2 Abs. 2 Whistleblower-RL, aber auch schon das in Art. 1 Whistleblower-RL formulierte Ziel, Mindeststandards zu entwickeln.

[413] *Schmolke*, in: NZG 2020, 5, 5 f.

in Art. 4 Abs. 1 Whistleblower-RL dargelegte persönliche Anwendungsbereich der Richtlinie sowohl Personen, die im privaten als auch solche die im öffentlichen Sektor arbeiten. Die Art des Beschäftigungsverhältnisses ist für den Schutz hinweisgebender Personen irrelevant. Teilweise vertretenen Einschränkungen, die den personalen Anwendungsbereich des Whistleblowings auf abhängig beschäftigte Personen beschränken wollten, erteilt die Richtlinie damit eine Absage. Wie bei der gewählten Begriffsbestimmung erstreckt sich der Schutz von Whistleblowern damit nicht nur auf Arbeitnehmer, sondern auch auf andere Beschäftigungsverhältnisse.[414] Richtigerweise werden somit auch Selbstständige und Beamte durch die Richtlinie geschützt. Obwohl Selbstständige erfasst werden, ergibt sich aus Art. 4 Abs. 1 lit. c) und lit. d) Whistleblower-RL eher, dass der Interessenkonflikt von abhängig Beschäftigten zwischen der Loyalität gegenüber ihrem Arbeitgeber und der (moralischen) Verpflichtung zur Meldung von Fehlverhalten geregelt werden soll. So sind etwa Praktikanten – unabhängig davon, ob sie bezahlt oder unbezahlt tätig werden – von der Richtlinie geschützt, nicht aber geschäftsführende Mitglieder, vgl. Art. 4 Abs. 1 lit. c) Whistleblower-RL.

Ebenso erkennt die Whistleblower-RL, dass sich der Schutz nicht nur auf bestehende Arbeitsverhältnisse erstrecken darf, sondern bereits beendete Arbeitsverhältnisse vom Anwendungsbereich erfasst sein müssen. Andernfalls obläge es der Organisation, deren Fehlverhalten beanstandet wird, durch eine Kündigung über den schützenden Anwendungsbereich der Richtlinie zu disponieren. Insofern ist

---

[414] Kap. 1 I.) 3. a) aa).

die Richtlinie jedoch dahingehend zu präzisieren, dass nicht nur beendete Arbeitsverhältnisse weiterhin geschützt werden, sondern dies auch für andere bereits beendete Verträge, wie bspw. freie Dienstverträge, gilt.

Die Richtlinie schützt jedoch nicht nur den Whistleblower selbst, sondern erfasst nach Art. 4 Abs. 4 Whistleblower-RL Mittler (lit. a) bzw. Dritte (lit. b), die mit dem Whistleblower in Verbindung stehen. Die Ausweitung des persönlichen Anwendungsbereichs auf diese beiden Personengruppen ist folgerichtig. Soweit ein Whistleblower aufgrund der Wertungen der Whistleblower-RL für seine Offenbarungen vor Repressalien geschützt sein soll, muss dies auch für Personen gelten, welche als Mittler die Grundlage für die Offenbarungen schaffen. Dass Dritte, die in einem beruflichen Kontext Repressalien erleiden könnten, ebenfalls vom Schutzumfang der Richtlinie erfasst sind, ist ebenso konsequent. Andernfalls wäre zu befürchten, dass ein Whistleblower aus Furcht vor Konsequenzen für Dritte von einer Meldung absehen würde, obwohl an dieser ein öffentliches Interesse bestehen würde. Aus demselben Grund ist die Erfassung von juristischen Personen des Whistleblowers nach Art. 4 Abs. 4 lit. c) Whistleblower-RL folgerichtig. Ansonsten bestünde auch hier die Gefahr, dass ein Hinweisgeber eine Meldung unterlässt, um die juristische Person vor Schaden zu bewahren. Ob und inwieweit anonyme Hinweisgeber schutzberechtigt sind, wird im Rahmen der Prüfung des einzuhaltenden Verfahrens näher thematisiert.[415]

---

[415] Kap. 3 I. 3. a) bb) bbb).

b) Sachlicher Anwendungsbereich

Der persönliche Anwendungsbereich der Whistleblower-RL ist vor dem Hintergrund eines bestmöglichen Schutzes vor Repressalien weit ausgestaltet, beschränkt sich nicht nur auf Arbeitnehmer und schützt unter bestimmten Voraussetzungen auch Mittler und Dritte. In sachlicher Hinsicht bezieht sich die Whistleblower-RL jedoch nur auf Verstöße gegen das Unionsrecht, Art. 2 Abs. 1 Whistleblower-RL. Ein Whistleblower ist nach der Richtlinie also nur insoweit schutzberechtigt, als er geltend macht, Gegenstand seiner Meldung bzw. Offenlegung sei ein Verstoß gegen unionsrechtliche Vorschriften. Grund für diese erhebliche Beschränkung des sachlichen Anwendungsbereichs ist die eingeschränkte Gesetzgebungskompetenz der Europäischen Union.[416] Damit kommt der Umsetzung durch die Mitgliedstaaten eine ganz besondere Bedeutung zu. Jedenfalls räumt Art. 2 Abs. 2 Whistleblower-RL den Mitgliedstaaten die Möglichkeit ein, den Schutz auf Rechtsakte oder Bereiche auszudehnen, die über diejenigen des Art. 2 Abs. 1 Whistleblower-RL hinausgehen.

Eine Umsetzung der Richtlinie, die von dem aus Art. 2 Abs. 2 Whistleblower-RL resultierenden Recht Gebrauch macht, auch Verstöße gegen nationale Vorschriften vom sachlichen Anwendungsbereich zu erfassen, erscheint geradezu alternativlos. Andernfalls entstünde eine nur schwer zu rechtfertigende Ungleichbehandlung zwischen

---

[416] *Dzida/Granetzny*, in: NZA 2020, 1201, 1202; *Schmitt*, in: NZA-Beilage 2020, 50, 55; *Steinhauser/Kreis*, in: EuZA 2021, 422, 426.

Meldungen und Offenlegungen von Verstößen gegen das Unionsrecht und solchen gegen das nationale Recht.[417] Während Meldungen und Offenbarungen, die im Zusammenhang mit dem Unionsrecht stehen, den Schutz der Whistleblower-RL genießen, zu dem ein umfassendes Verbot von Repressalien zählt, wären Anzeigen über Verstöße gegen das nationale Recht nur durch die von der Richtlinie als unzureichend erachteten nationalen Vorschriften geschützt. Eine sachliche Rechtfertigung einer solchen Ungleichbehandlung fällt indessen schwer. Verstöße gegen das Unionsrecht sind nicht zwangsläufig von größerer Bedeutung oder weisen einen größeren Nutzen für das Gemeinwesen auf als Verstöße gegen nationale Rechtsvorschriften. Vielmehr können nicht vom Unionsrecht determinierte Bereiche, wie die Einhaltung nationaler Abgabevorschriften, ebenso große Bedeutung haben. Im Übrigen birgt eine Beschränkung auf Themen mit europarechtlichem Kontext Rechtsunsicherheit. Ein rechtsunkundiger Whistleblower wird kaum abschätzen können, ob ein bestimmter Bereich europarechtlich geprägt ist.[418] Wie ausgeprägt der Schutz für hinweisgebende Personen in Deutschland sein wird, hängt mithin von der Umsetzung des Gesetzgebers ab, dem in der Richtlinie Spielräume für eine überschießende Umsetzung an die Hand gegeben worden sind.

---

[417] *Schmitt*, in: NZA-Beilage 2020, 50, 55; für eine Ausweitung auf nationale Rechtsverstöße ebenso *Gerdemann*, Überlegungen zur nationalen Umsetzung, S. 1.

[418] *Schmitt*, in: NZA-Beilage 2020, 50, 55.

2. Erste Voraussetzung für den Schutz von Hinweisgebern: Hinreichender Grund zur Annahme eines Verstoßes

Die Schutzvoraussetzungen richten sich maßgeblich nach Art. 6 Abs. 1 Whistleblower-RL in Verbindung mit den Vorgaben zum einzuhaltenden Verfahren. Erforderlich ist zunächst, dass der Whistleblower subjektiv hinreichenden Grund zu der Annahme hatte, dass die gemeldeten Informationen der Wahrheit entsprechen und in den Anwendungsbereich der Richtlinie fallen. Als zweite Voraussetzung muss der Hinweisgeber das in Art. 7, 10 und 15 Whistleblower-RL vorgeschriebene Verfahren eingehalten haben. Diese Schutzvoraussetzungen müssen kumulativ vorliegen.[419]

a) Hinreichender Grund im Sinne des Art. 6 Abs. 1 lit. a) Whistleblower-RL

Die subjektiv gewählte Formulierung des Art. 6 Abs. 1 lit. a) Whistleblower-RL enthält die Vorgabe, dass ein Whistleblower hinreichenden Grund zu der Annahme haben muss, dass die gemeldeten Informationen der Wahrheit entsprechen und in den Anwendungsbereich der Richtlinie fallen. Damit wird zunächst deutlich, dass ein verifizierbarer Verstoß gegen EU-Recht nicht nachgewiesen werden muss, um schutzberechtigt zu sein. Vielmehr genügt es, wenn der Whistleblower davon ausgehen darf, dass ein Verstoß im Sinne der Richtlinie vorliegt. Richtigerweise werden durch die neue Whistleblower-RL die Hürden im Rahmen des subjektiven Tatbestandes damit nicht überzogen. Würde dem Whistleblower abverlangt, einen

---

[419] *Schmitt*, in: NZA-Beilage 2020, 50, 55.

Verstoß verifizieren zu müssen, hinge sein Schutz durch die Richtlinie – und damit auch seine Strafbarkeit – bis zum Verifikationsnachweis in der Schwebe. Hiervon ginge eine faktische Begrenzung des Whistleblowings aus, da ein Whistleblower möglicherweise in der Annahme, er habe etwas übersehen, von einer Meldung absehen könnte. Freilich ist es folgerichtig, bloße Behauptungen ins Blaue hinein dem Schutzumfang der Richtlinie zu entziehen. Gleichwohl wird die offene Formulierung der Richtlinie, die zu Rechtsunsicherheiten führen kann, bisweilen kritisch gesehen.[420] Ein gewisser Interpretationsspielraum, wann ein Whistleblower „hinreichenden Grund zur Annahme" eines Verstoßes gehabt haben durfte, sei nicht von der Hand zu weisen[421] und könne im Einzelfall dazu führen, dass einem Whistleblower der Nachweis seiner Gutgläubigkeit schwerfallen mag.[422] Andererseits berge der offen formulierte Wortlaut auch für Unternehmen Risiken in sich.[423] Missbräuchliche Meldungen, die ungerechtfertigte Anschuldigungen beinhalten, seien von Unternehmen oftmals kaum zu widerlegen. Dieser Kritik ist jedenfalls zuzugeben, dass einmal erhobene (ungerechtfertigte) Anschuldigungen oftmals mit einem nachhaltigen Reputationsverlust einhergehen, der regelmäßig nicht mehr rückgängig zu machen ist.

Letztlich erscheint es jedoch im Sinne eines hinreichenden Whistleblowerschutzes nicht angemessen, Whistleblowern das Risiko aufzubürden, dass eine Information, die im Zeitpunkt der Meldung bzw.

---

[420] *Dilling*, in: CCZ 2019, 214, 215; kritisch auch *Thüsing/Rombey*, in: NZG 2018, 1001, 1005.

[421] *Gerdemann*, in: NJW 2021, 2324, 2327.

[422] *Dilling*, in: CCZ 2019, 214, 215.

[423] *Thüsing/Rombey*, in: NZG 2018, 1001, 1005.

Offenlegung als zutreffend angesehen werden durfte, sich aufgrund später auftretender Umstände, die im Zeitpunkt der Meldung nicht absehbar waren, als unzutreffend herausstellt. Vielmehr bietet die Formulierung „hinreichenden Grund zur Annahme" genügend Raum, um die wechselseitigen Interessen in die Auslegung einzubeziehen, ohne den Whistleblower über Gebühr zu belasten. Die Frage, wann ein Whistleblower berechtigterweise hinreichenden Grund zur Annahme eines Verstoßes haben durfte, lässt sich neben den zu berücksichtigenden wechselseitigen Interessen, mithilfe der Erwägungsgründe der Richtlinie und möglicherweise auch mit der Rechtsprechung des EGMR beurteilen.

Die Richtlinie unterscheidet jedenfalls nicht zwischen einem Tatsachen- und einem Rechtsirrtum. Unabhängig davon, ob der Whistleblower gutgläubig einen Verstoß annahm, der tatsächlich nicht existierte (Tatsachenirrtum) oder ob er annahm, es handele sich um einen Verstoß im Sinne des Art. 5 Whistleblower-RL, der in den Anwendungsbereich der Richtlinie fällt (Rechtsirrtum), entfaltet die Richtlinie gleichermaßen Schutz, wenn er die Eröffnung des Anwendungsbereichs mit hinreichendem Grund annahm.[424] Anders als im deutschen Recht, das für Irrtümer über Rechtsfragen eine Entschuldigung nur dann vorsieht, wenn diese unvermeidbar waren,[425] ist ein

---

[424] *Schmitt*, in: NZA-Beilage 2020, 50, 54.

[425] Erforderlich ist etwa auch eine Nachforschung im Rahmen der Grenzen der Zumutbarkeit. Zum Einholen von Rechtsrat vgl. *Kaspar*, in: Leitner/Rosenau, Wirtschafts- und Steuerstrafrecht, § 17 StGB Rn. 26 ff.

beachtlicher Irrtum bereits dann anzunehmen, wenn der Hinweisgeber nachvollziehbar davon ausging, er melde einen Verstoß gegen Art. 2 Whistleblower-RL.[426]

Dass wissentlich oder willentlich vorgebrachte Falschinformationen keinen Schutz verdienen, lässt sich bereits dem Wortlaut von Art. 6 Abs. 1 lit. a) Whistleblower-RL entnehmen und wird zusätzlich durch den 32. Erwägungsgrund klargestellt.[427] Damit sind bewusste Falschmeldungen freilich dem schützenden Anwendungsbereich zu entziehen. Wenn – entsprechend dem deutschen Recht – ein bedingt vorsätzliches Handeln in Bezug auf die Unwahrheit der Meldung des Whistleblowers angenommen wird, wird ein Anspruch auf Schutz ebenfalls zu verneinen sein.[428] Denn dies würde den Fall betreffen, in dem jemand einen (vermeintlichen) Verstoß meldet, obgleich er billigend in Kauf nimmt und ernstlich für möglich hält, dass dieser unzutreffend ist. Ein hinreichender Grund zur Annahme eines Verstoßes lässt sich nach dem Wortlaut des Art. 6 Abs. 1 lit. a) Whistleblower-RL in diesem Falle gerade nicht annehmen. Problematischer ist die Fallkonstellation, in der ein Whistleblower (grob) fahrlässig gehandelt und einen tatsächlich nicht vorliegenden Verstoß gemeldet hat. In einem solchen Fall sind die Einschränkungen des 32. Erwägungsgrundes der Richtlinie nicht einschlägig. Ein wissentliches oder willentliches Verbreiten von Falschinformationen liegt im Falle des (grob) fahrlässigen Handelns nicht vor. Inwiefern (grob)

---

[426] Erwägungsgrund 32 Whistleblower-RL; *Gerdemann*, in: NZA-Beilage 2020, 43, 48; *Schmitt*, in: NZA-Beilage 2020, 50, 54 ff.; *Steinhauser/Kreis*, in: EuZA 2021, 422, 427.

[427] Erwägungsgrund 32 Whistleblower-RL; *Nöcker*, in: NVwZ 2021, 1497, 1500; *Scheicht*, in: SPA 2022, 41, 42.

[428] *Forst*, in: EuZA 2020, 283.

fahrlässig handelnde Whistleblower gleichwohl von dem Schutzumfang der Richtlinie ausgeschlossen sind, hängt maßgeblich davon ab, welche Nachforschungsobliegenheiten ihnen abverlangt werden. Denn auch aus Sicht eines objektiven Beobachters, der im Anschluss an ein erfolgtes Whistleblowing eine Bewertung vornimmt, mag ein hinreichender Grund zur Annahme eines Verstoßes selbst dann angenommen werden, wenn der Whistleblower fahrlässig entlastende Umstände übersehen hat. Etwas anderes würde nur dann gelten, wenn ein Whistleblower zuvor Nachforschungen hinsichtlich der Richtigkeit der gemeldeten Informationen vornehmen müsste. Darüber, ob und inwiefern solche bestehen, schweigt die Whistleblower-RL.

Die Frage, ob und inwieweit einem Whistleblower für die Absicherung seines Vorwurfs Nachforschungsobliegenheiten abzuverlangen sind, kann möglicherweise durch die Rechtsprechung des EGMR beantwortet werden. In dem im ersten Kapitel dieser Arbeit beschriebenen Fall Gawlik[429] urteilte der EGMR zwar, dass auch jemand zu schützen ist, der in gutem Glauben Anzeige erstattet, selbst wenn der geäußerte Verdacht sich schließlich nicht erhärtet und eine Anklage ausbleibt bzw. das Verfahren eingestellt wird. Gleichwohl hat ein Whistleblower möglichst sorgfältig zu prüfen, ob die Information genau und zuverlässig ist. Genügt er diesen Nachforschungsobliegen nicht, ist er dem Vorwurf ausgesetzt, fahrlässig Informationen verbreitet zu haben und somit nicht schutzwürdig.

---

[429] EGMR, NJW 2021, 2343; vgl. bereits Kap. 1 III. 2. c).

Da die Richtlinie sich zu etwaigen Prüfpflichten nicht äußert und im 32. Erwägungsgrund ausdrücklich nur vorsätzliches Handeln ausgeschlossen wird, mag man einen Widerspruch zwischen der Richtlinie und den durch den EGMR gestellten Anforderungen erblicken. Angesichts des offen formulierten Tatbestandes, der einen hinreichenden Grund zur Annahme eines Verstoßes voraussetzt, könnte die Rechtsprechung des EGMR nun dazu genutzt werden, diesen auszufüllen und einen hinreichenden Grund nur dann anzunehmen, wenn der Whistleblower Nachforschungen zur Verifizierung seiner Vermutungen angestellt hat.[430] Neben dem offenen ausfüllungsfähigen Wortlaut der Vorschrift kann für eine Anwendung der Rechtsprechung des EGMR ins Feld geführt werden, dass sich die Richtlinie in ihrer Begründung gerade auf die Rechtsprechung des EGMR stützt.[431] Die Aussagekraft der Verweisung des 32. Erwägungsgrundes ist jedoch – insbesondere in Bezug auf die Gawlik-Entscheidung – begrenzt. Jedenfalls spricht eine historische Auslegung nicht dafür, dass die Whistleblower-RL den in der Gawlik-Entscheidung zugrunde gelegten Sorgfaltsmaßstab mit einbeziehen wollte. Diese ist nämlich nach Verabschiedung des unveränderten Kommissionsentwurfs ergangen. Damit muss die Frage nach dem Bestehen von Nachforschungsobliegenheiten durch Auslegung der Richtlinienvorgaben selbst erfolgen.[432]

In der Richtlinie ist eine entsprechende Obliegenheit jedoch an keiner Stelle angelegt. Hätte der Richtliniengeber die Implementierung von Überprüfungsobliegenheiten beabsichtigt, wäre es für ihn ein

---

[430] *Gerdemann*, in: NJW 2021, 2324, 2327.
[431] *Siemes*, in: CCZ 2022, 293, 301 f.; *Steinhauser/Kreis*, in: EuZA 2021, 422, 427.
[432] *Colneric/Gerdemann*, in: BeckOK, HinSchG, § 33 Rn. 65.

Leichtes gewesen, diese in einen Tatbestand oder zumindest in die Erwägungsgründe mit aufzunehmen. Vielmehr kann ein Verzicht hierauf als eindeutige gesetzgeberische Entscheidung gegen eine entsprechende Obliegenheit gewertet werden. Demgegenüber entschied der Gesetzgeber sich dazu, nur wissentlich und willentlich vorgebrachte Falschinformationen dem schützenden Anwendungsbereich der Richtlinie zu entziehen. Zwar ist der Tatbestand offen formuliert und bietet Auslegungsmöglichkeiten. Die Statuierung von Nachforschungsobliegenheiten verträgt sich jedoch nicht mit einem Hauptanliegen der Richtlinie. Ungeschriebene Voraussetzungen, deren Umfang sich „nach den Umständen des Einzelfalls richte[t]“[433], bieten keinen zuverlässigen Rechtsrahmen für Whistleblower, sondern werfen weitere Fragen auf.[434]

Vielmehr spricht die Systematik der Whistleblower-RL gerade gegen Nachforschungsobliegenheiten des Whistleblowers. Das Meldeverfahren sieht nämlich vor einer Offenlegung zwingend die Meldung an einen internen oder externen Meldekanal vor. Gerade diese sind zur Vornahme von Nachforschungen verantwortlich und befähigt.[435]

Ein Risiko, dass nun jeder ohne Weiteres Falschinformationen verbreiten kann, ist durch einen Verzicht auf Nachforschungsobliegenheiten auch nicht zu befürchten. Schließlich regelt die Richtlinie in ihrem Wortlaut, dass der Whistleblower hinreichenden Grund zur

---

433 So der EGMR in der Gawlik-Entscheidung EGMR, NJW 2021, 2343.

434 Ebenfalls zweifelnd *Gerdemann*, in: NJW 2021, 2324, 2327.

435 *Colneric/Gerdemann*, in: BeckOK, HinSchG, § 33 Rn. 66.

Annahme eines Verstoßes gehabt haben muss. Handelt er jedoch bedingt vorsätzlich oder grob fahrlässig – hätte es sich ihm also im Zeitpunkt der Meldung geradezu aufdrängen müssen, dass ein Verstoß tatsächlich nicht vorliegt –, lässt sich ein Schutz durch die Richtlinie bereits nach dem Wortlaut ausschließen. Den Schutzumfang durch Nachforschungsobliegenheiten – deren Umfang kaum definierbar sind – weiter zu senken, ist allerdings nicht angezeigt. Auch eine Argumentation mit Art. 21 Abs. 3 Whistleblower-RL vermag das Bestehen einer solchen Obliegenheit nicht zu begründen.[436] Zwar äußert sich die Vorschrift zu Verifikationsbemühungen durch Whistleblower. Der Regelungszweck ist jedoch ein anderer und soll Whistleblowern keine weiteren Belastungen aufbürden. Durch die Vorschrift sollen vielmehr Whistleblower geschützt werden, die aufgrund von Nachforschungen Straftaten begehen. Im Umkehrschluss kann hieraus jedoch nicht abgeleitet werden, dass daher Nachforschungen zur Verifikation eines Vorwurfs verpflichtend sind. Der Sinn und Zweck der Vorschrift besteht gerade darin, Whistleblower, die Nachprüfungen für ihre Whistleblowing-Handlung anstellen, vor Strafbarkeit zu schützen. Eine Nachforschungsobliegenheit kann sich zudem nicht aus der Vorschrift ergeben, weil keinerlei Aussage über Ausmaß und Umfang von etwaigen Überprüfungen getroffen wird. Auch der 43. Erwägungsgrund der Richtlinie spricht für diese Sichtweise. Denn er deutet auch dann auf einen Schutz von Hinweisgebern hin, wenn diese keine eindeutigen Beweise vorbringen und lediglich einen begründeten Verdacht äußern.

---

[436] Befürwortend möglicherweise *Gerdemann*, in: NJW 2021, 2324, 2327.

Der deutsche Gesetzgeber darf einem Whistleblower damit keine Nachforschungsobliegenheiten zur Verifizierung eines Verstoßes auferlegen. Andernfalls würde er die Richtlinie nicht ausreichend umsetzen. Eine Kompetenz zur Konkretisierung dahingehend, was unter einem hinreichenden Grund zur Annahme eines Verstoßes zu verstehen ist, bleibt davon unberührt. Geschaffen werden könnte eine Regelung, die ein leichtfertiges (bzw. grob fahrlässiges) Verbreiten von Falschinformationen vom Schutz ausschließt.[437] Denn wenn sich die Fehlerhaftigkeit der Information einem Whistleblower bereits im Zeitpunkt der Meldung bzw. Offenlegung derart aufdrängen musste, bestand bereits nach dem Wortsinn der Vorschrift kein hinreichender Grund zur Annahme eines Verstoßes. Allerdings muss insofern berücksichtigt werden, dass die Annahme eines grob fahrlässigen Handelns hohe Hürden hat. Es darf jedenfalls nicht dazu kommen, dass entgegen den eindeutigen Vorgaben der Richtlinie[438] einfache Nachlässigkeiten oder nicht vorgenommene Nachforschungen, die wie gesehen keine Voraussetzungen für einen Whistleblowerschutz sind, als Grund für eine Versagung des Hinweisgeberschutzes angesehen werden.

b) Verstoß als Bezugspunkt der Richtlinie

Zudem muss sich die Information des Whistleblowers (subjektiv) auf einen Verstoß im Sinne des Art. 5 Whistleblower-RL beziehen. Er muss mithin annehmen, es existiere eine Handlung bzw. Unterlassung, die rechtswidrig im Sinne des Art. 5 Nr. 1 i) Whistleblower-

---

[437] Gegen einen Schutz grob fahrlässig verbreiteter Falschinformationen auch *Forst*, in: EuZA 2020, 283, 298; *Gerdemann/Spindler*, in: ZIP 2020, 1896, 1900.
[438] Insbesondere Erwägungsgründe 32 und 43 Whistleblower-RL.

RL ist und den Anwendungsbereich der Richtlinie betrifft oder gem. Art. 5 Nr. 1 ii) Whistleblower-RL dem in den Anwendungsbereich fallenden Ziel oder dem Zweck der Vorschriften der Rechtsakte der Union und ihrer Bereiche zuwiderläuft.

Der Bezugspunkt des Verstoßes bildet ein weiteres Problemfeld. Zum einen kann ein Verstoß nach der Whistleblower-RL nur bedeuten, dass der Whistleblower von einem Verstoß gegen EU-Recht ausgeht.[439] Zum anderen spricht Art. 5 Nr. 1 i) Whistleblower-RL von rechtswidrigen Handlungen. Whistleblowing zeichnet sich allerdings nicht nur durch die Mitteilung von fassbaren Gesetzesverstößen aus. Es soll auch auf als unmoralisch empfundene Verhaltensweisen aufmerksam machen und zu einem Diskurs darüber anregen, welche Handlungen oder Unterlassungen verboten werden sollten.[440] Ob der Schutz der Richtlinie also auch bloßes Fehlverhalten umfasst, ist mithin ganz wesentlich für die tatsächliche Reichweite des Hinweisgeberschutzes.

Zunächst streiten jedenfalls gewichtige Argumente gegen eine Ausweitung des Schutzumfangs der Whistleblower-RL auf bloßes Fehlverhalten, das keinen fassbaren Gesetzesverstoß beinhaltet.[441] Der

---

[439] Diese Problematik wurde schon an früherer Stelle unter Anwendungsbereich erörtert. Lösung des Problems kann hier nur eine überschießende Umsetzung durch den nationalen Gesetzgeber sein.

[440] Zu den Funktionen des Whistleblowings vgl. bereits Kap. 1 II. 1.

[441] Gegen einen Schutz durch die Whistleblower-RL bei der Meldung bloßen Fehlverhaltens und Moralverstößen *Garden/Hiéramente*, in: BB 2019, 963, 963 f.; *Schmolke*, in: NZG 2020, 5, 6, 10; *ders.*, in: AG 2018, 769, 776; *ders.* in: ZGR 2019, 876, 903 f.

Wortlaut der Richtlinie spricht jedenfalls in Art. 5 Nr. 1 i) Whistleblower-RL ausdrücklich von rechtswidrigen Handlungen und Unterlassungen, die als Verstöße im Sinne der Norm zu werten sind. Auch Art. 5 Nr. 2 ii) Whistleblower-RL hat die Meldung bloßen Fehlverhaltens jedenfalls nicht ausdrücklich zum Gegenstand. Vielmehr liegt es nahe, dass hierdurch lediglich die Umgehung des Rechts der Union (Rechtsakte der Union) geregelt wird. Eine Umgehungshandlung ist die den Wortlaut einer Norm wahrende Simulation einer Handlung, um in den Anwendungsbereich einer Norm zu gelangen bzw. die Anwendung einer Norm zu verhindern.[442] Bezugspunkt ist also wiederum die Umgehung des Rechts, indem der Sinn und Zweck einer Norm unterwandert wird. Die Meldung unmoralischen Verhaltens fällt nach dem Wortlaut der Vorschrift also nicht unter den Schutz der Richtlinie. Neben dem Wortlaut spricht auch die Entstehungsgeschichte der Richtlinie gegen einen Schutz bei Meldungen über unmoralische Verhaltensweisen.[443] Im Gesetzgebungsverfahren hat es mehrere Vorstöße gegeben, die nicht nur Rechtsverletzungen, sondern auch Offenlegungen über unmoralisches Verhalten durch die Whistleblower-RL schützen wollten, sofern diese dem öffentlichen Interesse zuwiderlaufen.[444] Schließlich haben sich diese Forderungen jedoch nicht durchgesetzt.

---

[442] *Donelli*, in: ZStW 2020, 264; *Teichmann*, in: JZ 2003, 761; *Wank*, Die Auslegung von Gesetzen, S. 73 f.; *Wittig*, Wirtschaftsstrafrecht, § 6 Rn. 25.
[443] *Schmolke*, in: NZG 2020, 5, 10.
[444] *Schmolke*, in: AG 2018, 769, 776; *ders*, in: ZGR 2019, 876, 903 f.

Die inhaltliche Argumentationsstruktur, warum Meldungen, die keinen fassbaren Gesetzesverstoß beinhalten, nicht geschützt werden sollten, ähnelt derjenigen, welche diese auch im Rahmen von § 5 Nr. 2 GeschGehG für nicht schutzwürdig erachtet.[445] Im Grundsatz wird überwiegend das Problem der Rechtsunsicherheit und der Uferlosigkeit erlaubter Whistleblowing-Handlungen angeführt.[446] Zum einen sei kaum näher definierbar, wann von einem meldungs- bzw. offenlegungswürdigen Fehlverhalten auszugehen sei. Zum anderen entstünden für Unternehmen unüberschaubare Risiken, wenn jedes als unmoralisch empfundene Verhalten gemeldet bzw. offengelegt werden dürfe.

Inhaltlich vermag es jedenfalls nicht zu überzeugen, unmoralischen Verhaltensweisen den Richtlinienschutz zu verwehren.[447] Über Fehlverhalten aufzuklären, das keinen Rechtsverstoß darstellt, gehört zu den wesentlichen Bestandteilen des Whistleblowings. Schützenswertes Whistleblowing auf ausschließlich fassbare Rechtsverstöße zu reduzieren, würde dieses in unverhältnismäßiger Weise beschränken. Eine wesentliche Funktion des Whistleblowings besteht

---

[445] Dazu ausführlich Kap. 4 I. 5. a) aa) bbb).

[446] Gegen einen Schutz bloßen Fehlverhaltens im Rahmen des § 5 Nr. 2 GeschGehG etwa *Alexander*, in: Köhler/Bornkamm/Feddersen, UWG, § 5 GeschGehG Rn. 39; *Bürkle*, in: CCZ 2018, 193; *Hiéramente*, in: BeckOK, GeschGehG, § 5 Rn. 26; *Ohly*, in: Harte-Bavendamm/Ohly/Kalbfus, § 5 GeschGehG Rn. 40; *Passarge*, in: CB 2018, 144, 147; *Rönnau*, in: FS Merkel, 909, 922 f.; *Ullrich*, in: NZWiSt 2019, 65, 68 f.

[447] Im Ergebnis ebenfalls *Gerdemann*, Überlegungen zur nationalen Umsetzung, S. 1, der dafür plädiert, ein nationales Gesetz, das die Whistleblower-RL umsetzt, auf Meldungen über sonstiges Fehlverhalten zu erstrecken, die im allgemeinen öffentlichen Interesse liegen.

auch darin, auf Missstände aufmerksam zu machen, die möglicherweise nach geltendem Recht noch legal sind, aber ganz allgemein als unethisch aufgefasst werden.[448] Ein anschließender öffentlicher Diskurs kann letztlich so wertvoll sein, dass die aufgezeigten Missstände bekämpft werden und eine Änderung der Rechtslage herbeigeführt wird.

Freilich dürfen Betriebsinterna nicht unter dem Deckmantel der moralischen Verwerflichkeit offenbart werden. Das Argument, die Moralwidrigkeit eines Verhaltens sei einer gerichtlichen Prüfung unzugänglich und würde zu Rechtsunsicherheiten führen, überzeugt in dieser Absolutheit jedenfalls nicht. Es existieren auch in der deutschen Rechtsprechung Methoden, durch die sich eine Überprüfung des als moralisch verwerflich Anzusehenden vornehmen lässt. Bei der Bestimmung eines Sitten- bzw. Moralverstoßes wird nicht mehr auf die zur Subsumtion ungeeignete Formel des RG[449], das unter den guten Sitten das Anstandsgefühl aller billig und gerecht Denkenden versteht, zurückgegriffen. Durch die nunmehr in der Rechtsprechung entwickelten Instrumente zur Bestimmung der guten Sitten lassen sich diese nunmehr deutlich rechtssicherer bestimmen. So kommt heutzutage den einer Rechtsordnung innewohnenden Werten und Prinzipien eine gesteigerte Bedeutung bei der Bewertung der Sittenwidrigkeit eines Verhaltens zu.[450] Bei der Bestimmung eines Sitten-

---

[448] Exemplarisch sind insofern die Enthüllungen von Edward Snowden, bei denen bis heute nicht geklärt ist, ob es sich um fassbare Gesetzesverstöße handelt, vgl. dazu bereits Kap. 1. II. 1. c).

[449] RGZ 48, 114, 124.

[450] *Ellenberger*, in: Grüneberg, § 138 BGB Rn. 3; *Simits*, Gute Sitten und Ordre Public, S. 172 ff.; *Wendtland*, in: BeckOK, BGB, § 138 Rn. 17.

bzw. Moralverstoßes kann daher insbesondere das dem GG innewohnende Wertesystem berücksichtigt werden,[451] wobei insbesondere die Menschenwürde (Art. 1 Abs. 1 GG), das Recht auf freie Entfaltung der Persönlichkeit (Art. 2 Abs. 1 GG), die speziellen Gleichheitssätze des Art. 3 Abs. 3 GG, das Recht auf freie Meinungsäußerung (Art. 5 GG), der Schutz von Ehe und Familie (Art. 6 GG) und die Berufsfreiheit (Art. 12 GG) von entscheidender Bedeutung sind.[452] Schließlich führt eine Ausklammerung des Schutzes von Meldungen und Offenlegungen über Sitten- bzw. Moralverstöße nicht zu mehr, sondern zu weniger Rechtssicherheit. Vorstellbar ist bspw. der Fall, in dem ein Whistleblower davon ausging, seine Meldung betreffe einen Rechtsverstoß. Tatsächlich aber stellt sich das von ihm gemeldete Verhalten als verwerflich, nicht aber verbotswidrig dar, was oftmals erst nach einem langwierigen Verfahren feststellbar ist. Die Strafbarkeit hinge bis zur Klärung der Rechtmäßig- bzw. Rechtswidrigkeit des gemeldeten Verhaltens also in der Schwebe.[453]

---

[451] BVerfGE 89, 214, 229; BGH, NJW 1999, 566, 568.

[452] *Ellenberger*, in: Grüneberg, § 138 BGB Rn. 5; vgl. insoweit auch BGH, ZIP 1998, 1084, 1087; *Wendtland*, in: BeckOK, BGB, § 138 Rn. 17.

[453] Die Richtlinie schafft hier teilweise Abhilfe, da sie an die subjektiven Vorstellungen des Whistleblowers anknüpft. Dieser muss nur „hinreichenden Grund zur Annahme eines Verstoßes" gehabt haben. Dieser muss jedoch tatsächlich nicht vorliegen. Entscheidend ist insofern eine konsequente Umsetzung durch den nationalen Gesetzgeber.

Gleichwohl darf nicht verkannt werden, dass die Richtlinie einen anderen Weg geht. Selbst wenn es sinnvoll gewesen wäre, auch unmoralischen Verhaltensweisen, an deren Offenbarung ein öffentliches Interesse besteht, Richtlinienschutz zu gewähren, sprechen jedoch der Wortlaut und die Gesetzgebungshistorie der Richtlinie eindeutig dagegen. Der deutsche Gesetzgeber würde den Vorgaben der Richtlinie also entsprechen, wenn er Verstöße ebenfalls lediglich als rechtswidrige Handlungen bzw. Umgehungshandlungen definiert, wobei er allerdings die subjektive Formulierung des Art. 6 Abs. 1 Whistleblower-RL zu respektieren hat. Ein Verstoß liegt auch dann vor, wenn ein Whistleblower eine Gesetzesverletzung irrig annimmt. Da der Whistleblowerschutz aus den genannten Gründen unvollkommen ist, wenn unmoralisches Verhalten nicht ebenfalls geschützt wird, wäre eine weitergehende Regelung durch den deutschen Gesetzgeber wünschenswert.[454] Das erforderliche Instrumentarium wird ihm jedenfalls durch die Whistleblower-RL an die Hand gegeben. Ziel der Richtlinie ist es lediglich, Mindeststandards für den Schutz zu kodifizieren, nicht aber weitgehende Regelungen, die dem Schutz von Hinweisgebern dienen, zu verhindern, Art. 1 Whistleblower-RL.[455]

c) Zwischenergebnis

Voraussetzung für den Schutz eines Whistleblowers ist nach der Richtlinie also, dass er subjektiv hinreichenden Grund zu der Annahme hatte, es liege ein Rechtsverstoß gegen EU-Recht vor. Die subjektive Anknüpfung ist sinnvoll und schützt den gutgläubigen

---

[454] So auch *Gerdemann*, Überlegung zur nationalen Umsetzung, S. 1.
[455] Vgl. auch den 108. Erwägungsgrund Whistleblower-RL.

Whistleblower. Die Darstellungen haben auch gezeigt, dass ein ausufernder Schutz – etwa derjenige von bösgläubigen Whistleblowern – durch die subjektiv gewählte Formulierung nicht zu besorgen ist. Der deutsche Gesetzgeber wird durch die erste Voraussetzung des Whistleblowerschutzes jedoch vor eine beträchtliche Aufgabe gestellt. Es gilt für ihn, die durch den Richtliniengeber gewählte Formulierung „hinreichenden Grund zur Annahme" ins deutsche Recht zu überführen und möglicherweise an einen nationalen Terminus anzupassen, mit dem im deutschen Recht bereits Erfahrungen gesammelt wurden. Beispielsweise schlägt *Gerdemann*[456] vor, den Begriff des guten Glaubens zu verwenden. Zudem kommt es maßgebend darauf an, ob der deutsche Gesetzgeber auch Meldungen über als moralisch verwerflich empfundene Verhaltensweise durch das nationale HinSchG schützt.

3. Einhaltung des vorgegebenen Verfahrens als zweite Voraussetzung des Hinweisgeberschutzes

Wie zu Beginn dieses Kapitels dargestellt, liegt eines der Hauptproblemfelder des deutschen Whistleblowerschutzes in der Rechtsunsicherheit für Whistleblower hinsichtlich des einzuhaltenden Verfahrens.[457] Zwar mag das Erfordernis einer innerbetrieblichen Klärung als angemessener Interessenausgleich der Beteiligten für sinnvoll erachtet werden. Dies darf aber nicht dazu führen, dass die Grenzen für ein zulässiges externes Whistleblowing verwischt werden und ei-

---

[456] *Gerdemann*, Überlegung zur nationalen Umsetzung, S. 5.

[457] Vgl. dazu nur die Problematik rund um die Frage nach dem Erfordernis einer innerbetrieblichen Klärung, Kap. 4. I. 5. a) bb).

nem Whistleblower unzumutbare innerbetriebliche Klärungspflichten auferlegt werden, deren tatsächliche Anforderungen nicht kodifiziert und die in der Realität kaum einzuhalten sind. Hinsichtlich der Verfahrensweise für ein zulässiges Whistleblowing beinhaltet die neue Whistleblower-RL der EU jedenfalls detaillierte Vorgaben und unterscheidet zwischen der internen und der externen Meldung sowie der Offenlegung.

a) Interne Meldung gem. Art. 7 ff. Whistleblower-RL

Die Whistleblower-RL beinhaltet erstmalig eine Pflicht für Unternehmen, die bestimmte Voraussetzungen erfüllen (vgl. dazu aa)), interne Meldekanäle einzurichten. Auch wenn größere – international tätige – Unternehmen bereits über ein Hinweisgebersystem verfügen mögen, das Bestandteil ihres Compliance-Management-Systems ist, bringen die in Art. 7 ff. Whistleblower-RL enthaltenen Vorgaben für viele Unternehmen Anpassungsbedarf mit sich.[458]

aa) Pflicht zur Einrichtung interner Meldekanäle

Ein Weg, einen Missstand zu melden, stellt für einen Whistleblower die interne Meldung dar. Die Möglichkeit zur internen Meldung besteht nach der Konzeption der Whistleblower-RL gleichwertig neben der externen Meldung.[459] Konsequenterweise beinhaltet Art. 8 Abs. 3 Whistleblower-RL die grundsätzliche Pflicht für Unternehmen ab mindestens 50 Beschäftigten, interne Kanäle einzurichten,

---

[458] *Mävers*, in: ArbRAktuell 2021, 379, 380; *Krause*, in: SR 2019, 138, 151; *Steinhauser/Kreis*, in: EuZA 2021, 422, 428.

[459] *Mävers*, in: ArbRAktuell, 2021, 379, 380.

denen Whistleblower Informationen über vermutete Unionsrechtsverstöße melden können. Die Richtlinie fordert insofern, dass interne Meldesysteme von Unternehmen das Verfahren nach Art. 9 Whistleblower-RL einhalten. Vorgesehen sind insbesondere die Wahrung der Vertraulichkeit des Whistleblowers, die Pflicht des internen Meldekanals, dem Whistleblower eine Eingangsbestätigung innerhalb von sieben Tagen zu übermitteln und ihn spätestens innerhalb von drei Monaten über den Umgang und die getroffenen Maßnahmen in Kenntnis zu setzen. Nach Art. 16 Abs. 1 Whistleblower-RL müssen die Mitgliedstaaten sicherstellen, dass auch die internen Meldekanäle den Schutz der Identität des Whistleblowers vor unbefugtem Zugriff Dritter wahren. Auch diese Regelung steht im Lichte des übergeordneten Ziels der Richtlinie, den Whistleblower vor Repressalien zu schützen, die ihn davor zurückschrecken lassen könnten, einen Verdacht zu melden.[460] Wie konkret der Ablauf bei internen Meldungen ausgestaltet ist, wird wiederum maßgeblich von der Umsetzung des nationalen Gesetzgebers abhängen. Offen ist etwa, inwiefern interne Meldekanäle auch von Unternehmen mit unter 50 Beschäftigten eingerichtet werden sollten.[461] Die starre Grenze von 50 Mitarbeitern einzuhalten, ist nach den Richtlinienvorgaben jedenfalls nicht zwingend. Je nach sektorspezifischen Risiken und dem Ausmaß des öffentlichen Interesses der jeweiligen Tätigkeit können interne Meldekanäle auch bei kleineren Unternehmen sinnvoll

[460] Erwägungsgrund 1 Whistleblower-RL.

[461] Gegen eine Ausweitung auf kleinere Unternehmen *Dzida/Granetzny*, in: NZA 2020, 1201, 1202.

sein.[462] Für Unternehmen, die zwischen 50 und 249 Mitarbeitende haben, läuft die Umsetzungsfrist nach Art. 26 Abs. 2 Whistleblower-RL bis zum 17.12.2023. Für juristische Personen des öffentlichen Rechts gelten die Vorgaben der Richtlinie grundsätzlich unabhängig von der Beschäftigtenanzahl. Die Richtlinie enthält insofern lediglich Mindestvoraussetzungen, die durch den nationalen Gesetzgeber zugunsten von Whistleblowern ausgeweitet werden können. Die Vorzüge, die eine interne Meldung mit sich bringen kann, wurden bereits dargelegt.[463] Eine Beschränkung der Pflicht zur Einrichtung interner Meldekanäle für Unternehmen mit über 50 Beschäftigten hätte zur Folge, dass lediglich 3,5 Prozent der in Deutschland ansässigen Unternehmen einen internen Meldekanal einrichten müssten.[464] Freilich werden meldungsbedürftige Missstände wegen der Öffentlichkeitspräsenz größerer Unternehmen regelmäßig in mittleren oder größeren Unternehmen bedeutsam. Gleichwohl sind relevante Fälle von Whistleblowing auch in kleineren Unternehmen denkbar. Dass Kleinstunternehmen[465] von der Pflicht zur Einrich-

---

[462] Eine entsprechende Öffnung beinhaltet der 48. Erwägungsgrund Whistleblower-RL, der die Einrichtung interner Meldekanäle von einem angemessenen Verhältnis zwischen Größe und Ausmaß des Risikos ihrer Tätigkeiten für das öffentliche Interesse abhängig macht. Die Grenze von 50 Mitarbeitern ist mithin lediglich als Mindestgröße zu verstehen, die unterschritten werden darf.

[463] Vgl. Kap. 1 II. 1. b).

[464] Zur Verteilung der Unternehmen in Deutschland https://de.statista.com/statistik/daten/studie/731901/umfrage/verteilung-unternehmen-in-deutschland-nach-unternehmensgroesse/ zuletzt aufgerufen am 30.06.2024.

[465] Zum Begriff des Kleinstunternehmens https://de.statista.com/statistik/daten/studie/731901/umfrage/verteilung-unternehmen-in-deutschland-nach-unternehmensgroesse/ zuletzt aufgerufen am 30.06.2024.

tung eines internen Hinweisgebersystems auszunehmen sind, gebietet bereits eine wirtschaftliche Betrachtungsweise, damit diese Unternehmen nicht überfordert werden.[466] Zudem existieren Unternehmenszweige – insbesondere bei kleineren Unternehmen –, in denen Whistleblowing aufgrund der Art der Tätigkeit kaum von Bedeutung ist.

Der deutsche Gesetzgeber sollte bei der Grenze der Beschäftigtenzahl, die zur Einrichtung eines internen Meldekanals verpflichtet, die vorbenannten Umstände berücksichtigen. Die Unternehmensstruktur in Deutschland (viele kleine und mittelständige Unternehmen) lässt eine sektorenspezifische Herabsetzung nach Maßgabe des 48. Erwägungsgrundes sinnvoll erscheinen. Ein interner Meldekanal darf von Unternehmen nicht notwendigerweise als Last gesehen werden. Denn nicht nur Whistleblower können hiervon profitieren. Auch für (kleinere) Unternehmen ergibt sich durch einen internen Meldekanal die Gelegenheit, Missstände dort zu beseitigen, wo sie aufgetreten sind, ohne dass nachhaltige (Reputations-)Schäden entstehen. Um die besorgte unverhältnismäßige Belastung einer zwingenden Einrichtung interner Meldekanäle für kleinere Unternehmen abzufedern, ermöglicht der 49. Erwägungsgrund der Whistleblower-RL, die Anforderungen an interne Meldekanäle herabzusetzen, sofern die Vertraulichkeit der Meldung und ordnungsgemäße Folgemaßnahmen garantiert sind.

---

[466] Ähnlich: *Dzida/Granetzny*, in: NZA 2020, 1201, 1202.

bb) Inhaltliche Anforderungen an einen internen Meldekanal

Die Whistleblower-RL stellt eine Reihe inhaltlicher Anforderungen an den einzurichtenden internen Meldekanal auf. Dabei haben die internen Meldekanäle von öffentlich-rechtlichen und privaten juristischen Personen die Gewährleistungen des Art. 9 Whistleblower-RL zu wahren.

aaa) Vertraulichkeitsgebot

Zum Vertraulichkeitsgebot zählt insbesondere die Wahrung der Vertraulichkeit des Hinweisgebers und dritter Personen. Damit darf die Identität des Hinweisgebers nicht preisgegeben werden, ohne dass dieser ausdrücklich zustimmt, Art. 16 Abs. 1 Satz 1 Whistleblower-RL. Die Wahrung der Vertraulichkeit der Identität des Hinweisgebers ist gerade bei der Vornahme interner Meldungen ganz wesentlich, weil sie die beste Maßnahme darstellt, um den Whistleblower vor Repressalien zu schützen. Denn wenn nur die interne Compliance-Abteilung, die für die Aufarbeitung gemeldeter Verstöße zuständig ist, Kenntnis von der Identität des Whistleblowers erhält, braucht dieser auch keine Repressalien durch seinen Vorgesetzten zu fürchten. Allerdings gilt das Vertraulichkeitsgebot, wie es Art. 8 Abs. 5 Satz 2 Whistleblower-RL zunächst suggeriert,[467] nicht uneingeschränkt.[468] Die Vorschrift des Art. 16 Abs. 2 Whistleblower-RL sieht nämlich eine Ausnahme von dem Grundsatz der Vertraulichkeit (Art. 16 Abs. 1 Whistleblower-RL) vor. Soweit die Preisgabe der Identität des Hinweisgebers nach Unionsrecht oder nationalem

---

[467] Die Vorschrift spricht von einer „Garantie“.

[468] *Dilling*, in: CCZ 2019, 214, 217 f.; *ders.*, in: CCZ 2022, 145, 147.

Recht eine notwendige und verhältnismäßige Pflicht im Rahmen der Untersuchungen durch nationale Behörden oder von Gerichtsverfahren darstellt, so auch im Hinblick auf die Wahrung der Verteidigungsrechte der betroffenen Person, darf die Identität des Hinweisgebers ausnahmsweise preisgegeben werden. Zu Recht wird die Ausnahmevorschrift des Art. 16 Abs. 2 Whistleblower-RL teilweise kritisch gesehen.[469] Die durch Art. 16 Abs. 2 Whistleblower-RL vorgesehene Wahrung der Verteidigungsrechte des Betroffenen bzw. der betroffenen Organisation habe als Kehrseite zur Folge, dass ein Whistleblower mit hoher Wahrscheinlichkeit davon ausgehen müsse, dass seine Identität insbesondere bei besonders schwerwiegenden Anschuldigungen aufgedeckt werde.[470] Das hat im Ergebnis die merkwürdig anmutende Folge, dass eine Identitätspreisgabe wahrscheinlicher wird, wenn die Meldung sich auf einen strafbewehrten Verstoß bezieht.

bbb) Anonyme Hinweise

Umso problematischer ist es, dass die Richtlinie einen Schutz für anonyme Hinweisgeber nicht vorschreibt.[471] Vielmehr stellt Art. 6 Abs. 2 Whistleblower-RL es den Mitgliedstaaten frei, darüber zu entscheiden, ob interne und externe Meldekanäle anonyme Hinweise

---

[469] *Dilling*, in: CCZ 2019, 214, 217 f.; *ders.*, in: CCZ 2022, 145, 147; *Ullrich*, in: WiJ 2019, 52, 59.

[470] *Ullrich*, in: WiJ 2019, 52, 59.

[471] Kritisch ebenso *Federmann/Racky/Modrzyk*, in: DB 2019, 1665, 1669; *Kort*, in: FS Windbichler, 837, 851; *Schmolke*, in: NZG 2020, 5, 11; *ders.*, in ZGR 2019, 876, 909 f.

entgegennehmen müssen. In der Richtlinie kommt insofern eine gewisse Skepsis hinsichtlich der Glaubhaftigkeit und Lauterkeit anonymer Hinweise zum Ausdruck.[472]

Da das Vertraulichkeitsgebot wie gesehen jedoch oftmals durchbrochen werden kann, werden Whistleblower – insbesondere bei schwerwiegenden Anschuldigungen – möglicherweise vor einer Meldung zurückschrecken oder im Zweifel eine anonyme Meldung bevorzugen.[473] Ansonsten müssen sie oftmals eine Offenlegung ihrer Identität befürchten, die in einem langwierigen Rechtsstreit münden kann. Freilich dürfen anonyme Meldungen, die Falschmeldungen unter dem Deckmantel der Anonymität beinhalten, nicht geschützt werden. Diese unterfallen bereits nicht dem Schutzumfang des Art. 6 Whistleblower-RL, sodass entsprechende Befürchtungen ins Leere gehen.[474] Auch die Praxis vermag die Skepsis gegenüber anonymen Meldungen nicht zu belegen.[475] Eine in der Schweiz durchgeführte Studie[476] aus dem Jahr 2018, die im Rahmen einer Onlinebefragung 364 Unternehmen statistisch auswertete, kam zu dem Ergebnis, dass

---

[472] *Schmolke*, in: NZG 2020, 5, 11.

[473] *Dilling*, in: CCZ 2019, 214, 218; *Veljovic*, in: CB 2019, 475, 480; *Vogel/Poth*, in: CB 2019, 45, 47.

[474] Kritisch gegenüber einem Schutz anonymer Meldungen aufgrund des damit verbundenen Missbrauchsrisikos *Rotsch/Wagner*, in: Rotsch, Criminal Compliance, § 34 Rn. 88.

[475] Ebenfalls *Colneric/Gerdemann*, Die Umsetzung der Whistleblower-RL, S. 137; *Dilling*, in: CCZ 2021, 60, 63 f.

[476] Whistleblowing Report 2018 HTW Chur/IntegrityLine, Whistleblower Report 2018, S. 23.

die Möglichkeit, anonyme Meldungen abzugeben, die Zahl der missbräuchlich abgegebenen Meldungen nicht beeinflusste.[477] Eine weitere Absicherung unberechtigter bzw. missbräuchlicher Meldungen kann dadurch erreicht werden, dass Unternehmen Wege bereitstellen, um auch mit anonymen Hinweisgebern zu kommunizieren und darauf hinweisen, dass rechtsmissbräuchliche Meldungen und bewusst falsche Anschuldigungen mit Sanktionen verbunden sein können.[478] Auch im ersten Referentenentwurf der Koalition aus CDU/CSU und SPD zu einem HinSchG gab es Anhaltspunkte dafür, dass anonyme Meldungen nicht vermehrt rechtsmissbräuchlich verwendet würden.[479] Darin wird beschrieben, dass in Niedersachsen ein Meldesystem für die Abgabe anonymer Hinweise existiert, im Rahmen dessen von 2.700 Meldungen 900 zur Einleitung eines Ermittlungsverfahrens geführt hätten. Dass es vermehrt zu missbräuchlichen Meldungen kam, sei nicht dargelegt.

Auch gebietet das Grundgesetz keine andere Sichtweise. Eine Meinung wird unabhängig von der Preisgabe der Identität geschützt.[480] Eine solche Beschränkung ist von der Verfassung nicht vorgesehen und wäre schließlich als unzulässige, dem Wortlaut der Verfassung zuwiderlaufende Einschränkung des Schutzbereiches zu sehen.[481]

---

[477] Whistleblowing Report 2018 HTW Chur/IntegrityLine, Whistleblower Report 2018. S. 20.

[478] Whistleblowing Report 2018 HTW Chur/IntegrityLine, Whistleblower Report 2018, S. 3.

[479] *Dilling*, in: CCZ 2021, 60, 63.

[480] Vgl. hierzu Kap. 1 III. 1. a) aa) bbb).

[481] Im Ergebnis ebenso BGH, MMR 2009, 608, 612; *Starck*, in: Mangoldt/Klein/Starck, Art. 5 GG Rn. 32.

Aufgrund des nur eingeschränkten Vertraulichkeitsschutzes und vieler wertvoller Hinweise durch anonyme Whistleblower ist ein Schutz anonymer Hinweise jedenfalls zu befürworten.[482] Für interne Meldekanäle bietet dies wiederum die Chance, einen Missstand intern aufzuarbeiten, bevor der für das Unternehmen einschneidende Weg über externe Stellen oder gar die Öffentlichkeit gewählt wird. Für den Schutz anonymer Hinweisgeber wird es wiederum entscheidend auf die Umsetzung des nationalen HinSchG ankommen.

ccc) Übermittlung der Meldung

Neben dem Vertraulichkeitsgebot müssen interne Meldekanäle so konzipiert sein, dass die Übermittlung zum einen auf schriftlichem bzw. mündlichem Wege erfolgen kann (Art. 9 Abs. 2 Satz 1 Whistleblower-RL) und zum anderen, sofern der Hinweisgeber dies wünscht, die Betreiber der internen Meldekanäle und der Hinweisgeber innerhalb eines angemessenen Zeitraums mündlich zusammenkommen.[483] Freilich kann hier „schriftlich“ nicht so verstanden werden, dass die Schriftform nach § 126 BGB einzuhalten ist. Vielmehr genügt es auch, wenn die Mitteilung an den internen Meldekanal über eine Onlineplattform (etwa als E-Mail) herangetragen

---

[482] So auch *Gerdemann*, Überlegungen zur nationalen Umsetzung, S. 3; *Hommel*, in: CCZ 2021, 95; *Schmolke*, in: NZG 2020, 5, 11; *Dilling*, in: CCZ 2019, 214, 224; ferner bereits *Schmolke*, in: AG 2018, 769, 778 f.; zum Kommissionsvorschlag *ders.*, in: ZGR 2019, 876, 909 f.; *Veljovic*, in: CB 2019, 475, 480; *Vogel/Poth*, in: CB 2019, 45, 47.

[483] *Fest*, in: Franzen/Gallner/Oetker, Europäisches Arbeitsrecht, Art. 9 Whistleblower-RL Rn. 6 ff.

wird.[484] Dass keine besonderen Formvoraussetzungen bestehen, zeigt sich nicht zuletzt daran, dass eine Meldung genauso gut mündlich möglich ist.

cc) Gleichrangigkeit von interner und externer Meldung?

Neben der Meldung an eine organisationsinterne Stelle besteht nach der neuen Whistleblower-RL auch die Möglichkeit, einen Verdacht extern zu melden. Auffällig ist insofern die Gleichrangigkeit von externer und interner Meldung,[485] welche durch den Wortlaut des Art. 10 Whistleblower-RL ersichtlich wird. Dieser sieht vor, dass Whistleblower eine externe Meldung entweder dann vornehmen können, wenn sie zunächst Meldung über interne Meldekanäle erstattet haben oder Meldung direkt über externe Kanäle erstatten. So eindeutig der Wortlaut der Richtlinie in Art. 10 auch ist, so unverständlich erscheint es jedoch, dass Art. 7 Abs. 2 Whistleblower-RL dennoch eine gewisse Präferenz der internen Meldung durchblicken lässt, ohne zu regeln, wie diese von den Mitgliedstaaten umzusetzen ist. Dieser sieht vor, dass die Mitgliedstaaten sich dafür einsetzen, dass interne Meldekanäle bevorzugt genutzt werden. Zudem werden die

---

[484] Erwägungsgrund 53 Whistleblower-RL; *Siemes*, Die Whistleblowing-Richtlinie, S. 93.

[485] *Forst*, in: EuZA 2020, 283, 296; *Gerdemann*, in: NZA-Beilage 2020, 43, 44; *Gerdemann/Spindler*, in: ZIP 2020, 1896, 1900 f.; *Kort*, in: FS Windbichler, 837, 846; *Mävers*, in: ArbRAktuell 2021, 379, 380; *Schmolke*, in: NZG 2020, 5, 9; *Siemes*, Die Whistleblowing-Richtlinie, S. 76; *Taschke/Pielow/Volk*, in: NZWiSt 2021, 85, 89; für ein Rangverhältnis, jedoch den eindeutigen Wortlaut der Richtlinie anerkennend *Steinhauser/Kreis*, in: EuZA 2021, 422, 436; kritisch gegenüber einer Gleichstellung zwischen interner und externer Meldung durch die Whistleblower-RL auch *Dzida/Granetzny*, in: NZA 2020, 1201, 1203.

Vorzüge interner Meldungen im 33. Erwägungsgrund der Whistleblower-RL herausgestellt. Diese seien für Whistleblower zum einen der grundsätzlich präferierte Weg, und zum anderen würde ein Missstand an Personen herangetragen, die zur frühzeitigen und wirksamen Abwendung von Gefahren für das öffentliche Interesse in der Lage sind. Interne Meldungen sind zudem vorteilhaft für die betroffene Organisation. Denn externe Meldungen können zu Reputationsschäden, einer Beeinträchtigung des Börsenkurses und einer höheren Wahrscheinlichkeit von Klageverfahren führen.[486]

Ein dreistufiges Meldesystem, das der ursprüngliche Regierungsentwurf noch vorgesehen hatte, wurde mit dem eindeutigen Wortlaut des Art. 10 Whistleblower-RL obsolet.[487] Zwar ergibt sich aus den Erwägungsgründen der Richtlinie eine gewisse Präferenz für interne Meldungen.[488] Der Gedanke, dass durch eine interne Meldung gerade diejenigen mit dem Missstand konfrontiert werden, welche der Ursache des Problems am nächsten sind und somit auch am ehesten dazu in der Lage sind, Abhilfe zu schaffen, zeigt den erkannten Nutzen des internen Whistleblowings, der bei einer externen Meldung teilweise verloren geht.[489]

Das Bestehen eines Wahlrechts für den Whistleblower wird hierdurch gleichwohl nicht in Zweifel gezogen. Er hat auch dann einen

---

486 *Fest*, in: Franzen/Gallner/Oetker, Europäisches Arbeitsrecht, Art. 7 Whistleblower-RL Rn. 10; *Kölbel/Herold*, in: ZGR 2020, 961, 990.

487 Art. 13 II COM (2018) 218 final; *Dzida/Granetzny*, in: NZA 2001, 1201, 1203; *Schmitt*, in: NZA-Beilage 2020, 50, 55.

488 Erwägungsgrund 33 Whistleblower-RL; *Schmitt*, in: NZA-Beilage 2020, 50, 55.

489 Erwägungsgrund 47 Whistleblower-RL.

Schutzanspruch, wenn er sich unmittelbar an eine externe Stelle wendet. Dies gebieten insbesondere zwei Argumente. Zum einen sieht die Vorschrift des Art. 10 Whistleblower-RL eindeutig ein Wahlrecht für Whistleblower vor. Eine andere Auslegung würde einem Hauptziel der Richtlinie – Schaffung von Rechtssicherheit für Whistleblower – zuwiderlaufen. Entscheidend gegen einen weiterhin bestehenden generellen Vorrang der internen Meldung spricht auch die Gesetzgebungshistorie. Die Frage nach einem etwaigen Vorrang einer internen Meldung war nämlich Gegenstand kontroverser Diskussionen im Gesetzgebungsverfahren.[490] Schließlich konnte sich die von Deutschland und Frankreich präferierte Lösung eines dreistufigen Meldesystems mit klaren Eskalationsstufen, an deren erster Stelle die Nutzung eines internen Meldekanals steht, nicht durchsetzen.[491] Vielmehr entschied sich der Gesetzgeber für ein Wahlrecht und gestaltete Art. 7 Abs. 2 Whistleblower-RL als Kompromissformulierung aus, um den Befürwortern eines Vorrangs der internen Meldung entgegenzukommen.[492] Aus der weichen Formulierung des Art. 7 Abs. 2 Whistleblower-RL darf in keinem Fall die Erlaubnis der Mitgliedstaaten hergeleitet werden, einen Schutzanspruch bei einer unmittelbaren externen Meldung auszuschließen.

---

490 *Dzida/Granetzny*, in: NZA 2020, 1201, 1203; *Schmitt*, in: NZA-Beilage 2020, 50, 56; *Schmolke*, in: NZG 2020, 5, 6; *Wiedmann/Seyfert*, in: CCZ 2019, 12, 16.

491 *Wiedmann/Seyfert*, in: CCZ 2019, 12, 16.

492 *Dzida/Granetzny*, in: NZA 2020, 1201, 1203.

Dies stünde im direkten Widerspruch zum eindeutigen Wortlaut des Art. 10 Whistleblower-RL.[493]

dd) Vorschlag zur Förderung interner Meldekanäle

Zwar hat sich der Richtliniengeber schließlich dagegen entschieden, ein Stufensystem einzuführen, an dessen erster Stelle die Nutzung interner Meldekanäle steht. Gleichwohl darf die in Art. 7 Abs. 2 Whistleblower-RL gewählte Formulierung nicht zu einer inhaltslosen Floskel verkommen. An dieser Stelle sind die Mitgliedstaaten gefordert, eine praktikable Lösung zu schaffen, welche die Meldung über interne Meldekanäle für Whistleblower grundsätzlich attraktiver macht als die Vornahme einer externen Meldung. Vorgaben dazu, wie das in Art. 7 Abs. 2 Whistleblower-RL deklarierte Ziel der bevorzugten Nutzung interner Meldekanäle erreicht wird, beinhaltet die Richtlinie nicht. Damit sind die nationalen Gesetzgeber gefragt, die Attraktivität interner Meldekanäle zu steigern.

In der Literatur sind Vorschläge erfolgt, wie solche Anreize zur vorrangigen Nutzung interner Meldekanäle ausgestaltet sein können. Denkbar ist, dass die Einhaltung der Meldereihenfolge (an deren erster Stelle die interne Meldung steht) an finanzielle Anreize geknüpft wird.[494] Inwiefern dies in der Praxis tatsächlich zu einer bevorzugten

---

[493] *Forst*, in: EuZA 2020, 283, 296; *Klaas*, in: CCZ 2019, 163, 168; *Reppelmund*, in: EuZW 2019, 307; *Schmolke*, in: NZG 2020, 5, 11; *Siemes*, Die Whistleblowing-Richtlinie, S. 76 f.; a.A.: *Riesenhuber*, in: FS Martinek, 673, 683; *Schmitt*, in: NZA-Beilage, 50, 56.

[494] *Granetzny/Krause*, in: CCZ 2020, 29, 30; *Schmolke*, in: NZG 2020, 5, 11; *ders*, in: ZGR 2019, 876, 918; *Steinhauser/Kreis*, in: EuZA 2021, 422, 436; *Taschke/Pielow/Volk*, in: NZWiSt 2021, 85.

Nutzung interner Meldekanäle führt, bleibt abzuwarten. Whistleblower werden bei dem Entschluss zur Meldung eines Missstandes regelmäßig keine monetären Zwecke verfolgen und keine einfache Kosten-Nutzen-Abwägung vornehmen.[495] Die Furcht vor Stigmatisierung durch die Entgegennahme einer Prämie kann demgegenüber dazu führen, dass Whistleblower eher einen anderen Meldeweg wählen.[496] Sinnvoller wäre es, inhaltliche und das Whistleblowing selbst betreffende Maßnahmen zu ergreifen, welche dazu führen, dass ein Whistleblower sich bei einer internen Meldung gut aufgehoben fühlt.

Hierzu würde etwa zählen, dass interne Meldekanäle nicht nur Meldungen über rechtswidrige Verhaltensweisen bearbeiten müssen, wie es der Anwendungsbereich der Richtlinie vorsieht,[497] sondern auch Meldungen über bloßes Fehlverhalten. Eine entsprechende Ausweitung des Aufgabenbereichs interner Meldekanäle würde einen inhaltlichen Anreiz für Whistleblower schaffen, eine Meldung erst intern vorzunehmen. Regelmäßig wird er nämlich nicht abschließend beurteilen können, ob das von ihm gemeldete Verhalten einen Rechtsverstoß darstellt oder lediglich unmoralisch ist. Da interne Meldekanäle ein weiteres Aufgabenfeld erhalten, das auch Meldungen über bloßes Fehlverhalten umfasst, würden Whistleblo-

---

[495] *Friedman*, Annu. Rev. Law. Soc. Sci.1 (2005), 1, 14.

[496] Zur Gefahr der (befürchteten) Stigmatisierung bei Entgegennahme einer Whistleblower-Prämie vgl. auch *Feldman/Lobel*, Tex. L. Rev. 88 (2010), 1151, 1200; *Pfeifle*, Finanzielle Anreize, S. 120.

[497] Relevante Verstöße sind nach Art. 2 Abs. 1 Whistleblower-RL i.V.m. Art. 5 Nr. 1 Whistleblower-RL nur solche die rechtswidrig sind oder dem Ziel und Zweck der Rechtsakte der Union zuwiderlaufen.

wer sich routinemäßig zunächst an diese Stelle wenden. Denn andernfalls gehen Hinweisgeber in Zweifelsfällen das Risiko ein, dass eine gemeldete Information keinen feststellbaren Rechtsverstoß beinhaltet, womit ein Schutz über die Richtlinie nicht erfolgen würde. Die Umsetzung der Richtlinie sollte daher den Aufgabenbereich interner Meldestellen auf bloßes Fehlverhalten erweitern. Oftmals führt die Meldung von bloßem Fehlverhalten nämlich dazu, dass gesellschaftliche Diskussionen angestoßen werden, selbst wenn es sich (bisher) noch nicht um einen Rechtsverstoß handelt.

Daneben kann die Attraktivität der Nutzung interner Meldekanäle dadurch gesteigert werden, dass diese auch anonyme Hinweise entgegennehmen müssen. Denn wie bereits festgestellt, sind anonyme Meldungen ein wichtiger Bestandteil des Whistleblowings und erfreuen sich oftmals aus Furcht vor Repressalien großer Beliebtheit. Interne Meldekanäle so auszugestalten, dass diese sich auch mit anonymen Meldungen zu befassen haben, wird unweigerlich mit einer bevorzugten Nutzung einhergehen.

b) Externe Meldungen

Der Begriff der externen Meldung im Sinne der Whistleblower-RL kann nicht mit demjenigen des externen Whistleblowings[498] gleichgesetzt werden. Während externes Whistleblowing Stellen informiert, die außerhalb des Unternehmens stehen, beschränken sich die externen Meldungen nach der Whistleblower-RL auf Mitteilungen, die gegenüber den zuständigen Behörden erfolgen, die vom jeweiligen Mitgliedstaat benannt worden sind, Art. 11 Whistleblower-RL.

---

[498] Vgl. dazu Kap. 1. I. 3. a) cc).

Eine externe Meldung beinhaltet also nicht das öffentliche Bekanntmachen einer Information. Vielmehr werden durch die Mitgliedstaaten Behörden als unabhängige und autonome Meldekanäle zur Entgegennahme von Meldungen beauftragt, wobei die diesen vorgeschriebene Arbeitsweise derjenigen der internen Meldekanäle ähnelt. Auch externe Meldekanäle müssen dem Whistleblower eine Eingangsbestätigung übermitteln, Folgemaßnahmen ergreifen und ihn über das Ergebnis der Untersuchungen in Kenntnis setzen, vgl. Art. 11 Abs. 2 Whistleblower-RL. Sie müssen ihre Arbeitsweise so ausrichten, dass Repressalien für Whistleblower ausgeschlossen werden. Externe Meldekanäle sind nach Art. 12 Abs. 1 lit. a) Whistleblower-RL so einzurichten, dass die Integrität und Vertraulichkeit der Information gewährleistet sind und unbefugte Mitarbeiter der Behörde auf diese Informationen nicht zugreifen können. Zudem haben die Behörden die Möglichkeit, einen Verstoß als eindeutig geringfügig zu qualifizieren und somit Folgemaßnahmen zu unterlassen, Art. 11 Abs. 3 Whistleblower-RL. Eine Vorschrift, welche die verpflichtende Bearbeitung von anonymen Hinweisen vorsieht, existiert auch für externe Meldestellen nicht.

c) Offenlegung gem. Art. 15 Whistleblower-RL

Während zwischen interner und externer Meldung ein Wahlrecht besteht, ist die Offenlegung[499] grundsätzlich subsidiär. Mit der Offenlegung ist die Information der Öffentlichkeit über einen Missstand,

---

[499] Den Begriff der Offenlegung verwendet etwa auch § 23 Abs. 1 Nr. 2, 3 GeschGehG. Soweit im weiteren Verlauf der Arbeit die Begrifflichkeiten Offenlegung bzw. Meldung verwendet werden, sind diese nur bei besonderer Nennung im Sinne der Whistleblower-RL bzw. des HinSchG zu verstehen.

ohne die Nutzung der internen oder externen Meldekanäle, zu verstehen (z. B. die Mitteilung des Missstandes an die Presse). Die Offenlegung unterfällt dem Schutz der Whistleblower-RL nur dann, wenn der Whistleblower zuvor erfolglos eine Meldung gemäß den Vorgaben von Art. 15 Abs. 1 lit. a) Whistleblower-RL unternommen hat oder seine Information eine unmittelbare oder offenkundige Gefährdung des öffentlichen Interesses darstellen kann (Art. 15 Abs. 1 lit. b) Whistleblower-RL). Sie kann aber auch dann ausnahmsweise einen Schutzanspruch nach Art. 15 Abs. 1 lit. b) Whistleblower-RL begründen, wenn der Whistleblower im Falle einer externen Meldung Repressalien befürchtet oder die begründete Annahme hat, dass der gemeldete Verstoß nicht hinreichend aufgeklärt wird.

aa) Offenlegung nach Einhaltung des Meldeverfahrens gem. Art. 15 Abs. 1 lit. a) Whistleblower-RL

Für einen Schutzanspruch infolge einer Offenlegung nach Art. 15 Abs. 1 lit. a) Whistleblower-RL muss ein Whistleblower intern und extern Meldung erstattet haben, ohne dass innerhalb des Zeitrahmens nach Art. 9 Abs. 1 lit. f) Whistleblower-RL bzw. Art. 11 Abs. 2 lit. d) Whistleblower-RL geeignete Maßnahmen ergriffen worden sind. Eine erfolglose interne Meldung genügt nach dem Wortlaut der Vorschrift des Art. 15 Abs. 1 lit. a) Whistleblower-RL allein nicht, um eine Offenlegung vorzunehmen. Dass sowohl eine interne als auch eine externe Meldung vorzunehmen ist, ist jedoch nicht zwingend erforderlich. Vielmehr statuiert Art. 15 Abs. 1 lit. a) Whistleblower-RL, dass nach einer „auf dem direkten Weg“ erfolgten externen Meldung unter den übrigen Voraussetzungen des Art. 15 Abs. 1 lit. a) Whistleblower-RL eine Offenlegung vorgenommen werden kann. Damit muss zwangsläufig nur eine externe, nicht aber zusätzlich eine interne Meldestelle vor einer Offenlegung nach Art. 15 Abs. 1 lit. b) Whistleblower-RL eingeschaltet werden.[500]

Der Wortlaut der Richtlinie lässt insofern wenig Interpretationsspielraum zu. Damit muss eine nationale Umsetzung jedenfalls eine Offenlegung – ohne Erfordernis einer zusätzlich internen Meldung – für den Fall ermöglichen, in dem der Whistleblower sich zuvor erfolglos extern mit seinem Anliegen an die zuständige Behörde gewendet hat, Art. 10 ff. Whistleblower-RL. De jure wird hierdurch die Meldung an einen externen Meldekanal gegenüber der internen Meldung bevorzugt. Hat ein Whistleblower die Absicht, seine Informationen offenzulegen, erreicht er dieses Ziel schneller, wenn er sich an eine externe Stelle wendet. Nachvollziehbar ist dies angesichts der durch die Richtlinie intendierten Förderung der Nutzung interner Meldekanäle nicht, vgl. Art. 7 Abs. 2 Whistleblower-RL. Da die Richtlinie allerdings nur Mindestanforderungen für den Whistleblowerschutz vorsieht, bleibt es dem nationalen Gesetzgeber unbenommen, die Möglichkeit einer unmittelbaren Offenlegung auch nach erfolgloser interner Meldung zu bestimmen. Angesichts der vielen Vorteile, die eine unternehmensinterne Aufarbeitung bietet, und der Regelung in Art. 7 Abs. 2 Whistleblower-RL, nach der die Nutzung interner Meldekanäle durch die Mitgliedstaaten gefördert werden soll, sollte der nationale Gesetzgeber von der Möglichkeit Gebrauch machen, über die Mindestanforderungen der Richtlinie

---

[500] A.A. wohl *Dilling*, in: CCZ 2019, 214, 215, der eine Offenlegung allgemein im Rahmen des Art. 15 Abs. 1 b) Whistleblower-RL rechtfertigen will, sofern eine interne oder eine externe Meldung erfolgt ist.

hinauszugehen und auch nach erfolgloser interner Meldung eine Offenlegung zulassen.

bb) Gefahr eines irreversiblen Schadens oder offenkundige Gefährdung des öffentlichen Interesses gem. Art. 15 Abs. 1 lit. b) i) Whistleblower-RL

Die Vorschrift des Art. 15 Abs. 1 lit. b) i) Whistleblower-RL lässt eine unmittelbare Offenlegung ohne vorherige interne und/oder externe Meldung zu, wenn die Gefahr eines irreversiblen Schadens oder eine offenkundige Gefährdung des öffentlichen Interesses besteht. Die erste Variante des Tatbestandes des irreversiblen Schadens erinnert an die in der deutschen Rechtsprechung verankerte Ausnahme von dem grundsätzlichen Erfordernis einer innerbetrieblichen Klärung.[501] Ein Whistleblower muss sich damit also nicht zunächst an seinen Vorgesetzten wenden, wenn eine unaufschiebbare Gefahr besteht und die Einhaltung des regulären Verfahrenswegs über interne bzw. externe Meldekanäle die Gefahr in sich birgt, dass der Erfolg der Maßnahme vereitelt wird. Ins deutsche Recht lässt sich die Vorgabe des Art. 15 Abs. 1 lit. b) i) Var. 1 Whistleblower-RL mit der Konzeption der „Gefahr im Verzug“ umsetzen. Diese liegt dann vor, wenn die Einhaltung des regulär vorgesehenen Verfahrensablaufs (interne und/oder externe Meldung) die Erfolgsaussichten der Maßnahme einschränkt.[502] Geht von einem Unternehmen etwa durch den Ausstoß gesundheitsschädlicher Stoffe eine unmittelbare Gefahr für die Gesundheit aus, muss ein Whistleblower sich

---

[501] Kap. 4 I. 5. a) cc) aaa).

[502] Zum Begriff Gefahr in Verzug vgl. BVerfGE 51, 97, 111; *Reimer*, in: Schoch/Schneider, § 67 VwVfG Rn. 23.

nicht zunächst an einen internen oder externen Meldekanal wenden, sondern kann sich unmittelbar an diejenige Stelle wenden, welche die Gefahr beseitigt.

Problematischer ist die offenkundige Gefährdung des öffentlichen Interesses nach Art. 15 Abs. 1 lit. b) i) Var. 2 Whistleblower-RL. Nach dem Wortlaut darf ein Whistleblower eine Offenlegung ohne vorherige interne und/oder externe Meldung vornehmen, wenn der von ihm ausgemachte Verstoß eine offenkundige Gefährdung des öffentlichen Interesses darstellt. In den Erwägungsgründen wird nicht näher dargelegt, wann eine solche vorliegen soll.[503] Naheliegend erscheint es jedoch, eine offenkundige Gefährdung des öffentlichen Interesses dann anzunehmen, wenn hochwertige Gemeinwohlbelange betroffen sind, deren Offenlegung für die öffentliche Meinungsbildung von wesentlicher Bedeutung ist. Eine offenkundige Gefährdung des öffentlichen Interesses darf nicht mit der Vorschrift des Art. 15 Abs. 1 lit. b) i) Alt. 1 Whistleblower-RL gleichgesetzt werden, der die erlaubte Offenlegung zum Zwecke der Gefahrenabwehr bereits regelt. Im deutschen Recht existiert in § 5 Nr. 2 GeschGehG eine vergleichbare Regelung. Dort ist dem Wortlaut nach eine Offenlegung dann gestattet, wenn diese dazu geeignet ist, das allgemeine öffentliche Interesse zu schützen.[504] In Abgrenzung zu Individualinteressen sind hiermit Belange des Allgemeinwohls zu verstehen; mithin Themen von gesellschaftlicher Relevanz.[505]

---

[503] Vgl. etwa Erwägungsgrund 80 Whistleblower-RL, der lediglich den Wortlaut wiederholt.

[504] Im Einzelnen dazu Kap. 4 I. 5. a) bb).

[505] Hierzu *Hauck*, in: MüKo, Lauterkeitsrecht, § 5 GeschGehG Rn. 25.

cc) Gefahr von Repressalien gem. Art. 15 Abs. 1 lit. b) ii) Whistleblower-RL

Eine unmittelbare Offenlegung ist zudem zulässig, wenn ein Whistleblower im Falle einer externen Meldung Repressalien zu befürchten hat oder geringe Aussichten bestehen, dass gegen einen Verstoß wirksam vorgegangen wird, Art. 15 Abs. 1 lit. b) ii) Whistleblower-RL, weil bspw. die Befürchtung der Beweisvernichtung oder Unterdrückung besteht. Letzteres entbindet nur dann von der Vornahme einer externen Meldung, wenn zu befürchten ist, dass die entgegennehmende Behörde nicht adäquat einschreitet, etwa weil Absprachen zwischen der Behörde und der betroffenen Organisation bestehen oder die Behörde an dem Verstoß beteiligt ist, Art. 15 Abs. 1 lit. b) ii) Whistleblower-RL.

4. Rechtsfolgen eines Schutzanspruches nach der Richtlinie

Sind die Schutzvoraussetzungen der Richtlinie erfüllt, ergibt sich aus Art. 19 Whistleblower-RL ein umfassendes Verbot von Repressalien. Hierzu zählt freilich auch, dass ein Whistleblower keiner strafrechtlichen Sanktionierung zugeführt werden kann. Das Repressalienverbot des Art. 19 Whistleblower-RL reicht aber viel weiter. Verbotene Repressalien sind nach der Legaldefinition des Art. 5 Nr. 11 Whistleblower-RL direkte oder indirekte Handlungen oder Unterlassungen in einem beruflichen Kontext, die durch eine interne oder externe Meldung oder eine Offenlegung ausgelöst werden und durch die dem Hinweisgeber ein ungerechtfertigter Nachteil entsteht oder entstehen kann.[506] Zur näheren Orientierung führt der Katalog des Art. 19 Whistleblower-RL nicht abschließend Repressalien auf, womit weitere, unbenannte Formen von Benachteiligungen, die der Legaldefinition des Art. 5 Nr. 11 Whistleblower-RL unterfallen, ebenfalls verboten sind.[507] Bei dem weiten Katalog des Art. 19 Whistleblower-RL muss zudem ein wirksamer Schutz sichergestellt werden, damit das Verbot auch in der Praxis eingehalten wird. Denn die in Art. 19 Whistleblower-RL aufgezählten verbotenen Repressalien, wie bspw. negative Leistungsbeurteilungen (Art. 19 lit. e) Whistleblower-RL), die Aufgabenveränderung oder die Änderung des Arbeitsortes (Art. 19 lit. c) Whistleblower-RL), können vom Arbeitgeber oftmals mit zwar inhaltlich nicht gerechtfertigten, aber vorgeschobenen Argumenten begründet werden. Sinnvollerweise wurde daher mit Art. 21 Abs. 5 Whistleblower-RL eine Beweislastumkehr zugunsten des Whistleblowers für das behördliche und gerichtliche Verfahren statuiert.[508] Die Beweiserleichterung betrifft den Kausalzusammenhang zwischen Meldung bzw. Offenlegung und der nachfolgenden Benachteiligung im Sinne des Art. 5 Nr. 11 Whistleblower-RL. Ein Whistleblower muss also im behördlichen bzw. gerichtlichen Verfahren lediglich nachweisen, dass eine Benachteiligung im vorgenannten Sinne erfolgt ist, nachdem er eine Meldung erstattet bzw. eine Offenlegung nach Art. 15 Whistleblower-RL vorgenommen hatte. Dass die nachfolgende Benachteiligung kausal auf der

---

[506] Erwägungsgrund 41 Whistleblower-RL; *Siemes*, Die Whistleblowing-Richtlinie, S. 99.

[507] *Siemes*, Die Whistleblowing-RL, S. 100.

[508] *Gerdemann*, in: SR 2021, 2, 14; *Siemes*, Die Whistleblowing-RL, S. 104.

Meldung bzw. Offenlegung beruht, wird durch die Beweislastumkehr des Art. 21 Abs. 5 Whistleblower-RL vermutet.[509] Die andere Seite muss dann den Gegenbeweis erbringen, dass die erfolgte Benachteiligung ausschließlich auf anderen Gründen als der Meldung oder Offenlegung basiert.[510]

Für die Thematik der Strafbarkeit von Whistleblowing ist die Vorschrift des Art. 21 Abs. 1, 2 Whistleblower-RL von Bedeutung. Ihr zufolge gelten Whistleblower nicht als Personen, die eine vertragliche oder gesetzliche Offenlegungsbeschränkung verletzen, womit sie insbesondere auch keiner strafrechtlichen Verantwortlichkeit zugeführt werden können.[511] Abzugrenzen ist hiervon jedoch die nach Art. 21 Abs. 3 Whistleblower-RL weiterhin bestehende Möglichkeit, Hinweisgeber für die Beschaffung oder den Zugriff auf Informationen haftbar zu machen, sofern die Beschaffung eine eigenständige Straftat darstellt. Insofern unterscheidet die Richtlinie zwischen zwei Handlungen und bewertet diese unterschiedlich. Die Begehung von Straftaten zum Zwecke der Informationsbeschaffung bleibt von der Richtlinie unberührt und kann weiterhin bestraft werden. Demgegenüber werden Meldung und Offenlegung, die als solche oftmals dem öffentlichen Interesse dienen, geschützt.[512]

---

[509] *Altenbach/Dierkes*, in: CCZ 2020, 126, 131; *Schmitt*, in: NZA-Beilage 2020, 50, 57; *Siemes*, Die Whistleblowing-Richtlinie, S. 104.

[510] Erwägungsgrund 93 Whistleblower-RL; *Degenhart/Dziuba*, in: BB 2021, 570, 573; *Siemes*, Die Whistleblowing-RL, S. 105.

[511] Erwägungsgrund 91 Whistleblower-RL; *Pikó*, in: CB 2019, 235, 242; *Siemes*, Die Whistleblowing-RL, S. 105.

[512] *Fest*, in: Franzen/Gallner/Oetker, Europäisches Arbeitsrecht, Art. 21 Whistleblower-RL Rn. 21.

Abgesichert wird das Benachteiligungsverbot zugunsten von Whistleblowern dadurch, dass natürliche und juristische Personen für die Behinderung von Meldungen, das Verhängen von Repressalien oder die mutwillige Einleitung von Gerichtsverfahren nach Art. 23 Whistleblower-RL angemessene und abschreckende Sanktionen zu befürchten haben. Naheliegend ist es insofern, Sanktionen in Form von Geldbußen zulasten von juristischen Personen zu verhängen, die gegen Art. 23 Abs. 1 Whistleblower-RL verstoßen.

II. Das HinSchG

Das Gesetzgebungsverfahren zum ersten Entwurf eines HinSchG durch die Koalition von CDU/CSU und SPD ist aufgrund von Bedenken der CDU/CSU-Fraktion – insbesondere aufgrund einer zu hohen zusätzlichen Belastung für Unternehmen aufgrund wirtschaftlich einschneidender Coronamaßnahmen – nie abgeschlossen worden. Die neue Regierung beschloss im Koalitionsvertrag 2021 – 2025, die Whistleblower-RL rechtssicher und praktikabel umzusetzen.[513] Für einen hinreichenden Schutz von Hinweisgebern vielversprechend, beinhaltet der neue Koalitionsvertrag insofern die Formulierung, Whistleblower seien nicht nur bei der Meldung von Verstößen gegen EU-Recht, sondern auch bei erheblichen Verstößen gegen nationale Vorschriften oder sonstigem erheblichen Fehlverhalten, das im öffentlichen Interesse liegt, zu schützen.[514] Der Koalitionsvertrag vermittelt damit den Eindruck, Whistleblowern werde im

---

[513] Koalitionsvertrag 2021 – 2025, S. 88.
[514] Koalitionsvertrag 2021 – 2025, S. 88.

sachlichen Anwendungsbereich Schutz gewährt, der über die Whistleblower-RL und den ersten Entwurf von CDU/CSU und SPD hinausgeht. Der Referentenentwurf entschied sich nämlich ausdrücklich dagegen, Fehlverhalten zu schützen.[515] Zudem stellt der Koalitionsvertrag Beratungs- und finanzielle Unterstützungsangebote für Whistleblower in Aussicht.[516]

Im Folgenden wird untersucht, ob das HinSchG den Anforderungen an einen hinreichenden Whistleblowerschutz und den Zielen des Koalitionsvertrages gerecht wird. Um Wiederholungen zu vermeiden, werden nachfolgend nur Aspekte vertieft, die im Rahmen der Darstellungen zur Whistleblower-RL noch nicht thematisiert wurden. Darüber hinaus werden Fragen in Bezug auf die Anwendbarkeit und Bedeutung des HinSchG auf die noch zu prüfenden Straftatbestände an geeigneter Stelle im Rahmen der Prüfung der Strafbarkeit des Whistleblowers behandelt.

1. Anwendungsbereich

a) Persönlicher Anwendungsbereich

Der persönliche Anwendungsbereich des neuen HinSchG ist weit gefasst und schützt Personen, die im Zusammenhang mit ihrer beruflichen Tätigkeit – oder bereits in deren Vorfeld – Informationen über Verstöße erlangt haben, § 1 Abs. 1 HinSchG.[517] Die Vorschrift ist denkbar weit formuliert. Sie erfasst neben Selbstständigen auch

---

[515] HinSchG-E, S. 43.

[516] Koalitionsvertrag 2021 – 2025, S. 88.

[517] *Reufels/Soltysiak*, Das neue Whistleblowing-Recht, § 3 Rn. 1.

Beamte und im öffentlichen Dienst tätige Personen,[518] womit nunmehr das für die öffentliche Meinungsbildung so wichtige Whistleblowing im öffentlichen Sektor jedenfalls vom personellen Anwendungsbereich des HinSchG erfasst wird. Insofern entspricht das HinSchG dem schon in der Whistleblower-RL weit gezogenen persönlichen Anwendungsbereich. Das HinSchG geht jedoch noch über den Anwendungsbereich der Whistleblower-RL hinaus. Erfasst werden zudem etwa Aufsichtsratsmitglieder einer Aktiengesellschaft,[519] was insbesondere im Rahmen der Strafbarkeit nach § 404 AktG relevant werden kann.

Bei den übermittelten Informationen muss es sich um solche handeln, welche der Hinweisgeber „im Zusammenhang mit seiner beruflichen Tätigkeit" erlangt hat. Damit sind Personen, die lediglich im privaten Rahmen Kenntnis von Verstößen erlangt haben, nicht geschützt.[520] Der berufliche Zusammenhang im Sinne des § 1 Abs. 1 HinSchG ist denkbar weit zu verstehen, womit nicht nur das formale Dienst-, bzw. Arbeitsverhältnis erfasst wird, sondern ebenfalls die Bewerbungsphase, was sich bereits aus dem Wortlaut des § 1 Abs. 1 HinSchG ergibt („im Vorfeld einer beruflichen Tätigkeit").[521] Soweit sich weder aus dem Gesetz noch aus der Gesetzesbegründung eindeutige Angaben zum geschützten Personenkreis ergeben, ist der geschützte Personenkreis anhand einer richtlinienkonformen Auslegung zu ermitteln. Schutz nach § 1 Abs. 1 HinSchG ist

---

[518] BT-Drucks. 20/3442, S. 56.

[519] BT-Drucks. 20/3442, S. 56.

[520] *Benkert*, in: NJW Spezial 2023, 434.

[521] *Bruns*, in: BeckOK ArbR, HinSchG, § 1 Rn. 22; *Colneric/Gerdemann*, in: BeckOK, HinSchG, § 1 Rn. 217; *Greiner*, in: Erfurter Kommentar, HinSchG, § 1 Rn. 2.

damit aufgrund von Art. 4 Abs. 1 lit. c) Whistleblower-RL bezahlten sowie unbezahlten Praktikanten zu gewähren. Daneben sind ebenfalls unentgeltliche ehrenamtliche Tätigkeiten geschützt, denn Art. 4 Abs. 1 lit. c) Whistleblower-RL sieht ebenfalls einen Schutz für „volunteers“ vor.[522]

b) Sachlicher Anwendungsbereich

Ein Hauptproblem der Whistleblower-RL besteht darin, dass der Unionsgesetzgeber aufgrund seiner beschränkten Gesetzgebungskompetenz Whistleblower nur insofern schützen kann, als diese Verstöße gegen Unionsrecht melden. Damit kommen zwangsläufig Wertungswidersprüche auf. Ein Whistleblower, der einen Unionsrechtsverstoß meldet (bspw., weil gegen EU-Umweltschutzauflagen verstoßen worden ist) wäre zu schützen, während eine Meldung einer spezifisch nationalen Straftat (bspw. der Verstoß gegen nationale Steuervorschriften) nicht vom Schutzumfang der Richtlinie erfasst wäre.

Das neue HinSchG geht richtigerweise über die Vorgaben der Richtlinie hinaus. Erfasst sind neben Verstößen gegen das Unionsrecht auch solche gegen nationale Bestimmungen. Jedenfalls sind alle Verstöße, die strafbewehrt sind, vom sachlichen Schutzumfang umfasst, § 2 Abs. 1 Nr. 1 HinSchG. Im Gegensatz zum ersten Referentenentwurf schützt das neue HinSchG Meldungen und Offenlegungen von Informationen über bußgeldbewehrte Verstöße jedoch nicht mehr umfassend. Die verletzte Vorschrift muss nunmehr dem Schutz von Leben, Leib oder Gesundheit oder dem Schutz der Rechte von

---

[522] *Greiner*, in: Erfurter Kommentar, HinSchG, § 1 Rn. 2.

Beschäftigten oder ihrer Vertretungsorgane dienen, § 2 Abs. 1 Nr. 2 HinSchG. Grund für die Beschränkung auf die benannten Bußgeldvorschriften ist der Gedanke, Bagatellverstöße bzw. solche mit geringem Unrechtsgehalt dem Anwendungsbereich des Whistleblowerschutzes zu entziehen.[523] Überzeugend ist diese Regelung zu bußgeldbewehrten Verstößen allerdings nicht. Die Aufnahme sämtlicher bußgeldbewehrter Verstöße würde zu weniger Rechtsunsicherheiten führen als die nun getroffene Regelung. Im Einzelfall kann es Probleme bereiten, den Schutzzweck einer Vorschrift eindeutig zu klären, was einen hohen Prozessaufwand und schwierige Abgrenzungsfragen mit sich bringt,[524] die im Einzelfall dahingehend entscheidend sein können, ob arbeitsrechtliche Maßnahmen ergehen oder gar ein Straftatbestand verwirklicht wird.

Ein Schutz für hinweisgebende Personen, die Verstöße gegen unethische Verhaltensweisen melden, ist auch im HinSchG nicht vorgesehen.[525] Dies verwundert angesichts des Hinweises im Koalitionsvertrag, der vorsah, auch die Aufdeckung von erheblichem Fehlverhalten, das öffentliche Interessen besonders berührt, zu schützen.[526] Insofern werden Whistleblower, die keine feststellbaren Gesetzesverletzungen melden, sondern lediglich unethische Verhaltensweisen, nicht geschützt, sondern können sich allenfalls auf die

---

[523] *Bruns*, in: BeckOK ArbR, HinSchG, § 2 Rn. 8; *Colneric/Gerdemann*, in: BeckOK, HinSchG, § 2 Rn. 17; *Gerdemann*, in: ZRP 2022, 98, 99.

[524] *Gerdemann*, in: ZRP 2022, 98, 99.

[525] *Reufels/Soltysiak*, Das neue Whistleblowing-Recht, § 4 Rn. 11.

[526] Koalitionsvertrag 2021 – 2025, S. 111.

Vorschrift des § 5 Nr. 2 GeschGehG berufen.[527] Kritisch zu sehen ist dies insbesondere auch deswegen, weil der Verzicht des Schutzes von Fehlverhalten im Widerspruch zu den Erwägungsgründen und der Zielsetzung des HinSchG steht.[528] Der Gesetzesentwurf führt für das Erfordernis klarer gesetzlicher Regelungen, die Hinweisgebern zugutekommen sollen, als positives Beispiel den Fall Heinisch an.[529] Frau Heinisch habe im Rahmen ihrer Tätigkeit als Altenpflegerin erhebliche Pflegemängel ausgemacht und etwa auf den Personalmangel in der Pflege hingewiesen. Nachdem auch die übergeordnete Heimaufsicht keine Maßnahmen ergriff, hat Frau Heinisch Strafanzeige gegen die verantwortlichen Personen gestellt. Das Verfahren wurde schließlich eingestellt und Frau Heinisch wurde von ihrem Arbeitgeber gekündigt. So zutreffend die Schlussfolgerung des Gesetzesentwurfs ist, dass solche Missstände auch dann rechtssicher zu schützen sind, wenn kein fassbarer Gesetzesverstoß vorliegt, so widersprüchlich ist es, dass Frau Heinisch von dem HinSchG tatsächlich gar nicht geschützt wäre und die Zulässigkeit ihrer Kündigung jedenfalls nicht durch das neue HinSchG infrage gestellt werden könnte.

---

[527] Problematisch und zu klären bleibt jedoch, ob es sich bei § 5 GeschGehG um einen für die Vorschriften des GeschGehG speziell geschaffenen Ausnahmetatbestand handelt oder ob dieser sich auf andere mögliche Straftatbestände übertragen lässt, vgl. dazu. Kap. 4. Ferner bleibt zu klären, ob § 5 GeschGehG auch bloßes Fehlverhalten erfasst oder ebenfalls auf tatsächlich bestehende Gesetzesverletzungen beschränkt ist, dazu Kap. 4 I. 5. a) aa) bbb).

[528] So auch *Colneric*, Stellungnahme zum Referentenentwurf, S. 1 f.

[529] BT-Drucks. 20/3442, S. 30.

Die im Antrag „Hinweisgeberschutz auch im Bereich der öffentlichen Verwaltung“ der AfD-Fraktion vorgebrachten Kritikpunkte, der Regierungsentwurf entfalte keinen Schutz für Hinweisgeber im Bereich der öffentlichen Verwaltung, überzeugen indessen nicht.[530] Soweit vorgebracht wird, ein Whistleblower habe nach § 2 Abs. 1 HinSchG selbst dann keinen Schutzanspruch, wenn er Verstöße gegen Grundrechte meldet,[531] ist dies unzutreffend. Vielmehr umfasst § 2 Abs. 1 HinSchG eine Vielzahl von Verstößen unabhängig davon, ob diese im öffentlichen oder privaten Sektor begangen werden. Verstöße gegen Vorgaben des Umweltschutzes gem. § 2 Abs. 1 Nr. 3 lit. h) HinSchG gehören zum sachlichen Anwendungsbereich des Entwurfes, unabhängig davon, ob es sich um einen privaten oder öffentlichen Emittenten handelt. Dasselbe gilt freilich für die wohl relevantesten Fallgruppen der Meldung von straf- bzw. bußgeldbewehrten Verstößen nach § 2 Abs. 1 Nr. 1, 2 HinSchG. Meldet ein Whistleblower bspw. den Verdacht auf Korruption der öffentlichen Auftragsvergabe durch die Behörde bei der er beschäftigt ist, fällt seine Meldung in den Anwendungsbereich des § 2 Abs. 1 Nr. 1 HinSchG. Damit einhergehende Verfassungsverstöße durch die jeweilige Behörde (für das Beispiel eines Umweltverstoßes Art. 20a GG oder einer Korruption bei der Auftragsvergabe Art. 3 GG) sind damit automatisch erfasst.

---

530 Vgl. hierzu BT-Drucks. 20/3317.

531 BT-Drucks. 20/3317, S. 2.

In Bezug auf die Thematik von besonderer Relevanz ist, dass Beamte Äußerungen, die einen Verstoß gegen die Pflicht zur Verfassungstreue darstellen, nach § 2 Abs. 1 Nr. 10 HinSchG erlaubt melden können. Dieser im Regierungsentwurf noch fehlende Anwendungsbereich steht im Lichte der aktuellen Diskussion zur sogenannten Reichsbürgerszene.[532] Die Erweiterung des Anwendungsbereichs auf Meldungen hinsichtlich der Verstöße gegen den Grundsatz der Verfassungstreue wird insbesondere im Rahmen des Straftatbestandes des § 353b StGB wesentliche Bedeutung haben.[533]

2. Schutzvoraussetzungen des neuen HinSchG

a) Hinreichender Grund zur Annahme eines Verstoßes

Für einen Schutz nach dem HinSchG muss die hinweisgebende Person im Zeitpunkt der Meldung bzw. Offenlegung hinreichenden Grund zur Annahme gehabt haben, dass ein Verstoß vorliegt, der in den Anwendungsbereich des Gesetzes fällt (§ 2 HinSchG), und sie muss davon ausgegangen sein, dass die gemeldeten bzw. offengelegten Informationen der Wahrheit entsprechen, § 33 Abs. 1 Nr. 2, 3 HinSchG. Insofern hält sich der Gesetzgeber an die Vorgabe der Richtlinie, dass es maßgebend auf die subjektive Vorstellung des Whistleblowers hinsichtlich eines Verstoßes ankommt.[534] Bezugspunkt der Meldung bzw. Offenlegung sind Informationen im Sinne des § 2 HinSchG. Vorsätzliche Falschinformationen werden damit in gleichem Maße wie in der Whistleblower-RL vom Schutz des

---

[532] BT-Drucks. 20/4909, S. 57; *Colneric/Gerdemann*, in: BeckOK, HinSchG, § 2 Rn. 138; *Reufels/Soltysiak*, Das neue Whistleblowing-Recht, § 4 Rn. 42.
[533] Dazu Kap. Kap. 4 II. 2. e) bb).
[534] *Colneric/Gerdemann*, in: BeckOK, HinSchG, § 33 Rn. 25.

HinSchG ausgenommen. Demgegenüber führt ein bloß fahrlässiger Irrtum bezüglich des Wahrheitsgehalts der Information bzw. der Eröffnung des Anwendungsbereichs des HinSchG nicht zu einem Ausschluss des Hinweisgeberschutzes.[535] Dies ergibt sich insbesondere aus der Regierungsbegründung, wonach ein Schutz nur bei leichtfertigem Handeln ausgeschlossen sein soll.[536] Eine weitere Herabsetzung der Sorgfaltsanforderungen würde nicht nur dem gesetzgeberischen Willen, sondern auch der Whistleblower-RL widersprechen.[537]

aa) Nachforschungsobliegenheiten im HinSchG

Im Gegensatz zur Whistleblower-RL äußert sich die Gesetzesbegründung zum HinSchG zu möglichen Nachforschungsobliegenheiten eines Whistleblowers.[538] Danach muss ein Whistleblower entsprechende Nachforschungen anstellen, sofern das Bemühen um eine Verifizierung der Information zumutbar ist.[539] Die Zumutbarkeit ist nach der Gesetzesbegründung dann nicht gegeben, wenn der

---

[535] *Colneric/Gerdemann*, in: BeckOK, HinSchG, *Gerdemann/Spindler*, in: ZIP 2020, 1896, *Grobe*, in: ZIP 2022, 2114, 2123; a.A. *Greiner*, in: Erfurter Kommentar, HinSchG, § 33 Rn. 6; *Thüsing*, in: DB 2022, 1066.

[536] BT-Drs. 20/3442, S. 92; *Gerdemann/Spindler*, in: ZIP 2020, 1896, *Grobe*, in: ZIP 2022, 2114, 2123.

[537] Kap. 3 I. 2. a).

[538] BT Drucks. 20/3442, S. 92.

[539] Zur Unionsrechtswidrigkeit von Nachforschungsobliegenheiten vgl. Kap 3 I. 2. a).

Hinweisgeber durch weitere Nachforschungen Gefahr läuft, entdeckt zu werden, und sich somit der Gefahr von Repressalien bereits vor einer Meldung ausgesetzt sieht.[540]

An die Zumutbarkeit weiterer Nachforschungen sind aus Gründen der Rechtssicherheit und der Lebenswirklichkeit, der sich Whistleblower gegenübersehen, hohe Anforderungen zu stellen. Dies ergibt sich bereits daraus, dass das Anstellen von Nachforschungen in der Praxis regelmäßig das Risiko in sich birgt, entdeckt zu werden.[541] Über diese ausdrücklich benannte Fallgruppe fehlender Zumutbarkeit hinaus, sind Nachforschungen auch dann als unzumutbar anzusehen, wenn der Whistleblower auf Informationsträger zugreifen muss, die ihm nicht zu Arbeitszwecken überlassen worden sind (und er sich so etwa dem Risiko einer Strafbarkeit nach § 202a StGB aussetzen würde).[542] Dasselbe gilt, wenn die Effektivität der Meldung bei Bestehen einer unmittelbaren Gefahr durch verzögernde Nachforschungen beeinträchtigt werden könnte.

bb) Unionsrechtskonformität

Sofern die strengen Voraussetzungen der groben Fahrlässigkeit aufgrund nicht erfolgter Nachforschungen doch einmal bejaht werden sollten, stellt sich die Frage, ob Nachforschungsobliegenheiten überhaupt mit der Whistleblower-RL vereinbar sind. Aus verfassungsrechtlicher Sicht ist das Auferlegen von Nachforschungsobliegenheiten für einen schonenden Interessenausgleich grundsätzlich zwar

---

[540] BT-Drucks. 20/3442, S. 92.

[541] BT-Drucks. 20/3442, S. 92.

[542] Zur Strafbarkeit wegen der Verwirklichung von Begleitdelikten Kap. 4 IV.

nicht zu beanstanden.[543] An vorheriger Stelle wurde jedoch bereits festgestellt, dass die Whistleblower-RL sich bewusst gegen die Statuierung von Nachforschungsobliegenheiten entschieden hat.[544] Insbesondere handelt es sich dabei nicht um eine zulässige Konkretisierung des Sorgfaltsmaßstabes, da das nationale HinSchG die Mindestschutzanforderungen der Whistleblower-RL andernfalls unterschreiten würde.[545] Sollte es im Einzelfall für die Auslegung des Tatbestandsmerkmals des „hinreichenden Grundes zur Annahme eines Verstoßes" darauf ankommen, ob die hinweisgebende Person Nachforschungen angestellt hat, wäre der BGH gem. Art. 267 Abs. 3 AEUV zur Vorlage an den EuGH verpflichtet. Die Instanzgerichte wären gem. Art. 267 Abs. 2 AEUV zur Vorlage berechtigt.

b) Nutzung der Meldekanäle und unmittelbare Offenlegung

Die Nutzung der internen Meldekanäle entspricht weitgehend der Whistleblower-RL. Um Wiederholungen zu vermeiden, werden im Folgenden hauptsächlich die Besonderheiten des HinSchG thematisiert.

aa) Nutzung interner und externer Meldekanäle

Hinsichtlich des einzuhaltenden Verfahrens entspricht das neue HinSchG der zuvor dargestellten Whistleblower-RL. Vor einer Offenlegung (§ 32 HinSchG) muss ein Whistleblower grundsätzlich einen

---

[543] Kap. 2 II 3. c) cc).
[544] Kap. 3 I. 2. a).
[545] Ausführlich Kap. 3 I. 2. a); a.A. *Colneric/Gerdemann*, in: BeckOK, HinSchG, § 33 Rn. 75.

Meldekanal nutzen. Eine Offenlegung ist nur unter den Voraussetzungen des § 32 HinSchG möglich, die denjenigen der Whistleblower-RL entsprechen. Ein Vorrang der internen Meldung existiert auch im neuen HinSchG nicht. Vielmehr entschied der Gesetzgeber sich dazu, dem Whistleblower ein Wahlrecht zwischen der Nutzung eines internen oder externen Meldekanals einzuräumen, § 7 Abs. 1 Satz 1 HinSchG. Eine zufriedenstellende Umsetzung des § 7 Abs. 2 Whistleblower-RL, der Anreize für die Nutzung interner Meldekanäle verlangt, existiert im HinSchG nicht. Zwar hat der Gesetzgeber mit § 7 Abs. 3 HinSchG geregelt, dass Beschäftigungsgeber Anreize für die bevorzugte Nutzung interner Meldekanäle schaffen sollen. Über die Pflicht transparenter Nutzungsmöglichkeiten interner Meldekanäle (§ 7 Abs. 3 Satz 2 HinSchG) hinaus, beinhaltet § 7 Abs. 3 HinSchG jedoch keine konkreten Vorgaben für die Schaffung von Anreizen, sondern überlässt dies den Unternehmen selbst. Dabei handelt es sich zudem um eine „Soll-Vorschrift", deren Nichteinhaltung keine negativen Konsequenzen zur Folge hat.[546] Ebenso ist die Regelung des § 12 Abs. 2 HinSchG der bevorzugten Nutzung interner Meldekanäle nicht zuträglich. Wie gesehen beinhaltet Art. 8 Abs. 3 Whistleblower-RL die grundsätzliche Pflicht, Meldekanäle für Unternehmen ab mindestens 50 Beschäftigten einzurichten. Unberührt blieb davon die Möglichkeit der Mitgliedstaaten, die Pflicht zur Einrichtung interner Meldekanäle auch für kleinere Unternehmen vorzuschreiben. Hiervon wurde mit dem neuen HinSchG jedoch kein

---

[546] *Colneric/Gerdemann*, in: BeckOK, HinSchG, § 7 Rn. 30; *Reufels/Soltysiak*, Das neue Whistleblowing-Recht, § 5 Rn. 107.

Gebrauch gemacht, obwohl die Unternehmensstruktur in Deutschland hierfür Anlass gegeben hätte.[547]

bb) Schutz anonymer Meldungen

Die Whistleblower-RL schreibt den Schutz anonymer Meldungen nicht vor. Dabei wäre eine verpflichtende Entgegennahme anonymer Meldungen in mehrerlei Hinsicht geboten. Whistleblower neigen aufgrund von Bedenken hinsichtlich der Vertraulichkeit ihrer Meldung oftmals dazu, einen Missstand nur dann offenzulegen, wenn ihre Anonymität gewährleistet ist.[548] Damit ist ein beträchtlicher Teil von Hinweisgebern nicht vom Schutz des HinSchG erfasst. Ein sachlicher Grund für den Ausschluss anonymer Meldungen existiert allerdings nicht. Zum einen haben die vorherigen Darstellungen gezeigt, dass die Höhe der missbräuchlichen Meldungen nicht mit der Anzahl anonymer Meldungen korreliert.[549] Auch eine verfassungsrechtliche Sichtweise spricht gegen einen Ausschluss von anonymen Hinweisen. Wie die verfassungsrechtlichen Prüfungen gezeigt haben, hängt der Schutz der freien Meinungsäußerung nicht von der Identitätspreisgabe ab.[550] Dennoch entschied sich der Gesetzgeber gegen eine verpflichtende Bearbeitung anonymer Meldungen.

---

[547] Kap. 3 I. 3. a).

[548] Ebenso *Reufels/Soltysiak*, Das neue Whistleblowing-Recht, § 5 Rn. 30; Transparency International, Stellungnahme zu BT-Drucks. 20/3442, S. 5 f.

[549] Kap. 3 I. 3. bb) bbb).

[550] Kap. 1 III. 1. a) aa) bbb).

Eine überschießende Umsetzung der Richtlinie wäre jedoch an dieser Stelle geboten gewesen. Whistleblower neigen aufgrund von Bedenken hinsichtlich der Vertraulichkeit ihrer Meldung oftmals dazu, einen Missstand nur dann zu offenbaren, wenn ihre Anonymität gewährleistet ist.[551] Dass anonyme Meldungen nicht mit einer steigenden Anzahl missbräuchlicher Meldungen einhergehen, wurde bereits an früherer Stelle dargelegt.[552]

cc) Schutz unmittelbarer Offenlegungen

Wie auch in der Whistleblower-RL beinhaltet die Offenlegung im Sinne des HinSchG das Zugänglichmachen von Informationen gegenüber der Öffentlichkeit, § 3 Abs. 5 HinSchG. Die Offenlegung ist subsidiär gegenüber der internen und externen Meldung und greift nur in den gem. § 32 HinSchG geregelten Ausnahmekonstellationen. Unverändert bleibt die Möglichkeit einer Offenlegung in den Fällen nicht ausreichender, nicht getroffener oder nicht rückgemeldeter Folgemaßnahmen nach interner bzw. externer Meldung, § 32 Abs. 1 Nr. 1 HinSchG. Dasselbe gilt für eine Offenlegung nach § 32 Abs. 1 Nr. 2 lit. a) HinSchG. Dieser regelt die Möglichkeit einer Offenlegung für den Fall, dass der Whistleblower hinreichenden Grund zur Annahme hatte, dass ein Verstoß wegen eines Notfalls, der Gefahr irreversibler Schäden oder vergleichbarer Umstände eine unmittelbare oder offenkundige Gefährdung des öffentlichen Interesses darstellen kann. Diese Regelung entspricht Art. 15 Whistleblower-RL. Der nationale Gesetzgeber knüpft auch im Rahmen der Offenlegung an die subjektive Vorstellung des Whistleblowers

---

[551] Stellungnahme Transparency International, S. 5 f.

[552] Kap. 3 I. 3. a) bb) bbb).

an.[553] Das Vorliegen einer der in § 32 Abs. 1 Nr. 1 lit. a) HinSchG dargelegten Gefahrensituation muss objektiv nicht vorliegen. Vielmehr genügt es, wenn der Whistleblower diese aus ex-ante Sicht mit hinreichendem Grund annehmen durfte.[554] Dazu, ob das Anstellen von Nachforschungen im Anwendungsbereich des § 32 Abs. 1 Nr. 1 lit. a) HinSchG für die Annahme eines hinreichenden Grundes vorausgesetzt wird, schweigt die Gesetzesbegründung. Diese sind jedoch in jedem Fall als unzumutbar anzusehen, da bei den in § 32 Abs. 1 Nr. 1 lit. a) HinSchG beschriebenen Gefahrensituationen damit unweigerlich die Gefahr bestünde, dass sich die Gefahr realisiert. Zur Unterscheidung zwischen „unmittelbarer" und „offenkundiger" Gefährdung des öffentlichen Interesses äußert sich die Gesetzesbegründung ebenfalls nicht. Sachgerecht erscheint aber folgende Differenzierung: Eine unmittelbare Gefährdung des öffentlichen Interesses ist im Falle einer akuten Gefahrenlage gegeben. Entscheidend für die Annahme einer unmittelbaren Gefährdung ist damit der Zeitfaktor.[555] Wenn bspw. verzögernde Maßnahmen wie die Einhaltung des Meldeverfahrens das Risiko eines Schadenseintritts erhöhen würden, käme eine Offenlegung nach § 32 Abs. 1 Nr. 1 lit. a) HinSchG in Betracht. Demgegenüber regelt die offenkundige Gefährdung des öffentlichen Interesses nicht den Fall, in dem ein Schadenseintritt zeitlich unmittelbar bevorsteht. Vielmehr ist hiervon die Konstellation erfasst, in welcher der Eintritt eines Schadens für das öffentliche Interesse mit an Sicherheit grenzender Wahrscheinlich-

---

[553] *Colneric/Gerdemann*, in: BeckOK, HinSchG, § 32 Rn. 66; *Greiner*, in: Erfurter Kommentar, HinSchG, § 32 Rn. 3.

[554] BT-Drucks. 20/3442, S. 91.

[555] Ebenso *Colneric/Gerdemann*, in: BeckOK, HinSchG, § 32 Rn. 67 ff.

keit zu besorgen ist. Der Begriff des öffentlichen Interesses ist abzugrenzen vom bloßen Individualinteresse. Hinsichtlich der Ausfüllung des unbestimmten Rechtsbegriffs des öffentlichen Interesses bietet sowohl die Gesetzesbegründung zum HinSchG als auch die Begründung zur Whistleblower-RL Anhaltspunkte. Als Beeinträchtigung des öffentlichen Interesses nennt die Whistleblower-RL etwa eine bevorstehende Schädigung der körperlichen Unversehrtheit einer Person[556] und das Inverkehrbringen unsicherer Produkte, die zu Umweltbeeinträchtigungen führen.[557] Das Bestehen eines öffentlichen Interesses muss stets im Einzelfall geprüft werden. Auszuschließen sind in jedem Fall Bagatellverstöße. In Bezug auf das Recht zur Offenbarung bei der Gefahr der Beweismittelunterdrückung bzw. Beweismittelvernichtung (§ 32 Abs. 1 Nr. 2 lit. c) HinSchG) oder das Risiko von Repressalien im Falle einer internen bzw. externen Meldung (§ 32 Abs. 1 Nr. 2 lit. b) HinSchG) kann wiederum nach oben verwiesen werden.[558]

dd) Vorherige Meldung gegenüber Vorgesetzten

Schutzvoraussetzung ist nach § 33 Abs. 1 Nr. 1 HinSchG, dass die hinweisgebende Person intern gem. § 17 HinSchG oder extern gem. § 28 HinSchG Meldung erstattet hat oder eine Offenlegung gem. § 32 HinSchG vorgenommen hat. Nutzt ein Whistleblower weder einen internen noch einen externen Meldekanal, sondern entscheidet er sich dafür, einen Verstoß im Sinne des § 2 HinSchG unmittelbar

---

[556] Erwägungsgrund 80 Whistleblower-RL.

[557] Erwägungsgrund 10 Whistleblower-RL.

[558] Kap. 3 I. 3. c).

an seinen Vorgesetzten zu übermitteln, so sind die Schutzvoraussetzungen des § 33 Abs. 1 HinSchG zumindest ihrem Wortlaut nach nicht erfüllt. Dies ergibt sich insbesondere aus § 1 Abs. 1 HinSchG, denn dieser erfasst lediglich „nach diesem Gesetz vorgesehene Meldestellen". Um Whistleblower, die anstelle der Nutzung der Meldekanäle unmittelbar ihren Beschäftigungsgeber informieren, ebenfalls zu schützen, wird vorgeschlagen, den Anwendungsbereich des § 33 Abs. 1 Nr. 1 HinSchG zu erweitern.[559] Hierfür kann ein Erst-recht-Schluss angeführt werden, denn jemand, der zunächst seinen Vorgesetzten informiert, wählt für diesen den letztlich weniger einschneidenderen Weg und gibt diesem selbst die Möglichkeit, den Missstand abzustellen.

Überzeugend ist eine Gleichstellung von interner Meldung im Sinne des HinSchG mit einer einfachen Mitteilung gegenüber dem Vorgesetzten letztlich nicht. Es fehlt bereits an der grundlegenden Voraussetzung einer planwidrigen Regelungslücke. Bei der Ausgestaltung der internen und externen Meldekanäle handelt es sich um eine bewusste gesetzgeberische Entscheidung, welche insbesondere die effektive Weiterverfolgung von eingehenden Meldungen bezweckt. Diese Entscheidung geht bereits auf die Wertungen der Whistleblower-RL zurück, welche der nationale Gesetzgeber unberührt gelassen hat.[560] Würde man den Begriff der internen Meldung nun auch auf andere Adressaten erstrecken, würde man den Zweck des differenzierten Meldesystems des HinSchG unterlaufen. Whistleblower, die keine interne Meldung nach dem HinSchG vornehmen, sondern

---

[559] *Bruns*, in: BeckOK, HinSchG, § 1 Rn. 16.

[560] Ebenso *Colneric/Gerdemann*, in: BeckOK, HinSchG, § 33 Rn. 7.

sich an ihren Vorgesetzen wenden, können einen Schutz möglicherweise aus anderen Whistleblowerschutzvorschriften herleiten.[561]

3. Rechtsfolgen

Auf Rechtsfolgenseite regelt § 36 Abs. 1 HinSchG ein umfassendes Verbot von Repressalien sowie eine Beweislastumkehr zugunsten von Whistleblowern, § 36 Abs. 2 HinSchG. Auf eine Aufzählung denkbarer verbotener Repressalien verzichtet das HinSchG. Zur näheren Orientierung kann aber auf den nicht abschließenden Katalog des Art. 19 Whistleblower-RL zurückgegriffen werden. Durch die Beweislastumkehr muss ein Whistleblower, der im zeitlichen Zusammenhang mit einer geschützten Meldung oder Offenlegung eine Benachteiligung erfährt, nicht nachweisen, dass diese aufgrund seiner Meldung bzw. Offenlegung erfolgt ist.[562]

4. Zwischenergebnis

Das HinSchG entspricht in weiten Teilen der Whistleblower-RL. Ein Whistleblower muss für einen Schutzanspruch nach dem HinSchG hinreichenden Grund zur Annahme eines Verstoßes gehabt haben, um schutzberechtigt zu sein. Zwar schützt das HinSchG nicht nur Meldungen und Offenlegungen über Verstöße gegen das Unionsrecht, sondern darüber hinaus auch solche über nationale Rechtsverletzungen. Dies war jedoch angesichts sonst auftretender, nicht zu rechtfertigender Ungleichbehandlungen und Rechtsunsicherheiten alternativlos. Wichtige Meldungen über Fehlverhalten werden hin-

---

[561] Vgl. hierzu insbesondere § 5 Nr. 2 GeschGehG, Kap. 4 I. 5.

[562] Kap. 3 I. 4.

gegen nicht geschützt, was angesichts der Ankündigung im Koalitionsvertrag sowie der Darstellung des Falles Heinisch in der Entwurfsbegründung verwundert. Demgegenüber begrüßenswert ist die Regelung des § 2 Abs. 1 Nr. 10 HinSchG, die nunmehr auch Meldungen über Verstöße gegen die Verfassungstreue durch Beamte beinhaltet.[563] Dass ein hinreichender Grund zur Annahme eines Verstoßes durch das Unterlassen von Nachforschungsobliegenheiten auch im finalen HinSchG in Zweifel gezogen werden kann, verstößt gegen die Whistleblower-RL und setzt diese nicht ausreichend um. Da die Whistleblower-RL Nachforschungsobliegenheiten nicht vorsieht, dürfen diese auch im deutschen Recht nicht als Schutzvoraussetzung verlangt werden.

Das einzuhaltende Verfahren, das neben der Annahme eines hinreichenden Grundes eines Verstoßes zweite Schutzvoraussetzung ist, bleibt weitgehend unverändert. Bevor ein Whistleblower sich an die Öffentlichkeit oder eine andere externe Stelle wenden kann, muss er zunächst einen internen oder externen Meldekanal informieren. Eine verpflichtende Bearbeitung von anonymen Meldungen durch interne und externe Meldekanäle beinhaltet das abschließende HinSchG jedoch nicht, womit dieser wesentliche Teil des Whistleblowings unzureichend durch das HinSchG erfasst wird.

Das HinSchG beinhaltet damit wichtige Ansätze für einen rechtssicheren Schutz hinweisgebender Personen. In Ermangelung einer Regelung zur Meldung über Fehlverhalten, das unterhalb der Schwelle fassbarer Gesetzesverstöße des § 2 HinSchG liegt, kann das Hin-

---

[563] Vgl. hierzu im Rahmen der Prüfung des § 353b StGB Kap. 4 II. 2. e) bb).

SchG jedenfalls keinen flächendeckenden und einheitlichen Whistleblowerschutz gewährleisten. Inwiefern es die Strafbarkeitsrisiken für Whistleblower absenkt, wird im Rahmen der noch zu prüfenden Straftatbestände näher erörtert.

III. Folgen der verspäteten Umsetzung

Die Richtlinie hätte nach Art. 26 Abs. 1 Whistleblower-RL bis zum 17.12.2021 umgesetzt werden müssen.[564] Das Gesetz wurde jedoch erst verspätet verkündet und ist am 02.07.2023 in Kraft getreten. Damit stellt sich unweigerlich die Frage, wie die Rechtslage für Whistleblower in der Zwischenzeit durch die Whistleblower-RL beeinflusst wird. Möglicherweise können sich Whistleblower, deren Tathandlung in der Zeit zwischen dem 17.12.2021 und dem 02.07.2023 liegt, direkt auf die Whistleblower-RL berufen.

1. Rechtsnatur von Richtlinien

Die Frage, ob und inwieweit sich ein Whistleblower, der eine Meldung oder Offenlegung vornimmt, auf die europäische Whistleblower-RL berufen kann, hängt eng mit der Rechtsnatur von Richtlinien zusammen. Eine in Art. 288 Abs. 3 AEUV geregelte Richtlinie beinhaltet finale Vorgaben für Mitgliedstaaten hinsichtlich des zu erreichenden Ziels, legt den Akt der Umsetzung jedoch in die Hände der Mitgliedstaaten selbst,[565] die dadurch die Möglichkeit erhalten,

---

[564] Die Umsetzungsfrist für die Einrichtung interner Meldekanäle für Unternehmen mit 50 bis 249 Arbeitnehmern ist am 17. Dezember 2023 abgelaufen, Art. 26 Abs. 2 Whistleblower-RL.

[565] *Ruffert*, in: Calliess/Ruffert, EUV/AEUV, Art. 288 Rn. 24.

bei der Umsetzung die Besonderheiten der eigenen Rechtsordnung zu berücksichtigen. Die Wirkungen der Richtlinie treffen den Einzelnen mithin über die nationale Umsetzung der Richtlinie.[566] Im Gegensatz zur Verordnung (Art. 288 Abs. 2 AEUV), die für die teilnehmenden Mitgliedstaaten unmittelbar geltendes Recht darstellt und für ihre Geltung keines nationalen Umsetzungsaktes bedarf,[567] wirken Richtlinien also nicht direkt, sondern erst über die Umsetzung des nationalen Gesetzgebers. Eine unmittelbare Wirkung von Richtlinien ist damit auf den ersten Blick mit der Rechtsnatur und dem hinter einer Richtlinie stehenden Sinn und Zweck nicht zu vereinbaren. Andernfalls würde der Umsetzungsspielraum, der dem nationalen Gesetzgeber durch die Wahl einer Richtlinie eingeräumt worden ist, unterlaufen. Eine Richtlinie würde dann wie eine Verordnung wirken. Im Grundsatz kann eine Richtlinie damit jedenfalls keine unmittelbare Wirkung entfalten.

2. Ausnahme von dem Grundsatz

Allerdings fragt es sich, ob in Einzelfällen eine Ausnahme von dem genannten Grundsatz gemacht werden kann. Insbesondere für den Fall, dass ein Mitgliedstaat die Umsetzungsfrist verstreichen lässt und eine Transformation in nationales Recht unterlässt, mag der Ausschluss jeder unmittelbaren Geltung von Richtlinien für wertungswidersprüchlich erachtet werden. Zwar spricht der systematische Vergleich zu Art. 288 Abs. 2 AEUV grundsätzlich gegen eine

---

[566] EuGH v. 19.01.1982, C-8/81, ECLI:EU:C:1982:7, 60 – Becker; *Ruffert*, in: Calliess/Ruffert, EUV/AEUV, Art. 288 Rn. 24.

[567] *Gräfin von Galen*/*Furtwängler*, in: Ambos/König/Rackow, Rechtshilferecht in Strafsachen, Rn. 968.

unmittelbare Wirkung von Richtlinien. Wenn eine unmittelbare Wirkung jedoch allgemein ohne Ausnahme ausgeschlossen wird, dann läge es in der Hand des jeweiligen Mitgliedsstaates, die Anwendung europäischer Vorschriften durch Verweigerung der Umsetzung zu verhindern. Freilich steht der Europäischen Union für den Fall einer nicht erfolgten Umsetzung die Einleitung eines Vertragsverletzungsverfahrens nach Art. 258 AEUV offen, um den Verstoß des Mitgliedstaates zu sanktionieren. Ein einzelner Unionsbürger, der sich auf eine für ihn günstige Richtlinie berufen will, profitiert von diesem Vertragsverletzungsverfahren jedoch nicht und muss sich mit der für ihn ungünstigen nationalen Rechtslage begnügen. Jedenfalls überzeugt es nicht, die unmittelbare Geltung einer Richtlinie per se auszuschließen. Im Einzelfall kann es zu einer wirksamen Durchsetzung des Unionsrechts (effet utile) notwendig sein, die Direktwirkung einer Richtlinie zuzulassen.[568] Die Möglichkeit der Durchführung eines Vertragsverletzungsverfahrens gegen Mitgliedstaaten, die eine Richtlinie nicht (rechtzeitig) umsetzen, ist jedoch nicht ausreichend, um dem Unionsrecht zur praktischen Wirksamkeit zu verhelfen.[569] Nach Abschluss des komplizierten und zeitaufwendigen Vertragsverletzungsverfahrens, an das sich möglicherweise eine Sanktion für den Mitgliedstaat anschließt, stehen keine weiteren Op-

---

[568] Erstmals hierzu EuGH, v. 04.12.1974, C-41/74, ECLI:EU:C:1974:133 – van Duyn, 1348; *König/Kleinlein*, in: Schulze/Janssen/Kadelbach, Europarecht, § 2 Rn. 58; *Streinz*, Europarecht, § 5 Rn. 495; *Sauer*, in: JURA 2021, 387, 390.

[569] *Rickert*, Grundrechtsgeltung bei der Umsetzung europäischer Richtlinien, S. 218; *Sauer*, in: JURA 2021, 387, 390; *Brödermann/Iversen*, Europäisches Gemeinschaftsrecht, S. 361; *Streinz*, Europarecht, § 5 Rn. 495.

tionen zur Verfügung, eine Umsetzung der Richtlinie herbeizuführen.[570] Die Richtlinie würde damit in dem Mitgliedstaat keine Wirkung entfalten. Dies überzeugt allerdings schon im Hinblick auf den allgemeinen Rechtsgrundsatz des venire contra factum proprium nicht.[571] Ein Mitgliedstaat, der die Umsetzung einer Richtlinie verweigert – und sich damit rechtswidrig verhält – würde sich gegenüber dem Bürger gerade auf diese Rechtsverletzung berufen, um das in der Richtlinie vorgegebene Verhalten nicht einhalten zu müssen.[572]

3. Voraussetzungen für eine unmittelbare Wirkung von Richtlinien

Gleichwohl darf die grundsätzliche Rechtsnatur der Richtlinie nicht verkannt werden. Daher ist eine unmittelbare Wirkung von Richtlinien nur beim kumulativen Vorliegen mehrerer Voraussetzungen anzuerkennen. Schließlich hätte der EU-Gesetzgeber sich bei der Absicht einer unmittelbaren Wirkung für eine Verordnung (Art. 288 Abs. 2 AEUV) entscheiden können. Unter strengen Voraussetzungen ist es gleichwohl möglich, Richtlinien unmittelbar anzuwenden. Andernfalls wäre das Vertragsverletzungsverfahren das einzige Mittel, einen Mitgliedstaat zur Umsetzung zu bewegen, ohne jedoch die Wirkung der Richtlinie unmittelbar herbeizuführen.

---

[570] *Sauer*, in: JURA 2021, 387, 390.

[571] EuGH, v. 05.04.1979, C-148/78, ECLI:EU:C:1979:110, 1631 – Ratti; *Emmert*, in: EWS 1992, 56, 59.

[572] BVerfGE 75, 223, 235 ff.; *König/Kleinlein*, in: Schulze/Janssen/Kadelbach, Europarecht, § 2 Rn. 58.; vgl. auch *Hobe/Fremuth*, Europarecht, § 10 Rn. 30; *Skouris*, in: ZEuS 2005, 463, 470.

a) Umsetzungsdefizit nach Ablauf der Umsetzungsfrist

Das erforderliche Umsetzungsdefizit besteht in der nicht rechtzeitigen Umsetzung der Richtlinie.

b) Hinreichend bestimmte und inhaltlich unbedingte Richtlinie

Zudem muss die Richtlinie inhaltlich unbedingt und hinreichend bestimmt sein.[573] Das Erfordernis der inhaltlichen Unbedingtheit ist erfüllt, wenn der sich aus der Richtlinie konkret ergebende Anspruch vorbehaltlos und ohne Bedingung anwendbar ist und keiner weiteren gestalterischen Maßnahme durch die Unionsorgane bedarf.[574] Die inhaltliche Unbedingtheit der Vorschrift ist hingegen abzulehnen, wenn die Einhaltung der durch die Richtlinie festgelegten Anspruchsvoraussetzungen von der Entscheidung eines Unionsorgans oder der Mitgliedstaaten abhängt.[575] Eine entsprechende gestalterische Maßnahme, welche die inhaltliche Unbedingtheit der Richtlinie in Zweifel ziehen würde, beinhaltet die Richtlinie jedoch nicht. Insbesondere wird es nicht den Mitgliedstaaten überlassen, die Regelung überhaupt umzusetzen.

Die zusätzlich erforderliche hinreichende Bestimmtheit der Richtlinie ist dann gegeben, wenn sich aus der verpflichtenden Bestimmung

---

[573] EuGH, v. 05.04.1979, C-148/78, ECLI:EU:C:1979:110, 1629 – Ratti; EuGH v. 19.01.1982, C-8/81, ECLI:EU:C:1982:7, 62 – Becker; *Ruffert*, in: Calliess/Ruffert, EUV/AEUV, Art. 288 Rn. 54.

[574] *Frenz*, Europarecht, Kap. 1 Rn. 47; *Höpfner*, in: Franzen/Gallner/Oetker, Europäisches Arbeitsrecht, Art. 288 AEUV Rn. 34.

[575] *Jarass*, in: NJW 1990, 2420, 2424.

Adressat und Inhalt der Pflicht ergeben und ihr eine für den Mitgliedstaat konkrete Handlungs- bzw. Unterlassungspflicht entnommen werden kann.[576] Dabei ist ein sich aus einer Richtlinie ergebender Anspruch nicht schon dann unbestimmt, wenn dieser unbestimmte Rechtsbegriffe verwendet oder Ermessensspielräume eröffnet.[577] Auch die Anforderungen an die hinreichende Bestimmtheit werden von den maßgeblichen Vorschriften der Richtlinie erfüllt. So ergeben sich aus Art. 4 Whistleblower-RL eindeutig der Kreis der anspruchsberechtigten Personen sowie aus Art. 2 Whistleblower-RL die inhaltlichen Anforderungen hinsichtlich des Gegenstandes der Meldung. Zudem werden die einzuhaltende Meldereihenfolge durch die Vorgaben der Art. 7 ff. Whistleblower-RL sowie der für einen Schutz erforderliche hinreichende Grund zur Annahme eines Verstoßes gem. Art. 6 Abs. 1 lit. a) Whistleblower-RL als weitere Anspruchsvoraussetzung geregelt. Dass die Formulierung „hinreichenden Grund zur Annahme eines Verstoßes“ Auslegungsspielräume zulässt, ändert nichts an der hinreichenden Bestimmtheit der Norm. Schließlich können Fragen zur Auslegung im Wege der Vorlage nach Art. 267 AEUV geklärt werden.[578] Auch die Rechtsfolgen der anspruchsbegründenden Voraussetzungen ergeben sich aus dem Repressalienverbot gem. Art. 19 Whistleblower-RL mit hinreichender Bestimmtheit.

---

[576] *Jarass*, in: NJW 1990, 2420, 2424; *König/Kleinlein*, in: Schulze/Janssen/Kadelbach, Europarecht, § 2 Rn. 59.

[577] *Höpfner*, in: Franzen/Gallner/Oetker, Europäisches Arbeitsrecht, Art. 288 AEUV Rn. 35.

[578] EuGH, v. 04.12.1974, C-41/74, ECLI:EU:C:1974:133, Rn. 13, 14 – van Duyn; *Schröder*, in: Streinz, EUV/AEUV, Art. 288 Rn. 93.

c) Grenzen der Direktwirkung

Zu beachten ist jedoch, dass die unmittelbare Wirkung nach der Rechtsprechung des Gerichtshofs[579] nur dann eintritt, wenn das Verhältnis zwischen Staat und Bürger betroffen ist und dem Bürger ein subjektiv-öffentliches Recht (ein Anspruch gegen den Staat) vermittelt wird.[580] Während die vertikale Direktwirkung weitgehend unumstritten ist, ist die Frage nach einer Direktwirkung von Richtlinien im Verhältnis zwischen Privatpersonen (sog. horizontale Direktwirkung) äußerst umstritten.[581] Jedenfalls im Hinblick auf die Herleitung der Direktwirkung leuchtet die Zurückhaltung der Literatur[582] und auch der Rechtsprechung des Gerichtshofs[583] im Hinblick auf eine horizontale Direktwirkung ein. Denn die horizontale Direktwirkung der Richtlinie würde nicht den Staat, der sich durch die nicht erfolgte Umsetzung treuwidrig verhalten hat, treffen, sondern Privatpersonen. Ob neben der vertikalen Direktwirkung auch eine horizontale anzuerkennen ist, bedarf jedoch zumindest dann keiner weiteren Erörterung, wenn ohnehin ein Fall vertikaler Direktwirkung vorliegt.

Die Whistleblower-RL beinhaltet Schutzansprüche für Personen, die Verstöße gegen das Unionsrecht melden. Diese Schutzansprüche beinhalten jedenfalls dann das erforderliche subjektive-öffentliche-Recht, wenn der Whistleblower im öffentlichen Dienst beschäftigt

---

579 EuGH v. 12.07.1990, C-188/89, ECLI:EU:C:1990:313 – A. Foster.
580 *Kotzur*, in: Geiger/Khan/Kotzur, EUV/AEUV, Art. 288 Rn. 17.
581 *Herdegen*, Europarecht, § 8 Rn. 66; *Hobe/Fremuth*, Europarecht, § 10 Rn. 32.
582 Ablehnend etwa *Frenz*: Europarecht, Kap. 1 Rn. 51; *Michl*, in: JuS 2009, 1065, 1067.
583 EuGH, v. 26.02.1986, C-152/84, ECLI:EU:C:1986:84 – Marshall I; EuGH, v. 14.07.1994, C-91/92, ECLI:EU:C:1994:292, – Faccini Dori.

ist oder als Beamter tätig wird. Der Umfang der Richtlinie ist jedoch weitgehender. Sie regelt in weiten Teilen das privatrechtliche Arbeitsverhältnis zwischen Whistleblower und Arbeitgeber und legt dem Arbeitgeber Pflichten zum Schutz hinweisgebender Personen auf. Insbesondere die Pflicht des Arbeitgebers, interne Meldekanäle einzurichten bzw. zu optimieren, und das Repressalienverbot des Art. 19 Whistleblower-RL adressieren vornehmlich natürliche und juristische Personen des Privatrechts. Eine unmittelbare Direktwirkung kann daher insgesamt nur dann in Betracht kommen, wenn neben der nahezu allgemein anerkannten vertikalen Direktwirkung auch eine horizontale Direktwirkung zugelassen wird.

aa) Zum Streit um eine horizontale Direktwirkung von Richtlinien

Für eine allgemein geltende unmittelbare Wirkung der Whistleblower-RL, die auch im Verhältnis zwischen Whistleblower und privatrechtlichem Arbeitgeber gilt, müsste daher die horizontale Direktwirkung von Richtlinien anerkannt werden. Wird diese zugelassen, könnte die Whistleblower-RL auf der einen Seite zu Begünstigungen des Whistleblowers und im Gegenzug zu Verpflichtungen des (privatrechtlichen) Arbeitgebers führen.[584] Auf den ersten Blick erscheint solch eine horizontale Direktwirkung von Richtlinien problematisch. Kann die vertikale Direktwirkung noch auf das Argument gestützt werden, der Staat habe sich unionsrechtswidrig verhalten und dürfe sich auf diese Unionsrechtswidrigkeit nicht berufen, um dem Bürger einen Anspruch zu verwehren, treffen die Wirkungen

---

[584] Allgemein hierzu *Hobe/Fremuth*, Europarecht, § 10 Rn. 31; *Herdegen*, Europarecht, § 8 Rn. 58.

der horizontalen Direktwirkung nicht den Staat, sondern Privatpersonen selbst. Der Sanktionsgedanke und das Argument, der Staat habe sich treuwidrig verhalten, tragen in der Konstellation der horizontalen Direktwirkung also nicht in gleicher Weise wie in derjenigen der vertikalen Direktwirkung.[585] Gleichwohl bleibt das Argument der effektiven Durchsetzung des Unionsrechts (effet utile) zugunsten einer auch horizontalen Anwendbarkeit von Richtlinien bestehen.[586] Zum anderen folgen aus der Ablehnung der horizontalen Direktwirkung oftmals widersprüchliche Ergebnisse, die für den betroffenen Bürger überaus unbefriedigend sind. Das beste Beispiel bietet die Whistleblower-RL selbst. Sofern lediglich eine vertikale Wirkung der Richtlinie zugelassen wird, könnte sich ein Whistleblower, der sich in einem öffentlich-rechtlichen Anstellungsverhältnis befindet, auf die Richtlinie berufen, während ein Whistleblower, der in einem privatrechtlichen Anstellungsverhältnis tätig ist, sich mit dem (unzureichenden) Schutz der bisherigen nationalen Rechtslage begnügen müsste. Damit hinge der Schutz einer Richtlinie von der Zuordnung des Arbeitgebers ab, was erhebliche Ungleichbehandlungsprobleme nach sich zöge.[587]

---

[585] *Sauer*, in: JURA 2021, 387, 391.

[586] *Sauer*, in: JURA 2021, 387, 390 f.

[587] *Oesch*, in: AJP/PJA 2001, 1158, 1162; *Sauer*, in: JURA 2021, 387; *Schroeder*, in: Streinz, EUV/AEUV, Art. 288 Rn. 101.

aaa) Zur Rechtsprechung des Gerichtshofs

Eine unmittelbare Wirkung von Richtlinien im Verhältnis zwischen Privatpersonen wird durch den Gerichtshof in ständiger Rechtsprechung seit dem Jahr 1986 ausgeschlossen,[588] wobei der grundsätzliche Ausschluss in der Folgezeit eine gewisse Aufweichung erfahren hat.[589] Argumentativ stützt der EuGH die Ablehnung der horizontalen Drittwirkung in erster Linie darauf, dass Privatleute, die in diesem Fall Anspruchsgegner wären, nicht für die unterbliebene bzw. unzureichende Umsetzung verantwortlich sind.[590] Ein treuwidriges Verhalten könne nur dem Mitgliedstaat vorgeworfen werden, der die (vollständige) Umsetzung der Richtlinie unterlassen hat. Zudem weist der EuGH daraufhin, die Richtlinie begründe nach Art. 288 Abs. 3 AEUV lediglich Verpflichtungen für die Mitgliedstaaten, nicht aber für Privatpersonen.[591]

Die grundsätzliche Ablehnung der horizontalen Drittwirkung wurde infolge der Mangold-Entscheidung des Gerichtshofs[592] durch Teile der Literatur angezweifelt.[593] Der Gerichthof entschied im Rahmen eines Vorabentscheidungsverfahrens darüber, ob eine infolge der

---

[588] EuGH, v. 26.02.1986, C-152/84, ECLI:EU:C:1986:84 – Marshall I; nachfolgend ebenfalls, EuGH v. 14.07.1994, C-91/92, ECLI:EU:C:1994:292, Rn. 22 ff. – Faccini Dori; EuGH v. 10.03.2005, C-235/03, ECLI:EU:C:2005:147 – QDQ Media; *Gundel*, in: Frankfurter-Kommentar, EUV, GRC, AEUV, Art. 288 AEUV Rn. 51 ff.

[589] *Schroeder*, in: Streinz, EUV/AEUV, Art. 288 Rn. 100.

[590] *Schroeder*, in: Streinz, EUV/AEUV, Art. 288 Rn. 101.

[591] EuGH, v. 26.02.1986, C-152/84, ECLI:EU:C:1986:84, Rn. 48 – Marshall I.

[592] EuGH, v. 22.11.2005, C-144/04, ECLI:EU:C:2005:709 – Mangold.

[593] *Gas*, in: EuZW 2005, 737.

Hartz-Gesetzgebung ergangene Regelung, welche eine uneingeschränkte Befristung von Arbeitsverträgen ab dem 52. Lebensjahr gestattet, unionsrechtskonform ist.[594] Er kam zu dem Ergebnis, dass die Regelung als Verstoß gegen das ungeschriebene, primärrechtlich verankerte Verbot der Altersdiskriminierung[595] unionsrechtswidrig ist. Das nationale Gericht müsse aus Gründen des effet utile die gestattende Norm des § 14 Abs. 3 TZG mithin unangewendet lassen. Die Besonderheit in Bezug auf eine mögliche horizontale Wirkung von Richtlinien besteht darin, dass sich der Gerichtshof in seiner Begründung u. a. auf entgegenstehendes Europarecht in Form einer Richtlinie stützte (Antidiskriminierungsrichtlinie 2000/78/EG (Art. 6 Abs. 1)), die zu diesem Zeitpunkt noch nicht in innerstaatliches Recht transformiert worden war.[596] Darin eine Rechtsprechungswende zu sehen, die nunmehr auch eine horizontale Direktwirkung von Richtlinien zulässt, erscheint allerdings zweifelhaft.[597] Gegen eine Rechtsprechungswende spricht entscheidend, dass der Gerichtshof eine horizontale Drittwirkung von Richtlinien kurz vor und nach der Mangold-Entscheidung ausdrücklich ablehnte.[598] Zwar

---

[594] EuGH, v. 22.11.2005 - C-144/04, ECLI:EU:C:2005:709 – Mangold; *Gas*, in: EuZW 2005, 737.

[595] Zur Herleitung des Verbots der Altersdiskriminierung vgl. EuGH, v. 22.11.2005, C-144/04, ECLI:EU:C:2005:709, Rn. 75 – Mangold; *Streinz/Hermann*, in: RdA 2007, 165, 168.

[596] *Herdegen*, Europarecht, § 8 Rn. 57; *Gas*, in: EuZW 2005, 737; *Hobe/Fremuth*, Europarecht, § 10 Rn. 32.

[597] Ablehnend ebenfalls *Gundel*, in: Frankfurter-Kommentar, EUV, GRC, AEUV, Art. 288 AEUV Rn. 53; *Hobe/Fremuth*, Europarecht, § 10 Rn. 33; *Streinz*, in: RdA 2007, 165, 167 f.; unsicher: *Thüsing*, in: ZIP 2005, 2149, 2150.

[598] EuGH, v. 01.10.2004, C-397-01, ECLI:EU:C:2004:584, Rn. 108 f. – Pfeiffer; *Hobe/Fremuth*, Europarecht, § 10 Rn. 33.

wird zutreffend angeführt, dass aus der Mangold-Entscheidung nicht zweifelsfrei hervorgeht, ob die unmittelbare Wirkung auf die Richtlinie 2000/78/EG oder auf den allgemeinen Gleichbehandlungsgrundsatz zurückzuführen ist.[599] In späteren Entscheidungen wird jedoch klargestellt, dass die Richtlinie lediglich eine Konkretisierung des Diskriminierungsverbots darstellt und nicht ausschlaggebend für die unmittelbare Wirkung gewesen ist.[600]

bbb) Bewertung der Rechtsprechung des Gerichtshofs

Die Ablehnung der horizontalen Direktwirkung von Richtlinien überzeugt indessen nicht.[601] Das Argument der praktischen Wirksamkeit des Unionsrechts und die Verwirklichung eines gemeinsamen Binnenmarktes profitieren bei der horizontalen Direktwirkung in ähnlicher Weise wie bei der vertikalen, womit der Grundsatz des effet utile auch bei der horizontalen Direktwirkung zugrunde gelegt werden kann.[602] Denn der Grundsatz des effet utile soll gerade an der Stelle, an welcher formelle Widrigkeiten der praktischen Wirksamkeit des Unionsrechts entgegenstehen, die Geltung des Unionsrechts herstellen.[603] Dies war neben dem Argument des treuwidrigen Verhaltens bei der Anerkennung der vertikalen Drittwirkung von Richtlinien das entscheidende Argument des EuGH und gilt auch für die horizontale Drittwirkung. Auch die Möglichkeit, gegen die nicht

---

[599] *Thüsing*, in: ZIP 2005, 2149, 2150.

[600] EuGH, v. 09.01.2010, C-555/07, ECLI:EU:C:2010:21, Rn. 21 – Kücükdeveci; *Hobe/Fremuth*, Europarecht, § 10 Rn. 33.

[601] *Emmert*, in: EWS 1992, 56; *Oesch*, in: AJP/ PJA 2001, 1158.

[602] *Emmert*, in: EWS 1992, 56, 57; *Sauer*, in: JURA 2021, 387, 390 f.

[603] *Oesch*, in: AJP/PJA 2001, 1158, 1162.

erfolgte Umsetzung des Mitgliedsstaates vorzugehen,[604] bleibt unabhängig davon bestehen, ob die Richtlinie nun Rechte des Bürgers gegen den Staat oder Rechte und Pflichten zwischen Privatleuten begründet. Zudem führt die Anerkennung der vertikalen Drittwirkung einerseits und die Ablehnung der horizontalen Drittwirkung andererseits, die von der Zufälligkeit abhängt, ob sich ein Anspruch gegen den Staat oder gegen eine andere Privatperson richtet, zu kaum zu rechtfertigenden Ungleichbehandlungen.[605] Dies verdeutlicht die aktuelle Whistleblower-RL. Wenn ein Whistleblower einen Verstoß gegen EU-Emissionsvorgaben meldet, die durch einen öffentlichen Emittenten erfolgen, dann wäre ein Schutzanspruch wegen der Rechtsprechung zur vertikalen Drittwirkung von Richtlinien gegeben. Der Hinweisgeber hätte etwa einen Anspruch darauf, sich mit seinem Anliegen an einen internen Meldekanal zu wenden, und würde von dem darin vorgesehenen Verfahren und dem Repressalienschutz profitieren. Ein Whistleblower, der denselben Verstoß gegen emissionsrechtliche Vorgaben meldet, jedoch bei einem privaten Arbeitgeber beschäftigt ist, hätte hingegen nicht die Möglichkeit, eine interne Meldung vorzunehmen. Die Einrichtung interner Meldekanäle stellt nämlich in diesem Fall eine Verpflichtung für eine andere Privatperson dar und unterliegt somit dem Fall der horizontalen Direktwirkung, die durch den Gerichtshof jedoch nicht anerkannt wird. Damit würde es in dem Fall, in dem ein Arbeitnehmer denselben Verstoß meldet, der vergleichbar schädliche Auswirkungen auf die Umwelt hat, für die Möglichkeit einer internen Meldung davon abhängen, ob der Whistleblower bei einer Privatperson oder

---

[604] Hierzu bereits die Argumentation zur grundsätzlichen Anerkennung einer Direktwirkung bei Richtlinien Kap. 3 III. 2.

[605] *Oesch*, in: AJP/PJA 2001, 1158, 1162; *Sauer*, in: JURA 2021, 387.

einer Person des öffentlichen Rechts angestellt ist. Wesentliche Bestandteile der Richtlinie, wie z. B. das Repressalienverbot aus Art. 19 Whistleblower-RL, würden unmittelbar nur für Angestellte im öffentlichen Dienst gelten, nicht aber für Beschäftigte in einem privatrechtlichen Arbeitsverhältnis. Eine Rechtfertigung für eine derartige Ungleichbehandlung existiert jedoch nicht.

ccc) Folgen der Rechtsprechung des Gerichtshofs für die Anwendung der Whistleblower-RL

Die Frage danach, wie die Richtlinie sich auf die Rechtsstellung von Whistleblowern auswirkt, muss differenziert beurteilt werden. Wie gesehen, erkennt der Gerichtshof eine unmittelbare Wirkung von Richtlinien nur im Verhältnis zwischen Bürger und Staat an, womit jedenfalls eine unmittelbare Wirkung in privatrechtlichen Rechtsverhältnissen nicht in Betracht kommen dürfte. Praktisch bedeutungslos ist die Richtlinie trotz nicht erfolgter Umsetzung jedoch auch im Privatrecht nicht. Die Richtlinie kann nämlich auch in privatrechtlichen Arbeitsverhältnissen als Auslegungshilfe herangezogen werden. Zudem ist die Frage zu beantworten, wie sich die Richtlinie auf die vorliegend wesentlich zu untersuchende Strafbarkeit von Whistleblowern auswirkt. Denn die Frage nach der Strafbarkeit eines Verhaltens betrifft wiederum das Verhältnis zwischen Bürger und Staat, womit eine unmittelbare Direktwirkung in Betracht kommt.

(1) Unmittelbare Wirkung im öffentlichen Sektor

Wie bereits dargestellt, entfaltet die Richtlinie für den öffentlichen Sektor unmittelbare Wirkung, womit sich Whistleblower, die in einem öffentlich-rechtlichen Dienstverhältnis stehen, unmittelbar auf die Richtlinie berufen können. Im öffentlichen Sektor müssen damit nach Art. 8 Abs. 1 Whistleblower-RL interne Meldekanäle eingerichtet werden, welche die in Art. 9 Whistleblower-RL genannten Garantien wahren müssen. Ein Whistleblower, der sich in einem öffentlich-rechtlichen Arbeitsverhältnis befindet, kann sich ebenfalls auf das durch Art. 19 Whistleblower-RL gewährleistete Repressalienverbot berufen. Wie gesehen, erfüllt die Richtlinie nämlich die sonstigen Vorgaben, die an eine unmittelbare Wirkung von Richtlinien zu stellen sind.

(2) Wirkung der Richtlinie in privatrechtlichen Arbeitsverhältnissen

Auch wenn nach der hier präferierten Ansicht eine horizontale Drittwirkung von Richtlinien anerkannt werden sollte,[606] führt die Rechtsprechung des Gerichtshofs nicht dazu, dass nicht umgesetzte Richtlinien, soweit sie das Verhältnis unter Privatleuten regeln, für die praktische Rechtsanwendung bedeutungslos bleiben. Zwar kann ein Anspruch des Whistleblowers gegen einen privaten Arbeitgeber nicht auf die Richtlinie selbst gestützt werden, da diese nach der ständigen Rechtsprechung des Gerichtshofs mangels horizontaler Drittwirkung keinen unmittelbaren Anspruch gegen Private begrün-

[606] Kap. 3 III. 3. c) aa) bbb).

det. Gleichwohl kann die Whistleblower-RL – auch nach der Rechtsprechung des Gerichtshofs[607] – als Auslegungshilfe herangezogen werden. Voraussetzung hierfür ist ein Anknüpfungspunkt im innerstaatlichen Recht.[608] Ein nationales Gericht hat damit die Pflicht, soweit es nach der nationalen Rechtsvorschrift möglich ist, die nationale Vorschrift möglichst an Wortlaut und Zweck der Richtlinie auszurichten.[609] Damit wirkt sich die Richtlinie auch in weiten Teilen in privatrechtlichen Arbeitsverhältnissen aus. Gerade dort, wo unbestimmte Rechtsbegriffe existieren, können mithin die Wertungen der Richtlinie zugunsten von Whistleblowern einfließen. In concreto ist eine der einschneidendsten Repressalien – die Kündigung eines Arbeitsverhältnisses – damit unwirksam, wenn ein Whistleblower die Schutzvoraussetzungen der Richtlinie erfüllt. Den notwendigen Anknüpfungspunkt im deutschen Recht bietet der nach § 626 BGB erforderliche „wichtige Grund" einer Kündigung. Eine Kündigung kann dann keinen wichtigen Grund darstellen, wenn ein Whistleblower die Voraussetzungen der Richtlinie erfüllt. Auch eine verhaltensbedingte Kündigung wegen einer etwaigen Rufschädigung des Arbeitgebers kommt nicht mehr in Betracht, wenn die Schutzvoraussetzungen der Richtlinie vorliegen. Denn dann dürfen die Gerichte kein Verhalten mehr annehmen, das als Grund für eine Kündigung herangezogen werden kann. Eine solche Kündigung kann nicht mehr

---

[607] Dogmatisch gestützt wird dies auf die Unionstreue nach Art. 4 Abs. 3 EUV und die Umsetzungspflicht aus Art. 288 Abs. 3 AEUV, vgl. dazu EuGH v. 10.04.1984, C-14/83, ECLI:EU:C:1984:153, Rn. 21 ff. – von Colson und Kamann; zur unionsrechtskonformen Auslegung bei nicht umgesetzten Richtlinien vgl. EuGH, v. 13.11.1990, C-106/89, ECLI:EU:C:1990:395, Rn. 8 ff. – Marleasing.

[608] *Schroeder*, in: Streinz, EUV/AEUV, Art. 288 Rn. 112; *Hobe/Fremuth*, Europarecht, § 10 Rn. 32; *Sauer*, in: JURA 2021, 387, 392.

[609] EUGH, NJW 2004, 3547, 3549.

„sozial gerechtfertigt“ sein, wie es der unbestimmte Rechtsbegriff des § 1 Abs. 1 KSchG verlangt. Auch kann einem Arbeitnehmer, der die dargestellten Schutzvoraussetzungen der Richtlinie erfüllt, keine Verletzung einer vertraglichen Nebenpflicht nach § 241 Abs. 2 BGB mehr vorgeworfen werden, was zum einen die verhaltensbedingte Kündigung wegen vertraglicher Nebenpflichtverletzung und zum anderen damit korrespondierende Schadensersatzansprüche bereits jetzt ausschließt. Ebenso wird im Zuge der Richtlinie die Vorschrift des § 612a BGB zugunsten des Arbeitnehmers anzuwenden sein, da dieser bei Erfüllung der Schutzvoraussetzungen in zulässiger Weise von seinen Rechten Gebrauch macht.

Die verpflichtende Einrichtung interner Meldekanäle für juristische Personen des Privatrechts kann über die Richtlinie als Auslegungshilfe jedoch nicht erreicht werden. Insofern fehlt es an einem Anknüpfungspunkt im nationalen Recht, der eine entsprechende Auslegung erlaubt. Privatrechtliche Unternehmen haben damit weiterhin Zeit, bis ein nationales Gesetz sie zur Einrichtung interner Meldekanäle verpflichtet. Dass diese bereits jetzt bestehen sollten und sowohl Hinweisgeber als auch betroffene Unternehmen hiervon profitieren würden, wurde bereits dargelegt.[610]

Als problematisch mag auf den ersten Blick erscheinen, dass ein Whistleblower kaum die Anspruchsvoraussetzungen der Richtlinie erfüllen kann, wenn der Arbeitgeber keine internen Meldekanäle einrichten muss. Da die Richtlinie jedoch so konzipiert ist, dass in-

---

[610] Dazu Kap. 1 II. 1. b).

terne und externe Meldekanäle gleichberechtigt nebeneinanderstehen,[611] können Whistleblower die Anspruchsvoraussetzungen erfüllen, wenn sie eine externe Meldung bzw. unter den Voraussetzungen des Art. 15 Whistleblower-RL unmittelbar eine Offenlegung vornehmen. Da sich die Einrichtung externer Meldekanäle und das damit korrespondierende Recht des Whistleblowers, seine Feststellungen dort zu melden, an staatliche Stellen richtet, ist hier das vertikale Verhältnis zwischen Staat und Bürger betroffen. Denn Art. 11 Whistleblower-RL statuiert die Pflicht des Staates, externe Meldekanäle bei den zuständigen Behörden einzurichten, damit Whistleblower hierüber Meldung erstatten können.

(3) Unmittelbare Wirkung bei der Frage nach der Strafbarkeit

Entscheidend für die Bearbeitung ist die Frage nach der Strafbarkeit von Whistleblowern. Die Strafbarkeit einer Person betrifft nicht einen privatrechtlichen Rechtsstreit zwischen Arbeitgeber und Arbeitnehmer, womit sie nicht dem horizontalen Verhältnis zwischen Privatpersonen unterliegt. Vielmehr tritt der Staat dem Bürger im Strafrecht in einem Über- bzw. Unterordnungsverhältnis gegenüber, womit das Strafrecht Bestandteil des öffentlichen Rechts ist.[612] Sofern also die Frage der Strafbarkeit im Raum steht, ist das vertikale Verhältnis zwischen Bürger und Staat betroffen. Hier kann sich der Bürger auch unmittelbar auf die Richtlinie berufen und eine Strafe abwenden.

---

[611] Whistleblower haben nach den Vorgaben der Richtlinie insofern ein Wahlrecht, vgl. Art. 10 Whistleblower-RL.

[612] *Joecks/Erb*, in: MüKo, StGB, Vorb. § 1 Rn. 7.

(4) Ergebnis

Selbst wenn entgegen der hier vertretenen Auffassung eine direkte Anwendung von EU-Richtlinien im horizontalen Verhältnis abgelehnt wird, wirkt sich die Whistleblower-RL auch im Zeitraum zwischen Richtlinienerlass und Inkrafttreten des HinSchG erheblich auf die Rechtsstellung von Whistleblowern aus. In diesem Zusammenhang ist zunächst die Differenzierung zwischen öffentlich-rechtlichen und privatrechtlichen Arbeitsverhältnissen von entscheidender Bedeutung. Denn in öffentlich-rechtlichen Arbeitsverhältnissen entfaltet die Richtlinie bereits jetzt unmittelbare Wirkung.[613] Aber auch in privatrechtlichen Arbeitsverhältnissen können durch die richtlinienkonforme Auslegung günstige Ergebnisse für Whistleblower erzielt werden. Über die Generalklauseln des Arbeitsrechts, z. B. in § 626 BGB „wichtiger Grund“ oder bei der ordentlichen Kündigung gem. § 1 Abs. 1 KSchG „sozial gerechtfertigt“, können die Wertungen der Richtlinie einfließen, sodass jemand, der im Einklang mit der Richtlinie handelt, nicht gekündigt werden kann. Zudem kann ein Whistleblower, der die Schutzvoraussetzungen der Richtlinie erfüllt, nicht strafrechtlich sanktioniert werden. Das Strafrecht betrifft als Teil des öffentlichen Rechts das Verhältnis zwischen Bürger und Staat, womit sich der Bürger im Wege der vertikalen Direktwirkung unmittelbar auf die Richtlinie berufen kann.

Allerdings führt selbst eine unmittelbare Anwendung der Richtlinie nicht zu zufriedenstellenden Ergebnissen. Die Gesetzgebungskompetenz der Europäischen Union erstreckt sich wie bereits dargestellt

---

[613] Dort erkennt der Gerichtshof wie gesehen die vertikale Direktwirkung von Richtlinien an.

nur auf Rechtsbereiche der Union. Damit bezieht sich der schützende Anwendungsbereich der Richtlinie lediglich auf Meldungen von Whistleblowern, die Rechtsverstöße gegen das Unionsrecht betreffen, Art. 2 Abs. 1 Whistleblower-RL. Damit werden Whistleblower selbst bei unmittelbarer Anwendung der Richtlinie unzureichend geschützt, da Meldungen über schwerwiegende Verstöße gegen das nationale Recht – wie Verstöße gegen nationale Steuerbestimmungen – keinen Schutzanspruch begründen würden, wohingegen Meldungen über Verstöße gegen Umweltschutzbestimmungen (Art. 2 Abs. 1 lit. a) v) Whistleblower-RL) geschützt wären. Die Folge wäre eine kaum zu rechtfertigende Ungleichbehandlung zwischen Meldungen bzw. Offenlegungen in Bezug auf europäische und nationale Vorschriften. Damit bietet die Rechtslage jedenfalls für Handlungen, die vor Inkrafttreten des HinSchG erfolgt sind, keinen zufriedenstellenden Schutz.

IV. Ergebnis zu Whistleblower-RL und Umsetzung durch das HinSchG

Die Whistleblower-RL kommt als Rechtsgrundlage für erlaubtes Whistleblowing lediglich für den Zeitraum, in dem die Tathandlung nach Ablauf der Umsetzungsfrist (also am 17.12.2021) und vor Inkrafttreten des HinSchG (02.07.2023) erfolgt ist, in Betracht. Direkt auf diese können sich lediglich Whistleblower, die in einem öffentlich-rechtlichen Anstellungsverhältnis tätig sind, berufen. In privatrechtlichen Arbeitsverhältnissen wirkt die Whistleblower-RL nach der Rechtsprechung des Gerichtshofs unter dem Gesichtspunkt der Richtlinie als Auslegungshilfe in der Zwischenzeit ebenfalls. Über unbestimmte Rechtsbegriffe können die Wertungen der Whistleblower-RL berücksichtigt werden, womit die Rechtsstellung von

Whistleblowern schon vor Inkrafttreten des HinSchG verbessert wird.

Von Relevanz für die Beurteilung der Strafbarkeit eines Whistleblowers ist das auf die Whistleblower-RL ergangene HinSchG. Insbesondere die Erweiterung des sachlichen Anwendungsbereichs gegenüber der Whistleblower-RL auf nationale Rechtsverstöße und die Erfassung von anonymen Hinweisen erweckt zunächst einen vielversprechenden Eindruck im Hinblick auf die Reduzierung der Strafbarkeitsrisiken für Whistleblower. Gleichwohl ist ein lückenloser Schutz durch das HinSchG nicht zu erwarten, denn es erfasst lediglich Verstöße (§ 5 HinSchG), nicht aber Meldungen über sonstiges Fehlverhalten, das keinen Gesetzesverstoß beinhaltet. Zudem setzt ein Schutz nach dem HinSchG die Einhaltung des bereits dargelegten Verfahrensablaufs voraus, womit andere Rechtsvorschriften, die möglicherweise auch einen Schutz in Bezug auf Offenlegungen von bloßem Fehlverhalten beinhalten bzw. keinen strengen Verfahrensablauf regeln, weiterhin Bedeutung erlangen können. Im weiteren Verlauf wird das HinSchG daher insbesondere in Bezug auf die Anwendbarkeit und Bedeutsamkeit der Straftatbestände untersucht. Um Wiederholungen zu vermeiden, wird im Folgenden in Bezug auf die Voraussetzungen – v. a. das einzuhaltende Verfahren – nur insofern gesondert auf das HinSchG eingegangen, als Besonderheiten zu den hier dargestellten Grundsätzen gelten.

Kapitel 4: Strafbarkeit von Whistleblowing

Bei der Beurteilung der Strafbarkeit von Whistleblowing verbietet sich eine pauschale Vorgehensweise. Das offenbarte Verhalten eines Whistleblowers kann von als unmoralisch empfundenen Verhaltensweisen bis zu nachgewiesenen Straftaten variieren. Damit die nachfolgende Bearbeitung einerseits ein möglichst breites Spektrum der verschiedenen Whistleblowing-Varianten abdeckt und andererseits die strafrechtlichen Konsequenzen präzise darstellt, wird bei der Prüfung der Straftatbestände zum einen entscheidend sein, für wie hoch der Whistleblower den Wahrheitsgehalt der gemeldeten oder offengelegten Information hält. Zum anderen wird es entscheidend darauf ankommen, ob die Meldung bzw. Offenlegung einen fassbaren Rechtsverstoß betrifft oder ein Verhalten lediglich als moralisch verwerflich angesehen wird.

Darüber hinaus werden einzelne Abstufungen, etwa die Motivation des Whistleblowers betreffend bzw. seiner hinter den Offenbarungen stehenden Absichten, bedeutsam. Auch hinsichtlich des Wahrscheinlichkeitsgrades des wahrgenommenen Verhaltens wird eine weitere Differenzierung notwendig sein. Es wird zum einen darauf einzugehen sein, wie sicher oder unsicher der Whistleblower sich des Gesetzesverstoßes bzw. des moralisch verwerflichen Verhaltens gewesen ist, und zum anderen, welche Anstrengungen er unternommen hat, um seinen Verdacht zu verifizieren, bevor er Interna offenbart.

Auch objektiv wird es nicht nur auf die Unterscheidung ankommen, ob der Whistleblower einen Gesetzesverstoß meldet oder lediglich ein Verhalten, das er als moralisch verwerflich empfindet. Vielmehr kommt es auch grundsätzlich auf die Schwere des Verstoßes an, die in die zu treffenden Abwägungen einfließen muss. Die zu beurteilenden Straftatbestände sind verschiedenen Gesetzen zu entnehmen. Dem Kernstrafrecht des StGB kommt dabei eine vergleichsweise untergeordnete Bedeutung zu. Maßgebende Bedeutung hinsichtlich der jeweils anzuwendenden Straftatbestände wird ebenfalls der Frage zukommen, welche Rechtsform die Organisation des Whistleblowers hat – ob es sich um eine öffentlich-rechtliche Einrichtung oder eine privatrechtliche Organisation handelt. Über die Prüfung der Tatbestandsmerkmale der für Whistleblowing in Betracht kommenden Tatbestände hinaus wird auch Rechtsfragen des allgemeinen Teils des StGB für die Beurteilung der Strafbarkeit Bedeutung zukommen, wozu bspw. die Bewertung von Irrtümern des Whistleblowers hinsichtlich des Vorliegens eines Verstoßes zählt.

Im Zentrum der Strafbarkeitsprüfung wird zunächst das GeschGehG stehen, dessen Einführung zur Umsetzung der bereits dargestellten Geschäftsgeheimnis-RL erfolgte.[614] Das auf die Geschäftsgeheimnis-RL zurückgehende GeschGehG ist in erster Linie zivilrechtlicher Natur und soll dem immensen wirtschaftlichen Wert von Geschäftsgeheimnissen Rechnung tragen.[615] Während das Recht zum Schutz von Geschäftsgeheimnissen nach der Ansicht weiter Teile der Literatur bislang nur ein Schattendasein fristete und nur einen unzu-

---

[614] *Fuhlrott/Hiéramente*, in: BeckOK, GeschGehG, § 1 Rn. 1; *Reinfeld*, GeschGehG, § 1 Rn. 16.

[615] Zur wirtschaftlichen Bedeutung von Geschäftsgeheimnissen vgl. etwa *Hoeren*, in: Hoeren/Münker, GeschGehG, Vorb. zu §§ 1 bis 2 Rn. 1 ff.; *Nienaber*, Bedeutung und Schutz von Geschäftsgeheimnissen, S. 1 ff.

reichenden zivilrechtlichen Schutz bot, der regelmäßig an die Verwirklichung der Straftatbestände der §§ 17 und 18 UWG als Schutzgesetze des § 823 Abs. 2 BGB geknüpft war,[616] soll das auf die Geschäftsgeheimnis-RL zurückgehende GeschGehG den zivilrechtlichen Schutz verbessern.[617] Gleichwohl ist das GeschGehG im Gegensatz zur Geschäftsgeheimnis-RL nicht auf das Zivilrecht beschränkt. Mit § 23 GeschGehG hat der deutsche Gesetzgeber von der Möglichkeit Gebrauch gemacht, die rechtswidrige Offenbarung von Geschäftsgeheimnissen durch das Strafrecht zu schützen. Auch wenn die strafrechtliche Sanktionierung nicht von der Geschäftsgeheimnis-RL vorgesehen ist, blieb es den Mitgliedstaaten nach Art. 1 Abs. 1 Geschäftsgeheimnis-RL unbenommen, einen weitergehenden Schutz – auch durch strafrechtliche Sanktionierung von Verstößen – zu gewährleisten.[618]

---

[616] *Keller*, in: Keller/Schönknecht/Glinke, Einl. A. Rn. 9 ff.

[617] *Kalbfus*, in: Harte-Bavendam/Ohly/Kalbfus, GeschGehG, Einl. Rn. 58.

[618] *Alexander*, in: Köhler/Bornkamm/Feddersen, UWG, § 23 GeschGehG Rn. 8; *Kalbfus*, in: GRUR 2016, 1009, 1016; *Schönknecht*, in: Keller/Schönknecht/Glinke, § 23 GeschGehG Rn. 2.

I. Strafbarkeit nach § 23 GeschGehG

Mit dem Straftatbestand des § 23 GeschGehG (in Kraft getreten am 26.04.2019) wurden die zuvor bestehenden Regelungen der §§ 17 – 19 UWG abgelöst. Neben den zivilrechtlichen Vorschriften stellt § 23 GeschGehG die einzige Strafvorschrift dar.[619] Während nach der alten Rechtslage die Strafvorschriften der §§ 17 – 19 UWG im Zentrum standen und eine zivilrechtliche Haftung hierzu akzessorisch war (bspw. § 823 Abs. 2 i. V. m. §§ 17 – 19 UWG), ist das GeschGehG zivilrechtlicher Natur.[620]

Bei der Vorschrift des § 23 GeschGehG handelt es sich um eine Blankettvorschrift, deren Strafbarkeitsvoraussetzungen nur unter Hinzuziehung anderer Vorschriften vollständig ermittelt werden können.[621] Laut der Gesetzesbegründung zum GeschGehG entspricht § 23 GeschGehG im Wesentlichen den Strafvorschriften der §§ 17 – 19 UWG,[622] womit Teile der Rechtsprechung und Literatur auch im Rahmen des § 23 GeschGehG fruchtbar gemacht werden können.[623]

---

[619] *Hoppe/Altenburg*, in: Hoppe/Oldekop, Geschäftsgeheimnisse, Kap. 1 Rn. 863.
[620] *Hiéramente*, in: BeckOK, GeschGehG, § 5 Rn. 34.
[621] *Esser*, in: Esser/Tsambikakis, Pandemiestrafrecht, § 18 Rn. 96; *Hoppe/Altenburg*, in: Hoppe/Oldekop, Geschäftsgeheimnisse, Kap. 1 Rn. 864; *Joecks/Miebach*, in: MüKo, StGB, § 23 GeschGehG Rn. 3; zum Begriff der Blankettstrafnorm vgl. *Brettel/Schneider*, Wirtschaftsstrafrecht, § 2 Rn. 8.
[622] BT-Drucks. 19/4724.
[623] *Bott/Kohlhof*, in: Hoeren/Münker, GeschGehG, § 23 Rn. 2; *Reinfeld*, GeschGehG, § 7 Rn. 5.

Für die Bewertung der Strafbarkeit kommt es wesentlich darauf an, was unter einem Geschäftsgeheimnis zu verstehen ist und ob das Tatobjekt tatsächlich ein Geschäftsgeheimnis darstellt. Aufschluss darüber gibt insbesondere die Norm des § 2 Nr. 1 GeschGehG, die das Geschäftsgeheimnis legaldefiniert. Schließlich ist von entscheidender Bedeutung, dass die Erlangung, Nutzung oder Offenlegung des Geschäftsgeheimnisses gegen die Handlungsverbote des § 4 GeschGehG verstößt, da die Strafbarkeit nach § 23 GeschGehG hieran tatbestandlich anknüpft.[624] Im Folgenden werden die Strafbarkeitsvoraussetzungen des § 23 GeschGehG dargestellt und im Hinblick auf die Strafbarkeitsrisiken für Whistleblower analysiert.

1. Tätereigenschaft

Auch wenn die Nutzung und Offenbarung von Geschäftsgeheimnissen in erster Linie durch Personen erfolgen wird, die durch ihre Mitarbeit in dem Unternehmen des Geheimnisinhabers privilegierten Zugang zu diesen haben, kann jedermann Täter des § 23 GeschGehG sein.[625] Eine Einschränkung auf im Unternehmen beschäftigte Personen, wie es die Vorgängervorschrift des § 17 UWG vorsah, existiert nun nicht mehr. Bei der Vorschrift des § 23 GeschGehG handelt es sich im Gegensatz zu §§ 17 – 19 UWG mithin nicht mehr um ein echtes Sonderdelikt, sodass eine Beschäftigung in dem betroffenen

---

[624] *Harte-Bavendamm*, in: Harte-Bavendamm/Ohly/Kalbfus, § 23 GeschGehG Rn. 2; *Schönknecht*, in: Keller/Schönknecht/Glinke, § 23 GeschGehG Rn. 9.

[625] *Schönknecht*, in: Keller/Schönknecht/Glinke, § 23 GeschGehG Rn. 9; *Joecks*/*Miebach*, in: MüKo, StGB, § 23 GeschGehG Rn. 18.

Unternehmen nicht mehr Voraussetzung für eine Täterschaft ist.[626] Vielmehr können nunmehr auch Freiberufler, Personen des öffentlichen Dienstes oder Externe Täter im Sinne von § 23 GeschGehG sein.[627]

2. Vorliegen eines Geschäftsgeheimnisses als taugliches Tatobjekt

Zentraler Begriff des neuen GeschGehG ist das Geschäftsgeheimnis. Ohne das Vorliegen eines Geschäftsgeheimnisses ist der Anwendungsbereich des GeschGehG versperrt,[628] womit auch eine Strafbarkeit mangels tauglichen Tatobjektes ausscheidet. Der Begriff des Geheimnisses war schon vor Einführung des Gesetzes Gegenstand kontroverser Diskussionen. So wurde bspw. in Bezug auf § 17 UWG diskutiert, ob rechtswidrige Betriebs- und Geschäftsgeheimnisse taugliche Tatobjekte gem. § 17 UWG sein können.[629] Diese Frage

---

[626] Zum Begriff der in einem Unternehmen beschäftigten Person im Rahmen des § 17 UWG vgl. BGH, GRUR 2009, 603, 604; *Köhler*, in: Köhler/Bornkamm/Feddersen, UWG, § 17 Rn. 14; *Reinbacher*, in: Leitner/Rosenau, Wirtschafts- und Steuerstrafrecht, § 17 UWG Rn. 6.

[627] *Joecks/Miebach*, in: MüKo, StGB, § 23 GeschGehG Rn. 18.

[628] *Hoppe*, in: Hoppe/Oldekop, Geschäftsgeheimnisse, Kap. 1 Rn. 45; *Keller*, in: Keller/Schönknecht/Glinke, § 2 GeschGehG Rn. 3.

[629] Nach überwiegender Ansicht fielen auch illegale Geheimnisse unter den Tatbestand des § 17 UWG, *Brammsen*, in: MüKo, Lauterkeitsstrafrecht, § 17 UWG Rn. 24; *ders.*, in: BB 2016, 3034, 3035 f.; *Eufinger*, in: WM 2016, 2336, 2338; *Geilen*, in: Kölner Kommentar zum Aktiengesetz, § 404 Rn. 41 ff.; *Heine*, in: FS Roxin II, 1087, 1093 f.; *Schenkel*, Whistleblowing, S. 96 ff.; *Többens*, in: NStZ 2000, 505, 506; a.A. *Diemer*, in: Erbs/Kohlhaas, Strafrechtliche Nebengesetze, § 17 UWG Rn. 17; *Rützel*, in: GRUR 1995, 557; diese Problematik wird in der vorliegenden Bearbeitung im Rahmen des § 23 GeschGehG erörtert, vgl. Kap. 4. I. 2. c) bb).

wird sich auch nach der neuen Vorschrift des § 2 GeschGehG stellen, denn gem. § 2 Nr. 1 lit. c) GeschGehG muss der Betrieb ein berechtigtes Interesse an der Geheimhaltung haben, was möglicherweise bei illegalen Geschäftsgeheimnissen, aber auch solchen, die allgemein als verwerflich anzusehen sind, abzulehnen sein könnte. Aber auch unabhängig von dieser umstrittenen Rechtsfrage beinhaltet die Legaldefinition des § 2 GeschGehG Merkmale, die einer näheren Erörterung bedürfen.

a) Vorliegen einer Information

Das GeschGehG normiert in § 2 Nr. 1 lit. a) – c) GeschGehG im Wesentlichen drei Voraussetzungen, die an das Vorliegen eines Geschäftsgeheimnisses zu stellen sind. Vorgelagert verlangt § 2 Nr. 1 GeschGehG zunächst jedoch, dass es sich bei einem Geschäftsgeheimnis um eine „Information" handelt. Insofern wird die in § 17 UWG getroffene Unterscheidung zwischen Betriebs- und Geschäftsgeheimnissen nicht weiterverfolgt, zumal diese Unterscheidung praktisch nicht relevant war.[630] Der Begriff der Information ist grundsätzlich weit auszulegen, weil das Gesetz diese ohne Einschränkung als Geschäftsgeheimnis ansieht.[631] Eine bestimmte Qualität der Information wird nicht gefordert,[632] womit sowohl technisches Know-how wie Verfahren, Konstruktionen oder Algorithmen, aber auch geschäftliche Informationen wie Geschäftsstrategien, Werbepläne oder Kundenlisten von dem Schutzumfang erfasst

---

[630] BT-Drucks. 19/4724, S. 24; *Hauck*, in MüKo, Lauterkeitsrecht, § 2 GeschGehG Rn. 3.

[631] *Hoppe*, in: Hoppe/Oldekop, Geschäftsgeheimnisse, Kap. 1 Rn. 53.

[632] BT-Drucks. 19/4724, S. 24.

sind.[633] Bei den geschützten Informationen kann es sich unabhängig von der Zuordnung zum technischen bzw. geschäftlichen Bereich auch um Angaben, Daten, Kommunikationsakte, Umstände oder sonstiges Wissen handeln, wobei es auf die Art der Speicherung, eine mögliche Perpetuierung, Struktur oder Verständlichkeit nicht ankommt.[634] Zu beachten ist jedoch, dass die Regelungskonzeption des GeschGehG zivilrechtlicher Natur ist, womit vertrauliche Informationen von öffentlich-rechtlichen Einrichtungen nur insoweit dem Schutz des GeschGehG unterliegen, wenn diese am privatwirtschaftlichen Rechtsverkehr teilnehmen oder diese Wissen entwickeln, das für eine kommerzielle Verwertung infrage kommt.[635]

Erörterungsbedürftig ist hingegen, ob die geheime Information einen Unternehmensbezug aufweisen muss. Während dies in der Vorgängervorschrift des § 17 UWG noch der Fall war, womit die offenbarte Tatsache dem Bereich des Unternehmens zugerechnet werden musste,[636] wird eine Unternehmensbezogenheit durch den Wortlaut des neuen GeschGehG zumindest nicht mehr ausdrücklich gefordert.[637] Gleichwohl erscheint das Erfordernis der Unternehmensbezogenheit aufgrund des Anwendungsbereichs des GeschGehG sinnvoll. Wenn § 1 Abs. 3 Nr. 1 GeschGehG eine Strafbarkeit wegen der

---

633 *Ohly*, in: GRUR 2019, 441.

634 *Alexander*, in: Köhler/Bornkamm/Feddersen, UWG, § 2 GeschGehG Rn. 25.

635 *Harte-Bavendamm*, in: Harte-Bavendamm/Ohly/Kalbfus, § 1 Rn. 8.

636 *Brammsen*, in: MüKo, Lauterkeitsstrafrecht, § 17 UWG Rn. 12 ff.; *Diemer*, in: Erbs/Kohlhaas, Strafrechtliche Nebengesetze, § 17 UWG Rn. 12; *Mayer*, in: GRUR 2011, 884, 885.

637 *Hauck*, in: NJW 2016, 2218, 2221; *Hoppe*, in: Hoppe/Oldekop, Geschäftsgeheimnisse, Kap. 1 Rn. 63; *Ohly*, in: GRUR 2019, 441, 442.

Verletzung von Privatgeheimnissen unberührt lässt,[638] dann hängt dies damit zusammen, dass § 203 Abs. 2 StGB neben Privatgeheimnissen auch Geschäftsgeheimnisse schützt, sodass Überschneidungen denkbar sind. Schließlich verlangt § 2 Nr. 1 lit. a) GeschGehG das Vorliegen eines wirtschaftlichen Wertes als Voraussetzung für ein Geschäftsgeheimnis, was das Erfordernis eines Unternehmensbezuges verstärkt.[639] Das Erfordernis eines Unternehmensbezugs ergibt sich letztlich aber auch schon aus der Semantik des Wortes des „Geschäftsgeheimnisses“, das einen Unternehmensbezug impliziert.[640] Für die Frage der Strafbarkeit von Whistleblowern wirkt sich das Merkmal des Unternehmensbezugs kaum aus. Ein solcher ergibt sich bereits aus der hier gewählten Begriffsbestimmung, welche illegale oder unmoralische Verhaltensweisen immer auf eine bestimmte Organisation bezieht.[641]

b) Geheimheit

Nach § 2 Nr. 1 GeschGehG muss es sich um eine Information handeln, die weder insgesamt noch in der genauen Anordnung und Zusammensetzung ihrer Bestandteile den Personen in den Kreisen, die üblicherweise mit dieser Art von Informationen umgehen, allgemein bekannt oder ohne Weiteres zugänglich ist und daher von wirtschaftlichem Wert ist. Jedoch setzt § 2 Nr. 1 GeschGehG damit voraus,

---

[638] *Ohly*, in: GRUR 2019, 441.

[639] *McGuire*, in: FS Harte-Bavendamm, 367, 373 f.

[640] *Hoeren*, in: Hoeren/Münker, GeschGehG, § 2 Rn. 8.

[641] Vgl. Kap. 1 I. 3. bb).

dass es sich um eine geheime Information handelt, was dem Erfordernis der fehlenden Offenkundigkeit des § 17 UWG[642] weitgehend entspricht.[643] Soweit eine Information in den Personenkreisen, die üblicherweise mit solchen Informationen umgehen, leicht zugänglich ist, unterfällt sie nicht mehr dem Schutz des GeschGehG.[644] Der Geheimnischarakter einer Information entfällt etwa dann, wenn sie in Fachkreisen mit verhältnismäßig geringem Aufwand aufgedeckt werden kann.[645]

Die allgemeine Bekanntheit eines Geheimnisses wird selbst dann nicht infrage gestellt, wenn ein größerer Kreis Kenntnis von der Information hat, dieser jedoch zur Vertraulichkeit verpflichtet ist.[646] Eine andere Betrachtungsweise widerspräche der Unternehmenswirklichkeit. Schließlich werden vertrauliche Informationen gerade von involvierten Personen offenbart, da diese privilegierten Zugang haben.

---

642 Vgl. dazu: BGH, NJW 1958, 671; *Diemer*, in: Erbs/Kohlhaas, Strafrechtliche Nebengesetze, § 17 UWG Rn. 10.

643 *Alexander*, in: Köhler/Bornkamm/Feddersen, UWG, § 2 GeschGehG Rn. 31; *Reinfeld*, GeschGehG, § 1 Rn. 125.

644 BT-Drucks. 19/4724, S. 24.

645 *Möhrenschlager*, in: Wabnitz/Janovsky/Schmitt, Handbuch Wirtschafts- und Steuerstrafrecht, Kap. 16 Rn. 15; *Vormbrock*, in: Götting/Meyer/Vormbrock, Gewerblicher Rechtsschutz, § 42 Rn. 16.

646 Bereits BGH, GRUR 2012, 1048 Rn. 31; BGH, GRUR 2018, 1161 Rn. 38; *Alexander*, in: Köhler/Bornkamm/Feddersen, UWG, § 2 GeschGehG Rn. 34; *Ohly*, in: GRUR 2019, 441, 443; *Waßmer*, in: Obergfell/Pahlow/Peifer, UWG, § 23 GeschGehG Rn. 50.

Ausweislich des Wortlauts muss die Information nicht zwangsläufig insgesamt geheim sein, sondern es genügt, wenn diese in ihrer genauen Zusammensetzung bzw. ihren Bestandteilen nicht allgemein bekannt bzw. ohne Weiteres zugänglich ist. Soweit einzelne Teile bzw. gar alle einzelnen Bestandteile bekannt sind, kann die genaue Zusammensetzung doch geheim sein und vom Schutz des GeschGehG erfasst sein. Geeignetes Beispiel sind Rezepturen, bei denen zwar bekannt ist, welche Einzelheiten Bestandteil der Rezeptur sind, die genaue Zusammensetzung, bestehend aus unterschiedlichen Mischungs- bzw. Mengenangaben, jedoch geheim ist.[647]

c) Wirtschaftlicher Wert

Zusätzlich ist das Erfordernis der fehlenden Bekanntheit bzw. Zugänglichkeit mit dem Erfordernis des wirtschaftlichen Wertes verknüpft. Resultat der Geheimhaltung muss damit sein, dass die Information einen wirtschaftlichen Wert besitzt. Belanglose Informationen sind damit vom Schutz des GeschGehG ausgenommen.[648] Maßgebliche Richtschnur für das Merkmal des wirtschaftlichen Wertes war insofern Art. 14 Geschäftsgeheimnis-RL. Hieraus ergibt sich, dass die zu schützende Information realen oder potenziellen Handelswert verkörpern muss.[649] Insgesamt darf das Erfordernis des wirtschaftlichen Wertes der Information nicht zu eng ausgelegt werden und den Geheimnisschutz beschränken. Der Handelswert einer Information ist schon dann anzunehmen, wenn ihr unbefugter Erwerb oder ihre unbefugte Nutzung oder Offenlegung die Interessen

---

[647] *Alexander*, in: Köhler/Bornkamm/Feddersen, UWG, § 23 GeschGehG Rn. 32.
[648] BT-Drucks. 19/4724, S. 24.
[649] 14. Erwägungsgrund Geschäftsgeheimnis-RL.

der Person, die rechtmäßig die Kontrolle über sie ausübt, aller Voraussicht nach dadurch schädigt, dass das wissenschaftliche oder technische Potenzial, die geschäftlichen oder finanziellen Interessen, die strategische Position oder die Wettbewerbsfähigkeit dieser Person untergraben werden.[650]

Das Geschäftsgeheimnis muss nach den zugrunde liegenden Erwägungsgründen mithin nicht schon im Zeitpunkt der Nutzung oder Offenbarung einen wirtschaftlichen Wert besitzen. Vielmehr genügt es, wenn nach einer Prognoseentscheidung künftig ein wirtschaftlicher Wert zu erwarten ist.[651] Bei der zu treffenden Prognoseentscheidung darf es nicht darauf ankommen, ob eine Vermarktung schon in der Entwicklungsphase beabsichtigt ist.[652] Auszuscheiden sind nur solche Informationen, bei denen von vornherein offenbar ist, dass diese einer wirtschaftlichen Verwertung nicht zugänglich sind. Andernfalls wäre die Frühphase der Entwicklung, die besonders schutzbedürftig ist, nicht durch das GeschGehG geschützt.[653]

Da die Geschäftsgeheimnis-RL einen weiten Ansatz verfolgt, der auch Eingang in die Erwägungsgründe zum GeschGehG gefunden hat, erscheint es vorzugswürdig, die Anforderungen an das Vorliegen eines wirtschaftlichen Wertes im Allgemeinen nicht zu überspannen. Insofern sind daher nicht nur Informationen zu schützen, die einem Unternehmen tatsächlich oder auch nur potenziell Gewinn

---

[650] 14. Erwägungsgrund Geschäftsgeheimnis-RL.

[651] *Alexander*, in: Köhler/Bornkamm/Feddersen, UWG, § 23 GeschGehG Rn. 32.

[652] *Alexander*, in: Köhler/Bornkamm/Feddersen, UWG, § 23 GeschGehG Rn. 32.

[653] *Alexander*, in: Köhler/Bornkamm/Feddersen, UWG, § 23 GeschGehG Rn. 32.

einbringen können, sondern auch solche, die dem betroffenen Unternehmen im Falle ihrer Offenbarung Schaden zufügen.[654]

Insoweit liegt die Frage nahe, ob dann auch die Unternehmensreputation zu den geschützten Geschäftsgeheimnissen zählt. Wie festgestellt, trägt die Unternehmensreputation erheblich zum wirtschaftlichen Wert eines Unternehmens bei. Gleichwohl wird der Schutz der Unternehmensreputation durch § 2 GeschGehG in der Literatur teilweise mit dem Argument abgelehnt, ideelle Nachteile könnten nicht geschützt werden.[655] Eine solche Sichtweise verkennt jedoch, dass ein Reputationsverlust keinen bloß ideellen Nachteil darstellt, sondern fassbaren wirtschaftlichen Wert besitzt. Freilich kommt dieser Frage oftmals keine entscheidende Bedeutung zu, da die einzelnen Gegenstände, welche die Unternehmensreputation ausmachen, in aller Regel unstreitig von dem Begriff des Geschäftsgeheimnisses geschützt sind, wie bspw. die Entwicklungen, die Forschungsergebnisse sowie das technische und geschäftliche Know-how eines Unternehmens. Aber auch darüber hinaus besitzt die Unternehmensreputation als solcher nicht nur ideellen, sondern auch wirtschaftlichen Wert. Ein durch eine Offenbarung geschädigte Reputation führt nicht nur zu einer immateriellen Beeinträchtigung, sondern schlägt sich ganz entscheidend im wirtschaftlichen Erfolg des Unternehmens nieder.[656]

---

[654] A.A. *Kalbfus*, in: GRUR 2016, 1009, 1011; *McGuire*, in: FS Harte-Bavendamm, 367, 379.

[655] *Alexander*, in: Köhler/Bornkamm/Feddersen, UWG, § 23 GeschGehG Rn. 32.

[656] Vgl. hierzu bereits die Studie von *Weber-Shandwick*, Corporate Reputation, Kap. 1 II. 2. a).

Das Erfordernis des wirtschaftlichen Wertes der Information wird teilweise zum Anlass genommen, sittenwidrigen oder gar rechtswidrigen Geheimnissen den tatbestandlichen Schutz des GeschGehG abzusprechen.[657] Eine pauschale Ablehnung des wirtschaftlichen Wertes einer Information aufgrund ihres illegalen Inhalts entspricht jedoch nicht der Rechtswirklichkeit und ist auch nicht mit Parallelvorschriften vereinbar. Informationen über Gesetzesverstöße, wie bspw. Kartellrechtsverstöße, Verstöße gegen Steuerpflichten oder zu treffende Arbeitsschutzvorschriften in einem Unternehmen, können wegen der damit einhergehenden zu befürchtenden Konsequenzen (Strafzahlungen, Steuernachzahlungen) ganz erheblichen wirtschaftlichen Wert aufweisen. Auch gibt es keinen allgemeinen Grundsatz, welcher der rechtswidrigen Inhaberschaft den wirtschaftlichen Wert abspricht. Demgegenüber wird von der Rechtsprechung auch im Rahmen der Vermögensdelikte ein wirtschaftlicher Vermögensbegriff vertreten, bei dem es für die Bewertung des Vermögens lediglich darauf ankommt, dass eine Person faktisch über ein geldwertes Gut verfügen kann, unabhängig davon, ob es ihr zusteht oder rechtlich anerkannt ist.[658]

---

[657] *Goldhammer*, in: NVwZ 2017, 1809, 1812 f.; *Kalbfus*, in: GRUR 2016, 1009, 1011; *McGuire*, in: FS Harte-Bavendamm, 367, 380; ebenfalls zweifelnd *Schmitt*, in: NZA-Beilage 2020, 50, 53.

[658] Vgl. insbesondere hierzu die Rechtsprechung zum geschützten Vermögen im Rahmen des Betruges und der Untreue BGHSt 34, 199, 203; 16, 321, 325; 1, 262, 264; RGSt 16, 1.

Ein Ausschluss des Schutzes illegaler Geheimnisse wird von Teilen der Literatur auf den 14. Erwägungsgrund der Geschäftsgeheimnis-RL gestützt.[659] Dieser formuliere nämlich, dass die Information einen realen oder potenziellen Handelswert verkörpern müsse, was bei illegalen Informationen gerade nicht der Fall sei. Zwar sei es richtig, dass die Erwägungsgründe zur Richtlinie über den Geschäftsgeheimnisschutz auch bei der Auslegung des nationalen GeschGehG berücksichtigt werden können.[660] Insoweit wird der Begriff der „kommerziellen Verwertbarkeit" als enger angesehen als derjenige des wirtschaftlichen Wertes, was konsequenterweise auch zu einem Ausschluss rechtswidriger Geheimnisse führen solle. Schließlich seien diese nicht kommerziell verwertbar. Eine solche Betrachtungsweise verkennt jedoch, dass den Mitgliedstaaten ausweislich Art. 1 Geschäftsgeheimnis-RL die Möglichkeit eingeräumt wurde, den Geheimnisschutz über den Schutz der Richtlinie hinausgehend umzusetzen. Gerade davon hat der deutsche Gesetzgeber jedoch Gebrauch gemacht, womit dem deutschen Gesetzestext maßgebliche Bedeutung zukommt. Nur im umgekehrten Fall – wenn also die Umsetzung eines Gesetzes den Anforderungen der Richtlinie nicht gerecht wird – kommt möglicherweise ein Rückgriff auf die Regelungen der Richtlinie in Betracht. Nach richtiger Auffassung wird der wirtschaftliche Wert einer Information damit nicht durch seine Rechtswidrigkeit infrage gestellt.[661] Hiervon zu trennen ist die Frage, ob an

---

[659] *Goldhammer*, in: NVwZ 2017, 1809, 1812; *Schmitt*, in: NZA-Beilage 2020, 50, 53.

[660] *Schmitt*, in: NZA-Beilage 2020, 50, 53.

[661] *Hoppe*, in: Hoppe/Oldekop, Geschäftsgeheimnisse, Kap. 1 Rn. 101; *Waßmer*, in: Obergfell/Pahlow/Peifer, UWG, § 23 GeschGehG Rn. 50.

der Geheimhaltung einer sittenwidrigen oder rechtswidrigen Information auch ein berechtigtes Interesse im Sinne von § 2 Nr. 1 lit. c) GeschGehG bestehen kann.

Für das Whistleblowing von besonderer Bedeutung ist also, dass das Erfordernis des wirtschaftlichen Wertes der Information schon dann zu bejahen ist, wenn es sich um negative Informationen über das Unternehmen handelt. Solche Informationen, wie bspw. Probleme mit der Produktion oder den Mitarbeitern sowie im Unternehmen begangene Rechtsverletzungen oder unethische Verhaltensweisen im Fertigungsprozess, werden vom GeschGehG erfasst.[662] Darum genügt es, wenn die Kenntniserlangung Dritter zu einem Nachteil des Geschäftsinhabers führen kann. Damit scheitern typische Enthüllungen von Whistleblowern über rechtliches oder moralisches Fehlverhalten jedenfalls nicht an dem Erfordernis des wirtschaftlichen Wertes des Geheimnisses.

d) Gegenstand angemessener Geheimhaltungsmaßnahmen

Während das UWG lediglich einen erkennbaren subjektiven Geheimhaltungswillen voraussetzte, der sich nicht durch konkrete Maßnahmen manifestieren musste, sondern sich aus der Natur der geheim gehaltenen Tatsache ergeben konnte,[663] bedarf es mit § 2 Nr. 1 lit. b) GeschGehG den Umständen nach angemessenen Geheimhaltungsmaßnahmen als echte objektive Voraussetzung, die durch den Inhaber des Geheimnisses nachgewiesen werden müssen.[664] Der

---

[662] *Glinke*, in: Keller/Schönknecht/Glinke, § 2 GeschGehG Rn. 47; *Letzel*, in: ZJS 2021, 1, 4; *Waßmer*, in: Obergfell/Pahlow/Peifer, UWG, § 23 GeschGehG Rn. 64.
[663] BGH, GRUR 2006, 1044, 1046.
[664] BT-Drucks, 19/4724, S. 24.

Schutz eines Geschäftsgeheimnisses setzt also nunmehr voraus, dass der Inhaber des Geheimnisses dieses mit angemessenen Geheimhaltungsmaßnahmen schützt. Welche Anstrengungen er konkret unternehmen muss, um den Anforderungen des § 2 Nr. 1 lit. b) GeschGehG zu genügen, ist weder dem Gesetzestext noch der Gesetzesbegründung zu entnehmen. Es werden lediglich einzelne Kriterien genannt, die bei der Frage der Angemessenheit von Geheimhaltungsmaßnahmen berücksichtigt werden können. So soll u. a. der Wert des Geschäftsgeheimnisses, die Entwicklungskosten oder die Bedeutung des Geheimnisses für das Unternehmen berücksichtigt werden.[665] Konkretisiert wird die Frage, welche Maßnahmen ein Unternehmen ergreifen muss, um ein Geschäftsgeheimnis angemessen zu schützen, hierdurch jedoch nicht.

Einigkeit besteht in der Literatur richtigerweise jedenfalls darin, dass angemessene Geheimhaltungsmaßnahmen nicht absolute bzw. größtmögliche Sicherheit erfordern.[666] Auch an das Erfordernis der angemessenen Geheimhaltungsmaßnahmen dürfen keine unangemessen hohen Anforderungen gestellt werden.[667] Dies ergibt sich schon daraus, dass durch die Geschäftsgeheimnis-RL und auch durch das GeschGehG gerade ein hohes Schutzniveau für Unternehmen geschaffen werden soll. Die Präventivfunktion des GeschGehG

---

[665] BT-Drucks, 19/4724, S. 24 f.

[666] *Alexander*, in: WRP 2019, 1034, 1039; *Maaßen*, in: GRUR 2019, 352, 353; *Partsch/Rump*, in: NJW 2020, 118, 120; *Waßmer*, in: Obergfell/Pahlow/Peifer, UWG, § 23 GeschGehG Rn. 80.

[667] *Alexander*, in: Köhler/Bornkamm/Feddersen, UWG, § 2 GeschGehG Rn. 52; *Dann/Markgraf*, in: NJW 2019, 1774, 1775; *Kalbfus*, in: GRUR-Prax 2017, 391, 393; *Thiel*, in: WRP 2019, 700, 701.

soll also gerade dazu führen, dass Unternehmen ihre Geschäftsgeheimnisse nicht mit unverhältnismäßig hohen Ausgaben schützen müssen.[668] Gerade für mittlere und kleine Unternehmen können zu hohe Anforderungen an die zu treffenden Geheimhaltungsmaßnahmen belastend sein.[669]

aa) Anforderungen an angemessene Geheimhaltungsmaßnahmen

Zwar sind durch den Gesetzesentwurf zum GeschGehG Kriterien festgelegt worden, nach denen die Angemessenheit von Geheimhaltungsmaßnahmen zu bestimmen ist.[670] Die benannten Kriterien sind in der Literatur jedoch auf Kritik gestoßen. Entweder werden diese grundsätzlich als nicht sachgerecht[671] oder als so wenig konkret angesehen, dass sie kaum zu einer allgemeingültigen Bewertung des Merkmals herangezogen werden könnten.[672] Der erste Einwand bezieht sich nach teilweise vertretener Auffassung der Literatur auf das Kriterium des Wertes des Geheimnisses.[673] Es sei mit dem Sinn und Zweck des Geheimnisschutzes unvereinbar, besonders wertvolle Geheimnisse, die für den wirtschaftlichen Erfolg eines Unternehmens entscheidend seien, nur unter erhöhten Geheimhaltungsmaßnahmen zu schützen, während unwichtigere Geheimnisse bereits bei geringeren Schutzmaßnahmen geschützt seien.

---

[668] Erwägungsgrund 9 Geschäftsgeheimnis-RL.

[669] *Maaßen*, in: GRUR 2019, 352, 353 f.

[670] Vgl. hierzu BT-Drucks, 19/4724, S. 24 f.

[671] So etwa *Lauck*, in: GRUR 2019, 1132; *Weigert*, in: NZA 2020, 209, 212.

[672] *Partsch/Rump*, in: NJW 2020, 118, 119.

[673] *Lauck*, in: GRUR 2019, 1132; *Weigert*, in: NZA 2020, 209, 212.

Überzeugend ist dieser Einwand jedoch nicht. Je größer der wirtschaftliche Wert eines Geheimnisses ist, desto höhere Anforderungen sind an die durch das Unternehmen zu treffenden Geheimhaltungsmaßnahmen zu stellen.[674] Eine andere Ansicht verstößt nicht nur gegen den gesetzgeberischen Willen, wie er den Gesetzgebungsmaterialien zu entnehmen ist,[675] sie widerspricht auch der Rechtswirklichkeit. Ein Unternehmen wird schon der Natur der Sache nach seine bedeutsamsten Informationen stärker schützen als Informationen von geringerer Relevanz. Ein faktisch geringerer Schutz der „Kronjuwelen" eines Unternehmens durch das Kriterium des wirtschaftlichen Wertes ist damit schon gar nicht zu befürchten. Um festzustellen, wann ein Geheimnis von besonderer Bedeutung ist und gesteigerter Geheimhaltungsmaßnahmen bedarf, ist neben den übrigen in der Regierungsbegründung genannten Merkmalen dasjenige des wirtschaftlichen Wertes entscheidend.

bb) Vom Unternehmen zu treffende Maßnahmen

Allerdings geben diese Kriterien nur darüber Aufschluss, wann gesteigerte Geheimhaltungsmaßnahmen zu ergreifen sind. Welche Maßnahmen im konkreten Fall getroffen werden müssen, um als angemessen angesehen zu werden, geht weder aus dem Wortlaut des § 2 Nr. lit. 1 b) GeschGehG noch der Gesetzesbegründung der Norm hervor. Bei Geheimhaltungsmaßnahmen handelt es sich grundsätzlich um Schutzvorkehrungen bzw. Schutzstrategien, die getroffen werden, um geheimhaltungsbedürftige Informationen vor einem

---

[674] *Schönknecht*, in: Keller/Schönknecht/Glinke, § 2 Nr. 1 GeschGehG Rn. 80; *Waßmer*, in: Obergfell/Pahlow/Peifer, UWG, § 23 GeschGehG Rn. 81.
[675] BT-Drucks, 19/4724, S. 24 f.

rechtswidrigen Erlangen, Nutzen oder Offenlegen zu schützen.[676] Strenge Vorgaben, welche Schutzmaßnahmen konkret erforderlich sind, um angemessenen Schutzmaßnahmen im Sinne des § 2 Nr. 1 lit. b) GeschGehG zu genügen, sind abzulehnen.[677] Solche würden einen nicht zu rechtfertigenden Eingriff in die durch Art. 12 Abs. 1 GG gewährleistete unternehmerische Betätigungsfreiheit darstellen. Gleichwohl wird eine einzelne Schutzmaßnahme in der Regel nicht genügen, um ein Geschäftsgeheimnis ausreichend zu schützen. Vielmehr werden angemessene Geheimhaltungsmaßnahmen – insbesondere bei bedeutsamen Geheimnissen – in der Regel nur durch eine Kombination verschiedener Schutzmaßnahmen erreicht.[678] Geheimhaltungsmaßnahmen können bspw. den technischen, organisatorischen oder den rechtlichen Bereich betreffen.[679] Entscheidend für die Beurteilung der Angemessenheit ist, ob die einschlägigen Geheimhaltungsmaßnahmen gerade in Bezug auf die zu schützende Information angemessen sind.[680]

Denkbare Schutzmaßnahmen sind in technischer Hinsicht u. a. Passwörter, sonstige Zugangssperren (auch physische) oder Authentifizierungsmaßnahmen.[681] In rechtlicher Hinsicht wird von einem Un-

---

[676] *Alexander*, in: Köhler/Bornkamm/Feddersen, UWG, § 23 GeschGehG Rn. 53.
[677] Ebenso OLG Hamm, WRP 2021, 223, 236 f.
[678] *Leister*, in: GRUR-Prax 2019, 75, 76.
[679] *Hauck*, in: MüKo, Lauterkeitsrecht, § 2 GeschGehG Rn. 21; *Hohn-Hein/Barth*, in: BeckOK, UWG, § 2 GeschGehG Rn. 19; *Leister*, in: GRUR-Prax 2019, 75, 76; *Passarge/Scherbarth*, in: CB 2021, 49, 50.
[680] *Freckmann/Scholl*, in: BB 2017, 1780, 1781; *Momtschilow*, in: Hoppe/Oldekop, Geschäftsgeheimnisse, Kap 1 Rn. 122.
[681] *Fuhlrott/Hiéramente*, in: BeckOK, GeschGehG, § 2 Rn. 35.

ternehmen, bei dem die Arbeitnehmer mit vertraulichen Informationen in Berührung kommen, verlangt werden können, dass es arbeitsrechtliche Geheimhaltungsvorschriften zum Schutz der Geschäftsgeheimnisse gibt. Dazu zählt z. B. ein Verbot der Speicherung unternehmensinterner Daten auf privaten Endgeräten und das Statuieren arbeitsvertraglicher Geheimhaltungsvereinbarungen.[682] Auch eine generelle Geheimhaltungsvereinbarung kann zu einem angemessenen Schutz beitragen. Gleichwohl werden gerade bedeutende Geheimnisse durch eine generelle vertragliche Vereinbarung allein nicht angemessen geschützt.[683]

In organisatorischer Hinsicht ist eine „Need-to-know-Struktur" als Mindeststandard bedeutsam, um dem Erfordernis angemessener Geheimhaltungsmaßnahmen zu genügen.[684] Dazu sind interne Prozessabläufe so einzurichten, dass nur diejenigen an geheime Informationen gelangen, welche diese zur Erfüllung ihrer arbeitsvertraglichen Verpflichtung benötigen.[685] Daneben gehört zur Sicherung von Geheimnissen in organisatorischer Hinsicht grundsätzlich das Vorliegen von Zugangsbeschränkungen für unbefugte Personen.[686]

---

[682] *Fuhlrott/Hiéramente*, in: BeckOK, GeschGehG, § 2 Rn. 37 ff.

[683] Grundsätzlich kritisch gegenüber einer bloß allgemeinen Regelung im Arbeitsvertrag: LAG Düsseldorf, GRUR-RS 2020, 23408.

[684] *Hauck*, in: MüKo, Lauterkeitsrecht, § 2 GeschGehG Rn. 23; *Maaßen*, in: GRUR 2019, 352, 355; *Partsch/Rump*, in: NJW 2020, 118, 120; *Thiel*, in: WRP 2019, 700, 701; *Waßmer*, in: Obergfell/Pahlow/Peifer, UWG, § 23 GeschGehG Rn. 75.

[685] *Partsch/Rump*, in: NJW 2020, 118, 120 f.; *Thiel*, in: WRP 2019, 700, 701.

[686] *Hauck*, in: MüKo, Lauterkeitsrecht, § 2 GeschGehG Rn. 22.

Auch besonders wichtige Unternehmensgeheimnisse werden nicht nur dann angemessen geschützt, wenn sämtliche zuvor benannte Maßnahmen ergriffen worden sind. Vielmehr muss anhand einer Einzelfallprüfung ermittelt werden, ob die getroffenen Maßnahmen insgesamt als angemessen anzusehen sind. Fehlt bspw. das Vorliegen einer Geheimhaltungsvereinbarung im Arbeitsverhältnis, so darf dies nicht per se dazu führen, dass auch ein bedeutsames Geheimnis nicht als angemessen geschützt angesehen wird.[687] Ein fehlender Schutz auf einer Ebene kann durch das Vorliegen anderer Schutzvorkehrungen kompensiert werden.

e) Berechtigtes Geheimhaltungsinteresse

aa) Merkmal mit eigenständiger Bedeutung

Das Merkmal des berechtigten Geheimhaltungsinteresses erscheint auf den ersten Blick bereits deshalb problematisch, weil es zwar in § 2 Nr. 1 lit. c) GeschGehG als Voraussetzung für das Vorliegen eines Geschäftsgeheimnisses statuiert wurde, in Art. 2 Geschäftsgeheimnis-RL jedoch nicht enthalten ist. Wird sich vor Augen geführt, dass die Mitgliedstaaten nach Art. 1 Geschäftsgeheimnis-RL die Mindeststandards der Richtlinie umsetzen und nicht unterschreiten dürfen,[688] erscheint ein zusätzliches Kriterium zur Begriffsbestim-

---

[687] So auch *Maaßen*, in: GRUR 2019, 352, 358, der eine Kompensation durch die allgemeinen Loyalitätspflichten im Arbeitsverhältnis für möglich hält.
[688] Vgl. auch 10. Erwägungsgrund Geschäftsgeheimnis-RL.

mung problematisch, da hierdurch der Kreis der geschützten Informationen im Vorfeld eingeschränkt werden könnte.[689] Ein zusätzliches Kriterium, das von der Richtlinie nicht vorgesehen ist und im Ergebnis auf eine Beschränkung des Geschäftsgeheimnisschutzes hinausläuft, ist unionsrechtswidrig und damit abzulehnen. Denkbar ist allenfalls eine Erweiterung des Schutzniveaus, vgl. Art. 1 Geschäftsgeheimnis-RL. Regelmäßig wird ein berechtigtes Geheimhaltungsinteresse bei Vorliegen der Voraussetzungen des § 2 Nr. 1 lit. a) und lit. b) GeschGehG jedoch unproblematisch zu bejahen sein. Sollte es im Einzelfall jedoch tatsächlich einmal auf das Tatbestandsmerkmal ankommen, wäre der BGH gem. Art. 267 Abs. 3 AEUV zur Vorlage verpflichtet und die Instanzgerichte wären gem. Art. 267 Abs. 2 AEUV zur Vorlage berechtigt.[690]

bb) Schutz rechtswidriger Geheimnisse

Soweit der Wortlaut des § 2 Nr. 1 lit. c) GeschGehG streng angewendet wird, scheint das viel diskutierte Problem des tatbestandlichen Schutzes rechtswidriger Geheimnisse eindeutig beantwortbar zu sein: Jemand, der ein rechtswidriges Geheimnis hegt, kann an dessen Geheimhaltung schon begrifflich kein berechtigtes Interesse haben.[691] Allerdings sind illegale Geheimnisse nach der Verfassung

---

[689] *Glinke*, in: Keller/Schönknecht/Glinke, § 2 Nr. 1 GeschGehG Rn. 90; *Hauck*, in: MüKo, Lauterkeitsrecht, § 2 GeschGehG Rn. 62; *Ohly*, in: GRUR 2019, 441, 444; *Reinbacher*, in: KriPoZ 2019, 148, 152; *Waßmer*, in: Obergfell/Pahlow/Peifer, UWG, § 23 GeschGehG Rn. 84.

[690] *Glinke*, in: Keller/Schönknecht/Glinke, § 2 Nr. 1 GeschGehG Rn. 91.

[691] Im Ergebnis: *Brost/Wolsing*, in: ZUM 2019, 898, 899 f.; *Hauck*, in: GRUR-Prax 2019, 223, 224; in Bezug auf § 17 UWG bereits *Engländer/Zimmermann*, in:

nicht per se schutzunwürdig.[692] Dies zeigt jedenfalls, dass ein pauschaler Ausschluss des Schutzes für rechtswidrige Geheimnisse nicht selbstverständlich ist. Dies gilt umso mehr, als der Verfassung ebenfalls der Grundsatz der Verhältnismäßigkeit zu entnehmen ist, der versagt, wenn bestimmten Verhaltensweisen schon von vornherein verfassungsrechtlicher Schutz abgesprochen wird. Auch die Rechtsprechung des EGMR, welche für den Fall des Whistleblowings eine umfassende Interessenabwägung der widerstreitenden Interessen vorsieht,[693] würde jedenfalls im Anwendungsbereich des GeschGehG dann leerlaufen, wenn rechtswidrige Verhaltensweisen per se dem Schutzbereich entzogen wären.[694]

Auch die Annahme eines unüberbrückbaren Wertungswiderspruches vermag nicht zu überzeugen. *Erb*[695] nimmt für den Fall der Meldung an Strafverfolgungs- und Aufsichtsbehörden in Bezug auf die Vorgängervorschrift des § 17 UWG etwa an, es sei widersprüchlich, wenn die Schaffung rechtskonformer Zustände durch die Meldung illegalen Verhaltens als grundsätzlich strafwürdig und nur ausnahmsweise als gerechtfertigt angesehen werde. Der Schutz rechtswidrig erlangter Vermögenswerte ist der deutschen Rechtsordnung

---

NZWiSt 2012, 328, 331 f.; *Rützel*, in: GRUR 1995, 557, 560; differenzierend *Erb*, in: FS Roxin II, 1103, 1107.

692 Kap. 1 III. b) cc).

693 Vgl. bereits Kap. 1 III. 2.

694 *Glinke*, in: Keller/Schönknecht/Glinke, § 2 Nr. 1 GeschGehG Rn. 98.

695 *Erb*, in: FS Roxin II, 1103, 1107.

jedoch nicht fremd.[696] So wird etwa rechtswidrig erlangtes Diebesgut von der Rechtsordnung geschützt,[697] und im Rahmen der Vermögensbegriffe des Betruges, der Untreue oder der Erpressung werden auch rechtswidrige Vermögenswerte vom strafrechtlichen Schutzumfang erfasst.[698] Schließlich sind die zu § 17 UWG vorgebrachten Bedenken nicht mehr auf die neue Strafvorschrift des § 23 GeschGehG übertragbar. Den Erwägungsgründen zur Geschäftsgeheimnis-RL ist ein ausdrücklicher Ausschluss illegaler oder sittenwidriger Geschäftsgeheimnisse ebenso wenig zu entnehmen wie der Gesetzesbegründung des GeschGehG, womit diese nach dem gesetzgeberischen Willen vom tatbestandlichen Schutzumfang umfasst sein dürften. Diese Annahme verstärkt sich durch die Systematik des GeschGehG weiter: Nach § 5 Nr. 2 GeschGehG kann die Erlangung, Nutzung oder Offenlegung einer rechtswidrigen Handlung gerechtfertigt sein, wenn dadurch ein berechtigtes Interesse geschützt werden kann. Damit hat der Gesetzgeber deutlich gemacht, dass er rechtswidriges Verhalten nicht grundsätzlich als schutzunwürdig erachtet, sondern nur unter gewissen Voraussetzungen eine straffreie Offenbarung zulässt.[699] Würde rechtswidrigen Geheimnissen jedoch per se der Geheimnisschutz durch das GeschGehG abgesprochen

---

696 *Hillenbrand*, Der Begriff des Geschäfts- und Betriebsgeheimnisses, S. 73; *Schenkel*, Whistleblowing, S. 95.

697 BGH, NJW 1953, 1358.

698 BGH, NStZ-RR 2018, 221, 223; BGH, NStZ-RR 2017, 341, 342.

699 *Reinfeld*, GeschGehG, § 1 Rn. 165; *Waßmer*, in: Obergfell/Pahlow/Peifer, UWG, § 23 GeschGehG Rn. 87.

werden, bliebe für § 5 Nr. 2 GeschGehG kein sinnvoller Anwendungsbereich mehr.[700]

Ob und inwiefern das Offenbaren rechtswidriger Geheimnisse damit strafbewehrt ist, ist hiermit freilich noch nicht abschließend geklärt. Vielmehr sind sachgerechte Ergebnisse auf Ausschluss- bzw. Rechtfertigungsebene zu suchen, die in der nachfolgenden (straf-)rechtlichen Bewertung von Whistleblowing weiter untersucht werden. Dass durch die Erfassung von Geschäftsgeheimnissen im objektiven Tatbestand sachfremde Ergebnisse zu besorgen sind, ist nicht zu befürchten. Vielmehr wird durch eine Lösung auf Ausschluss- bzw. Rechtfertigungsebene gerade erst die Möglichkeit differenzierter Lösungen geschaffen.

cc) Zwischenergebnis und Auswirkungen des Tatobjektes auf die Strafbarkeit des Whistleblowers

Die vorherige Darstellung hat gezeigt, dass der Begriff des Geschäftsgeheimnisses nach den getroffenen Feststellungen grundsätzlich weit zu verstehen ist. Dass Gegenstand des Whistleblowings (vermeintliches) Fehlverhalten einer Organisation ist, wirkt sich auf der Ebene des Tatobjektes nicht zugunsten des Whistleblowers aus. Vielmehr umfasst der Geschäftsgeheimnisbegriff auch illegale Verhaltensweisen. Dies wird weder durch das Erfordernis des wirtschaftlichen Wertes des Geheimnisses noch dasjenige des berechtigten Interesses in Zweifel gezogen. Für die Strafbarkeit von Whist-

---

[700] *Glinke*, in: Keller/Schönknecht/Glinke, § 2 Nr. 1 GeschGehG Rn. 97; *Hoppe*, in: Hoppe/Oldekop, Geschäftsgeheimnisse, Kap. 1 Rn. 260.

leblowern bedeutet das, dass ihre Offenbarungen oftmals ein taugliches Tatobjekt im Sinne des § 23 GeschGehG darstellen. Für die Strafbarkeitsrisiken von Whistleblowern entscheidend ist daher, ob ein Korrektiv an anderer Stelle greift, was Gegenstand der weiteren Untersuchungen sein wird.

3. Tathandlungen gem. § 23 GeschGehG

§ 23 Abs. 1 GeschGehG enthält verschiedene Tathandlungen. Erfasst ist grundsätzlich das Erlangen, Nutzen und Offenlegen von Geschäftsgeheimnissen, wobei durch den Verweis auf die Handlungsverbote des § 4 GeschGehG dessen zusätzliche Voraussetzungen zu beachten sind. Eine Tathandlung nach § 23 Abs. 1 Nr. 1 GeschGehG ist mithin nur dann strafbar, wenn sie gegen eines der Handlungsverbote des § 4 GeschGehG verstößt.

a) Erlangen des Geschäftsgeheimnisses nach § 23 Abs. 1 Nr. 1 GeschGehG

Das Vorliegen eines strafbaren Erlangens eines Geschäftsgeheimnisses kann nur im Zusammenhang mit der Verweisungsnorm des § 4 Abs. 1 Nr. 1 GeschGehG beurteilt werden. Das Erlangen nach § 23 Abs. 1 Nr. 1 GeschGehG wird durch den Zugang, die Aneignung oder das Kopieren von Dokumenten, Gegenständen, Materialien, Stoffen oder elektronischen Dateien konkretisiert. Zugang im Sinne des § 4 Abs. 1 Nr. 1 GeschGehG meint das Zugreifen auf das

Geschäftsgeheimnis durch die Überwindung von Schutzvorrichtungen.[701] Ein tatbestandliches Aneignen umfasst alle Handlungen, mit denen der Täter sich ein Geschäftsgeheimnis verschafft – also die tatsächliche Herrschaftsgewalt begründet (was bei Daten die tatsächliche Zugriffsmöglichkeit meint).[702] Unter einem Kopieren im Sinne der Vorschrift ist das Anfertigen einer körperlichen Vervielfältigung und bei elektronischen Dateien das Fertigen eines technischen Abbildes zu verstehen.[703] Demgegenüber ist jedes sonstige Erlangen des Geschäftsgeheimnis (§ 4 Abs. 1 Nr. 2 GeschGehG) nicht von der Verweisung des § 23 Abs. 1 Nr. 1 GeschGehG erfasst und unterliegt damit auch keiner Strafandrohung.

Für den Whistleblower, der in der Regel Fehlverhalten offenlegen wird, ist auch die Tathandlung des rechtswidrigen Erlangens nach § 4 Abs. 1 Nr. 1 GeschGehG von Bedeutung. Ein tatbestandliches Erlangen kann nämlich notwendiger Zwischenschritt einer Offenlegung und als solche gem. § 23 Abs. 1 i. V. m. § 4 Abs. 1 Nr. 1 GeschGehG strafbar sein.

---

[701] *Alexander*, in: Köhler/Bornkamm/Feddersen, UWG, § 4 GeschGehG Rn. 16; *Ohly*, in: Harte-Bavendamm/Ohly/Kalbfus, § 4 GeschGehG Rn. 12; a.A. *Führmeyer/Klein*, in: Hoeren/Münker, GeschGehG, § 4 Rn. 28; *Keller*, in: Keller/Schönknecht/Glinke, § 4 GeschGehG Rn. 28.

[702] *Keller*, in: Keller/Schönknecht/Glinke, § 4 GeschGehG Rn. 30; *Waßmer*, in: Obergfell/Pahlow/Peifer, UWG, § 23 GeschGehG Rn. 106.

[703] *Hoppe*, in: Hoppe/Oldekop, Geschäftsgeheimnisse, Kap. 1 Rn. 473.

b) Nutzen oder Offenlegen des Geschäftsgeheimnisses nach § 23 Abs. 1 Nr. 2 GeschGehG

Als Tathandlung im Sinne des § 23 Abs. 1 Nr. 2 GeschGehG gilt das Nutzen oder Offenlegen des Geschäftsgeheimnisses. Dabei muss das Geschäftsgeheimnis – wegen des Verweises auf § 4 Abs. 2 Nr. 1 lit. a) GeschGehG – entgegen dem Handlungsverbot des § 4 Abs. 1 Nr. 1 GeschGehG erlangt worden sein. Insofern muss der Täter selbst eine Rechtsverletzung im Sinne des § 4 Abs. 1 GeschGehG begangen haben.[704] Nicht ausreichend ist es, entgegen einer teilweise in der Literatur vertretenen Ansicht,[705] wenn lediglich eine Teilnahme an der Tat vorliegt. Vielmehr muss die Tat selbst täterschaftlich begangen werden (wobei auch Mittäterschaft oder mittelbare Täterschaft ausreicht).[706] Die Erlangung von einer anderen Person ist vom Tatbestand des § 4 Abs. 3 GeschGehG erfasst.[707] Der Tatbestand des § 23 Abs. 1 Nr. 2 GeschGehG verdeutlicht, dass die Erlangung und die anschließende Nutzung bzw. Offenlegung isoliert zu betrachtende Rechtsverletzungen mit eigenem Unrechtsgehalt darstellen.[708]

---

[704] *Ohly*, in: Harte-Bavendamm/Ohly/Kalbfus, § 4 GeschGehG Rn. 25.

[705] *Hoppe*, in: Hoppe/Oldekop, Geschäftsgeheimnisse, Kap. 1 Rn. 501.

[706] *Alexander*, in: Köhler/Bornkamm/Feddersen, UWG, § 4 GeschGehG Rn. 16; *Waßmer*, in: Obergfell/Pahlow/Peifer, UWG, § 23 GeschGehG Rn. 123.

[707] *Barth*, in: BeckOK, UWG, § 4 GeschGehG Rn. 37; *Ohly*, in: Harte-Bavendamm/Ohly/Kalbfus, § 4 GeschGehG Rn. 25.

[708] *Barth*, in: BeckOK, UWG, § 4 GeschGehG Rn. 37.

c) Tathandlung nach § 23 Abs. 1 Nr. 3 GeschGehG

Da es sich bei Whistleblowern regelmäßig um Organisationsangehörige handelt, die von den im Rahmen dieser Tätigkeit gewonnenen Erkenntnissen Gebrauch machen, kommt bei der Beurteilung der Strafbarkeitsrisiken für Whistleblower der Tathandlung nach § 23 Abs. 1 Nr. 3 GeschGehG i. V. m. § 4 Abs. 2 Nr. 3 GeschGehG besondere Bedeutung zu. Dieser erfasst das Offenlegen eines Geschäftsgeheimnisses durch eine bei einem Unternehmen beschäftigte Person, der das Geheimnis im Rahmen des Beschäftigungsverhältnisses anvertraut worden oder zugänglich geworden ist.

Die Tathandlung kann gem. § 23 Abs. 1 Nr. 3 GeschGehG nur von einer bei einem Unternehmen beschäftigten Person begangen werden. Allgemein wird der Begriff des Beschäftigten im Sinne von § 23 Abs. 1 Nr. 3 GeschGehG weit verstanden, womit jedenfalls nicht nur weisungsabhängige Arbeitnehmer, Praktikanten oder leitende Angestellte erfasst sind, sondern auch Mitglieder des Vorstandes oder Aufsichtsrates sowie Geschäftsführer.[709] Doch sollte das allgemein weite Verständnis des Beschäftigten eines Unternehmens nicht dazu führen, dass der strafrechtliche Bestimmtheitsgrundsatz außer Acht gelassen wird. Daher können selbstständige externe Personen, wie bspw. Rechtsanwälte, Steuerberater oder Wirtschaftsprüfer, nicht als von § 23 Abs. 1 Nr. 3 GeschGehG erfasst angesehen werden.[710]

---

[709] *Alexander*, in: Köhler/Bornkamm/Feddersen, UWG, § 4 Rn. 32.

[710] *Schumann/Günnel*, in: Götting/Meyer/Vormbrock, Gewerblicher Rechtsschutz, § 42, 152.

Das Geheimnis muss der beschäftigten Person im Rahmen ihres Dienstverhältnisses anvertraut worden oder zugänglich geworden sein. Ein Anvertrauen setzt die Kenntnisverschaffung unter der Voraussetzung der Geheimhaltung voraus.[711] Der Begriff des Zugänglichwerdens ist weiter, weil es genügt, dass der Täter im ursächlichen Zusammenhang mit seiner Tätigkeit Kenntnis von dem Geheimnis erlangt.[712]

Der Tatbestand des § 23 Abs. 1 Nr. 3 GeschGehG bezieht sich auf das Handlungsverbot des § 4 Abs. 2 Nr. 3 GeschGehG, bei welchem der Beschäftigte eine vertragliche Vertraulichkeitsverpflichtung verletzt oder arbeitsrechtlichen Geheimhaltungs- bzw. Loyalitätspflichten zuwiderhandelt.[713] Sofern keine vertragliche Vertraulichkeitsverpflichtung vorliegt, kann auf die allgemeine Verpflichtung von Arbeitnehmern zu Geheimhaltung und Loyalität gegenüber dem Arbeitgeber zurückgegriffen werden.[714] Die allgemeine Pflicht zur Wahrung von Geschäftsgeheimnissen besteht für den Arbeitnehmer nämlich schon aufgrund der Regelung des § 241 Abs. 2 BGB und bedarf grundsätzlich keiner expliziten vertraglichen Verpflichtung.[715]

---

[711] *Krbetschek*, in: MüKo, Lauterkeitsrecht, § 23 GeschGehG Rn. 16.

[712] *Alexander*, in: Köhler/Bornkamm/Feddersen, UWG, § 23 Rn. 36; *Waßmer*, in: Obergfell/Pahlow/Peifer, UWG, § 23 GeschGehG Rn. 123.

[713] *Deck*, in: Hoeren/Münker, GeschGehG, § 4 Rn. 118; *Waßmer*, in: Obergfell/Pahlow/Peifer, UWG, § 23 GeschGehG Rn. 146.

[714] *Waßmer*, in: Obergfell/Pahlow/Peifer, UWG, § 23 GeschGehG Rn. 146.

[715] *Preis/Seiwerth*, in: RdA 2019, 351, 352.

Der Tatbestand des § 23 Abs. 1 Nr. 3 GeschGehG ist damit ausgesprochen relevant für das Phänomen Whistleblowing. Er betrifft gerade die Konstellation, in der ein Whistleblower im Rahmen seiner Tätigkeit Kenntnis von einem Geheimnis – bspw. Fehlverhalten – erlangt und dieses offenlegt. Der erforderliche Verstoß gegen eine Verpflichtung, das Geschäftsgeheimnis nicht offenzulegen (§ 4 Abs. 2 Nr. 3 GeschGehG), ergibt sich regelmäßig aus den vertraglichen Nebenpflichten des § 241 Abs. 2 BGB, ohne dass es einer expliziten vertraglichen Pflicht bedürfte. Dies gilt unabhängig davon, ob das Geheimnis positive oder negative Informationen (z. B. Rechtsverletzungen) beinhaltet.

4. Subjektiver Tatbestand

Nach den vorherigen Darstellungen wird der objektive Tatbestand des § 23 Abs. 1 GeschGehG leicht durch Whistleblowing-Handlungen verwirklicht. Möglicherweise wird durch den subjektiven Tatbestand ein Korrektiv geschaffen, das die Strafbarkeitsrisiken von Whistleblowern auf ein vertretbares Maß beschränkt. In subjektiver Hinsicht muss der Täter für die Verwirklichung des § 23 Abs. 1 GeschGehG über den grundsätzlich erforderlichen dolus eventualis hinaus zur Förderung des eigenen oder fremden Wettbewerbs, aus Eigennutz, zugunsten eines Dritten oder in der Absicht, dem Inhaber eines Unternehmens Schaden zuzufügen, gehandelt haben.

a) Allgemeiner Tatbestandsvorsatz

Zunächst muss der Täter hinsichtlich der objektiven Tatbestandsmerkmale vorsätzlich gehandelt, d. h. alle Umstände gekannt haben, die zur Verwirklichung des objektiven Tatbestandes zählen.[716] In Bezug auf den objektiven Tatbestand des § 23 Abs. 1 GeschGehG ist insofern v. a. erforderlich, dass der Täter die Umstände erkennt, die zu der Annahme eines Geschäftsgeheimnisses nach § 2 GeschGehG führen. Da es sich bei dem Tatobjekt des Geschäftsgeheimnisses um ein Merkmal handelt, das nicht bloß durch sinnliche Wahrnehmung erkannt werden kann, sondern einer Wertung durch den Täter bedarf, handelt es sich bei diesem um ein normatives Tatbestandsmerkmal,[717] womit der Täter die betreffende Information jedenfalls laienhaft als Geschäftsgeheimnis werten muss[718]. Relevant kann die Frage des Tatbestandsvorsatzes insbesondere dann werden, wenn der Whistleblower ein rechtswidriges Verhalten offenbart und dann behauptet, er sei nicht davon ausgegangen, dass auch rechtswidriges Verhalten strafrechtlichen Schutz erfährt. Mithin subsumiert er den Begriff des Geschäftsgeheimnisses zu seinen Gunsten enger (Subsumtionsirrtum). In diesem Fall lässt sich durchaus annehmen, dem Täter sei die für eine Vorsatzstrafbarkeit erforderliche Parallelwertung in der Laiensphäre nicht geglückt, da er davon aus-

---

[716] Zur Abgrenzung zwischen Dolus eventualis und bewusster Fahrlässigkeit vgl. *Sternberg-Lieben/Schuster*, in: Schönke/Schröder, StGB, § 15 Rn. 1 ff.; *Sternberg-Lieben/Sternberg-Lieben*, in: JuS 2012, 976.

[717] Zur Abgrenzung zwischen deskriptiven und normativen Tatbestandsmerkmalen vgl. *Puppe*, in: Kindhäuser/Neumann/Paeffgen/Saliger, StGB, § 16 Rn. 41.

[718] *Joecks/Miebach*, in: MüKo, StGB, § 23 GeschGehG Rn. 52; *Waßmer*, in: Obergfell/Pahlow/Peifer, UWG, § 23 GeschGehG Rn. 156.

ging, im Einklang mit der (Straf-)Rechtsordnung zu handeln. In dieser Konstellation ist die Schnittstelle zwischen einem Vorsatzirrtum gem. § 16 Abs. 1 StGB und einem Verbotsirrtum nach § 17 StGB betroffen.[719] Wenn das Erfordernis der Parallelwertung in der Laiensphäre bei normativen Tatbestandsmerkmalen jedoch ernst genommen wird, dann sprechen die besseren Argumente für die Anwendung des § 16 StGB. Nimmt der Whistleblower an, eine rechtswidrige Information stelle kein Geschäftsgeheimnis dar, verneint er bereits den tatbestandlichen Schutz, womit er den sozialen Bedeutungsgehalt seines Verhaltens nicht erfasst. Insgesamt ist die Anwendung des § 16 StGB für den Täter günstiger als diejenige des § 17 StGB, da ein strafbefreiender Verbotsirrtum nach § 17 StGB nur unter der strengen Voraussetzung der Vermeidbarkeit des Irrtums angenommen werden kann.[720]

Verteidigt ein Whistleblower sich im Prozess damit, er habe nicht gewusst, dass rechtswidrige Geheimnisse geschützt sind, so wird er in der Praxis auch über die Anwendung von § 16 StGB kaum Straffreiheit erlangen. Zunächst kommt es darauf an, dass der Whistleblower tatsächlich einem solchen Irrtum unterlag. In der Rechtswirklichkeit werden Gerichte die Behauptung, der Whistleblower wisse nichts davon, dass auch rechtswidrige Geheimnisse vom Schutzumfang des GeschGehG umfasst sind, als Schutzbehauptung verwerfen.[721]

---

[719] Hierzu *Kaspar*, in: Leitner/Rosenau, Wirtschafts- und Steuerstrafrecht, § 16 StGB Rn. 19 ff.

[720] *Joecks/Kulhanek*, in: MüKo, StGB, § 17 Rn. 46 ff.

[721] *Kaspar*, in: Leitner/Rosenau, Wirtschafts- und Steuerstrafrecht, § 16 StGB Rn. 25a; *Volk*, in: MAH WiStR, § 2 Rn. 60 ff.

Regelmäßig wird einem Whistleblower zudem vorzuwerfen sein, er habe es versäumt, zuvor Rechtsrat einzuholen. Von gesteigerter Bedeutung ist die Einholung von Rechtsrat im Rahmen des Vorsatzes dann, wenn der Vorsatz von der rechtlichen Würdigung eines Tatbestandes abhängt (normative Tatbestandsmerkmale).[722] Jedenfalls dann, wenn der Täter eine ihn belastende Rechtslage ernsthaft für möglich hält und keine zumutbaren Verhinderungsmaßnahmen trifft (hier durch Einholung von Rechtsrat), handelt er bedingt vorsätzlich.[723]

b) Zur Förderung des eigenen oder fremden Wettbewerbs

Neben dem allgemeinen Tatbestandsvorsatz muss der Täter die in § 23 Abs. 1 GeschGehG genannten besonderen subjektiven Tatbestandsmerkmale erfüllen. Zunächst nennt § 23 Abs. 1 GeschGehG das Handeln zugunsten des eigenen oder fremden Wettbewerbs, wozu der Täter mit dem Ziel handeln muss, sein eigenes Unternehmen oder dasjenige eines Dritten zu fördern, wobei er neben diesem Zweck auch noch andere Ziele verfolgen kann.[724]

---

[722] Vgl. zur Thematik *Kirch-Heim/Samson*, in: wistra 2008, 81, 87.

[723] *Kudlich*, in: BeckOK, StGB, § 16 Rn. 15.

[724] *Joecks/Miebach*, in: MüKo, StGB, § 23 GeschGehG Rn. 55; zum Ausreichen eines Motivbündels vgl. bereits BGH, NJW 1998, 604, 605; OLG München, GRUR-RR 2004, 145.

Zwar mag es durchaus vorkommen, dass Whistleblower durch die Offenbarung von Fehlverhalten des Unternehmens auch wettbewerbsfördernde Zwecke verfolgen, da der Whistleblower-Begriff gerade nicht an subjektive Voraussetzungen geknüpft ist und somit durchaus verschiedene Motive vorliegen können.[725] Gleichwohl stellt das Motiv der Wettbewerbsförderung in der Rechtswirklichkeit nicht den Hauptanwendungsfall des Whistleblowings dar, womit der Förderung des eigenen oder fremden Wettbewerbs im Vergleich zu den anderen Tatbestandsalternativen eher untergeordnete Bedeutung zukommen wird.

c) Aus Eigennutz

Handeln aus Eigennutz hat je nach Auslegung eine größere Bedeutung, soweit unter eigennützigem Verhalten jeder direkte oder indirekte Vorteil verstanden wird, der sowohl materieller als auch immaterieller Art sein kann.[726] Aufgrund der Vielzahl der dann denkbaren Vorteile kann eigennütziges Verhalten auch Whistleblowern vorgeworfen werden. Teilweise wird aufgrund der Weite des Merkmals jedoch einschränkend verlangt, dass ein Vorteil immaterieller Art einem solchen materieller Art vergleichbar sein muss.[727] Eine Beschränkung auf materielle Vorteile ist hingegen nicht angezeigt

---

[725] Kap. 1 I. 3. b).

[726] *Alexander*, in: Köhler/Bornkamm/Feddersen, UWG, § 23 GeschGehG Rn. 44; *Barth*, in: BeckOK, UWG, § 23 GeschGehG Rn. 8.

[727] *Harte-Bavendamm*, in: Harte-Bavendamm/Ohly/Kalbfus, § 23 GeschGehG Rn. 43; *Joecks/Miebach*, in: MüKo, StGB, § 23 GeschGehG Rn. 55; *Waßmer*, in: Obergfell/Pahlow/Peifer, UWG, § 23 GeschGehG Rn. 116.

und vom Wortlaut der Vorschrift nicht gedeckt.[728] Eine einschränkende Auslegung ist damit nur insoweit vorzunehmen, als es sich um einen (immateriellen) Vorteil von einiger Erheblichkeit handeln muss.[729] Für Whistleblower kommen derartige immaterielle Vorteile in Betracht, wenn es ihnen vordringlich – wenn auch nicht ausschließlich – darum geht, gesellschaftliches Ansehen zu erlangen.[730]

d) Zugunsten eines Dritten

Für das Phänomen Whistleblowing ist das Handeln zugunsten eines Dritten von ungleich größerer Bedeutung als die beiden zuvor genannten Tatbestandsalternativen. Zugunsten eines Dritten handelt, wer einen anderen aus ideologischen, wissenschaftlichen oder sonstigen Beweggründen begünstigen will.[731] Die Weite ist jedenfalls nach dem Wortlaut geradezu uferlos und als deutlich problematischer anzusehen als das Merkmal des Eigennutzes. Wird der Wortlaut „zugunsten eines Dritten" ernst genommen, ist das Merkmal auch dann erfüllt, wenn ein Whistleblower Informationen an Whistleblowing-Plattformen weiterleitet oder die Presse informiert.[732] Das Handeln zugunsten eines Dritten erfordert nämlich gerade keinen materiellen Vorteil, womit jedes Verhalten zugunsten einer anderen

---

[728] Im Ergebnis bereits BGH, NJW 1958, 348, 350.

[729] BGHSt 11, 94, 97.

[730] Für die Erfassung der Absicht des Ansehenszuwachses unter das Tatbestandsmerkmal des Eigennutzes ebenfalls *Alexander*, in: Köhler/Bornkamm/Feddersen, UWG, § 23 GeschGehG Rn. 44.

[731] *Alexander*, in: Köhler/Bornkamm/Feddersen, UWG, § 23 GeschGehG Rn. 44.

[732] *Schönknecht*, in: Keller/Schönknecht/Glinke, § 23 GeschGehG Rn. 26; *Waßmer*, in: Obergfell/Pahlow/Peifer, UWG, § 23 GeschGehG Rn. 117.

Person oder eines anderen Personenkreises vom Wortlaut der Vorschrift erfasst ist. Es werden damit insbesondere Täter erfasst, die keine wettbewerblichen Zwecke verfolgen, sondern aus ideologischen Gründen eine NGO, wie z. B. Wikileaks, fördern wollen.[733] Ein strafbarkeitsbeschränkendes Korrektiv geht vom subjektiven Tatbestand damit für externe Whistleblower kaum noch aus, da ihre Offenbarungen regelmäßig zur Information Dritter erfolgen.

e) Schädigungsabsicht

Grundsätzlich ist ebenfalls denkbar, dass Whistleblower mit Schädigungsabsicht handeln. Für die Schädigungsabsicht genügt es, wenn der Täter dem Inhaber des Geheimnisses Schaden zufügen will.[734] Wie auch bei den anderen Merkmalen muss die Schädigungsabsicht nicht das einzige Motiv des Whistleblowers sein, sondern es genügt, wenn es neben ein anderes tritt, solange es nicht vollständig in den Hintergrund gerät.[735] Insbesondere für Whistleblowing kommt die Absicht in Betracht, die Reputation eines Unternehmens herabzusetzen.[736]

---

[733] *Bott/Kohlhof*, in: Hoeren/Münker, GeschGehG, § 23 Rn. 57.

[734] *Harte-Bavendamm*, in: Harte-Bavendamm/Ohly/Kalbfus, § 23 GeschGehG Rn. 45; *Hiéramente*, in: BeckOK, GeschGehG, § 23 Rn. 13.

[735] *Harte-Bavendamm*, in: Harte-Bavendamm/Ohly/Kalbfus, § 23 GeschGehG Rn. 45.

[736] *Bott/Kohlhof*, in: Hoeren/Münker, GeschGehG, § 23 Rn. 58; *Joecks/Miebach*, in: MüKo, StGB, § 23 GeschGehG Rn. 58.

f) Zwischenergebnis

Der subjektive Tatbestand des § 23 Abs. 1 GeschGehG bietet nach dem Gesagten kein Korrektiv für eine Strafbarkeit des Whistleblowers. Dies liegt insbesondere an dem Merkmal der Drittbegünstigungsabsicht, die beim externen Whistleblowing regelmäßig vorliegt; aber auch die Merkmale des Eigennutzes und der Schädigungsabsicht kommen in subjektiver Hinsicht in Betracht. Die Weite des subjektiven Tatbestandes des § 23 Abs. 1 GeschGehG ist jedoch kein Problem, das speziell das Whistleblowing betrifft. Allgemein führen die verschiedenen Alternativen – insbesondere wegen der Motivation des Handelns zugunsten eines Dritten – dazu, dass die subjektiven Merkmale regelmäßig erfüllt sind und kein Korrektiv darstellen.

5. Ausschlussgründe gem. § 5 GeschGehG

Die Problematik des weiten Tatbestandes könnte sich allerdings durch die Ausschlussgründe des § 5 GeschGehG lösen lassen. Schon Art. 5 Geschäftsgeheimnis-RL sieht vor, dass Maßnahmen, Verfahren und Rechtsbehelfe – mithin auch eine strafrechtliche Verfolgung – von den Handlungsverboten auszunehmen sind, sofern einer der Ausschlusstatbestände einschlägig ist. Damit erkennt die Richtlinie an, dass Geschäftsgeheimnisse nicht schlechthin geschützt sind, sondern im Einzelfall gegenläufige Interessen vorrangig sein können.[737] Demzufolge hat der deutsche Gesetzgeber mit § 5 GeschGehG das Erlangen, Nutzen und Offenlegen eines Geschäftsgeheimnisses un-

---

[737] Erwägungsgründe 18 ff. Geschäftsgeheimnis-RL.

ter gewissen Voraussetzungen den Handlungsverboten des § 4 GeschGehG entzogen, soweit es (1.) der Ausübung des Rechts der Meinungs- und der Informationsfreiheit dient (§ 5 Nr. 1 GeschGehG) oder (2.) eine rechtswidrige Handlung oder ein sonstiges Fehlverhalten aufdeckt (§ 5 Nr. 2 GeschGehG) oder (3.) eine Offenlegung durch den Arbeitnehmer gegenüber der Arbeitnehmervertretung (§ 5 Nr. 3 GeschGehG) vorliegt. Die verschiedenen Varianten sind an unterschiedliche Voraussetzungen geknüpft, die nachfolgend noch dargelegt werden. In systematischer Hinsicht hat die Norm des § 5 GeschGehG Regelbeispielcharakter.[738] Es kommt mithin nicht zwingend darauf an, dass eines der drei benannten Regelbeispiele einschlägig ist, sondern vielmehr darauf, dass der Offenbarung des Täters ein berechtigtes Interesse zugrunde liegt. Somit sind auch sonstige berechtigte Interessen erfasst, womit der deutsche Gesetzgeber insbesondere der Regelung des Art. 5 lit. d) Geschäftsgeheimnis-RL Rechnung tragen wollte.[739]

Dogmatisch statuierte der Gesetzgeber mit § 5 GeschGehG einen Tatbestandsausschluss, womit die Bedenken gegen die Ausgestaltung als Rechtfertigungsgrund berücksichtigt wurden.[740] Dabei sahen sowohl der Referenten- als auch der spätere Regierungsentwurf vor, dass es sich bei § 5 GeschGehG um einen Rechtfertigungs- und nicht um einen Ausschlussgrund handelt.[741] Dies ist jedoch in den

---

[738] *Preis/Seiwerth*, in: RdA 2019, 351, 354.

[739] *Alexander*, in: Köhler/Bornkamm/Feddersen, UWG, § 5 GeschGehG Rn. 2; kritisch gegenüber der Formulierung „insbesondere“ in § 5 GeschGehG *Hiéramente*, BT-Drucks. 19/8300, S. 8, da hiermit unüberschaubare Folgen für Unternehmen verbunden seien.

[740] *Hiéramente*, in: BeckOK, GeschGehG, § 23 Rn. 12.

[741] BT-Drucks. 19/4724 S. 10.

Ausschussberatungen mit dem Argument kritisiert worden, eine nur ausnahmsweise eingreifende Rechtfertigung und die grundsätzliche Klassifizierung des Verhaltens als verboten habe eine abschreckende Wirkung auf potenzielle Whistleblower.[742] Dass die Entscheidung schließlich auf die Einführung eines Ausnahmetatbestandes fiel, hat entgegen teilweise vertretener Ansicht nicht nur ideellen Wert, sondern wirkt sich in der Rechtswirklichkeit – etwa im Rahmen des subjektiven Tatbestandes – aus.[743]

a) Ausschlussgrund gem. § 5 Nr. 2 GeschGehG

Für die Whistleblowing-Thematik ist der Ausschlussgrund des § 5 Nr. 2 GeschGehG von entscheidender Bedeutung. Bereits die Geschäftsgeheimnis-RL beinhaltete in den Erwägungsgründen die Forderung, dass Whistleblowing-Aktivitäten, die der Öffentlichkeit insofern dienen, als sie ein regelwidriges Verhalten, ein Fehlverhalten oder eine illegale Tätigkeit von unmittelbarer Relevanz betreffen, nicht eingeschränkt werden sollen. Diese Vorgabe hat der deutsche Gesetzgeber mit § 5 Nr. 2 GeschGehG umgesetzt. Damit wird ein Verhalten den in § 4 GeschGehG aufgeführten Handlungsverboten entzogen, soweit es der Aufdeckung einer rechtswidrigen Handlung oder eines beruflichen oder sonstigen Fehlverhaltens dient und die Erlangung, Nutzung oder Offenlegung geeignet ist, das allgemeine öffentliche Interesse zu schützen. Der Wortlaut der Vorschrift wurde fast wortgetreu aus der Geschäftsgeheimnis-RL, die Ausnahmen für

---

[742] BT-Drucks. 19/8300, S. 14.

[743] *Waßmer*, in: Obergfell/Pahlow/Peifer, UWG, § 23 GeschGehG Rn. 117; a.A.: *Brost*/*Wolsing*, in: ZUM 2019, 898, 900; *Reiling*/*Wild*, in: BeckOK, UWG, § 5 GeschGehG Rn. 3.

Whistleblower in Art. 5 lit. b) Geschäftsgeheimnis-RL regelt, übernommen. Um zu überprüfen, ob diese für den Schutz von Whistleblowern ausreichen, werden zunächst die Anforderungen an den Tatbestand des § 5 Nr. 2 GeschGehG dargestellt.

aa) Rechtswidrige Handlung sowie berufliches oder sonstiges Fehlverhalten

Als erste Voraussetzung verlangt die Tatbestandsausnahme des § 5 Nr. 2 GeschGehG, dass die Erlangung, Nutzung oder Offenlegung des Geschäftsgeheimnisses eine rechtswidrige Handlung sowie ein berufliches oder sonstiges Fehlverhalten betrifft. Bei der Offenlegung von rechtswidrigen Handlungen oder sonstigem Fehlverhalten einer Organisation handelt es sich um den typischen Gegenstand des Whistleblowings. Wie weitreichend der Schutz für Whistleblower nach § 5 Nr. 2 GeschGehG letztlich ist, hängt ganz erheblich von der Auslegung des „sonstigen Fehlverhaltens" ab.

aaa) Rechtswidrige Handlung und berufliches Fehlverhalten

Eine rechtswidrige Handlung im Sinne von § 5 Nr. 2 GeschGehG beinhaltet Verstöße gegen das geltende Recht.[744] Der Begriff der rechtswidrigen Handlung geht dabei über denjenigen der rechtswidrigen Tat gem. § 11 Nr. 5 StGB und der Ordnungswidrigkeit nach § 1 Abs. 1 OWiG hinaus und erfasst sämtliche Rechtsverstöße gegen nationales und internationales Recht, nicht aber einen Verstoß gegen

---

[744] *Glinke*, in: Keller/Glinke/Schönknecht, § 5 GeschGehG Rn. 74; *Hoppe/Lodemann/Tholuck*, in: Hoppe/Oldekop, Geschäftsgeheimnisse, Kap. 1 Rn. 549.

privatrechtliche Vereinbarungen.[745] Eine rechtswidrige Handlung im Sinne der Vorschrift ist auch dann anzunehmen, wenn es sich um einen Bagatellverstoß handelt. Eine andere Sichtweise würde auf eine unzulässige Verkürzung des Wortlauts zuungunsten des Täters hinauslaufen, die nicht im Einklang mit Art. 103 Abs. 2 GG steht. Denn nicht nur der objektive und subjektive Tatbestand bestimmen über das „Ob“ der Strafbarkeit, sondern auch das (Nicht-)Vorliegen von Tatbestandsausschließungs- und Rechtfertigungsgründen.[746] Eine zulasten des Täters erfolgende Beschränkung der Tatbestandsausnahme nach § 5 Nr. 2 GeschGehG verstieße gegen diesen Fundamentalgrundsatz. Auch in teleologischer Hinsicht ist eine solche Beschränkung des Anwendungsbereichs nicht geboten. Offenbart der Whistleblower ein Verhalten, das gemeinhin als Bagatellverstoß angesehen wird, ist kritisch zu hinterfragen, ob die Offenlegung gem. § 5 Nr. 2 GeschGehG auch dazu geeignet ist, das allgemeine öffentliche Interesse zu schützen.[747]

Eng verbunden mit der Tatbestandsvariante der rechtswidrigen Handlung ist berufliches Fehlverhalten. Hiervon sind laut der Gesetzesbegründung Verstöße gegen berufsständische Normen erfasst,[748]

---

[745] *Hiéramente*, in: BeckOK, GeschGehG, § 5 Rn. 20 f.; *Ohly*, in: Harte-Bavendamm/Ohly/Kalbfus, § 5 GeschGehG Rn. 36.

[746] *Schulze-Fielitz*, in: Dreier, Grundgesetz-Kommentar, Art. 103 Abs. 2 Rn. 23.

[747] Für einen Ausschluss auf Ebene des Tatbestandsmerkmals des Schutzes des allgemeinen öffentlichen Interesses ebenfalls *Hiéramente*, in: BeckOK, GeschGehG, § 5 Rn. 20; *Reinbacher*, in: KriPoZ 2018, 115, 118; *Waßmer*, in: Obergfell/Pahlow/Peifer, UWG, § 23 GeschGehG Rn. 227.

[748] BT-Drucks. 19/4724, S. 29.

die regelmäßig den Leitlinien der jeweiligen Selbstverwaltungskörperschaft zu entnehmen sein werden[749].

bbb) Sonstiges Fehlverhalten

Da das von Whistleblowern gemeldete Verhalten jedoch oftmals nicht einen eindeutig fassbaren Gesetzesverstoß darstellt, erlangt die Fallgruppe des sonstigen Fehlverhaltens Bedeutung. Die Aufnahme dieser Fallgruppe in den Kreis der Tatbestandsausschlüsse ist für Whistleblower schon deshalb von großer Bedeutung, da ihnen die abschließende rechtliche Bewertung eines Verhaltens in vielen Fällen schwerfallen wird. So kann dieser ein Verhalten als strafwürdig empfinden, das rechtlich gesehen lediglich eine straflose Gesetzesumgehung darstellt. Insbesondere im Bereich des Steuerstrafrechts mag ein Whistleblower eine Umgehungspraxis feststellen, die er als unredlich empfindet, die jedoch objektiv-rechtlich betrachtet keinen tatsächlichen Rechtsverstoß darstellt.[750] Ganz unabhängig von dieser Fallkonstellation besteht ein beträchtlicher Anteil des Whistleblowings darin, Verhaltensweisen aufzudecken, die der Whistleblower als unmoralisch empfindet, um darüber eine öffentliche Diskussion anzuregen.[751]

So wichtig die Aufnahme eines Ausschlussgrundes ist, der über eindeutig rechtswidrige Handlungen hinausgeht, so unbestimmt und konkretisierungsbedürftig ist der Begriff des „sonstigen Fehlverhaltens".[752] Das reine Wortverständnis und die gesetzliche Konzeption

---

[749] *Hiéramente*, in: BeckOK, GeschGehG, § 5 Rn. 22.
[750] BT-Drucks. 19/4724, S. 29.
[751] Vgl. dazu bereits Kap. 1 II. 1. c).
[752] *Nöbel/Veljovcic*, in: CB 2020, 34, 38.

des Merkmals als Auffangtatbestand legen zunächst ein weites Verständnis nahe, das auch unethische Verhaltensweisen erfasst. Dieses Verständnis geht auch aus der Gesetzesbegründung hervor.[753] In dieser werden ausdrücklich Aktivitäten als erfasst angesehen, die ein unethisches Verhalten beinhalten, aber nicht gegen Rechtsvorschriften verstoßen. Exemplarisch nennt die Gesetzesbegründung etwa Steuerumgehungen oder Auslandsaktivitäten wie Kinderarbeit oder gesundheits- oder umweltschädliche Produktionsbedingungen, die in dem betreffenden Land nicht rechtswidrig sind, aber allgemein als unethisch angesehen werden.[754]

(1) Kritik der Literatur

Dieses weite Verständnis des sonstigen Fehlverhaltens ist in der Literatur auf Ablehnung gestoßen.[755] Insofern wird zunächst naheliegend die Weite und Unbestimmtheit des Merkmals kritisiert, das zu Rechtsunsicherheiten für sowohl den Whistleblower als auch die

---

[753] BT-Drucks. 19/4724, S. 29.

[754] BT-Drucks. 19/4724, S. 29.

[755] *Alexander*, in: Köhler/Bornkamm/Feddersen, UWG, § 5 GeschGehG Rn. 39; *Brammsen*, in: wistra 2018, 449, 454; *Bürkle*, in: CCZ 2018, 193; *Dann/Markgraf*, in: NJW 2019, 1774, 1777; *Gramlich/Lütke*, in: wistra, 2019, 480, 482 ff.; *Hiéramente/Golzio*, in: CCZ 2018, 262, 264; *Hiéramente*, in: BeckOK, GeschGehG, § 5 Rn. 26; *Naber/Peukert/Seeger*, in: NZA 2019, 583, 586; *Ohly*, in: Harte-Bavendamm/Ohly/Kalbfus, § 5 GeschGehG Rn. 40; *Passarge*, in: CB 2018, 144, 147; *Reinhardt-Kasperek*, in: Hoeren/Münker, GeschGehG, § 5 Nr. 2 Rn. 75; *Rönnau*, in: FS Merkel, 909, 922 f.; *Ullrich*, in: NZWiSt 2019, 65, 68 f.; *Waßmer*, in: Obergfell/Pahlow/Peifer, UWG, § 23 GeschGehG Rn. 227.

vom Whistleblowing betroffene Organisation führe.[756] Auch wird immer wieder angeführt, die Einbeziehung unethischen Verhaltens sei von den einschlägigen Richtlinien nicht vorgesehen. Zum einen sehe weder der 20. Erwägungsgrund der Geschäftsgeheimnis-RL noch der einschlägige Art. 5 lit. b) Geschäftsgeheimnis-RL die Erfassung unethischen Verhaltens vor.[757] Zum anderen entstehe ein Wertungswiderspruch zur neuen Whistleblower-RL, die den Schutz bei der Meldung bzw. Offenlegung unethischen Verhaltens gerade nicht regelt.[758] Schließlich sei die Einbeziehung unethischen Verhaltens auch wertungsmäßig nicht zu rechtfertigen, da Privatpersonen nur durch den Gesetzgeber kodifizierte Ge- und Verbote beachten müssen und es auch keine allgemeine Pflicht gibt, sich moralisch einwandfrei zu verhalten.[759]

(2) Stellungnahme

Dass jedenfalls ein Fehlverhalten vorliegt, wenn die grundgesetzlichen Wertungen dieses vorschreiben, erscheint naheliegend, denn dann besteht ein rechtssicherer Anknüpfungspunkt für die Bewertung eines Verhaltens. So verbieten Art. 1 Abs. 1 GG und Art. 32 GRCh die Kinderarbeit, womit ein Fehlverhalten im Sinne des § 5

---

[756] *Bürkle*, in: CCZ 2018, 193; *Brammsen*, in: wistra 2018, 449, 454; *Dann/Markgraf*, in: NJW 2019, 1774, 1777; *Reinhardt-Kasperek*, in: Hoeren/Münker, GeschGehG, § 5 Nr. 2 Rn. 75; *Rönnau*, in: FS Merkel, 909, 922 f.; *Ullrich*, in: NZWiSt 2019, 65, 68.

[757] *Bürkle*, in: CCZ 2018,193; *Gramlich/Lütke*, in: wistra, 2019, 480, 482; *Hiéramente*, in BeckOK, GeschGehG, § 5 Rn. 26; *Rönnau*, in: FS Merkel, 909, 922; *Ullrich*, in: NZWiSt 2019, 65, 69.

[758] *Hiéramente*, in BeckOK, GeschGehG, § 5 Rn. 26.

[759] *Dann/Markgraf*, in: NJW 2019, 1774, 1777; *Rönnau*, in: FS Merkel, 909, 924.

Nr. 2 GeschGehG auch dann vorliegt, wenn die Kinderarbeit im Herkunftsland nicht verboten ist.[760] Soweit die Erfassung bloß unethischen Verhaltens per se aus dem Anwendungsbereich des § 5 Nr. 2 GeschGehG entfernt werden soll, überzeugt dies angesichts der Bedeutung des Whistleblowings für die öffentliche Meinungsbildung und des Wortlauts der Vorschrift nicht. Die vorgebrachten Bedenken gegen die Erfassung unethischen Verhaltens greifen jedenfalls nicht vollständig durch.

(a) Entstehende Rechtsunsicherheiten

Freilich ist der vorgebrachten Kritik insofern zuzustimmen, als die Regierungsbegründung zum Begriff des sonstigen Fehlverhaltens eine Unschärfe aufweist, die für Whistleblower und die betroffenen Unternehmen zu Rechtsunsicherheiten führen mag. Charakteristisch sind insofern die Formulierungen der Gesetzesbegründung.[761] Unter dem Begriff des sonstigen Fehlverhaltens ist danach ein Verhalten zu verstehen, das von der Allgemeinheit als Fehlverhalten angesehen werde. Zudem seien Aktivitäten erfasst, die in der öffentlichen Diskussion häufig als unethisches Verhalten angesehen würden.

Gleichwohl überzeugen die grundsätzlich vorgebrachten Bedenken gegen das Auffangmerkmal des sonstigen Fehlverhaltens nicht. Soweit vorgebracht wird, unethisches Verhalten sei aus dem Anwendungsbereich der Tatbestandsausnahmen auszunehmen, da es dem Whistleblower die praktisch kaum durchführbare Pflicht auferlegen würde, zu prüfen, ob ein Verhalten auch von der Allgemeinheit als

---

[760] *Ohly*, in: Harte-Bavendamm/Ohly/Kalbfus, § 5 GeschGehG Rn. 41.

[761] BT-Drucks. 19/4724, S. 29.

verwerflich angesehen werde, mag dies nicht zu überzeugen. Die Alternative, unethisches Verhalten gänzlich dem Schutz der Tatbestandsausnahmen zu entziehen, würde schließlich zu einer deutlichen Schwächung seiner Rechtsposition führen und darüber hinaus noch größere Rechtsunsicherheiten nach sich ziehen. In der Rechtswirklichkeit wird es Whistleblowern deutlich leichter fallen, von der Allgemeinheit als unethisch empfundene Verhaltensweisen zu identifizieren, als eine trennscharfe Abgrenzung dahingehend vorzunehmen, ob ein bestimmtes Verhalten eine Gesetzesverletzung darstellt oder lediglich eine (straflose) Gesetzesumgehung ist. Gegen diese Unsicherheit aber schützt ihn das Tatbestandsmerkmal des sonstigen Fehlverhaltens und fängt ihn dann auf, wenn er unrichtigerweise von einem Rechtsverstoß ausging. Eine andere Betrachtungsweise würde die Strafbarkeit des Whistleblowers von der Frage abhängig machen, ob ein Gericht das gemeldete Verhalten hypothetisch als verboten bewerten würde. Solche Unsicherheiten führen nicht nur zu erheblichen Schwierigkeiten für die Abgrenzung zwischen straffreier und strafbarer Offenbarungshandlung nach § 5 Nr. 2 GeschGehG, sondern würden für den Whistleblower bis zur abschließenden Klärung der Rechtslage zu einem kaum erträglichen Schwebezustand führen. Der Schutz von Meldungen und Offenlegungen über sonstiges Fehlverhalten ist aber auch unabhängig davon geboten. Eine wesentliche Funktion des Whistleblowings besteht darin, auf Missstände aufmerksam zu machen, die keinen fassbaren Gesetzesverstoß beinhalten.

(b) Gefahr der Uferlosigkeit des Ausnahmetatbestandes

Eng verbunden mit dem Kritikpunkt der Rechtsunsicherheit ist die Kritik am weiten Begriffsverständnis des sonstigen Fehlverhaltens durch die Gesetzesbegründung.[762] Insbesondere dürfe nicht jeder Gegenstand, der in der Öffentlichkeit kritisch diskutiert wird, dazu führen, dass die berechtigten Interessen des Geheimnisinhabers zurückstehen müssen.[763] Freilich darf der Begriff des sonstigen Fehlverhaltens nicht derart weit ausgelegt werden, dass die bloße Behauptung, ein Verhalten sei unethisch, für ausreichend angesehen wird.[764] Ebenso wie der Begriff der guten Sitten im Rahmen des § 138 BGB nicht mehr mit der uferlosen und kaum bestimmbaren Wendung des Anstandsgefühls aller billig und gerecht Denkenden definiert wird,[765] kann im Rahmen des § 5 Nr. 2 GeschGehG bei der Bewertung des sonstigen Fehlverhaltens nicht auf eine kaum definierbare Moral abgestellt werden. Daraus jedoch den Schluss zu ziehen, dass sonstiges Fehlverhalten ersatzlos dem Anwendungsbereich der Norm entzogen werden soll, ist mit dem klaren Gesetzeswortlaut und dem gesetzgeberischen Willen nicht in Einklang zu bringen.

Es existieren nämlich gleichwohl Instrumente, durch die der Begriff des sonstigen Fehlverhaltens begrenzt und die Gefahr der Uferlosigkeit des Ausnahmetatbestandes ausgeschlossen werden kann. Einen

---

[762] *Alexander*, in: Köhler/Bornkamm/Feddersen, UWG, § 5 GeschGehG Rn. 39; *Gramlich/Lütke*, in: wistra, 2019, 480, 482; *Rönnau*, in: FS Merkel, 2020, 909, 922 ff.

[763] *Alexander*, in: Köhler/Bornkamm/Feddersen, UWG, § 5 GeschGehG Rn. 39.

[764] Generell gegen eine Erfassung unethischen Verhaltens daher *Schick*, Über die Strafbarkeit von Whistleblowing, S. 165; *Ullrich*, in: NZWiSt 2019, 65, 69.

[765] So noch RGZ 80, 221; 120, 142, 148.

gewichtigen Anhaltspunkt dafür, ob etwas als unethisch und somit als sonstiges Fehlverhalten im Sinne des § 5 Nr. 2 GeschGehG angesehen werden kann, bieten die Wertungen der Grundrechte.[766] So können Verstöße wie z. B. gesundheitsschädliche Produktionsbedingungen im Ausland[767] als Verstoß gegen das Wertesystem des Grundgesetzes (Verstoß gegen Art. 2 Abs. 2 GG) rechtssicher erfasst werden. Auch das beispielhaft genannte Verbot der Kinderarbeit lässt sich so als Verstoß gegen grundrechtliche Wertungen – namentlich als Verstoß gegen die Menschenwürde gem. Art. 1 Abs. 1 GG sowie als Verstoß gegen Art. 32 GRCh – werten.[768]

Selbst Umgehungshandlungen werden oftmals durch Rechtsvorschriften für verboten erklärt, sodass es regelmäßig keines Rückgriffs auf die Fallgruppe des sonstigen Fehlverhaltens bedarf, vgl. etwa § 42 AO.[769] Meldet der Whistleblower schließlich doch ein Verhalten, das weder gegen das Wertesystem der Grundrechte verstößt noch den Tatbestand einer Umgehungsnorm verwirklicht, sondern lediglich Moralvorstellungen zuwiderläuft, erscheint es zur Wahrung der beidseitigen Interessen und zur Vermeidung einer Ausuferung sachgerecht, einen strengeren Maßstab anzulegen. Es ist mithin sachgerecht, das Vorliegen des sonstigen Fehlverhaltens nicht allein aufgrund einer vermeintlich bestehenden überwiegenden Moralanschauung anzunehmen. Zur Wahrung der widerstreitenden

---

[766] *Ohly*, in: Harte-Bavendamm/Ohly/Kalbfus, § 5 GeschGehG Rn. 41.

[767] Dieses Beispiel verwendet auch die Gesetzesbegründung BT-Drucks. 19/4724, S. 29.

[768] *Ohly*, in: Harte-Bavendamm/Ohly/Kalbfus, § 5 GeschGehG Rn. 40.

[769] *Hiéramente*, in: BeckOK, GeschGehG, § 5 Rn. 26.1.

Interessen sollte vielmehr eine sorgfältige Interessenabwägung erfolgen, die das Geheimhaltungsinteresse des Unternehmensinhabers und die Folgen der Offenbarung gegen möglicherweise überwiegende Interessen der Allgemeinheit abwägt. In die Abwägung sind insbesondere die Bedeutung des Geschäftsgeheimnisses für den Inhaber und der Grad der Beeinträchtigung durch die Veröffentlichung sowie die Schwere des aufgedeckten Verhaltens und der Grad des öffentlichen Interesses an der Information zu berücksichtigen.[770] Von zentraler Bedeutung sind auch hier wiederum die eingangs dargestellten widerstreitenden grundrechtlich geschützten Gewährleistungen, die in das Merkmal des „berechtigten Interesses" gem. § 5 Nr. 2 GeschGehG einfließen.[771]

Wird der Begriff des sonstigen Fehlverhaltens in erster Linie als fassbarer Verstoß gegen die grundrechtliche Werteordnung verstanden, lässt sich hierdurch eine uferlose Ausweitung des Tatbestandes ausschließen. So können bspw. menschenunwürdige Produktionsbedingungen, die im Ausland nicht verboten sind, gleichwohl rechtssicher als Verstoß gegen die Menschenwürde (Art. 1 Abs. 1 GG) festgestellt werden. Soweit ein unethisches Verhalten vorliegt, das nicht gegen die Wertungen und Prinzipien des Grundgesetzes verstößt, lässt sich ein angemessener Ausgleich der Interessen und eine Beschränkung des Tatbestandes dadurch erreichen, dass die bloße Behauptung eines solchen Moralverstoßes nicht ausreicht, sondern eine sorgfältige Abwägung der widerstreitenden Interessen erfolgen muss. Handelt es sich bei dem gemeldeten sonstigen Fehlverhalten nicht um ein solches von einigem Ausmaß und Gewicht, kann es die

---

[770] *Glinke*, in: Keller/Glinke/Schönknecht, § 5 GeschGehG Rn. 85.

[771] *Preis/Seiwerth*, in: RdA 2019, 351, 360.

gegenläufigen Interessen des Geheimnisinhabers nicht einschränken.[772]

(c) Widerspruch zur Geschäftsgeheimnis-RL

Die Argumentation, die Geschäftsgeheimnis-RL sehe den Schutz unethischen Verhaltens nicht vor,[773] vermag ebenfalls nicht zu überzeugen. Zutreffend ist zwar, dass durch die Geschäftsgeheimnis-RL eine Mindestharmonisierung erreicht werden soll, womit eine Beschränkung des Schutzes von Geschäftsgeheimnissen über die Vorgaben der Richtlinie hinaus grundsätzlich kritisch zu werten ist. Denn im Gegensatz dazu erlaubt die Richtlinie in Art. 1 Abs. 1 UAbs. 2 nur einen weitergehenden Geschäftsgeheimnisschutz,[774] sodass Ausnahmeregelungen zum Schutz von Geschäftsgeheimnissen, die über die von der Richtlinie vorgesehenen Ausnahmen hinausgehen, abzulehnen sind. Allerdings ergibt eine Auslegung des hier relevanten Art. 5 Geschäftsgeheimnis-RL sowie des 20. Erwägungsgrundes gerade keine Beschränkung hinsichtlich der Offenlegung unethischen Verhaltens. Art. 5 lit. b) Geschäftsgeheimnis-RL unterscheidet zwischen beruflichem und sonstigem Fehlverhalten sowie illegalen Tätigkeiten. Während mit dem Begriff der illegalen Tätigkeit diejenigen Fälle erfasst werden, die einen Verstoß gegen geltende Ge- oder Verbote beinhalten, verbleibt für den Begriff des sonstigen Fehlverhaltens das unethische Verhalten.

---

[772] BT-Drucks. 19/8300 S. 14.

[773] *Bürkle*, in: CCZ 2018, 193; *Gramlich/Lütke*, in: wistra, 2019, 480, 482; *Hiéramente*, in: BeckOK, GeschGehG, § 5 Rn. 26; *Rönnau*, in: FS Merkel, 909, 922; *Ullrich*, in: NZWiSt 2019, 65, 69.

[774] Vgl. insofern auch Erwägungsgrund 10 Geschäftsgeheimnis-RL.

Eine entsprechende Abstufung ist auch dem 20. Erwägungsgrund der Geschäftsgeheimnis-RL zu entnehmen. Dieser besagt, dass Whistleblowing-Aktivitäten durch die Richtlinie nicht eingeschränkt werden dürfen. Mit der Formulierung „Whistleblowing-Aktivitäten" verfolgt die Richtlinie schon dem Wortlaut nach bewusst einen weiten Ansatz. Diese beziehen sich – was schon die Praxis des Whistleblowings und die überwiegend vorherrschenden Definitionsansätze[775] zeigen – nicht nur auf illegale Verhaltensweisen, sondern auch auf solche, die der Whistleblower als unethisch und daher mitteilungsbedürftig erachtet.[776] Hätte der Schutz von „Whistleblowing-Aktivitäten" entgegen dem ganz überwiegenden Verständnis zum Whistleblowing auf Rechtsverstöße beschränkt werden sollen, hätte der Richtliniengeber kaum die Formulierung „sonstiges Fehlverhalten" verwendet.

(d) Kein Zwang zu ethisch einwandfreiem Handeln

Zwar ist es zutreffend, dass ein Unternehmen nicht dazu gezwungen werden kann, sich ethisch einwandfrei zu verhalten.[777] Freilich können Sanktionen im Bereich des Ordnungswidrigkeiten- und Strafrechts nur dann ergehen, wenn eine entsprechende gesetzliche Bestimmung existiert. Davon abzugrenzen ist aber die Frage, ob ein Unternehmen ein Recht darauf haben kann, dass unethische Geschäftspraktiken nicht an die Öffentlichkeit gelangen. Die durch § 5 Nr. 2 GeschGehG geschützte Funktion des Whistleblowings besteht

---

[775] Kap. 1 I. 2.

[776] Vgl. insofern die Definition von *Miceli/Near*, Kap. 1 I. 2. a).

[777] Daher gegen eine Einbeziehung des unethischen Verhaltens unter den Begriff des sonstigen Fehlverhaltens *Dann/Markgraf*, in: NJW 2019, 1774, 1777; *Rönnau*, in: FS Merkel, 909, 924.

gerade darin, die Öffentlichkeit über Missstände zu unterrichten, die ansonsten verborgen geblieben wären.[778] Für das öffentliche Interesse eines Missstandes ist es nicht zwangsläufig von Bedeutung, ob das Verhalten der jeweiligen Organisation auch ein Gesetz verletzt. Vielmehr können Gesetzesverstöße das öffentliche Interesse im Einzelfall weniger stark berühren als Meldungen über unmoralische Verhaltensweisen. Ein Unternehmen, das im Ausland unter gesundheitsschädlichen, menschenunwürdigen Bedingungen produziert oder Kinderarbeit verrichten lässt, wird im öffentlichen Meinungsbild eher einen Reputationsverlust erleiden als bei der Offenbarung manch einer Ordnungswidrigkeit.

Auch wenn die Entscheidung, ob ein Unternehmen ethisch einwandfrei handelt, diesem selbst überlassen ist, ist es nicht schlechthin davor zu schützen, dass auf unethische Verhaltensweisen eine gesellschaftliche Gegenreaktion erfolgt. Ein Diskurs über ethische Standards ist für den Entscheidungsprozess in einer Demokratie vielmehr unabdingbar und führt nicht selten dazu, dass Verhaltensweisen, die zunächst als nur unethisch angesehen werden, einer gesetzlichen Regelung zugeführt werden. Eine solche Auseinandersetzung kann aber nur dann erfolgen, wenn entsprechende Praktiken als solche erkannt und mitgeteilt werden. Inwiefern die Offenbarung von unethischem Verhalten schließlich die Geheimhaltungsinteressen des Unternehmens überwiegt, bedarf einer Verhältnismäßigkeitsprüfung, welche die Besonderheiten des jeweiligen Einzelfalls berücksichtigt.

---

[778] Vgl. hierzu etwa 20. Erwägungsgrund Geschäftsgeheimnis-RL.

(e) Widerspruch zur Whistleblower-RL

Im Gegensatz zu den anderen vorgebrachten Bedenken erscheint jedoch ein möglicher Widerspruch zur neuen Whistleblower-RL zumindest auf den ersten Blick problematisch.[779] Die Whistleblower-RL regelt ihrem Anwendungsbereich nach ausdrücklich „Verstöße" im Sinne von echten Gesetzesverstößen. Dieser Sichtweise hat sich auch das HinSchG angeschlossen und unethische Verhaltensweisen ausgenommen.[780] Zunächst könnte also angenommen werden, das neue HinSchG gehe als spezielle Regelung dem § 5 Nr. 2 GeschGehG vor und regle den Schutz des Hinweisgebers abschließend. Das HinSchG beschreitet jedoch einen anderen Weg und lässt die Bestimmung des § 5 Nr. 2 GeschGehG unberührt, § 6 Abs. 1 HinSchG. Die Schlussfolgerung, die Schutzvorschrift des § 5 Nr. 2 GeschGehG müsse nun im Sinne des HinSchG einschränkend ausgelegt werden, geht also fehl. Vielmehr verdeutlichte der Gesetzgeber, dass § 5 Nr. 2 GeschGehG neben der Neuregelung bestehen bleibt.[781]

---

[779] Auch *Fuhlrott/Hiéramente*, in: BeckOK, GeschGehG, § 5 Rn. 26.2. Auf diesen Umstand macht ebenso *Schick*, Über die Strafbarkeit von Whistleblowing, S. 171, aufmerksam, der den Begriff des sonstigen Fehlverhaltens einschränkend auslegen will. Umfasst seien lediglich rechtsmissbräuchliche Gesetzesumgehungen.

[780] Kap. 3 II. 1 b).

[781] BT-Drucks. 20/3442, S. 71.

(f) Zwischenergebnis

Nach dem zuvor Dargestellten ist es vorzugswürdig, unethische Verhaltensweisen als sonstiges Fehlverhalten in den Schutzbereich des § 5 Nr. 2 GeschGehG einzubeziehen. Eine andere Sichtweise würde dem Wortlaut der Vorschrift und dem gesetzgeberischen Willen zuwiderlaufen. Gleichwohl ist es geboten, den Tatbestand des unethischen Fehlverhaltens so zu beschränken, dass Rechtsunsicherheiten vermieden werden und eine Ausuferung des Tatbestandes zulasten von Unternehmen unterbleibt. Zu diesem Zweck sind zwei Instrumente anzuwenden. Ein sonstiges Fehlverhalten ist insbesondere dann anzunehmen, wenn es der Werteordnung des Grundgesetzes, der GRCh oder der EMRK widerspricht, auch wenn das jeweilige Verhalten im Ausland nicht verboten ist (bspw. menschenunwürdige Produktionsbedingungen im Ausland). Das Grundgesetz bietet insofern eine rechtssichere Grundlage zur Bestimmung von Verhaltensweisen, die als sonstiges Fehlverhalten im Sinne des § 5 Nr. 2 GeschGehG zu werten sind. Für die verbleibenden Fälle unethischen Verhaltens scheint es zur tatbestandlichen Beschränkung geboten, eine sorgfältige Abwägung der widerstreitenden Interessen vorzunehmen.

bb) Eignung, das allgemeine öffentliche Interesse zu schützen

Die Meldung von rechtswidrigen Handlungen, beruflichem oder sonstigem Fehlverhalten allein genügt noch nicht für die Annahme straffreien Whistleblowings. Vielmehr muss die Erlangung, Nutzung oder Offenlegung des Geschäftsgeheimnisses objektiv geeignet sein, das öffentliche Interesse zu schützen.[782] Die ursprüngliche Fassung des Gesetzesentwurfs, die ein Handeln in der Absicht, das allgemeine öffentliche Interesse zu schützen, voraussetzte,[783] wurde schließlich aufgegeben.[784] Das Absichtserfordernis liefe auf eine Gesinnungsprüfung hinaus, die u. a. mit der Problematik verbunden wäre, dass Gerichte die Absicht einer Handlung überprüfen müssten.[785] Nach der neuen Gesetzesfassung kann ein Whistleblower sich also auch auf den Ausnahmetatbestand des § 5 Nr. 2 GeschGehG berufen, wenn er eigennützige Motive, wie Rache oder finanzielle Ziele, verfolgt.[786]

Das nunmehr objektive Merkmal der Eignung, das allgemeine öffentliche Interesse zu schützen, ist erfüllt, wenn gewichtige Belange der Allgemeinheit betroffen sind. Die Begründungserwägungen nennen als einschlägige öffentliche Interessen der Allgemeinheit exemplarisch die öffentliche Sicherheit, den Verbraucherschutz, den

---

[782] *Glinke*, in: Keller/Schönknecht/Glinke, § 5 GeschGehG Rn. 87; *Granetzny/Krause*, in: CCZ 2020, 29, 33; *Ohly*, in: Harte-Bavendamm/Ohly/ Kalbfus, § 5 GeschGehG Rn. 44.

[783] BT-Drucks. 19/4724, S. 10.

[784] BT-Drucks. 19/8300, S. 14; *Erlebach/Veljovic*, in: wistra 2020, 190, 191; *Hauck*, in: WRP 2018, 1032, 1037; *Ohly*, in: Harte-Bavendamm/Ohly/Kalbfus, § 5 GeschGehG Rn. 44; *Reinhardt-Kasperek*, in: Hoeren/Münker, GeschGehG, § 5 Nr. 2 Rn. 68.

[785] *Reinhardt-Kasperek*, in: Hoeren/Münker, GeschGehG, § 5 Nr. 2 Rn. 68; *Schreiber*, in: NZWiSt 2019, 332, 336.

[786] *Lodemann/Tholuck*, in: Hoppe/Oldekop, Geschäftsgeheimnisse, Kap. 1 Rn. 570; *Ohly*, in: Harte-Bavendamm/Ohly/Kalbfus, § 5 GeschGehG Rn. 45; *Waßmer*, in: Obergfell/Pahlow/Peifer, UWG, § 23 GeschGehG Rn. 227.

Schutz der öffentlichen Gesundheit oder den Umweltschutz.[787] In Betracht kommen aber jedenfalls auch Individualrechtsgüter mit großer Beeinträchtigungsintensität wie bspw. bei Arzneimittel- oder Lebensmittelskandalen.[788] Ein öffentliches Interesse im Sinne der Vorschrift kann auch bestehen, wenn ein Geschädigter über einen Rechtsverstoß informiert wird und dadurch in die Lage versetzt wird, diesen zu beenden.[789]

Demgegenüber sind Bagatellverstöße nicht vom Schutz nach § 5 Nr. 2 GeschGehG erfasst. Offenbarungen über diese sind nicht dazu geeignet, das allgemeine öffentliche Interesse zu schützen.[790] Verstärkt wird dieses Ergebnis durch die Gesetzesbegründung, wonach es sich um einen Verstoß von einigem Ausmaß und Gewicht handeln muss.[791]

cc) Erfordernis einer innerbetrieblichen Klärung (Einhaltung des Verhältnismäßigkeitsgrundsatzes)

Ganz entscheidend für die Reichweite des Ausschlusstatbestandes des § 5 Nr. 2 GeschGehG ist, ob die widerstreitenden Interessen im Rahmen einer Verhältnismäßigkeitsprüfung gegeneinander abzuwägen sind. Dem Wortlaut der Vorschrift ist das Erfordernis einer Ver-

---

787 21. Erwägungsgrund Geschäftsgeheimnis-RL.

788 Dann/Markgraf, in: NJW 2019, 1774, 1777; *Lodemann/Tholuck*, in: Hoppe/Oldekop, Geschäftsgeheimnisse, Kap. 1 Rn. 580.

789 BT-Drucks. 19/4724, S. 29.

790 *Waßmer*, in: Obergfell/Pahlow/Peifer, UWG, § 23 GeschGehG Rn. 227.

791 BT-Drucks. 19/8300, S. 14; *Ohly*, in: Harte-Bavendamm/Ohly/Kalbfus, § 5 GeschGehG Rn. 45.

hältnismäßigkeitsprüfung jedenfalls nicht ausdrücklich zu entnehmen.[792] Früher wurde eine Verhältnismäßigkeitsprüfung durch den auf §§ 17 – 19 UWG anwendbaren § 34 StGB vorgenommen.[793] Der rechtfertigende Notstand nach § 34 StGB sieht nach seinem Wortlaut im Gegensatz zu § 5 Nr. 2 GeschGehG nämlich sowohl eine Abwägung der widerstreitenden Interessen als auch eine Erforderlichkeitsprüfung („nicht anders abwendbar") vor.[794] Werden durch die Handlungen des Notstandstäters fremde Interessen beeinträchtigt, muss er diejenige Alternative wählen, welche die gegenläufigen Interessen am wenigsten beeinträchtigt.[795] Daher wurde nach der damals überwiegenden Auffassung ein vorheriger innerbetrieblicher Klärungsversuch verlangt.[796] Soweit der Whistleblower einen zumutbaren internen Abhilfeversuch nicht unternommen und das Fehlverhalten unmittelbar preisgegeben hatte, griff der Rechtfertigungsgrund des § 34 StGB nicht, womit es bei einer Strafbarkeit aus § 17 UWG blieb.[797]

---

[792] *Alexander*, in: Köhler/Bornkamm/Feddersen, UWG, § 5 GeschGehG Rn. 43; *Reinhardt-Kasperek*, in: Hoeren/Münker, GeschGehG, § 5 Nr. 2 Rn. 77; *Schmolke*, in: NZG 2020, 5, 11.

[793] *Reinbacher*, in: Hilgendorf/Kudlich/Valerius, Handbuch des Strafrechts Bd. 6, § 57 Rn. 85; *Schreiber*, in: NZWiSt 2019, 332, 336.

[794] *Schreiber*, in: NZWiSt 2019, 332, 336.

[795] *Erb*, in: MüKo, StGB, § 34 Rn. 116.

[796] *Azar*, in: JuS 2017, 930; *Eufinger*, in: ZRP 2016, 229, 230; *ders.*, in: WM 2016, 2336, 2338; *Kasiske*, in: ZJS 2016, 628, 633; *Koch*, in: ZIS 2008, 500, 503; *Ohly*, in: GRUR 2014, 1, 7; *Reinbacher*, in: Leitner/Rosenau, Wirtschafts- und Steuerstrafrecht, § 17 UWG Rn. 43; *Rengier*, in: Fezer/Büscher/Obergfell, Lauterkeitsrecht, § 17 UWG Rn. 47; *Schenkel*, Whistleblowing, S. 150.

[797] Vgl. hierzu bereits Kap. 4 I. 2. b); *Koch*, in: ZIS 2008, 500, 503.

Ob der damals geltende Vorrang der innerbetrieblichen Klärung auch auf die Norm des § 5 Nr. 2 GeschGehG anzuwenden ist, hängt maßgebend von zwei Voraussetzungen ab. Zunächst muss diese überhaupt dazu geeignet sein, einen angemessenen Ausgleich der widerstreitenden Interessen herzustellen. Daher wird im Folgenden in einem ersten Schritt analysiert, ob und in welcher Form das Erfordernis einer innerbetrieblichen Klärung im Bereich von Whistleblowing geboten ist. Sodann ist in einem zweiten Schritt zu prüfen, ob die Vornahme eines internen Abhilfeversuchs in Einklang mit § 5 Nr. 2 GeschGehG steht. Dieser sieht eine innerbetriebliche Klärung jedenfalls ausdrücklich nicht vor. Dasselbe gilt wie bereits gesehen für die Vornahme einer Verhältnismäßigkeitsprüfung.

aaa) Sinn und Zweck einer vorherigen innerbetrieblichen Klärung

Damit das Erfordernis des innerbetrieblichen Klärungsversuchs auch Eingang in die Anwendung des § 5 Nr. 2 GeschGehG finden kann, muss dieses grundsätzlich zu einem angemessenen Ausgleich der widerstreitenden Interessen beitragen können. Nicht nur in der strafrechtlichen Literatur wurde für die Annahme eines gerechtfertigten Whistleblowings grundsätzlich ein vorheriger innerbetrieblicher Klärungsversuch verlangt. Auch das BAG[798] und der EGMR[799] setzen eine vorherige Konfrontation des Beschäftigungsgebers voraus, bevor ein Arbeitnehmer Betriebsinterna nach außen tragen darf. Soweit der grundsätzliche Vorrang der innerbetrieblichen Klärung nicht berücksichtigt wird, droht wegen der Verletzung der

798 BAG, NZA 2004, 427, 430; BAG, NZA 2017, 703.
799 EGMR, NZA 2011, 1269, 1271.

Rücksichtnahmepflichten durch den Arbeitnehmer eine verhaltensbedingte Kündigung. Das Erfordernis eines vorherigen Klärungsversuchs ergebe sich auch aus der durch Art. 12 Abs. 1 GG geschützten Betätigungsfreiheit des Arbeitgebers, durch die er ein Mindestmaß an Rücksichtnahme von seinem Arbeitnehmer verlangen kann.[800] Eine vorherige Information des Arbeitgebers kann daher als Resultat der Abwägung der widerstreitenden grundrechtlich geschützten Interessen angesehen werden.[801] Diese ist grundsätzlich dazu geeignet, diejenigen Fälle herauszufiltern, in denen ein einfaches Gespräch einen vom Whistleblower empfundenen Missstand entkräften würde. Gerade angesichts der immensen Bedeutung der Unternehmensreputation und der durch Whistleblowing möglichen irreparablen Reputationsschäden[802] mag der Vorrang einer innerbetrieblichen Klärung im Einzelfall zu sachgerechten Ergebnissen führen. Die Vorteile einer vorherigen Konfrontation des Beschäftigungsgebers wurden insbesondere in der Möglichkeit gesehen, dass das Ziel von Whistleblowing – Beseitigung des Missstandes – gleichermaßen erreicht werden kann, ohne dass es zu Rufschädigungen des betroffenen Unternehmens kommt.[803] Neben der Möglichkeit, den Missstand zu beseitigen, bietet ein zunächst vorzunehmender interner Abhilfeversuch die Möglichkeit, bei einem bloßen Verdacht einer illegalen Handlung Fehleinschätzungen und Missverständnisse auszuräumen.

---

[800] BAG, NZA 2004, 429.

[801] Siehe dazu bereits Kap. 1 III. 1.

[802] *Groneberg*, Whistleblowing, S. 247; zur Bedeutung der Reputation eines Unternehmens siehe bereits Kap. 1. II. 2. a).

[803] EGMR, NZA 2011, 1269, 1271; *Schenkel*, Whistleblowing, S. 150 f.

Auch wenn das Erfordernis einer vorherigen innerbetrieblichen Klärung grundsätzlich den widerstreitenden Interessen gerecht wird und v. a. Unternehmen zugutekommt, darf es nicht der Wirklichkeit widersprechen und dem Whistleblower unzumutbare Handlungspflichten auferlegen. Andernfalls ginge damit unweigerlich eine unverhältnismäßige Beschränkung des Whistleblowings einher. Zur Lösung dieses Problems werden im Grundsatz zwei Ansätze vertreten. In der Literatur findet sich oftmals ein Regel-Ausnahme-Prinzip, das eine innerbetriebliche Klärung im Regelfall für erforderlich hält und Ausnahmen hiervon nur im Einzelfall zulassen will.[804] Demgegenüber lehnt das BAG[805] einen generellen Vorrang der innerbetrieblichen Klärung ab. Zur Wahrung der grundrechtlichen Interessen des Whistleblowers sei anhand einer Einzelfallbetrachtung zu ermitteln, ob dem Whistleblower eine vorherige Konfrontation des Arbeitgebers zumutbar ist. Angesichts der Vielgestaltigkeit möglicher Whistleblowing-Konstellationen ist eine Einzelfallbetrachtung einem starren Regel-Ausnahme-Prinzip vorzuziehen. Gleichwohl erscheint es sinnvoll, Fallgruppen zu entwickeln, nach denen ein innerbetrieblicher Klärungsversuch entbehrlich ist, um Whistleblowern die nötige Rechtssicherheit im Umgang mit erlangten Informationen zu geben. Dabei ist eine ausgewogene Betrachtungsweise erforderlich, welche die beidseitig grundrechtlich geschützten Interessen in Einklang bringt. Ansichten, die etwa verlangen, dass ein Arbeitnehmer sämtliche Maßnahmen zur Beseitigung des Missstandes ergreift, bevor er eine außerbetriebliche Meldung tätigt, werden den grundrechtlich

---

[804] *Groneberg*, Whistleblowing, S. 248; *Müller*, in: NZA 2002, 424, 436; *Preis*, Prinzipien des Kündigungsrechts bei Arbeitsverhältnissen, S. 366; *ders.*, in: DB 1988, 1444, 1448; *Preis/Reinfeld*, in: AuR 1989, 361, 370.

[805] BAG, NZA 2004, 427, 430.

geschützten Interessen des Whistleblowers nicht gerecht und verkennen die Bedeutung von Whistleblowing.[806]

(1) Risiko der eigenen Strafbarkeit

Freilich kann einem Whistleblower nicht abverlangt werden, sich durch das Erfordernis einer vorherigen innerbetrieblichen Klärung selbst strafbar zu machen. In Rechtsprechung[807] und Literatur[808] wird in diesem Zusammenhang immer wieder eine mögliche Strafbarkeit nach § 138 StGB genannt. Einem Whistleblower, der sich bei nicht rechtzeitiger[809] Information der Strafverfolgungsbehörden dem Risiko einer Strafbarkeit nach § 138 StGB aussetzen würde, kann eine verzögernder innerbetrieblicher Klärungsversuch nicht zugemutet werden.

(2) Innerbetriebliche Klärung nicht Erfolg versprechend

Neben dem Risiko der eigenen Strafbarkeit kommt es entscheidend darauf an, ob eine vorherige Konfrontation des Arbeitgebers sinnvoll, d. h. Erfolg versprechend ist. Die folgenden Ausnahmen orientieren sich am Sinn und Zweck des innerbetrieblichen Klärungsversuchs. Eine interne Abhilfe soll ihrem Sinn und Zweck nach dem Arbeitgeber im Sinne eines angemessenen Ausgleichs der wider-

---

[806] *Wlotzke*, in: FS Hilger/Stumpf, 723, 752.
[807] BAG, NZA 2004, 427, 430.
[808] *Gänßle*, in: KJ 2007, 265, 271; *Kania*, in: Küttner Personalbuch, A. 2. B) Rn. 5; *Preis/Reinfeld*, in: Arbeit und Recht, 361, 372.
[809] Zeitpunkt, in dem die Straftat verhütet oder ihr Erfolg noch abgewendet werden kann, BGH, NStZ 1996, 595, 596.

streitenden Interessen die Möglichkeit geben, (1) irreparable Reputationsschäden der betroffenen Organisation zu vermeiden, (2) der Organisation die Möglichkeit geben, den Missstand selbst zu beseitigen, und (3) dazu dienen, etwaige Missverständnisse über ein vermeintliches Fehlverhalten auszuräumen. Zwar dient das Erfordernis eines vorherigen innerbetrieblichen Klärungsversuchs dazu, unverhältnismäßige Schädigungen des Unternehmens zu vermeiden. Gleichwohl kann dieses Merkmal nicht allein maßgebend dafür sein, ob ein vorheriger Abhilfeversuch erforderlich ist, denn andernfalls würde selbst ein durch den Arbeitgeber einer Organisation begangener schwerer Verstoß gegen strafrechtliche Vorschriften einen innerbetrieblichen Klärungsversuch verlangen. Vielmehr ist anhand einer Abwägung im Einzelfall zu ermitteln, ob dem Whistleblower unter Berücksichtigung seiner grundrechtlich geschützten Interessen zuzumuten ist, sich zunächst an seinen Arbeitgeber zu wenden und nicht unmittelbar eine externe Stelle zu informieren.[810]

(3) Beteiligung des Arbeitgebers an dem Verstoß

Eine innerbetriebliche Klärung kann sinnvollerweise dann nicht verlangt werden, wenn der Arbeitgeber selbst an dem Verstoß beteiligt ist.[811] Der wesentliche Zweck eines internen Abhilfeversuchs, den Missstand durch eine Klärung mit dem Arbeitgeber abzustellen,

---

[810] BAG, NZA 2004, 427, 429.

[811] BAG, NZA 2004, 427, 430; *Kerwer*, in: NomosKommentar, Gesamtes Arbeitsrecht, § 1 KSchG Rn. 1064; *Linck*, in: Schaub, Arbeitsrechts-Handbuch, § 53 Rn. 14; *Preis*, in: DB 1988, 1444, 1448.

kann nicht erreicht werden, wenn der Arbeitgeber oder sein gesetzlicher Vertreter den Verstoß selbst begangen hat.[812] Einem Arbeitnehmer ist kaum zumutbar, seinen Beschäftigungsgeber mit seinem eigenen Verstoß zu konfrontieren. Insofern bestünde das Risiko, Whistleblowing-Aktivitäten durch unzumutbar hohe Anforderungen zu beschränken, sodass ein Whistleblower gänzlich von einer Meldung absieht.

Die Abgrenzung, wann ein Verstoß des Arbeitgebers anzunehmen ist, der eine innerbetriebliche Klärung entbehrlich macht, ist jedoch nicht immer unproblematisch. Jenseits der Fälle des Verdachts einer vorsätzlich begangenen Straftat des Arbeitgebers existieren Fallkonstellationen, bei denen eine innerbetriebliche Klärung trotz einer möglichen Beteiligung des Arbeitgebers sinnvoll erscheint. Eine starre Regel, die einem Whistleblower bei jeder Beteiligung des Arbeitgebers die Möglichkeit zum externen Whistleblowing bietet, wird dem Erfordernis einer einzelfallbezogenen Betrachtungsweise, die auch die grundrechtlich geschützten Interessen des Arbeitgebers wahrt, nicht gerecht. Ein Arbeitgeber, der seine Aufsichtspflichten verletzt, kann bei einer entsprechenden Anknüpfungstat – begangen durch einen seiner Arbeitnehmer – nach § 130 OWiG mit einer Sanktion belegt werden. Wenn der Arbeitgeber bspw. fahrlässig Aufsichtsmaßnahmen unterlässt, die Zuwiderhandlungen seiner Mitarbeiter ermöglichen und von denen er nichts weiß, kann er möglicherweise nach § 130 OWiG sanktioniert werden. Damit aber auch eine Beteiligung des Arbeitgebers an einem Verstoß anzunehmen, die es dem Whistleblower erlaubt, sich unmittelbar an eine externe

[812] So auch *Groneberg*, Whistleblowing, S. 247.

Stelle zu wenden, lässt die berechtigten Interessen des Arbeitgebers außer Acht.

So differenziert *Groneberg*[813] zutreffend nach der Kenntnis des Arbeitgebers. Ein Arbeitgeber, der das strafbare Verhalten seiner Mitarbeiter nicht kenne, sei schutzwürdig und vorab im Rahmen einer innerbetrieblichen Klärung durch den Whistleblower zu informieren, wodurch er in die Lage versetzt wird, einzugreifen und den Verstoß zu beseitigen. Kennt er jedoch den Verstoß seiner Mitarbeiter und schreitet hiergegen nicht ein, ist von ihm auch keine Missstandsbeseitigung durch eine vorherige innerbetriebliche Klärung zu erwarten.

Neben der Differenzierung, ob der Arbeitgeber selbst oder einer seiner Mitarbeiter gegen Vorschriften verstoßen hat und inwiefern er von etwaigen Verstößen Kenntnis hatte, sollte auch die Schwere des Verstoßes berücksichtigt werden, um einzelfallgerechte Lösungen zu finden. Auch wenn es sich um einen Verstoß des Arbeitgebers selbst handelt (bspw. Verletzung der Aufsichtspflicht), sollte die Pflicht zur innerbetrieblichen Klärung nicht zwangsläufig entfallen. Ein ausgewogener Ausgleich der Interessen lässt sich nur dann finden, wenn in die Abwägung einbezogen wird, ob es sich (1.) um einen fahrlässigen oder vorsätzlichen Verstoß handelt, (2.) ob das verbotene Verhalten durch den Arbeitgeber selbst begangen worden ist oder von seinen Mitarbeitern ausgeht und (3.) welche Schwere der Verstoß hat (Straftat oder Ordnungswidrigkeit). Handelt es sich nämlich nur um einen fahrlässigen Verstoß des Arbeitgebers, dessen er sich selbst nicht bewusst ist und dessen Schwere nicht stark ins

---

[813] *Groneberg*, Whistleblowing, S. 249.

Gewicht fällt, ist zu erwarten, dass er das Verhalten nach einem innerbetrieblichen Hinweis abstellt. Zudem wird die Hemmschwelle für einen Whistleblower, sich an seinen Arbeitgeber zu wenden, deutlich niedriger sein, wenn lediglich ein fahrlässiges Verhalten im Raum steht, dessen Schwere als gering anzusehen ist.

Um jedoch für Whistleblower die notwendige Rechtssicherheit zu schaffen, sollte eine innerbetriebliche Klärung jedenfalls immer dann entbehrlich sein, wenn der Arbeitgeber vorsätzlich gegen ein Gesetz verstößt[814] oder der Verstoß eine Verletzung eines Strafgesetzes darstellt – unabhängig davon, ob dieser fahrlässig oder vorsätzlich begangen wurde. In diesen Konstellationen ist es dem Whistleblower nicht zuzumuten, seinen Arbeitgeber mit dem Verhalten vorab zu konfrontieren. Bei strafbewehrten Gesetzesverletzungen ist nicht davon auszugehen, dass eine innerbetriebliche Klärung Erfolg versprechend ist. Der Vorwurf der Verletzung eines Strafgesetzes (unabhängig davon, ob vorsätzlich oder fahrlässig begangen) wiegt so schwer, dass eine vorherige Konfrontation des Arbeitgebers unzumutbar ist.

[814] In eine ähnliche Richtung ging ein von BÜNDNIS 90/DIE GRÜNEN eingebrachter Gesetzesentwurf, der ein Anzeigerecht des Arbeitnehmers in § 612b BGB regeln sollte. Ein innerbetrieblicher Klärungsversuch sei hiernach nicht zu fordern, sofern innerbetriebliche Abhilfe nicht oder nicht ausreichend erfolgen wird, vgl. BT-Drucks. 18/3039, S. 16.

(4) Gefahr für bedeutende Rechtsgüter

Eine innerbetriebliche Klärung kann zudem dann nicht gefordert werden, wenn diese zu einer Verzögerung führen würde, die den Erfolg des Whistleblowings vereitelt.[815] Als Bewertungsgrundlage dafür, wann ein Whistleblower sich bei einer erkannten Gefahr unmittelbar an Dritte wenden kann, kann die aus dem öffentlichen Recht bekannte Je-desto-Formel[816] herangezogen werden. Danach sind geringere Anforderungen an die Wahrscheinlichkeit eines Schadenseintritts zu stellen, desto größer der zu erwartende Schaden bzw. desto ranghöher das betroffene Schutzgut ist.[817]

Da das Erfordernis eines internen Abhilfeversuchs auch dazu dient, möglicherweise bestehende Missverständnisse über ein vermeintliches Fehlverhalten auszuräumen, ist eine Abwägung zwischen dem Nutzen einer innerbetrieblichen Klärung und den Vorteilen einer unmittelbaren externen Meldung vorzunehmen. Es mag Fallkonstellationen geben, in denen ein Whistleblower sich nicht sicher ist, ob eine von ihm erkannte Gefahr auch tatsächlich besteht. Um Missverständnisse auszuräumen, kann eine innerbetriebliche Klärung ein geeignetes Mittel sein. Ist ein Whistleblower sich jedoch sicher, dass eine Gefahr besteht, gegen die ein sofortiges Einschreiten notwendig ist (bspw. unmittelbar bevorstehende unzulässige Umweltbeeinträchtigungen), kann dieser sich sogleich an die zuständige Behörde wenden. Bei Unsicherheiten über das tatsächliche Bestehen einer

---

[815] Für eine entsprechende Einschränkung im Grundsatz auch *Groneberg*, Whistleblowing, S. 250 f.; *Herbert/Oberath*, in: NZA 2005, 193, 197.

[816] Vgl. zur Je-desto-Formel im Gefahrenabwehrrecht BVerwGE 88, 348, 386; 47, 31, 40.

[817] BVerwGE 88, 348, 386; 47, 31, 40.

Gefahr kommt es darauf an, wie schwerwiegend ein hypothetischer Schadenseintritt ist (vgl. insofern wiederum die Je-desto Formel). Betrifft ein hypothetischer Schadenseintritt bspw. hochrangige Rechtsgüter wie Leib und Leben einer Person oder wertvolle Gemeingüter, sind an die Eintrittswahrscheinlichkeit geringere Anforderungen zu stellen.[818] Externes Whistleblowing ohne vorherige innerbetriebliche Klärung kommt folglich dann in Betracht, wenn der drohende Schaden bei hypothetischem Schadenseintritt als groß anzusehen ist, selbst wenn der Whistleblower letztlich nicht sicher beurteilen kann, ob ein Schadenseintritt bevorsteht.

(5) Überwiegendes öffentliches Interesse an der Mitteilung

Gerade unter Berücksichtigung von Sinn und Zweck des Whistleblowings sollte eine innerbetriebliche Klärung unter Umständen auch dann entbehrlich sein, wenn ein überwiegendes Interesse der Öffentlichkeit an der Mitteilung besteht. Da Whistleblowing zur öffentlichen Meinungsbildung beitragen soll, ist ein innerbetrieblicher Klärungsversuch daher dann nicht zu fordern, wenn das in Rede stehende Verhalten öffentliche Interessen derart berührt, dass das Interesse der Öffcntlichkcit an dem Verstoß dasjenige der Geheimhaltung überwiegt. Bei schwerwiegenden Straftaten, vorsätzlichen Verstößen des Arbeitgebers oder drohenden schwerwiegenden Gefahren ist dies bereits durch die zuvor dargestellten Fallkonstellationen gewährleistet. Aber auch in den bereits beschriebenen Fällen wie menschenunwürdigen Produktionsbedingungen oder Kinderarbeit im

---

[818] Vgl. dazu die Gefahrenprognose im Ordnungswidrigkeitenrecht *Gusy/Worms*, in: BeckOK, Polizei- und Ordnungsrecht, § 1 PolG NRW Rn. 118.

Ausland besteht mitunter ein erhebliches öffentliches Informationsinteresse. Durch entsprechende Informationen wird die Öffentlichkeit nämlich erst in die Lage versetzt, eine neue Entscheidung über das Konsumverhalten zu treffen.

Genau das soll jedoch durch Whistleblowing erreicht werden: Die Öffentlichkeit soll über Missstände, die ihr sonst verborgen geblieben wären, unterrichtet werden. Als Maßstab für das Bestehen eines überwiegenden öffentlichen Interesses, das einen internen Klärungsversuch entbehrlich macht, kann etwa herangezogen werden, wie groß die Anzahl der von dem Missstand betroffenen Personen ist, ob der Missstand hochrangige Rechtsgüter wie Leib, Leben, Gesundheit oder Vermögenswerte von erheblichem Ausmaß betrifft und ob die Wertungen der Rechtsordnung eine Sanktionierung des Verhaltens vorsehen oder ob es sich nur um ein sozial abträgliches Verhalten handelt. In die Gesamtabwägung ist wiederum einzubeziehen, mit welcher Wahrscheinlichkeit der Whistleblower von einem Fehlverhalten ausgeht. Bei einem bloßen Verdacht ist eine innerbetriebliche Klärung eher zu fordern, da mit dieser die nicht unwahrscheinliche Möglichkeit einer haltlosen Bezichtigung und damit verbundener irreparabler Schäden für die Organisation verhindert werden können.

bbb) Zwischenergebnis und Schlussfolgerung für die weitere Bearbeitung

Das im Einzelfall bestehende Erfordernis einer innerbetrieblichen Klärung ist grundsätzlich begrüßenswert. Ein starres Regel-Ausnahme-Prinzip wird jedoch der Vielschichtigkeit der denkbaren Whistleblowing-Konstellationen nicht gerecht. Vielmehr ist anhand einer einzelfallbezogenen Betrachtungsweise zu prüfen, ob ein vorheriger interner Abhilfeversuch unter Berücksichtigung der beiderseitigen grundrechtlich geschützten Interessen – auch unter Berücksichtigung von Sinn und Zweck des Whistleblowings – gefordert werden kann. Jedenfalls dann, wenn eine innerbetriebliche Klärung keinen Erfolg verspricht, wird eine vorherige Konfrontation des Arbeitgebers nicht zu verlangen sein. Dies ist insbesondere bei vorsätzlichen Verstößen des Arbeitgebers der Fall, denn durch die vorsätzliche Übertretung der Norm bringt er zum Ausdruck, dass er sich an diese nicht gebunden fühlt. In einem solchen Fall wird ein Whistleblower bei bestehender Pflicht zur innerbetrieblichen Klärung eher gänzlich vom Whistleblowing absehen. Ein interner Abhilfeversuch kann zudem nicht gefordert werden, wenn dieser den Erfolg einer Meldung vereiteln würde oder aufgrund des Risikos der eigenen Strafbarkeit unzumutbar wäre.

ccc) Fehlender dogmatischer Anknüpfungspunkt im neuen GeschGehG?

In arbeitsrechtlicher Hinsicht wird die Pflicht zur vorherigen innerbetrieblichen Klärung an die sich aus §§ 241 Abs. 2, 242 BGB ergebenden Rücksichtnahmepflichten des Arbeitnehmers geknüpft, der die geschäftlichen Interessen des Beschäftigungsgebers zu wahren hat und im Einzelfall sogar illegale Geschäfts- und Betriebsgeheimnisse seines Arbeitgebers geheim halten muss.[819]

---

[819] BAG, NZA 2004, 427, 429; *Busekist/Fahrig*, in: BB 2013, 119, 122; *Schenkel*, Whistleblowing, S. 151.

In strafrechtlicher Hinsicht konnte das Erfordernis eines vorherigen Klärungsversuchs bislang dogmatisch an § 34 StGB angeknüpft werden. Soweit ein Whistleblower Missstände offenbarte und die Möglichkeit einer innerbetrieblichen Abhilfe nicht wahrnahm, konnte eine Notstandshandlung als nicht „erforderlich" nach § 34 StGB angesehen werden.[820] Für die Anwendung des § 34 StGB bleibt im neuen GeschGehG jedoch kaum Raum, da durch § 5 GeschGehG Ausnahmen von der Verletzung der Handlungsverbote des § 4 GeschGehG nun ausdrücklich normiert sind.[821] Die hier relevante Norm des § 5 Nr. 2 GeschGehG sieht das Erfordernis eines innerbetrieblichen Klärungsversuchs jedenfalls selbst nicht explizit vor. Damit bleibt fraglich, ob mit dem Wortlaut der Vorschrift eine Entscheidung des Gesetzgebers gegen das Erfordernis einer vorherigen Konfrontation des Vorgesetzten getroffen wurde.

---

[820] *Koch*, in: ZIS 2008, 500, 503; *Reinbacher, in:* KriPoZ 2018, 115, 118; *Rahimi Azar, in:* JuS 2017, 930, 935; *Schreiber*, in: NZWiSt 2019, 332, 336; *Ullrich*, in: NZWiSt 2019, 65, 68.

[821] Zur Frage, inwiefern § 34 StGB nach wie vor eine Rolle spielen kann, vgl. später unter Kap. 4 I. 6.

(1) Innerbetriebliche Klärung in der Geschäftsgeheimnis-RL

Als gewichtiger Anhaltspunkt für das Fortbestehen eines gestuften Meldesystems, das bei entsprechender Zumutbarkeit einen innerbetrieblichen Klärungsversuch voraussetzt, kann der in den Erwägungsgründen der Geschäftsgeheimnis-RL für anwendbar erklärte Verhältnismäßigkeitsgrundsatz angesehen werden.[822] Das BAG[823] stützte den Vorrang der innerbetrieblichen Klärung nämlich gerade auf den Grundsatz der Verhältnismäßigkeit. Insofern beruht das Primat des vorherigen Abhilfeversuchs gerade auf der Abwägung zwischen dem Interesse des Arbeitgebers an Geheimhaltung und dem Interesse des Whistleblowers an der freien Meinungsäußerung durch die Weitergabe eines Missstandes an externe Stellen. Allerdings darf nicht verkannt werden, dass der in den Erwägungsgründen genannte Grundsatz der Verhältnismäßigkeit eine Weite aufweist, bei welcher der sichere Schluss auf das Fortbestehen des Erfordernisses einer innerbetrieblichen Klärung nicht gewiss ist. Vielmehr mag angenommen werden, die Richtlinie habe mit dem Verzicht auf eine explizite Regelung die Rechte von Whistleblowern stärken wollen. So wird in den Erwägungsgründen bspw. auch geregelt, dass die Maßnahmen, Verfahren und Rechtsbehelfe der Richtlinie nicht dazu dienen sollen, Whistleblower-Aktivitäten einzuschränken.[824]

---

[822] Erwägungsgrund 21 Geschäftsgeheimnis-RL; *Naber/Peukert/Seeger*, in: NZA 2019, 583, 586; *Reuling*, Whistleblowing im Krankenhaus, S. 179; *Waßmer*, in: Obergfell/Pahlow/Peifer, UWG, § 23 GeschGehG Rn. 227.

[823] BAG, NZA 2004, 427, 430.

[824] Erwägungsgrund 20 Geschäftsgeheimnis-RL.

(2) Wertungen der EMRK und der GRCh

Die Frage nach dem Erfordernis eines vorherigen innerbetrieblichen Klärungsversuchs lässt sich damit nicht allein anhand der Geschäftsgeheimnis-RL beantworten. Vielmehr müssen die Wertungen der EMRK im Rahmen der Auslegung des europäischen Sekundärrechts berücksichtigt werden.[825] Soweit mehrere mögliche Auslegungen in Betracht kommen, ist eine Norm so auszulegen, dass sie mit dem Primärrecht vereinbar ist.[826] Die besondere Bedeutung der EMRK ist im europäischen Primärrecht in der Vorschrift des Art. 52 Abs. 3 Satz 1 GRCh niedergelegt, wonach die Gewährleistungen der GRCh nicht hinter dem Schutz der EMRK zurückbleiben dürfen.[827] Damit erlangt auch die Rechtsprechung des EGMR zur Whistleblowing-Thematik Bedeutung.[828] Der EGMR unterstellt Whistleblower zwar dem Schutz des Art. 10 EMRK, macht jedoch auch deutlich, dass dieser Schutz nicht schrankenlos gewährleistet ist. Eine Abwägung der Interessen des Arbeitgebers und des Arbeitnehmers erfordert, dass ein Whistleblower sich nicht sogleich an eine externe Stelle wendet, sondern zunächst eine betriebsinterne Stelle mit den Vorwürfen konfrontiert.[829] Für die zu berücksichtigenden Rechte des Arbeitgebers lässt die Entscheidung des EGMR folgenden Schluss zu: Der EGMR stützt die kollidierenden Rechte des Arbeitgebers, die einen innerbetrieblichen Klärungsversuch gebieten, auf Art. 8

---

[825] So auch *Preis/Seiwerth*, in: RdA 2019, 351, 357; *Reinhardt-Kasperek/Kaindl*, in: BB 2018, 1332, 1334; *Schmitt*, in: RdA 2017, 365, 366.

[826] *Anweiler*, Auslegungsmethoden, S. 186.

[827] *Schmitt*, in: RdA 2017, 365, 367 f.

[828] *Reinhardt-Kasparek/Kaindl*, in: BB 2018, 1332, 1334.

[829] Vgl. zur Rechtsprechung des EGMR Kap. 1 III. 2. c).

Abs. 1 EMRK, der die Rechte des Arbeitgebers weniger weitreichend regelt als die Vorschriften der Art. 16, 17 GRCh. Damit ist ein vorheriger Abhilfeversuch im Rahmen der Anwendung der Grundrechte-Charta der Europäischen Union zur Wahrung der in Art. 16, 17 GRCh gewährleisteten unternehmerischen Freiheit sowie des Eigentums erst recht geboten.[830] Auch wenn der Richtlinie ein Vorrang der innerbetrieblichen Klärung nicht ausdrücklich zu entnehmen ist, muss die Geschäftsgeheimnis-RL sich als sekundärrechtlicher Rechtsakt an den Vorgaben der Gewährleistungen der Art. 16, 17 GRCh messen lassen.[831]

(3) Dogmatische Anknüpfung im nationalen Recht

Auch im nationalen GeschGehG hat der Gesetzgeber auf eine ausdrückliche Regelung des Vorrangs einer innerbetrieblichen Klärung verzichtet. Im Ergebnis hält die wohl überwiegende Literaturmeinung diese aber nach wie vor für erforderlich.[832] Andernfalls liefe die ausdifferenzierte Rechtsprechung zum Schutz der widerstreitenden Interessen leer. Eine Übertragung der Grundsätze zur innerbetrieblichen Klärung auf das neue GeschGehG wird dabei dogmatisch

---

[830] Zum ganzen vgl. *Reinhardt-Kasparek/Kaindl*, in: BB 2018, 1332, 1334; *Schmitt*, in: RdA 2017, 365, 367 f.

[831] *Thüsing/Rombey*, in: NZG 2018, 1001, 1003.

[832] *Alexander*, in: Köhler/Bornkamm/Feddersen, UWG, § 5 GeschGehG Rn. 45; *Holthausen*, in: NZA 2019, 1377, 1381; *Naber/Peukert/Seeger*, in: NZA 2019, 583, 586; *Ohly*, in: Harte-Bavendamm/Ohly/Kalbfus, GeschGehG, § 5 Rn. 48; *ders.*, in: GRUR 2019, 441, 448 f.; *Preis/Seiwerth*, in: RdA 2019, 351, 356 f.; *Waßmer*, in: Obergfell/Pahlow/Peifer, UWG, § 23 GeschGehG Rn. 229; a.A.: *Eufinger*, in: ZRP 2016, 229, 231; *Schreiber*, in: NZWiSt 2019, 332, 336 f.; *Ullrich*, in: NZWiSt 2019, 65, 69 f.

teilweise an die Norm des § 1 Abs. 3 Nr. 4 GeschGehG angeknüpft.[833] Danach bleiben von den neuen Regelungen des GeschGehG die Rechte und Pflichten aus dem Arbeitsverhältnis unberührt. Zu den Rechten und Pflichten aus dem Arbeitsverhältnis zählen auch gerade die Rücksichtnahmepflichten aus § 241 Abs. 2 BGB, auf die das Erfordernis einer vorherigen Konfrontation des Beschäftigungsgebers zurückgeht.[834] Sofern ein Arbeitnehmer es unterlässt, einen innerbetrieblichen Klärungsversuch zu unternehmen, obwohl ihm dies zumutbar gewesen ist, verstößt er gegen die Rücksichtnahmepflicht aus § 241 Abs. 2 BGB, die durch die Regelung des § 1 Abs. 3 Nr. 4 GeschGehG auch bei der Anwendung des GeschGehG gilt.

Letztlich mag eine dogmatische Anknüpfung auch in § 5 GeschGehG selbst erblickt werden. Bei dem darin verwendeten Begriff des „berechtigten Interesses" handelt es sich schließlich um einen unbestimmten Rechtsbegriff, der Raum für eine Verhältnismäßigkeitsprüfung lässt.[835] Ebenso wie der 21. Erwägungsgrund der Geschäftsgeheimnis-RL vorsieht, dass Maßnahmen, Verfahren und Rechtsbehelfe im Einklang mit dem Verhältnismäßigkeitsgrundsatz ergehen müssen, sieht der Regierungsentwurf zum GeschGehG eine Verhältnismäßigkeitsprüfung zur Wahrung der Einzelfallgerechtigkeit vor.[836] Über den Begriff des berechtigten Interesses könne im Einzelfall zur Sicherung der Verhältnismäßigkeit eine Abwägung der

---

[833] *Dann/Markgraf*, in: NJW 2019, 1774, 1777; *Naber/Peukert/Seeger*, in: NZA 2019, 583, 586; *Waßmer*, in: Obergfell/Pahlow/Peifer, UWG, § 23 GeschGehG Rn. 227.

[834] Vgl. BAG, NZA 2004, 427, 429.

[835] *Richter*, in: ArbRAktuell 2019, 375, 377.

[836] RegE GeschGehG, S. 27; *Reinhardt-Kasparek/Kaindl*, in: BB 2018, 1332, 1336.

widerstreitenden Interessen erfolgen. Soweit ein Whistleblower Geschäftsgeheimnisse nach außen trägt, ohne die zumutbare Möglichkeit eines internen Abhilfeversuchs wahrzunehmen, sei demnach ein berechtigtes Interesse an der Erlangung, Nutzung oder Offenlegung des Geschäftsgeheimnisses abzulehnen.

Inwiefern einer von beiden Ansätzen tragbar ist, hängt jedoch nicht nur davon ab, ob diese zu einem angemessenen Ausgleich der widerstreitenden Interessen führen, sondern auch davon, ob diese mit dem strafrechtlichen Bestimmtheitsgrundsatz in Einklang zu bringen sind. Während eine Verhältnismäßigkeitsprüfung, die grundsätzlich eine vorherige innerbetriebliche Klärung voraussetzt, im Zivilrecht insbesondere durch die Regelung des § 1 Abs. 3 Nr. 4 GeschGehG i. V. m. § 241 Abs. 2 BGB ausreichend im Gesetz angelegt ist, kann für das Strafrecht aufgrund der strengeren Bestimmtheitsvoraussetzungen etwas anderes gelten.

ddd) Konflikt mit dem strafrechtlichen Bestimmtheitsgrundsatz

Grundsätzlich erscheint es mit den durchaus vorhandenen gesetzlichen Anknüpfungspunkten möglich – insbesondere wegen der weiterhin geltenden arbeitsvertraglichen Rücksichtnahmepflicht aus § 241 Abs. 2 BGB –, eine vorherige Konfrontation des Beschäftigungsgebers auch im Rahmen des neuen GeschGehG zu fordern. Dementsprechend ließe sich annehmen, die Offenbarung eines Geschäftsgeheimnisses falle gem. § 5 Nr. 2 GeschGehG nicht unter die Verbotsnorm des § 4 GeschGehG, wenn zuvor ein zumutbarer innerbetrieblicher Klärungsversuch unternommen wurde. In zivilrechtlicher Hinsicht stellt dies kaum ein Problem dar, denn dort entspricht es gängiger Rechtspraxis, dass der Tatbestand einer Norm eine weitgefasste Generalklausel beinhaltet, die schließlich zu einer bestimmten Rechtsfolge führt. Anknüpfungspunkt kann bspw. ein Verstoß gegen die guten Sitten (§§ 138, 826 BGB) oder Treu und Glauben (§ 242 BGB) sein, deren tatbestandliche Anforderungen und Rechtsfolgen durch die Rechtsprechung näher konkretisiert sind.

Auch im Gefahrenabwehrrecht sind unbestimmte Rechtsbegriffe und Generalklauseln ein geeignetes Mittel, um adäquat auf atypische Fall- und Gefahrensituationen reagieren zu können.[837] Andernfalls wäre der Staat nicht in der Lage, auf vom Gesetzgeber nicht vorgesehene Konstellationen zu reagieren und Gefahren abzuwenden.[838]

(1) Verfassungsrechtliche Anforderungen an die Bestimmtheit einer Norm

Im Strafrecht ist die Interessenlage jedoch eine andere. Durch den Bestimmtheitsgrundsatz soll der Bürger als Adressat eines Strafgesetzes in die Lage versetzt werden, sein Verhalten so auszurichten, dass er eine Bestrafung vermeiden kann.[839] Der Bürger muss damit als Adressat des Strafgesetzes selbst erkennen können, ob ein Verhalten die Verwirklichung eines Strafgesetzes darstellt.[840] Dabei müssen die Voraussetzungen der Norm eine Regelungsdichte aufweisen, die sicherstellt, dass die Frage der Strafbarkeit von der Le-

---

[837] *Kingreen/Poscher*, Polizei- und Ordnungsrecht, § 5 Rn. 18; *Schenke*, Polizei- und Ordnungsrecht, § 3 Rn 49.

[838] *Kugelmann/Möstl*, Polizei- und Ordnungsrecht, Kap. 6 Rn. 14.

[839] BVerfGE 33, 206, 219; 28, 175, 183; 26, 41, 42; 25, 269, 285; *Satzger*, in: JuS 2004, 943.

[840] *Satzger*, in: JuS 2004, 943, 944.

gislative und nicht erst im Nachhinein von der Judikative oder Exekutive festgelegt wird.[841] Das BVerfG betont im Zusammenhang mit dem Bestimmtheitsgrundsatz aber auch, dass keine überspannten Anforderungen an diesen zu stellen sind, da die Gesetze andernfalls den Besonderheiten des Einzelfalls und der Vielgestaltigkeit des Lebens nicht mehr gerecht werden könnten.[842] Die Verwendung allgemeiner und wertauszufüllender Begriffe sei jedenfalls dann nicht zu beanstanden, wenn sich mithilfe der allgemeinen Auslegungsmethoden oder aufgrund einer gefestigten Rechtsprechung eine zuverlässige Grundlage gewinnen lasse.[843]

(2) Bewertung des Erfordernisses einer innerbetrieblichen Klärung innerhalb von § 5 Nr. 2 GeschGehG

Diesen Vorgaben müsste das Erfordernis einer innerbetrieblichen Klärung genügen. Soweit diese nicht hinreichend in der Norm des § 5 Nr. 2 GeschGehG angelegt ist oder unter Heranziehung anderer Normen ermittelt werden kann,[844] wäre darin eine unzulässige Beschränkung des Ausnahmesatzes zulasten des Bürgers zu sehen.[845]

Zunächst wird die Notwendigkeit eines innerbetrieblichen Abhilfeversuchs an § 1 Abs. 3 Nr. 4 GeschGehG angeknüpft, der die Rechte und Pflichten aus dem Arbeitsverhältnis für anwendbar erklärt. Dazu

---

[841] BVerfGE 47, 109, 120; *Radtke*, in: BeckOK, GG, Art. 103 Rn. 23; *Remmert*, in: Maunz/Dürig, GG, Art. 103 Abs. 2 Rn. 87.

[842] BVerfG, NJW 1977, 1815.

[843] *Dierlamm*, in: MüKo, StGB, § 266 Rn. 4.

[844] BVerfG, NJW 1977, 1815.

[845] So sieht es im Ergebnis *Schick*, Über die Strafbarkeit des Whistleblowings, S. 178 f.

zählen diejenigen aus § 241 Abs. 2 BGB, wodurch der Arbeitnehmer zur Rücksicht auf die Rechte des anderen Teils verpflichtet wird. Aus der Rücksichtnahmepflicht des § 241 Abs. 2 BGB konstruiert die Rechtsprechung schließlich, dass ein Whistleblower die zumutbare Möglichkeit einer innerbetrieblichen Klärung wahrnehmen muss, bevor er Betriebsinterna nach außen trägt. Insofern mag argumentiert werden, dass sich das Erfordernis einer vorherigen internen Abhilfe aus einer ununterbrochenen Gesetzeskette ergibt. Zunächst erklärt § 1 Abs. 3 Nr. 4 GeschGehG die Rechte und Pflichten aus dem Arbeitsverhältnis und damit auch § 241 Abs. 2 BGB für anwendbar. Was unter der in § 241 Abs. 2 BGB geregelten Rücksichtnahmepflicht des Arbeitnehmers zu verstehen ist, ist schließlich durch die Rechtsprechung des BAG zum arbeitnehmerseitigen Whistleblowing entschieden – nämlich, dass der Arbeitnehmer sich vor einer externen Meldung intern an seinen Arbeitgeber wenden muss. Problematisch ist allerdings, dass sich die Rücksichtnahmepflichten des § 241 Abs. 2 BGB gerade nicht aus besonderer gesetzlicher Bestimmung ergeben, sondern aus einer Parteivereinbarung, bei welcher der Grundsatz von Treu und Glauben von besonderer Bedeutung ist.[846]

Ein ausreichender gesetzlicher Anhaltspunkt kann sich allerdings direkt aus der Vorschrift des § 5 Nr. 2 GeschGehG ergeben. Schließlich setzt die Norm voraus, dass die Erlangung, Nutzung bzw. Offenlegung des Geheimnisses einem berechtigten Interesse dient. Wird die Formulierung des berechtigten Interesses also als interessenwahrender Ausfluss des Verhältnismäßigkeitsgrundsatzes ver-

---

[846] *Sutschet*, in: BeckOK, BGB, § 241 Rn. 42.

standen, kann hierin die auch für das Strafrecht erforderliche Vornahme einer Verhältnismäßigkeitsprüfung gesehen werden.[847] Schließlich sieht auch der Regierungsentwurf im Einzelfall die Vornahme einer Verhältnismäßigkeitsprüfung vor.[848] Freilich wäre es vorzugswürdig gewesen, das Erfordernis einer vorherigen internen Abhilfe deutlicher im Wortlaut anzulegen, damit ein Whistleblower seine Handlungspflichten direkt dem Gesetzeswortlaut entnehmen kann. Ein Verstoß gegen den Bestimmtheitsgrundsatz liegt durch das weiterhin bestehende Erfordernis einer innerbetrieblichen Klärung gleichwohl nicht vor. Nach der Rechtsprechung des BVerfG[849] ist der Gesetzgeber nur nach Möglichkeit dazu gehalten, den Tatbestand so zu fassen, dass sich der straffreie Raum bereits aus dem Gesetzestext ergibt. Vielmehr genüge es, wenn sich der Anwendungsbereich und die Voraussetzung einer Norm durch Auslegung ermitteln lassen, da der Gesetzgeber andernfalls der Vielgestaltigkeit des Lebens nicht gerecht werden könne.[850] Wie sich die Notwendigkeit einer vorherigen Information des Beschäftigungsgebers im Rahmen des § 34 StGB aus der Abwägung der widerstreitenden Interessen ergab, ergibt sie sich nun aus dem Merkmal des „berechtigten Interesses“, das ebenso eine Abwägung der widerstreitenden Interessen zulässt.

---

[847] *Reuling*, Whistleblowing im Krankenhaus, S. 189.

[848] BT-Drucks. 19/4724, S. 28; *Reuling*, Whistleblowing im Krankenhaus, S. 189.

[849] BVerfGE 109, 133, 172.

[850] BVerfGE 126, 170, 196; 92, 1, 12.

(3) Zwischenergebnis und Schlussfolgerung für die weitere Bearbeitung

Das Erfordernis der innerbetrieblichen Klärung ist ein wichtiges Instrument für die Schaffung eines angemessenen Interessenausgleichs. Gleichwohl bedarf es einer genauen Betrachtung, ob es im Einzelfall tatsächlich gefordert werden kann. Andernfalls besteht die Gefahr, Whistleblowing durch überzogene Anforderungen in unverhältnismäßiger Weise zu beschränken.

In dogmatischer Hinsicht kann ein vorheriger interner Abhilfeversuch – jedenfalls im Zivilrecht – auf die Vorschriften § 1 Abs. 3 Nr. 4 GeschGehG i. V. m § 241 Abs. 2 BGB gestützt werden. In strafrechtlicher Hinsicht lässt er sich auf die Formulierung des „berechtigten Interesses" stützen, was die Möglichkeit einer Verhältnismäßigkeitsprüfung eröffnet. Dies weicht nicht sonderlich von der zuvor maßgeblichen Vorschrift des § 34 StGB ab, in der das Erfordernis einer innerbetrieblichen Klärung an das Tatbestandsmerkmal der nicht anderweitigen Abwendbarkeit geknüpft wird.

dd) Subjektives Element des Tatbestandsausschlusses nach § 5 Nr. 2 GeschGehG

Der Wortlaut des § 5 Nr. 2 GeschGehG sieht zudem vor, dass der Whistleblower „zur Aufdeckung" des Geschäftsgeheimnisses gehandelt hat. Dass ein Whistleblower in der Absicht gehandelt haben muss, „das öffentliche Interesse zu schützen" und eine gesellschaftliche Veränderung herbeiführen will,[851] wird in der finalen Fassung

---

[851] So noch der ursprüngliche Gesetzesentwurf BT-Drucks. 19/4724 S. 10, S. 29.

des GeschGehG zu Recht nicht mehr gefordert, womit eine gerichtliche Gesinnungsprüfung entfällt.[852] Nach der neuen Fassung genügt das Vorliegen eines Motivbündels.[853] Die Aufdeckung eines Missstandes muss daher nicht ausschließlich zur Missstandsbeseitigung erfolgen. Vielmehr genügt es, wenn auch finanzielle Anreize vorgelegen haben, wie bspw. die Offenlegung von Bankdaten gegenüber von Finanzbehörden gegen ein Entgelt.[854] Ob das subjektive Merkmal „zur Aufdeckung" vorliegt, lässt sich maßgebend auch anhand des Adressaten bestimmen. Soweit ein Fehlverhalten an die zuständige Behörde, die Presse oder die Öffentlichkeit mitgeteilt wird, liegt die Annahme nahe, dass eine Mitteilung zur Aufdeckung des angenommenen Fehlverhaltens erfolgte.[855]

Zudem wird es Konstellationen geben, in denen ein Whistleblower das Vorliegen eines Fehlverhaltens oder eines Missstandes irrig angenommen hat. Denkbar ist etwa, dass er entweder von einer falschen Tatsachengrundlage ausgegangen ist und das von ihm als gesetzeswidrig oder sozial abträglich empfundene Verhalten tatsächlich überhaupt nicht existiert (Konstellation 1). Möglicherweise ist er aber auch aufgrund einer falschen Bewertung der Gesetzeslage

---

[852] *Alexander*, in: Köhler/Bornkamm/Feddersen, UWG, § 5 GeschGehG Rn. 41 f.; *Apel/Walling*, in: DB 2019, 891, 897; *Böning/Heidfeld*, in: AuR 2018, 555, 557; *Brockhaus*, in: ZIS 2020, 102, 113; *Hiéramente*, in: BeckOK, GeschGehG, § 5 Rn. 27.1 ff.; *Schreiber*, in: NZWiSt 2019, 332, 335 f.; *Waßmer*, in: Obergfell/Pahlow/Peifer, UWG, § 23 GeschGehG Rn. 225.

[853] *Ohly*, in: GRUR 2019, 441, 448.

[854] *Hiéramente*, in: BeckOK, GeschGehG, § 5 Rn. 28.1; *Ohly*, in: GRUR 2019, 441, 448.

[855] *Hiéramente*, in: BeckOK, GeschGehG, § 5 Rn. 29.

oder der gesamtgesellschaftlichen Situation zu dem irrtümlichen Ergebnis gelangt, ein bestimmtes Verhalten sei als gesetzeswidrig oder unethisch zu qualifizieren (Konstellation 2). Insoweit stellt sich die Frage, ob und unter welchen Voraussetzungen er Schutz erfährt. Die dargestellten Möglichkeiten des Irrtums erinnern an die Unterscheidung zwischen Erlaubnistatbestandsirrtum und Erlaubnisirrtum. Bei einem Erlaubnistatbestandsirrtum stellt der Täter sich irrig Umstände vor, welche – bei deren tatsächlichen Vorliegen – die Voraussetzungen eines Rechtfertigungsgrundes erfüllen.[856] Der Täter geht also, wie bei der ersten Konstellation, irrig von einer falschen Tatsachengrundlage aus. Im Ergebnis führt ein Erlaubnistatbestandsirrtum nach Auffassung des BGH[857] grundsätzlich zur Straffreiheit.

Bei einem Erlaubnisirrtum hingegen nimmt der Täter bei richtiger Wahrnehmung des tatsächlichen Geschehens das Vorliegen eines Erlaubnissatzes infolge unzutreffender rechtlicher Bewertung an.[858] Dieser Fall erinnert an die zweite Konstellation, in welcher der Täter eine (rechtliche) Wertung vornimmt, aufgrund derer er sein Verhalten für erlaubt hält. Da auf den Erlaubnisirrtum die Vorschrift des

---

[856] *Hilgendorf/Valerius*, Strafrecht AT, § 8 Rn. 40; *Joecks/Kulhanek*, in: MüKo, StGB, § 16 Rn. 119; *Kudlich*, in: BeckOK, StGB, § 16 Rn. 21; *Rengier*, Strafrecht AT, § 30 Rn. 1.

[857] BGH, NJW 1983, 2509, 2514; BGH, NJW 1984, 1049, 1050; BGH, NJW 2000, 885, 887.

[858] *Heinrich*, Strafrecht AT, Rn. 1142; *Sternberg-Lieben/Schuster*, in: Schönke/Schröder, StGB, § 16 Rn. 24; *Wessels/Beulke/Satzger*, Strafrecht AT, § 8 Rn. 760.

§ 17 StGB anwendbar ist,[859] wäre ein Whistleblower nur dann straffrei, wenn er den Irrtum nicht vermeiden konnte.

Da der Gesetzgeber sich bei § 5 GeschGehG – anders als ursprünglich vorgesehen – dafür entschieden hat, diesen nicht als Rechtfertigungsgrund, sondern als Tatbestandsausnahme auszugestalten, sind die vorgenannten Grundsätze nicht anwendbar. Nach der Gesetzesbegründung soll ein Handeln „zur Aufdeckung" auch dann gegeben sein, wenn der Whistleblower irrig von einem Fehlverhalten ausgegangen ist.[860] Teilweise wird angenommen, die Offenbarungen eines Whistleblowers, die auf einer falschen Tatsachengrundlage beruhen, seien gem. § 5 Nr. 2 GeschGehG nicht geeignet, öffentliche Interessen zu schützen, was insbesondere bei einem Irrtum auf Sachverhaltsebene der Fall sei.[861] Überzeugend ist dies indessen nicht, da eine solche Sichtweise dem gesetzgeberischen Willen[862] widersprechen würde. Die Geschäftsgeheimnis-RL sieht einen Schutz des gutgläubigen Whistleblowers vor, sodass eine andere Sichtweise auch dem Willen des Richtliniengebers zuwiderlaufen würde.[863]

---

[859] *Wessels/Beulke/Satzger*, Strafrecht AT, § 8 Rn. 763.

[860] *Gramlich/Lütke*, in: wistra 2019, 480, 484; *Schreiber*, in: NZWiSt 2019, 332, 336.

[861] *Alexander*, in: Köhler/Bornkamm/Feddersen, UWG, § 5 GeschGehG Rn. 46; *Hiéramente*, in: BeckOK, GeschGehG, § 5 Rn. 34.

[862] BT-Drucks. 19/8300, S. 14.

[863] Vgl. insbesondere 20. Erwägungsgrund Geschäftsgeheimnis-RL; *Schmitt*, in: RdA 2017, 365, 369; *Schubert*, in: Franzen/Gallner/Oetker, Europäisches Arbeitsrecht, Art. 5 Geschäftsgeheimnis-RL Rn. 11.

Gleichwohl kann das Merkmal der Eignung, das öffentliche Interesse zu schützen, geeignetes Korrektiv sein, um denjenigen Fällen den Schutz des § 5 Nr. 2 GeschGehG zu entziehen, die entweder (1) auf einer völlig haltlosen Tatsachengrundlage basieren und kaum mehr als bloße Gerüchte bzw. haltlose Anschuldigungen sind oder (2) einen vermeintlichen Gesetzesverstoß ohne jegliche Überprüfung der Rechtslage anprangern. Entsprechende Offenbarungen sind kaum geeignet, das allgemeine öffentliche Interesse zu schützen[864] und sind folglich aus dem Anwendungsbereich des § 5 Nr. 2 GeschGehG auszuscheiden.

b) Ergebnis Ausschlussgrund des § 5 Nr. 2 GeschGehG

Der Ausnahmetatbestand des § 5 Nr. 2 GeschGehG soll Whistleblowing-Aktivitäten entsprechend dem 20. Erwägungsgrund der Geschäftsgeheimnis-RL schützen. Dieser Schutz kann nur durch eine weite Auslegung erreicht werden. Ein Fehlverhalten liegt bereits dann vor, wenn der Whistleblower unethisches Verhalten erlangt, nutzt oder offenlegt. Zwar ist ein abgestuftes Meldesystem, das sich dogmatisch an das Tatbestandsmerkmal des „berechtigten Interesses" anknüpfen lässt, zum Ausgleich der widerstreitenden Interessen auch im Rahmen des § 5 Nr. 2 GeschGehG zu fordern. Gleichwohl dürfen die Anforderungen an eine damit verbundene innerbetriebliche Klärung nicht überspannt werden und sind abhängig von den Gegebenheiten des Einzelfalls. Eine unverhältnismäßige Beschrän-

---

864 Hieran knüpfen auch *Dann/Markgraf*, in: NJW 2019, 1774, 1777 und *Hiéramente*, in: BeckOK, GeschGehG, § 5 Rn. 34 Einschränkungen, an.

kung von Whistleblowing-Aktivitäten ist in jedem Fall auszuschließen, sodass das Erfordernis eines internen Abhilfeversuchs einer Einzelfallprüfung standhalten muss.

c) Weitere Ausschlussgründe

Zwar handelt es sich bei § 5 Nr. 2 GeschGehG um den wesentlichen Ausschlussgrund für die Frage der Strafbarkeit von Whistleblowern. Gleichwohl kommt unter Umständen auch eine Rechtfertigung nach § 5 Nr. 1, 3 GeschGehG in Betracht.

aa) Ausschluss zum Schutz der Meinungs-, Informations- und Medienfreiheit

Mit dem Ausschlussgrund des § 5 Nr. 1 GeschGehG, der insbesondere dem Schutz der freien Meinungsäußerung und der Informationsfreiheit dient, setzt der deutsche Gesetzgeber die Richtlinienvorgabe des Art. 5 lit. a) Geschäftsgeheimnis-RL um.[865] Die Vorschrift des § 5 Nr. 1 GeschGehG regelt damit das Spannungsverhältnis von Geschäftsgeheimnisschutz und Meinungs-, Informations- und Pressefreiheit.[866] Während die Vorschrift des § 5 Nr. 2 GeschGehG ein Erlangen, Nutzen oder Offenlegen voraussetzt, das geeignet ist, das allgemeine öffentliche Interesse zu schützen, genügt es nach dem Wortlaut des § 5 Nr. 1 GeschGehG, dass die Ausübung des Rechts der freien Meinungsäußerung und der Informationsfreiheit, einschließlich der Achtung der Freiheit und der Pluralität der Medien,

---

[865] Vgl. dazu auch Erwägungsgrund 19 Geschäftsgeheimnis-RL.

[866] *Alexander*, in: Köhler/Bornkamm/Feddersen, UWG, § 5 GeschGehG Rn. 14; *ders.*, in: AfP 2017, 469, 469 ff.; *Brost*/*Wolsing*, in: ZUM 2019, 898, 898 ff. *Ohly*, in: Harte-Bavendamm/Ohly/Kalbfus, § 5 GeschGehG Rn. 17.

betroffen ist.[867] Freilich gilt jedoch im Rahmen des Ausschlussgrundes des § 5 Nr. 1 GeschGehG der bereits dargelegte Grundsatz, dass die Meinungs-, Informations- und Pressefreiheit nicht schrankenlos gewährleistet sind und auch hier eine sorgfältige Abwägung der widerstreitenden grundrechtlich geschützten Interessen vorzunehmen ist.[868] Auch wenn die Vorschrift des § 5 Nr. 1 GeschGehG insbesondere dem Schutz des investigativen Journalismus dienen soll,[869] können andere Formen der Meinungsäußerung von der in § 5 Nr. 1 GeschGehG genannten Ausnahme erfasst sein.[870] Hierzu zählt – wie im Rahmen der verfassungsrechtlichen Grundlagen bereits dargestellt – das Whistleblowing.[871] Ergibt also eine verfassungsrechtliche Abwägung der widerstreitenden Interessen, dass die Meinungsäußerungsfreiheit des Whistleblowers bzw. die Informationsfreiheit das Geheimhaltungsinteresse der betroffenen Organisation überwiegt, kann auch ein Whistleblower nach § 5 Nr. 1 GeschGehG gerechtfertigt sein. Auf den ersten Blick mag angenommen werden, dass eine Anwendung des § 5 Nr. 1 GeschGehG die differenzierten Voraussetzungen des eigens für Whistleblower in § 5 Nr. 2 GeschGehG geschaffenen Ausnahmetatbestands unterlaufen mag. Bei genauerer Betrachtung lässt sich jedoch das Gegenteil feststellen. Denn § 5 Nr.

---

[867] *Brost*/*Wolsing*, in: ZUM 2019, 898, 900 f.

[868] BT-Drucks. 19/4724, S. 28 f.; *Brost*/*Wolsing*, in: ZUM 2019, 898, 901; *Hiéramente*, in: BeckOK, GeschGehG, § 5 Rn. 13; *Alexander*, in: Köhler/Bornkamm/Feddersen, UWG, § 5 GeschGehG Rn. 22.

[869] *Namysłowska*, in: MüKo, Lauterkeitsrecht, § 5 GeschGehG Rn. 4 f.; *Waßmer*, in: Obergfell/Pahlow/Peifer, UWG, § 23 GeschGehG Rn. 214.

[870] *Alexander*, in: Köhler/Bornkamm/Feddersen, UWG, § 5 GeschGehG Rn 14; a.A. in Bezug auf das Whistleblowing *Reuling*, Whistleblowing im Krankenhaus, S. 165.

[871] Kap. 1 III. 1. a) aa).

1 GeschGehG bietet die Möglichkeit einer umfassenden Güterabwägung, in der die Interessen des Unternehmens berücksichtigt werden können. So kann in die grundrechtliche Prüfung ebenfalls einfließen, ob ein innerbetrieblicher Klärungsversuch erfolgt ist. Auch der Gegenstand des Whistleblowings ist in § 5 Nr. 2 GeschGehG durch den Begriff des Fehlverhaltens weit gefasst, sodass es insofern kaum eines Rückgriffes auf § 5 Nr. 1 GeschGehG bedarf. Soweit ein Whistleblower weder einen Gesetzesverstoß noch sozial abträgliches Verhalten meldet, wird das verfassungsrechtlich über Art. 14 Abs. 1 GG oder Art. 12 Abs. 1 GG geschützte Geheimhaltungsinteresse des betroffenen Unternehmens im Rahmen einer Verhältnismäßigkeitsprüfung überwiegen. Die Vorschrift des § 5 Nr. 1 GeschGehG ist auch nicht dadurch weitreichender, dass sie den Schutz des allgemeinen öffentlichen Interesses nicht ausdrücklich voraussetzt. Im Rahmen der in § 5 Nr. 1 GeschGehG vorzunehmenden Interessenabwägung ist nämlich insbesondere zu prüfen, ob die Verletzung eines Geschäftsgeheimnisses durch ein überwiegendes öffentliches Informationsinteresse gerechtfertigt ist.[872]

bb) Offenlegung gegenüber der Arbeitnehmervertretung

Nach der Vorschrift des § 5 Nr. 3 GeschGehG ist die Offenlegung eines Geschäftsgeheimnisses dann nicht verboten, wenn die Offenlegung gegenüber der Arbeitnehmervertretung erfolgt und erforderlich ist, damit diese ihre Aufgaben wahrnehmen kann. Dabei ist zu beachten, dass die Norm des § 5 Nr. 3 GeschGehG aufgrund der Vorschrift des § 3 Abs. 2 GeschGehG nur dann relevant wird, wenn

---

[872] *Alexander*, in: Köhler/Bornkamm/Feddersen, UWG, § 5 GeschGehG Rn 23.

die Erlangung, Nutzung oder Offenbarung von Geschäftsgeheimnissen nicht durch andere arbeitsrechtliche Vorschriften gestattet ist.[873] Das Merkmal der Erforderlichkeit verlangt, dass die Arbeitnehmervertretung das Geschäftsgeheimnis benötigt, um ihre Aufgaben wahrzunehmen. Soweit eine Aufgabenwahrnehmung auch ohne Zugriff auf das Geheimnis möglich ist, greift der Ausschlussgrund des § 5 Nr. 3 GeschGehG nicht ein.[874] Für das (interne) Whistleblowing ist die Vorschrift des § 5 Nr. 3 GeschGehG bedeutungslos. Eine Meldung gegenüber der Arbeitnehmervertretung erfasst weder die interne Meldung im Rahmen eines unternehmensinternen Compliance-Systems (Hinweisgebersystem) noch die Meldung an den Vorgesetzten.[875]

6. Rechtswidrigkeit

Die Strafbarkeit des Whistleblowings hing vor Einführung des GeschGehG und der besonderen Ausnahmeregelung des § 5 Nr. 2 GeschGehG maßgebend von der Norm des § 34 StGB ab.[876] Nachfolgend wird thematisiert, ob der rechtfertigende Notstand gem. § 34

---

[873] *McGuire*, in: Büscher, Gesetz gegen den unlauteren Wettbewerb, § 5 GeschGehG Rn. 43; *Alexander*, in: Köhler/Bornkamm/Feddersen, UWG, § 5 GeschGehG Rn. 49.

[874] *Alexander*, in: Köhler/Bornkamm/Feddersen, UWG, § 5 GeschGehG Rn. 54.

[875] *Schmitt*, in: RdA 2017, 365, 372.

[876] *Eufinger, in: ZRP 2016, 229, 230*; *Koch, in: ZIS 2008, 500, 503; Ohly*, in: GRUR 2014, 1, 6; *ders.*, in: Ohly/Sosnitza, § 17 UWG Rn. 30; *Reinbacher*, in: KriPoZ 2018, 115, 117 f.*; Rengier*, in: Fezer/Büscher/Obergfell, Lauterkeitsrecht, § 17 UWG Rn. 47a.

[876] *Schuhmann/Günnel*, in: Götting/Meyer/Vormbrock, Gewerblicher Rechtsschutz, § 42 Rn. 144.

StGB neben der besonderen Ausnahmevorschrift des § 5 Nr. 2 GeschGehG weiterhin anwendbar ist und welche Voraussetzungen ein Whistleblower erfüllen muss, um nach § 34 StGB gerechtfertigt zu sein.

a) Anwendbarkeit des § 34 StGB

Teilweise wird im Rahmen des § 23 GeschGehG schon eine Anwendbarkeit des Rechtfertigungsgrundes des § 34 StGB ausgeschlossen.[877] Da § 34 StGB insbesondere wegen der Voraussetzungen der nicht anderweitigen Abwendbarkeit der Gefahr und des Erfordernisses des wesentlichen Überwiegens des geschützten gegenüber dem beeinträchtigten Interesse restriktiver sei als die Ausnahmevorschrift des § 5 GeschGehG, sei eine Rechtfertigung ausgeschlossen, wenn eine Handlung die Voraussetzungen des § 5 GeschGehG nicht erfülle.

Dies überzeugt in dieser Pauschalität jedoch nicht. Zwar ist es zutreffend, dass die Vorschrift des § 5 GeschGehG grundsätzlich weitreichendere Möglichkeiten für ein erlaubtes Erlangen, Nutzen oder Offenlegen von Geschäftsgeheimnissen schafft. In Ausnahmefällen besteht jedoch die Möglichkeit, dass der allgemeine Rechtfertigungsgrund des § 34 StGB Fälle erfasst, die über die spezielle Vorschrift des § 5 GeschGehG hinausgehen.[878] Namentlich kommt eine

---

[877] *Schuhmann/Günnel*, in: Götting/Meyer/Vormbrock, Gewerblicher Rechtsschutz, § 42 Rn. 144.

[878] So auch *Alexander*, in: Köhler/Bornkamm/Feddersen, UWG, § 23 GeschGehG Rn. 48; *Hiéramente*, in: BeckOK, GeschGehG, § 23 Rn. 56; *Reinfeld*, GeschGehG, S. 186.

Anwendung des § 34 StGB dann in Betracht, wenn ein Geschäftsgeheimnis eingesetzt wird, um eine höherrangige Gefahr abzuwenden (bspw. Leib und Leben einer Person zu retten).[879] Relevant bleibt § 34 StGB auch dann, wenn zwischen der Aufklärung und Aufdeckung von Gesetzesverstößen unterschieden wird. Denn ausdrücklich erfasst § 5 Nr. 2 GeschGehG lediglich die Aufdeckung von Gesetzesverstößen, die der Aufklärung zeitlich vorgelagert ist. [880] Im Ergebnis überzeugt dies jedoch nicht. Eine derartige Unterscheidung zwischen der Aufklärung und Aufdeckung von Straftaten würde zu einer nicht gerechtfertigten Unterscheidung in der Strafbarkeitsbewertung führen. Vielmehr sollte die Aufklärung von Straftaten ebenfalls dem Anwendungsbereich des § 5 Nr. 2 GeschGehG unterfallen. Den Rückgriff auf allgemeine Rechtfertigungsgründe per se auszuschließen, würde der strafrechtlichen Systematik zuwiderlaufen und mögliche Fallkonstellationen außer Acht lassen, in denen die allgemeine Vorschrift des § 34 StGB doch wieder relevant werden könnte.

---

[879] *Alexander*, in: Köhler/Bornkamm/Feddersen, UWG, § 23 GeschGehG Rn. 49; *Waßmer*, in: Obergfell/Pahlow/Peifer, UWG, § 23 GeschGehG Rn. 247.

[880] Zwischen Aufdeckung und Aufklärung unterscheiden *Schuhmann/Günnel*, in: Götting/Meyer/Vormbrock, Gewerblicher Rechtsschutz, § 42 Rn. 138. Da § 5 Nr. 2 GeschGehG lediglich die Aufdeckung erfasse, nicht aber die vorgelagerte Aufklärung, sei dieser nicht direkt anwendbar. Vielmehr sei ein unbenannter Fall des berechtigten Interesses im Falle der Aufklärung anzunehmen, womit die Fälle im Ergebnis gleich zu behandeln seien.

b) *Notstandslage*

Eine Rechtfertigung nach § 34 StGB setzt zunächst das Vorliegen einer Notstandslage voraus, wofür es einer gegenwärtigen Gefahr für ein notstandsfähiges Rechtsgut bedarf.[881] Der Kreis der notstandsfähigen Rechtsgüter ist weit gefasst. Nicht nur Individualrechtsgüter, sondern auch kollektive Rechtsgüter sind notstandsfähig.[882] Für die Anerkennung als notstandsfähiges Rechtsgut ist nicht erforderlich, dass dieses strafrechtlichen Schutz genießt – vielmehr genügt es, dass es unter dem Schutz der Rechtsordnung steht.[883] Die Rechtsprechung zählt auch Rechtsgüter der Allgemeinheit zu den notstandsfähigen Rechtsgütern.[884] Umfasst wird damit u. a. der Schutz der Volksgesundheit[885], die Sicherheit des Straßenverkehrs[886] oder die Aufrechterhaltung der Lebensmittelversorgung[887].[888] Dies vorausgesetzt, kann ein Whistleblower bspw. – das Vorliegen der übrigen Voraussetzungen unterstellt – gerechtfertigt auf das Vorliegen von Missständen wie Lebensmittelverunreinigungen, den schädlichen Ausstoß von CO_2-Emissionen oder das Inverkehrbringen unsicherer

---

[881] *Erb*, in: MüKo, StGB, § 34 Rn. 63; *Rengier*, Strafrecht AT, § 19 Rn. 7 ff

[882] *Erb*, in: MüKo, StGB, § 34 Rn. 65; *Kindhäuser/Zimmermann*, Strafrecht AT, § 17 Rn. 17; *Momsen/Savic*, in: BeckOK, StGB, § 34 Rn. 5; *Neumann*, in: Kindhäuser/Neumann/Paeffgen/Saliger, § 34 StGB Rn. 22.

[883] *Neumann*, in: Kindhäuser/Neumann/Paeffgen/Saliger, § 34 StGB Rn. 22; *Engländer*, in: Matt/Renzikowski, StGB, § 34 Rn. 16.

[884] BGH, NStZ 1988, 558, 559; OLG Naumburg, NJW 2018, 2064, 2065.

[885] BGH, StV 88, 433.

[886] OLG Koblenz, NJW 1963, 1991; OLG Düsseldorf, NJW 70, 674.

[887] RGSt 77, 113; OLG Stuttgart, DRiZ 1949, 93.

[888] Beispielhafte Aufzählung etwa bei *Duttge*, in: Dölling/Duttge/König/Rössner, Gesamtes Strafrecht, § 34 StGB Rn. 4 ff.; *Perron*, in: Schönke/Schröder, StGB, § 34 Rn. 10.

Produkte hinweisen, die er aufgrund seiner beruflichen Tätigkeit für ein Unternehmen festgestellt hat. Selbst wenn für eine Rechtfertigung nach § 34 StGB – mit einer in der Literatur teilweise vertretenen Ansicht – verlangt wird, dass die betroffenen Kollektivrechtsgüter auf ein Individualrechtsgut zurückgehen müssen,[889] so sind wesentliche denkbare Handlungen von Whistleblowern von § 34 StGB erfasst. Der Hinweis etwa auf Nachlässigkeiten im Fertigungsprozess eines Kraftfahrzeuges oder der übermäßige Ausstoß von CO_2-Emissionen, lässt sich letztlich auf die Individualrechtsgüter Leib, Leben und Gesundheit zurückführen.

Im Übrigen setzt das Vorliegen einer Notstandshandlung einen Zustand voraus, der nach den konkreten Umständen nahelegt, dass ein Schaden eintritt.[890] Dabei genügt eine Dauergefahr, bei welcher der Eintritt eines Schadens infolge eines gefahrträchtigen Zustandes jederzeit eintreten kann.[891] Auch wenn der tatsächliche Eintritt eines Schadens nicht genau absehbar ist, sondern noch auf sich warten lässt, ist der Notstandstäter nicht darauf beschränkt, den Schaden hinauszuzögern, sondern kann diesen sogleich verhindern.[892] Erkennt ein Whistleblower also eine Situation, die jederzeit in einen Schaden umschlagen kann, auch wenn er nicht einzuschätzen vermag, wann tatsächlich ein Schaden eintritt, hindert dies das Vorliegen einer Notstandslage nicht.

---

[889] So *Neumann*, in: Kindhäuser/Neumann/Paeffgen/Saliger, StGB, § 34 Rn. 22; *Schmitz*, Notstand, S. 41; ähnlich *Günther*, in: SK-StGB, § 34 Rn. 24.

[890] *Heger*, in: Lackner/Kühl/Heger, StGB, § 34 Rn. 2.

[891] *Perron*, in: Schönke/Schröder, StGB, § 34 Rn. 17; *Wessels/Beulke/Satzger*, Strafrecht AT, § 9 Rn. 464.

[892] BGH, NJW 1979, 2053, 2054; BGH, NJW 1954, 1126.

Dennoch existieren Fallkonstellationen, in denen die Feststellung der Gegenwärtigkeit Probleme bereitet. Meldet ein Whistleblower bspw., dass eine rechtswidrige Umweltbeeinträchtigung oder eine Wirtschaftsstraftat unmittelbar bevorsteht oder andauert, so ist eine Gefahr im Sinne des § 34 Satz 1 StGB regelmäßig unproblematisch zu bejahen. Anders liegt der Fall, wenn der Whistleblower bereits beendete Straftaten meldet.[893] Die Vorschrift des § 34 StGB betrifft nicht das staatliche Strafverfolgungsinteresse und beinhaltet keine allgemeine Unrechtsverhinderungsbefugnis.[894] Denn § 34 StGB schützt nicht die formale Rechtsdurchsetzung, sondern materielle Güter.[895] Ein solches stellt das staatliche Strafverfolgungsinteresse jedoch gerade nicht dar. Gleichwohl kann die Meldung über bereits begangene Straftaten im Einzelfall dennoch von § 34 StGB erfasst sein. Denkbar ist es, eine gegenwärtige Gefahr unter dem Gesichtspunkt der Wiederholungsgefahr zu bejahen. Liegen objektive Umstände vor, die den Schluss auf eine erneute Tatbegehung zulassen, liegt eine Wiederholungsgefahr vor, welche die Voraussetzungen des § 34 Satz 1 StGB erfüllt.[896] Zeigt der Whistleblower bspw. einen Verstoß an, der in der Vergangenheit liegt, ist jedoch zu erwarten, dass dieser sich so oder so ähnlich erneut ereignen wird, so ist der – grundsätzlich weite – Gefahrenbegriff des § 34 Satz 1 StGB erfüllt. Erfasst sind Konstellationen, bei denen der Whistleblower fortwäh-

---

[893] *Schenkel*, Whistleblowing, S. 146.

[894] Grundlegend: *Krey*, Grenzen, S. 286 ff.; im Ergebnis ebenso: *Koch*, in: ZIS 2008, 500, 503; *Neumann*, in: Kindhäuser/Neumann/Paeffgen/Saliger, StGB, § 34 Rn. 30; a.A.: grundsätzlich, *Perron*, in: Schönke/Schröder, § 34 Rn. 11; in Bezug auf das Whistleblowing: *Schenkel*, Whistleblowing, S. 146.

[895] *Krey*, Grenzen, S. 286.

[896] *Reinbacher*, in: Leitner/Rosenau, § 17 UWG Rn. 46.

rende Umweltverschmutzungen anzeigt, deren schädigende Auswirkungen sich nicht in einer einmaligen Tatbegehung erschöpfen. Dasselbe gilt, wenn ein Whistleblower eine konkrete – vergangene – Wirtschaftsstraftat anzeigt, jedoch objektive Umstände vorliegen, die eine erneute Tatbegehung befürchten lassen.[897] Denkbar ist die Fallkonstellation der Bestechung (§ 334 StGB), bei der aufgrund eines Kontaktes zu einem bestimmten Amtsträger wiederholte Bestechungstaten zu besorgen sind.

Im Gegensatz zu der Ausnahmevorschrift des § 5 Nr. 2 GeschGehG unterliegt § 34 Satz 1 StGB damit im Rahmen der Notstandshandlung engeren Grenzen. Während § 5 Nr. 2 GeschGehG bereits beendete Straftaten erfasst, erfordert der Gefahrenbegriff gem. § 34 Satz 1 StGB das Vorliegen einer (in der Zukunft liegenden) Gefahr. Gleichwohl führt der weite Gefahrenbegriff des § 34 Satz 1 StGB dazu, dass unter Umständen auch bereits begangene Straftaten gerechtfertigt angezeigt werden können. Ausreichend ist nämlich, dass eine Gefahr in dem Sinne gegenwärtig ist, dass sie jederzeit – zu einem ungewissen Zeitpunkt, alsbald oder auch später – in einen Schaden umschlagen kann.[898]

---

[897] *Schenkel*, Whistleblowing, S. 148.
[898] BGH, NStZ-RR 1999, 266.

c) Notstandshandlung

Während das Vorliegen einer Notstandslage nach dem zuvor Dargestellten regelmäßig nur bei bereits begangenen Straftaten einer näheren Erörterung bedarf, sind die Anforderungen, die an eine Notstandshandlung gestellt werden, strenger. Insbesondere das Merkmal der Erforderlichkeit, das der Formulierung der nicht anderweitigen Abwendbarkeit zu entnehmen ist, beinhaltet Einschränkungen für Whistleblower.

aa) Erforderlichkeit der Notstandshandlung

Im Gegensatz zu der bereits dargestellten Ausnahmevorschrift des § 5 Nr. 2 GeschGehG lässt sich das Erfordernis einer innerbetrieblichen Klärung im Rahmen des § 34 Satz 1 StGB ohne Weiteres an das Tatbestandsmerkmal der nicht anderweitigen Abwendbarkeit anknüpfen. Eine Gefahr im Sinne des § 34 Satz 1 StGB ist nämlich nur dann nicht anders abwendbar, wenn hoheitliche oder private Hilfe nicht eingeholt werden kann,[899] und die Handlung des Whistleblowers unter den gleich wirksamen, zur Verfügung stehenden Mitteln die geringstmögliche Eingriffsintensität aufweist, wobei einem tatbestandslosen Handeln grundsätzlich der Vorrang zu gewähren ist.[900] Dies vorausgesetzt, muss ein Whistleblower, bevor er eine externe Stelle informiert oder sich gar an die Öffentlichkeit wendet,

---

[899] BGH, NStZ 1993, 333, 334; *Erb*, in: MüKo, StGB, § 34 Rn. 115; *Roxin*, in: FS Jescheck, 457, 480; *ders.*, in: NStZ 1993, 335.

[900] *Erb*, in: MüKo, StGB, § 34 Rn. 116.

die Möglichkeit einer zumutbaren internen Abhilfe wahrnehmen.[901] Denn dadurch kann eine bestehende Gefahr möglicherweise abgestellt werden, ohne dass für das Unternehmen einschneidende externe Maßnahmen oder Reaktionen der Öffentlichkeit hervorgerufen werden. Entbehrlich ist eine innerbetriebliche Abhilfe auch im Rahmen des § 34 StGB in den bereits beschriebenen Fallkonstellationen.[902]

bb) Interessenabwägung

Soweit eine innerbetriebliche Klärung (erfolglos) vorgenommen wurde oder ausnahmsweise nicht durchgeführt werden muss, muss das beeinträchtigte Interesse (Offenlegung des Geheimnisses) das geschützte Interesse (ggf. auch ein Rechtsgut der Allgemeinheit) bei der Anwendung des § 34 Satz 1 StGB wesentlich überwiegen.[903] Wann ein entsprechendes Interesse vorliegt, bedarf der Klärung im Einzelfall.

aaa) Unterscheidung zwischen Aggressiv- und Defensivnotstand

Maßgebender Bedeutung für den Abwägungsmaßstab kommt der Unterscheidung zwischen Aggressiv- und Defensivnotstand zu.[904] Der Aggressivnotstand erfasst Fallkonstellationen, in welcher der Täter zur Abwehr einer beliebigen Gefahr in die Rechtsgüter eines

---

[901] *Koch*, in: ZIS 2008, 500, 503; *Rahimi Azar, in:* JuS 2017, 930, 935; *Reinbacher, in:* KriPoZ 2018, 115, 118; *Schreiber*, in: NZWiSt 2019, 332, 336; *Ullrich*, in: NZWiSt 2019, 65, 68.

[902] Dazu bereits unter Kap. 4 I. 5. a) cc) aaa).

[903] *Koch*, in: ZIS 2008, 500, 503; *Schreiber*, in: NZWiSt 2019, 332, 336.

[904] *Erb*, in MüKo, StGB, § 34 Rn. 13.

Unbeteiligten eingreift, während die Gefahr bei einem Defensivnotstand aus der Sphäre des Eingriffsgegners stammt.[905] Liegt eine Konstellation des Defensivnotstandes vor, so verschiebt sich der Abwägungsmaßstab. Die Interessenabwägung fällt bereits dann zugunsten des geschützten Interesses aus, wenn der Schaden nicht außer Verhältnis zur Gefahr steht.[906]

Die Vorschrift des § 228 BGB ist auf das Whistleblowing nicht anwendbar, da dieser für die Fallkonstellation gilt, in der die Gefahr von der durch die Notstandshandlung betroffenen Sache selbst herrührt.[907] Die typische Fallkonstellation des Whistleblowings betrifft jedoch Meldungen über menschliches Fehlverhalten.[908] Soweit § 228 BGB nicht unmittelbar einschlägig ist, ist das Vorliegen einer Defensivnotstandssituation im Rahmen des § 34 StGB zu berücksichtigen.[909]

In der Literatur wird bisweilen auf den Abwägungsmaßstab des Defensivnotstandes abgestellt, da ein Whistleblower regelmäßig verhalten offenbare, das aus dem Verantwortungsbereich eines Unternehmens stamme.[910] Sofern ein Whistleblower etwa wirtschaftskriminelle Handlungen des Unternehmensinhabers aufdecke, greife er gerade in die Rechte des Gefahrverursachers ein. Dann könne auch

---

[905] *Erb*, in: MüKo, StGB, § 34 Rn. 13; *Perron*, in: Schönke/Schröder, StGB, § 34 Rn. 30; *Rengier*, Strafrecht AT, § 20 Rn. 1 ff.

[906] *Engländer*, in: Matt/Renzikowski, StGB, § 34 Rn. 4.

[907] *Dennhardt*, in: BeckOK, BGB, § 228 Rn. 5.

[908] *Brockhaus*, Geheimnisschutz und Transparenz, S. 460

[909] *Erb*, in: MüKo, StGB, § 34 Rn. 21.

[910] *Brockhaus*, Geheimnisschutz und Transparenz, S. 460; *Engländer/Zimmermann*, in: NZWiSt 2012, 328, 331; *Schenkel*, Whistleblowing, S. 159 f.

nur der Abwägungsmaßstab des Defensivnotstandes gelten, womit es genügen würde, wenn die Beschädigung des Unternehmensinteresses nicht außer Verhältnis zum geschützten Rechtsgut steht.

Im Ergebnis vermag eine Anwendung der Regeln über den Defensivnotstand jedoch nicht zu überzeugen.[911] Insbesondere ist eine solche nicht in Einklang mit den speziellen Whistleblowerschutzvorschriften zu bringen. Sowohl das HinSchG als auch § 5 Nr. 2 GeschGehG beinhalten als eigens auf das Phänomen des Whistleblowings zugeschnittene Normen besondere Voraussetzungen und Wertungen, die nicht durch die offene Abwägungsformel des Defensivnotstandes umgangen werden dürfen. Mit der Anwendung der Regeln über den Defensivnotstand sollten nach der damaligen Rechtslage insbesondere die für Whistleblower unzureichenden Rechtfertigungsmöglichkeiten verbessert werden, um Strafbarkeitsrisiken abzusenken. Hierfür besteht nunmehr jedoch kein gesteigertes rechtspolitisches Bedürfnis mehr, da die Rechtsstellung von Whistleblowern spätestens mit dem Erlass des HinSchG entscheidend verbessert worden ist. Im Anwendungsbereich des § 34 StGB muss das Offenbarungsinteresse das Geheimhaltungsinteresse damit weiterhin wesentlich überwiegen.

bbb) Interessenabwägung der kollidierenden Rechtsgüter

Nachdem der Abwägungsmaßstab festgelegt worden ist, sind die kollidierenden Rechtsgüter durch eine einzelfallbezogene Betrach-

---

[911] Im Ergebnis in Bezug auf die Rechtslage vor Einführung von § 5 Nr. 2 GeschGehG und HinSchG bereits *Koch*, in: ZIS 2008, 500, 503; *Sperath*, in: NStZ 2010, 307, 308.

tung gegeneinander abzuwägen. Für die Abwägung können insbesondere die bereits dargestellten widerstreitenden verfassungsrechtlich geschützten Interessen fruchtbar gemacht werden. Aufseiten des Unternehmens ist insbesondere das Interesse einzubeziehen, keinen Reputationsverlust zu erleiden, das verfassungsrechtlich über Art. 12 Abs. 1 GG abgesichert ist. Dabei ist insbesondere zu berücksichtigen, dass die Reputation eines Unternehmens von erheblichem wirtschaftlichem Wert ist und maßgeblich zum Erfolg eines Unternehmens beiträgt. Ob ein Whistleblower nach § 34 StGB gerechtfertigt ist, hängt insbesondere von der Schadensintensität ab. Bei kleineren Verstößen einzelner Unternehmensmitarbeiter schlägt die Interessenabwägung eher zugunsten des Unternehmens und dem Schutz der Unternehmensreputation aus als etwa bei langjährigen Preisabsprachen, welche das Allgemeininteresse auf einen freien und lauteren Wettbewerb nachhaltig beeinträchtigen. Zu berücksichtigen ist insofern auch, dass bei entsprechenden Verstößen gegen Kartellabsprachen Geschädigte in die Lage versetzt werden, zivilrechtliche Schadensersatzansprüche geltend zu machen.[912]

d) Stellungnahme zur Rechtfertigung nach § 34 StGB

Eine Rechtfertigung des Geheimnisverrats über § 34 StGB eröffnet die Möglichkeit einer sorgfältigen Abwägung der widerstreitenden Interessen, die aus verfassungsrechtlicher Sicht geboten ist.[913] Das Merkmal der Erforderlichkeit bietet insofern einen dogmatischen

---

[912] *Schenkel*, Whistleblowing, S. 164.

[913] Vgl. zu den widerstreitenden verfassungsrechtlichen Interessen und der Notwendigkeit einer Interessenabwägung Kap. 1 III 1. und Kap. 2 II. 3.

Anknüpfungspunkt für das Erfordernis einer innerbetrieblichen Klärung und regt somit zunächst zu einem oftmals effektiven und schonenden „internen Whistleblowing" an.

Gleichwohl sind die Hürden für ein gerechtfertigtes Whistleblowing bei der Anwendung des § 34 StGB hoch. Das Merkmal der Erforderlichkeit verlangt von einem Whistleblower in aller Regel nicht nur, sich zunächst an die betroffene Organisation selbst zu wenden, bevor er Informationen offenbart. Es schließt grundsätzlich auch eine Information der Presse anstelle der Strafverfolgungsbehörden aus, da die Information der Öffentlichkeit für ein Unternehmen regelmäßig einschneidender ist und das Ziel der Gefahrenabwehr bzw. der repressiven Ahndung ebenfalls durch die Information der Behörden erreicht werden kann.[914] Denn ein wesentlicher Sinn des Whistleblowings besteht nicht nur in der Prävention und Aufdeckung von Gesetzesverletzungen, sondern auch in der Information der Öffentlichkeit als Beitrag zur Meinungsbildung.[915] Dieser Schutzzweck läuft gänzlich leer, wenn ein Whistleblower per se nicht für gerechtfertigt angesehen wird, wenn er die Presse bzw. die Öffentlichkeit über einen Missstand informiert. Da nach hiesiger Sichtweise im Rahmen des § 34 StGB nicht der Abwägungsmaßstab des Defensivnotstandes anwendbar ist, muss das das geschützte Offenbarungsinteresse des Whistleblowers das beeinträchtigte Geheimhaltungsinteresse im Einzelfall wesentlich überwiegen. Damit sind die Hürden für ein gerechtfertigtes Whistleblowing nach § 34 StGB nicht nur

---

[914] *Ohly*, in: Ohly/Sosnitza, § 17 UWG Rn. 30; *Rahimi Azar*, in: JuS 2017, 930, 935.

[915] Kap. 1 II. 1. c).

objektiv hoch. Ebenso wird es für einen Whistleblower kaum rechtssicher zu beurteilen sein, ob sein Verhalten den strengen Rechtfertigungsanforderungen des § 34 StGB erfüllt sind.

e) Relevanz des § 34 StGB nach Einführung des § 5 GeschGehG

Die Relevanz des allgemeinen Rechtfertigungsgrundes des § 34 StGB ist aufgrund seiner strengen Anforderungen nach Einführung des § 5 Nr. 2 GeschGehG eingeschränkt. Handlungen von Whistleblowern, die zur Aufdeckung einer rechtswidrigen Handlung oder eines sonstigen Fehlverhaltens dienen und geeignet sind, das allgemeine öffentliche Interesse zu schützen, sind keine unerlaubte Handlungen im Sinne des GeschGehG und damit vom Straftatbestand des § 23 GeschGehG ausgeschlossen. Damit wird die Rechtfertigungsebene erst gar nicht erreicht.[916] Gleichwohl ist die Anwendbarkeit, wie bereits festgestellt, nicht per se ausgeschlossen. Praktisch relevant kann § 34 StGB etwa dann werden, wenn kein öffentliches Interesse betroffen ist, sondern es sich um wesentlich überwiegende Individualinteressen handelt.[917] Denkbar ist insbesondere die Konstellation, dass die Erlangung, Nutzung oder Offenlegung des Geschäftsgeheimnisses zur eigenen Rechtsdurchsetzung oder Rechtsverteidigung erforderlich ist.[918] Geeignetes Beispiel ist insofern, dass sich ein Geschäftsführer, dem wegen angeblich rechtswidrigen Verhaltens die Kündigung droht, gegen diese mithilfe von kopierten

---

[916] *Harte-Bavendamm*, in: Harte-Bavendamm/Ohly/Kalbfus, GeschGehG, § 23 Rn. 33.

[917] *Waßmer*, in: Obergfell/Pahlow/Peifer, UWG, § 23 GeschGehG Rn. 247.

[918] *Schönknecht*, in: Keller/Schönknecht/Glinke, GeschGehG, § 23 Rn. 117.

Unterlagen verteidigen will.[919] Aber auch in entsprechenden Fallkonstellationen gebieten die Voraussetzungen des § 34 StGB eine eingehende Prüfung, ob die unerlaubt gewonnenen Beweismittel nicht auch durch ein rechtlich geordnetes Verfahren hätten erlangt werden können.[920] Denn dann ist die Gefahr auf rechtmäßigem Wege „anders abwendbar“, sodass die Rechtfertigungsvoraussetzungen des § 34 StGB nicht vorliegen.

7. Erlaubtes Whistleblowing nach § 3 GeschGehG

Die Vorschrift des § 3 GeschGehG statuiert Fälle, in denen die Erlangung, Nutzung oder Offenlegung von Geschäftsgeheimnissen erlaubt ist. Dogmatisch betrachtet handelt es sich bei den Fallgruppen des § 3 GeschGehG um besondere Rechtfertigungsgründe, im Rahmen derer eine Handlung nicht unbefugt erfolgt und somit eine Strafbarkeit nach § 23 GeschGehG entfällt.[921] Für die Thematik des Whistleblowings von Bedeutung ist insbesondere das Bestehen einer gesetzlichen oder vertraglichen Befugnis nach § 3 Abs. 2 GeschGehG. Dagegen erfasst § 3 Abs. 1 Nr. 1 GeschGehG die für Whistleblower nicht bedeutsame Konstellation, in der das Geschäftsgeheimnis durch eigenständige Entdeckung oder Schöpfung erlangt

---

[919] *Waßmer*, in: Obergfell/Pahlow/Peifer, UWG, § 23 GeschGehG Rn. 247.

[920] *Schönknecht*, in: Keller/Schönknecht/Glinke, GeschGehG, § 23 Rn. 117.

[921] *Bott*/*Kohlhof*, in: Hoeren/Münker, § 23 GeschGehG Rn. 110; *Grözinger*, in: MAH, Strafrecht, § 50 Rn. 199; *Waßmer*, in: Obergfell/Pahlow/Peifer, UWG, § 23 GeschGehG Rn. 247; a.A. *Alexander*, in: Köhler/Bornkamm/Feddersen, UWG, § 23 GeschGehG Rn. 48; *Schönknecht*, in: Keller/Schönknecht/Glinke, § 23 GeschGehG Rn. 119.

worden ist, was insbesondere dazu dienen soll, die Möglichkeit der Doppelschöpfung im urheberrechtlichen Bereich zuzulassen.[922]

a) Gestattung aufgrund/durch Gesetz oder durch Rechtsgeschäft

Durch die Vorschrift des § 3 Abs. 2 GeschGehG werden Sonderregelungen zum Umgang mit Geschäftsgeheimnissen für anwendbar erklärt.[923] Damit finden die partiell bereits bestehenden Vorschriften zum Schutz von Whistleblowern auch im Rahmen des GeschGehG Anwendung. Dadurch werden insbesondere Wertungswidersprüche vermieden, die dadurch entstehen könnten, dass ein Gesetz das Erlangen, Nutzen oder Offenlegen von Geschäftsgeheimnissen vorschreibt oder erlaubt, dies aber gleichzeitig durch das GeschGehG verboten wird.[924]

Die Problematik des Whistleblowings war zwar wie bereits gesehen im deutschen Recht jedenfalls bis zur Einführung des § 5 Nr. 2 GeschGehG nur unzureichend geregelt.[925] Gleichwohl existieren – v. a. im Arbeits- und Gesellschaftsrecht – Normen, die bei entsprechender Sachlage für die Beurteilung der Strafbarkeit entscheidend sein können. Im Folgenden ist es daher geboten, einen Überblick über

---

[922] BT-Drucks. 19/4724, 25; *Joecks/Miebach*, in: MüKo, StGB, § 23 GeschGehG, Rn. 155.

[923] *Hiéramente*, in: BeckOK, GeschGehG, § 3 Rn. 31.

[924] BT-Drucks. 19/4724, 26; *Alexander*, in: Köhler/Bornkamm/Feddersen, UWG, § 3 GeschGehG Rn. 58.

[925] Kap. 1 III. 3.

weitere gesetzliche Offenlegungspflichten bzw. Gestattungen zu geben, die das Whistleblowing entweder ausdrücklich regeln oder jedenfalls Berührungspunkte zu ihm aufweisen.

aa) Erlaubtes Whistleblowing nach dem HinSchG

Besondere Relevanz für das nach § 3 GeschGehG erlaubte Whistleblowing kommt dem neuen HinSchG zu. Nach § 6 Abs. 1 HinSchG handelt jemand, der die Voraussetzungen des HinSchG erfüllt, erlaubt im Sinne des § 3 Abs. 2 GeschGehG.[926] Damit ist das HinSchG neben § 5 GeschGehG anwendbar und kommt somit als weiterer Ausschlussgrund in Betracht. Wie die Darstellungen zur Whistleblower-RL und dem letzten Regierungsentwurf zum HinSchG gezeigt haben, erlangt ein erlaubtes Whistleblowing nach dem HinSchG neben § 5 GeschGehG Bedeutung. Zwar ist das HinSchG in seinem sachlichen Anwendungsbereich enger als die Whistleblowing-Vorschrift des § 5 Nr. 2 GeschGehG, die auch Meldungen über Fehlverhalten schützt.

Gleichwohl verbleibt ein Anwendungsbereich für das HinSchG. Einschränkend verlangt die Vorschrift des § 5 Nr. 2 GeschGehG im Gegensatz zum HinSchG, dass die Erlangung, Nutzung bzw. Offenlegung des Geschäftsgeheimnisses geeignet ist, das allgemeine öffentliche Interesse zu schützen. Ein solches Erfordernis sieht das HinSchG nicht vor.[927] Das HinSchG entfaltet bereits dann Schutz, wenn der Whistleblower hinreichenden Grund zur Annahme eines Verstoßes gehabt hat, auch wenn dieser tatsächlich nicht vorlag. Selbst eine

---

[926] BT-Drucks. 20/3442, S. 71.

[927] BT-Drucks. 20/3442, S. 71; *Reufels/Soltysiak*, Das neue Whistleblowing-Recht, § 4 Rn. 84.

fahrlässige Falschmeldung lässt damit den Schutz nicht entfallen. Ein Ausschluss des Schutzes nach dem HinSchG kommt allenfalls dann in Betracht, wenn dem Whistleblower mindestens grobe Fahrlässigkeit vorgeworfen werden kann. Insofern mag die bereits angesprochene Problematik hinsichtlich des Bestehens bzw. des Umfanges von Nachforschungsobliegenheiten wiederum Bedeutung erlangen. Nach der hier präferierten Sichtweise ist die Statuierung von Nachforschungsobliegenheiten nicht mit der Whistleblower-RL vereinbar.[928] Damit kann das Unterlassen von Nachforschungen auch nicht eine den Schutz ausschließende grobe Fahrlässigkeit begründen. Sofern gleichwohl Nachforschungen zur Verifizierung des Verstoßes verlangt werden, stehen sie unter dem Vorbehalt der Zumutbarkeit.[929] Wie gesehen ist die Zumutbarkeit abzulehnen, wenn der Whistleblower sich durch seine Bemühungen um Verifizierung der Informationen dem Risiko der Entdeckung aussetzen würde und somit Repressalien bereits vor seiner Meldung bzw. Offenlegung ergehen könnten.[930] Bei lebensnaher Betrachtungsweise wird es einem Whistleblower somit regelmäßig nicht zuzumuten sein, Nachforschungen anzustellen, da diese oftmals mit dem Risiko einhergehen, entdeckt zu werden. Die Zumutbarkeit sollte darüber hinaus in weiteren Fällen entfallen. Dies gilt bspw. dann, wenn der Whistleblower

---

[928] Kap. 3 I. 2. a).
[929] BT-Drucks. 20/3442, S. 92.
[930] BT-Drucks. 20/3442, S. 92; Kap. 3 II.

auf Daten zugreifen muss, die ihm nicht zu Arbeitszwecken zugänglich sind, oder er sich gar dem Risiko einer Strafbarkeit aussetzen würde.[931]

Abgesehen von ihrer Unionsrechtswidrigkeit überzeugt die Regelung auch im Übrigen nicht, da Art und Umfang der Verifikationsbemühungen nicht näher festgelegt sind und das Kriterium der Zumutbarkeit zu Rechtsunsicherheiten führt. Ein Whistleblower wird oftmals kaum abschätzen können, ob er in zumutbarer Weise weitere Nachforschungen anstellen muss.

Das HinSchG beinhaltet mithin eine weitere Möglichkeit für straffreies Whistleblowing im Anwendungsbereich des § 23 GeschGehG und setzt neben dem Vorliegen eines hinreichenden Grundes zur Annahme eines Verstoßes die Einhaltung der Meldereihenfolge voraus.[932] Gleichwohl wird das HinSchG dadurch nicht zur relevantesten Regelungsgrundlage für erlaubtes Whistleblowing im Rahmen einer Strafbarkeit nach § 23 GeschGehG. Auch wenn das HinSchG durch das Erfordernis eines hinreichenden Grundes zur Annahme eines Verstoßes vordergründig an der subjektiven Vorstellung des Whistleblowers anknüpft, entfaltet es dadurch keinen größeren Schutz als § 5 Nr. 2 GeschGehG. Denn dieser ist ebenfalls subjektiv geprägt, was durch die Formulierung „zur Aufdeckung" offenbar wird.[933] Vielmehr erscheint die Vorschrift des § 5 Nr. 2 GeschGehG insbesondere aufgrund der Einbeziehung bloßen Fehlverhaltens weitgehender. Hieran ändert auch das zusätzliche Erfordernis der

---

931 Zur Strafbarkeit wegen der Verwirklichung von Begleitdelikten, Vgl. Kap. 4 IV.

932 Dazu Kap. 3 II. 2. b).

933 Dazu bereits Kap. 4 I. 5. a) dd).

Eignung, das allgemeine öffentliche Interesse zu schützen, nichts. Dies dient vielmehr in erster Linie dazu, Bagatellfälle auszuschließen.

bb) Erlaubtes Whistleblowing nach § 17 Abs. 2 ArbSchG

Trifft ein Arbeitgeber im Bereich der Sicherheit und des Gesundheitsschutzes unzureichende Maßnahmen, kann sich ein Arbeitnehmer nach § 17 Abs. 2 ArbSchG nach vorherigem internem Klärungsversuch an die zuständige Behörde wenden. Damit beinhaltet die Vorschrift des § 17 Abs. 2 ArbSchG eine Regelung zum „Whistleblowing" bei Verstößen gegen den betrieblichen Arbeits- und Gesundheitsschutz.[934] Sofern die Voraussetzungen der Vorschrift erfüllt sind und insbesondere die Meldereihenfolge eingehalten wird, handelt ein Whistleblower wegen der gesetzlichen Gestattung des § 17 Abs. 2 ArbSchG erlaubt im Sinne des § 3 Abs. 2 GeschGehG. Dabei enthält § 17 Abs. 2 ArbSchG im Gegensatz zu § 5 Nr. 2 GeschGehG durchaus differenzierte Vorgaben zu dem einzuhaltenden Verfahren und dem Adressaten der Offenbarungen.

Zunächst verlangt die Vorschrift des § 17 Abs. 2 ArbSchG, dass der Arbeitnehmer aufgrund konkreter Anhaltspunkte zu der Auffassung gelangt, dass der Sicherheits- und/oder Gesundheitsschutz durch die Maßnahmen des Arbeitgebers nicht ausreichend gewährleistet ist. Die Formulierung aus der Perspektive des Arbeitnehmers zeigt, dass eine Pflichtverletzung des Arbeitgebers tatsächlich nicht vorliegen

[934] *Greiner*, in: Ascheid/Preis/Schmidt, Kündigungsrecht, § 17 ArbSchG Rn. 1.

muss. Vielmehr ist grundsätzlich die subjektive Auffassung des Arbeitnehmers maßgeblich.[935] Gleichwohl handelt es sich nicht um ein rein subjektives Merkmal. Das Erfordernis des Vorliegens konkreter Anhaltspunkte ist auch für Dritte nachvollziehbar und kann einer Prüfung unterzogen werden, wohingegen die Schlussfolgerung des Arbeitnehmers subjektiver Natur ist.[936] Mithin muss der Beschäftigte die Annahme einer Gefahrenlage konkret durch Tatsachen belegen können.[937] Zwar ist es unter Berücksichtigung dieser Prämisse richtig, pauschale Behauptungen und bloße Vermutungen dem Anwendungsbereich des § 17 Abs. 2 ArbSchG zu entziehen.[938] Dies darf jedoch nicht dazu führen, die Anforderungen an eine außerbetriebliche Meldung zu überspannen. Das Vorliegen einer konkreten Gefahr, bei der bei ungehindertem Fortgang des Geschehens ein Schadenseintritt zu befürchten ist, kann nicht verlangt werden.[939] Ein solches Erfordernis würde den grundsätzlich schon beschränkten Anwendungsbereich des § 17 Abs. 2 ArbSchG[940] weiter einschränken. Im Übrigen ergibt sich dieses Erfordernis auch nicht aus dem

---

[935] *Aligbe*, in: ArbRAktuell 2014, 242; *Wiebauer*, in: Landmann/Rohmer, GewO, § 17 ArbSchG Rn. 21; *ders*., in: NZA 2015, 22, 23.

[936] *Schucht*, in: Kollmer/Klindt/Schucht, ArbSchG, § 17 Rn. 41.

[937] *Otto*, in: NomosKommentar, Gesamtes Arbeitsrecht, § 17 ArbSchG Rn. 4; *Schucht*, in: Kollmer/Klindt/Schucht, ArbSchG, § 17 Rn. 41.

[938] So auch *Feldhoff/Schulze-Doll*, in: Kohte/Faber/Feldhoff, § 17 ArbSchG Rn. 25; *Schucht*, in: Kollmer/Klindt/Schucht, ArbSchG, § 17 Rn. 42.

[939] So aber: *Butz* in Kollmer/Klindt/Schucht, § 17 Rn. 19; *Wiebauer*, in: Landmann/Rohmer, GewO, § 17 ArbSchG Rn. 21.

[940] Die Vorschrift erfasst sachlich wie gesehen ausschließlich Verstöße gegen die Sicherheit bzw. den Gesundheitsschutz. In persönlicher Hinsicht ist der Anwendungsbereich auf Beschäftigte beschränkt.

Wortlaut der Vorschrift.[941] Soweit der Gesetzgeber eine unmittelbare Gefahr gem. § 9 ArbSchG verlangen wollte, wäre es ein Leichtes gewesen, diese in die Norm des § 17 Abs. 2 ArbSchG aufzunehmen.

Über das Erfordernis konkreter Anhaltspunkte in Bezug auf die Verletzung einer Arbeitsschutzpflicht durch den Arbeitgeber hinaus muss der Arbeitgeber einer vorherigen innerbetrieblichen Beschwerde nicht abgeholfen haben. Damit beinhaltet die Norm des § 17 Abs. 2 ArbSchG ein zweistufiges System.[942] Der Arbeitnehmer muss den Arbeitgeber, bevor er eine externe Meldung vornimmt, über den arbeitsschutzwidrigen Zustand in Kenntnis setzen und ihm so die Möglichkeit geben, den Missstand selbst zu beseitigen.[943] Ebenso wie der in der Rechtsprechung des BAG geforderte innerbetriebliche Klärungsversuch vor der Offenbarung von Betriebs- und Geschäftsgeheimnissen steht die vorherige Mitteilung an den Arbeitgeber nach § 17 Abs. 2 ArbSchG unter dem Vorbehalt der Zumutbarkeit.[944] Sofern eine innerbetriebliche Klärung ein strafbares Verhalten betrifft oder von vornherein aussichtslos erscheint, ist diese als unzumutbar einzustufen und kann auch im Rahmen des § 17

---

[941] *Feldhoff/Schulze-Doll*, in: Kohte/Faber/Feldhoff, § 17 ArbSchG Rn. 25; *Schucht*, in: Kollmer/Klindt/Schucht, ArbSchG, § 17 Rn. 42.

[942] Zu dem Erfordernis einer innerbetrieblichen Klärung vgl. bereits Kap. 1 III. 3. c).

[943] *Vogel*, in: NJW 1996, 2753, 2756; *Wiebauer*, in: Landmann/Rohmer, GewO, § 17 ArbSchG Rn. 23.

[944] *Nebe*, in: MAH zum Arbeitsrecht Bd. 2, Individualarbeitsrecht II, § 176 Rn. 72; *Otto*, in: NomosKommentar, Gesamtes Arbeitsrecht, § 17 ArbSchG Rn. 5; *Schucht*, in: Kollmer/Klindt/Schucht, ArbSchG, § 17 Rn. 30.

Abs. 2 ArbSchG entfallen.[945] Jedoch darf eine innerbetriebliche Klärung nicht vorschnell als aussichtslos betrachtet werden. Dass der Arbeitgeber eine Vorschrift anfänglich nicht beachtet hat, obwohl er Kenntnis von ihr hatte, führt nicht zwangsläufig dazu, dass eine innerbetriebliche Klärung wegen Aussichtslosigkeit als unzumutbar einzustufen ist.

Im Gegensatz zu § 5 Nr. 2 GeschGehG beinhaltet § 17 Abs. 2 ArbSchG eine Regelung hinsichtlich des Adressaten der Meldung. Ein Beschäftigter, welcher einen Verstoß gegen Arbeitsschutzvorschriften vermutet, kann sich nach § 17 Abs. 2 ArbSchG ausschließlich an die für den Verstoß zuständige Behörde wenden. Nur wenn sich die Anzeige an die zuständige Behörde richtet (Amt für Arbeitsschutz oder Gewerbeaufsicht) entfaltet die Erlaubnisnorm des § 17 Abs. 2 ArbSchG Schutz für den Whistleblower.[946]

Sofern die Anzeige eines Arbeitnehmers die Voraussetzungen des § 17 Abs. 2 ArbSchG erfüllt, folgt daraus gem. § 17 Abs. 2 Satz 2 ArbSchG ein Benachteiligungsverbot. Kündigungen und Abmahnungen aufgrund der durch den Arbeitnehmer vorgenommenen außerbetrieblichen Beschwerde können daher nicht mehr gerechtfertigt werden.[947] Aber auch eine strafrechtliche Sanktionierung wegen der Verletzung von Verschwiegenheitspflichten kommt damit nicht mehr in Betracht. Aus dem Benachteiligungsverbot folgt zudem die Pflicht der Behörde, die Anzeige des Arbeitnehmers vertraulich zu

---

[945] *Greiner*, in: Ascheid/Preis/Schmidt, Kündigungsrecht, § 17 ArbSchG Rn. 12a.
[946] *Otto*, in: NomosKommentar, Gesamtes Arbeitsrecht, §17 ArbSchG Rn. 8.
[947] *Greiner*, in: Ascheid/Preis/Schmidt, Kündigungsrecht, § 17 ArbSchG Rn. 7.

behandeln, um negative Folgen für den Arbeitnehmer zu vermeiden.[948] Zudem hat der Arbeitnehmer infolge seiner Anzeige einen Anspruch auf eine ermessensfehlerfreie Entscheidung durch die zuständige Behörde.[949]

Mit der Vorschrift des § 17 Abs. 2 ArbSchG hat der deutsche Gesetzgeber einen rechtssicheren Rahmen für Arbeitnehmer geschaffen, die Verstöße gegen Arbeitsschutzvorschriften melden. Gleichwohl wird hierdurch nur ein kleiner Teil des Whistleblowings geregelt, da § 17 Abs. 2 ArbSchG in personeller (nur Beschäftigte) und sachlicher (nur Verstöße gegen Arbeitsschutzvorschriften) Hinsicht sehr begrenzt ist. Auch wird einem Arbeitnehmer nicht die Möglichkeit eingeräumt, gravierende Missstände der Öffentlichkeit preiszugeben. Vielmehr beinhaltet die Vorschrift lediglich die Möglichkeit, sich an die zuständigen Behörden zu wenden. Jedoch kann es in Einzelfällen von erheblichem öffentlichen Interesse sein, wiederholte und massive Verletzungen von Gesundheitsvorschriften und damit die Gefährdung der Gesundheit der Arbeitnehmer einer breiten Öffentlichkeit zugänglich zu machen.

cc) Beschwerderechte des Arbeitnehmers gem. § 13 AGG und § 84 BetrVG

Zudem existieren im Arbeitsrecht Regelungen, die ein Beschwerderecht des Arbeitnehmers statuieren. So haben Beschäftigte nach § 13 AGG das Recht der Beschwerde, wenn sie sich aus den in § 1 AGG genannten Gründen benachteiligt fühlen. Insofern beschränkt sich

---

[948] *Wiebauer*, in: NZA 2015, 22, 23 f.

[949] *Aligbe*, in: ArbRAktuell 2014, 242, 243; *Schucht*, in: Kollmer/Klindt/Schucht, Arbeitsschutzgesetz, § 17 Rn. 62.

der Anwendungsbereich des in § 13 AGG geregelten Beschwerderechts auf Benachteiligungen, welche wegen der Rasse oder wegen der ethnischen Herkunft, des Geschlechts, der Religion oder der Weltanschauung, einer Behinderung, des Alters oder der sexuellen Identität erfolgen. Die Benachteiligungen müssen im Zusammenhang mit dem Beschäftigungsverhältnis stehen. Der erforderliche Zusammenhang wird weit verstanden. Es genügt bspw., wenn die entsprechende Benachteiligung auf außerbetrieblichen Feiern oder Fortbildungsmaßnahmen erfolgt.[950]

Im Gegensatz zu der zuvor dargestellten Vorschrift des § 17 Abs. 2 ArbSchG, die zwar das tatsächliche Vorliegen von Verletzungen gegen Arbeitsschutzvorschriften nicht zwingend voraussetzt, aber das objektive Vorliegen konkreter Anhaltspunkte verlangt, genügt es im Rahmen des § 13 AGG, wenn sich der Arbeitnehmer benachteiligt „fühlt". Damit geht aus dem Wortlaut schon hervor, dass an das subjektive Element keine besonderen Anforderungen zu stellen sind. Das Vorliegen konkreter Anhaltspunkte wird nicht verlangt, womit der Beschäftigte nur darlegen muss, aus welchen Gründen er sich benachteiligt fühlt.[951]

---

[950] *Berg*, in: Däubler/Hjort/Schubert/Wolmerath, Arbeitsrecht, § 13 AGG Rn. 5.

[951] *Benecke*, in: BeckOGK, § 13 AGG Rn. 13; *Berg*, in: Däubler/Hjort/Schubert/Wolmerath, Arbeitsrecht, § 13 AGG Rn. 4; *Legerlotz*, in: Heidel/Hüßtege/Mansel/Noack, BGB AT, § 13 AGG Rn. 8; *Oetker*, in: NZA 2008, 264, 266.

Für die Problematik der Strafbarkeit des Whistleblowings ist die Vorschrift des § 13 AGG eher von untergeordneter Bedeutung, da sie zwar mit dem Regelungsgegenstand von Diskriminierungen einen bedeutsamen Fall erfasst, im Ergebnis aber nicht die problematischen Fälle des externen Whistleblowings regelt, sondern lediglich eine Meldung an die zuständige Stelle innerhalb des Betriebes. Insofern wird also die vom Arbeitgeber vielfach bevorzugte Variante des internen Whistleblowings gestärkt, was angesichts der damit verbundenen Möglichkeit, den Missstand zu beseitigen, ohne dass für das Unternehmen nachteilige Folgen entstehen, durchaus nachvollziehbar ist. Mit Blick auf die geringen Voraussetzungen, wäre die Befugnis des Arbeitnehmers, externes Whistleblowing vorzunehmen, auch nicht verhältnismäßig. Denn § 13 AGG setzt lediglich voraus, dass der Arbeitnehmer sich benachteiligt fühlt, was ihn de jure voraussetzungslos zum externen Whistleblowing berechtigen würde.

Gleichwohl wäre es wünschenswert gewesen, dem Arbeitnehmer eine über die Beschwerdemöglichkeit hinausgehende Möglichkeit an die Hand zu geben, die für Fälle nicht erfolgter Abhilfe oder schwerer Diskriminierungen durch den Arbeitgeber selbst gilt.

Ein ähnliches Beschwerderecht liefert auch die allgemeinere Norm des § 84 BetrVG, die nach der ausdrücklichen Regelung des § 13 Abs. 2 AGG unberührt bleibt. In sachlicher Hinsicht ist die Norm des § 84 BetrVG weitgehender als § 13 Abs. 2 AGG. Als Benachteiligung ist eine gleichheitswidrige, sachlich nicht gerechtfertigte Behandlung anzusehen, die sowohl tatsächlicher als auch rechtlicher

Natur sein kann.[952] Auch im Rahmen des § 84 BetrVG ist maßgebend, dass sich der Arbeitnehmer beeinträchtigt fühlt, womit es wie bei § 13 Abs. 2 AGG auf das subjektive Empfinden des Arbeitnehmers ankommt.[953] Adressat des Beschwerderechts ist wiederum lediglich eine interne Stelle, die bei Ermangelung einer besonderen Regelung (§ 86 BetrVG) regelmäßig im unmittelbar Vorgesetzten zu erblicken ist.[954] Als Rechtsfolge der Beschwerde hat der Arbeitnehmer einen Anspruch darauf, dass der Sachverhalt durch den Arbeitgeber aufgeklärt wird und bei Berechtigung der Beschwerde Maßnahmen zur Unterbindung bzw. Beseitigung der Benachteiligung getroffen werden.[955]

---

[952] *Lakies*, in: Düwell, BetrVG, § 84 Rn. 9; *Werner*, in: BeckOK, Arbeitsrecht, § 84 BetrVG Rn. 1; ausführlich zum Kreis der beschwerdefähigen Benachteiligungen *Thüsing*, in: Richardi, BetrVG, § 84 Rn. 6 ff.

[953] *Kania*, in: Erfurter Kommentar zum Arbeitsrecht, § 84 BetrVG Rn. 4; *Littig*, in: Grobys/Panzer-Heemeier, Beschwerderecht, Rn. 18; *Thüsing*, in: Richardi, BetrVG, § 84 Rn. 5.

[954] *Kania*, in: Erfurter Kommentar zum Arbeitsrecht, § 84 BetrVG Rn. 6.

[955] *Berg*, in: Däubler/Hjort/Schubert/Wolmerath, Arbeitsrecht, § 13 AGG Rn. 11; *Schwegler*, in: Däubler/Hjort/Schubert/Wolmerath, Arbeitsrecht, § 84 BetrVG Rn. 19.

dd) Anzeige- und Auskunftspflichten im Strafrecht

Von einem erlaubten Offenbaren kann auch dann ausgegangen werden, wenn ein Whistleblower eine Straftat anzeigt, die unter die Norm des § 138 StGB fällt, der nicht nur eine Sanktion für die Nichtanzeige von Straftaten beinhaltet, sondern auch strafbefreiend wirken kann.[956] Bei der Anwendung des GeschGehG ist bei einer Anzeigepflicht nach § 138 StGB von einem erlaubten Offenbaren im Sinne des § 3 Abs. 2 GeschGehG auszugehen. Andernfalls würde die Rechtsordnung sich widersprüchlich verhalten, indem sie einerseits die Anzeige einer Straftat verlangt, andererseits aber eine Strafe wegen Geheimnisverrats vorsieht. Der Anwendungsbereich der Vorschrift erstreckt sich ausschließlich auf die in § 138 StGB namentlich genannten Delikte und betrifft Fälle, in denen der Täter die Begehung einer dieser Taten entweder ernstlich plant (Vorhaben – Alt. 1) oder sich in der Versuchsphase befindet und die Tat noch nicht vollendet hat (Ausführung – Alt. 2).[957] Nach Einführung der Regelung des § 5 Nr. 2 GeschGehG wird der Norm des § 138 StGB aber kaum selbstständige Bedeutung für ein gerechtfertigtes Whistleblowing zukommen. Soweit ein Whistleblower eine Katalogtat des § 138 StGB an die zuständigen Behörden meldet, sind regelmäßig die Voraussetzungen des § 5 Nr. 2 GeschGehG erfüllt. Selbst wenn ein innerbetrieblicher Klärungsversuch auch bei der neuen Regelung des

---

[956] *Sternberg-Lieben*, in: Schönke/Schröder, StGB, § 138 Rn. 25; für die Annahme eines Rechtfertigungsgrundes *Eufinger*, in: ZRP 2016, 229, 230; *Sauer*, in: Fasselt/Schellhorn, Handbuch Sozialrechtsberatung, § 27 Rn. 58; *Schuhmann/Günnel*, in: Götting/Meyer/Vormbrock, Gewerblicher Rechtsschutz, § 42 Rn. 150.

[957] *Heger*, in: Lackner/Kühl/Heger, StGB, § 138 Rn. 2.

§ 5 Nr. 2 GeschGehG verlangt wird, wird dies nach den zuvor beschriebenen Grundsätzen nicht zumutbar sein – entweder unter dem Gesichtspunkt der Notwendigkeit des sofortigen Einschreitens zum Rechtsgüterschutz oder weil es sich um eine schwere Straftat handelt.

Auskunftspflichten, die einer Strafbarkeit entgegenstehen, ergeben sich auch aus der Strafprozessordnung. Grundsätzlich hat ein Zeuge die Pflicht, vor Gericht zu erscheinen und eine wahrheitsgemäße Aussage zu tätigen.[958] Eine Ausnahme von der Pflicht, Zeugnis zu erstatten, beinhalten lediglich die §§ 52 ff. StPO. Die insoweit abschließenden Vorschriften zum Zeugnisverweigerungsrecht beinhalten jedoch kein Recht, das Zeugnis zu verweigern, wenn Gegenstand des Zeugnisses ein Geschäftsgeheimnis ist.[959] Damit folgt aus der gesetzlichen Pflicht zur wahrheitsgemäßen Aussage im Strafprozess grundsätzlich die Erlaubnis, ein Geschäftsgeheimnis offenzulegen. Diese Erlaubnis kann sich freilich nur auf Fälle erstrecken, in denen die Offenlegung sachdienlich ist oder wenn das Gericht explizit Tatsachen erfragt, die ein Geschäftsgeheimnis betreffen.

---

[958] *Brocker*, in: JZ 2011, 716, 717; *Dedes*, in: JR 1983, 99; materiell strafrechtlich abgesichert wird die prozessuale Wahrheitspflicht durch die strafbewehrte Falschaussage gem. § 153 ff. StGB.

[959] *Rengier*, in: Fezer/Büscher/Obergfell, Lauterkeitsrecht, § 17 UWG Rn. 46.

ee) Offenbarung im Zivilprozess

Zwar besteht im Zivilprozess ebenso wie im Strafprozess eine grundsätzliche Pflicht des Zeugen, vor Gericht zu erscheinen und eine wahrheitsgemäße Aussage zu tätigen.[960] Im Zivilprozess hingegen existiert für die Offenbarung von Geschäftsgeheimnissen mit § 383 Abs. 1 Nr. 6 ZPO eine Möglichkeit, die Aussage zu verweigern.[961] Der Anwendungsbereich des § 383 Abs. 1 Nr. 6 ZPO ist jedoch in personeller und sachlicher Hinsicht beschränkt. Zum einen soll die Norm des § 383 Abs. 1 Nr. 6 ZPO das Vertrauensverhältnis zwischen einem amtlich oder beruflich tätigen Zeugen und einem Dritten schützen,[962] wozu auch das Arbeitsverhältnis zwischen Whistleblower und Arbeitgeber zählen kann. In sachlicher Hinsicht muss es sich zum anderen um eine Tatsache handeln, die dem Zeugen „anvertraut" worden ist. Eine Beschränkung des Zeugnisverweigerungsrechts gem. § 383 Abs. 1 Nr. 6 ZPO ergibt sich hieraus jedoch kaum, da der stillschweigende Wunsch nach Geheimhaltung für ausreichend erachtet wird.[963]

Sofern die Voraussetzungen des § 383 Abs. 1 Nr. 6 ZPO vorliegen, stellt sich dennoch die Frage, ob hierdurch ein erlaubtes Offenbaren eines Geschäftsgeheimnisses infrage gestellt wird. Seiner Rechtsnatur nach beinhaltet § 383 ZPO nämlich keine Pflicht zur Verweigerung des Zeugnisses, sondern lediglich ein Zeugnisverweigerungs-

---

[960] *Huber*, in: Musielak/Voit, § 373 ZPO Rn. 9.

[961] *Rengier*, in: Fezer/Büscher/Obergfell, Lauterkeitsrecht, § 17 UWG Rn. 46.

[962] *Siebert*, in: Sänger, ZPO, § 383 Rn. 9 f.; näher zu dem von § 383 Abs. 1 Nr. 6 ZPO erfassten Personenkreis vgl. *Siebert*, in Sänger, ZPO, § 383 Rn. 10.

[963] BGHZ 91, 392, 397; 40, 288, 293.

recht. Vorzugswürdig erscheint es insofern, eine Pflicht des Beschäftigten anzunehmen, sich auf das Zeugnisverweigerungsrecht zu berufen.[964] Eine Ausnahme von diesem Grundsatz gilt nur dann, wenn die Geheimhaltung des Geheimnisses im Zivilprozess gesichert ist – namentlich durch Ausschluss der Öffentlichkeit nach § 172 Nr. 2 GVG.[965]

ff) Offenbarungspflichten nach dem Geldwäschegesetz

Mit dem Geldwäschegesetz wurde parallel zur Schaffung des Straftatbestandes der Geldwäsche gem. § 261 StGB ein Gesetz geschaffen, das die Effektivität der Ermittlungstätigkeit der Strafverfolgungsbehörden steigern soll.[966] Zu diesem Zweck werden bestimmten Wirtschaftsteilnehmern Organisations-, Identifizierungs- sowie Dokumentations- und Meldepflichten auferlegt.[967] Zwar handelt es sich bei dem Kreis der Verpflichteten nach § 2 GwG regelmäßig um selbstständige Wirtschaftsteilnehmer, wie Unternehmen des Finanzsektors, sowie Wirtschaftsbereiche, in denen ein erhöhtes Geldwäscherisiko besteht.[968] Dass es sich bei den Verpflichteten des § 2 GwG grundsätzlich um selbstständige Wirtschaftsteilnehmer handelt, schließt jedoch ihre Whistleblower-Eigenschaft nicht per se aus. Wie gesehen handelt es sich bei Whistleblowern nämlich nicht

---

[964] So auch *Ohly*, in: Ohly/Sosnitza, § 17 UWG, Rn. 28.

[965] *Stier/Hasselblatt*, in: Götting/Nordemann, UWG, § 17 Rn. 42.

[966] *Schnabl*, in: Wabnitz/Janovsky/Schmitt, Handbuch Wirtschafts- und Steuerstrafrecht, Kap. 6 Rn. 19b; *Spreizer*, in: VuR 2006, 7.

[967] *Becker/Noll*, in: Umnuß, Corporate Compliance, Kap. 2 Rn. 116; *Neuheuser*, in: MüKo, StGB, § 261 Rn. 1.

[968] *Raue/Roegele*, in: ZRP 2019, 196, 197.

stets um abhängig beschäftigte Arbeitnehmer, sondern auch um selbstständig tätige Personen.[969]

Soweit ein Whistleblower nun durch § 2 GwG verpflichtet ist, obliegt ihm im Fall des § 43 GwG eine Meldepflicht. Sind die Voraussetzungen der Meldepflicht nach § 43 GwG erfüllt, darf der Verpflichtete wegen der Meldung nach § 48 GwG nicht verantwortlich gemacht werden. Damit die Freistellung von der Verantwortlichkeit nach § 48 GwG eingreift, müssen zunächst die Voraussetzungen der Meldepflicht nach § 43 GwG erfüllt sein. Dafür müssen allgemein Tatsachen vorliegen, die darauf hindeuten, dass ein Vermögensgegenstand, der mit einer Geschäftsbeziehung, einem Maklergeschäft oder einer Transaktion im Zusammenhang steht, aus einer strafbaren Handlung stammt, die eine Vortat der Geldwäsche darstellen könnte, § 43 Nr. 1 GwG.[970] Nach Abschaffung des enumerativen Vortatenkatalogs genügt nunmehr jede rechtswidrige Tat.[971] Durch das Erfordernis des Vorliegens von Tatsachen wird die Darlegung objektiver Umstände gefordert, die dem Beweis zugänglich sind, womit bloße Vermutungen (Meldungen ins Blaue hinein) nicht von der Meldepflicht des § 43 GwG erfasst sind[972] und somit auch nicht dem schützenden Anwendungsbereich des § 48 GwG unterfallen. Freilich wird das Vorliegen von Gewissheit nicht verlangt. Vielmehr genügen Anhaltspunkte, die darauf hindeuten, dass ein relevanter Sachverhalt gegeben ist, wobei die Verdachtsschwelle unterhalb des

[969] Kap. 1 I. 3. a) aa).

[970] *Becker/Noll*, in: Umnuß, Corporate Compliance, Kap. 2 Rn. 129.

[971] *Altenhain*, in: Kindhäuser/Neumann/Paeffgen/Saliger, StGB, § 261 Rn. 15.

[972] BT-Drucks. 17/6804, S. 35 f.; BT-Drucks. 18/11555, S. 156; *Lenk*, in: JR 2020, 103, 108; *Pelz*, in: BeckOK, GwG, § 43 Rn. 11.

strafprozessualen Anfangsverdachts liegt.[973] Sofern eine entsprechende Meldung an die Stelle für Finanztransaktionsuntersuchungen oder an die Strafverfolgungsbehörden vorgenommen wurde, entfällt eine Verantwortlichkeit gem. § 48 GwG. Eine Ausnahme von der Verantwortlichkeitsfreistellung ergibt sich nur dann, wenn die Meldung inhaltlich den Tatsachen widerspricht und der Meldende dabei mindestens grob fahrlässig gehandelt hat.[974]

gg) Erlaubtes Offenbaren im Beamtenrecht

Darüber hinaus existieren im Beamtenrecht Vorschriften, die Ausnahmen von den grundsätzlich geltenden Verschwiegenheitsvorschriften beinhalten. Da der Anwendungsbereich des GeschGehG jedoch lediglich das Rechtsverhältnis zwischen (natürlichen und juristischen) Privatpersonen regelt und nicht das Verhältnis zwischen Bürger und Staat, werden die Regelungen zum erlaubten Offenbaren im Rahmen einer Strafbarkeit nach § 353b StGB thematisiert.[975]

b) Rechtsgeschäftliche Gestattung

Neben der Erlaubnis durch Gesetz oder aufgrund Gesetzes sieht § 3 Abs. 2 GeschGehG auch eine Erlaubnis aufgrund einer rechtsgeschäftlichen Gestattung vor. Dass die Erlangung, Nutzung oder Offenlegung eines Geschäftsgeheimnisses nach § 3 Abs. 2 GeschGehG

---

[973] LG München, wistra 2005, 398; *Häberle*, in: Erbs/Kohlhaas, Strafrechtliche Nebengesetze, § 43 GwG Rn. 2; *Lenk*, in: JR 2020, 103, 108.
[974] *Häberle*, in: Erbs/Kohlhaas, Strafrechtliche Nebengesetze, § 43 GwG Rn. 3.
[975] Dazu Kap. 4 II. 2.

bei einer rechtsgeschäftlichen Gestattung erlaubt ist, ist zwar selbstverständlich.[976] Die Frage, wann tatsächlich eine wirksame rechtsgeschäftliche Gestattung vorliegt, kann jedoch Abgrenzungsschwierigkeiten bereiten und bedarf einer genaueren Betrachtung.

Einen Hauptanwendungsfall der rechtsgeschäftlichen Gestattung stellt die rechtfertigende Einwilligung dar. Nach der zutreffenden überwiegenden Auffassung ist bei der Erlangung, Nutzung und Offenlegung von Geschäftsgeheimnissen zwischen einem tatbestandsausschließenden Einverständnis und einer rechtfertigenden Einwilligung zu unterscheiden.[977] Sofern eine Information für jedermann allgemein zugänglich gemacht wird, entfällt bereits der Geheimnischarakter.[978] Als dogmatischer Anknüpfungspunkt ist insofern § 2 Nr. 1 GeschGehG heranzuziehen, der für den tatbestandlichen Schutz einer Information voraussetzt, dass diese geheim ist.[979] Zwar wird der Geheimnischarakter einer Information durch die Offenlegung eines Geschäftsgeheimnisses gegenüber einem begrenzten Personenkreis nicht infrage gestellt.[980] Etwas anderes gilt jedoch ausweislich des Tatbestandes des § 2 Nr. 1 GeschGehG dann, wenn die

---

[976] *Ohly*, in: GRUR 2019, 441, 448.

[977] *Brammsen*, in: MüKo, Lauterkeitsstrafrecht, § 17 UWG Rn. 56; *Rengier*, in: Fezer/Büscher/Obergfell, Lauterkeitsrecht, § 17 UWG Rn. 45; *Waßmer*, in: Obergfell/Pahlow/Peifer, UWG, § 23 GeschGehG Rn. 240 f.; a.A.: *Diemer*, in: Erbs/Kolhaas, Strafrechtliche Nebengesetze, § 17 UWG Rn. 25; *Harte-Bavendamm*, in: Harte-Bavendamm/Henning-Bodewig, UWG, § 17 Rn. 11; *Ohly*, in: Ohly/Sosnitza, § 17 UWG Rn. 27.

[978] *Brammsen*, in: MüKo, Lauterkeitsstrafrecht, § 17 UWG Rn. 56; *Rengier*, in: Fezer/Büscher/Obergfell, Lauterkeitsrecht, § 17 UWG Rn. 45; *Waßmer*, in: Obergfell/Pahlow/Peifer, UWG, § 23 GeschGehG Rn. 240 f.

[979] Siehe hierzu schon Kap. 4 I. 2. b).

[980] Hierzu bereits RGSt 40, 406, 407.

Information allgemein bekannt oder für jedermann zugänglich ist. Durch diese ausdrückliche Regelung muss jedenfalls bei Anwendung des neuen GeschGehG zwingend zwischen tatbestandausschließendem Einverständnis, bei dem schon die Voraussetzungen des § 2 Nr. 1 GeschGehG nicht erfüllt sind, und rechtfertigender Einwilligung unterschieden werden.[981]

Bei der rechtfertigenden Einwilligung wird der grundsätzliche Geheimnischarakter einer Information aufrechterhalten, womit die Dispositionsbefugnis beim Geheimnisinhaber bleibt.[982] Einen Hauptanwendungsfall für die vorliegende Thematik stellt die rechtfertigende Einwilligung im Wege des internen Whistleblowings dar. Besondere Bedeutung kommt in diesem Zusammenhang den Hinweisgebersystemen zu, die für Whistleblower die Möglichkeit einer internen Informationsmeldung bieten. Zwar handelt es sich bei der Nutzung von Hinweisgebersystemen nicht um den klassischen Fall einer rechtfertigenden Einwilligung, sondern um eine generelle und im Voraus eingeräumte Möglichkeit, eine Information über Fehlverhalten gegenüber einem internen Hinweisgebersystem zu offenbaren.[983] Diese zwar nicht klassische Form der rechtfertigenden Einwilligung kann im Einzelfall gleichwohl die an eine rechtfertigende Einwilligung gestellten Anforderungen erfüllen. Die notwendige Dispositionsbefugnis liegt insofern regelmäßig bei dem jeweiligen Unternehmen, das Inhaber des Geschäftsgeheimnisses ist[984] und für die Einrichtung eines Hinweisgebersystems zuständig ist. Die notwendige

---

[981] Zu den Voraussetzungen des § 2 Nr. 1 GeschGehG Kap. 4 I. 2.

[982] *Brammsen*, in: MüKo, Lauterkeitsstrafrecht, § 17 UWG Rn. 56.

[983] *Brammsen*, in: MüKo, Lauterkeitsstrafrecht, § 17 UWG Rn. 56.

[984] *Ohly*, in: Ohly/Sosnitza, § 17 UWG Rn. 46.

Einwilligungserklärung ergibt sich jedenfalls konkludent aus dem Umstand der Einrichtung eines internen Hinweisgebersystems, das für potenzielle Whistleblower unter bestimmten Voraussetzungen genutzt werden kann. Maßgebend dafür, ob eine Rechtfertigung im Wege der Einwilligung eingreift, ist insofern, dass der Whistleblower die Voraussetzungen eingehalten hat, die der dispositionsbefugte Geheimnisinhaber an die Nutzung interner Hinweisgebersysteme gestellt hat. Da der Geheimnisinhaber ein Interesse daran haben wird, dass das Geschäftsgeheimnis nicht nach außen gelangt, liegt die Einrichtung einer betriebsinternen Stelle für Meldungen von Whistleblowern nahe. Damit ein gerechtfertigtes Whistleblowing vorliegt, muss der Whistleblower das von ihm als unethisch oder gesetzeswidrig erkannte Verhalten an die konkret dafür eingerichtete zuständige Stelle melden.[985] Schließlich obliegt es dem Geheimnisinhaber, als dispositionsbefugte Person darüber zu bestimmen, welche Verfahrensvorschriften von einem Whistleblower einzuhalten sind und unter welchen Voraussetzungen eine interne Meldung erfolgen darf. Er kann bspw. festlegen, dass ein internes Whistleblowing nur dann erlaubt ist, wenn es sich um einen Missstand von einigem Gewicht handelt und die Meldung nicht nur unethisches Verhalten betrifft. Hält ein Whistleblower die (rechtsgeschäftlich) gesetzten Grenzen des Geheimnisinhabers nicht ein, ist er auch nicht im Wege der Einwilligung gerechtfertigt.[986] Im Ergebnis ist dem Inhaber des Geschäftsgeheimnisses jedoch aufgrund der Vorzüge des internen Whistleblowings für das eigene Unternehmen zu empfeh-

---

[985] *Lutterbach*, Die strafrechtliche Würdigung des Whistleblowings, S. 91 f.

[986] *Lutterbach*, Die strafrechtliche Würdigung des Whistleblowings, S. 91 f.; *Schenkel*, Whistleblowing, S. 127.

len, ein weites Spektrum der Informationsweitergabe an das unternehmensinterne Hinweisgebersystem zuzulassen, da er einen Missstand so selbst beseitigen kann und das Risiko eines Reputationsverlusts durch externes Whistleblowing minimiert.[987] Für Beschäftigungsgeber mit in der Regel mindestens 50 Beschäftigten gelten gem. § 12 Abs. 1, 2 HinSchG indessen die verpflichtenden Vorgaben des HinSchG in Bezug auf die Einrichtung interner Meldekanäle.

Der sogenannten mutmaßlichen Einwilligung kommt aufgrund des Erfordernisses, dass eine ausdrückliche Einwilligung nicht (rechtzeitig) eingeholt werden konnte,[988] eher untergeordnete Bedeutung zu. Denkbar ist jedoch die Konstellation, in der die Offenlegung eines Geheimnisses zur Gefahrenabwehr erfolgt und eine vorherige Information des Geheimnisträgers nicht rechtzeitig möglich ist. Jedenfalls im Rahmen des GeschGehG wird diese Fallkonstellation nicht über die Grundsätze der mutmaßlichen Einwilligung zu lösen sein, sondern über den speziellen Ausnahmetatbestand des § 5 Nr. 2 GeschGehG.

Im Übrigen erfasst der Ausschlussgrund der rechtsgeschäftlichen Gestattung nach § 3 Abs. 2 GeschGehG alle Formen, in denen es einem Unternehmensangehörigen etwa aufgrund seines Arbeitsvertrages mit einem Arbeitgeber gestattet wurde, ein Geschäftsgeheimnis zu erlangen, zu nutzen oder offenzulegen. Insofern ist die privatautonome Gestaltung maßgebend.

---

[987] Zu den Vorteilen der Einrichtung interner Hinweisgebersysteme vgl. Kap. 1 II. 1. b).

[988] Vgl. hierzu *Erb*, in: MüKo, StGB, § 34 Rn. 42; *Rönnau/Meier*, in: JuS 2018, 851, 855.

8. Schuld

Für die Frage nach der Schuld des Whistleblowers gem. § 23 GeschGehG gelten die allgemeinen Grundsätze.[989] Denkbar ist grundsätzlich die Anwendung des § 17 StGB, wenn der Täter irrig davon ausging, das Erlangen, Nutzen oder Offenlegen eines Geschäftsgeheimnisses sei nicht strafbar. Insofern mag es naheliegend sein, dass der Täter etwa davon ausging, ein unethisches oder gar rechtswidriges Geschäftsgeheimnis sei nicht durch das GeschGehG geschützt, womit eine Offenlegung auch kein strafwürdiges Unrecht darstellen könne. In solch einem Fall fällt der Irrtum des Täters in den Anwendungsbereich des § 16 StGB, da es sich bei dem Begriff des Geschäftsgeheimnisses um ein normatives Tatbestandsmerkmal handelt, das der Whistleblower jedenfalls laienhaft erkannt haben muss. Im Einzelfall wird dies in der Rechtspraxis nicht zu einem lückenhaften Schutz von unethischen bzw. rechtswidrigen Geheimnissen führen.[990] Vielmehr wird die Behauptung des Whistleblowers, er sei davon ausgegangen, die Rechtsordnung erlaube ihm das Offenbaren von rechtswidrigen Geheimnissen, in der Praxis regelmäßig als bloße Schutzbehauptung verworfen.

Hinsichtlich eines möglichen fehlenden Unrechtsbewusstseins – bspw. aufgrund eines Irrtums über Offenlegungs- oder Nutzungsbefugnisse[991] – in Bezug auf das Verraten von Geschäftsgeheimnissen ist § 17 StGB anwendbar. Die Rechtsprechung legt für einen Ausschluss der Schuld nach § 17 StGB einen strengen Maßstab an. Für

---

[989] *Hiéramente*, in: BeckOK, GeschGehG, § 23 Rn. 57; *Schönknecht*, in: Keller/Schönknecht/Glinke, § 23 GeschGehG, Rn. 121.

[990] Vgl. dazu bereits Kap. 4 I. 4. a).

[991] *Hiéramente*, in: BeckOK, GeschGehG, § 23 Rn. 57

die Annahme eines unvermeidbaren Verbotsirrtums darf der Täter trotz des Einsatzes all seiner Erkenntniskräfte und sittlichen Wertvorstellungen nicht zu dem Schluss gekommen sein, dass sein Verhalten rechtswidrig ist.[992] Dabei ist der rechtsunkundige Bürger in Zweifelsfällen dazu verpflichtet, erforderliche Auskünfte bei verlässlichen Quellen einzuholen.[993] Wegen der Komplexität wirtschaftsstrafrechtlicher Fragestellungen wird ein Whistleblower sich nicht auf sein eigenes Urteil verlassen dürfen. Vielmehr wird es ihm im Regelfall zuzumuten sein, rechtlichen Rat einzuholen und so unter Hinzuziehung weiterer Expertise zu einer Einschätzung über die Erlaubtheit seines Verhaltens zu gelangen.[994] Die Rechtsprechung lässt für die Unvermeidbarkeit eines Irrtums die Einholung rechtlichen Rates nicht per se genügen.[995] Vielmehr sei die Frage nach der Vermeidbarkeit einzelfallabhängig. Ein unvermeidbarer Verbotsirrtum sei bei komplexen Sachverhalten und Rechtsfragen nur dann anzunehmen, wenn der Täter zuvor ein detailliertes rechtliches Gutachten eingeholt hat.[996]

---

[992] *Joecks/Kulhanel*, in: MüKo StGB, § 17 Rn. 39.

[993] BGH, NStZ 2013, 461; BGH, NJW 2017, 1487, 1489; BayObLG, NJW 1980, 1057, 1058; eingehend zur Pflicht, in Zweifelsfällen Auskünfte einzuholen *Kirch-Heim/Samson*, in: wistra 2008, 81, 81 ff.; *Neumann*, in: Kindhäuser/Neumann/Päffgen/Saliger, StGB, § 17 Rn. 75 ff.

[994] So auch *Hiéramente*, in: BeckOK, GeschGehG, § 17 Rn. 57.

[995] BGH, NJW 2017, 2463, 2465.

[996] BGH, NJW 2017, 1487, 1489; BGH, NJW-RR 2011, 1670, 1671.

Gerade die Thematik des Geheimnisverrats nach § 23 GeschGehG hat komplexe rechtliche Fragestellungen zum Gegenstand, womit die Hürden an einen unvermeidbaren Verbotsirrtum hoch sind und § 17 StGB in der Rechtspraxis kaum zum Ausschluss der Schuld führen dürfte.[997] Unter der vorstehenden Prämisse wird eine mündliche Auskunft eines Rechtsanwalts für einen unvermeidbaren Verbotsirrtum oftmals nicht ausreichen, da die Strafbarkeit eines Whistleblowers schwierige Abwägungsfragen zum Gegenstand hat, bei denen regelmäßig eine gutachterliche Klärung der Rechtslage zu verlangen ist. Damit dürfte eine Straffreiheit nach § 17 StGB nur in wenigen Fällen in Betracht kommen.

9. Ergebnis

Der Straftatbestand des § 23 GeschGehG ist wesentlich für die Beurteilung der Strafbarkeitsrisiken von Whistleblowern. Der weit gefasste objektive Tatbestand schützt nicht nur legale Geheimnisse, sondern auch solche, die als moralisch verwerflich angesehen werden können oder gegen Gesetze verstoßen. Gerade solche Geheimnisse sind regelmäßig Gegenstand von Offenbarungen durch Whistleblower. Auch der subjektive Tatbestand des § 23 GeschGehG sorgt für keine hinreichende Beschränkung der Strafbarkeit. Da Whistleblower regelmäßig Dritte informieren, wird das Tatbestandsmerkmal des Handelns zugunsten eines Dritten regelmäßig erfüllt sein. Maßgebende Bedeutung für ein strafbarkeitsbeschränkendes Korrektiv kommt insofern dem Ausschlussgrund des § 5 Nr. 2 GeschGehG zu. Zu diesem bestehen allerdings einige Kontroversen. Dabei sollte die Vorschrift des § 5 Nr. 2 GeschGehG weit ausgelegt werden

---

[997] So auch *Hiéramente*, in: BeckOK, GeschGehG, § 17 Rn. 57.

und insbesondere auch unethische Verhaltensweisen von dem Begriff des Fehlverhaltens erfassen. Ein Hauptproblem des Ausnahmetatbestandes des § 5 Nr. 2 GeschGehG besteht in der Unsicherheit, ob ein Whistleblower zuvor eine innerbetriebliche Klärung vornehmen muss. In dogmatischer Hinsicht konnte dieses Erfordernis – auch strafrechtlich – an das Merkmal des „berechtigten Interesses“ angeknüpft werden. Wie eine innerbetriebliche Klärung im Einzelfall zu erfolgen hat, bedurfte einer differenzierten Betrachtungsweise. Ein starres Regel-Ausnahme-Prinzip ist abzulehnen. Vielmehr ist eine Einzelfallbetrachtung erforderlich, welche die Frage der Zumutbarkeit einer vorherigen innerbetrieblichen Klärung zum Gegenstand hat. Eine Beschränkung der Strafbarkeit für Whistleblower geht neben der Vorschrift des § 5 Nr. 2 GeschGehG ebenso von den dargestellten sektorspezifischen Offenbarungsrechten und Offenbarungspflichten aus, die gem. § 3 Abs. 2 GeschGehG eine Strafbarkeit entfallen lassen.

10. Strafbarkeit nach § 23 Abs. 2 GeschGehG

Auch der Straftatbestand des § 23 Abs. 2 GeschGehG kann für die Whistleblowing-Thematik Bedeutung erlangen. Sanktioniert wird, wer ein Geschäftsgeheimnis mit den benannten Handlungsmotiven nutzt oder offenlegt, das aufgrund einer Vortat eines anderen – § 23 Abs. 1 Nr. 2 GeschGehG oder § 23 Abs. 1 Nr. 3 GeschGehG – erlangt worden ist.[998] Der Straftatbestand setzt sich aus zwei Akten zusammen: erstens der Vortat eines anderen, von welcher der Täter

---

[998] *Harte-Bavendamm*, in: Harte-Bavendamm/Ohly/Kalbfus, § 23 GeschGehG Rn. 47; *Hiéramente*, in: BeckOK, GeschGehG, § 23 Rn. 40; *Reinfeld*, GeschGehG, § 7 Rn. 87 f.

des § 23 Abs. 2 GeschGehG Kenntnis hat, und zweitens der Anschlusstat des Täters, namentlich der Nutzung bzw. Offenlegung des Geschäftsgeheimnisses.[999] Als Vortat kommt zum einen die Offenlegung oder Nutzung des Geschäftsgeheimnisses durch einen Hehler in Betracht, der sich unbefugten Zugang verschafft hat, sich dieses unbefugt angeeignet hat bzw. das Geschäftsgeheimnis unbefugt kopiert hat – Verstoß gegen § 23 Abs. 1 Nr. 1 GeschGehG i. V. m. § 4 Nr. 1 GeschGehG. Zum anderen kann die fremde Vortat auch in der Offenlegung einer bei einem Unternehmen beschäftigten Person gesehen werden, der das Geschäftsgeheimnis im Rahmen des Beschäftigungsverhältnisses anvertraut worden oder zugänglich geworden ist.[1000] Hinsichtlich der Vortat muss der Dritte den objektiven und subjektiven Tatbestand verwirklicht haben. Das Vorliegen eines Ausschlussgrundes nach § 5 GeschGehG lässt die Vortat entfallen.[1001] Das Geheimnis müsste der Täter sodann durch Nutzung bzw. Offenlegung erlangt haben.[1002] Über das Vorliegen bloßer Kausalität hinaus ist erforderlich, dass die Kenntniserlangung des Täters auf ein zurechenbares Wirken des Vortäters zurückzuführen ist – indem der Täter bspw. den Dritten in Kenntnis gesetzt hat.[1003]

---

[999] *Reinfeld*, GeschGehG, § 7 Rn. 89 f.

[1000] *Waßmer*, in: Obergfell/Pahlow/Peifer, UWG, § 23 GeschGehG Rn. 160.

[1001] *Reinfeld*, GeschGehG, § 7 Rn. 90.

[1002] *Hiéramente*, in: BeckOK, GeschGehG, § 23 Rn. 41.

[1003] *Hiéramente*, in: BeckOK, GeschGehG, § 23 Rn. 41.

Die Vorschrift des § 23 Abs. 2 GeschGehG kann für Whistleblower relevant werden, die nicht selbst gegen die Handlungsverbote des § 4 GeschGehG verstoßen und das Geheimnis in Kenntnis der Vortat eines anderen nutzen bzw. offenbaren. Ein Whistleblower, der das Geheimnis durch eine Vortat eines anderen erlangt und dieses nutzt bzw. offenlegt, kann ebenfalls wie bei § 23 Abs. 1 GeschGehG durch § 5 GeschGehG bzw. die sonstigen Ausschluss- und Rechtfertigungsgründe gerechtfertigt sein.[1004]

11. Strafbarkeit nach § 23 Abs. 3 GeschGehG

Eine Strafbarkeit nach § 23 Abs. 3 GeschGehG ist für das Whistleblowing nicht bedeutsam. Dieser beinhaltet mit Vorlagen oder Vorschriften technischer Art lediglich eine bestimmte Kategorie von Geschäftsgeheimnissen,[1005] die für Whistleblower von untergeordneter Bedeutung sind. Whistleblowing hat nämlich regelmäßig nicht technisches Wissen zum Gegenstand, sondern Informationen über Fehlverhalten bzw. Gesetzesverstöße.

12. Strafrahmen gem. § 23 Abs. 4 GeschGehG

§ 23 Abs. 4 GeschGehG regelt eine Strafrahmenverschärfung von drei auf fünf Jahre.[1006] Gemäß § 23 Abs. 4 Nr. 1 GeschGehG erweitert sich der Strafrahmen, wenn der Täter gewerbsmäßig handelt. Voraussetzung ist insofern, dass der Täter sich durch die wiederholte

---

[1004] Vgl. insofern Kap. 4 I. 5., 6.

[1005] *Reinfeld*, GeschGehG, § 7 Rn. 93.

[1006] *Harte-Bavendamm*, in: Harte-Bavendamm/Ohly/Kalbfus, GeschGehG, § 23 Rn. 64.

Tatbegehung eine Einnahmequelle von einigem Umfang verschafft.[1007] Für das Whistleblowing ist diese Verschärfung kaum von Bedeutung, da Whistleblower regelmäßig handeln, um einen Missstand aufzudecken, keine kommerziellen Motive verfolgen und keine wiederholte Tatbegehung beabsichtigen.

Eine Strafrahmenverschärfung kommt auch dann in Betracht, wenn der Täter von einer Auslandsnutzung des Geschäftsgeheimnisses wusste (§ 23 Abs. 4 Nr. 2 GeschGehG). Der Täter muss hierfür im Zeitpunkt der Tathandlung positive Kenntnis von der Auslandsnutzung des Geschäftsgeheimnisses gehabt haben.[1008] Eine Reduzierung auf dolus eventualis erscheint aufgrund des Wortlauts zweifelhaft.[1009] Keinesfalls ausreichend ist die nachträgliche Kenntniserlangung von der Auslandsnutzung, da für die Kenntnis der Zeitpunkt der Tathandlung maßgebend ist.[1010] Ein Erfolg der Auslandsnutzung ist – in Abgrenzung zu § 23 Abs. 4 Nr. 3 GeschGehG – nicht erforderlich. Unter „Ausland" im Sinne der Vorschrift sind auch EU-Mitgliedstaaten zu verstehen.[1011]

[1007] *Harte-Bavendamm*, in: Harte-Bavendamm/Ohly/Kalbfus, § 23 GeschGehG Rn. 64; *Waßmer*, in: Obergfell/Pahlow/Peifer, UWG, § 23 GeschGehG Rn. 195.

[1008] *Alexander*, in: Köhler/Bornkamm/Feddersen, UWG, § 23 GeschGehG Rn. 84a; *Krbetschek*, in: MüKo-Lauterkeitsrecht, § 23 GeschGehG Rn. 41; a.A.: *Diemer*, in: Erbs/Kohlhaas, UWG, § 17 Rn. 63.

[1009] Ebenfalls zweifelnd: *Hiéramente*, in: BeckOK, GeschGehG, § 23 Rn. 41.

[1010] *Waßmer*, in: Obergfell/Pahlow/Peifer, UWG, § 23 GeschGehG Rn. 196.

[1011] *Bott/Kohlhof*, in: Hoerren/Münker, GeschGehG, § 23 Rn. 100; *Krbetschek*, in: MüKo-Lauterkeitsrecht, § 23 GeschGehG Rn. 42.

Während der Qualifikationstatbestand des § 23 Abs. 4 Nr. 2 GeschGehG das Wissen um die Auslandsnutzung umfasst, verschärft sich der Tatbestand nach § 23 Abs. 4 Nr. 3 GeschGehG, wenn der Täter das Geheimnis selbst im Ausland nutzt. Entscheidend ist insofern die Handlung, wobei diesbezüglich in Abgrenzung zu § 23 Abs. 4 Nr. 2 GeschGehG dolus eventualis genügt.[1012]

Für einen Whistleblower werden die Qualifikationstatbestände des § 23 Abs. 4 Nr. 2 GeschGehG und § 23 Abs. 4 Nr. 3 GeschGehG insbesondere dann relevant, wenn es sich um Informationen handelt, die von internationalem Interesse sind. Denn dann wird ein Whistleblower in der Regel auch Wissen, dass seine Offenbarungen nicht an der Landesgrenze halt machen, sondern von internationalen Medien aufgegriffen werden, die diese im Rahmen ihrer Berichterstattung nutzen. Soweit ein Whistleblower seine Informationen unmittelbar an ausländische Medien weitergibt, fällt eine Unterscheidung zwischen einem Wissen von der Auslandsnutzung gem. § 23 Abs. 4 Nr. 2 GeschGehG und einer eigenen Auslandsnutzung gem. § 23 Abs. 4 Nr. 3 GeschGehG schwer. Vorzugswürdig erscheint es in solchen Fallkonstellationen, einen Fall des Wissens von der Auslandsnutzung anzunehmen, da die Verwertung der Informationen erst durch die ausländischen Medien selbst erfolgt.

Problematisch dürfte die Fallkonstellation sein, in der ein Whistleblower Informationen über ein Unternehmen über das Internet leakt. Zwar liegt zunächst die Annahme nahe, dass aufgrund des weltweiten Zugriffs grundsätzlich von der Kenntnis einer möglichen

---

[1012] *Barth*, in: BeckOK, UWG, § 23 GeschGehG Rn. 37.

Auslandsnutzung auszugehen ist. Differenziert werden sollte insofern danach, ob die offenbarte Information von internationalem Interesse ist. Der Grund der Qualifikationstatbestände von § 23 Abs. 4 Nr. 2 und 3 GeschGehG besteht nämlich darin, inländische Unternehmen vor einem Abfluss von Informationen zu schützen.[1013] Besteht kein internationales Interesse an der Information, so lässt sich eine entsprechende Qualifikation nicht rechtfertigen.

Hiernach wären die Informationen des Whistleblowers Edward Snowden freilich solche, die aufgrund ihres Inhalts (weltweite Überwachungspraktiken der NSA) von internationalem Interesse sind, sodass auch mit einer internationalen Nutzung zu rechnen ist. Demgegenüber wären Leaks im Internet, die nationale Missstände betreffen, bspw. die öffentliche Information über Pflegemissstände,[1014] nicht erfasst.

[1013] *Alexander*, in: Köhler/Bornkamm/Feddersen, GeschGehG, § 23 Rn. 84.
[1014] Vgl. insofern den Fall der Altenpflegerin Frau Heinisch, Kap. 3 II. 1. b).

II. Strafbarkeitsrisiken für Whistleblower nach dem StGB

Neben der bereits erörterten und für die Whistleblowing-Thematik besonders bedeutsamen Strafvorschrift des § 23 GeschGehG existieren weitere Vorschriften, die für Whistleblower das Risiko einer Strafbarkeit in sich bergen. Bei der Untersuchung weiterer Strafvorschriften werden zunächst diejenigen des Kernstrafrechts in den Blick genommen, bevor andere spezialgesetzliche Vorschriften thematisiert werden.

1. Verletzung von Privatgeheimnissen nach § 203 StGB

Ein Strafbarkeitsrisiko für Whistleblower resultiert im Kernstrafrecht bspw. aus der Norm des § 203 StGB, sofern sie dem Täterkreis des § 203 StGB angehören.[1015] Die Norm des § 203 StGB erscheint insbesondere wegen ihrer Nähe zu § 23 GeschGehG als besonders relevant für die Strafbarkeitsrisiken von Whistleblowern. Ihrem Schutzzweck nach schützt die Strafvorschrift des § 203 StGB insbesondere das Recht auf informationelle Selbstbestimmung als Teil des allgemeinen Persönlichkeitsrechts[1016] und damit das individuelle Interesse des Einzelnen an der Geheimhaltung von Tatsachen.[1017] Gerade in das Recht auf informationelle Selbstbestimmung greift Whistleblowing jedoch im Einzelfall ein, wenn es Umstände offen-

[1015] *Buchert*, in: Bürkle/Hauschka, § 10 Rn. 68.

[1016] HansOLG, NStZ 1998, 358; *Cierniak/Niehaus*, in: MüKo, StGB, § 203 Rn. 15; *Eisele*, in: Schönke/Schröder, StGB, § 203 Rn. 3; *Jäschke*, in: ZStW 2019, 36; *Heghmanns/Niehaus*, in: NStZ 2008, 57, 61.

[1017] BGH, NJW 1991, 2955, 2956; HansOLG, NStZ 1998, 358; *Eisele*, in: Schönke/Schröder, StGB, § 203 Rn. 3.

legt, die der Geheimnisinhaber nicht preisgeben wollte. Damit besteht zwischen den Rechten des Whistleblowers und dem durch § 203 StGB geschützten Recht auf informationelle Selbstbestimmung ein Spannungsverhältnis, das ebenfalls wie bei der Vorschrift des § 23 GeschGehG in einen angemessenen Ausgleich gebracht werden muss. Dabei wird neben der Prüfung der Tatbestandsmäßigkeit ein Schwerpunkt auf der Frage liegen, ob die zuvor getroffenen Wertungen – insbesondere der spezielle Ausnahmetatbestand des § 5 GeschGehG – für Whistleblower auch im Rahmen des § 203 StGB zur Anwendung kommen.

a) Täterkreis gem. § 203 Abs. 1 StGB

Damit ein Whistleblower sich nach § 203 Abs. 1 StGB strafbar machen kann, muss er zu dem in § 203 Abs. 1 StGB genannten Täterkreis gehören. Es handelt sich um eine abschließende Aufzählung und somit um ein echtes Sonderdelikt.[1018] Bei dem Täterkreis des § 203 Abs. 1 StGB fällt zunächst auf, dass etwa mit Ärzten (Nr. 1), Berufspsychologen (Nr. 2) und Rechtsanwälten (Nr. 3) in erster Linie Personen erfasst sind, die selbstständig tätig sind und mit vertraulichen Informationen ihrer Patienten und Mandanten in Berührung kommen, die von der Norm des § 203 StGB geschützt werden sollen. Zwar können Whistleblower auch selbstständige Organisationsangehörige sein. Erforderlich für die Eigenschaft als Whistleblower ist dennoch, dass ein bestimmtes Machtgefälle sowie eine enge Verknüpfung zu der vom Whistleblowing betroffenen Organisation

---

[1018] BGH, NJW 1991, 2955, 2956; *Bosch*, in: JURA 2013, 780, 784; *Cierniak/Niehaus*, in: MüKo, StGB, § 203 Rn. 32.

besteht[1019]. Ein Arzt oder ein Rechtsanwalt, der selbst Inhaber einer Praxis bzw. einer Kanzlei ist, wird noch nicht dadurch zum Whistleblower, dass er vertrauliche Informationen seiner Patienten bzw. Mandanten offenbart. Vielmehr erfüllt er die Eigenschaft eines Whistleblowers nicht, da Whistleblower nach der vorstehenden Definition nur sein kann, wer als Organisationsangehöriger Missstände seiner Organisation offenbart.[1020]

Gleichwohl können auch Whistleblower dem Anwendungsbereich des § 203 StGB unterfallen. Die Norm des § 203 StGB erfasst nämlich auch abhängig beschäftigte Personen, wie angestellte Rechtsanwälte oder Ärzte. Offenbart ein angestellter Rechtsanwalt nun, dass seine Anwaltssozietät sich systematisch an der Verdunkelung des Sachverhalts seiner Mandanten beteiligt (bspw. durch das Verfälschen von Beweisen), gehört er als Rechtsanwalt dem Täterkreis des § 203 Abs. 1 Nr. 3 StGB an und ist als Angestellter seiner Anwaltssozietät zugleich Organisationsangehöriger im Sinne des Begriffs Whistleblowing.[1021] Whistleblowing-Konstellationen sind zudem bei Steuerberatern und Wirtschaftsprüfern, die ebenfalls von § 203 Abs. 1 Nr. 3 StGB erfasst sind, denkbar. In Betracht kommt insoweit bspw. die Fallkonstellation, in der ein angestellter Wirtschaftsprüfer oder Steuerberater offenbart, dass eine Wirtschaftsprüfungsgesellschaft für ein mandatiertes Unternehmen einen günstigen Jahresabschlussbericht erstellt, der jedoch nicht den tatsächlichen wirtschaftlichen Verhältnissen entspricht.

[1019] So auch *Soppa*, Die Strafbarkeit des Whistleblowers, S. 153.

[1020] Vgl. dazu Kap. 1 I. 3. a) aa).

[1021] Zu den Strafbarkeitsrisiken eines Rechtsanwalts wegen Strafvereitelung nach § 258 StGB vgl. *Ruhmannseder*, in: BeckOK, StGB, § 258 Rn. 22 ff.

Von wesentlicher Bedeutung ist neben dem in § 203 Abs. 1 StGB genannten Personenkreis ein strafbarer Geheimnisverrat durch mitwirkende Personen gem. § 203 Abs. 4 Satz 1 Alt. 1 StGB. Nach § 203 Abs. 4 Satz 1 Alt. 1 StGB macht sich nämlich ebenfalls strafbar, wer unbefugt ein fremdes Geheimnis offenbart, das ihm bei der Ausübung oder bei Gelegenheit der Ausübung als mitwirkende Person bekannt geworden ist. Diese Personen unterliegen damit einem eigenen Strafbarkeitsrisiko. Der Begriff der mitwirkenden Person erfordert, dass diese unmittelbar mit der Tätigkeit der schweigepflichtigen Person befasst ist – etwa indem sie die Tätigkeit vorbereitet, durchführt, auswertet oder verwaltet.[1022] Als mitwirkende Tätigkeiten gelten laut Gesetzesbegründung u. a. Schreibarbeiten, die Entgegennahme von Telefonaten, das Rechnungswesen, die Aktenarchivierung bzw. Aktenvernichtung oder die Mitwirkung an der Erfüllung von buchführungs- und steuerrechtlichen Pflichten des Berufsgeheimnisträgers.[1023] Auf welchem Rechtsgrund die Mitwirkung basiert ist letztlich nicht relevant, wobei es sich regelmäßig um Vertragsverhältnisse handeln wird.[1024] Die Personengruppe der mitwirkenden Personen ist wegen ihrer Größe und ihre Berührungspunkte mit vertraulichen Informationen von großer Relevanz für die vorliegende Thematik.

[1022] BT-Drucks. 18/11936, S. 22; *Eisele*, in: Schönke/Schröder, StGB, § 203 Rn. 49.

[1023] BT-Drucks. 18/11936, S. 22.

[1024] *Eisele*, in: Schönke/Schröder, StGB, § 203 Rn. 49.

Bedeutsam ist darüber hinaus die Erweiterung des tauglichen Täterkreises durch § 203 Abs. 2 StGB, wonach u. a. Amtsträger (§ 11 Abs. 1 Nr. 2 StGB)[1025] und für den öffentlichen Dienst verpflichtete Personen zum tauglichen Täterkreis zählen. Insofern kann die Korruptionsproblematik in der öffentlichen Auftragsvergabe als Beispiel für ein mögliches Whistleblowing herangezogen werden. Soweit ein Amtsträger oder eine für den öffentlichen Dienst verpflichtete Person etwa Korruption im Bereich der öffentlichen Auftragsvergabe aufdeckt, handelt sie einerseits als organisationsangehöriger Whistleblower und andererseits besteht die Möglichkeit, dass sie Betriebs- und Geschäftsgeheimnisse derjenigen (juristischen) Person offenlegt, von der die Bestechung ausging.

b) Taugliches Tatobjekt

Zu den tauglichen Tatobjekten gem. § 203 StGB zählen nicht nur zum persönlichen Lebensbereich gehörende Geheimnisse, die für die Thematik Whistleblowing auf den ersten Blick weniger bedeutsam erscheinen, sondern auch Betriebs- und Geschäftsgeheimnisse. Bei genauer Betrachtung zeigt sich jedoch, dass der Begriff des Geheimnisses, das zum persönlichen Lebensbereich einer Person gehört, weitgehender ist. Es muss sich nicht um Bereiche handeln, die zum engen oder intimen Bereich der Persönlichkeit zählen. Vielmehr sind auch Tatsachen, die dem politischen oder beruflichen Wirken des

[1025] *Kargl*, in: Kindhäuser/Neumann/Paeffgen/Saliger, StGB, § 203 Rn. 42. Die Amtsträgerschaft nach § 11 Abs. 1 Nr. 2 StGB setzt ein bestimmtes Dienst- oder Auftragsverhältnis zu einer öffentlichen Stelle voraus, die auf deutschem Recht beruht. Ausführlich zum Begriff des Amtsträgers nach § 11 Abs. 1 Nr. 2 StGB *Hecker*, in: Schönke/Schröder, StGB, § 11 Rn. 14.

Betroffenen zuzuordnen sind, erfasst.[1026] Schon der Wortlaut „persönlicher Lebensbereich“ legt eine entsprechend weite Auslegung nahe. In Abgrenzung zu den ebenfalls geschützten Betriebs- und Geschäftsgeheimnissen umfassen die zum persönlichen Lebensbereich gehörenden Geheimnisse all diejenigen, welche keinen wirtschaftlichen Wert aufweisen. Diese sind nämlich eigenständig mit den „Betriebs- und Geschäftsgeheimnissen“ geregelt.[1027]

Unabhängig davon, ob die betreffende Tatsache als Betriebs- oder Geschäftsgeheimnis bzw. zum persönlichen Lebensbereich einer Person gehörend qualifiziert wird, müssen im Wesentlichen drei Begriffsmerkmale erfüllt sein, damit es sich um ein geschütztes Geheimnis im Sinne des § 203 StGB handelt. Erforderlich ist, dass es sich um eine Tatsache handelt, die nur einem bestimmten Personenkreis zur Verfügung steht, der Geheimnisinhaber über einen Geheimhaltungswillen und ein Geheimhaltungsinteresse verfügt.[1028] Der Begriff des Geschäfts- und Betriebsgeheimnisses deckt sich damit mit demjenigen des GeschGehG, wobei die Vorschrift des § 203 StGB keine detaillierten Vorgaben wie § 2 GeschGehG beinhaltet. Ebenfalls wie bei § 2 GeschGehG setzt der Geheimnisbegriff des § 203 StGB fehlende Offenkundigkeit voraus, womit die Tatsache allenfalls einem beschränkten Personenkreis zur Verfügung stehen

---

[1026] *Cierniak/Niehaus*, in: MüKo, StGB, § 203 Rn. 15.

[1027] *Cierniak/Niehaus*, in: MüKo, StGB, § 203 Rn. 15; *Eisele*, in: Schönke/Schröder, StGB, § 203 Rn. 10.

[1028] OLG Hamm, NJW 2001, 1957, 1985; *Altenhain*, in: Matt/Renzikowski, StGB, § 203, Rn. 11; *Bosch*, in: JURA 2013, 780, 781.

darf.[1029] Sofern eine Tatsache allgemein bekannt ist oder so nach außen getragen wurde, dass andere davon Kenntnis erlangen können, entfällt der Geheimnischarakter durch die Offenkundigkeit der Tatsache.[1030] Neben dem objektiven Aspekt der Geheimheit der Tatsache muss nach zutreffender überwiegender Auffassung in subjektiver Hinsicht ein Geheimhaltungswille bestehen.[1031] Andernfalls würde die Rechtsordnung den Geheimnischarakter einer Tatsache unterstellen, die der Betroffene selbst nicht als Geheimnis versteht.[1032] Während § 2 GeschGehG durch die Regelung des § 2 Nr. 1 lit. b) GeschGehG mit dem Vorliegen angemessener Geheimhaltungsmaßnahmen eine gewisse Manifestation des Geheimhaltungswillens durch nach außen tretende Maßnahmen verlangt, ist der Norm des § 203 StGB ein entsprechendes Erfordernis nicht zu entnehmen. Im Rahmen des § 203 StGB genügt es für eine entsprechende Manifestation, dass der Geheimhaltungswille sich der Natur des Geheimnisses oder den Umständen entnehmen lässt.[1033] Zudem wird für den Geheimnischarakter im Rahmen des § 203 StGB das

---

[1029] *Eisele*, in: Schönke/Schröder, StGB, § 203 Rn. 6; *Schmitz*, in: JA 1996, 772, 776.

[1030] *Eisele*, in: Schönke/Schröder, StGB, § 203 Rn. 6; *Esser*, in: Esser/Tsambikakis, Pandemiestrafrecht, § 18 Rn. 80.

[1031] OLG Frankfurt, NStZ-RR 2005, 235; OLG Hamm, NJW 2001, 1957, 1958; *Bosch*, in: Jura 2013, 780, 781; *Cierniak/Niehaus*, in: MüKo, StGB, § 203 Rn. 19; *Reinbacher*, in: Leitner/Rosenau, Wirtschafts- und Steuerstrafrecht, § 203 StGB Rn. 34; a.A. *Bock/Wilms*, in: JuS 2011, 24, 25; *Rogall*, in: NStZ 1983, 1, 6.

[1032] *Reinbacher*, in: Leitner/Rosenau, Wirtschafts- und Steuerstrafrecht, § 203 StGB, Rn. 42.

[1033] *Reinbacher*, in: Leitner/Rosenau, Wirtschafts- und Steuerstrafrecht, § 203 StGB, Rn. 42.

Vorliegen eines Geheimhaltungsinteresses gefordert,[1034] das in der Vorschrift des § 2 Nr. 1 lit. c) GeschGehG explizit erwähnt ist. Andernfalls bestünde die Gefahr, die strafrechtliche Sanktionierung von dem Geheimhaltungswillen des Geheimnisinhabers abhängig zu machen. Aus Gründen der Verhältnismäßigkeit und des Ultima-Ratio-Prinzips des Strafrechts muss für den strafrechtlichen Schutz des Geheimnisses daher ein berechtigtes und schutzwürdiges Geheimhaltungsinteresse bestehen, wobei insbesondere Bagatellfälle ausgeschlossen werden sollten.[1035] Das Erfordernis eines schutzwürdigen Geheimhaltungsinteresses stellt im Rahmen des § 203 StGB den Schutz illegaler Geheimnisse jedoch nicht infrage. Nach der zutreffenden überwiegenden Ansicht schützt § 203 StGB auch illegale Geheimnisse.[1036] Die Erfassung auch illegaler Geheimnisse ist eng mit der Schutzrichtung des § 203 StGB verbunden. Neben dem Schutz der Geheimnissphäre des Einzelnen und seinem allgemeinen Persönlichkeitsrecht (Art. 2 Abs. 1 GG i. V. m. Art. 1 Abs. 1 GG) schützt die Vorschrift des § 203 StGB das Vertrauen der Allgemeinheit in die Verschwiegenheit bestimmter Berufsgruppen.[1037] Wäre dieses

---

[1034] BGH, NJW 1964, 449, 450; *Altenhain*, in: Matt/Renzikowski, StGB, § 203 Rn. 16; *Bosch*, in: JURA 2013, 780, 781; *Pohle/Ghaffari*, in: CR 2017, 489, 490.

[1035] *Cierniak/Niehaus*, in: MüKo, StGB, § 203 Rn. 22; *Reinbacher*, in: Leitner/Rosenau, Wirtschaftsstrafrecht, § 203 StGB, Rn. 43.

[1036] BGH, NJW 2005, 2406, 2408; OLG Jena, BeckRS 2012, 24537; *Altenhain*, in: Matt/Renzikowski, StGB, § 203 Rn. 17; *Kargl*, in: Kindhäuser/Neumann/Paeffgen/Saliger, StGB, § 203 Rn. 8; *Schünemann*, in: LK-StGB, § 203 Rn. 27; a.A.: *Rützel*, in: GRUR 1995, 557.

[1037] OLG Köln, NStZ 1983, 412, 413; *Bosch*, in: JURA 2013, 780; *Schalast/Safran/Sassenberg*, in: NJW 2008 1486, 1489; *Schenkel*, Whistleblowing, S. 206.

Vertrauen nicht gewährleistet, bestünde die Gefahr, dass der Betroffene den in § 203 Abs. 1 StGB genannten Berufsgruppen Informationen vorenthält, die für die Erledigung ihrer Tätigkeit von essenzieller Bedeutung sind.[1038] Demzufolge kann die Rechtswidrigkeit eines Geheimnisses seinen Schutz auch nicht infrage stellen.

Die Strafvorschrift des § 203 StGB ist damit zwar durch die abschließende Aufzählung des tauglichen Täterkreises einerseits enger als diejenige des § 23 GeschGehG. Andererseits ist der Geheimnisbegriff durch die Berücksichtigung von zum persönlichen Lebensbereich einer Person gehörenden Geheimnissen weiter als § 2 GeschGehG. Auch braucht ein Geheimnis im Sinne des § 203 StGB keinen wirtschaftlichen Wert aufweisen oder Gegenstand angemessener Geheimhaltungsmaßnahmen im engeren Sinne zu sein. Entgegen einer weit verbreiteten Auffassung, die rechtswidrige Geheimnisse dem tatbestandlichen Schutz des § 2 GeschGehG entziehen will, sieht die ganz herrschende Ansicht illegale Geheimnisse als von § 203 StGB erfasst an.[1039]

Zusätzlich verlangt die Vorschrift des § 203 StGB, dass es sich um eine Tatsache handelt, die dem Täter entweder anvertraut oder sonst bekannt geworden ist. Ein Anvertrauen im Sinne des § 203 StGB liegt vor, wenn die Tatsache dem Täter in der Eigenschaft als Berufsträger in innerem Zusammenhang mit der Ausübung des Berufs

---

[1038] *Rützel*, in: GRUR 1995, 557, 558.

[1039] BGH, NJW 2005, 2406, 2408; *Cierniak/Niehaus*, in: MüKo, StGB, § 203 Rn. 24; *Engländer/Zimmermann*, in: NZWiSt 2012, 328, 333.

so mitgeteilt worden ist, dass sich aus den Umständen die Geheimhaltungsbedürftigkeit ergibt.[1040] Das Tatobjekt des § 203 StGB wird damit jedoch nicht signifikant enger, da das Merkmal des sonstigen Bekanntwerdens alle sonstigen Fälle der Kenntniserlangung erfasst, die nicht unter das Anvertrautsein fallen.[1041] Maßgebend ist im Rahmen des § 203 StGB, dass der Täter Kenntnis von dem Geheimnis im Rahmen seiner beruflichen Tätigkeit erlangt hat, wobei die Anforderungen an den inneren Zusammenhang mit der beruflichen Tätigkeit nicht überspannt werden dürfen: Das anvertraute oder sonst bekannt gewordene Geheimnis muss nicht erforderlich sein, damit der Berufsträger des § 203 Abs. 1 Nr. 1 StGB seiner beruflichen Tätigkeit nachgehen kann.[1042] Auch ist die Voraussetzung des inneren Zusammenhangs nicht mit einem Handeln im Dienst gleichzusetzen, womit auch eine private Kenntniserlangung den inneren Zusammenhang nicht ausschließt.[1043]

[1040] OLG Köln, NJW 2000, 3656, 3657; OLG Köln, NStZ 1983, 412; *Bosch*, in: JURA 2013, 780, 782; *Eisele*, in: Schönke/Schröder, StGB, § 203 Rn. 13.

[1041] OLG Köln, NJW 2000, 3656; *Fischer*, StGB, § 203 Rn. 9; *Weidemann*, in: BeckOK, StGB, § 203 Rn. 13.

[1042] *Cierniak/Niehaus*, in: MüKo, StGB, § 203 Rn. 46; *Ulsenheimer*, in: Laufs/Kern/Rehborn, Handbuch des Arztrechts, § 140 Rn. 8.

[1043] *Cierniak/Niehaus*, in: MüKo, StGB, § 203 Rn. 46; *Ulsenheimer*, in: Laufs/Kern/Rehborn, Handbuch des Arztrechts, § 140 Rn. 8.

c) *Offenbaren als Tathandlung*

Als Tathandlung im Sinne des § 203 Abs. 1 StGB kommt ausschließlich das unbefugte Offenbaren des Geheimnisses in Betracht. Ausreichend ist insofern, wenn das Geheimnis in irgendeiner Weise an einen Dritten gelangt.[1044] Damit sind die typischen Handlungen eines Whistleblowers – die Weiterleitung eines als Missstand empfundenen Geheimnisses an (Strafverfolgungs-)Behörden oder an die Öffentlichkeit (bspw. an die Medien) – von den Tathandlungen des § 203 Abs. 1 StGB umfasst. Die Offenbarung muss an jemanden erfolgen, für den das Geheimnis unbekannt ist. Auch diese Voraussetzung ist im Bereich Whistleblowing typischerweise erfüllt, da es gerade das Aufdecken von bislang unbekannten Missständen zum Gegenstand hat. Demgegenüber ist das grundsätzlich denkbare tatbestandsmäßige Offenbaren durch Unterlassen[1045] für die Konstellation Whistleblowing von untergeordneter Bedeutung, da Whistleblowing in der Regel in der Übermittlung von Fehlverhalten an Behörden oder die Öffentlichkeit besteht.

d) *Subjektiver Tatbestand*

In subjektiver Hinsicht genügt es, wenn der Täter in Bezug auf alle objektiven Tatbestandsmerkmale mit bedingtem Vorsatz gehandelt hat. Damit beinhaltet der subjektive Tatbestand kein Korrektiv wie

---

[1044] *Eisele*, in: Schönke/Schröder, StGB, § 203 Rn. 20.

[1045] Die erforderliche Garantenstellung resultiert insofern oftmals bereits aus der beruflichen Stellung, *Reinbacher*, in: Leitner/Rosenau, Wirtschafts- und Steuerstrafrecht, § 203 StGB Rn. 53; *Bar*, Gesetzlich nicht normierte Auskunfts- und Offenbarungspflichten, S. 40; *Busching*, Der Schutz privater Informationen, S. 170.

eine Schädigungs- oder Bereicherungsabsicht, womit der altruistisch handelnde Whistleblower einem Strafbarkeitsrisiko ausgesetzt ist.[1046] Ein den Vorsatz ausschließender Tatbestandsirrtum kommt bei § 203 StGB v. a. dann in Betracht, wenn der Täter davon ausging, die Tatsache sei dem Adressaten der Mitteilung bereits bekannt,[1047] denn dann handelt er nicht vorsätzlich im Hinblick auf das unbefugte Offenbaren des Geheimnisses. Diesem Irrtum wird ein Whistleblower, der mit seinen Offenlegungen gerade andere Personen über Fehlverhalten oder rechtswidrige Handlungen unterrichten will, kaum unterliegen. Schließlich besteht sein Handlungsmotiv regelmäßig darin, auf Missstände aufmerksam zu machen, indem er Behörden oder die Öffentlichkeit zum Zwecke der Beseitigung des Missstandes informiert.

e) Strafausschluss, Rechtswidrigkeit und Schuld

Entscheidend für die Strafbarkeit des Whistleblowers ist wiederum die Rechtswidrigkeit seines Handelns. Abweichend zu der zuvor erörterten Strafbarkeit nach dem GeschGehG ergeben sich bei der Frage nach der Rechtswidrigkeit einige Besonderheiten. Diese betreffen zum einen die allgemeinen Rechtfertigungsgründe der rechtfertigenden Einwilligung und des rechtfertigenden Notstandes. Zum anderen stellt sich gerade in Bezug auf die Whistleblower-Problematik die Frage, ob der Ausnahmetatbestand des § 5 Nr. 2 GeschGehG auch auf die Vorschrift des § 203 StGB anwendbar ist.

[1046] *Schenkel*, Whistleblowing, S. 209.

[1047] *Kargl*, in: Kindhäuser/Neumann/Paeffgen/Saliger, StGB, § 203 Rn. 48.

aa) Anwendung von § 5 GeschGehG

Die Vorschrift des § 5 Nr. 2 GeschGehG schafft neben den bereits punktuell bestehenden, in ihrem Anwendungsbereich aber begrenzten Regelungen erstmals einen weitreichenden Ausschlussgrund für Whistleblower. Da wie gesehen ein Strafbarkeitsrisiko für Whistleblower nicht nur von der Vorschrift des § 23 GeschGehG ausgeht, stellt sich die Frage, ob der Ausschlussgrund des § 5 GeschGehG auch auf andere Straftatbestände angewendet werden kann. Einen Whistleblower, der sich im Rahmen einer möglichen Strafbarkeit nach § 23 GeschGehG auf § 5 Nr. 2 GeschGehG berufen kann, dann gleichwohl nach § 203 StGB zu bestrafen, könnte schließlich dazu führen, dass der von § 5 Nr. 2 GeschGehG intendierte Schutz von Whistleblowern letztlich leerläuft. Die negativen Folgen von Strafbarkeitsrisiken würden für den Whistleblower damit weiter bestehen. Zudem erscheint es wertungswidersprüchlich, auf der einen Seite ein im öffentlichen Interesse liegendes Whistleblowing anzunehmen, das eine Strafbarkeit nach § 5 Nr. 2 GeschGehG im Anwendungsbereich des GeschGehG entfallen lässt, den Whistleblower aber dann gleichwohl nach § 203 StGB zu bestrafen.

Eine direkte Anwendung des § 5 GeschGehG auf Normen außerhalb des GeschGehG scheidet jedoch aufgrund seiner Bezugnahme auf § 4 GeschGehG aus, womit eine Übertragung auf andere Vorschriften lediglich unter den Voraussetzungen einer Analogie erfolgen kann.[1048] Dafür bedarf es zunächst einer planwidrigen Regelungslücke, die jedenfalls dann nach keiner Betrachtungsweise vorliegt,

---

[1048] *Hefendehl*, in: BeckOGK AktG, § 404 Rn. 53.

wenn der Gesetzgeber ein gewisses Verhalten bewusst nicht regeln wollte.

Der Wortlaut des § 5 GeschGehG verdeutlicht, dass die Vorschrift auf das GeschGehG zugeschnitten ist und ihrer Grundkonzeption nach keinen allgemeinen Rechtfertigungsgrund für sämtliche Whistleblowing-Handlungen beinhalten soll.[1049] Die Norm bezieht sich ihrem Wortlaut nach nämlich gerade auf die Handlungsverbote des GeschGehG, womit es naheliegt, dass eine Ausweitung auf weitere Straftatbestände nicht gewollt ist.

Entscheidend gegen eine Übertragung des Ausschlussgrundes des § 5 GeschGehG auf § 203 StGB spricht des Weiteren die Regelung des § 1 Abs. 3 Nr. 1 GeschGehG.[1050] Hiernach soll u. a. eine Strafbarkeit nach § 203 StGB unberührt bleiben. Wird nun § 5 GeschGehG auf die Vorschrift des § 203 StGB angewendet, würde die Strafbarkeit nach § 203 StGB signifikant beeinträchtigt, da der Ausschlussgrund des § 5 GeschGehG weiter ist als der zuvor angewendete Rechtfertigungsgrund des § 34 StGB. Mit der Regelung des § 1 Abs. 3 Nr. 1 GeschGehG korrespondiert der gesetzgeberische Wille, eine Straffreiheit über § 5 GeschGehG jedenfalls für die Strafbarkeit nach § 203 StGB nicht vorzusehen. Damit kann schon nicht von einer planwidrigen Regelungslücke ausgegangen werden, womit eine analoge Anwendung bereits deshalb ausscheidet.

[1049] *Reinfeld*, GeschGehG, § 3 Rn. 53.

[1050] *Brockhaus*, in: ZIS 2020, 102, 119.

Darüber hinaus ist die zusätzlich erforderliche vergleichbare Interessenlage zweifelhaft. Auch wenn grundsätzlich aufgrund eines einheitlichen Whistleblowerschutzes gute Gründe für eine Übertragung des Ausnahmetatbestandes des § 5 GeschGehG auf andere Tatbestände sprechen, dürfen die Besonderheiten des § 203 StGB nicht unberücksichtigt bleiben. Unter der Prämisse, dass der Schutz des § 203 StGB nicht nur den Individualschutz umfasst, sondern auch das Vertrauen in die Verschwiegenheit bestimmter Berufsgruppen, beinhaltet § 203 StGB eine über § 23 GeschGehG hinausgehende Schutzdimension, welche die Vergleichbarkeit zu einer Strafbarkeit aus § 23 GeschGehG erschwert. Jedenfalls aber aufgrund des eindeutigen gesetzgeberischen Willens, welcher der Regelung des § 1 Abs. 3 Nr. 1 GeschGehG zugrunde liegt, muss eine Strafbarkeit nach § 203 StGB von § 5 GeschGehG unberührt bleiben.

bb) Ausschluss der Strafbarkeit nach dem HinSchG

Während § 5 GeschGehG nicht auf § 203 StGB anwendbar ist, könnten die Vorschriften des HinSchG die Strafbarkeitsrisiken des § 203 StGB abmildern. Dafür müsste das HinSchG jedoch seinerseits auf § 203 StGB anwendbar sein. Hiergegen spricht allerdings die Vorschrift des § 5 Abs. 2 Nr. 3 – 5 HinSchG. Eine Meldung oder Offenlegung fällt hiernach nicht in den Anwendungsbereich dieses Gesetzes, wenn ihr die Verschwiegenheitspflichten der Berufsgruppen des § 5 Abs. 2 HinSchG entgegenstehen. Entsprechende Berufsgruppen sind in § 5 Abs. 2 Nr. 3, 4 HinSchG genannt. Die Vorschrift des § 5 Abs. 2 Nr. 5 HinSchG bezieht ebenfalls die relevante Gruppe der mitwirkenden Personen ein.

cc) Sonstige Rechtfertigungsgründe

Da die Vorschrift des § 5 GeschGehG sowie das HinSchG wie gesehen nicht auf § 203 StGB angewendet werden können, erlangen die übrigen Rechtfertigungsgründe größere Relevanz als noch bei § 23 GeschGehG. Dazu zählen die strafrechtliche Offenbarungsbefugnis nach § 138 StGB oder etwa straf-, zivil-, oder verwaltungsrechtliche Zeugenpflichten.[1051] Insbesondere der rechtfertigende Notstand nach § 34 StGB, der bereits früher im Rahmen der Vorschrift des § 17 UWG Whistleblowing-Handlungen rechtfertigen konnte, ist für die Strafbarkeit des Whistleblowers nach § 203 StGB von entscheidender Bedeutung.

aaa) Rechtfertigender Notstand

In den Fällen, in denen keine ausdrückliche Offenbarungspflicht bzw. Offenbarungsbefugnis besteht, kommt eine Rechtfertigung nach § 34 StGB in Betracht. Wie bereits gesehen, beinhaltet die Vorschrift des § 34 StGB strengere Anforderungen als der Ausnahmetatbestand des § 5 GeschGehG. Um Wiederholungen zu vermeiden, werden nachfolgend lediglich die im Rahmen des § 203 StGB zu berücksichtigenden Besonderheiten dargestellt. Hinsichtlich des Bestehens einer Notstandslage – insbesondere der Unterscheidung zwischen bereits begangenen und noch bevorstehenden Straftaten – sowie der Anforderungen an eine Notstandshandlung kann auf die vorherigen Darstellungen verwiesen werden.[1052] Im Anwendungsbe-

---

[1051] Dazu bereits Kap. 4 I. 7. a); *Schenkel*, Whistleblowing, S. 210.
[1052] Kap. 4. I. 6.

reich des § 203 StGB sind allerdings einige Besonderheiten zu beachten, die eine vollständige Übertragung der dort angestellten Erwägungen ausschließen. Die Vorschrift des § 203 StGB schützt nämlich vordergründig das Recht auf informationelle Selbstbestimmung als Ausfluss des allgemeinen Persönlichkeitsrechts (Art. 2 Abs. 1 GG i. V. m. Art. 1 GG), womit bereits aufgrund der grundrechtlichen Wertungen strengere Rechtfertigungsanforderungen zu stellen sind. Dies führt dazu, dass weite Teile der Literatur einen Geheimnisverrat nur dann als gerechtfertigt ansehen, wenn eine Straftat von einiger Erheblichkeit bevorsteht. Demgegenüber sollen bereits begangene Straftaten nicht gerechtfertigt werden können, es sei denn, es handelt sich um schwerwiegende Verbrechen.[1053] Nach dem Dargestellten wäre die Aufdeckung von – auch bevorstehenden – außerstrafrechtlichen Rechtsverstößen niemals rechtfertigungsfähig.

Ein ausgewogener Ausgleich der widerstreitenden Interessen wird durch solch strenge Anforderungen an eine Rechtfertigung kaum erreicht. Für einen Whistleblower führt es zu unkalkulierbaren Risiken, wenn ihm selbst die Wertung überlassen bleibt, ob eine von ihm erkannte Straftat als „besonders schwerwiegend" zu qualifizieren ist. Jedenfalls auf das Whistleblowing scheint eine Anwendung dieser strengen Grundsätze nicht geboten. Deckt ein Whistleblower wirtschaftskriminelle Verhaltensweisen auf, handelt es sich ebenfalls wie bei § 23 GeschGehG um geschützte Geheimnisse.[1054] Damit sollte zur Vermeidung von Wertungswidersprüchen auch der gleiche

---

[1053] *Eisele*, in: Schönke/Schröder, StGB, § 203 Rn. 58; *Kargl*, in: Kindhäuser /Neumann/Paeffgen/Saliger, StGB, § 203 Rn. 120.

[1054] *Schenkel*, Whistleblowing, S. 211; *Schick*, die Strafbarkeit von Whistleblowing, S. 219.

Rechtfertigungsmaßstab gelten wie bei § 23 GeschGehG. Ein rechtfertigender Notstand gem. § 34 StGB setzt bei Meldungen über bevorstehende Straftaten nicht voraus, dass es sich um eine Straftat „von einiger Erheblichkeit“ handelt. Für die Meldung bereits begangener Straftaten gelten die Beschränkungen, die bereits im Rahmen einer Strafbarkeit nach § 23 GeschGehG dargestellt wurden. Diese können – ohne die Einschränkung, dass es sich um schwerwiegende Verbrechen handeln muss – beim Vorliegen einer Wiederholungsgefahr gemeldet werden. Auch wenn der Whistleblower eine bereits begangene Wirtschaftsstraftat anzeigt, kommt eine Rechtfertigung dann in Betracht, wenn objektive Umstände vorliegen, die eine erneute Tatbegehung befürchten lassen.[1055]

bbb) Rechtfertigende Einwilligung

Die bereits im Rahmen einer Strafbarkeit des § 23 GeschGehG erörterte Differenzierung zwischen tatbestandsausschließendem Einverständnis und rechtfertigender Einwilligung gilt auch bei einer Strafbarkeit gem. § 203 StGB. Sofern der Verfügungsberechtigte der Offenbarung zustimmt, scheidet der Tatbestand mangels Geheimhaltungswillen aus.[1056] Rechtfertigende Wirkung kann allenfalls von ei-

---

[1055] Vgl. hierzu Kap. 4 I. 6. b); *Reinbacher*, in: Leitner/Rosenau, § 17 UWG Rn. 46.

[1056] *Altenhain*, in: Matt/Renzikowski, StGB, § 203 Rn. 35; *Bohnert*, in: NStZ 2004, 301, 305; *Eisele*, in: Schönke/Schröder, StGB, § 203 Rn. 30; *Weidemann*, in: BeckOK, StGB § 203 Rn. 38; a.A.: OLG Köln, NJW 2000, 3656, 3657; *Fischer*, StGB, § 203 Rn. 61; *Reinbacher*, in: Leitner/Rosenau, Wirtschafts- und Steuerstrafrecht, § 203 Rn. 62 ff.

ner mutmaßlichen Einwilligung ausgehen. Dies betrifft die Konstellation, in welcher der Berechtigte nicht einwilligen kann, vermutlich jedoch einwilligen würde.[1057]

f) Konkurrenzen und Ergebnis

Für Whistleblower geht also auch von der Vorschrift des § 203 StGB ein beträchtliches Strafbarkeitsrisiko aus. Dies hängt insbesondere damit zusammen, dass der Ausschlussgrund des § 5 GeschGehG keine Anwendung auf die Norm des § 203 StGB findet. Aber auch der Tatbestand des § 203 StGB weist einen weiten Geheimnisbegriff auf, der auch nicht wirtschaftliche Geheimnisse erfasst. Sollte § 23 GeschGehG gleichzeitig verwirklicht sein, so geht dieser § 203 StGB als Lex specialis vor.[1058]

[1057] BGH, NStZ 1988, 406.

[1058] *Cierniak/Niehaus*, in: MüKo, StGB, § 203 Rn. 177; etwas anderes gilt nur dann, wenn gleichzeitig ein Privatgeheimnis vorliegt *Altenhain*, in: Matt/Renzikowski, StGB, § 203 Rn. 35.

2. Verletzung des Dienstgeheimnisses und einer besonderen Geheimhaltungspflicht nach § 353b StGB

Das Phänomen Whistleblowing betrifft nicht nur den privatrechtlichen Sektor. Gerade im öffentlichen Bereich besteht oftmals ein gesteigertes Interesse an der Offenlegung von Missständen. Wie schon die einführenden Analysen gezeigt haben, erfüllt Whistleblowing im öffentlichen Dienst den zusätzlichen Zweck der politischen Meinungsbildung der Bevölkerung.[1059] Beschäftigte des öffentlichen Dienstes können insofern auf Fehlverhalten aufmerksam machen, das für die politische Meinungsbildung wesentlich ist und andernfalls nie öffentlich geworden wäre. Dem stehen die durch § 353b StGB geschützten Interessen gegenüber. Die Vorschrift des § 353b StGB schützt nicht nur das öffentliche Interesse, das durch eine unbefugte Offenbarung von Geheimnissen beeinträchtigt werden kann,[1060] sondern darüber hinaus das Vertrauen der Allgemeinheit in die Verschwiegenheit amtlicher Stellen.[1061] Welchem Schutzaspekt im konkreten Fall ein höheres Gewicht zukommt, hängt von der jeweiligen Fallkonstellation ab.

[1059] Kap. 1 II. 1. c).

[1060] *Fischer*, StGB, § 353b Rn. 2; *Heuchemer*, in: BeckOK, StGB, § 353b Rn. 1; ähnlich das BVerfG, das als geschütztes Rechtsgut das Funktionieren einer geordneten Verwaltung ansieht, BVerfGE 28, 191, 198.

[1061] *Heger*, in: Lackner/Kühl/Heger, StGB, § 353b Rn. 1; *Perron*, in: Schönke/Schröder, StGB, § 353b Rn. 1.

Auch wenn die Vorschrift des § 353b StGB verhältnismäßig wenige Verurteilungen nach sich zieht,[1062] darf deren mögliche generalpräventive Wirkung nicht verkannt werden.[1063] Nicht nur die damit angedrohte strafrechtliche Sanktion, sondern auch die arbeitsrechtlichen Konsequenzen, die mit einer strafbewehrten Verletzung der Verschwiegenheitspflicht einhergehen, sind nicht zu unterschätzen.

a) Täter gem. § 353b Abs. 1 StGB

Bei § 353b StGB handelt es sich ebenso wie bei § 203 StGB um ein echtes Sonderdelikt, womit Täter nur sein kann, wer die in § 353b Abs. 1, 2 StGB genannten Eigenschaften aufweist. Neben den in § 353b Abs. 1 Nr. 1 StGB genannten Amtsträgern (§ 11 Abs. 1 Nr. 2 StGB) können auch die für den öffentlichen Dienst besonders verpflichteten Personen – auch Mitarbeiter von Nachrichtendiensten – mit Aufgaben im Personalvertretungsrecht und europäische Amtsträger taugliche Täter des § 353b StGB sein.[1064]

b) Taugliches Tatobjekt und Tathandlung

Abweichend von den Vorschriften der §§ 23 GeschGehG und 203 StGB beschreibt § 353b StGB das Tatobjekt allgemein mit dem Begriff des Geheimnisses. Ein Geheimnis setzt voraus, dass es sich um eine Tatsache handelt, die nur einem begrenzten Personenkreis zur

---

[1062] *Kuhlen/Zimmermann*, in: Kindhäuser/Neumann/Paeffgen/Saliger, StGB, § 353b Rn. 5.

[1063] Hierauf weisen auch *Kuhlen/Zimmermann*, in: Kindhäuser/Neumann/Paeffgen/Saliger, StGB, § 353b Rn. 5, hin.

[1064] *Heger*, in: Lackner/Kühl/Heger, StGB, § 353b Rn. 2; *Schmedding*, in: Dölling/Duttge/König/Rössner, Gesamtes Strafrecht, § 353b StGB Rn. 2.

Verfügung steht und die geheimhaltungsbedürftig ist.[1065] Insofern werden auch im Rahmen des § 353b StGB offenkundige Tatsachen (solche, die ohne Weiteres zugänglich sind) und Tatsachen, die schon gar keiner Geheimhaltung bedürfen (wegen fehlenden Geheimhaltungsinteresse), dem Anwendungsbereich der Vorschrift entzogen.[1066]

Die Frage, inwiefern illegale Dienstgeheimnisse geschützt werden, wird auch im Rahmen des § 353b StGB kontrovers diskutiert.[1067] Hierbei handelt es sich wie bereits bei den vorherigen Tatbeständen um eine wesentliche Frage für die Strafbarkeit des Whistleblowings. Ein Whistleblower deckt nämlich regelmäßig rechtswidriges Verhalten auf, womit seine Enthüllungen illegale Dienstgeheimnisse betreffen dürften. Wenn diese dem Schutz des § 353b StGB entzogen werden, wäre ein Großteil der Whistleblowing-Fälle bereits mangels Tatbestandsmäßigkeit keinem erhöhten Strafbarkeitsrisiko ausgesetzt.

[1065] BGH, NJW 2003, 979; *Kuhlen/Zimmermann*, in: Kindhäuser/Neumann/Paeffgen/Saliger, StGB, § 353b Rn. 10.

[1066] *Kuhlen/Zimmermann*, in: Kindhäuser/Neumann/Paeffgen/Saliger, StGB, § 353b Rn. 10 ff.

[1067] Befürwortend: *Kuhlen/Zimmermann*, in: Kindhäuser/Neumann/Paeffgen/Saliger, StGB, § 353b Rn. 15; *Puschke*, in: MüKo, StGB, § 353b Rn. 20 f.; nach Auffassung des BGH sind auch Verstöße eines Ministers gegen den Datenschutz ein Geheimnis im Sinne der Vorschrift, BGHSt 48, 126.

Im Rahmen des Straftatbestandes des § 353b StGB bestehen einige Besonderheiten, die bei der Frage des Schutzes illegaler Dienstgeheimnisse zu berücksichtigen sind. Von der ablehnenden Auffassung werden insbesondere zwei Argumente aufgezeigt, die gegen einen Schutz illegaler Geheimnisse sprechen sollen. Teilweise wird auf das Erfordernis der „Gefährdung wichtiger öffentlicher Interessen" verwiesen, das sich auch auf den Geheimnisbegriff auswirke.[1068] Damit müsse das betroffene Geheimnis selbst ein wichtiges öffentliches Interesse betreffen, um taugliches Tatobjekt des § 353b StGB zu sein. Hierauf aufbauend lässt sich nun der Ausschluss rechtswidriger Geheimnisse anknüpfen, sofern argumentiert wird, an rechtswidrigen Geheimnissen könne kein wichtiges öffentliches Interesse bestehen. Eine solche Betrachtungsweise ist jedoch in zweierlei Hinsicht nicht überzeugend. Zum einen ist durch die Rechtswidrigkeit eines Geheimnisses noch nicht abschließend gesagt, dass an dessen Geheimhaltung kein wichtiges öffentliches Interesse besteht. Bezeichnend ist insofern die Konstellation, in der ein rechtswidriges Geheimnis mit einem rechtmäßigen Geheimnis in untrennbarem Zusammenhang steht und das eine ohne das andere nicht bestehen kann. Denkbar ist bspw. die Fallkonstellation, in der ein interner Vorgang lediglich aufgrund eines Formfehlers rechtswidrig ist und die damit verbundene Information somit als ganze rechtswidrig und nicht mehr geschützt wäre.[1069]

[1068] *Perron/Hecker*, in: Schönke/Schröder, StGB, § 353b Rn. 6.
[1069] *Redder*, der verfassungsrechtliche Schutz von Whistleblowern, S. 134.

Zum anderen spricht die Systematik der Vorschrift dafür, die Frage des Bestehens eines wichtigen öffentlichen Interesses erst auf Abwägungsebene zu berücksichtigen und nicht schon zum Bestandteil des Geheimnisbegriffs zu machen.[1070] Zunächst ist Tatbestandsmerkmal nämlich das Offenbaren eines Geheimnisses, was zu einer („dadurch“) Gefährdung wichtiger öffentlicher Interessen führen muss.

Nach teilweise vertretener Ansicht sollen Dienstgeheimnisse, die gegen die freiheitlich-demokratische Grundordnung verstoßen, aus systematischen Gründen nicht dem Geheimnisbegriff des § 353b StGB unterfallen.[1071] Nach § 93 Abs. 2 StGB handele es sich bei Geheimnissen, die gegen die freiheitlich-demokratische Grundordnung verstoßen, nicht um Staatsgeheimnisse, womit sie auch keine Geheimnisse im Sinne des § 353b StGB seien. Sofern es sich schon nicht um Staatsgeheimnisse handele, komme auch ein Geheimnisschutz nach § 353b StGB nicht in Betracht.[1072] Insofern habe sich der Gesetzgeber dafür entschieden, der öffentlichen Diskussion Vorrang gegenüber dem Geheimnisschutz einzuräumen.[1073]

[1070] *Schmedding*, in: Dölling/Duttge/König/Rössner, Gesamtes Strafrecht, § 353b StGB Rn. 4.

[1071] *Hoyer*, in: SK-StGB, § 353b Rn. 5; *Grünwald*, in: KJ 1979, 291, 300; *Soppa*, die Strafbarkeit des Whistleblowers, S. 167 f.; *Vormbaum*, in: LK-StGB, § 353b Rn. 35.

[1072] *Grünwald*, in: KJ 1979, 291, 300; *Hoyer*, in: SK-StGB, § 353b Rn 5.

[1073] *Soppa*, die Strafbarkeit des Whistleblowers, S. 167 f.; *Vormbaum*, in: LK-StGB, § 353b Rn. 35.

Im Ergebnis vermag aber auch eine derartige Einschränkung nicht zu überzeugen. Der strafrechtliche Schutz wird den genannten Tatsachen nämlich gerade nicht aberkannt. Der Gesetzgeber hat mit der Vorschrift des § 97a Satz 1 StGB auch illegale Geheimnisse unter den Schutz der Strafrechtsordnung gestellt. Hiernach wird ein Täter, der ein Geheimnis, das wegen der in § 93 Abs. 2 StGB bezeichneten Verstöße kein Staatsgeheimnis ist, einer fremden Macht oder einem ihrer Mittelsmänner mitteilt und dadurch die Gefahr eines schweren Nachteils für die äußere Sicherheit der Bundesrepublik Deutschland herbeiführt, wie ein Landesverräter (§ 94 StGB) bestraft. Damit sieht der Gesetzgeber eine Strafbarkeit vor, obwohl das Geheimnis rechtswidrig ist.[1074] Aus § 97a Satz 1 StGB lassen sich sodann zwei Schlussfolgerungen ziehen: Zum einen ergibt sich aus dem Wortlaut der Vorschrift des § 97a Satz 1 StGB bereits, dass die Eigenschaft als „Geheimnis" durch einen Verstoß gegen § 93 Abs. 2 StGB nicht in Zweifel gezogen wird. Vielmehr handelt es sich dann lediglich nicht mehr um ein „Staatsgeheimnis". Zum anderen zeigt § 97a Satz 1 StGB, dass Geheimnisse, die gegen § 93 Abs. 2 StGB verstoßen, nicht insgesamt straflos preisgegeben werden können und damit weiterhin strafrechtlichen Schutz genießen.[1075]

Damit ergibt sich eine Straflosigkeit des Whistleblowers jedenfalls auch im Rahmen des § 353b StGB nicht dadurch, dass er ein „illegales" Geheimnis oder ein solches, das im Sinne des § 93 Abs. 2 StGB gegen die freiheitlich-demokratische Grundordnung verstößt, offenbart. Die Vorschrift des § 353b StGB verlangt jedoch, dass es

---

[1074] Redder, Der verfassungsrechtliche Schutz von Whistleblower, S. 134 f.

[1075] *Kuhlen/Zimmermann*, in: Kindhäuser/Neumann/Paeffgen/Saliger, StGB, § 353b Rn. 15; *Perron/Hecker*, in: Schönke/Schröder, StGB, § 353b Rn. 5.

sich um ein Geheimnis handelt, das dem Täter anvertraut oder sonst bekannt geworden ist. Ebenfalls wie bei § 203 StGB ergibt sich hieraus jedoch keine Restriktion des Tatbestandes. Für das Merkmal des Anvertrauens genügt es, wenn die Mitteilung in der allgemeinen Erwartung der Verschwiegenheit des Amtsträgers erfolgt ist.[1076] Ausreichend ist jedoch auch das sonstige Bekanntwerden, bei dem insbesondere eine Kenntniserlangung verlangt wird, die in einem inneren Zusammenhang mit der dienstlichen Tätigkeit steht.[1077] Erfasst ist hiervon bereits, wenn der Täter aufgrund seiner dienstlichen Möglichkeiten an das Geheimnis gelangt ist.[1078] Als Tathandlung gilt ebenso wie bei der Vorschrift des § 203 StGB das Offenbaren des Geheimnisses.[1079]

c) Gefährdung wichtiger öffentlicher Interessen als Taterfolg

Im Gegensatz zu den zuvor dargestellten Vorschriften fordert § 353b StGB eine Gefährdung wichtiger öffentlicher Interessen, womit die Gefährdung privater Geheimhaltungsinteressen nicht vom Anwendungsbereich der Vorschrift erfasst sein kann.[1080] Dabei genügt für eine Strafbarkeit nach § 353b StGB nicht jede Verletzung der beamtenrechtlichen Verschwiegenheitspflicht, sondern nur solch eine, die

---

[1076] *Puschke*, in: MüKo, StGB, § 353b Rn. 32.

[1077] *Momsen/Benedict*, in: KriPoZ 2021, 251, 252; *Sinner*, in: Matt/Renzikowski, StGB, § 353b Rn. 12.

[1078] *Perron/Hecker*, in: Schönke/Schröder, StGB, § 353b Rn. 7.

[1079] Vgl. dazu schon: Kap. 4 II. 1. c).

[1080] *Kuhlen/Zimmermann*, in: Kindhäuser/Neumann/Paeffgen/Saliger, StGB, § 353b Rn. 15; *Puschke*, in: MüKo, StGB, § 353b Rn. 42; *Soppa*, die Strafbarkeit des Whistleblowers, S. 169.

ein öffentliches Interesse von besonderer Wichtigkeit betrifft.[1081] Insofern bedarf es eines Interesses von einigem Rang,[1082] das öffentliche Interessen konkret gefährdet.[1083] In der früheren Rechtsprechung zu § 353b StGB wurde es für ausreichend erachtet, wenn wichtige öffentliche Interessen auch nur mittelbar gefährdet werden.[1084] Auch an der Geheimhaltung „illegaler Geheimnisse“ kann grundsätzlich ein öffentliches Interesse im Sinne des § 353b StGB bestehen.[1085]

Das Merkmal des wichtigen öffentlichen Interesses bietet genügend Spielraum, um insbesondere die grundrechtlich geschützte Meinungsfreiheit des Whistleblowers zu berücksichtigen.[1086] Zwar sind illegale Geheimnisse wie die vorherigen Darstellungen gezeigt haben, nicht schlechthin dem schützenden Anwendungsbereich der Strafvorschrift zu entziehen. Gleichwohl ist insbesondere bei „rechtswidrigen Geheimnissen“ eingehend zu prüfen, ob deren Offenbarung unter Berücksichtigung der staatlichen Geheimhaltungsinteressen und der im Beamtenrecht besonders geltenden Loyalitätspflichten von der Meinungsfreiheit gedeckt ist. Denn an der Offenbarung „illegaler Geheimnisse“ kann selbst ein berechtigtes öffentliches Interesse bestehen, das von der Meinungsäußerungsfreiheit geschützt ist.

[1081] *Niermann*, Der Whistleblower im Beamtenrecht, S. 191.

[1082] *Kuhlen/Zimmermann*, in: Kindhäuser/Neumann/Paeffgen/Saliger, StGB, § 353b Rn. 35.

[1083] *Heger*, in: Lackner/Kühl/Heger, StGB, § 353b Rn. 11.

[1084] BGH, NJW 1958, 1403, 1404.

[1085] Dazu bereits die Darstellungen unter Kap. 1 III. 1. c).

[1086] *Grünwald*, in: KJ 1979, 291, 300 f.

aa) Meinungsäußerungsfreiheit im öffentlichen Dienst

Beamte genießen trotz der zuvor genannten besonderen Pflichtenstellung Grundrechtsschutz und können sich im Verhältnis zum Staat auf die Grundrechte berufen.[1087] Das Recht des Beamten auf freie Meinungsäußerung kollidiert dabei mit den in Art. 33 IV, V GG verankerten Treuepflichten, die insofern den Pflichtenkreis des Beamten ziehen und als Grundsatz von Verfassungsrang dazu geeignet sind, die Meinungsfreiheit des Beamten einzuschränken.[1088] Welchem Verfassungsgut letztlich der Vorrang zu gewähren ist, hängt zwar ganz maßgebend davon ab, wie stark der Bezug der Meinungsäußerung zum wahrgenommenen Aufgabenkreis gehört.[1089] Dass die Vorschrift des Art. 33 Abs. 5 GG nach Auffassung des BVerfG[1090] vorgibt, die Meinungsfreiheit dürfe nur insofern ausgeübt werden, als sie mit der Erhaltung eines funktionierenden Berufsbeamtentums unerlässlichen Pflichtenkreis vereinbar sei, führt jedoch nicht dazu, dass die Meinungsfreiheit per se zurückgedrängt wird. Vielmehr kommt das Recht auf Äußerung der freien Meinung auch Beamten vollumfänglich zu, wobei im Einzelfall durch Art. 33 Abs. 5 GG Einschränkungen gegen Beamte und Personen des öffentlichen Dienstes zulässig sein mögen, die gegen andere Personen nicht zu rechtfertigen wären.[1091] Eine einzelfallbezogene Betrachtung, welche die Bedeutung des Grundrechts auf Äußerung der freien Meinung hinreichend würdigt, ist dagegen freilich nicht obsolet.

[1087] BVerfG, NJW 1975, 1641, 1647; *Jarass*, in: Jarass/Pieroth, GG, Art. 5 Rn. 8.

[1088] *Masuch*, in: NVwZ 2021, 520, 521.

[1089] *Förster*, in: PersV 2012, 444, 446; *Masuch*, in: NVwZ 2021, 520, 521.

[1090] BVerfG, NVwZ-RR 2008, 657, 658.

[1091] *Zimmermann*, in: NJ 2011, 145, 147.

bb) Der Fall Pätsch und die Einschränkungen durch BGH und BVerfG

Von dem bei § 353b StGB bestehenden typischen Spannungsverhältnis zwischen dem Recht auf freie Meinungsäußerung und den beamtenrechtlichen Verschwiegenheitspflichten war auch der in den 1960er Jahren in der öffentlichen Diskussion präsente Fall von Werner Pätsch[1092] betroffen. Dieser wird nachfolgend dargestellt, um die durch den BGH[1093] und das BVerfG[1094] aufgestellten Voraussetzungen für ein straffreies Offenbaren im Rahmen des § 353b StGB einer kritischen Prüfung zu unterziehen.

aaa) Tatbestand im Fall Pätsch

Werner Pätsch war Mitarbeiter des deutschen Verfassungsschutzes und erhielt als solcher Einblicke in die Verfahrensweise des Bundesamts für Verfassungsschutz (im Folgenden: BfV). Am 02.07.1957 wurde er zur Bearbeitung geheimer Vorgänge ermächtigt.

Seit 1961 hegte Pätsch Bedenken gegen die Arbeitsbeweise des BfV. Seitdem nahm er an, an seinem Arbeitsplatz überwacht zu werden. Zudem äußerte sich Pätsch zu dem seiner Ansicht nach ungünstigen „Arbeitsklima". Dieses sei insbesondere darauf zurückzuführen, dass im Amt ehemalige Gestapo-, SS- und SD-Mitarbeiter arbeiteten. Diese hätten sich zu einem festen „Klüngel" zusammenge-

---

[1092] Die nachfolgenden Schilderungen orientieren sich an BGHSt 20, 342; BVerfGE 28, 191.

[1093] BGHSt 20, 342.

[1094] BVerfGE 28, 191.

schlossen, was der Grund dafür sei, dass die angewandten Arbeitsmethoden der NS-Zeit ähnelten und gegen die Verfassung verstoßen würden. Zudem hatte er rechtliche Bedenken gegen die Maßnahmen des BfV in Bezug auf die Post- und Fernmeldeüberwachung. Zum einen war Pätsch der Ansicht, dass die Post- und Fernmeldeüberwachung keine innerstaatliche gesetzliche Grundlage hätte, die einen entsprechenden Grundrechtseingriff rechtfertigen würde. Zum anderen richteten sich die von Pätsch geäußerten Bedenken gegen die Teilhaberschaft des BfV an dem Vorbehaltsrecht, das den Alliierten hinsichtlich der Post- und Fernsprechüberwachung eingeräumt worden war. So hätten die Alliierten laut Pätsch das ihnen vorbehaltene Recht zur Post- und Fernsprechüberwachung zur Sicherheit ihrer Truppen weiterhin ausgeübt, ohne dass die hierfür erforderliche Voraussetzung eines Notstandes vorgelegen habe.

Seine Bedenken meldete Pätsch nicht seinem Vorgesetzten bzw. einer behördeninternen Stelle, da er sich hiervon keinen Erfolg versprach. Stattdessen erkundigte er sich über die rechtliche Zulässigkeit des Verhaltens des BfV bei Rechtsanwalt Dr. Josef Augstein. Im Beisein des Rechtsanwaltes schlossen sich im weiteren Verlauf auch Gespräche mit Journalisten des SPIEGEL an. In den Gesprächen offenbarte Pätsch Einzelheiten über Mitarbeiter des Bundesamtes und informierte über deren politische Vergangenheit. Zudem berichtete er ausführlich über die durchgeführte Post- und Fernsprechüberwachung. So schilderte er, das BfV wende sich an alliierte Stellen, wenn es eine entsprechende Maßnahme wünsche. Zu diesem Zwecke seien die Fernmeldeeinrichtungen der Deutschen Bundespost genutzt worden. Diese hätten Zugriff auf das gesamte Postgut erhalten, das für den Verdächtigen bestimmt gewesen sei. Die Möglichkeit eine Fernmeldekommunikation auszulösen sei vom Bundesamt in großem Umfang genutzt worden.

bbb) Entscheidung von BGH und BVerfG

Das BVerfG[1095] stellt in seiner Entscheidung bemerkenswerterweise heraus, dass eine wesentliche Voraussetzung für den Bestand der freiheitlich-demokratischen Grundordnung nicht nur darin bestehe, Missstände zur Kenntnis zu nehmen, sondern sich auch für deren Abstellung einzusetzen. Dann verdiene das Grundrecht auf freie Meinungsfreiheit besonderen Schutz und könne auch dem Träger eines öffentlichen Amtes nicht abgesprochen werden.

Zur Wahrung der widerstreitenden Interessen seien dem Amtsträger jedoch besondere Rücksichtnahmepflichten auferlegt, die er bei der Wahrnehmung seines Rechtes auf freie Meinungsäußerung nicht außer Acht lassen dürfe. Um einen angemessenen Ausgleich zwischen dem unverzichtbaren Bedürfnis nach einer geordneten öffentlichen Verwaltung und der Meinungsäußerungsfreiheit des Beamten herzustellen, habe der Beamte, bevor er sich an die Öffentlichkeit wende, zunächst Abhilfemöglichkeiten auszuschöpfen, die ihm die institutionelle Ordnung der Verwaltung und des demokratischen Rechtsstaates bieten. Konkret ergebe sich aus dem besonderen Treue- und Loyalitätsverhältnis des Beamten zum Staat die Pflicht, zunächst einen Vorgesetzten zu informieren. Eine Ausnahme, die zu einem unmittelbaren Offenbarungsrecht führen kann, soll nach der vom BVerfG nicht beanstandeten Sichtweise des BGH dann in Betracht kommen,

---

[1095] BVerfGE 28, 191, Rn. 30.

wenn ein „schwerer Verstoß gegen den Kernbereich des Verfassungsrechts“ vorliegt oder ein interner Abhilfeversuch unmöglich bzw. unzumutbar ist.[1096] Einen schweren Verstoß gegen den Kernbereich des Verfassungsrechts, der die sofortige Öffentlichkeitspreisgabe rechtfertigen würde, lehnte das BVerfG im hiesigen Fall ab. Vielmehr hätte Pätsch den internen Dienstweg (erfolglos) beschreiten müssen, bevor er sich an die Öffentlichkeit wenden durfte.

cc) Stellungnahme

Dem dargestellten Fall liegen besondere Wertungen zugrunde, die insbesondere damit zusammenhängen, dass Pätsch Mitarbeiter des BfV war, wo die Geheimhaltung essenzielle Voraussetzung für die wirksame Aufgabenerfüllung ist. Die vollständige Ausschöpfung des Dienstweges gilt jedoch auch in den sonstigen Fällen des § 353b StGB und setzt keine Tätigkeit voraus, bei welcher der Beamte mit besonders geheimhaltungsbedürftigen Informationen in Berührung kommt.[1097] Eine Ausnahme ist allgemein lediglich dann vorgesehen, wenn ein schwerer Verstoß gegen den Kernbereich des Verfassungsrechts vorliegt.[1098] Jenseits eines solchen Verstoßes hat der Amtsträger – in dem Fall einer erfolglosen Abhilfe – den Dienstweg bis zu dem für die Tätigkeit der Behörde parlamentarisch verantwortlichen Minister weiterzuverfolgen.[1099]

[1096] BVerfGE 28, 191, Rn. 32 ff.

[1097] *Perron*, in: Schönke/Schröder, StGB § 353b Rn. 21a.

[1098] BVerfGE 28, 191, Rn. 32 ff.

[1099] BVerfGE 28, 191, Rn. 33.

Die Hürden für ein zulässiges externes Whistleblowing sind nach den Anforderungen der höchstrichterlichen Rechtsprechung mithin hoch. Im Gegensatz zum BAG, das die Frage nach dem Erfordernis einer innerbetrieblichen Klärung von einer Einzelfallprüfung abhängig macht, sehen der BGH und das BVerfG im Rahmen des § 353b StGB einen internen Abhilfeversuch nur dann für entbehrlich an, wenn ein schwerer Verstoß gegen den Kernbereich des Verfassungsrechts vorliegt. Dass die Hürden hierfür hoch sind, zeigt sich schon daran, dass die von Pätsch dargestellten Praktiken des Bundesamtes für Verfassungsschutzes nicht ausreichten, um einen entsprechenden Verstoß anzunehmen. Konkretisierend für den Begriff des Kernbereichs des Verfassungsrechts benennt das BVerfG die in § 92 Abs. 2 StGB aufgezählten Verfassungsgrundsätze.[1100] Die Norm ist Ausfluss des Begriffs der freiheitlich-demokratischen Grundordnung, die durch das BVerfG näher konkretisiert worden ist. Nach heutigem Verständnis erfasst der Begriff der freiheitlich-demokratischen Grundordnung die unverzichtbaren Werte des freiheitlichen und demokratischen Rechtsstaats. Der Kernbereich der verfassungsmäßigen Ordnung besteht darin, jegliche Gewalt- und staatliche Willkürherrschaft auszuschließen. Wesentliche Bestandteile sind die Wahrung der Menschenrechte, die Achtung des Rechts auf Leben und freie Entfaltung der Persönlichkeit, die Volkssouveränität, die Gewaltenteilung sowie die Gesetzmäßigkeit der Verwaltung.[1101] Wenn ein entsprechender Verstoß Gegenstand des Whistleblowings ist, dann ist auf Grundlage der Rechtsprechung des BVerfG externes Whistleblowing erlaubt.

[1100] BVerfGE 28, 191, Rn. 31.

[1101] BVerfG, NJW 1952, 1407, 1408.

Die hohen Anforderungen an ein unmittelbares externes Whistleblowing lassen sich im Gegensatz zum privatrechtlichen Arbeitsverhältnis mit dem im öffentlichen Recht zusätzlich geltenden Treue- und Loyalitätsverhältnis zum Staat begründen. Dies gilt umso mehr, als Schutzgut gem. § 353b StGB nicht nur die geschützten Geheimnisse und Nachrichten selbst sind, sondern ebenso das Vertrauen in die Verschwiegenheit amtlicher Stellen.[1102] Auch die Einhaltung des behördeninternen Dienstwegs – erforderlichenfalls bis zum zuständigen Minister – ist aufgrund der Besonderheiten des öffentlichen Rechts nachvollziehbar, setzt jedoch hohe Hürden für ein zulässiges externes Whistleblowing. Insbesondere der einzuhaltende Verfahrensweg, der bis zum zuständigen Minister reichen kann, mag dazu führen, dass ein Whistleblower erst nach erheblichem Zeitablauf mit seinem Anliegen durchdringt. Insofern wird entscheidend sein, inwiefern – die anschließend zu untersuchenden – Ausschluss- und Rechtfertigungsgründe einen angemessenen Interessenausgleich schaffen.

e) Ausschluss- und Rechtfertigungsgründe

Ob Whistleblowing straffrei erfolgen kann, hängt maßgebend von den nachfolgend darzustellenden Ausschluss- und Rechtfertigungsgründen ab. Dabei stellt sich zunächst die Frage, ob diese auf den Straftatbestand des § 353b StGB anwendbar sind. Dieser beinhaltet wie dargestellt nämlich besondere Wertungen, die berücksichtigt werden müssen.

[1102] *Fischer*, StGB, § 353b Rn. 2.

aa) Anwendbarkeit des § 5 Nr. 2 GeschGehG

Wie bereits zuvor dargestellt, sprechen gute Gründe dafür, die Vorschrift des § 5 Nr. 2 GeschGehG auf andere Tatbestände zu übertragen. Im Anwendungsbereich des § 203 StGB kam dies insbesondere wegen der Regelung des § 1 Abs. 3 Nr. 1 GeschGehG jedoch nicht in Betracht. Wie bei § 203 StGB stellt sich auch im Rahmen des § 353b StGB die Frage nach der Anwendbarkeit der Vorschrift des § 5 Nr. 2 GeschGehG. Eine direkte Anwendung kommt jedenfalls nicht in Betracht, da die Vorschrift des § 5 GeschGehG auf die Handlungsverbote des § 4 GeschGehG verweist.

Aber auch eine analoge Anwendung wird im Ergebnis ebenso wie bei § 203 StGB abzulehnen sein. Dies scheitert bereits an dem Erfordernis einer planwidrigen Regelungslücke. Zum einen regelt die Vorschrift des § 1 Abs. 2 GeschGehG den Vorrang öffentlich-rechtlicher Vorschriften zur Geheimhaltung, Erlangung, Nutzung oder Offenlegung von Geschäftsgeheimnissen, womit der Straftatbestand des § 353b StGB von den Regelungen des GeschGehG unberührt bleiben soll. Zum anderen wird hieraus deutlich, dass nach dem gesetzgeberischen Willen das Verhältnis zwischen Privaten geregelt werden sollte und nicht das Verhältnis zum Staat,[1103] womit eine Übertragung des § 5 Nr. 2 GeschGehG mit dem Regelungszweck des Gesetzes nicht in Einklang zu bringen ist. Zwar besteht, wie bereits dargestellt, ein grundsätzliches Bedürfnis, Whistleblowing-

[1103] BT-Drucks. 19/4724, 23; *Hiéramente*, in: BeckOK, GeschGehG, § 1 Rn. 6.

Handlungen einheitlich zu bewerten. Dies kann aufgrund der vorgenannten Gründe jedoch im Rahmen des § 353b StGB nicht über § 5 Nr. 2 GeschGehG erfolgen.

Etwas anderes gilt allerdings dann, wenn öffentlich-rechtliche Stellen wie Privatpersonen am privatrechtlichen Rechtsverkehr teilnehmen.[1104] Denn dann kommt eine Strafbarkeit auch nach § 23 GeschGehG in Betracht, für welche der Ausschlussgrund des § 5 Nr. 2 GeschGehG gilt. Die Vorschrift des § 1 Abs. 2 GeschGehG steht einer Anwendung des GeschGehG dann gerade nicht entgegen. Es wäre wertungswidersprüchlich, einen strafbaren Geheimnisverrat nach § 23 GeschGehG aufgrund der Vorschrift des § 5 GeschGehG abzulehnen, dann jedoch aufgrund desselben Verrats dem Whistleblower die Anwendbarkeit des § 5 GeschGehG im Anwendungsbereich des § 353b StGB zu verwehren.

bb) Anwendung des HinSchG

Das HinSchG schützt Whistleblowing sowohl im privaten als auch im öffentlichen Sektor. Damit ist das HinSchG in Ermangelung einer ausschließenden Regelung – vgl. bspw. § 5 Abs. 2 Nr. 5 HinSchG für § 203 StGB – anwendbar. Somit kann ein Whistleblower, der die Voraussetzungen des HinSchG erfüllt, nicht nach § 353b StGB bestraft werden.[1105] Bedeutung erlangt eine mögliche Straflosigkeit nach dem neuen HinSchG dann, wenn eine Strafbarkeit nach § 353b StGB nicht schon deshalb ausscheidet, weil die Offenlegung kein wichtiges öffentliches Interesse gefährdet. Externes Whistleblowing

---

[1104] *Harte-Bavendamm*, in: Harte-Bavendamm/Ohly/Kalbfus, GeschGehG, § 1 Rn. 8.

[1105] Vgl. dazu unter Kap. 3 II.

ist im Rahmen des § 353b StGB, wie gesehen, lediglich dann möglich, wenn Gegenstand der Offenbarungen ein Verstoß gegen den Kernbereich des Verfassungsrechts ist oder zunächst intern erfolglose Abhilfeversuche erfolgt sind, die erforderlichenfalls bis zum zuständigen Minister reichen.

Die meldefähigen Verstöße des HinSchG sind weitreichend (vgl. § 2 HinSchG) und der Verfahrensablauf erfordert keinen behördeninternen Abhilfeversuch. Vielmehr besteht nach Maßgabe des § 7 Abs. 1 HinSchG ein Wahlrecht zwischen interner und externer Meldung, womit die Einhaltung des Verfahrensablaufs bis zum zuständigen Minister (im Falle nicht erfolgter Abhilfe) im Anwendungsbereich des HinSchG nicht erforderlich ist.

Whistleblower können mithilfe des neuen HinSchG zudem gem. § 2 Abs. 1 Nr. 10 HinSchG Äußerungen von Beamten, die einen Verstoß gegen die Pflicht zur Verfassungstreue darstellen, melden. Die Verfassungstreuepflicht zählt zu den hergebrachten Grundsätzen des Berufsbeamtentums,[1106] wobei deren Reichweite umstritten ist.[1107] Erfasst ist dabei jedenfalls die Pflicht, jederzeit für die freiheitlich-demokratische Grundordnung einzutreten.[1108] Wann genau die Verfassungstreue eines Beamten in Zweifel zu ziehen ist, ist oftmals schwer zu bestimmen. So ist bspw. zweifelhaft, inwieweit die bloß inaktive Mitgliedschaft in einer verfassungsfeindlichen Partei die Annahme eines Verstoßes gegen die Pflicht zur Verfassungstreue

---

[1106] *Battis*, in: Sachs, GG, Art. 33 Rn. 32.

[1107] Zum Meinungsstand *Brosius-Gersdorf*, in: Dreier, GG-Kommentar, Art. 33 Rn. 104 ff.

[1108] BVerwG, NJW 1975, 1135.

rechtfertigt.[1109] Die Pflicht zur Verfassungstreue ist insbesondere dann verletzt, wenn ein Beamter die Existenz der Bundesrepublik Deutschland in Abrede stellt und die freiheitlich-demokratische Grundordnung ablehnt.[1110] Damit sollen insbesondere Verfassungsfeinde erfasst werden, die der „Reichsbürgerszene“ zuzurechnen sind.

Für einen Whistleblower wird es regelmäßig schwierig sein, einen Verstoß gegen die Pflicht zur Verfassungstreue mit Sicherheit auszumachen, was zu Rechtsunsicherheiten führen mag. Allerdings darf nicht verkannt werden, dass ein Schutz nach dem HinSchG einen hinreichenden Grund zur Annahme eines Verstoßes voraussetzt, nicht aber einen juristisch feststellbaren Verstoß. Damit bietet das neue HinSchG jedenfalls für diejenigen Fälle, in denen durch die Offenbarungen ein wichtiges öffentliches Interesse beeinträchtigt wird, eine neue Strafausschlussmöglichkeit. Auf diese hätte sich etwa auch Pätsch berufen können, sofern er Verhaltensweisen anprangerte, die der Nazizeit ähnelten.

Ein unmittelbares Informieren der Presse ist jedoch auch nach dem neuen HinSchG nicht möglich. Vielmehr setzt § 32 Abs. 1 lit. a) HinSchG zuvor grundsätzlich eine interne oder externe Meldung voraus, bevor die Möglichkeit einer Öffentlichkeitsbekanntmachung besteht.

[1109] EGMR, NJW 1996, 375; *Werres*, in: BeckOK, Beamtenrecht, § 60 BBG Rn. 16.

[1110] BT-Drucks. 20/4909, S. 52.

cc) Weitere Rechtfertigungsgründe

Im Rahmen des § 353b StGB kommt der Vorschrift des § 34 StGB vergleichsweise wenig Bedeutung zu. Die meisten Fälle werden schon über das Tatbestandsmerkmal der Gefährdung wichtiger öffentlicher Interessen oder das neue HinSchG gelöst. Für Fälle, in denen eine Strafbarkeit dennoch bestehen bleibt, kann § 34 StGB weiterhin angewendet werden.[1111]

In wenigen Ausnahmefällen kann eine rechtfertigende Einwilligung Bedeutung erlangen. Denkbar ist bspw. die Konstellation, in der das Dienstgeheimnis private Angelegenheiten betrifft, sodass sich die Frage stellt, wie sich eine etwaige Zustimmung des privaten Geheimnisinhabers auswirkt. Dispositionsbefugt ist schließlich der Inhaber des Geheimnisses,[1112] womit bei Vorliegen der übrigen Voraussetzungen eine Rechtfertigung im Wege der rechtfertigenden Einwilligung naheliegt. Gleichwohl ist zu beachten, dass zwischen der Strafbarkeit wegen der Verletzung von Geschäfts- oder Privatgeheimnissen nach den Vorschriften der § 23 GeschGehG, § 203 StGB und der Verletzung der Dienstgeheimnispflicht zu unterschei-

---

[1111] *Kuhlen/Zimmermann*, in: Kindhäuser/Neumann/Paeffgen/Saliger, StGB, § 353b Rn. 54 f.; *Perron/Hecker*, in: Schönke/Schröder, StGB, § 353b Rn. 21a; *Puschke*, in: Müko, StGB, § 353b Rn. 54.

[1112] Hierzu bereits Kap. 4 I. 7. b).

den ist. Betrifft ein Privatgeheimnis zugleich auch wichtige öffentliche Interessen, ändert die Einwilligung der Privatperson nichts an der Verletzung öffentlich-rechtlicher Geheimhaltungsinteressen.[1113]

Soweit eine über die bestehenden Rechtfertigungsgründe hinausgehende Rechtfertigungsmöglichkeit durch die Vorschrift des § 193 StGB (Wahrnehmung berechtigter Interessen) gefordert wird, ist dies mit der überwiegenden Meinung in der Literatur abzulehnen.[1114] Einerseits muss die Systematik der Vorschrift des § 193 StGB beachtet werden, die auf die Ehrschutzdelikte zugeschnitten ist. Insofern ändert hieran nichts, dass die Vorschrift ein berechtigtes Interesse in „ähnlichen Fällen" annehmen will. Hiermit sind nämlich lediglich ähnliche Fälle innerhalb der Ehrschutztatbestände gemeint.[1115] Andererseits besteht auch kein Bedarf für eine Übertragung der Rechtfertigungsnorm des § 193 StGB. Die berechtigten Interessen des Whistleblowers, über Missstände zu informieren, werden entweder über das Tatbestandsmerkmal des wichtigen öffentlichen Interesses oder das HinSchG gelöst.

[1113] *Kuhlen/Zimmermann*, in: Kindhäuser/Neumann/Paeffgen/Saliger, StGB, § 353b Rn. 51; *Perron/Hecker*, in: Schönke/Schröder, StGB, § 353b Rn. 21a; *Puschke*, in: MüKo, StGB, § 353b Rn. 51; a.A. *Hoyer*, in: SK-StGB, § 353b Rn. 15.

[1114] *Fischer*, StGB, § 353b Rn. 18; *Kuhlen/Zimmermann*, in: Kindhäuser/Neumann /Paeffgen/Saliger, StGB, § 353b Rn. 51; *Perron/Hecker*, in: Schönke/Schröder, StGB, § 353b Rn. 21.

[1115] *Bohnert*, in: NStZ 2004, 301, 305.

f) Ergebnis

Die Strafbarkeitsrisiken für Beamte und Mitarbeiter des öffentlichen Dienstes ergeben sich neben § 203 Abs. 2 StGB insbesondere aus der Vorschrift des § 353b StGB. In den Fällen, in denen eine Strafbarkeit nicht im Rahmen des Tatbestandsmerkmals des wichtigen öffentlichen Interesses ausscheidet, ist das HinSchG maßgebend für ein straffreies Whistleblowing. Das einzuhaltende Meldeverfahren ist darin rechtssicher geregelt und erfordert nicht mehr, dass der Whistleblower den Dienstweg bei nicht erfolgter Abhilfe bis zum zuständigen Minister beschreitet. Ein „Freifahrtschein" für Whistleblower beinhaltet jedoch auch das neue HinSchG nicht. Empfindet ein Whistleblower gewisse Verhaltensweisen als unmoralisch, kann er diese nicht über das HinSchG melden. Der Anwendungsbereich des § 2 HinSchG erfasst nämlich lediglich fassbare Rechtsverstöße. Auch eine unmittelbare Information der Öffentlichkeit ist in aller Regel nicht möglich. Eine Ausnahme hiervon sieht nur § 32 Abs. 1 Nr. 2 HinSchG vor.[1116]

[1116] Kap. 3 II. 2. b) cc).

3. Landesverrat und Gefährdung der äußeren Sicherheit

Auch Straftaten des zweiten Abschnitts bergen potenziell Strafbarkeitsrisiken für Whistleblower in sich. Ihrer Schutzrichtung nach sollen die §§ 93 ff. StGB die äußere Sicherheit der Bundesrepublik Deutschland vor Gefahren schützen, die von dem Offenbaren von Staatsgeheimnissen oder anderen geheimhaltungsbedürftigen Tatsachen ausgehen.[1117] Die Straftatbestände der §§ 94 ff. StGB beinhalten ein abgestuftes System, welches die Verletzung von Staatsgeheimnissen unter Strafe stellt.[1118] Dass die Landesverratsvorschriften der §§ 93 ff. StGB auch für Whistleblower von gewisser Relevanz sind, zeigt sich nicht nur durch medienpräsente Einzelfälle wie die Enthüllungen Edward Snowdens, sondern auch anhand gesetzgeberischer Bestrebungen, die Strafbarkeitsrisiken der §§ 93 ff. StGB für Whistleblower abzumildern.[1119] So sah der von BÜNDNIS 90/ DIE GRÜNEN eingebrachte Gesetzesentwurf etwa vor, dass bei Bestehen eines erheblich überwiegenden öffentlichen Informationsinteresses ein Offenbaren von Staatsgeheimnissen rechtmäßig ist.[1120] Erklärtes Ziel war es insofern einen eigenständigen Rechtfertigungsgrund für Whistleblower zu schaffen, der die bisherigen Strafbarkeitsrisiken herabsenken sollte.[1121]

[1117] *Hegmann/Stuppi*, in: MüKo, StGB, Vorb. § 93 Rn. 1; *Sternberg-Lieben*, in: Schönke/Schröder, StGB, Vorb. §§ 93 ff. Rn. 1 ff.

[1118] *Hegmann/Stuppi*, in: MüKo, StGB, Vorb. § 93 Rn. 5.

[1119] Ebenso *Schenkel*, Whistleblowing, S. 220; Gesetzesentwurf von BÜNDNIS 90/DIE GRÜNEN, BT-Drucks. 18/3039, S. 21

[1120] BT-Drucks. 18/3039, S. 7.

[1121] BT-Drucks. 18/3039, S. 21; *Schenkel*, Whistleblowing, S. 220.

a) Vorliegen eines Staatsgeheimnisses

Die folgenden Darstellungen beziehen sich auf die für Whistleblowing relevanten Tatbestände der §§ 94 – 97b StGB. Da alle zu untersuchenden Tatbestände zunächst das Vorliegen eines Staatsgeheimnisses voraussetzen, gilt es zunächst, diesen Begriff näher zu untersuchen. Neben der bekannten Voraussetzung der Geheimheit (das Staatsgeheimnis darf nur einem beschränkten Personenkreis zugänglich sein) muss es sich nach der Legaldefinition des § 93 Abs. 1 StGB um eine Tatsache, Erkenntnis oder einen Gegenstand handeln, der vor einer fremden Macht geheim gehalten werden muss, um die Gefahr eines schweren Nachteils für die äußere Sicherheit der Bundesrepublik Deutschland abzuwenden. Offenkundigkeit oder eine fehlende Geheimhaltungsbedürftigkeit des Geheimnisses schließen den Tatbestand aus.[1122] Auch wenn der Begriff der fremden Macht im Sinne des § 93 Abs. 1 StGB wohl in erster Linie Regierungen ausländischer Staaten betrifft, können auch mit vergleichbarer Macht ausgestattete Einrichtungen oder gar aufständische Gruppen eines fremden Staates als fremde Macht betrachtet werden.[1123] Inhaltlich muss die Geheimhaltungsbedürftigkeit sich auf die äußere Sicherheit der Bundesrepublik Deutschland beziehen. Im Ergebnis kommt es darauf an, dass die Machtstellung der Bundesrepublik beeinträchtigt wird,[1124] unabhängig davon, ob die äußere Sicherheit

---

[1122] *Heger*, in: Lackner/Kühl/Heger, StGB, § 93 Rn. 2 f.

[1123] *Dietrich*, in: Rechtswissenschaft 2016, 566, 578; *Paeffgen*, in: Kindhäuser/Neumann/Paeffgen/Saliger, StGB, § 93 Rn. 22; *Schmidt*, in: LK-StGB, § 93 Rn. 10.

[1124] BGH, NJW 1963, 2283; *Hegmann/Stuppi*, in: MüKo, StGB, § 93 Rn. 17; *Sternberg-Lieben*, in: Schönke/Schröder, StGB, § 93 Rn. 17.

durch Offenbarung politischer, militärischer oder nachrichtendienstlicher Informationen betroffen ist.[1125] Eine weitere Einschränkung ergibt sich daraus, dass das Staatsgeheimnis den Zweck erfüllen muss, einen schweren Nachteil für die äußere Sicherheit der Bundesrepublik Deutschland abzuwenden, womit lediglich Belange von „wirklich gewichtiger Bedeutung“ erfasst werden.[1126] Das Bestehen eines schweren Nachteils ist durch eine wertende Gesamtschau aller Umstände zu ermitteln, wobei mögliche Vorteile der Offenbarung mit den Nachteilen zu saldieren sind.[1127] Die vorzunehmende Saldierung wirkt sich jedoch kaum zugunsten von Whistleblowern aus. Es werden nur solche Vorteile einbezogen, die das Schutzgut der äußeren Sicherheit betreffen; andere Vorzüge – wie etwa die Information der Öffentlichkeit über Missstände – können allenfalls auf Ebene der Rechtfertigung berücksichtigt werden.[1128]

Für das Whistleblowing ist insbesondere von Bedeutung, dass § 93 Abs. 2 StGB illegale Geheimnisse der Legaldefinition des Staatsgeheimnisses entzieht. Soweit ein Tatbestand also an ein Staatsgeheimnis nach § 93 StGB als Tatobjekt anknüpft, scheidet eine Strafbarkeit bei Vorliegen eines illegalen Geheimnisses aus. Ein Staatsgeheimnis ist dann illegal, wenn es gegen die freiheitlich-demokratische

---

[1125] *Paeffgen*, in: Kindhäuser/Neumann/Paeffgen/Saliger, StGB, § 93 Rn. 23; *Sternberg-Lieben*, in: Schönke/Schröder, StGB, § 93 Rn. 17.

[1126] BGH, NJW 1971, 715, 716; *Krauth/Kurfess/Wulf*, in: JZ 1968, 609, 610.

[1127] *Hegmann/Stuppi*, in: MüKo, StGB, § 93 Rn. 17; *Paeffgen*, in: Kindhäuser/Neumann/Paeffgen/Saliger, StGB, § 93 Rn. 27; *Schmidt*, in: LK-StGB, § 93 Rn. 17.

[1128] *Paeffgen*, in: Kindhäuser/Neumann/Paeffgen/Saliger, StGB, § 93 Rn. 27.

Grundordnung verstößt oder Rüstungsbeschränkungen zuwiderläuft.[1129] Mit der Einführung des § 93 Abs. 2 StGB durch das 8. Strafrechtsänderungsgesetz hat der Gesetzgeber den Konflikt zwischen dem Geheimhaltungsinteresse zum Schutze der äußeren Sicherheit und dem öffentlichen Interesse an der Aufdeckung von Tatsachen, die gegen die freiheitlich-demokratische Grundordnung verstoßen, auf Tatbestandsebene geregelt.[1130] Die Offenlegung solcher Geheimnisse richtet sich mithin nicht mehr – wie es vor Einführung des § 93 Abs. 2 StGB vertreten wurde – nach § 34 StGB.[1131]

Das Merkmal eines Verstoßes gegen die freiheitlich-demokratische Grundordnung erfordert, dass die obersten Grundwerte des freiheitlich-demokratischen Staates betroffen sind, welche für die Verfassung von fundamentaler Bedeutung sind.[1132] Ein Verstoß gegen die freiheitlich-demokratische Grundordnung ist demzufolge nur dann anzunehmen, wenn gegen oberste Verfassungsprinzipien verstoßen wird, zu denen das BVerfG[1133] solche zählt, die innerhalb der verfassungsmäßigen Ordnung als elementar angesehen werden. Insofern sei unter einer freiheitlich-demokratischen Grundordnung eine Ordnung zu verstehen, die unter Ausschluss jeglicher Gewalt- und Willkürherrschaft erfolge und die Freiheit und Gleichheit des Einzelnen zur Grundlage habe. Exemplarisch seien von der freiheitlich-demokratischen Grundordnung die Achtung vor den im Grundgesetz

---

[1129] *Becker*, in: Matt/Renzikowski, StGB, § 93 Rn. 11.

[1130] *Hegmann/Stuppi*, in: MüKo, StGB, § 93 Rn. 29.

[1131] *Sternberg-Lieben*, in: Schönke/Schröder, StGB, § 93 Rn. 24.

[1132] BVerfG, NJW 1952, 1407, 1408; *Becker*, in: Matt/Renzikowski, StGB, § 93 Rn. 11.

[1133] BVerfG, NJW 1952, 1407, 1408.

konkretisierten Menschenrechten, v. a. vor dem Recht der Persönlichkeit auf Leben und freie Entfaltung, die Volkssouveränität, die Gewaltenteilung, die Verantwortlichkeit der Regierung, die Gesetzmäßigkeit der Verwaltung, die Unabhängigkeit der Gerichte, das Mehrparteiensystem und die Chancengleichheit für alle politischen Parteien mit dem Recht auf verfassungsmäßige Bildung und Ausübung einer Opposition, die unter Ausschluss jeglicher Gewalt- und Willkürherrschaft erfolgt, umfasst. Hätte sich der Fall Edward Snowden in Deutschland ereignet, so würde unter Anwendung des § 93 Abs. 2 StGB das Ergebnis erzielt, dass kein Staatsgeheimnis vorläge.[1134] Die Enthüllungen Snowdens betrafen insbesondere die anlasslose und offenbar willkürliche Telekommunikationsüberwachung,[1135] womit diese nach der Begriffsbestimmung des BVerfG gegen oberste Verfassungsprinzipien verstößt.[1136] Die vorbehaltlose und flächendeckende Überwachung der Kommunikation durch Nachrichtendienste stellt einen willkürlichen Eingriff in die Freiheitssphäre des Einzelnen dar und ist somit eine Verletzung universeller Menschenrechte.[1137]

[1134] *Edwards*, Whistleblowing, S. 104; Schenkel, Whistleblowing, S. 222.

[1135] Zum Fall Snowden, vgl. Kap. 1 II .1. c).

[1136] *Edwards*, Whistleblowing, S. 104; Schenkel, Whistleblowing, S. 222.

[1137] *Huber/de With*, in: NJW 2014, 2698, 2700.

b) Strafbarkeit wegen Landesverrats nach § 94 StGB

Als Tathandlung des § 94 StGB muss der Täter das Staatsgeheimnis einer fremden Macht oder einem ihrer Mittelsmänner mitteilen (§ 94 Abs. 1 Nr. 1 StGB) oder – für das Whistleblowing relevanter – das Geheimnis an einen sonst Unbefugten gelangen lassen oder dieses öffentlich bekannt machen, um die Bundesrepublik Deutschland zu benachteiligen oder eine fremde Macht zu begünstigen (§ 94 Abs. 1 Nr. 2 StGB). Folge der Tathandlung muss die konkrete Gefahr eines schweren Nachteils im zuvor genannten Sinn sein. Diese liegt vor, wenn der Eintritt des schweren Nachteils nur noch vom Zufall abhängt.[1138] Als denkbare Fallkonstellation gilt insofern bspw. die Weitergabe der Informationen an die Medien oder das Veröffentlichen auf Enthüllungsplattformen.[1139] In subjektiver Hinsicht erfordert die für Whistleblowing relevantere Fallgruppe des § 94 Abs. 1 Nr. 2 StGB, dass es dem Täter darauf ankommt, die Bundesrepublik zu benachteiligen oder eine fremde Macht zu begünstigen.[1140] Zwar können die Handlungsmotive von Whistleblowern – wie in der Begriffsbestimmung gesehen – vielfältig sein. Gleichwohl wird in aller Regel das Ziel, auf Missstände aufmerksam zu machen und diese zu beseitigen, im Vordergrund stehen und nicht – wie es der Tatbestand des § 94 StGB vorsieht –, Deutschland zu benachteiligen oder eine fremde Macht zu begünstigen.[1141] Damit wird der subjektive Tatbe-

---

[1138] *Ellbogen*, in: BeckOK, StGB, § 94 Rn. 17.

[1139] *Edwards*, Whistleblowing, S. 108.

[1140] *Hegmann/Stuppi*, in: MüKo, StGB, § 93 Rn. 12.

[1141] In Bezug auf die Enthüllungsplattform Wikileaks vgl. *Franck/Steigert*, in: CR 2011, 380, 382.

stand des § 94 Abs. 1 Nr. 2 StGB regelmäßig nicht von Whistleblowern erfüllt, da es ihnen gerade nicht darauf ankommt, die Bundesrepublik zu benachteiligen oder eine fremde Macht zu begünstigen.[1142]

Auch beim Landesverrat gem. § 94 StGB ist eine Rechtfertigung wegen rechtfertigenden Notstandes (§ 34 StGB) nicht von vornherein ausgeschlossen.[1143] Denkbar sind insbesondere solche Fälle, in denen ein Verstoß gegen die freiheitlich-demokratische Grundordnung gem. § 93 Abs. 2 StGB zwar noch nicht angenommen werden kann, es sich aber gleichwohl um einen schwerwiegenden Verfassungsverstoß handelt.[1144] Gleichwohl wird eine Rechtfertigung bei § 94 StGB in den wenigsten Fällen infrage kommen. Die im subjektiven Tatbestand des § 94 StGB vorausgesetzte illoyale Absicht gegenüber der Bundesrepublik Deutschland bzw. das konspirative Zusammenwirken mit einem anderen Staat schließen eine Rechtfertigung in aller Regel aus.[1145] Das HinSchG ist auf die Vorschriften des zweiten Abschnitts des StGB nicht anwendbar (§ 5 Abs. 1 Nr. 1 HinSchG), womit eine Straffreiheit auch hiernach nicht in Betracht kommt.

[1142] *Edwards*, Whistleblowing, S. 110; *Schenkel*, Whistleblowing, S. 224; *Franck/Steigert*, in: CR 2011, 380, 382.

[1143] *Hegmann/Stuppi*, in: MüKo, StGB, § 93 Rn. 12.

[1144] *Paeffgen*, in: Kindhäuser/Neumann/Paeffgen/Saliger, StGB, § 94 Rn. 23; *Sternberg-Lieben*, in: Schönke/Schröder, StGB, § 94 Rn. 19.

[1145] *Paeffgen*, in: Kindhäuser/Neumann/Paeffgen/Saliger, StGB, § 94 Rn. 23.

c) Strafbarkeit wegen Offenbarens von Staatsgeheimnissen gem. § 95 StGB

Für das Whistleblowing von größerer Bedeutung ist die Vorschrift des § 95 StGB. Hinsichtlich des Tatobjektes ist der Tatbestand des § 95 StGB zwar enger als derjenige des § 94 StGB. Erforderlich ist über das Vorliegen eines bloßen Geheimhaltungswillens hinaus, dass Maßnahmen getroffen worden sind, das Geheimnis nur einem begrenzten Personenkreis zugänglich zu machen und andere Personen von dem Zugang auszuschließen.[1146] In subjektiver Hinsicht ist der Tatbestand des § 95 StGB allerdings weiter als derjenige des § 94 StGB und fungiert als Auffangtatbestand für Fälle, in denen der Täter nicht in unmittelbarer Beziehung zu einer fremden Macht stand bzw. ohne Benachteiligungs- oder Begünstigungsabsicht gehandelt hat.[1147] Somit ist eine wesentliche Hürde im Gegensatz zu § 94 StGB für Whistleblowing in § 95 StGB deutlich abgesenkt, was ein wesentlich größeres Strafbarkeitsrisiko beinhaltet.

Bei Verwirklichung des objektiven und subjektiven Tatbestandes kommt es darauf an, ob der Whistleblower sich auf einen Rechtfertigungsgrund berufen kann, der möglicherweise in § 34 StGB zu erblicken ist. Dass § 93 Abs. 2 StGB Geheimnissen, die Rüstungsbeschränkungen zuwiderlaufen oder der freiheitlich-demokratischen Grundordnung widersprechen, den Geheimnischarakter entzieht, spricht nicht gegen eine Anwendung von § 34 StGB. Eine abschließende Regelung wurde durch § 93 Abs. 2 StGB nicht getroffen.

[1146] *Franck/Steigert*, in: CR 2011, 380, 382; *Heger*, in: Lackner/Kühl/Heger, StGB, § 95 Rn. 2; *Mavany*, in: Anwaltkommentar, StGB, § 95 Rn. 3.

[1147] *Sternberg-Lieben*, in: Schönke/Schröder, StGB, § 95 Rn. 2.

Vielmehr wurden die dort genannten Geheimnisse den tauglichen Tatobjekten der §§ 94 – 97 StGB ohne weitere Abwägung entzogen. Hingegen gelangt § 34 StGB nur dann zur Anwendung, wenn eine Abwägung – etwa wegen der Beseitigung eines schweren Missstandes – im öffentlichen Interesse liegt.[1148] In der Rechtspraxis wird eine entsprechende Rechtfertigung jedoch vermutlich nur sehr restriktiv zur Anwendung gelangen. Einschränkend wirkt sich insbesondere die im Rahmen des § 34 StGB vorzunehmende Erforderlichkeitsprüfung aus. Hierzu zählt insbesondere, dass die Offenbarungen sich auf das Notwendigste beschränken müssen und die Preisgabe erst dann erfolgen kann, wenn sich der Täter zuvor an ein Mitglied des Deutschen Bundestages gewandt hat.[1149]

d) Strafbarkeit wegen landesverräterischer Ausspähung; Auskundschaften von Staatsgeheimnissen gem. § 96 StGB

Als relevante Tathandlung stellt § 96 StGB das Sich-Verschaffen eines Staatsgeheimnisses unter Strafe. Darunter wird bei verkörperten Gegenständen die Ingewahrsamnahme und in den übrigen Fällen die Kenntniserlangung verstanden.[1150] In subjektiver Hinsicht muss der Täter zum einen bedingten Vorsatz hinsichtlich des Vorliegens eines Staatsgeheimnisses aufweisen und zum anderen im Zeitpunkt des

---

[1148] *Hegmann/Stuppi*, in: MüKo, StGB, § 95 Rn. 16.

[1149] BGH, NJW 1966, 1227; *Hegmann/Stuppi*, in: MüKo, StGB, § 95 Rn. 16; *Paeffgen*, in: Kindhäuser/Neumann/Paeffgen/Saliger, StGB, § 95 Rn. 8.

[1150] *Ellbogen*, in: BeckOK, StGB, § 96 Rn. 1; *Heger*, in: Lackner/Kühl/Heger, StGB, § 96 Rn. 3.

Sich-Verschaffens mit Verratsabsicht bzw. in der Absicht, das Geheimnis zu offenbaren, gehandelt haben.[1151] Hinsichtlich einer möglichen Rechtfertigung aufgrund eines rechtfertigenden Notstandes nach § 34 StGB gilt das im Rahmen des § 95 StGB Erörterte.

e) Strafbarkeit wegen der Preisgabe von Staatsgeheimnissen nach § 97 StGB

Die Tatbestandsvoraussetzungen des § 97 StGB entsprechen im objektiven Tatbestand denjenigen des § 95 StGB.[1152] In subjektiver Hinsicht genügt es, wenn der Täter im Hinblick auf die Gefährdung der äußeren Sicherheit nur fahrlässig gehandelt hat, wobei das Vorsatzerfordernis hinsichtlich der Tathandlung weiterhin bestehen bleibt.[1153] Die Vorschrift nach § 97 Abs. 2 StGB beinhaltet ein Sonderdelikt für Täter, welche Staatsgeheimnisse kraft ihrer Amts- oder Dienststellung erlangt haben.[1154] Aufgrund des abgesenkten Maßstabes im subjektiven Tatbestand hat auch die Vorschrift des § 97 StGB Bedeutung für Whistleblower. Hinsichtlich einer Rechtfertigung nach § 34 StGB kann auf die vorherigen Ausführungen verwiesen werden.

[1151] *Sternberg-Lieben*, in: Schönke/Schröder, StGB, § 96 Rn. 5 ff.

[1152] *Franck/Steigert*, in: CR 2011, 380, 383; *Heger*, in: Lackner/Kühl/Heger, StGB, § 97 Rn. 2.

[1153] *Becker*, in: Matt/Renzikowski, StGB, § 97 Rn. 2; *Heger*, in: Lackner/Kühl/Heger, StGB, § 97 Rn. 2.

[1154] *Franck/Steigert*, in: CR 2011, 380, 383.

f) Verrat illegaler Geheimnisse nach § 97a StGB

Zwar kann der Verrat illegaler Geheimnisse – namentlich solcher, die nicht als Staatsgeheimnisse nach § 93 Abs. 2 StGB gelten – gem. § 97a StGB strafbar sein. Für Whistleblower hat dieser Tatbestand jedoch kaum Bedeutung, da lediglich die Mitteilung eines Geheimnisses an eine fremde Macht oder einen ihrer Mittelsmänner tatbestandlich ist. Der für Whistleblower relevante Tatbestand des § 94 Abs. 1 Nr. 2 StGB, der das Gelangenlassen eines Staatsgeheimnisses an sonst Unbefugte oder das öffentliche Bekanntmachen umfasst (d. h. etwa auch das Bekanntmachen über die Medien), ist nicht nach § 97a StGB strafbar. Vielmehr ist es wie bei § 94 Abs. 1 Nr. 1 StGB erforderlich, dass das Geheimnis an eine fremde Macht oder einen ihrer Mittelsmänner weitergegeben wird und dadurch eine Gefährdung der äußeren Sicherheit der Bundesrepublik Deutschland entstehen kann.[1155]

g) Irrige Annahme eines illegalen Staatsgeheimnisses gem. § 97b Abs. 1 StGB

Für das Whistleblowing wiederum von gesteigerter Bedeutung ist die Fallkonstellation, in welcher der Hinweisgeber irrig davon ausgeht, er offenbare ein illegales Geheimnis im Sinne des § 93 Abs. 2 StGB und handle daher nicht tatbestandsmäßig, tatsächlich aber die strengen Voraussetzungen des § 93 Abs. 2 StGB nicht erfüllt sind. Ohne die Sondervorschrift des § 97b StGB wäre derjenige aufgrund

---

[1155] Ellbogen, in: BeckOK, StGB, § 97a Rn. 3.

von § 16 StGB freizusprechen, der über die Legalität des Staatsgeheimnisses irrt.[1156]

Aufgrund der Vorschrift des § 97b Abs. 1 Nr. 1 StGB ist ein Täter gleichwohl strafbar, wenn ihm der Irrtum vorzuwerfen ist. Nach allgemeinen Regeln wäre eine Strafbarkeit wegen vorsätzlicher Begehung gem. § 16 Abs. 1 Satz 1 StGB ausgeschlossen. Eine Strafbarkeit ist trotz des Irrtums über die Illegalität des Geheimnisses nach § 93 Abs. 2 StGB darüber hinaus auch dann zu bejahen, wenn die Tathandlung des Täters nicht erfolgte, um dem Verstoß entgegenzuwirken. Erfasst sind v. a. Fälle, in denen der Täter ein Geheimnis bspw. aus Sensationslust veröffentlichte, ohne dass es ihm darauf ankam, dem Verstoß entgegenzuwirken. Sofern die Absichten des Täters zweifelhaft sind, ist in dubio pro reo davon auszugehen, dass er dem gerügten Verstoß entgegenwirken wollte.[1157]

Ebenso kommt eine Strafbarkeit in Betracht, wenn der Täter zwar einem Irrtum unterlag, seine Tathandlung aber kein angemessenes Mittel zur Abwehr des Verstoßes war. Beabsichtigt der Täter also durch seine Tat die Abstellung eines Missstandes, wählt hierfür aber ein unangemessenes Mittel, kommt eine Strafbarkeit nach § 97b Abs. 1 Nr. 3 StGB in Betracht.[1158]

[1156] *Sternberg-Lieben*, in: Schönke/Schröder, StGB, § 97b Rn. 1.

[1157] *Heger*, in: Lackner/Kühl/Heger, StGB, § 97b Rn. 2; *Sternberg-Lieben*, in: Schönke/Schröder, StGB, § 97b Rn. 5.

[1158] *Ellbogen*, in: BeckOK, StGB, § 97b Rn. 7.

4. Ehrschutzdelikte gem. §§ 185 ff. StGB

Ob und inwiefern die Ehrschutzdelikte der §§ 185 ff. StGB für das Whistleblowing von Bedeutung sind, hängt maßgebend von der Whistleblowing-Definition ab. Prämisse der nachfolgenden Untersuchung der Ehrschutzdelikte ist, dass Whistleblowing jedenfalls nicht die bewusste Verbreitung von Falschinformationen zum Gegenstand hat.[1159]

a) Verleumdung nach § 187 StGB

Die höchsten Anforderungen an eine Strafbarkeit stellt § 187 StGB. Tatbestandlich setzt die Norm zunächst voraus, dass der Täter eine unwahre Tatsache wider besseres Wissen behauptet oder verbreitet. In objektiver Hinsicht ist zunächst erforderlich, dass die Unwahrheit der behaupteten oder verbreiteten Aussage feststeht[1160] und der Täter diesbezüglich mit dolus directus zweiten Grades gehandelt hat.[1161] Wie in der Begriffsbestimmung gesehen, besteht der Gegenstand des Whistleblowings in illegalen und unmoralischen Verhaltensweisen. Das bewusste Verbreiten von Gerüchten oder Fehlinformationen wird bereits nicht dem Gegenstand des Whistleblowings zugeordnet,[1162] womit die Tatbestandsvoraussetzung der Behauptung oder Verbreitung nachweislich unwahrer Tatsachen von Whistleblowern nicht erfüllt wird. Gleichwohl ist es nicht völlig ausgeschlossen, dass

---

[1159] Kap. 1 I. 3. a) bb).

[1160] *Eisele/Schittenhelm*, in: Schönke/Schröder, StGB, § 187 Rn. 2; *Heger*, in: Lackner/Kühl/Heger, StGB, § 187 Rn. 1.

[1161] BGH, NJW 1964, 1148, 1149; *Valerius*, in: BeckOK, StGB, § 187 Rn. 6.

[1162] Kap. 1 I. 3. a) bb).

ein Whistleblower eine später nachweislich unwahre Tatsache behauptet, womit der objektive Tatbestand des § 187 StGB erfüllt wäre.

Eine Beschränkung, die den Tatbestand des § 187 StGB jedoch für das Whistleblowing – wie es vorliegend verstanden wird – gegenstandslos macht, geht von der subjektiven Voraussetzung der Behauptung wider besseres Wissen aus. Es genügt nämlich nicht, dass objektiv eine unwahre Tatsache vorliegt. Vielmehr muss der Täter positive Kenntnis von der Unwahrheit der Tatsache gehabt haben. Das Vorliegen dieser Voraussetzung verträgt sich nicht mit dem Begriffsverständnis des Whistleblowings, denn ein Whistleblower kann zwar einem Irrtum unterliegen und somit objektiv unwahre Tatsachen behaupten. Das bewusste Verbreiten von Gerüchten oder unwahren Tatsachen fällt jedoch nicht unter das Begriffsverständnis von Whistleblowing, womit der Tatbestand des § 187 StGB für das Phänomen des Whistleblowings ausscheidet.

b) Üble Nachrede nach § 186 StGB

aa) Der objektive Tatbestand des § 186 StGB

Anders verhält sich dies bei dem Tatbestand der üblen Nachrede, sodass § 186 StGB für Whistleblower ein größeres Strafbarkeitsrisiko darstellt. Zunächst setzt die Vorschrift des § 186 StGB ebenfalls voraus, dass der Täter eine Tatsache äußert, die dazu geeignet ist, einen anderen verächtlich zu machen oder in der öffentlichen Meinung herabzuwürdigen. Das Vorliegen einer Tatsache wird in Abgrenzung zu einem Werturteil bestimmt und beinhaltet Vorgänge, die der Gegenwart oder Vergangenheit angehören und dem Beweis zugänglich sind.[1163] Inhaltlich muss die geäußerte Tatsache dazu geeignet sein, den anderen verächtlich zu machen oder in der öffentlichen Meinung herabzuwürdigen, wobei eine strikte Trennung der Tatbestandsvarianten nicht notwendig ist.[1164] Bei dem Merkmal „in der öffentlichen Meinung" ist insbesondere auf die Wertungen der Rechtsordnung abzustellen,[1165] womit die vom Whistleblowing häufig umfasste Fallkonstellation der Aufdeckung illegaler Verhaltensweisen oftmals den objektiven Tatbestand erfüllt. Offenbart ein Whistleblower bspw., eine Person habe sich gesetzeswidrig verhalten, beinhaltet dies eine nachprüfbare Tatsache der Vergangenheit, welche die betroffene Person in der öffentlichen Meinung herabwürdigt.

bb) Nichterweislichkeit der Wahrheit als objektive Bedingung der Strafbarkeit

Der maßgebende Unterschied zwischen § 186 StGB und § 187 StGB, der die Norm des § 186 StGB für das Whistleblowing relevant macht, besteht darin, dass die Unwahrheit der geäußerten Tatsache nicht positiv feststehen muss. Vielmehr genügt es für eine Strafbarkeit nach dem eindeutigen Wortlaut der Vorschrift, dass die Wahrheit der Tatsache nicht nachgewiesen werden kann.[1166]

[1163] BGH, NJW 2010, 760, 761; *Hoven/Krause*, in: JuS 2017, 1167; *Valerius*, in: BeckOK, StGB, § 186 Rn. 2 f.

[1164] *Valerius*, in: BeckOK, StGB, § 186 Rn. 8; *Kargl*, in: Kindhäuser/Neumann/Paeffgen/Saliger, StGB, § 186 Rn. 5.

[1165] BGHSt 8, 325, 326; 11, 329, 331; *Eisele/Schittenhelm*, in: Schönke/Schröder, StGB, § 186 Rn. 5.

[1166] *Gaede*, in: Matt/Renzikowski, StGB, § 186 Rn. 13.

Insofern beinhaltet das Merkmal der Nichterweislichkeit der Wahrheit eine objektive Bedingung der Strafbarkeit.[1167] Im Fall des Whistleblowings müsste also im Prozess für die fehlende Strafbarkeit positiv nachgewiesen werden, dass die Behauptung des Whistleblowers der Wahrheit entspricht. Freilich mag ihm das in einigen Fällen gelingen, da er als Unternehmensangehöriger oftmals über umfassende Einblicke verfügt, die ihm einen Wahrheitsnachweis ermöglichen. Allerdings existieren auch Konstellationen, in denen dem Whistleblower ein entsprechender Wahrheitsbeweis nicht gelingen wird. Insbesondere in dem für Whistleblowing besonders relevanten Bereich der Aufdeckung von Wirtschaftskriminalität zeichnen sich die Sachverhalte durch ihre besondere Komplexität aus, die einen vollständigen Wahrheitsbeweis erschwert. Bezeichnend ist insofern die hohe Quote der Verfahrenseinstellungen in Wirtschaftsstrafverfahren,[1168] die nicht zuletzt dadurch zustande kommt, dass Sachverhalte aufgrund ihrer Komplexität selbst von den Strafverfolgungsbehörden nicht ausreichend aufgeklärt werden können. Das Merkmal der Nichterweislichkeit der Wahrheit birgt für den Whistleblower insbesondere Strafbarkeitsrisiken in sich, da es sich hierbei um eine objektive Bedingung der Strafbarkeit handelt, auf die sich der Vorsatz nicht beziehen muss.[1169] Somit kann sich ein Whistleblower nicht damit entlasten, er habe die von ihm offenbarte Tatsache für wahr gehalten.

[1167] BGH, NJW 1958, 797, 798; BayObLGSt, 1964, 129, 130; *Eisele*, Strafrecht BT1, Rn. 613; *Eisele/Schittenhelm*, in: Schönke/Schröder, StGB, § 186 Rn. 10; *Geppert*, in: JURA 2002, 820, 822.

[1168] Das Wirtschaftsstrafverfahren zeichnet sich insbesondere durch seine Länge und seltene Anklageerhebungen aus, *Meier*, Kriminologie, § 11 Rn. 22.

[1169] *Eisele/Schittenhelm*, in: Schönke/Schröder, StGB, § 186 Rn. 11.

Nach teilweise vertretener Ansicht soll ein misslungener Wahrheitsbeweis aber dann unschädlich sein, wenn der Täter sich mit der gebotenen Sorgfalt über die Tatsachen informiert hat.[1170] In diesem Fall weise das Verhalten des Täters keinen Handlungsunwert auf, womit eine Strafbarkeit ausscheiden müsse. Eine entsprechende Einschränkung würde das zuvor genannte Problem der Beweisschwierigkeiten von Whistleblowern lösen. Gleichwohl ist dies vom eindeutigen Wortlaut der Vorschrift nicht vorgesehen.[1171] In systematischer Hinsicht kann die Vorschrift des § 193 StGB gegen das Erfordernis einer objektiven Sorgfaltspflichtverletzung ins Feld geführt werden, die als spezielle Rechtfertigungsnorm einen angemessenen Interessenausgleich zwischen den berechtigten Interessen des Offenbarenden und des Ehrträgers herstellen soll.[1172] Inwiefern der Täter den Gegenstand seiner Offenbarungen sorgfältig verifiziert hat, ist bei der Prüfung des § 193 StGB zu berücksichtigen.[1173] Jedenfalls dann, wenn der Täter eine für das öffentliche Interesse wesentliche Information offenbart, kann ihm dies nicht untersagt werden, soweit er hinreichende Nachforschungen hinsichtlich des Wahrheitsgehalts

---

[1170] So *Gaede*, in: Matt/Renzikowski, StGB, § 186 Rn. 13; *Hirsch*, Ehre und Beleidigung, S. 169 ff.; *ders.*, in: FS Wolff, 125, 145; *Wolff*, in: ZStW 1969, 886, 907; *Regge/Pegel*, in: MüKo, StGB, § 186 Rn. 30; *Kargl*, in: Kindhäuser/Neumann/Paeffgen/Saliger, StGB, § 186 Rn. 19.

[1171] *Valerius*, in: BeckOK, StGB, § 186 Rn. 19.

[1172] *Eisele/Schittenhelm*, in: Schönke/Schröder, StGB, § 186 Rn. 10; *Heger*, in: Lackner/Kühl/Heger, StGB, § 186 Rn. 7a.

[1173] BVerfG, NJW 2000, 3196.

angestellt hat.[1174] In welchem Ausmaß der Täter Erkundigungen anstellen muss, hängt von den Umständen des Einzelfalls, insbesondere der Schwere des Eingriffs ab.[1175]

cc) Subjektiver Tatbestand

In subjektiver Hinsicht muss der Whistleblower damit also lediglich bedingt vorsätzlich in Bezug auf das Behaupten bzw. Verbreiten einer Tatsache, die dazu geeignet ist, einen anderen verächtlich zu machen oder in der öffentlichen Meinung herabzuwürdigen, sowie die Kenntnisnahme eines Dritten gehandelt haben.[1176] Hieraus folgt wohl kaum ein Strafbarkeitskorrektiv für Whistleblower, denn diese werden sich in aller Regel darüber bewusst sein, dass die Aufdeckung von (vermeintlich) illegalem oder unmoralischem Verhalten objektiv dazu geeignet ist, eine Person verächtlich zu machen oder in der öffentlichen Meinung herabzuwürdigen.

dd) Ausschlussgründe und Rechtswidrigkeit des Verhaltens – insbesondere die Wahrnehmung berechtigter Interessen nach § 193 StGB

Der Tatbestand des § 186 StGB birgt nach den getroffenen Darstellungen also durchaus Risiken für Whistleblower in sich. Damit kommt den möglichen Ausschluss- und Rechtfertigungsgründen besondere Bedeutung zu. Hervorzuheben ist insofern insbesondere die für die Ehrschutzdelikte konzipierte Norm des § 193 StGB, welche die Wahrnehmung berechtigter Interessen als eigenständigen Recht-

---

[1174] BGH, NJW 1996, 1131.
[1175] BVerfG NJW 2006, 207, 210.
[1176] *Eisele/Schittenhelm*, in: Schönke/Schröder, StGB, § 186 Rn. 31.

fertigungsgrund regelt. Diese wird daher zunächst Untersuchungsgrundlage sein. Sofern die darin niedergelegten Rechtfertigungsmöglichkeiten für das Phänomen des Whistleblowings unzureichend sein sollten, ist wiederum an eine Übertragung des Ausnahmetatbestandes des § 5 Nr. 2 GeschGehG zu denken.

Der Rechtfertigungsgrund[1177] der Wahrnehmung berechtigter Interessen dient dazu, den Interessenkonflikt zwischen Ehrschutz und Meinungsäußerungsfreiheit mithilfe der Vornahme einer Güter- und Interessenabwägung zu lösen.[1178] Dabei genügt die Wahrnehmung eines berechtigten Interesses, das in der Verfolgung eines öffentlichen oder privaten, ideellen oder materiellen Zwecks liegen kann,[1179] zur Rechtfertigung allein noch nicht.[1180] Dass auch Allgemeininteressen, wie die Anzeige von Straftaten, unter den Bereich der geschützten berechtigten Interessen des § 193 StGB fallen,[1181] bietet für Whistleblower damit zwar grundsätzlich Raum für ein gerechtfertigtes Offenbaren von erkannten Missständen. Die Voraussetzungen der Rechtfertigungsnorm des § 193 StGB werden allein hierdurch jedoch nicht erfüllt. Vielmehr muss das wahrgenommene Interesse nach Vornahme der Interessenabwägung höher einzustufen

---

[1177] BVerfGE 12, 113, 119; BGH, NJW 1963, 665, 666; *Eisele/Schittenhelm*, in: Schönke/Schröder, StGB, § 193 Rn. 1; *Eser*, Wahrnehmung berechtigter Interessen als allgemeiner Rechtfertigungsgrund, S. 18; *Fischer*, StGB, § 193 Rn. 1; teilweise wird die Wahrnehmung berechtigter Interessen jedoch auch als Strafausschluss gewertet, *Erdsiek*, in: JZ 1969, 311, 315.

[1178] *Heger*, in: Lackner/Kühl/Heger, StGB, StGB, § 193 Rn. 1.

[1179] *Eisele/Schittenhelm*, in: Schönke/Schröder, StGB, § 193 Rn. 9.

[1180] *Regge/Pegel*, in: MüKo, StGB, § 193 Rn. 23.

[1181] *Fischer*, StGB, § 193 Rn. 13; *Regge/Pegel*, in: MüKo, StGB, § 193 Rn. 28; *Zimmermann*, in: ArbRAktuell 2012, 58, 61.

sein als der Anspruch des Opfers auf Achtung seiner Ehre.[1182] Im Rahmen der vorzunehmenden Interessenabwägung ist insbesondere zu berücksichtigen, dass die Ehrverletzung ein geeignetes und erforderliches Mittel ist, um das berechtigte Interesse wahrzunehmen.[1183] Eine Eignung zur Missstandsbeseitigung wird durch typische Whistleblowing-Handlungen, wie bspw. eine Anzeige an die zuständigen (Strafverfolgungs-)Behörden, regelmäßig nicht in Abrede zu stellen sein. Die Hauptproblematik liegt in der Erforderlichkeit der Handlung des Whistleblowers, die das Erfordernis einer innerbetrieblichen Klärung notwendig machen könnte. Schließlich fordert der in § 193 StGB zu berücksichtigende Grundsatz der Erforderlichkeit, dass der Täter zunächst mildere Mittel ausschöpft, bevor er bspw. „die Flucht in die Öffentlichkeit" ergreift.[1184] Gerade diese Einschränkung ist für das Phänomen des Whistleblowings relevant. Denn in manchen Fällen wird von einem Whistleblower zunächst zu verlangen sein, einen internen Abhilfeversuch zu unternehmen, bevor er eine der genannten – für den Ehrträger einschneidenderen – externen Offenbarungen vornimmt. Wie im Rahmen der vorgenannten Straftatbestände kommt einer innerbetrieblichen Klärung jedoch kein genereller Vorrang zu. Soll durch das Whistleblowing ein Missstand beseitigt werden, ist mit dem Erforderlichkeitsgrundsatz eine innerbetriebliche Klärung zu verlangen, wenn eine reelle Chance besteht, dass der Arbeitgeber den Missstand abstellt. Dies ist analog zu

---

[1182] BGH, NJW 1963, 665, 667; *Regge/Pegel*, in: MüKo, StGB, § 193 Rn. 23.

[1183] BGH, GRUR 1952, 410, 414; *Eisele/Schittenhelm*, in: Schönke/Schröder, StGB, § 193 Rn. 10; *Fuhrmann*, in: JuS 1970, 70, 72.

[1184] *Eisele/Schittenhelm*, in: Schönke/Schröder, StGB, § 193 Rn. 10; *Regge/Pegel*, in: MüKo, StGB, § 193 Rn. 31.

den im Rahmen des § 5 Nr. 2 GeschGehG bereits dargestellten Fallgruppen[1185] jedoch zumindest dann nicht zu verlangen, wenn der Arbeitgeber an dem Verstoß selbst beteiligt ist oder eine unmittelbare Gefahr für Rechtsgüter besteht, bei der ein interner Abhilfeversuch den Erfolg der Maßnahme beeinträchtigen kann.

In subjektiver Hinsicht erfordert die Wahrnehmung eines berechtigten Interesses lediglich die Kenntnis der Rechtfertigungslage,[1186] nicht aber die Absicht, das berechtigte Interesse wahrzunehmen.[1187] Es genügt also, wenn der Whistleblower das Bestehen eines berechtigten Interesses kannte.[1188] Eine andere Betrachtungsweise würde auf eine Gesinnungsstrafe hinauslaufen. Wie bei der Vorschrift des § 34 StGB kann der Formulierung „zur Wahrnehmung berechtigter Interessen" kein derartiges Gewicht beigemessen werden, dass sich hieraus das Erfordernis eines zielgerichteten Handels herleiten ließe.[1189] Jemand der objektiv ein berechtigtes Interesse wahrnimmt, das höher einzustufen ist als der Ehrschutz des Betroffenen, würde andernfalls nur deshalb bestraft, weil er das Interesse nicht mit der

---

[1185] Vgl. Kap. 4 I. 5. a) cc) aaa).

[1186] So etwa auch die zutreffende Ansicht hinsichtlich des subjektiven Rechtfertigungselements bei der Notwehr bzw. dem rechtfertigenden Notstand, vgl. *Erb*, in: MüKo, StGB, § 34 Rn. 290; *Perron*, in: Schönke/Schröder, StGB, § 32 Rn. 63; *Roxin/Greco*, Strafrecht AT Bd. 1, § 14 Rn. 97.

[1187] So aber die wohl h.M. BGH, NJW 2013, 2133, 2134; BGH, NStZ 2000, 365, 366; *Fischer*, StGB, § 32 Rn. 25; *Wessels/Beulke/Satzger*, Strafrecht AT, Strafrecht AT, Rn. 546.

[1188] So auch *Eisele/Schittenhelm*, in: Schönke/Schröder, StGB, § 193 Rn. 23; *Regge/Pegel*, in: MüKo, StGB, § 193 Rn. 72.

[1189] *Eisele/Schittenhelm*, in: Schönke/Schröder, StGB, § 193 Rn. 23.

richtigen Gesinnung wahrnimmt, was einen unüberbrückbaren Wertungswiderspruch darstellen würde.[1190]

Wie bereits gesehen, mag es jedoch vorkommen, dass das vom Whistleblower angenommene berechtigte Interesse in Wahrheit gar nicht besteht. Für diesen Fall ist wiederum zwischen zwei Konstellationen zu unterscheiden. Überdehnt der Täter den Rechtfertigungstatbestand des § 193 StGB und legt ihn zu seinen Gunsten weiter aus als er tatsächlich ist, liegt ein Verbotsirrtum vor, der zur Anwendung des § 17 StGB führt. Eine Straflosigkeit wird in diesem Fall regelmäßig aufgrund des Erfordernisses der Vermeidbarkeit (§ 17 Satz 1 StGB) ausscheiden. Nimmt der Täter jedoch irrig einen Sachverhalt an, bei dessen tatsächlichen Vorliegen ein berechtigtes Interesse im Sinne des § 193 StGB gegeben wäre, entfällt nach zutreffender herrschender Meinung die Vorsatzschuld.[1191] Sofern er jedoch fahrlässig ein berechtigtes Interesse annimmt, sind bereits die Voraussetzungen des § 193 StGB nicht erfüllt. Ihn trifft insofern eine Informationspflicht, deren Umfang sich nach den Umständen des Einzelfalls – insbesondere der Schwere des Eingriffs sowie der persönlichen und beruflichen Möglichkeiten weiterer Aufklärung – richtet.[1192] Hätte der Täter bei gewissenhafter und zumutbarer Prüfung erkennen müssen, dass seine Behauptungen einer zuverlässigen Tatsachengrund-

---

[1190] *Erb*, in: MüKo, StGB, § 34 Rn. 290 in Bezug auf das subjektive Rechtfertigungselement beim rechtfertigenden Notstand.

[1191] BGH, NStZ 2012, 272, 273; OLG Hamm, NJW 1987, 1034, 1035; *Gallas*, in: FS Bockelmann 1997, 155, 170.

[1192] BVerfG, NJW 2006, 207, 210; *Eisele/Schittenhelm*, in: Schönke/Schröder, StGB, § 193 Rn. 23; *Valerius*, in: BeckOK, StGB, § 193 Rn. 17.

lage entbehren, ist eine Rechtfertigung nach § 193 StGB ausgeschlossen.[1193] Handelt der Täter fahrlässig, besteht auch kein Raum für einen Vorsatzausschluss im Wege eines Erlaubnistatbestandsirrtums. Voraussetzung eines analog gem. § 16 StGB vorsatzausschließenden Erlaubnistatbestandsirrtums ist nämlich, dass der Rechtfertigungsgrund nach den Vorstellungen des Täters gegeben ist (sog. hypothetische Rechtfertigungsprüfung).[1194] Soweit der Täter aber infolge der Nichtwahrnehmung der im Rahmen des § 193 StGB gebotenen Informationspflichten einem Irrtum unterlag, so liegen die Voraussetzungen des § 193 StGB schon gar nicht vor, sodass auch kein Raum für einen Vorsatzausschluss im Wege eines Erlaubnistatbestandsirrtums besteht.

Nach dem Dargestellten ist § 193 StGB die wesentliche Norm zur Rechtfertigung einer Strafbarkeit nach § 186 StGB. Eines Rückgriffs auf § 5 Nr. 2 GeschGehG oder das HinSchG wird es damit regelmäßig nicht bedürfen, wenngleich dieser mangels eines Ausschlusses ebenfalls in Betracht kommt.

[1193] OLG Celle, NJW 1988, 353, 354; *Eisele/Schittenhelm*, in: Schönke/Schröder, StGB, § 193 Rn. 23.

[1194] *Sternberg-Lieben/Schuster*, in: Schönke/Schröder, StGB, § 16 Rn. 19.

c) Beleidigung nach § 185 StGB

Für Whistleblowing – wie es hier verstanden wird – von geringerer Bedeutung ist der Beleidigungstatbestand des § 185 StGB. Der klassische Fall der Beleidigung beinhaltet die Konstellation, in der jemand gegenüber dem Betroffenen selbst ein beleidigendes Werturteil fällt. Gegenstand des Whistleblowings ist jedoch illegales oder unmoralisches Verhalten einer Organisation, wobei es sich um Tatsachenbehauptungen handelt, die dem Beweise zugänglich sind. Auch wenn der Whistleblower regelmäßig durch eigene Einschätzung zu dem Schluss gelangt, es liege ein Missstand vor, zieht dies den Tatsachencharakter nicht in Zweifel, da das Bestehen bzw. Nichtbestehen des Missstandes durch Beweis belegt bzw. widerlegt werden kann. Raum für eine Strafbarkeit des Whistleblowings nach § 185 StGB bietet jedoch die auch von § 185 StGB umfasste Fallkonstellation, in welcher der Täter eine ehrenrührige Tatsache gegenüber dem Betroffenen selbst äußert.[1195] Dies könnte bspw. den Fall des internen Whistleblowings betreffen. Nach der zutreffenden überwiegenden Auffassung ist die Unwahrheit der geäußerten Tatsachenbehauptung jedoch ungeschriebenes Tatbestandsmerkmal.[1196] Die Strafbarkeit des Whistleblowings entfällt damit in aller Regel entweder auf Tatbestandsebene, da der Whistleblower eine objektiv wahre Tatsache äußert, spätestens jedoch auf der Ebene des subjektiven Tatbestandes. Da die Unwahrheit der Aussage bei § 185 StGB (ungeschriebenes) objektives Tatbestandsmerkmal ist, muss sich

---

[1195] BayObLG, NJW 1959, 57; OLG Köln, NJW 1964, 2121, 2122.

[1196] OLG Köln, NJW 1964, 2121, 2122; *Eisele/Schittenhelm*, in: Schönke/Schröder, StGB, § 185 Rn. 14; *Zaczyk*, in: Kindhäuser/Neumann/Paeffgen, StGB, § 185 Rn. 11.

hierauf auch der Vorsatz beziehen.[1197] Das bewusste Verbreiten von Fehlinformationen wird jedoch schon gar nicht vom Begriff des Whistleblowings erfasst.

Die Äußerung einer ehrenrührigen unwahren bzw. nicht erweislich wahren Tatsachenbehauptung gegenüber Dritten, welche für den Whistleblowing-Tatbestand ungleich bedeutsamer wäre, fällt allerdings nicht unter die Vorschrift des § 185 StGB. Hierfür greifen die Vorschriften der §§ 186, 187 StGB, wobei diejenige des § 186 StGB für das Whistleblowing die größte Relevanz besitzt.

d) Beleidigung trotz Wahrheitsbeweises nach § 192 StGB

Die Vorschrift des § 192 StGB regelt die Fallkonstellation der Formalbeleidigung, bei der sich die Beleidigung aus der Form bzw. den Umständen der Tatsachenbehauptung ergibt.[1198] Die Anwendbarkeit der Vorschrift erstreckt sich nach allgemeiner Auffassung nicht nur auf die Beleidigung nach § 185 StGB (ehrenrührige Tatsachenbehauptung gegenüber dem Ehrträger selbst), sondern ebenfalls auf – für das Whistleblowing relevante – Tatsachenbehauptungen gegenüber Dritten (§§ 186, 187 StGB).[1199] Tatbestandlich setzt eine Beleidigung, die sich aus der Form der Tatsachenbehauptung (Var. 1)

[1197] OLG Köln NJW 1964, 2121, 2122; *Eisele/Schittenhelm*, in: Schönke/Schröder, StGB, § 185 Rn. 14; *Heger*, in: Lackner/Kühl/Heger, StGB, § 185 Rn. 11.

[1198] *Gaede*, in: Matt/Renzikowski, StGB, § 192 Rn. 1.

[1199] *Gaede*, in: Matt/Renzikowski, StGB, § 192 Rn. 1; *Heger*, in: Lackner/Kühl/Heger, StGB, § 192 Rn. 1.

ergibt, voraus, dass die Form der Äußerung eine selbständige Ehrverletzung darstellt,[1200] zu der bspw. boshafte und gehässige Formulierungen[1201] sowie die tendenziöse Zusammenstellung von Tatsachen zählen.[1202] Zudem kann sich eine Beleidigung aus den Umständen (Var. 2) – also den äußeren Bedingungen der Behauptung bzw. Verbreitung – ergeben. Umstände im Sinne der Vorschrift sind lediglich solche, welche die Äußerung so stark begleiten, dass sie auf den Empfänger einwirken.[1203] In Betracht kommt bspw. das Aufbauschen einer Bagatelle in der Öffentlichkeit, an der keinerlei öffentliches Informationsinteresse besteht, oder dass die offenbarten Informationen durch das bewusste Weglassen entlastender Gesichtspunkte verfälscht werden.[1204]

Für die Konstellation des Whistleblowings stellt insbesondere der Fall der tendenziösen Zusammenstellung von Tatsachen ein Strafbarkeitsrisiko dar. Soweit ein Whistleblower seine Aussagen dadurch verfälscht, dass er entlastende Umstände gezielt weglässt, um dem Dargestellten bewusst ein negatives Gepräge zu geben, setzt er sich einem Strafbarkeitsrisiko nach § 192 StGB aus.

[1200] *Kargl*, in: Kindhäuser/Neumann/Paeffgen/Saliger, § 192 Rn. 3.

[1201] OVG Münster, BeckRS 2018, 15918.

[1202] *Regge/Pegel*, in: MüKo, StGB, § 192 Rn. 4; *Tenckhoff*, in: JuS 1989, 35, 39.

[1203] *Gaede*, in: Matt/Renzikowski, StGB, § 192 Rn. 3.

[1204] *Fischer*, StGB, § 192 Rn. 2.

e) Ergebnis Ehrschutzdelikte

Für Whistleblowing ist insbesondere der Tatbestand des § 186 StGB relevant. Eine Strafbarkeit nach § 187 StGB scheidet bereits deshalb aus, weil das bewusste Verbreiten von Falschinformation dem Whistleblowing-Begriff nicht unterfällt. Die Vorschrift des § 185 StGB ist ebenfalls von untergeordneter Bedeutung. Bei Tatsachenbehauptungen gegenüber dem Ehrträger selbst wird als ungeschriebenes Tatbestandsmerkmal die Unwahrheit der Behauptung verlangt, auf die sich der Vorsatz beziehen muss. Damit entfällt eine Strafbarkeit nach § 185 StGB für das Phänomen des Whistleblowings in gleicher Weise wie eine nach § 187 StGB.

5. Rechtspflegedelikte

Wie eingangs im Rahmen der widerstreitenden Interessen dargestellt, bestehen die Risiken des Whistleblowings darin, ein Unternehmen möglicherweise zu Unrecht zu beschuldigen und diesem somit irreparable Reputationsschäden zuzufügen. Besonders großer Schaden ist dann zu befürchten, wenn strafbare Handlungen Gegenstand der Offenbarungen des Whistleblowers sind. In strafrechtlicher Hinsicht sind in solchen Fällen die Vorschriften des § 164 StGB (falsche Verdächtigung) und § 145d StGB (Vortäuschen einer Straftat) bedeutsam. Beide Strafvorschriften verfolgen eine doppelte Funktion: Sie sollen einerseits die Strafrechtspflege vor unnötiger Inanspruchnahme schützen und andererseits Unschuldige vor Belastungen durch das Ansehen schädigende Ermittlungstätigkeiten bewahren.[1205]

a) Falsche Verdächtigung nach § 164 StGB

Tatobjekte der falschen Verdächtigung sind – neben der Verletzung von Dienstpflichten – in erster Linie rechtswidrige Taten im Sinne des § 11 Abs. 1 Nr. 5 StGB. Gerade solche sind oftmals Gegenstand von Offenbarungshandlungen eines Whistleblowers. Auch das Verdächtigen als Tathandlung – also das Begründen, Umlenken oder Verstärken eines Verdachts gegenüber einer in § 164 StGB genannten Stelle –[1206] könnte das externe Whistleblowing betreffen. Ein Strafbarkeitsrisiko besteht für Whistleblower aufgrund der Hürden im subjektiven Tatbestand nicht. Dabei ist das Absichtserfordernis, welches die Absicht des Täters beinhaltet, ein behördliches Verfahren herbeizuführen oder fortdauern zu lassen, zwar begründbar. Ein Whistleblower wird nämlich regelmäßig eine externe Stelle informieren, weil es ihm gerade darauf ankommt, dass diese auf die gemeldete rechtswidrige Tat mit der Einleitung eines (Straf-)Verfahrens reagiert. Neben dem Absichtsmerkmal muss er die Anschuldigungen jedoch auch wider besseres Wissen gemacht haben. Insofern gilt das bereits im Rahmen des § 187 StGB Dargestellte: Da das bewusste Verbreiten von Fehlinformationen nicht dem Begriff des

---

[1205] *Vormbaum*, in: Kindhäuser/Neumann/Paeffgen/Saliger, StGB, § 164 Rn. 7; *Zopfs*, in: MüKo, StGB, § 145d Rn. 2.

[1206] BGH, NJW 2015, 1705; *Fischer*, StGB, § 164 Rn. 3; *Vormbaum*, in: Kindhäuser/Neumann/Paeffgen/Saliger, StGB, § 164 Rn. 12 f.

Whistleblowings unterfällt, kann der Tatbestand des § 164 StGB durch einen Whistleblower nicht verwirklicht werden.

b) Vortäuschen einer Straftat nach § 145d StGB

Auch das Vortäuschen einer Straftat verlangt im Rahmen des subjektiven Tatbestandes ein Handeln wider besseres Wissen. Insofern ist erforderlich, dass der Täter davon überzeugt ist, dass eine rechtswidrige Tat tatsächlich nicht vorliegt.[1207] Eine solche Überzeugung verträgt sich jedoch nicht mit der Whistleblower-Eigenschaft, womit auch der Tatbestand des § 145d StGB ausscheidet.

III. Weitere Strafbarkeitsrisiken außerhalb des StGB

Auch außerhalb des StGB existieren Strafvorschriften, welche einen strafbaren Geheimnisverrat zum Gegenstand haben und somit Strafbarkeitsrisiken für Whistleblower beinhalten. Die nachfolgend dargestellten Straftatbestände dienen in erster Linie dem Schutz der Geheimhaltungsinteressen von Gesellschaften und schützen damit das Gesellschaftsvermögen.[1208] Sie knüpfen an die besondere Vertrauensstellung des Täters im Verhältnis zur jeweiligen Gesellschaft an. Damit geht auch der beschränkte Täterkreis der Straftatbestände einher.

[1207] *Heger*, in: Lackner/Kühl/Heger, StGB, § 145d Rn. 9.

[1208] *Gercke/Stirner*, in: Park, Kapitalmarktstrafrecht, § 333 HGB Rn. 2; *Raum*, in: Hennsler/Strohn, Gesellschaftsrecht, § 404 AktG Rn. 1; *Waßmer*, in: BeckOGK, HGB, § 333 Rn. 2.

1. Strafbarkeit nach § 333 HGB

Die Vorschrift des § 333 HGB[1209] stellt den Verrat von Betriebs- und Geschäftsgeheimnissen durch einen Abschlussprüfer oder einen Gehilfen des Abschlussprüfers unter Strafe. Geschützt wird das Recht der Kapitalgesellschaft, wozu auch ihre Tochterunternehmen (§ 290 HGB), Gemeinschaftsunternehmen (§ 310 HGB) und assoziierte Unternehmen (§ 311 HGB) zählen (§ 333 Abs. 1 HGB), über den Umgang mit ihren Geheimnissen selbst zu disponieren.[1210] Über die Verweisungsnorm des § 335b Satz 1 HGB werden auch offene Handelsgesellschaften und Kommanditgesellschaften im Sinne des § 264 Abs. 1 HGB als Antragsberechtigte erfasst. Die Berechtigung zur Stellung eines Antrages wird ferner durch die Vorschriften der § 340m Satz 1 sowie § 341m Satz 1 HGB erweitert.

a) Tatbestand

Bei der Vorschrift des § 333 HGB handelt es sich um ein echtes Sonderdelikt. Täter kann nur sein, wer in der Eigenschaft als Abschlussprüfer oder Gehilfe des Abschlussprüfers tätig wird. Abschlussprüfer können dabei nach § 319 Abs. 1 Satz 1 HGB Wirtschaftsprüfer und Wirtschaftsprüfungsgesellschaften sein. Als Prüfungsgehilfe kommen zudem Personen als Täter infrage, die den Abschlussprüfer

---

[1209] *Regierer*, in: BeckOK, HGB, § 333 Rn. 3; *Gercke/Stirner*, in: Park, Kapitalmarktstrafrecht, § 333 HGB Rn. 4 ff.; *Tiedemann*, Wirtschaftsstrafrecht, § 25 Rn. 1161; *Waßmer*, in: BeckOGK, HGB, § 333 Rn. 7.

[1210] *Knierim*, in: Leitner/Rosenau, Wirtschafts- und Steuerstrafrecht, § 333 HGB Rn. 5.

bei seiner Prüfungstätigkeit unterstützen.[1211] Der Begriff des Prüfungsgehilfen im Sinne des § 333 HGB beschränkt sich nicht auf Berichtsgehilfen, sondern erfasst auch Personen, die den Abschlussprüfer bei seiner Tätigkeit unterstützen, womit auch Büro- und Schreibkräfte erfasst sind.[1212] Dies gilt – in Abweichung zu § 332 HGB – insbesondere deshalb, da eine Hilfskraft die Tathandlung des unbefugten Offenbarens bzw. Verwertens selbstständig verwirklichen kann.[1213]

Tatbestandlicher Anknüpfungspunkt ist der Begriff des Geheimnisses.[1214] Dieser setzt sich wiederum aus objektiven und subjektiven Elementen zusammen und erfordert die fehlende Offenkundigkeit, ein Geheimhaltungsinteresse sowie als subjektive Komponente einen Geheimhaltungswillen.[1215] Auf eine trennscharfe Abgrenzung zwischen den benannten Betriebs- und Geschäftsgeheimnissen kommt es allerdings nicht an.[1216] Maßgebend ist nur, dass die Tatsache einen wirtschaftlichen Bezug zur Gesellschaft aufweist,[1217] also dem Betrieb als technischem Bereich des Unternehmens bzw. dem Geschäft als kaufmännischem Bereich zuzuordnen ist.[1218] Nach der

---

[1211] *Klinger*, in: MüKo, HGB, § 333 Rn. 10.

[1212] *Gercke/Stirner*, in: Park, Kapitalmarktstrafrecht, § 333 Rn. 8; *Leplow*, in: MüKo, StGB, § 333 Rn. 14.

[1213] *Gercke/Stirner*, in: Park, Kapitalmarktstrafrecht, § 333 Rn. 8.

[1214] Vgl. dazu etwa bereits unter Kap. 4 II. 1. b).

[1215] *Klinger*, in: MüKo, HGB, § 333 Rn. 10 ff.; *Waßmer*, in: BeckOGK, HGB, § 333 Rn. 20; Dazu schon Kap. 4 II. 1. b).

[1216] *Gercke/Stirner*, in: Park, Kapitalmarktstrafrecht, § 333 HGB Rn. 16; *Klinger*, in: MüKo, HGB, § 333 Rn. 15.

[1217] *Waßmer*, in: BeckOGK, HGB, § 333 Rn. 20.

[1218] *Gercke/Stirner*, in: Park, Kapitalmarktstrafrecht, § 333 HGB Rn. 16.

überwiegenden Meinung werden auch rechtswidrige bzw. sittenwidrige Betriebs- und Geschäftsgeheimnisse vom Schutz der Vorschrift erfasst.[1219] Insofern kann auf die Argumente verwiesen werden, die bereits zuvor für einen Schutz von sittenwidrigen oder illegalen Geschäftsgeheimnissen angeführt wurden. Auch die Besonderheiten des Tatbestandes bzw. des tauglichen Täterkreises gebieten keine andere Sichtweise. Bei einem Abschlussprüfer bzw. seinem Gehilfen handelt es sich nämlich nicht um ein Organ der Rechtspflege.[1220]

Auch wenn aufgrund des beschränkten Täterkreises des § 333 HGB zunächst angenommen wird, dass dieser für das Phänomen des Whistleblowings eher von untergeordneter Bedeutung ist, darf nicht verkannt werden, dass ein Wirtschaftsprüfer durch seine Tätigkeit für die Gesellschaft Einblicke erhält, die sonst allenfalls Mitarbeiter der Gesellschaft haben. Die Offenbarung eines Missstandes durch einen Wirtschaftsprüfer fällt auch unter die hiesige Fallkonstellation des Whistleblowings. Dabei steht auch das eingangs dargelegte Erfordernis der Unternehmenszugehörigkeit der Whistleblower-Eigenschaft nicht entgegen, da nicht nur abhängig Beschäftigte zum Whistleblower werden können, sondern ebenfalls selbstständig tätige Personen, die Aufgaben für die Gesellschaft erfüllen.[1221]

Gleichwohl wird Whistleblowing durch einen Wirtschaftsprüfer selbst in der Praxis den absoluten Ausnahmefall darstellen. Dies ergibt sich bereits daraus, dass der wirtschaftliche Erfolg des Wirt-

---

[1219] *Klinger*, in: MüKo, StGB, § 333 HGB Rn. 20; *Leplow*, in: MüKo, HGB, § 333 Rn. 69; *Waßmer*, in: MüKo, Bilanzrecht, § 333 HGB Rn. 13.

[1220] *Waßmer*, in: BeckOGK, HGB, § 333 Rn. 20.

[1221] Kap. 1 I. 3. a) aa).

schaftsprüfers von einer vertrauensvollen Beziehung zu dem überprüften Unternehmen abhängt und ein Geheimnisverrat durch den Wirtschaftsprüfer selbst nicht nur diese Beziehung, sondern seine eigene Reputation beschädigen würde. Praktische Relevanz erlangt vielmehr Whistleblowing durch die ebenfalls vom Tatbestand des § 333 HGB erfassten Gehilfen. Da taugliche Täter des § 333 HGB bereits Büro- und Schreibkräfte sein können, entsprechen Gehilfen im Sinne des § 333 HGB dem typischen Leitbild des Whistleblowers, der im Zusammenhang mit seiner beruflichen Tätigkeit Informationen über Fehlverhalten erlangt.

b) Straffreies Offenbaren

Freilich gilt auch für Abschlussprüfer und deren Gehilfen, dass das Offenbaren eines Missstandes nicht ohne Weiteres eine Strafbarkeit nach § 333 HGB nach sich zieht. Relevant ist, inwieweit eine Offenbarungsbefugnis im Wege einer Strafanzeige bei den Strafverfolgungsbehörden in Betracht kommt. Ein strafbefreiendes Recht zur Strafanzeige liegt unstrittig dann vor, wenn eine Strafanzeigepflicht nach § 138 StGB besteht oder eine Verdachtsanzeige nach § 43 GwG vorgeschrieben ist.[1222] Das Bestehen einer der dargelegten Anzeigepflichten lässt das Merkmal des unbefugten Offenbarens entfallen. Problematischer ist jedoch, ob dem Abschlussprüfer bzw. deren Gehilfen über diese explizit eingeräumten Anzeigepflichten hinaus ein Offenbarungsrecht für andere Straftaten (jenseits § 138 StGB) einzuräumen ist.

[1222] *Gercke/Stirner*, in: Park, Kapitalmarktstrafrecht, § 333 HGB Rn. 37; *Klinger*, in: MüKo, StGB, § 333 HGB Rn. 40; *Waßmer*, in: BeckOGK, HGB, § 333 Rn. 69; *ders*, in: MüKo, Bilanzrecht, § 333 HGB Rn. 45.

aa) Übertragung des in § 5 GeschGehG genannten Ausschlussgrundes auf § 333 HGB

Wie bei den zuvor dargestellten Straftatbeständen stellt sich die Frage der Anwendung des Ausschlussgrundes des § 5 GeschGehG. Dieser bietet für Whistleblower aufgrund seiner weitreichenderen Offenbarungsbefugnisse jedenfalls Vorteile gegenüber den allgemeinen Rechtfertigungsgründen. Eine direkte Anwendung des § 5 GeschGehG kommt aufgrund des Verweises auf die Handlungsverbote des § 4 GeschGehG wiederum nicht in Betracht.[1223] Denkbar ist allerdings eine analoge Anwendung. Ob diese in Betracht kommt und die Voraussetzungen einer planwidrigen Regelungslücke sowie einer vergleichbaren Interessenlage erfüllt sind, wird im Folgenden anhand der allgemeinen Auslegungsmethoden erörtert.

aaa) Wortlaut und Systematik der Vorschrift

In Bezug auf eine Strafbarkeit nach § 333 HGB kann die für § 203 StGB vorgenommene Argumentationsstruktur[1224] nicht ohne Weiteres übertragen werden. Es fehlt daher an einem eindeutigen gesetzgeberischen Willen, der eine Berücksichtigung des § 5 GeschGehG im Rahmen dieses Tatbestands ausschließt. Vielmehr mag im Wege eines Umkehrschlusses angenommen werden, dass der Gesetzgeber sich im Gegensatz zu den ausdrücklich für unberührt erklärten Tatbeständen der § 203 StGB oder auch § 353b StGB[1225] ansonsten für

---

[1223] *Hefendehl*, in: BeckOGK AktG, § 404 Rn. 53.

[1224] Kap. 4 II. 1. e) aa).

[1225] Dies im Wege der Regelung, die öffentlich-rechtliche Vorschriften über die Geheimhaltung unberührt lässt, vgl. § 1 Abs. 2 GeschGehG. Dazu unter Kap. 4 II. 2. e) aa).

einen einheitlichen Hinweisgeberschutz entschieden hat. Zu bedenken bleibt jedoch, dass der Tatbestandsausschluss des § 5 GeschGehG explizit Bezug auf die Handlungsverbote des § 4 GeschGehG nimmt.[1226] Dabei handelt es sich auf den ersten Blick jedenfalls um ein gewichtiges Indiz dafür, dass lediglich ein Ausschluss von den explizit genannten Handlungsverboten erfolgen soll, nicht jedoch eine Übertragung auf andere Normen stattfinden soll.[1227] Wird jedoch der Inhalt der Handlungsverbote betrachtet, lassen sich Parallelen zu anderen Tatbeständen – auch zu demjenigen des § 333 HGB – feststellen, die möglicherweise eine analoge Anwendung zulassen. Das für das GeschGehG maßgebliche Handlungsverbot des § 4 GeschGehG beinhaltet mit § 4 Abs. 2 Nr. 1 lit. a) GeschGehG u. a. das unbefugte Offenlegen eines Geschäftsgeheimnisses, das mit dem unbefugten Offenbaren des § 333 HGB vergleichbar ist. Besondere Bedeutung kommt im Rahmen beider Tatbestände dem Merkmal des „unbefugten" Offenbarens bzw. Offenlegens zu, das jeweils eine Offenbarung bzw. Offenlegung ohne Zustimmung des Geheimnisinhabers[1228] und ohne gesetzliche Erlaubnis[1229] voraussetzt. Auch die Nennung einzelner Tatgegenstände in § 4 Abs. 1 Nr. 1 GeschGehG

[1226] *Rönnau*, in: Scholz, GmbHG, § 85 Rn. 52.

[1227] Daher betont *Reinfeld*, GeschGehG, § 3 Rn. 53, dass es sich bei dem GeschGehG um kein Whistleblowergesetz handele; ebenso gegen eine Übertragung auf andere Normen aufgrund des Verweises auf § 4 GeschGehG *Hiéramente*, in: BeckOK, GeschGehG, § 1 Rn. 24.

[1228] Vgl. für § 4 GeschGehG *Alexander*, in: Köhler/Bornkamm/Feddersen, UWG, § 4 GeschGehG Rn. 22 ff. und für § 333 HGB *Klinger*, in: MüKo, HGB, § 333 Rn. 32.

[1229] Vgl. für § 4 GeschGehG *Alexander*, in: Köhler/Bornkamm/Feddersen, UWG, § 4 GeschGehG Rn. 25 und für § 333 HGB *Leplow*, in: MüKo, StGB, § 333 HGB Rn. 46 ff.

spricht nicht gegen eine Übertragung. Die darin genannten Dokumente, Gegenstände, Materialien, Stoffe oder elektronischen Dateien umfassen eine Vielzahl möglicher Verkörperungen bzw. Speicherungen eines Geheimnisses. Zudem ist die Vorschrift technikneutral und entwicklungsoffen,[1230] sodass neuartige Speicherungs- oder Aufbewahrungsgegenstände – bspw. durch analoge Anwendung[1231] – von den Handlungsverboten umfasst werden. Schließlich lässt sich festhalten, dass § 5 GeschGehG durch den Verweis auf die Handlungsverbote des § 4 GeschGehG keine Besonderheiten beinhaltet, die eine Übertragung des § 5 GeschGehG auf die Vorschrift des § 333 HGB unmöglich machen.

bbb) Gesetzgeberischer Wille

In der Literatur wurde die Frage einer Anwendbarkeit des § 5 GeschGehG insbesondere in Bezug auf die Straftatbestände von § 404 AktG bzw. § 85 GmbHG erörtert.[1232] Aber auch im Rahmen der allgemeinen Strafvorschrift des § 333 HGB kann die Frage nach einer Anwendung des weitreichenden Ausschlussgrundes des § 5 GeschGehG Relevanz erlangen.[1233]

[1230] *Alexander*, in: Köhler/Bornkamm/Feddersen, UWG, § 4 GeschGehG Rn. 13.

[1231] So *McGuire*, in: Büscher, UWG, § 4 GeschGehG Rn. 17.

[1232] *Hiéramente*, in: BeckOK, GeschGehG, § 5 Rn. 6; *Rönnau*, in: Scholz, GmbHG, § 85 Rn. 52.

[1233] *Waßmer*, in: BeckOGK, HGB, § 333 Rn. 8.

Rönnau[1234] führt gegen eine Übertragbarkeit des Ausschlussgrundes des § 5 GeschGehG auf den Straftatbestand des § 404 AktG bzw. § 85 GmbHG an, der Gesetzgeber habe sich im Rahmen des Gesetzgebungsverfahrens bewusst gegen einen allgemeinen Rechtfertigungsgrund entschieden und stattdessen einen speziell auf die Handlungsverbote zugeschnittenen Ausschlussgrund geschaffen.[1235] Um zu analysieren, ob mit der Entscheidung für einen Ausschluss- und gegen einen Rechtfertigungsgrund auch eine Entscheidung gegen eine Übertragbarkeit des § 5 GeschGehG getroffen wurde, muss die Gesetzgebungshistorie näher beleuchtet werden. Zutreffend ist jedenfalls, dass zunächst beabsichtigt war, § 5 GeschGehG als Rechtfertigungsgrund auszugestalten.[1236] Schließlich rückte der Gesetzgeber hiervon jedoch ab und entschied sich für eine Tatbestandsausnahme.[1237] Der Gesetzesentwurf beinhaltet allerdings keinerlei Anhaltspunkte dafür, dass diese Entscheidung erfolgte, um eine Übertragbarkeit auf andere Tatbestände auszuschließen. Vielmehr wird die Entscheidung für einen Tatbestandsausschluss damit begründet, dass allein die Verwirklichung eines Verbotstatbestandes abschreckende Wirkung habe.[1238] Diese bestehe unabhängig davon, wie weit ein etwaiger Rechtfertigungsgrund reiche. Der Gesetzgebungshistorie ist damit keine Entscheidung gegen eine über das GeschGehG hinausgehende Wirkung zu entnehmen. Auch ginge die Schlussfolgerung fehl, ein Rechtfertigungsgrund ließe sich eher übertragen als

---

[1234] *Rönnau*, in: Scholz, GmbHG, § 85 Rn. 52.

[1235] Im Ergebnis ebenso *Hiéramente*, in: BeckOK, GeschGehG, § 5 Rn. 6.

[1236] BT-Drucks 19/4724, S. 10.

[1237] BT-Drucks. 19/8300, S. 14.

[1238] BT-Drucks. 19/8300, S. 14; vgl. dazu bereits. Kap. 4 I. 5.

ein Tatbestandsausschluss. Vielmehr kommt es darauf an, ob und inwieweit ein Strafbarkeitsausschluss im Sinne eines Tatbestandsausschlusses oder Rechtfertigungsgrundes nach einer Gesamtschau – insbesondere unter Berücksichtigung des mit dem Strafbarkeitsausschluss verfolgten Sinn und Zwecks – sich auf andere Tatbestände übertragen lässt. Dies gilt umso mehr, als es gerade an einem dem § 1 Abs. 3 Nr. 1 GeschGehG vergleichbaren ausdrücklichen Ausschluss fehlt.

ccc) Teleologische Argumentation

Da dem Wortlaut, der Systematik und dem gesetzgeberischen Willen jedenfalls keine eindeutige Absage hinsichtlich der Übertragbarkeit des § 5 GeschGehG zu entnehmen ist, kommt es maßgeblich darauf an, ob der Sinn und Zweck des § 333 HGB eine Anwendung des § 5 GeschGehG zulässt. Eine Anwendung des § 5 GeschGehG käme nur dann in Betracht, wenn diese mit den besonderen Wertungen des § 333 HGB vereinbar ist.

Entscheidend gegen eine Übertragung des Ausschlussgrundes des § 5 GeschGehG auf Wirtschaftsprüfer sprechen die besonderen Verschwiegenheitspflichten, welche diesen qua Gesetz auferlegt werden. Bereits kraft seiner beruflichen Aufgaben erhält ein Wirtschaftsprüfer weitreichende Einblicke in geheime Unternehmensinformationen, womit es gerechtfertigt ist, ihm besondere Verschwiegenheitspflichten aufzuerlegen. Die Pflicht zur Verschwiegenheit folgt insbesondere aus § 43 Abs. 1 Satz 1 WPO und wird durch § 10 BS WP konkretisiert. Nach § 10 Abs. 2 Satz 1 BS WP haben Wirtschaftsprüfer gerade dafür Sorge zu tragen, dass Tatsachen, die ihnen im Rahmen ihrer Tätigkeit zugänglich geworden sind (§ 10

Abs. 1 Satz 1 BS WP) nicht an Unbefugte gelangen.[1239] Dieser weitreichenden Verschwiegenheitspflicht kann im Ausnahmefall gem. §§ 321, 322, 320 II 2 HGB; § 258 V 2 i.V.m. 145 II AktG; § 29 II KWG; § 57 I VAG ein Rederecht gegenüberstehen.[1240] Eine Anwendung des Ausschlussgrund des § 5 GeschGehG, würde die grundsätzliche Verschwiegenheitspflicht und die ausnahmsweise bestehenden Rederechte unterlaufen. Zudem ist § 5 Nr. 2 GeschGehG am typischen Leitbild eines Whistleblowers orientiert, dem ein Wirtschaftsprüfer, wie bereits festgestellt, nicht entspricht.

Damit erscheint eine Übertragung allein in Bezug auf ebenfalls vom Tatbestand erfasste Prüfungsgehilfen denkbar, denn der Begriff des Prüfgehilfen ist weit auszulegen und erfasst alle Hilfspersonen des Abschlussprüfers; mithin auch Büro- und Schreibkräfte. Diese Hilfspersonen entsprechen dem Leitbild eines Whistleblowers, der im Rahmen seiner beruflichen Tätigkeit Kenntnis von Missständen erlangt hat und diese offenbart. Damit könnte § 5 GeschGehG jedenfalls zugunsten von Prüfungsgehilfen analog anzuwenden sein.

Schließlich überzeugt jedoch auch eine solche Argumentation nicht. Dies gilt insbesondere, weil auch Prüfungsgehilfen den oben genannten besonderen Verschwiegenheitspflichten unterliegen und somit auch auf diese der weitreichende Ausschlussgrund des § 5 GeschGehG keine Anwendung finden darf. Auch wenn diese im Gegensatz zum Wirtschaftsprüfer eher zu Whistleblowern werden und in der Praxis ein gesteigertes Bedürfnis zu deren Schutz besteht, darf

---

[1239] *Ebke*, in: MüKo, HGB, § 321a Rn. 15.

[1240] *Bach*, in: Koller/Kindler/Drüen, HGB, § 323 Rn. 2.

dies nicht dazu führen, dass besondere Geheimhaltungspflichten unterlaufen werden.

bb) Rechtfertigender Notstand

Richtig ist jedenfalls, dass sowohl Abschlussprüfer als auch Gehilfen aufgrund ihrer weitreichenden Einsichts- und Auskunftsrechte einer weitreichenden Verschwiegenheitspflicht unterliegen (vgl. z. B. § 323 HGB)[1241] und diese somit kein generelles Recht zur Offenbarung von Straftaten haben.[1242] Demgemäß kommt auch eine Anwendung des Ausschlussgrundes des § 5 Nr. 2 GeschGehG nicht in Betracht. Davon unberührt bleibt jedoch die Möglichkeit einer Rechtfertigung nach § 34 StGB. Die Offenbarung bloßer Bagatelldelikte ist aufgrund der umfangreichen Verschwiegenheitspflicht nicht zu rechtfertigen.[1243] Hingegen kann über die Vorschrift des § 34 StGB eine Rechtfertigung in Betracht kommen, wenn es sich um Straftaten von einem besonderen Schweregrad handelt, bei denen das öffentliche Informationsinteresse das Geheimhaltungsinteresse überwiegt.[1244] Zudem kommt eine Rechtfertigung über § 34

[1241] *Klinger*, in: MüKo, HGB, § 333 Rn. 40.

[1242] *Gercke/Stirner*, in: Park, Kapitalmarktstrafrecht, § 333 HGB Rn. 37; *Waßmer*, in: BeckOGK, HGB, § 333 Rn. 70; a.A. *Altenhain*, in: HKMS-Bilanzrecht, § 333 HGB Rn. 49 f.

[1243] *Altenhain*, in: HKMS-Bilanzrecht, § 333 HGB Rn. 50.

[1244] *Dannecker*, in: Ulmer, HGB-Bilanzrecht, § 333 HGB Rn. 65; *Gercke/Stirner*, in: Park, Kapitalmarktstrafrecht, § 333 HGB Rn. 37; *Leplow*, in: MüKo, StGB, § 333 HGB Rn. 69; *Waßmer*, in: BeckOGK, HGB, § 333 Rn. 73; *ders*, in: MüKo, Bilanzrecht, § 333 HGB Rn. 46; a.A. *Klinger*, in: MüKo, HGB, § 333 Rn. 40, der aufgrund einer allgemeinen und umfassenden Verschwiegenheitspflicht Strafanzeigen jenseits von § 138 StGB für nicht gerechtfertigt ansieht.

StGB dann in Betracht, wenn die Wiederholung derselben oder einer vergleichbaren Straftat zu besorgen ist.[1245]

2. Strafbarkeit nach § 404 AktG

a) Schutzgegenstand und Täterkreis

Die Vorschrift des § 404 AktG schützt die Wahrung von Gesellschaftsgeheimnissen, welche für den (wirtschaftlichen) Erfolg einer Gesellschaft von maßgebender Bedeutung sind.[1246] Auch bei der Vorschrift des § 404 AktG handelt es sich um ein echtes Sonderdelikt, das für eine Täterschaft nach § 404 Abs. 1 Nr. 1 AktG ein Bekanntwerden des Geheimnisses in der Eigenschaft als Vorstands- bzw. Aufsichtsratsmitglied oder als Abwickler voraussetzt.[1247] Insofern knüpft die Vorschrift an die Verschwiegenheitsverpflichtungen für Vorstandsmitglieder (§ 93 Abs. 1 Satz 3 AktG), für Aufsichtsratsmitglieder (§§ 116, 93 Abs. 1 Satz 3 AktG) und Abwickler (§ 268 Abs. 2 Satz 1, § 93 Abs. 1 Satz 3 AktG) an.[1248] Sofern ihnen Geheimnisse in der vorbenannten Eigenschaft bekannt werden, sind

---

[1245] *Leplow*, in: MüKo, StGB, § 333 HGB Rn. 69; wohl auch *Gercke/Stirner*, in: Park, Kapitalmarktstrafrecht, § 333 HGB Rn. 37.

[1246] *Weiß*, in: MüKo, StGB, § 404 Rn. 1 ff.; nach a.A. sollen von dem Schutzumfang des § 404 AktG auch die einzelnen Gesellschafter umfasst sein, *Schaal*, in: Erbs/Kohlhaas, Strafrechtliche Nebengesetze, § 404 AktG Rn. 2; eine solche Auffassung verkennt jedoch die rechtliche und wirtschaftliche Selbstständigkeit einer Kapitalgesellschaft gegenüber ihren Aktionären, *Weiß*, in: MüKo, StGB, § 404 Rn. 1.

[1247] *Hefendehl*, in: Spindler/Stilz, AktG, § 404 Rn. 14; *Schal*, in: Erbs/Kohlhaas, Strafrechtliche Nebengesetze, § 404 AktG Rn. 3; *Wittig*, in: MüKo, AktG, § 404 Rn. 5.

[1248] *Hefendehl*, in: BeckOGK, AktG, § 404 Rn. 17.

sie zur Geheimhaltung verpflichtet; daran fehlt es, wenn das Geheimnis außerdienstlich bekannt geworden ist.[1249] Adressaten des § 404 Abs. 1 Nr. 1 AktG sind damit gerade diejenigen Personen, welche regelmäßig mit Geheimnissen der Gesellschaft aufgrund ihrer Tätigkeit in Berührung kommen.[1250] Gerade diese Personen sind aufgrund ihrer Stellung innerhalb der Gesellschaft dafür prädestiniert, Missstände auszumachen und über diese zu informieren. Dabei setzt die Täterschaft nach § 404 Abs. 1 Nr. 1 AktG nicht voraus, dass ein wirksamer Bestellungsakt des jeweiligen Organs vorliegt. Vielmehr genügt nach den Grundsätzen der Haftung für faktische Organe[1251], dass der Täter als Vorstands- oder Aufsichtsratsmitglied bzw. Abwickler aufgetreten ist.[1252] Dass der Täterkreis des § 404 Abs. 1 Nr. 1 AktG kaum abhängig Beschäftigte betreffen wird, steht der Whistleblower-Eigenschaft nicht entgegen.[1253]

Darüber hinaus erklärt die Vorschrift des § 404 Abs. 1 Nr. 2 AktG Prüfer oder Gehilfen eines Prüfers zum tauglichen Täterkreis. Jedoch kommt § 404 Abs. 1 Nr. 2 AktG für Abschlussprüfer und deren Gehilfen nur dann Bedeutung zu, wenn eine Strafbarkeit nicht schon

---

[1249] *Schaal*, in: Erbs/Kohlhaas, Strafrechtliche Nebengesetze, § 404 AktG Rn. 7.

[1250] *Hefendehl*, in: BeckOGK, AktG, § 404 Rn. 16.

[1251] Ausführlich hierzu *Kratzsch*, in: ZGR 2009, 506, 523 ff.; kritisch gegenüber einer Strafbarkeit für faktische Organe: *Bernsmann*, in: Heidel, Aktienrecht und Kapitalmarktrecht, § 404 AktG Rn. 2.

[1252] *Müller-Michaels*, in: Hölters/Weber, AktG, § 404 Rn. 7; *Wittig*, in: MüKo, StGB, § 404 AktG Rn. 14.

[1253] Siehe hierzu Kap. 1 I. 3. a) aa).

nach § 333 HGB gegeben ist, d. h. für den Jahresabschluss, für Einzelabschlüsse nach § 325 Abs. 2a HGB oder einen Konzernabschluss.[1254]

b) Tatobjekt und Tathandlung

Der Begriff des Gesellschaftsgeheimnisses als Tatgegenstand des § 404 Abs. 1 Nr. 1 AktG zählt namentlich Betriebs- und Geschäftsgeheimnisse zu den geschützten Geheimnissen. Für den Begriff des Geheimnisses gelten die bereits grundlegend aufgestellten Voraussetzungen.[1255] Teilweise wird jedoch angenommen, für die Vorschrift des § 404 AktG gelte die Legaldefinition des § 2 GeschGehG.[1256] Während die Vorschrift des § 1 Abs. 3 Nr. 1 GeschGehG bspw. die Regelungen zu § 203 StGB – und damit auch die dort zu stellenden Anforderungen an den Geheimnisbegriff – für unberührt erkläre, treffe das GeschGehG keine Aussage zu dem Verhältnis zu § 404 AktG bzw. § 85 GmbHG. Daraus resultiere in Ermangelung einer gleichlautenden Regelung zu § 203 StGB eine Anwendbarkeit des § 2 GeschGehG. Dieser Auffassung ist jedoch nicht zuzustimmen.[1257] Für die Übertragung der Voraussetzungen des § 2 GeschGehG auf den Geheimnisbegriff des § 404 AktG hätte es eines eindeutigen gesetzgeberischen Willens bedurft. Dieser kommt jedoch weder aus der Gesetzesbegründung zum GeschGehG zum Vorschein

---

[1254] *Raum*, in: Henssler/Strohn, Gesellschaftsrecht, § 404 Rn. 12.

[1255] Vgl. hierzu bereits Kap. 4 II. 2 b); *Gercke/Stirner*, in: Park, Kapitalmarktstrafrecht, § 404 AktG Rn. 15.

[1256] *Brockhaus*, in: ZIS 2020, 102, 119.

[1257] Ebenso *Hefendehl*, in: BeckOGK, AktG, § 404 Rn. 25; *Krause*, in: Leitner/Rosenau, Wirtschafts- und Steuerstrafrecht, § 404 Rn. 8.

noch sprechen der Sinn und Zweck des aktienrechtlichen Geheimnisschutz für eine Übertragung.[1258] Schließlich obliegt es dem Vorstand, angemessene Geheimhaltungsmaßnahmen festzulegen. Dieser ist jedoch gerade Adressat des § 404 AktG und könnte somit die Reichweite des Geschäftsgeheimnisschutzes zu seinen Gunsten beeinflussen.[1259] Auch der Wortlaut der Vorschrift spricht gegen eine Übertragung der Legaldefinition des § 2 GeschGehG auf den aktienrechtlichen Geheimnisbegriff. Dieser spricht ausdrücklich von „Geheimnis im Sinne dieses Gesetzes“, womit das Gesetz zum Schutz von Geschäftsgeheimnissen gemeint ist.[1260] Mit diesem Wortlaut korrespondiert auch ein entsprechender gesetzgeberischer Wille, der im Regierungsentwurf zum GeschGehG zum Ausdruck kommt. Einleitend zu § 2 GeschGehG wird formuliert, die Definitionen des § 2 GeschGehG gelten lediglich für „dieses Gesetz“ – namentlich das GeschGehG.[1261] Mithin bleibt es bei den allgemein für Geschäftsgeheimnisse geltenden Voraussetzungen. Ein Geheimnis erfordert daher, dass es nur einem bestimmten Personenkreis zur Verfügung steht sowie der Geheimnisinhaber über einen Geheimhaltungswillen und ein Geheimhaltungsinteresse verfügt.[1262]

Dies führt allerdings nicht dazu, dass die Frage danach, ob das Geschäftsgeheimnis durch angemessene Geheimhaltungsmaßnahmen geschützt wird, gegenstandslos wird. Sofern keine angemessenen

---

[1258] *Hefendehl*, in: BeckOGK, AktG, § 404 Rn. 25.

[1259] *Brammsen*, in: BB 2018, 2446, 2448; *Höfer*, in: GmbHR 2018, 1195, 1197; *Hiéramente*, in: BeckOK, GeschGehG, § 1 Rn. 23 f.

[1260] *Oetker*, in: FS Hopt, 901, 915.

[1261] BT-Drucks. 19/4724, S. 24; *McGuire*, in: Büscher, UWG, § 2 GeschGehG Rn. 2; *Oetker*, in: FS Hopt, 901, 915.

[1262] Kap. 4 II. 1. b).

Geheimhaltungsmaßnahmen getroffen werden, ist das Vorliegen eines Geheimnisses auch nach dem Geheimnisbegriff des § 404 AktG zweifelhaft. Dann nämlich wird es regelmäßig an dem Merkmal des subjektiven Geheimhaltungswillens fehlen,[1263] denn regelmäßig lässt sich dieser anhand objektiver Kriterien – wie bspw. der Vornahme von Geheimhaltungsmaßnahmen – bestimmen. Zudem sind angemessene Geheimhaltungsmaßnahmen bei der Frage von Bedeutung, ob ein Geheimnis offenkundig ist. Sofern ein Geheimnis ohne Vermeidemacht des Geheimnisträgers von Dritten zur Kenntnis genommen werden kann, ist das Geheimnis offenkundig und wird damit nicht von § 404 AktG geschützt.[1264] Ergreift der Geheimnisträger jedoch angemessene Geheimhaltungsmaßnahmen, ist das Merkmal der fehlenden Offenkundigkeit erfüllt. Als Tathandlung nennt auch die Vorschrift des § 404 AktG das unbefugte Offenbaren des Geheimnisses, wofür der Täter einem Dritten die Möglichkeit verschaffen muss, Kenntnis von dem Geheimnis zu erlangen.[1265]

c) Strafloses Offenbaren

Die Interessenlage für ein strafloses Offenbaren von Geschäftsgeheimnissen im Wege des Whistleblowings ist eine andere bei den von § 404 Abs. 1 Nr. 1 AktG adressierten Vorstands- und Aufsichtsratsmitgliedern. Maßgebend für die Möglichkeit eines straflosen Offenbarens ist zunächst, ob die Erlaubnisgründe des § 5 GeschGehG auf § 404 Abs. 1 Nr. 1 AktG angewendet werden können. Da die Vorschrift des § 5 GeschGehG in vielerlei Hinsicht günstigere und

---

[1263] *Hefendehl*, in: BeckOGK, AktG, § 404 Rn. 28.

[1264] *Hefendehl*, in: BeckOGK, AktG, § 404 Rn. 31.

[1265] *Krause*, in: Leitner/Rosenau, Wirtschafts- und Steuerstrafrecht, § 404 AktG Rn. 6.

für die Konstellation des Whistleblowings speziellere Vorgaben enthält, ist es für eine Strafbarkeit entscheidend, inwiefern eine Anwendung auf § 404 AktG erfolgen kann.

aa) Anwendung der Whistleblowingvorschrift des § 5 Nr. 2 GeschGehG

Auch wenn die Vorschrift des § 2 GeschGehG, welche den Geheimnisbegriff regelt, nicht auf den aktienrechtlichen Geheimnisbegriff übertragen werden kann, beinhaltet dies noch keine Vorentscheidung hinsichtlich einer etwaigen Übertragbarkeit des § 5 GeschGehG. Eine Anwendung des § 2 GeschGehG auf § 404 AktG scheitert schließlich daran, dass es andernfalls dem Vorstand als Adressat der Vorschrift obläge, über das Tatobjekt zu disponieren.

Allerdings muss eine Anwendung des Ausschlussgrundes des § 5 GeschGehG auch mit den besonderen Wertungen des § 404 AktG vereinbar sein. Eine Anwendung des § 5 GeschGehG auf die aktienrechtliche Vorschrift des § 404 AktG kann nur dann erfolgen, wenn eine vergleichbare Interessenlage besteht. Der Täterkreis des § 404 AktG weist Besonderheiten auf, die eine Übertragung des weitreichenden Ausschlussgrundes des § 5 Nr. 2 GeschGehG erschweren. Der typische Whistleblower ist aufgrund seiner Stellung in einer Organisation selbst nicht dazu in der Lage, den erkannten Missstand zu beseitigen.[1266] Aufsichtsrats- und Vorstandsmitglieder werden aufgrund ihrer einflussreichen Position im Unternehmen jedoch regel-

[1266] Kap. 1 I. 3. a) dd).

mäßig in der Lage sein, den erkannten Missstand selbst zu beseitigen,[1267] womit diese sich deutlich von den typischen Whistleblowern, welche die Vorschrift des § 5 Nr. 2 GeschGehG adressiert, unterscheiden.

Aber auch generell unterliegt der Täterkreis des § 404 AktG strengeren Geheimhaltungsvorschriften.[1268] In Bezug auf die ebenso erfassten Abschlussprüfer und Gehilfen (§ 404 Abs. 1 Nr. 2 AktG) ergeben sich strenge Geheimhaltungspflichten, wie bereits festgestellt, etwa aus § 323 Abs. 1 Satz 1 HGB, da diese weitreichende Einblicke in eine Gesellschaft erlangen.[1269] Auch Vorstandsmitglieder (§ 93 Abs. 1 Satz 3)[1270] und Aufsichtsratsmitglieder (§ 116 Satz 2, Satz 1 i. V. m. § 93 Abs. 1 Satz 3)[1271] unterliegen strengeren Geheimhaltungsvorschriften als andere Organisationsangehörige. Insbesondere die Weite des § 5 Nr. 2 GeschGehG, die nach dem Wortlaut auch eine Meldung bei unethischen Verhaltensweisen erlaubt, erschwert eine Übertragung auf § 404 AktG, der einen Täterkreis betrifft, der qua Gesetz besonderen Geheimhaltungspflichten unterliegt. Dies gilt nicht nur für Aufsichtsrats- und Vorstandsmitglieder, die kraft ihrer Stellung regelmäßig nicht zu Whistleblowern werden, da sie selbst imstande sind, den Missstand zu beseitigen. Vielmehr gelten

---

[1267] *Weiß*, in: MüKo, StGB, § 404 Rn. 73.

[1268] *Rönnau*, in: Scholz, GmbHG, § 85 Rn. 52; vgl. zum Täterkreis des § 23 GeschGehG; Kap. 4. I. 1.

[1269] Zur Verschwiegenheitspflicht von Abschlussprüfern und deren Gehilfen *Klinger*, in: MüKo, HGB, § 333 Rn. 40.

[1270] Ausführlich zu den Verschwiegenheitspflichten von Vorstandsmitgliedern *Pusch/Daub*, in: NomosKommentar, Gesamtes Arbeitsrecht, § 93 AktG Rn. 31 ff.

[1271] Hierzu *Henssler*, in: Hennssler/Strohn, Gesellschaftsrecht, § 116 AktG Rn. 9 ff.

die gesteigerten Geheimhaltungsvorschriften – wie im Rahmen des § 333 HGB bereits dargestellt – ebenfalls für Abschlussprüfer und Gehilfen, was gegen eine Übertragung des § 5 Nr. 2 GeschGehG spricht.

Zwar sprechen Argumente eines einheitlichen Hinweisgeberschutzes grundsätzlich für eine möglichst weitreichende Übertragung des § 5 Nr. 2 GeschGehG auf andere Strafnormen. Dies gilt allerdings nur so lange, wie eine vergleichbare Interessenlage besteht. Angesichts besonderer Verschwiegenheitspflichten für den Täterkreis des § 404 AktG – der nicht nur auf Vorstands- und Aufsichtsratsmitglieder anzuwenden ist, sondern auch auf Abschlussprüfer und Gehilfen, scheidet eine Übertragung von § 5 Nr. 2 GeschGehG auch hier aus. Für Vorstands- und Aufsichtsratsmitglieder gilt dies bereits deshalb, weil deren Interessen von denen eines typischen Whistleblowers gänzlich verschieden sind und sie in aller Regel dazu in der Lage sind, den erkannten Missstand selbst zu beseitigen. Aber auch eine Anwendung auf Abschlussprüfer bzw. Gehilfen ist ausgeschlossen, denn andernfalls würden die besonderen Verschwiegenheitspflichten durch die Anwendung von § 5 Nr. 2 GeschGehG unterlaufen.

bb) Rechtfertigender Notstand

Somit erlangt wiederum der rechtfertigende Notstand des § 34 StGB Bedeutung. Trotz strenger Verschwiegenheitspflichten für den Täterkreis des § 404 AktG darf das Interesse einer Offenbarung nicht per se hinter dem Geheimhaltungsinteresse zurückstehen. Insofern ermöglicht eine Anwendung der Vorschrift des § 34 StGB eine umfassende Güter- und Interessenabwägung zwischen den schutzwürdigen Geheimhaltungsinteressen der Gesellschaft, die für den wirtschaftlichen Erfolg wesentlich sind, und den Offenbarungsinteressen des Whistleblowers. Insofern gelten in Bezug auf eine Anwendung des § 34 StGB die bereits aufgestellten Grundsätze.[1272] Zusätzlich muss die besondere Interessenlage des § 404 AktG berücksichtigt werden. Da Vorstands- und Aufsichtsratsmitglieder aufgrund ihrer besonderen Stellung in dem Unternehmen Missstände regelmäßig selbst abstellen können, ist das Merkmal der Erforderlichkeit externen Whistleblowings einer genauen Prüfung zu unterziehen.

cc) Strafloses Offenbaren im Wege des HinSchG

Auch das HinSchG kommt als Regelung zum straflosen Whistleblowing im Rahmen des § 404 AktG in Betracht. Zwar spricht der persönliche Anwendungsbereich des § 1 Abs. 1 HinSchG von beruflicher Tätigkeit. Hierunter fallen wie gesehen nicht nur abhängig Beschäftigte im Sinne des Arbeitnehmerbegriffs (§ 611a BGB). Vielmehr ist dieser aus europarechtlichen Gründen weit zu verstehen. Erfasst sind auch Selbstständige und – insofern für § 404 AktG relevant – Organmitglieder von Gesellschaften.[1273] Damit sind nicht nur die ausdrücklich genannten Aufsichtsratsmitglieder vom Schutzumfang der Richtlinie erfasst, sondern auch andere Organmitglieder, wie der Vorstand.

Sofern also ein Vorstands- oder Aufsichtsratsmitglied einen Verstoß meldet, der in den sachlichen Anwendungsbereich des HinSchG fällt, und er die Meldereihenfolge des HinSchG einhält, kann er sich auf einen Schutz berufen, der auch eine Strafbarkeit ausschließt. Für

---

[1272] Kap. 4 I. 6.
[1273] BT-Drucks. 20/3442, S. 55.

Vorstandsmitglieder wird insofern insbesondere die vorherige externe Meldung unter Nutzung externer Meldekanäle (§§ 19 ff. HinSchG) in Betracht kommen.

dd) Weitere Möglichkeiten des straflosen Offenbarens

Wie bei den zuvor dargestellten Vorschriften lassen gesetzliche Auskunfts- und Aussagepflichten eine Strafbarkeit entfallen. Besondere Bedeutung kommt insofern aktienrechtlichen Auskunftspflichten zu. So hat der Vorstand einer AG jedem Aktionär auf sein Verlangen hin Auskunft über Angelegenheiten der Gesellschaft zu geben, soweit diese zur sachgemäßen Beurteilung des Gegenstands der Tagesordnung erforderlich sind, § 131 Abs. 1 Satz 1 AktG.[1274] Des Weiteren kommen Aussagepflichten im gerichtlichen Verfahren in Betracht.[1275]

3. Strafbarkeit nach § 85 GmbHG

Wie bereits angedeutet, deckt sich der Straftatbestand des § 85 GmbHG weitgehend mit demjenigen des § 404 AktG.[1276] Daher ist an dieser Stelle lediglich auf die Besonderheiten der Vorschrift einzugehen. Hinsichtlich des Begriffs des Geheimnisses der Gesellschaft kann auf die zuvor bei § 404 AktG getroffenen Feststellungen verwiesen werden. Ein Geschäftsgeheimnis setzt auch im Rahmen

---

[1274] *Gercke/Stirner*, in: Park, Kapitalmarktstrafrecht, § 404 AktG Rn. 26; *Krause*, in: Leitner/Rosenau, Wirtschafts- und Steuerstrafrecht, § 404 AktG Rn. 15.

[1275] Eingehend hierzu *Wittig*, in: MüKo, StGB, § 404 Rn. 38.

[1276] *Altmeppen*, in: Altmeppen, GmbHG, § 85 Rn. 1; *Schaal*, in: Erbs/Kohlhaas, Strafrechtliche Nebengesetze, § 85 Rn. 2.

des § 85 GmbHG fehlende Offenkundigkeit, ein Geheimhaltungsinteresse und einen Geheimhaltungswillen voraus. Eine Übertragung des Geheimnisbegriffs des § 2 GeschGehG ist aus denselben Gründen abzulehnen wie bei § 404 AktG. Unterschiede ergeben sich hinsichtlich des Täterkreises. Neben der bereits aus § 404 AktG bekannten Tätereigenschaft eines Aufsichtsratsmitglieds können Geschäftsführer und Liquidatoren[1277] taugliche Täter sein. Die Geschäftsführereigenschaft richtet sich nach den Regeln des GmbHG, wobei auch faktische Geschäftsführer taugliche Täter sein können.[1278] Täter kann auch im Rahmen des § 85 GmbHG nur sein, wer von dem Geheimnis in seiner Eigenschaft als Funktionsträger erfahren hat, wobei es nicht darauf ankommt, dass die Organfunktion zum Zeitpunkt der Tathandlung fortbesteht.[1279] Ein strafloses Whistleblowing kommt auch bei § 85 GmbHG über § 34 StGB in Betracht. Im Übrigen sind für die Frage des straffreien Offenbarens von Gesellschaftsgeheimnissen die gesetzlichen Auskunfts- und Aussagepflichten von Bedeutung, zu denen auch das HinSchG zählt. Für den Tatbestand des § 85 GmbHG wird über die bereits benannten Auskunfts- und Aussagepflichten das Auskunfts- und Einsichtsrecht der Gesellschafter gem. § 51a GmbHG relevant.[1280]

[1277] Zu den Aufgaben des Liquidators vgl. § 70 GmbHG.

[1278] *Altmeppen*, in: Altmeppen, GmbHG, § 85 Rn. 2; *Servatius*, in: Henssler/Strohn, Gesellschaftsrecht, § 85 GmbHG Rn. 6.

[1279] *Nestler*, in: Michalski/Heidinger/Leible/Schmidt, GmbHG, § 85 Rn. 21.

[1280] OLG Hamm, GmbHR 1988, 218, 219.

IV. Strafbarkeit wegen der Verwirklichung von Begleitdelikten

Bisher nur wenig beleuchtet wurde die Frage, inwieweit Whistleblower einem Strafbarkeitsrisiko in Bezug auf Begleitdelikte ausgesetzt sind, wobei dem Akt des Offenbarens von Geheimnissen bisweilen ein den Tatbestand eines Vermögensdeliktes verwirklichendes Erlangen des Geheimnisses vorausgeht. Zwar stellt die Vorschrift des § 23 Abs. 1 Nr. 1 GeschGehG auch ein verbotswidriges Erlangen unter Strafe, was im Vorfeld der eigentlichen Whistleblowing-Handlung Strafbarkeitsrisiken in sich birgt. Darüber hinaus dürfen jedoch andere Vorschriften nicht unberücksichtigt bleiben. Die folgenden Darstellungen werden zunächst jeweils die Tatbestände möglicher Begleitdelikte darstellen, um anschließend gesondert die Frage nach der Anwendung von Ausschluss- und Rechtfertigungsgründen aufzuwerfen.

1. Diebstahl der für die Whistleblowing-Handlung erforderlichen Informationen nach § 242 StGB

Naheliegend ist zunächst, dass der Whistleblower für seine anschließenden Enthüllungen eine bewegliche Sache wegnimmt, womit er möglicherweise einen Diebstahl nach § 242 StGB verwirklichen könnte. In Abgrenzung zum Straftatbestand des Ausspähens von Daten[1281] muss es sich bei dem Tatgegenstand um eine bewegliche Sache handeln, was das Vorliegen eines körperlichen Gegenstandes erfordert.[1282] Denkbar ist die Konstellation, in der ein Whistleblower

---

[1281] Dazu Kap. 4 II. 2.

[1282] *Krey/Hellmann/Heinrich*, Strafrecht BT Bd. 2, § 1 Rn. 1; *Schmitz*, in: MüKo, StGB, § 242 Rn. 25.

einen Daten- oder Informationsträger entwendet, um die darauf abgespeicherten Informationen preiszugeben.[1283] Da es sich in einer solchen Konstellation um einen körperlichen Gegenstand als taugliches Tatobjekt handelt, kommt die Vorschrift des § 242 StGB zum Tragen.

a) Wegnahme als Tathandlung des Diebstahls

Problematischer als der Tatgegenstand des § 242 StGB, der sich durch die Frage klären lässt, ob es sich um einen körperlichen Gegenstand im Sinne des § 90 BGB handelt, ist das Tatbestandsmerkmal der Wegnahme. Die Wegnahme einer Sache beinhaltet den Bruch fremden und die Begründung neuen Gewahrsams, wobei Gewahrsam die von einem natürlichen Herrschaftswillen getragene tatsächliche Sachherrschaft über eine Sache bedeutet.[1284] Damit fremder Gewahrsam an einer Sache gebrochen werden kann, muss zunächst überhaupt fremder Gewahrsam bestehen, d. h. der Täter darf nicht selbst ausschließlicher Gewahrsamsinhaber sein.[1285] Denkbar sind insofern zwei Fallkonstellationen, die voneinander unterschieden werden müssen.

[1283] Hiervon muss die später noch zu beleuchtende Konstellation abgegrenzt werden, in welcher der Whistleblower den Datenträger als solchen erst gar nicht in seinen Gewahrsam verbringt, sondern die Daten – etwa an seinem Arbeitsplatz – analysiert.

[1284] *Bosch*, in: Schönke/Schröder, StGB, § 242 Rn. 32; *Rengier*, Strafrecht BT1, § 2 Rn. 23; *Hilgendorf/Valerius*, Strafrecht BT2, § 2 Rn. 22.

[1285] *Bosch*, in: Schönke/Schröder, StGB, § 242 Rn. 32.

aa) Zugriff auf eine dem Täter nicht zugänglich gemachte Sache

In dieser Fallkonstellation kann der Täter nicht über die Sache verfügen. Vielmehr greift er auf eine Sache zu, die ihm weder zu Arbeitszwecken noch anderweitig zugänglich gemacht worden ist. Um die tatsächliche Sachherrschaft über die Sache zu erlangen, muss er mithin zunächst fremden Gewahrsam eines anderen brechen. Selbst wenn die Sache nicht vor dem Täter verborgen oder gegen unerlaubten Zugriff gesichert ist, ist damit eine tatsächliche Sachherrschaft des Täters abzulehnen. Maßgebende Bedeutung kommt nämlich der sozialen Zuordnung bzw. der Verkehrsanschauung zu,[1286] die in der genannten Fallkonstellation den Täter als Gewahrsamsinhaber ausschließt. Wenn ein bestimmter Datenträger also dem Whistleblower nicht etwa zu Arbeitszwecken überlassen ist, dann hat er nach der Verkehrsanschauung auch keinen Gewahrsam an der Sache.

bb) Eine dem Täter überlassene Sache

Problematischer ist hingegen die Fallkonstellation, in welcher der Informationsträger dem Whistleblower – bspw. zu Arbeitszwecken – überlassen worden ist. Insofern liegt die Annahme nahe, dass der Täter (zumindest auch) Gewahrsam an der Sache hat. Dies schließt jedoch einen Bruch fremden Gewahrsams nicht per se aus, sofern er Mitgewahrsam – etwa denjenigen des Arbeitgebers – bricht.[1287] Ob dem Arbeitgeber dabei Mitgewahrsam zuzusprechen ist, beurteilt

---

[1286] BGH, NStZ 2019, 726, 727; BGH, NJW-RR 2017, 818, 819; BGH, NStZ 1987, 71.

[1287] *Hilgendorf/Valerius*, Strafrecht BT2, § 2 Rn. 31; *Mückenberger/Sättele*, in: Internal Investigations, Kap. 26 Rn. 140; *Rengier*, Strafrecht BT1, § 2 Rn. 33; *Schmidt*, in: Matt/Renzikowski, StGB, § 242 Rn. 15.

sich wiederum nach der Verkehrsanschauung.[1288] Für die Annahme von Mitgewahrsam des Arbeitgebers genügt es jedenfalls nicht bereits, dass der Arbeitgeber sein Weisungsrecht gegenüber dem Arbeitnehmer ausüben kann (§ 106 GewO).[1289] Gleichwohl besteht die Möglichkeit, im Einzelfall Gewahrsam des Arbeitgebers anzunehmen. Dies ist dann der Fall, wenn ein übergeordneter Gewahrsam des Arbeitgebers angenommen wird.[1290] Der (untergeordnete) Mitgewahrsam eines Angestellten ändert insofern nichts an der Möglichkeit eines Gewahrsamsbruchs, da der fremde Mitgewahrsam des Arbeitgebers bestehen bleibt und dieser die tatsächliche Sachherrschaft jederzeit an sich ziehen kann.[1291] Ob ein solcher anzunehmen ist, bestimmt sich nach der Verkehrsanschauung und den Besonderheiten des Einzelfalls. Entwendet bspw. ein leitender Angestellter oder gar jemand aus dem Täterkreis des § 404 AktG bzw. § 85 GmbHG einen Informationsträger, so scheidet ein Gewahrsamsbruch aus. Ein übergeordneter Gewahrsam des Arbeitgebers ist auch dann abzulehnen, wenn dem Arbeitnehmer Gegenstände, wie bspw.

[1288] *Hilgendorf/Valerius*, Strafrecht BT2, § 2 Rn. 32; *Rengier*, Strafrecht BT1, § 2 Rn. 37.

[1289] BGH, NStZ-RR 2018, 108, 109; *Duttge*, in: Dölling/Duttge/König/Rössner, Gesamtes Strafrecht, § 242 StGB Rn. 24.

[1290] BGH, NStZ-RR 1996, 131, 132; *Heghmanns*, Strafrecht BT, Kap. 33 Rn. 1138; *Mückenberger/Sättele*, in: Internal Investigations, Kap. 26 Rn. 140; die Fallgruppe des übergeordneten Gewahrsams ablehnend *Rönnau*, in: JuS 2009, 1088, 1090.

[1291] *Heghmanns*, Strafrecht BT, Kap. 33 Rn. 1138.

Bücher oder Datenträger, zum alleinigen Dienstgebrauch überlassen worden sind.[1292]

b) Subjektiver Tatbestand

Eine weitere Hürde für die Verwirklichung eines Diebstahls stellt der subjektive Tatbestand des § 242 StGB dar. Dieser verlangt neben vorsätzlichem Handeln hinsichtlich der objektiven Tatbestandsmerkmale ein Handeln mit Zueignungsabsicht als besonderes subjektives Merkmal. Definitionsgemäß wird unter Zueignungsabsicht die Anmaßung einer eigentümerähnlichen Stellung verstanden, indem der Täter sich die Sache selbst oder einen in ihr verkörperten Sachwert einverleibt.[1293] Zu unterscheiden sind insbesondere zwei verschiedene Komponenten. Die erste Komponente der Zueignungsabsicht besteht in dem Willen des Täters (insofern genügt dolus eventualis), die Sache dem Eigentümer dauerhaft zu entziehen.[1294] An dieser Stelle besteht für die Strafbarkeit des Whistleblowings eine weitere Hürde, denn einem Whistleblower wird es jedenfalls nicht darauf ankommen, den Datenträger dauerhaft zu behalten, sondern vielmehr möchte er die darauf befindlichen Informationen einer externen Stelle (bspw. den Strafverfolgungsbehörden oder der Öffentlichkeit) zugänglich machen. Für die Verwirklichung des Tatbestandes muss es ihm jedoch wie gesehen nicht darauf ankommen, die Sache nicht mehr an den Eigentümer gelangen zu lassen. Vielmehr

---

[1292] *Fischer*, StGB, § 242 Rn. 14; *Mückenberger/Sättele*, in: Internal Investigations, Kap. 26 Rn. 141.

[1293] *Bosch*, in: Schönke/Schröder, StGB, § 242 Rn. 47; *Heger*, in: Lackner/Kühl /Heger, StGB, § 242, Rn. 21.

[1294] *Arzt/Weber/Heinrich/Hilgendorf*, Strafrecht BT, § 13 Rn. 124; *Eisele*, Strafrecht BT2, § 2 Rn. 65; *ders*, in: JuS 2019, 178, 179.

genügt es im Sinne des bedingten Vorsatzes, wenn er es billigend in Kauf nimmt bzw. ernstlich für möglich hält, dass der Datenträger nicht mehr an den Eigentümer (die betroffene Organisation) zurückgelangt. Sofern der Whistleblower im maßgeblichen Zeitpunkt der Wegnahme jedoch beabsichtigt, den Informationsträger an die betroffene Organisation zurückgelangen zu lassen, ist ein bedingt vorsätzliches Handeln bezüglich der Enteignungskomponente ausgeschlossen.[1295] Für den Fall, dass der Täter die Sachsubstanz des Informationsträgers an die betroffene Organisation zurückgelangen lassen will, ist ein Diebstahl gleichwohl dann denkbar, wenn sich der Vorsatz (dolus eventualis) des Täters auf die Entziehung eines der Sache innewohnenden Sachwerts bezieht.[1296] Eine denkbare Fallkonstellation des Whistleblowings besteht darin, dass ein Whistleblower die für ihn maßgeblichen Informationen nach Kenntnisnahme oder Kopie an die Organisation zurückgelangen lassen will. Soweit ein Whistleblower bspw. einen Datenträger wegnimmt und die darauf befindlichen Daten zur Kenntnis nimmt oder als Kopie abspeichert, liegt hierin keine Sachwertzueignung, da der Whistleblower mit dem Willen handelt, die Sache unverändert an den ursprünglichen Gewahrsamsinhaber zurückgelangen zu lassen, womit ein in der Sache verkörperter Sachwert gerade nicht entzogen

---

[1295] Zum Vorsatzausschluss bei bestehendem Rückführungswillen vgl. BGH, NStZ-RR 2019, 248; BGH, NStZ-RR 2012, 207, 208.

[1296] Sogenannte Vereinigungslehre. Für einen Diebstahl muss nicht notwendigerweise der Entzug der Sachsubstanz vom bedingten Vorsatz des Täters umfasst sein. Es genügt, wenn er den in ihr verkörperten Sachwert entziehen will BGH, NJW 2018, 3598, Rn. 11; BGH, NStZ 2019, 344, 345; *Schmitz*, in: MüKo, StGB, § 242 Rn. 138; *Wessels/Hillenkamp/Schuhr*, Strafrecht BT2, Rn. 147 ff.

wird.[1297] Damit sind die Hürden für einen Diebstahl in den typischen Fällen des Whistleblowings hoch, da der Whistleblower sich regelmäßig darauf berufen können wird, er habe lediglich Informationen zur Kenntnis nehmen oder kopieren wollen und den Datenträger anschließend ohne Funktionsbeeinträchtigung an die Organisation zurückgelangen lassen wollen.[1298] Anders liegt der Fall hinsichtlich der Enteignungskomponente bspw. dann, wenn der Hinweisgeber zwar eine Rückgabe beabsichtigt, den Datenträger aber durch das Kopieren und anschließende – unwiederbringliche – Löschen der Daten für den Eigentümer nutzlos macht, da dieser dem ursprünglichen Inhaber nur noch als „leere Hülle" zurückgegeben wird.[1299] Vernichtet der Hinweisgeber den Datenträger, nachdem er die Informationen zur Kenntnis genommen bzw. kopiert hat, so ist dolus eventualis zu bejahen. Für den Enteignungsvorsatz genügt es nämlich, dass der Whistleblower im Sinne des Eventualvorsatzes es ernsthaft für möglich hält bzw. billigend in Kauf nimmt, dass die Sachen nicht mehr an den ursprünglichen Gewahrsamsinhaber zurückgelangen, was bei einem Vernichten des Informationsträgers zu bejahen ist.[1300] Auch eine Aneignung ist in diesem Fall zu bejahen. Die erforderliche Anmaßung einer eigentümerähnlichen Verfügungsgewalt muss lediglich vorübergehend bestehen.[1301]

[1297] So auch BGH, NStZ 2012, 627 in Bezug auf die Wegnahme eines Mobiltelefons selbst für den Fall einer beabsichtigten Durchsuchung oder Datenkopie.

[1298] *Reinbacher*, in: ZStW 2014, 642, 659.

[1299] *Reinbacher*, in: ZStW 2014, 642, 661.

[1300] Im Ergebnis auch *Reinbacher*, in: ZStW 2014, 644, 663.

[1301] *Schmidt*, in: Matt/Renzikowski, StGB, § 242 Rn. 32; *Wittig*, in: BeckOK, StGB, § 242 Rn. 37.

2. Unterschlagung gem. § 246 StGB

Eine strafbare Unterschlagung gem. § 246 StGB kommt dann in Betracht, wenn der Whistleblower selbst Gewahrsamsinhaber der Sache ist, weil diese ihm bspw. zu Arbeitszwecken überlassen worden ist und er diese mithin nicht mehr wegnehmen kann. Im Rahmen des Straftatbestandes des § 246 StGB ist der innere Wille, sich die Sache zuzueignen als solcher nicht ausreichend. Vielmehr muss sich der Zueignungswille des Täters nach außen durch einen Zueignungsakt manifestiert haben.[1302] Eine Handlung, in der sich der Zueignungswille des Whistleblowers manifestiert, kann nicht bei typischen Whistleblowinghandlungen wie dem Kopieren von Daten gesehen werden, sofern dieser den Datenträger an den Berechtigten zurückgelangen lassen will.[1303] Insofern gelten die Darstellungen zu § 242 StGB.

3. Ausspähen von Daten gem. § 202a StGB

Da ein Diebstahl aufgrund der Hürden im Rahmen der Wegnahme und insbesondere der Zueignungsabsicht oftmals ausscheiden wird, lohnt ein näherer Blick auf die Vorschrift des § 202a StGB. Zum einen bezieht sich die Vorschrift unmittelbar auf Daten, womit es nicht auf eine Wegnahme des verkörpernden Datenträgers ankommt. Zum anderen verlangt § 202a StGB im Gegensatz zu § 242 StGB keine besonderen Absichten.

[1302] *Bosch*, in: Schönke/Schröder, StGB, § 246 Rn. 10.

[1303] BayOblG, NJW 1992, 1777; *Bosch*, in: Schönke/Schröder, StGB, § 246 Rn. 11.

a) Objektiver Tatbestand gem. § 202a StGB

Tatgegenstand des § 202a Abs. 1 StGB sind Daten. Die in § 202a Abs. 2 StGB enthaltene Legaldefinition konkretisiert den Begriff der Daten dahingehend, dass Daten nur solche sein können, die elektronisch, magnetisch oder sonst nicht unmittelbar wahrnehmbar gespeichert sind oder übermittelt werden.[1304] Die für Whistleblower maßgeblichen Informationen werden regelmäßig als Daten im Sinne der zuvor genannten Information gespeichert sein, die mittlerweile verkörperte Informationsträger wie Aktenbestände weitgehend abgelöst haben dürften.

Zudem muss es sich um Daten handeln, die gegen unberechtigten Zugang gesichert sind, wofür jede Vorkehrung genügt, die den Zugang Unbefugter nicht ganz unwesentlich erschwert oder verhindert.[1305] Dabei kommt es nicht darauf an, ob es sich um eine mechanische Vorrichtung handelt (z. B. durch Aufbewahrung des Datenträgers in einem bestimmten Raum) oder eine Verschlüsselung der Daten selbst durch eine Software (Passwörter) vorliegt.[1306]

Der Tatbestand des § 202a StGB verlangt zudem, dass die Daten für den Empfänger nicht bestimmt sind. Dem Whistleblower dürfen die Daten also nicht zur Nutzung überlassen worden sein.[1307] Dies gilt auch für den Fall, dass der Empfänger die Daten nur für bestimmte

---

[1304] *Altenhain*, in: Matt/Renzikowski, StGB, § 202a Rn. 3; *Tag*, in: Dölling/Duttge /König/Rössner, Gesamtes Strafrecht, § 202a StGB Rn. 4.

[1305] *Popp*, in: AnwaltKommentar, StGB, § 202a Rn. 7.

[1306] *Popp*, in: AnwaltKommentar, StGB, § 202a Rn. 7 f.

[1307] *Eisele*, in: Schönke/Schröder, StGB, § 202a Rn. 11.

Zwecke nutzen darf.[1308] Werden Daten etwa einem Arbeitnehmer zu einem beschränkten Nutzungszweck überlassen und dieser überschreitet diesen durch die Weiterleitung von Informationen an Dritte, so handelt es sich gleichwohl um Informationen, die für den Empfänger bestimmt sind, womit eine Strafbarkeit nach § 202a StGB ausscheidet.[1309] Auch ein vertragswidriges Anfertigen von Kopien, etwa durch die Überwindung von Kopierschutzsicherungen, zieht die Bestimmung für den Empfänger nicht in Zweifel.[1310] Insofern liegt ein Vergleich zum Gewahrsamsbruch nahe.[1311] Denn auch dort schließt ein tatbestandsausschließendes Einverständnis durch die einverständliche Übertragung des Gewahrsams eine Strafbarkeit nach § 242 StGB aus. So liegt der Fall auch bei der einverständlichen Nutzung von Daten, selbst wenn der Nutzungszweck überschritten wird.[1312] Dies begründet – wie bei § 242 StGB –, dass eine Strafbarkeit nach § 202a StGB für Whistleblower oftmals ausscheiden wird. Diese erlangen nämlich oftmals gerade aufgrund ihrer beruflichen Tätigkeit und des damit verbundenen Zugangs zu Daten Kenntnis von Informationen, die schließlich Gegenstand des Whistleblowings werden. Dass sie mit dem Zugänglichmachen der Informationen für Dritte möglicherweise eine Nutzungsbeschränkung verletzen oder sich vertragswidrig verhalten, ist indessen ohne Bedeutung. Eine Strafbarkeit kommt damit allenfalls in Betracht, wenn sich ein Whistleblower Zugang zu Informationen verschafft, die ihm nicht –

1308 *Eisele*, in: Schönke/Schröder, StGB, § 202a Rn. 11; *Graf*, in: MüKo, StGB, § 202a Rn. 24.

1309 *Eisele*, in: Schönke/Schröder, StGB, § 202a StGB Rn. 11.

1310 *Hilgendorf*, in: LK-StGB, § 202a StGB Rn. 22.

1311 So auch *Hilgendorf*, in: LK-StGB, § 202a Rn. 20.

1312 *Hilgendorf*, in: LK-StGB, § 202a Rn. 20.

etwa zu Arbeitszwecken – überlassen worden sind. Für diesen Fall muss er sich den Zugang zu den Informationen unter Überwindung der Zugangsbeschränkung verschafft haben. Dafür ist erforderlich, dass die Zugangssicherung im Moment des Verschaffens[1313] wirksam ist.[1314]

b) Subjektiver Tatbestand und Zwischenergebnis

Für die Verwirklichung des subjektiven Tatbestandes genügt dolus eventualis hinsichtlich aller objektiven Tatbestandsmerkmale, wobei insbesondere die Frage nach der Bestimmung von Relevanz ist. Die irrige Annahme des Täters, die Daten seien für ihn bestimmt, führt zu einem Tatbestandsirrtum gem. § 16 StGB.[1315]

c) Zwischenergebnis

Auch die Vorschrift des § 202a StGB beinhaltet für Whistleblower potenziell Strafbarkeitsrisiken. Dies gilt jedoch nur dann, wenn er auf Daten zugreift, die ihm nicht zu Arbeitszwecken überlassen worden sind, denn in diesem Fall wird von einer Bestimmung der Daten für ihn auszugehen sein können. Dieses Merkmal wird in der Praxis des Whistleblowings oftmals zum Ausscheiden des Tatbestandes führen.

[1313] Ausführlich zum Begriff des Verschaffens *Dietrich*, Das Erfordernis der besonderen Sicherung, S. 89 ff.; *Reinbacher*, in: Leitner/Rosenau, Wirtschafts- und Steuerstrafrecht, § 202a StGB Rn. 21.

[1314] *Eisele*, in: Schönke/Schröder, StGB, § 202a Rn. 20; *Hilgendorf*, in: LK- StGB, § 202a StGB Rn. 29.

[1315] *Hilgendorf*, in: LK-StGB, § 202a StGB Rn. 37.

4. Untreue gem. § 266 StGB

Zudem kann ein Whistleblower, der interne Informationen seines Unternehmens weitergibt, eine strafbare Untreue gem. § 266 StGB begehen. Wesentliche Voraussetzung der Untreue nach § 266 StGB ist das Bestehen einer Vermögensbetreuungspflicht. Diese setzt voraus, dass der Täter die Pflicht hat, fremde Vermögensinteressen eigenverantwortlich und selbstständig als Hauptpflicht zu wahren.[1316] Eine solche Vermögensbetreuungspflicht wird bei leitenden Angestellten oder Personen, welche für den Erfolg des Unternehmens von wesentlicher Bedeutung sind, zu bejahen sein.[1317] Gerade diese Personen haben durch ihre besonderen Einblicke in unternehmensinterne Abläufe großes Potenzial, zum Whistleblower zu werden. Die erforderliche Vermögensbetreuungspflicht kann auch in einem Arbeitsverhältnis begründet werden. Voraussetzung ist, dass der Verpflichtete wesentliche Aufgaben wahrnimmt, bei der Entscheidung einen Beurteilungsspielraum hat und die Betreuung der Vermögensinteressen des Unternehmens zu seinen Hauptleistungspflichten zählt.[1318] Durch die Weitergabe eines Geheimnisses an einen Dritten verletzt ein Whistleblower seine Vermögensbetreuungspflicht.[1319] Der erforderliche Vermögensnachteil wird regelmäßig darin zu erblicken sein, dass Geheimnisse eines Unternehmens für dieses von erheblichem wirtschaftlichem Wert sind und deren Offenlegung zu

---

[1316] BGH, NZWiSt 2020, 402, 403 f.; *Beukelmann*, in: Dölling/Duttge/König/Rössner, Gesamtes Strafrecht, § 266 StGB Rn. 11; *Dierlamm/Becker*, in: MüKo, StGB, § 266 Rn. 41 ff.

[1317] *Kiehte/Hohmann*, in: NStZ 2006, 185, 191.

[1318] BGHSt 5, 187, 188 f.; 3, 289, 291; OLG Frankfurt a.M., NStZ-RR 1997, 201, 202; *Kiehte/Hohmann*, in: NStZ 2006, 185, 191.

[1319] *Kiehte/Hohmann*, in: NStZ 2006, 185, 191.

einem Schaden führt.[1320] Zwar stellt der Verrat illegaler Geheimnisse das Bestehen eines Vermögensnachteils grundsätzlich nicht in Zweifel, denn auch rechtswidrige Vermögenswerte unterfallen nach der zutreffenden überwiegenden Ansicht dem Schutz des § 266 StGB.[1321] Das BVerfG[1322] fordert jedoch eine Bezifferung des Schadens. Erforderlich sei eine nachvollziehbare wirtschaftliche Darlegung, wobei bei verbleibenden Unsicherheiten ein Mindestschaden durch Schätzung ermittelt werden könne. Zeigt ein Whistleblower rechtswidrige bzw. unmoralische Verhaltensweisen eines Unternehmens an, wird der Schaden regelmäßig in einem Reputationsverlust zu erblicken sein. Wie gesehen hat der Ruf eines Unternehmens einen eigenen wirtschaftlichen Wert.[1323] Gleichwohl wird die Schadensfeststellung bei einem rufschädigenden Verhalten de facto unmöglich sein. Selbst bei einem nachgewiesenen Umsatzrückgang wird kaum zu beziffern sein, ob bzw. zu welchem Teil dieser auf die Offenbarungen des rufschädigenden Verhaltens zurückzuführen ist. Auch die Schätzung eines Mindestschadens ist in diesen Fällen nicht möglich. Eine Strafbarkeit nach § 266 StGB wird daher regelmäßig mangels eines bezifferbaren Vermögensschadens ausscheiden.

[1320] *Kiehte/Hohmann*, in: NStZ 2006, 185, 191.

[1321] BVerfG, NJW 2009, 2370, 2371; BGH, NJW 1975, 1234, 1235; BGH, NJW 1975, 1232.

[1322] BVerfGE 126, 170, 229 f.

[1323] Kap. 1 II. 2. a).

5. Anwendung von Ausschluss- und Rechtfertigungsgründen auf die Begleitdelikte

Sollte ein Whistleblower den Tatbestand eines der dargestellten Delikte verwirklichen, stellt sich wiederum die Frage nach der Rechtswidrigkeit. Auf die Begleitdelikte sind die allgemeinen Rechtfertigungsgründe wie bspw. der rechtfertigende Notstand anwendbar. Eine Rechtfertigung nach § 34 StGB richtet sich nach den bereits dargelegten Voraussetzungen.[1324] Insbesondere ist auch im Rahmen der Prüfung von Begleitdelikten zu überprüfen, ob die betreffenden Informationen eine bereits begangene Straftat beinhalten oder ob eine Gefahr für Rechtsgüter noch bevorsteht.

Wesentlich weitreichendere Befugnisse für Whistleblower gewährt die Vorschrift des § 5 GeschGehG, womit sich wiederum die Frage nach der Anwendbarkeit stellt. Der Gedanke eines einheitlichen Whistleblowerschutzes spricht für eine Anwendbarkeit des § 5 GeschGehG. Andernfalls bestünde die Gefahr, das Erlangen eines Geschäftsgeheimnisses gem. § 5 GeschGehG vom Straftatbestand des § 23 GeschGehG als erwünschtes Whistleblowing auszunehmen, in Ermangelung einer Anwendbarkeit auf die zuvor benannten Begleitdelikte jedoch einen strafbaren Diebstahl bzw. ein strafbares Ausspähen von Daten anzunehmen. Insofern bietet § 34 StGB kein ausreichendes Korrektiv, da er wesentlich strengere Voraussetzungen aufstellt als die Vorschrift des § 5 GeschGehG. Auch bestehen im Rahmen der zuvor dargestellten Begleitdelikte keine Besonderheiten in Bezug auf den Täterkreis, die eine Übertragung mangels vergleichbarer Interessenlage verhindern. Demgegenüber führt das

---

[1324] Kap. 4 I. 6.

neue HinSchG nicht zu einer Straffreiheit des Whistleblowers wegen der Verwirklichung von Begleitdelikten. Sofern die Beschaffung oder der Zugriff auf eine Information als solche eine Strafbarkeit darstellt, ist der Hinweisgeberschutz nach Maßgabe des § 35 Abs. 1 HinSchG ausgeschlossen.

Kap. 5: Abschließende Analyse der Strafbarkeitsrisiken

Das Phänomen Whistleblowing verlangt dem Gesetzgeber einen schwierigen Balanceakt zwischen dem Schutz legitimer Geheimhaltungsinteressen und der Wahrung der berechtigten Interessen des Hinweisgebers ab. Whistleblowing kann einen wichtigen Beitrag zur öffentlichen Meinungsbildung liefern und in komplexen, undurchsichtigen (wirtschafts-)strafrechtlichen Fällen sogar zu einer Aufhellung des Dunkelfeldes führen. Mit den Offenbarungsinteressen hinweisgebender Personen kollidieren die Geheimhaltungsinteressen der betroffenen Organisationen. Diese haben ein immenses wirtschaftliches Interesse an der Geheimhaltung von Geschäftsgeheimnissen, die für den Unternehmenserfolg von wesentlicher Bedeutung sind. Besonders einschneidend können Offenbarungen über (vermeintliches) Fehlverhalten sein, die eine jahrzehntelang aufgebaute Unternehmensreputation zerstören können. Schon die Frage danach, ob Whistleblowing überhaupt eine strafrechtliche Ahndung rechtfertigt, bedurfte einer genaueren Analyse. In einem demokratischen Rechtsstaat bedarf die Verhängung einer Kriminalstrafe einer besonderen Rechtfertigung. Aufgrund der gebotenen rechtsgutsbezogenen Betrachtungsweise kann Whistleblowing jedenfalls nicht allein aus dem Grund als strafwürdig angesehen werden, dass es bspw. im Sinne von Denunziation als unmoralisch angesehen wird. Vielmehr bedarf es eines Rechtsguts, das dem Whistleblowing als schützenswert gegenübersteht. Dieses konnte in den unternehmerischen Interessen auf Geheimhaltung gesehen werden, die grundrechtlich durch Art. 14 Abs. 1 GG und insbesondere Art. 12 Abs. 1 GG abgesichert sind. In einem zweiten Schritt führte eine doppelte Verhältnismäßigkeitsprüfung zu dem Ergebnis, dass Whistleblowing, das insbesondere durch die Meinungsfreiheit nach Art. 5 Abs. 1 Satz 1 GG geschützt wird, nur unter engen Voraussetzungen sanktioniert werden darf. In Betracht kam dabei etwa, dass Whistleblowing insofern eingeschränkt wird, dass es nur unter der Einhaltung bestimmter Verfahrensvoraussetzungen erlaubt ist. Zudem kam eine Sanktionierung für den Fall in Betracht, dass eine Person ungesicherte Informationen offenbart oder eine Offenbarung aufgrund seiner Stellung im Unternehmen bzw. möglicher Abhilfemöglichkeiten nicht erforderlich war, um den erkannten Missstand zu beseitigen. In den übrigen Fällen bedarf es eines weitreichenden Strafausschlusses, der bestehende Strafbarkeitsrisiken beseitigt.

Tatbestandlich existieren zahlreiche Vorschriften, welche Whistleblower dem Risiko einer Strafbarkeit aussetzen, zu denen insbesondere die Vorschrift des § 23 GeschGehG zählt, die den Verrat von Geschäftsgeheimnissen unter Strafe stellt. Die Weite des Geschäftsgeheimnisbegriffs, der insbesondere aus systematischen Gründen auch illegale Geheimnisse beinhaltet, die zahlreich denkbaren Tathandlungen, die mit dem Offenlegen von Geschäftsgeheimnissen eine typische Konstellation des Whistleblowings beinhalten, und das fehlende Korrektiv auf Ebene des subjektiven Tatbestandes bergen große Risiken für Whistleblower in sich. Aber auch zahlreiche weitere Vorschriften, wie das Verraten von Privatgeheimnissen (§ 203 StGB), die Ehrschutzdelikte (insbesondere § 186 StGB) oder mögliche Begleitdelikte setzen Whistleblower dem Risiko einer Strafbarkeit aus. Zudem existieren mit den Vorschriften der § 333 HGB, § 404 AktG und § 85 GmbHG Strafbarkeitsrisiken für Whistleblower mit besonderen Tätereigenschaften, wobei die benannten Personengruppen regelmäßig vom typischen Whistleblower abweichen: § 404 Abs. 1 Nr. 1 AktG erfasst Vorstands- und Aufsichtsratsmitglieder, die aufgrund ihrer besonderen Stellung regelmäßig dazu befähigt sind, einen erkannten Missstand selbst zu beseitigen. Dasselbe gilt für die in § 85 Abs. 1 GmbHG genannten Geschäftsführer bzw. Aufsichtsratsmitglieder. Neben den von § 404 Abs. 1 Nr. 2 AktG sowie § 333 Abs. 1 HGB erfassten Prüfern, können auch Gehilfen taugliche Täter sein, die am ehesten dem typischen Bild des Whistleblowers entsprechen. Für Whistleblower, die im öffentlichen Dienst tätig sind, beinhalten insbesondere die Tatbestände des § 353b StGB und § 203 Abs. 2 StGB Strafbarkeitsrisiken.

I. Zusammenfassung und Bewertung der gesetzgeberischen Bestrebungen zum Schutz von Whistleblowing

Die Regelungsdichte zur sachgerechten Lösung des aufgezeigten Interessenkonflikts hat in den vergangenen Jahren deutlich zugenommen. Während ein tatbestandsmäßiger Geheimnisverrat nach der früheren Gesetzeslage in erster Linie davon abhing, dass die mitunter strengen Rechtfertigungsvoraussetzungen des § 34 StGB erfüllt waren, kann ein Whistleblower sich nunmehr auf die Vorschrift des § 5 Nr. 2 GeschGehG sowie auf die Erlaubnistatbestände des HinSchG berufen. Im Vergleich zu dem allgemeinen Rechtfertigungsgrund des § 34 StGB wird die Rechtslage von Hinweisgebern durch die neu geschaffenen Vorschriften gestärkt. Gleichwohl sind der Reichweite und somit dem Schutz dieser Vorschriften Grenzen gesetzt.

1. Schutz durch § 5 Nr. 2 GeschGehG

Mit der Vorschrift des § 5 Nr. 2 GeschGehG wurde erstmals – neben den bereits partiellen sektorenspezifischen Regelungen und Beschwerderechten – ein spezieller Ausschlussgrund geschaffen, der die Rechtsstellung von Hinweisgebern stärken soll. Damit eine entsprechende Stärkung der Rechte von Whistleblowern auch tatsächlich erfolgt, ist eine weite Auslegung des Ausschlussgrundes geboten. Insbesondere beschränkt sich die Vorschrift nicht auf feststellbare Gesetzesverletzungen, sondern umfasst außerdem Meldungen über bloßes Fehlverhalten, das auch in unethischen Verhaltensweisen bestehen kann. Regelmäßig ist es zur Wahrung der widerstreitenden Interessen erforderlich, dass der Hinweisgeber sich zunächst an eine unternehmensinterne Stelle wendet, bevor er einen Missstand an Behörden oder die Öffentlichkeit weiterleitet. Dieses Erfordernis ist im Wortlaut des § 5 Nr. 2 GeschGehG durch die Formulierung „berechtigtes Interesse" ausreichend angelegt und somit auch bei der Frage einer strafrechtlichen Sanktionierung zu berücksichtigen. Gleichwohl bedarf es einer sorgfältigen Abwägung, ob im Einzelfall eine innerbetriebliche Klärung gefordert werden kann. Im Zentrum dieser Abwägungsfrage steht insbesondere, ob ein vorheriger interner Abhilfeversuch dem Kriterium der Zumutbarkeit standhält.

Gleichwohl beinhaltet die Vorschrift des § 5 Nr. 2 GeschGehG keinen vollständigen Schutz der legitimen Offenbarungsinteressen von Hinweisgebern. Eine Anwendung des § 5 Nr. 2 GeschGehG auf andere Straftatbestände ist aufgrund der gesetzgeberischen Wertungen begrenzt. Insbesondere ist der gesetzgeberische Wille zu respektieren, dass § 5 Nr. 2 GeschGehG nicht als allgemeine Whistleblowerschutzvorschrift konzipiert worden ist. Mithin ist eine Übertragung auf andere Tatbestände jedenfalls dann ausgeschlossen, wenn das GeschGehG andere Vorschriften für unberührt erklärt – so etwa bei der Strafvorschrift des § 203 StGB (§ 1 Abs. 3 Nr. 1 GeschGehG). Dasselbe gilt für eine Anwendbarkeit auf sämtliche Vorschriften, die staatliche Geheimhaltungsinteressen schützen. Die Vorschrift des § 5 Nr. 2 GeschGehG regelt lediglich den privatrechtlichen Teil von Whistleblowing, nicht aber den für Whistleblowing ebenfalls relevanten Bereich der Offenlegung staatlicher Geheimnisse. Diesbezüglich kommt auch keine analoge Anwendung in Betracht, da weder eine planwidrige Regelungslücke noch eine vergleichbare Interessenlage besteht. Der Gesetzgeber hat durch die Vorschrift des § 1 Abs. 2 GeschGehG zum Ausdruck gebracht, dass das Gesetz das Verhältnis zwischen Privatpersonen regelt. Etwas anderes kann nach dem Vorstehenden nur dann gelten, wenn öffentliche Stellen am privaten Rechtsverkehr teilnehmen.[1325]

Eine analoge Anwendung des § 5 Nr. 2 GeschGehG kommt ebenfalls nicht bei den in § 333 HGB, § 404 AktG und § 85 GmbHG genannten Vorschriften in Betracht. Diese scheitert jedenfalls mangels vergleichbarer Interessenlage. Dies gilt insbesondere aufgrund der strengen Verschwiegenheitsvorschriften, die für den Täterkreis dieser Normen gelten. Würde nun der durchaus weitreichende Ausschlussgrund des § 5 Nr. 2 GeschGehG übertragen, würden die besonderen Verschwiegenheitsverpflichtungen unterlaufen.

[1325] Kap. 4 II. 2. e) aa); *Hiéramente*, in: BeckOK, GeschGehG, § 1 Rn. 6.

2. Ergänzender Schutz durch das HinSchG

Demgegenüber schützt das HinSchG, das auf der Whistleblower-RL basiert, ausdrücklich auch Personen, die im öffentlichen Sektor tätig sind. Damit beinhaltet es eine wichtige Erweiterung des bisherigen Whistleblowerschutzes. Denn Personen, die im öffentlichen Dienst tätig sind und etwa den Tatbestand des § 353b StGB verwirklichen, konnten sich bisher in erster Linie nur auf die Vorschrift des § 34 StGB berufen. Begrüßenswert an dem HinSchG ist, dass es noch über die Richtlinien-Vorgaben hinausgeht, was allerdings im Hinblick auf den sachlichen Anwendungsbereich der Whistleblower-RL dringend geboten war. Andernfalls wären Whistleblower, die Verstöße gegen das Unionsrecht melden, geschützt, während Meldungen und Offenbarungen über – möglicherweise schwerwiegendere – Verstöße des nationalen Rechts nur nach den bereits bestehenden Vorschriften gerechtfertigt wären. Im sachlichen Anwendungsbereich nach § 2 HinSchG wurden die Chancen, welche die Öffnungsklausel des Art. 25 Abs. 1 Whistleblower-RL bietet, nicht genutzt. Die Entscheidung, nur feststellbare Gesetzesverletzungen, nicht aber Meldungen und Offenbarungen über Fehlverhalten, vom Schutzumfang zu erfassen, führt schließlich dazu, dass das HinSchG in dieser Hinsicht enger ist als die Vorschrift des § 5 Nr. 2 GeschGehG, die auch Meldungen über bloßes Fehlverhalten schützt.

Als wesentliche Schutzvoraussetzung des Hinweisgeberschutzes verlangt § 33 Abs. 1 Nr. 2 HinSchG, dass ein Whistleblower hinreichenden Grund zu der Annahme hatte, dass seine Weiterleitung oder Offenlegung notwendig ist, um einen Verstoß aufzudecken. Damit schützt die Vorschrift auch gutgläubige Hinweisgeber, die aufgrund der gegebenen Sachlage von einem Verstoß ausgehen durften. Abzulehnen sind Bestrebungen, welche die offene Formulierung des Art. 6 Abs. 1 Whistleblower-RL zum Anlass nehmen, Nachforschungsobliegenheiten zu statuieren. Die Whistleblower-RL entzieht lediglich wissentlich und willentlich verbreiteten Falschinformationen den Schutz und äußert sich gerade nicht zu Nachforschungsobliegenheiten, womit diese auch nicht zulasten des Hinweisgebers verlangt werden dürfen. Darüber hinaus muss ein Whistleblower, um einen Schutzanspruch aus dem HinSchG ableiten zu können, das vorgegebene Verfahren einhalten. Das Bekanntmachen einer Gesetzesverletzung gegenüber der Öffentlichkeit ist – abgesehen von den in § 32 Abs. 1 Nr. 2 HinSchG genannten Fällen – nur dann möglich, wenn sich ein Hinweisgeber zunächst an eine interne oder externe Meldestelle gewendet hat, wobei die Meldungen gegenüber einer internen und externen Meldestelle gleichrangig nebeneinanderstehen.

Das neue HinSchG macht die bisher bestehenden Regelungen, wie die vorherigen Darstellungen gezeigt haben, nicht gegenstandslos und ersetzt diese nicht. Es ist oftmals enger als andere Vorschriften. So sieht § 5 Nr. 2 GeschGehG etwa einen Tatbestandsausschluss für die Meldung von bloßem Fehlverhalten vor, während das HinSchG lediglich fassbare Gesetzesverstöße umfasst. In anderer Hinsicht ist das HinSchG wiederum weiter. Die Darstellungen haben nämlich gezeigt, dass die Vorschrift des § 5 Nr. 2 GeschGehG einen durchaus beschränkten Anwendungsbereich hat und nicht für öffentlich-rechtliche Beschäftigungsverhältnisse gilt, während das HinSchG auch diese erfasst. Neben diesen beiden wesentlichen Vorschriften für erlaubtes Whistleblowing sind die sektorenspezifischen Offenbarungs- und Beschwerderechte zu berücksichtigen, die für einen eng begrenzten Lebenssachverhalt oftmals spezielle Regelungen mit weitreichenderen Befugnissen für Whistleblower regeln, oftmals aber auf nur einen Beschwerdeweg beschränkt sind.[1326]

Insbesondere die fehlende Möglichkeit, bloßes Fehlverhalten straffrei zu melden, führt dazu, dass die bereits bestehenden Vorschriften zum Schutz von Hinweisgebern relevant bleiben. Aber auch die nur sehr restriktive Möglichkeit, einen Verstoß zu offenbaren (nur soweit die abschließenden Voraussetzungen des § 32 Abs. 1 Nr. 2 HinSchG erfüllt sind), lässt Raum für die übrigen Vorschriften. Die präferierte Einzelfalllösung bei der Frage der Erforderlichkeit einer vorherigen innerbetrieblichen Klärung bietet weitreichendere Möglichkeiten, einen Verstoß offenzulegen. Daran ändert das Wahlrecht zwischen interner und externer Meldestelle im Anwendungsbereich des HinSchG nichts. Die externe Meldestelle im Sinne des Gesetzes ist nämlich in den §§ 19 ff. HinSchG geregelt und umfasst nicht die Meldung eines Whistleblowers gegenüber der Staatsanwaltschaft.

3. Rechtfertigender Notstand nach § 34 StGB

Damit kommt der Vorschrift des § 34 StGB für die Strafbarkeit des Whistleblowings nach wie vor Bedeutung zu. Der grundsätzlich beschränkte Anwendungsbereich der Whistleblowing-Vorschrift des § 5 Nr. 2 GeschGehG sowie die Anwendungsgrenzen des HinSchG erfordern bei einigen Tatbeständen einen Rückgriff auf die Norm des § 34 StGB. Eine Strafbarkeit nach § 203 StGB lässt sich mangels

---

[1326] Vgl. hier etwa das Beschwerderecht des Arbeitnehmers gem. § 13 AGG, Kap. 4 I. 7. cc).

Übertragbarkeit des § 5 Nr. 2 GeschGehG und der Anwendungssperre des § 5 Abs. 2 HinSchG nur auf die allgemeine Vorschrift des § 34 StGB stützen, die zwar durch den offenen Tatbestand Raum für eine Abwägung der widerstreitenden Interessen zulässt, damit aber zugleich Rechtsunsicherheiten beinhaltet, die gerade durch die neuen Vorschriften beseitigt werden sollten. Sofern § 34 StGB bei der Beurteilung der Strafbarkeit zur Anwendung gelangt, muss das Offenbarungsinteresse des Whistleblowers das beeinträchtigte Geheimhaltungsinteresse wesentlich überwiegen.[1327]

4. Ergebnis zum bestehenden Hinweisgeberschutz

Die Frage danach, wann erlaubtes Whistleblowing vorliegt, ergibt sich mithin aus einer Vielzahl verschiedener Vorschriften. Das HinSchG lässt andere wesentliche Vorschriften zum Schutz von Hinweisgebern unberührt, sodass dortige Rechtsunsicherheiten auch weiterhin bestehen bleiben. Nicht nur der Ausschluss des sonstigen Fehlverhaltens führt dazu, dass das HinSchG nicht als primäre Regelungsgrundlage für den Hinweisgeberschutz angesehen werden kann. Vielmehr beinhaltet das HinSchG auch zahlreiche Anwendungsausschlüsse. So entfaltet das HinSchG durch die Vorschrift des § 5 Abs. 2 HinSchG keine Schutzwirkung hinsichtlich einer Strafbarkeit nach § 203 StGB oder ist wegen § 35 Abs. 1 HinSchG nicht auf Begleitdelikte anwendbar. In den Fallkonstellationen, in denen das HinSchG anwendbar ist, kommt oftmals bereits die Vorschrift des § 5 Nr. 2 GeschGehG zum Tragen, die wegen der Einbeziehung

---

[1327] Hierzu Kap. 4 I. 6. c) bb) aaa).

des sonstigen Fehlverhaltens oft günstiger für Hinweisgeber ist als das HinSchG.

II. Vorschlag für einen besseren Schutz für Hinweisgeber

Begrüßenswert wäre es gewesen, wenn das HinSchG nicht lediglich ein weiterer Baustein zur Verbesserung des Hinweisgeberschutzes gewesen wäre, sondern wenn es die Beurteilung des erlaubten bzw. straffreien Whistleblowings abschließend und rechtssicher festgelegt hätte. Für einen umfassenden Hinweisgeberschutz, der die bereits bestehenden Regelungen zum Schutz von Whistleblowern ablösen würde, hätte es weitreichenderer Regelungen bedurft. Ein entsprechendes HinSchG hätte insbesondere drei weitere Voraussetzungen erfüllen müssen, um die entscheidende Regelungsgrundlage für Handlungen von Whistleblowern zu werden.

- Damit das HinSchG die entscheidende Regelungsgrundlage für den Schutz von Whistleblowern wird, sollten die Voraussetzungen nicht hinter denjenigen anderer Vorschriften, die Whistleblowing regeln, zurückstehen. Da die Vorschrift des § 5 Nr. 2 GeschGehG jenseits von fassbaren Gesetzesverstößen auch Fehlverhalten im Sinne von unmoralischen bzw. unethischen Verhaltensweisen erfasst, hätte das neue HinSchG diese auch erfassen sollen. Whistleblowing, das die öffentliche Meinungsbildung fördert, hängt nicht zwingend davon ab, ob das gemeldete Verhalten einen fassbaren Gesetzesverstoß beinhaltet. Sonstiges Fehlverhalten gänzlich vom Schutz des HinSchG auszunehmen, führt schließlich auch dazu, dass ein Hinweisgeber vor die teilweise kaum abschließend zu beurteilende Frage gestellt wird, ob ein Verhalten lediglich als verwerflich anzusehen ist oder ob es einen fassbaren Gesetzesverstoß darstellt. Insbesondere in komplexen wirtschafts- bzw. steuerstrafrechtlichen Fragestellungen wird ihm die Beurteilung regelmäßig schwerfallen. Aber auch jenseits solcher Fälle wäre die Einbeziehung sonstigen Fehlverhaltens begrüßenswert gewesen. Dies zeigt u. a. der in der Gesetzesbegründung des HinSchG dargestellte Fall Heinisch, in dem eklatante Pflegemissstände aufgedeckt worden sind. Entsprechendes Fehlverhalten, das im Einzelfall nicht zwangsläufig gesetzeswidrig sein muss, kann das öffentliche Interesse weitaus mehr berühren als tatsächlich feststellbare Gesetzesverletzungen. Auch für Unternehmen würde die Erfassung unmoralischen Verhaltens keine unzumutbare Belastung darstellen. Das abgestufte Meldesystem der Whistleblower-RL, das vor einer Offenlegung zunächst eine interne bzw. behördliche Meldung vorsieht, schützt Unternehmen vor einem Reputationsverlust, der regelmäßig erst durch externes Whistleblowing eintritt. Der sachliche Anwendungsbereich gem. § 2 HinSchG sollte daher um Fehlverhalten als nicht zu unterschätzenden Teil des Whistleblowings erweitert werden. Die Erfassung des sonstigen Fehlverhaltens führt auch nicht zu einer Ausuferung des straffreien Whistleblowings. Um die Frage des Vorliegens von sonstigem Fehlverhalten rechtssicher zu bestimmen, kann die Werteordnung des Grundgesetzes angewendet werden. Bei der Produktion im Ausland, die unter menschenunwürdigen Produktionsbedingungen erfolgt, mag zwar im Einzelfall aufgrund der im Ausland geltenden Vorschriften kein fassbarer Rechtsverstoß vorliegen. Gleichwohl ist eine rechtssichere Bestimmung möglich, da entsprechende Arbeitsbedingungen gegen die Menschenwürde (Art. 1 Abs. 1 GG) verstoßen. Mithin sind u. a. Auslandsaktivitäten, die in dem betreffenden Land zwar erlaubt sind, aufgrund der hiesigen Werteordnung aber als unmoralisch angesehen werden, ebenfalls nach dem HinSchG zu schützen. Dazu zählen gesundheits- oder umweltschädliche Arbeitsbedingungen unabhängig davon, ob diese in Einklang mit den lokalen Vorschriften stehen.[1328] Entsprechende Verhaltensweisen können ihrer Art und Schwere nach den in § 2 Abs. 1 HinSchG genannten Rechtsverstöße gleichkommen und sind daher über das neue HinSchG zu schützen – In Anlehnung an die Vorschrift des § 5 Nr. 2 GeschGehG sollte der Anwendungsbereich des § 2 HinSchG damit um § 2 Abs. 3 HinSchG wie folgt ergänzt werden:

> „Dieses Gesetz gilt außerdem für die Meldung und Offenlegung von Informationen über sonstiges Fehlverhalten, das nach Art und Schwere einem der unter Abs. 1 genannten Rechtsverstöße gleichkommt."

- Dass anonyme Hinweise nicht vom Schutzumfang des HinSchG erfasst sind, stellt eine wesentliche Schwachstelle des Gesetzes dar. Weder interne Meldekanäle müssen so ausgestaltet werden, dass sie anonyme Meldungen entgegennehmen (§ 16 Abs. 1 Satz 5 HinSchG), noch gilt eine entsprechende Verpflichtung für externe Meldestellen (§ 27 Abs. 1 Satz 3 HinSchG). Wie die Darstellungen gezeigt haben, ist anonymes Whistleblowing jedoch von großer Bedeutung. Hinweisgeber schrecken aus Furcht vor Repressalien oftmals davor zurück, ihre Identität preiszugeben,

---

[1328] Vgl. *Hauck*, in: MüKo, Lauterkeitsrecht, § 5 GeschGehG Rn. 17.

womit die Gefahr besteht, dass dieser große Teil von Hinweisgebern gänzlich vom Schutzumfang des geplanten HinSchG unberücksichtigt bleibt. Ein sachlicher Grund hierfür lässt sich jedoch kaum feststellen, zumal die Anzahl der missbräuchlichen Meldungen nicht mit der Anzahl anonymer Meldungen korreliert. Für einen umfassenden Hinweisgeberschutz sind daher die Vorschriften des § 16 Abs. 1 Satz 5 HinSchG sowie § 27 Abs. 1 Satz 3 HinSchG dahin gehend abzuändern, dass auch anonyme Meldungen von internen und externen Meldekanälen verpflichtend entgegengenommen und bearbeitet werden müssen. Andernfalls würde der Schutz von Whistleblowing – dessen Nutzen derselbe bleibt – von der Identitätspreisgabe des Whistleblowers abhängig gemacht werden. Eine verfassungsrechtliche Betrachtung verstärkt dieses Ergebnis. Die Freiheit der Meinungsäußerung hängt wie gesehen nicht davon ab, ob der Hinweisgeber seine Identität preisgibt oder seine Meinung anonym äußert. Im Gegensatz zum HinSchG erfasst die Vorschrift des § 5 Nr. 2 GeschGehG auch anonyme Hinweise, womit das HinSchG in seiner derzeitigen Fassung auch insofern hinter § 5 Nr. 2 GeschGehG zurückbleibt. Eine entsprechende Anpassung sollte daher die nachfolgenden Änderungen beinhalten.

> Die Vorschrift des § 16 Abs. 1 Satz 4 HinSchG sollte daher nunmehr wie folgt lauten:
>
> „Die interne Meldestelle ist verpflichtet, anonyme Meldungen zu bearbeiten. Meldekanäle sind so zu konzipieren, dass eine Kommunikation unter Wahrung der Anonymität der hinweisgebenden Person möglich ist.“

Die Vorschrift des § 27 Abs. 1 Satz 3 HinSchG ist wie folgt zu ändern:

> „Die externe Meldestelle ist verpflichtet, anonyme Meldungen zu bearbeiten. Meldekanäle sind so zu konzipieren, dass eine Kommunikation unter Wahrung der Anonymität der hinweisgebenden Person möglich ist.“

- Um für Whistleblower einen rechtssicheren Rahmen zu schaffen, sollte ein hinreichender Grund zur Annahme eines Verstoßes im Sinne des § 33 Abs. 1 Nr. 2 HinSchG unabhängig von etwaigen Nachforschungen sein. Nicht nur die hier vertretene Unvereinbarkeit des Merkmals mit der Whistleblower-RL, sondern auch eine realitätsnahe Betrachtungsweise sprechen dafür. Gerichtlich wird es nur schwerlich rechtssicher feststellbar sein, ob ein Whistleblower die nicht näher definierten Nachforschungsobliegenheiten erfüllt hat. Dies kann zur Folge haben, dass ein Whistleblower aus Furcht, die Voraussetzungen des HinSchG nicht zu erfüllen, von einer Meldung absieht. Für beide Seiten tragfähige Ergebnisse sind auch ohne das Bestehen von Nachforschungsobliegenheiten zu erreichen. Das Meldesystem, das eine Offenlegung nur in Ausnahmefällen zulässt, berücksichtigt die Interessen der vom Whistleblowing betroffenen Organisation hinreichend. Zudem sind vorsätzliche und grob fahrlässige Meldungen ohnehin nicht geschützt. Ein grob fahrlässiges Handeln sollte aus den vorgenannten Gründen nicht mit dem Unterlassen von Nachforschungen begründet werden.

- Zudem erscheinen Änderungen hinsichtlich des Meldesystems geboten. Das gleichberechtigte Nebeneinander zwischen interner und externer Meldung ist nach der Whistleblower-RL zwingend und kann damit zulasten des Whistleblowers nicht beschränkt werden. Gleichwohl sollte das HinSchG eine interne Meldung zum Regelfall des Whistleblowings machen. Interne Meldungen bieten nämlich sowohl für Hinweisgeber als auch für das betroffene Unternehmen einige Vorteile. Der Missstand wird dort bearbeitet und aufgegriffen, wo er entstanden ist, und versetzt das Unternehmen in die Lage, diesen ohne Reputationsverlust zu beseitigen. Entsprechende Bestrebungen zur Förderung der Attraktivität interner Meldekanäle fehlen jedoch im HinSchG. Diese könnten darin bestehen, interne Meldekanäle für sämtliches Fehlverhalten zu öffnen oder auch zwingend anonyme Meldungen zuzulassen (vgl. insofern bereits den Änderungsvorschlag zu einem geänderten § 16 HinSchG). Denkbar sind zudem finanzielle Anreize für die Nutzung interner Meldekanäle, wobei diese kritisch zu sehen sind.[1329] Whistleblower verfolgen regelmäßig keine monetären Ziele. Wenn die Nutzung des internen Meldeweges an finanzielle Anreize geknüpft ist, dann könnte ein Whistleblower sich aus Furcht vor Stigmatisierung durch die Entgegennahme einer Prämie möglicherweise für den externen Meldeweg entscheiden.

Ohne entsprechende weitreichende Regelungen bleibt das neue HinSchG eines von vielen Mosaiken zum Whistleblowerschutz. Diese führen in ihrer Gesamtheit zwar zu einem besseren Hinweisgeberschutz als es noch im Rahmen der überwiegenden Anwendung des

---

[1329] Kap. 3 I. 3. a) dd).

§ 34 StGB der Fall war. Ein rechtssicherer Schutz vor einer Strafbarkeit hätte jedoch einer einheitlichen Regelung bedurft, die das Phänomen Whistleblowing flächendeckend regelt. Diese Chance wurde mit dem HinSchG vertan.

Literaturverzeichnis

Adick, Markus/*Beckers*, Phillip/*Bittmann*, Volker, Internal Investigations: Ermittlungen im Unternehmen, 2. Auflage 2016 (zitiert: *Bearbeiter*, in: Internal Investigations).

Alexander, Christian, Das Spannungsfeld zwischen investigativem Journalismus und dem Schutz von Geschäftsgeheimnissen, in: Archiv für Presserecht, 2017, S. 469 – 475 (zitiert: *Alexander*, in: AfP 2017, 469).

Alexander, Christian, Gegenstand, Inhalt und Umfang des Schutzes von Geschäftsgeheimnissen nach der Richtlinie (EU) 2016/943, in: Wettbewerb in Recht und Praxis, 2019, S. 1034 – 1045 (zitiert: *Alexander*, in: WRP 2019, 1034).

Aligbe, Patrick, Die außerbetriebliche Beschwerde oder: Wann darf der Beschäftigte seinen Arbeitgeber bei der Arbeitsschutzbehörde „anzeigen"? in: Arbeitsrecht Aktuell, 2014, S. 242 – 244 (zitiert: *Aligbe*, in: ArbRAktuell, 2014, 242).

Altenbach, Thomas/*Dierkes*, Kevin, EU-Whistleblowing-Richtlinie und DSGVO, in: Corporate Compliance, 2020, S. 126 – 132 (zitiert: *Altenbach/Dierkes*, in: CCZ 2020, 126).

Altrock, Martin/*Oschmann*, Volker/*Theobald*, Christian, EEG, Erneuerbare-Energien-Gesetz, 4. Auflage 2013 (zitiert: *Bearbeiter*, in: Altrock/Oschmann/Theobald, EEG).

Ambos, Kai/*König*, Stefan/*Rackow*, Peter (Hrsg.), Rechtshilferecht in Strafsachen, 2. Auflage 2020 (zitiert: *Bearbeiter*, in: Ambos/König/Rackow, Rechtshilferecht in Strafsachen).

Anweiler, Jochem, Die Auslegungsmethoden des Gerichtshofs der Europäischen Gemeinschaften, 1997 (zitiert: *Anweiler*, Auslegungsmethoden).

Apel, Simon/*Walling*, Sebastian, Das neue Geschäftsgeheimnisgesetz: Überblick und erste Praxishinweise, in: Der Betrieb, 2019, S. 891 – 898 (zitiert: *Apel/Walling*, in: DB 2019, 891).

Appel, Ivo, Rechtsgüterschutz durch Strafrecht? Anmerkungen aus verfassungsrechtlicher Sicht, in: Kritische Vierteljahresschrift für Gesetzgebung und Rechtswissenschaft, 1999, S. 278 – 311 (zitiert: *Appel*, in: KritV 1999, 278, 281).

Appel, Ivo, Verfassung und Strafe, Zu den verfassungsrechtlichen Grenzen staatlichen Strafens, 1998 (zitiert: *Appel*, Verfassung und Strafe).

Arens, Stephan, Gesetz zum Schutz von Geschäftsgeheimnissen (GeschGehG) – neue Herausforderungen für den Geschäftsführer, in: Gesellschafts- und Wirtschaftsrecht, 2019, S. 375 (zitiert: *Arens*, in: GWR 2019, 375).

Aust, Christoph, Der Schutz personenbezogener Daten eines Whistleblowers in der Europäischen Kommission, 2021 (zitiert: *Aust*, Der Schutz personenbezogener Daten).

Badura, Peter, Staatsrecht, Systematische Erläuterung des Grundgesetzes für die Bundesrepublik Deutschland, 7. Auflage 2018 (zitiert: *Badura*, Staatsrecht).

Bar, Nikolaus, Gesetzlich nicht normierte ärztliche Auskunfts- und Offenbarungspflichten, 2017 (zitiert: *Bar*, Gesetzlich nicht normierte ärztliche Auskunfts- und Offenbarungspflichten).

Battis, Ulrich/*Grigoleit*, Klaus Joachim, Bundesbeamtengesetz, 6. Auflage 2022 (zitiert: *Bearbeiter*, in: Battis/Grigoleit).

Becker, Florian/*Stern*, Klaus, Grundrechte-Kommentar, Die Grundrechte des Grundgesetzes mit ihren europäischen Bezügen, 4. Auflage 2022 (zitiert: *Bearbeiter*, in: Becker/Stern, GG-Kommentar).

Berlit, Uwe-Dietmar/*Conradis*, Wolfgang/*Pattar*, Andras Kurt (Hrsg.), Existenzsicherungsrecht, SGB II, SGB XII, AsylbLG, Verfahrensrecht, 3. Auflage 2019 (zitiert: *Bearbeiter*, in: Berlit/Conradis/Pattar, Existenzsicherungsrecht).

Berndt, Thomas/*Hoppler*, Ivo, Whistleblowing – ein integraler Baustein effektiver Corporate Governance, in: Betriebs-Berater, 2005, S. 2623 – 2626 (zitiert: *Berndt/Hoppler*, in: BB 2005, 2623).

Berthold, Annemarie, Whistleblowing in der Rechtsprechung des Bundesarbeitsgerichts, 2010 (zitiert: *Berthold*, Whistleblowing in der Rechtsprechung)

Bettermann, Karl August, Juristische Personen des öffentlichen Rechts als Grundrechtsträger, in: Neue Juristische Wochenschrift, 1969, S. 1321 – 1328 (zitiert: *Bettermann*, in: NJW 1969, 1321).

Beulke, Werner/*Swoboda*, Sabine, Strafprozessrecht, 16. Auflage 2022 (zitiert: *Beulke/Swoboda*, Strafprozessrecht).

Binding, Karl, Die Normen und ihre Übertretung, Band I: Normen und Strafgesetze, Neudruck der 4. Auflage, 1922 (zitiert: *Binding*, Die Normen und ihre Übertretung, Bd. 1).

Blount, Justin/*Markel*, Spencer, The End of the Internal Compliance World As We Know It, or an Enhancement of the Effectiveness of Securities Law Enforcement? Bounty Hunting Under the Dodd-Frank Act's Whistleblower Provisions, Fordham Journal of Corporate & Financial Law Vol. 17, 2012, No. 4, S. 1023–1062 (zitiert: *Blount/Markel*, in: Fordham J. Corp. & Fin. L. 17 2012, 1023).

Boatright, John R., Ethics and the Conduct of Business, 6. Auflage 2009 (zitiert: *Boatright*, Ethics).

Bock, Dennis/*Wilms*, Stephan, Die Verletzung von Privatgeheimnissen (§ 203 StGB), in: Juristische Schulung, 2011, S. 24 – 28 *(zitiert: Bock/Wilms*, in: JuS 2011, 24).

Bock, Michael, Die Übertragbarkeit der Kommunikationsfreiheiten des Artikel 5 GG auf das Internet, 2018 (zitiert: *Bock*, Die Übertragbarkeit der Kommunikationsfreiheiten).

Boecken, Winfried/*Düwell*, Franz-Josef/*Diller*, Martin/*Hanau*, Hans, NomosKommentar, Gesamtes Arbeitsrecht, 2016 (zitiert: *Bearbeiter*, in: NomosKommentar, Gesamtes Arbeitsrecht).

Bohnert, Joachim, Der beschuldigte Amtsträger zwischen Aussagefreiheit und Verschwiegenheitspflicht, in: Neue Zeitschrift für Strafrecht, 2004, S. 301 – 309 (zitiert: *Bohnert*, in: NStZ 2004, 301).

Böning, Marta/*Heidfeld*, Birgit, Gesetzentwurf zum Schutz von Geschäftsgeheimnissen (GeschGehG) - Maulkorb zu Lasten der Beschäftigten und ihrer Interessenvertretungen, in: Arbeit und Recht, 2018, S. 555 – 559 (zitiert: *Böning/Heidfeld*, in: AuR 2018, 555).

Bosch, Nikolaus, Der Schutz vor Verletzung von Privatgeheimnissen durch § 203 StGB, in: Juristische Ausbildung, 2013, S. 780 – 791 (zitiert: *Bosch*, in: JURA 2013, 780).

Bowen, Robert M./*Call*, Andrew C./*Rajgopal*, Shiva, Whistle-Blowing: Target Firm Characteristics and Economic Consequences, The Accounting Review Vol. 85, 2010 No. 4, S. 1239 – 1271 (zitiert: Bowen/Call/Rajgopal, in: Acc. Rev. 85 2010, 1239)

Brammsen, Jörg, Der Fiskus als „Geheimnishehler"? in: Betriebs-Berater, 2016, S. 3034 – 3043 (zitiert: *Brammsen*, in: BB 2016, 3034).

Brammsen, Jörg, Die EU-Know-how-Richtlinie 943/2016, §§ 17 ff. UWG und das geplante Geschäftsgeheimnisstrafrecht (§ 23 GeschGehG-RegE), 2018, S. 449 – 457 (zitiert: *Brammsen*, in: wistra 2018, 449).

Brammsen, Jörg, Lauterkeitsstrafrecht, Sonderband zum Münchener Kommentar Lauterkeitsrecht (§§ 16 – 20 UWG), Stand vor

Inkrafttreten des Gesetzes zum Schutz von Geschäftsgeheimnissen, 2020 (zitiert: *Bearbeiter*, in: MüKo, Lauterkeitsstrafrecht)

Brammsen, Jörg, Reformbedürftig! – Der Regierungsentwurf des neuen Geschäftsgeheimnisschutzgesetzes, in: Betriebs-Berater, 2018, S. 2446 – 2450 (zitiert: *Brammsen*, in: BB 2018, 2446).

Brettel, Hauke/*Schneider*, Hendrick, Wirtschaftsstrafrecht, 3. Auflage 2021 (zitiert: *Brettel/Schneider*, Wirtschaftsstrafrecht).

Breuer, Rüdiger, Schutz von Betriebs- und Geschäftsgeheimnissen im Umweltrecht, in: Neue Zeitschrift für Verwaltungsrecht, 1986, S. 171 – 178 (zitiert: *Breuer*, in: NVwZ 1986, 171).

Briegel, Torsten, Einrichtung und Ausgestaltung unternehmensinterner Whistleblowing-Systeme, 2009 (zitiert: *Briegel*, Einrichtung und Ausgestaltung unternehmensinterner Whistleblowing-Systeme).

Brinktrine, Ralf/*Schollendorf*, Kai, BeckOK Beamtenrecht Bund, 31. Edition, Stand 01.10.2023 (zitiert: Bearbeiter, in: BeckOK Beamtenrecht).

Britzke, Sonja, § 217 StGB im Lichte des strafrechtlichen Rechtsgutskonzeptes: Legitimität und Auslegung der Norm, 2019 (zitiert: *Britzke*, § 217 im Lichte des strafrechtlichen Rechtsgutskonzepts).

Brocker, Lars, Uneidliche Falschaussage und Meineid vor dem parlamentarischen Untersuchungsausschuss, in: Juristen Zeitung, S. 716 – 722 (zitiert: *Brocker*, in: JZ 2011, 716).

Brockhaus, Robert, Geheimnisschutz und Transparenz, Whistleblowing im Widerstreit strafrechtlicher Schweigepflichten und demokratischer Publizität, 2023 (zitiert: *Brockhaus*, Geheimnisschutz und Transparenz).

Brockhaus, Matthias, Zur Frage der Strafbarkeit von Hinweisgebern unter Berücksichtigung der Whistleblowing Richtlinie, in: Zeitschrift für internationale Strafrechtsdogmatik, 2020, S. 102 – 119 (zitiert: *Brockhaus*, in: ZIS 2020, 102, 113).

Brödermann, Eckhardt/*Iversen*, Holger, Europäisches Gemeinschaftsrecht und internationales Privatrecht, 1994 (zitiert: *Brödermann/Iversen*, Europäisches Gemeinschaftsrecht).

Brodowski Dominik/*Burchard*, Christoph/*Krause*, Juliane/*Walter*, Timo, Strafgesetzbuch. Leipziger Kommentar, Band 13, §§ 242 – 262, 13. Auflage 2022 (zitiert: *Bearbeiter*, in: LK-StGB).

Brost, Lucas/*Wolsing*, Daniel, Presserechtlicher Schutz vor der Veröffentlichung von Geschäftsgeheimnissen, in: Zeitschrift für Urheber- und Medienrecht, 2019, S. 898 – 904 (zitiert: *Brost/Wolsing*, in: ZUM 2019, 898).

Brötzmann, Ulrich, Die Nebenpflichten im Arbeitsverhältnis, in: Zeitschrift für das öffentliche Arbeits- und Tarifrecht, 2017, S. 73 – 76 (zitiert: *Brötzmann*, in: öAT 2017, 73).

Brown, A.J./*Lewis*, David/*Moberly*, Richard/*Vandekerckhove*, Wim (Hrsg.), International Handbook on Whistleblowing Research, 2014 (zitiert: *Bearbeiter*, in: Brown/Lewis/Moberly/Vandekerckhove).

Bruns, Hans-Jürgen, Zur strafrechtlichen Relevanz des gesetzesumgehenden Täterverhaltens, Über das Verhältnis der „Rechtsfigur der Gesetzesumgehung“ zu den Grundprinzipien des Art. 103 II GG, in: Goltdammer´s Archiv für Strafrecht, 1986, S. 1 – 33 (zitiert: *Bruns*, in: GA 1986, 1).

Büscher, Wolfgang, Gesetz gegen den unlauteren Wettbewerb – Kommentar, 2. Auflage 2021 (zitiert: *Bearbeiter*, in: Büscher, UWG).

Bürkle, Jürgen, Whistleblowerschutz bei „unethischem“ Verhalten? in: Corporate Compliance, 2018, S. 193 (zitiert: *Bürkle*, in: CCZ 2018, 193).

Busching, Michael, Der Schutz „privater“ Informationen bei Cloud Computing. Eine Untersuchung straf-, datenschutz- und berufsrechtlicher Sanktionsrisiken für Ärzte und Rechtsanwälte bei der Nutzung von Cloud-Diensten, 2019 (zitiert: *Busching*, Der Schutz privater Informationen).

Busekist, Konstantin/*Fahrig*, Stephan, Whistleblowing und der Schutz von Hinweisgebern, in: Betriebs-Berater, 2013, S. 119 – 124 (zitiert: *Busekist/Fahrig*, in: BB 2013, 119).

Bussmann, Kai-D./*Werle*, Markus M., Addressing Crime in Companies: First Findings from a Global Survey of Economic Crime, British Journal of Criminology Vol. 46, 2006, No. 6, S. 1128 – 1144 (zitiert: *Bussmann/Werle*, in: Brit. J. Criminol 2006, 1128).

Calliess, Christian/*Ruffert*, Matthias, EUV/AEUV, Das Verfassungsrecht der Europäischen Union mit Grundrechtecharta –

Kommentar, 6. Auflage 2022 (zitiert: *Bearbeiter*, in: Calliess/Ruffert, EUV/AEUV).

Calliess, Theorie der Strafe im demokratischen und sozialen Rechtsstaat, 2016 (zitiert: *Calliess*, Theorie der Strafe).

Casper, Matthias, Whistleblowing zwischen Denunziantentum und integralem Baustein von Compliance-Systemen, in: Hoffmann-Becking, Michael/Hüffer, Uwe/Reichert, Jochen (Hrsg.), Festschrift für Martin Winter, 2011, S. 77 – 98 (zitiert: *Casper*, in: FS Winter, 77).

Cirener, Gabriele/*Radtke*, Henning/*Rissing-van Saan*, Ruth/*Rönnau*, Thomas/ *Schluckebier*, Wilhelm (Hrsg.), Strafgesetzbuch Leipziger Kommentar, Band 1 Einleitung, §§ 1 – 31, 13. Auflage 2020 (zitiert: *Bearbeiter*, in: LK-StGB).

Colneric, Ninon/*Gerdemann*, Simon (Hrsg.), BeckOK HinSchG, 1. Edition Stand 15.10.2023 (zitiert: *Bearbeiter*, in: BeckOK, HinSchG).

Colneric, Ninon/*Gerdemann*, Simon, Die Umsetzung der Whistleblower-Richtlinie in deutsches Recht, Rechtsfragen und rechtspolitische Überlegungen, 2020 (zitiert: *Colneric/Gerdemann*, Die Umsetzung der Whistleblower-RL).

Dann, Matthias/*Markgraf*, Jochen W., Das neue Gesetz zum Schutz von Geschäftsgeheimnissen, in: Neue Juristische Wochenschrift, 2019, S. 1774 – 1779 (zitiert: *Dann/Markgraf*, in: NJW 2019, 1774).

Däubler, Wolfgang/*Hjort*, Jens/*Schubert*, Michael/*Wolmerath*, Martin, Arbeitsrecht, Individualarbeitsrecht mit kollektivrechtlichen

Bezügen, 5. Auflage 2022 (zitiert: *Bearbeiter*, in: Däubler/Hjort/Schubert/Wolmerath, Arbeitsrecht).

De George, Richard T, Whistleblowing, in: Enderle, Georges et al. (Hrsg.): Lexikon der Wirtschaftsethik, 1993, S. 1275 – 1278 (zitiert: *De George*, in: Lexikon der Wirtschaftsethik)
Dedes, Christos, Grenzen der Wahrheitspflicht des Zeugen, in: Juristische Rundschau, 1983, S. 99 – 102 (zitiert: *Dedes*, in: JR 1983, 99).

Degenhart, Anne/*Dziuba*, Maximilian, Die EU-Whistleblower-Richtlinie und ihre arbeitsrechtlichen Auswirkungen, in: Betriebs-Berater, 2021, S. 570 – 574 (zitiert: *Degenhart/Dziuba*, in: BB 2021, 570).

Deiseroth, Dieter, Whistleblowing in Zeiten von BSE. Der Fall der Tierärztin Dr. Margrit, 2001 (zitiert: *Deiseroth*, Whistleblowing in Zeiten von BSE).

Deiseroth, Dieter/*Derleder*, Peter, Whistleblower und Denunziatoren, in: Zeitschrift für Rechtspolitik, 2008, S. 248 – 251 (zitiert: *Deiseroth/Derleder*, in: ZRP 2008, 248).

Dietrich, Jan-Hendrick, Rekonstruktion eines Staatsgeheimnisses, 2016, in: Rechtswissenschaft, 2016, S. 566 – 596 (zitiert: *Dietrich*, in: Rechtswissenschaft 2016, 566).

Dietrich, Ralf, Das Erfordernis der besonderen Sicherung im StGB am Beispiel des Ausspähens von Daten, § 202a StGB, 2009 (zitiert: *Dietrich*, Das Erfordernis der besonderen Sicherung).

Dilling, Johannes, Der Referentenentwurf zum Hinweisgeberschutzgesetz – Steine statt Brot für Whistleblower und betroffene Personen, in: Corporate Compliance, 2021, S. 60 – 67 (zitiert: *Dilling*, in: CCZ 2021, 60).

Dilling, Johannes, Der Schutz von Hinweisgebern und betroffenen Personen nach der EU-Whistleblower-Richtlinie, in: Corporate Compliance, 2019, S. 214 – 224 (zitiert: *Dilling*, in: CCZ 2019, 214).

Dilling, Johannes, Cat's Gold-Plating – Der neue Referentenentwurf zum Hinweisgeberschutzgesetz, in: Cororate Compliance, 2021, S. 145 – 151 (zitiert: *Dilling*, in: CCZ 2022, 145).

Dirr, Florian, Kriminalität im Hell- und Dunkelfeld – Kriminalitätsstatistik im Überblick, 2009 (zitiert: *Dirr*, Kriminalität im Hell- und Dunkelfeld).

Doepner, Ulf, Anmerkungen zum wettbewerbsrechtlichen Geheimnisschutz im Zivilprozess, in: Keller, Erhard/Plassmann, Clemens/Falck, Andreas (Hrsg.), Festschrift für Winfried Tilmann zum 65. Geburtstag, 2003, S. 105 – 120 (zitiert: *Doepner*, in: FS Tilmann, 105).

Dölling, Dieter/*Duttge*, Gunnar/*König*, Stefan/*Rössner*, Dieter/*Ambos*, Kai (Hrsg.), Gesamtes Strafrecht. StGB. StPO. Nebengesetze. Handkommentar, 5. Auflage 2022 (zitiert: *Bearbeiter*, in: Dölling/Duttge/König/Rössner, Gesamtes Strafrecht).

Donato, Jessica, Whistleblowing: Handlungsempfehlungen für eine nutzenstiftende Umsetzung in deutschen börsennotierten Unternehmen, 2009 (zitiert: *Donato*, Whistleblowing).

Donelli, Federico, Die strafrechtliche Relevanz der Steuerumgehung in Italien in rechtsvergleichender Perspektive, Ein neuer Maßstab für den Bestimmtheitsgrundsatz? in: Zeitschrift für die gesamte Strafrechtswissenschaft, 2020, S. 264 – 281 (zitiert: *Donelli*, in: ZStW 2020, 264).

Dreier, Horst (Begr.)/*Brosius-Gersdorf*, Frauke (Hrsg.), Grundgesetz, Kommentar, Band I, 4. Auflage 2023 (zitiert: *Bearbeiter*, in: Dreier, Grundgesetz-Kommentar).

Drescher, Ingo/*Fleischer*, Holger/*Schmidt*, Karsten, Münchener Kommentar zum Handelsgesetzbuch, 4. Auflage 2020 (zitiert: *Bearbeiter*, in: MüKo, HGB).

Dubber, Markus Dirk, Positive Generalprävention und Rechtsgutstheorie: Zwei zentrale Errungenschaften der deutschen Strafrechtswissenschaft aus amerikanischer Sicht, in: Zeitschrift für die gesamte Strafrechtswissenschaft, 2005, S. 485 – 518 (zitiert: *Dubber*, in: ZStW 2005, 485).

Düsel, Jens, Gespaltene Loyalität, Whistleblowing und Kündigungsschutz in Deutschland, Großbritannien und Frankreich, 2008 (zitiert: *Düsel*, Gespaltene Loyalität).

Düwell, Franz Josef (Hrsg.): Betriebsverfassungsgesetz, Handkommentar, 6. Auflage 2022 (zitiert: *Bearbeiter*, in: Düwell, BetrVG).

Dzida, Boris/*Granetzny*, Thomas, Die neue EU-Whistleblowing-Richtlinie und ihre Auswirkungen auf Unternehmen, in: Neue Zeitschrift für Arbeitsrecht, 2020, S. 1201 – 1207 (zitiert: *Dzida/Granetzny*, in: NZA 2020, 1201).

Edwards, Shalene, Die Rechtmäßigkeit von Whistleblowing in der Öffentlichkeit nach der EMRK und nach deutschem Recht. Die Gesetzeslage und Gesetzgebungsvorschläge, 2017 (zitiert: *Edwards*, Die Rechtmäßigkeit von Whistleblowing).

Eger, Julia, Unternehmensreputation als rechtlicher Parameter, Systematisierung rechtlicher Schutzmechanismen, 2020 (zitiert: *Eger*, Unternehmensreputation).

Egger, Mathes, Hinweisgebersysteme und Informantenschutz, in: Corporate Compliance, 2018, S. 126 – 132 (zitiert: *Egger*, in: CCZ 2018, 126).

Eichelbrönner, die Grenzen der Schweigepflicht des Arztes und seiner berufsmäßig tätigen Gehilfen nach § 203 StGB im Hinblick auf die Verhütung und Aufklärung von Straftaten, 2001 (zitiert: *Eichelbrönner*, die Grenzen der Schweigepflicht des Arztes).

Eisele, Jörg, Strafrecht, Besonderer Teil 1, Straftaten gegen die Person und die Allgemeinheit, 6. Auflage 2021 (zitiert: *Eisele*, Strafrecht BT 1).

Emmert, Frank, Horizontale Drittwirkung von Richtlinien? Lieber ein Ende mit Schrecken als ein Schrecken ohne Ende! in: Europäisches Wirtschafts- und Steuerrecht, 1992, S. 56 – 67 (zitiert: *Emmert*, in: EWS 1992, 56).

Engländer, Armin, Revitalisierung der materiellen Rechtsgutslehre durch das Verfassungsrecht? in: Zeitschrift für die gesamte Strafrechtswissenschaft, 2015, S. 616 – 634 (zitiert: *Engländer*, in: ZStW 2015, 616).

Engländer, Armin/*Zimmermann*, Till, Whistleblowing als strafbarer Verrat von Geschäfts- und Betriebsgeheimnissen? Zur Bedeutung des juristisch-ökonomischen Vermögensbegriffs für den Schutz illegaler Geheimnisse bei § 17 UWG, in: Neue Zeitschrift für Wirtschafts-, Steuer- und Unternehmensstrafrecht, 2012, S. 328 – 333 (zitiert: *Engländer/Zimmermann*, in: NZWiSt 2012, 328).

Epping, Volker, Grundrechte, 9. Auflage 2021 (zitiert: *Epping*, Grundrechte).

Epping, Volker/*Hillgruber*, Christian, BeckOK, Grundgesetz, 56. Edition 2022, Stand 15.08.2023 (zitiert: *Bearbeiter*, in: BeckOK, GG).

Erb, Volker, Inwieweit schützt § 17 UWG ein ausländisches „Bankgeheimnis"? in: Heinrich, Manfred/Jäger, Christian/Schünemann, Bernd et al. (Hrsg.), Festschrift für Claus Roxin zum 80. Geburtstag, 2011, S. 1103 – 1119 (zitiert: *Erb*, in: FS Roxin II, 1103).

Erb, Volker/*Schäfer*, Jürgen, Münchener Kommentar zum StGB, Band 5, 4. Auflage 2022 (zitiert: Bearbeiter, in: MüKo, StGB).

Erbs, Georg/*Kohlhaas*, Max (Begr.)/*Ambs*, Friedrich (Hrsg.), Strafrechtliche Nebengesetze, Band 17, 246. EL April 2023 (zitiert: *Bearbeiter*, in: Erbs/Kohlhaas, Strafrechtliche Nebengesetze).

Erdsiek, Gerhard, Wahrnehmung berechtigter Interessen als Rechtfertigungsgrund? in: Juristenzeitung, 1969, S. 311 – 316 (zitiert: *Erdsiek*, in: JZ 1966, 1385).

Erlebach, Kimberly/*Veljovic*, Miguel, Strafrechtliche Einordnung des § 5 GeschGehG, in: Wirtschafts- und Steuerstrafrecht, 2020, S. 190 – 195 (zitiert: *Erlebach/Veljovic*, in: wistra 2020, 190).

Eser, Albin, Wahrnehmung berechtigter Interessen als allgemeiner Rechtfertigungsgrund, zugleich ein Versuch über Rechtsgüterschutz und evolutives Recht, 1969 (zitiert: *Eser*, Wahrnehmung berechtigter Interessen als allgemeiner Rechtfertigungsgrund).

Esser, Robert/*Tsambikakis*, Michael (Hrsg.), Pandemiestrafrecht, Aktuelles Recht für die Praxis, 2020 (zitiert: *Bearbeiter*, in: Esser/Tsambikakis, Pandemiestrafrecht).

Eufinger, Alexander, Arbeits- und strafrechtlicher Schutz von Whistleblowern im Kapitalmarktrecht, in: Zeitschrift für Wirtschafts- und Bankrecht, 2016, S. 2336 – 2341 (zitiert: *Eufinger*, in: WM 2016, 2336).

Eufinger, Alexander: EU-Geheimnisschutzrichtlinie und Schutz von Whistleblowern, in: Zeitschrift für Rechtspolitik, 2016, S. 229 – 231 (zitiert: *Eufinger*, in: ZRP 2016, 229).

Fahrig, Stephan, Die Einführung eines Verhaltenskodexes und das Whistleblowing, 2010 (zitiert: *Fahrig*, Verhaltenskodex).

Fasselt, Ursula/*Schellhorn*, Hellmut (Hrsg.), Handbuch Sozialrechtsberatung, 6. Auflage 2021 (zitiert: *Bearbeiter*, in: Fasselt/Schellhorn, Handbuch Sozialrechtsberatung).

Federmann, Bernd/*Racky*, Frank/*Kalb*, Markus, Die Whistleblower-Richtlinie der EU: Die neuen Regeln und deren Auswirkungen auf Unternehmen des privaten Sektors, in: Der Betrieb, 2019, S. 1665 – 1671 (zitiert: *Federmann/Racky/Modrzyk*, in: DB 2019, 1665).

Feldman, Yuval/*Lobel*, Orly, Individuals as enforcers: the design of employee reporting systems, in: Parker/Lehmann Nielsen (Hrsg.), Explaining Compliance: Business Responses to Regulation, Cheltenham 2011, S. 263 – 284 (zitiert: *Feldman/Lobel*, Tex. L. Rev. 88 (2010), 1151).

Feuerbach, Johann Anselm, Revision der Grundsätze und Grundbegriffe des positiven peinlichen Rechts, 1800 (zitiert: *Feuerbach*, Revision).

Fezer, Karl-Heinz/*Büscher*, Wolfgang/*Obergfell*, Eva Inés, Lauterkeitsrecht, Kommentar zum Gesetz gegen den unlauteren Wettbewerb (UWG), Band 2, 3. Auflage 2016 (zitiert: *Bearbeiter*, in: Fezer/Büscher/Obergfell, Lauterkeitsrecht).

Fischer, Arne, Die Legitimität des Sportwettbetrugs (§ 265c StGB), Unter besonderer Berücksichtigung des „Rechtsguts“ Integrität des Sports, 2020 (zitiert: *Fischer*, Die Legitimität des Sportwettbetruges).

Fischer, Thomas, Strafgesetzbuch mit Nebengesetzen, 71. Auflage 2024 (zitiert: *Fischer*, StGB).

Fischer-Lescano, Andreas, Das Recht auf Enthüllung, Warum wir Whistleblower brauchen, in: Blätter für deutsche und internationale

Politik, 2013, S. 63 – 70 (zitiert: *Fischer-Lescano*, in: Blätter 2013, 63).

Fleischer, Holger/*Goette*, Wulf (Hrsg.), Münchener Kommentar zum GmbHG, Band 3, 4. Auflage 2022 (zitiert: *Bearbeiter*, in: MüKo, GmbHG).

Forst, Gerrit, Whistleblowing im Gesundheitswesen Stellen zur Bekämpfung von Fehlverhalten im Gesundheitswesen und Fehlermeldesysteme in Krankenhäusern (Critical Incident Reporting Systems), in: Die Sozialgerichtsbarkeit, 2014, S. 413 – 422 (zitiert: *Forst*, in: SGb 2014, 413).

Forst, Gerrit, Whistleblowing im internationalen Vergleich – Was kann Deutschland von seinen Nachbarn lernen? in: EuZA, Europäische Zeitschrift für Arbeitsrecht, 2013, S. 37 – 82 (zitiert: *Forst*, in: EuZA 2013, 37).

Förster, Michael, Politische Betätigung innerhalb der Dienststelle – ein schwieriges Terrain für Dienststellenleitung und Personalrat, in: Die Personalvertretung, 2012, S. 444 – 449 (zitiert: *Förster*, in: PersV 2012, 444).

Forstmoser, Peter, Corporate Responsibility und Reputation – zwei Schlüsselbegriffe an der Schnittstelle von Recht, Wirtschaft und Gesellschaft, in: Vogt, Nedim Peter/Amstutz, Max Denis/Watter, Rolf (Hrsg.), Festschrift für Rolf Watter zum 50. Geburtstag, S. 197 – 209 (zitiert: *Forstmoser*, in: FS Watter, 197).

Franck, Johannes/*Steigert*, Verena, Die strafrechtliche Verantwortlichkeit von WikiLeaks, Eine Untersuchung der relevanten Straftatbestände im Umfeld von WikiLeaks-Veröffentlichungen, in: Computer und Recht, 2011, S. 380 – 387 (zitiert: *Franck/Steigert*, in: CR 2011, 380).

Franzen, Martin/*Gallner*, Inken/*Oetker*, Hartmut (Hrsg.), Kommentar zum europäischen Arbeitsrecht, 4. Auflage 2022 (zitiert: *Bearbeiter*, in: Franzen/Gallner/Oetker, Europäisches Arbeitsrecht).

Freckmann, Anke/*Schmoll*, Andrea, Geheimnisschutzrichtlinie: Neuer Standard für Vertraulichkeitsvereinbarungen und arbeitsvertragliche Verschwiegenheitsklauseln, in: Betriebs-Berater, 2017, S. 1780 – 1785 (zitiert: *Freckmann/Scholl*, in: BB 2017, 1780).

Frenz, Walter, Europarecht: Mit Klimaschutz, Digitalisierung, Corona, ausführlichem Datenschutz, 3. Auflage 2021 (zitiert: *Frenz*, Europarecht).

Freund, Georg/*Rostalski*, Frauke, Warum Normentheorie? Zur selbständigen Bedeutung vorstrafrechtlich legitimierter Verhaltensnormen, auch und gerade im strafrechtlichen Kontext, in: Goltdammer´s Archiv für Strafrecht, 2020, S. 617 – 633 (zitiert: *Freund/Rostalski*, in: GA 2020, 617).

Frey, Tobias/*Pelz*, Christian (Hrsg,), Beck'scher Online-Kommentar GwG, 16. Edition Stand 01.12.2023 (zitiert: *Bearbeiter*, in: BeckOK, GwG).

Friedman, Lawrence M., Coming of Age: Law and Society Enters an Exclusive Club, Annual Review of Law and Social Science Vol.

1, 2005, S. 1 – 16 (zitiert: *Friedman*, Annu. Rev. Law. Soc. Sci.1 (2005), 1).

Frisch, Wolfgang, An den Grenzen des Strafrechts, in: Küpper, Wilfried (Hrsg.), Festschrift für Walter Stree und Johannes Wessels zum 70. Geburtstag, 1993, S. 69 – 106 (*Frisch*, in: FS Stree/Wessels, 69).

Frisch, Wolfgang, Straftheorie, Verbrechensbegriff und Straftatsystem im Umbruch, in Goltdammer´s Archiv für Strafrecht, 2019, S. 185 – 204 (zitiert: *Frisch*, in: GA 2019, 185).

Frisch, Wolfgang: Voraussetzungen und Grenzen staatlichen Strafens, in: Neue Zeitschrift für Strafrecht, 2016, S. 16 – 25 (zitiert: *Frisch*, in: NStZ 2016, 16).

Fritzsche, Jörg/*Münker*, Reiner/*Stollwerck*, Christoph (Hrsg.), Beck'scher Online-Kommentar UWG, 22. Edition, Stand: 01.10.2023 (zitiert: *Bearbeiter*, in: BeckOK, UWG).

Fuhlrott, Michael/*Hiéramente*, Mayeul (Hrsg.), Beck'scher Online-Kommentar GeschGehG, 17. Edition, Stand: 15.09.2023 (zitiert: *Bearbeiter*, in: BeckOK, GeschGehG).

Fuhrmann, Die Wahrnehmung berechtigter Interessen durch die Presse, in: Juristische Schulung, 1970, S. 70 – 76 (zitiert: *Fuhrmann*, in: JuS 1970, 70).

Gainer-Ross, Leslie, Corporate Reputation, 12 Steps to Safeguarding and Recovering Reputation, 2008 (zitiert: *Gainer-Ross*, Corporate Reputation).

Gallas, Wilhelm, Zur Struktur des strafrechtlichen Unrechtsbegriffs, in: Kaufmann, Arthur (Hrsg.), Festschrift für Paul Bockelmann zum 70. Geburtstag, S. 155 – 179 (zitiert: *Gallas*, in: FS Bockelmann, 155).

Gänßle, *Peter*, Der Whistleblower im Spannungsverhältnis zwischen Korruptionsbekämpfung und arbeitsrechtlichen Pflichten, in: Kritische Justiz, 2007, S. 265 – 277 (zitiert: *Gänßle*, in: KJ 2007, 265).

Garden, Florian/*Hiéramente*, Mayeul, Die neue Whistleblowing-Richtlinie der EU – Handlungsbedarf für Unternehmen und Gesetzgeber, in: Betriebs-Berater, 2019, S. 963 – 969 (zitiert: *Garden/Hiéramente*, in: BB 2019, 963).

Gärditz, Klaus Ferdinand, Demokratizität des Strafrechts und Ultima Ratio-Grundsatz, in: Juristen Zeitung, 2016, S. 641 – 650 (zitiert: *Gärditz*, in: JZ 2016, 641).

Gas, Tonio, Die unmittelbare Anwendbarkeit von Richtlinien zu Lasten Privater im Urteil „Mangold", in: Europäische Zeitschrift für Wirtschaftsrecht, 2005, S. 737 (zitiert: *Gas*, in: EuZW 2005, 737).

Geiger, Rudolf/*Khan*, Daniel-Erasmus/*Kotzur*, Markus, EUV, AEUV: Vertrag über die Europäische Union, Vertrag über die Arbeitsweise der Europäischen Union, 7. Auflage 2023 (zitiert: *Bearbeiter*, in: Geiger/Khan/Kotzur, EUV/AEUV).

Geppert, Klaus, Zur Systematik der Beleidigungsdelikte und zur Bedeutung des Wahrheitsbeweises im Rahmen der §§ 185 ff. StGB, in: Juristische Ausbildung, 2002, S. 820 – 824 (zitiert: *Geppert*, in: JURA 2002, 820).

Gerdemann, Simon, Nachforschungsobliegenheiten für Whistleblower, in: Neue Juristische Wochenschrift, 2021, S. 2324 – 2327 (zitiert: *Gerdemann*, in: NJW 2021, 2324).

Gerdemann, Simon, Neuer Entwurf für ein Hinweisgeberschutzgesetz, Auf Konfrontationskurs zu EU-Kommission und Koalitionsvertrag, in: Zeitschrift für Rechtspolitik, 2022, S. 98 – 101 (zitiert: *Gerdemann*, in: ZRP 2022, 98, 99).

Gerdemann, Simon, Transatlantic Whistleblowing, Rechtliche Entwicklung, Funktionsweise und Status quo des Whistleblowings in den USA und seine Bedeutung für Deutschland, 2018 (zitiert: *Gerdemann*, Transatlantic Whistleblowing).

Gerdemann, Simon, Whistleblower als Agenten des Europarechts, Die Whistleblowing-Rechtsakte der EU von ihren Anfängen bis zur aktuellen Whistleblowing-Richtlinie, in: Neue Zeitschrift für Arbeitsrecht, 2020, S. 43 – 49 (zitiert: *Gerdemann*, in: NZA-Beilage 2020, 43).

Gerdemann, Simon, Whistleblowing, quo vadis? Die Europäische Whistleblower-Richtlinie und ihre Umsetzung in deutsches Recht – Teil 1: Die Richtlinie und ihre neuralgischen Punkte, in: Soziales Recht, 2021, S. 2 – 17 (zitiert: *Gerdemann*, in: SR 2021, 2).

Gerdemann, Simon/*Spindler*, Gerald, Die Europäische Whistleblower-Richtlinie und ihre Folgen für das deutsche

Gesellschaftsrecht, in: Zeitschrift für Wirtschaftsrecht, 2020, S. 1896 – 1907 (zitiert: *Gerdemann/Spindler*, in: ZIP 2020, 1896).

Brodowski, Dominik/Burchard, Christoph/Krause, Juliane/Walter, Tonio, Leipziger Kommentar Strafgesetzbuch: StGB, Band 13: §§ 331 bis 358, 13. Auflage 2022 (zitiert: *Bearbeiter*, in: LK-StGB).

Glauben, Paul J./*Edinger*, Florian, Parlamentarisches Fragerecht in den Landesparlamenten, in: Die Öffentliche Verwaltung, 1995, S. 941 – 949 (zitiert: *Glauben/Edinger*, in: DÖV 1005, 941).

Glazer, Myron P/*Glazer*, Penina M., Whistleblowers. Exposing Corruption in Government and Industry, 1989 (zitiert: *Glazer/Glazer*, Whistleblowers).

Gloy, Wolfgang (Begr.)/*Loschelder*, Michael/*Danckwerts*, Rolf (Hrsg.), Handbuch des Wettbewerbsrechts, 5. Auflage 2019 (zitiert: *Bearbeiter*, in: Gloy/Loschelder/Danckwerts).

Goldhammer, Michael, Geschäftsgeheimnis-Richtlinie und Informationsfreiheit, Zur Neudefinition des Geschäftsgeheimnisses als Chance für das öffentliche Recht, in: Neue Zeitschrift für Verwaltungsrecht, 2017, S. 1809 – 1814 (zitiert: *Goldhammer*, in: NVwZ 2017, 1809).

Götting, Horst-Peter/*Meyer*, Justus/*Vormbrock*, Ulf (Hrsg.), Gewerblicher Rechtsschutz und Wettbewerbsrecht, 2. Auflage 2020 (zitiert: *Bearbeiter*, in: Götting/Meyer/Vormbrock, Gewerblicher Rechtsschutz).

Götting, Horst-Peter/*Nordemann*, Alex, (Hrsg.), UWG, 3. Auflage 2016 (zitiert: *Bearbeiter*, in: Götting/Nordemann, UWG).

Grabenwarter, Christoph/*Pabel*, Katharina, Europäische Menschenrechtskonvention, 7. Auflage 2021 (zitiert: *Grabenwarter*/*Pabel*, EMRK).

Graf, Jürgen (Hrsg.), Beck'scher Online-Kommentar OWiG, 40. Edition, Stand: 01.10.2023 (zitiert: *Bearbeiter*, in: BeckOK, OWiG).

Granetzny, Thomas/*Krause*, Melena, Was kostet ein gutes Gewissen? – Förderung von Whistleblowing durch Prämien nach US-Vorbild? in: Corporate Compliance, 2020, S. 29 – 36 (zitiert: *Granetzny/Krause*, in: CCZ 2020, 29).

Graßhof, Karin (Hrsg.), Nachschlagewerk der Rechtsprechung des Bundesverfassungsgerichts, Lieferung 221, Juni 2023 (zitiert: *Bearbeiter*, in: Graßhof Nachschlagewerk).

Grimm, Dieter, Die Meinungsfreiheit in der Rechtsprechung des Bundesverfassungsgerichts, in: Neue Juristische Wochenschrift, 1995, S. 1697 – 1705 (zitiert: *Grimm*, in: NJW 1995, 1697).

Grobys, Isabella/*Panzer-Heemeier*, Andrea (Hrsg.), Stichwortkommentar Arbeitsrecht, Alphabetische Gesamtdarstellung, Individualarbeitsrecht | kollektives Arbeitsrecht | Prozessrecht, 4. Auflage 2023 (zitiert: *Bearbeiter*, in: Grobys/Panzer-Heemeier, Beschwerderecht).

Groneberg, Rut, Whistleblowing: Eine rechtsvergleichende Untersuchung des US-amerikanischen, englischen und deutschen

Rechts unter besonderer Berücksichtigung des Entwurfs eines neuen § 612a BGB, 2011 (zitiert: *Groneberg*, Whistleblowing).

Groß, Nadja/*Platzer*, Matthias, Whistleblowing: Keine Klarheit beim Umgang mit Informationen und Daten, in: Neue Zeitschrift für Arbeitsrecht, 2017, S. 1097 – 1104 (zitiert: *Groß/Platzer*, in: NZA 2017, 1097).

Großbach, Peter/*Born*, Walter, Die „whistleblower"-Gesetzgebung in den USA, in: Arbeit und Recht 1989, S. 374 – 377 (zitiert: *Großbach/Born*, in: AuR 1989, 374).

Grüneberg, Christian/*Ellenberger*, Jürgen/*Götz*, Isabel (Hrsg.), Bürgerliches Gesetzbuch, 82. Auflage 2023 (zitiert: *Bearbeiter*, in: Grüneberg).

Grünwald, Gerald, Meinungsfreiheit und Strafrecht, in: Kritische Justiz 1979, S. 291 – 301 (zitiert: *Grünwald*, in: KJ 1979, 291).

Gsell, Beate/*Krüger*, Wolfgang/*Lorenz*, Stephan/*Reymann*, Christoph (Gesamt-Hrsg. für das Zivilrecht), beck-online.GROSSKOMMENTAR, Allgemeines Gleichbehandlungsgesetz Stand 01.12.2023 (zitiert: *Bearbeiter*, in: BeckOGK).

Günther, Jörg-Michael, Öffentlichkeitsarbeit von Behörden und externes Whistleblowing durch Beamte. Ein aktueller Überblick, in: Neue Zeitschrift für Verwaltungsrecht, 2018, S. 1109 – 1112 (zitiert: *Günther*, in: NVwZ 2018, 1109).

Güroff, Eduard, Wirtschaftsstrafverfahren: Entstehung eines neuartigen Verfahrenstyps? 2005, S. 142 – 146 (zitiert: *Güroff*, in: Neue Kriminalpolitik 2005, 142).

Gutmann, Thomas, Ideologie der Gemeinschaft und die Abschaffung des subjektiven Rechts – Recht und Rechtswissenschaft im Nationalsozialismus, 2018 (zitiert: *Gutmann*, Ideologie der Gemeinschaft).

Hachmeister, Dirk/*Kahle*, Holger/*Mock*, Sebastian/*Schüppen*, Matthias (Hrsg.), Bilanzrecht Kommentar, Handelsbilanz, Steuerbilanz, Prüfung, Offenlegung, Gesellschaftsrecht, 3. Auflage 2022 (zitiert: *Bearbeiter*, in: HKMS-Bilanzrecht).

Hardinghaus, Alexander, Strafzumessung bei Aufklärungs- und Präventionshilfe, Der Kronzeuge im deutschen Strafrecht unter besonderer Berücksichtigung von § 46b StGB, 2014 (zitiert: *Hardinghaus*, Strafzumessung bei Aufklärungs- und Präventionshilfe).

Harks, Thomas, Das Fragerecht der Abgeordneten, in: Juristische Schulung, 2014, S. 979 – 982 (zitiert: *Harks*, in: JuS 2014, 979).

Harte-Bavendamm, Henning/*Henning-Bodewig*, Frauke, Gesetz gegen den unlauteren Wettbewerb, 5. Auflage 2021 (zitiert: *Bearbeiter*, in: Harte-Bavendamm/Henning-Bodewig, UWG).

Harte-Bavendamm, Henning/*Ohly*, Ansgar/*Kalbfus*, Björn (Hrsg.), Gesetz zum Schutz von Geschäftsgeheimnissen, 2020 (zitiert: *Bearbeiter*, in: Harte-Bavendamm/Ohly/Kalbfus).

Hau, Wolfgang/*Poseck*, Roman (Hrsg.), Beck'scher Online-Kommentar BGB, 68. Edition, Stand: 01.11.2023 (zitiert: *Bearbeiter*, in: BeckOK, BGB).

Hauck, Ronny, Geheimnisschutz im Zivilprozess – was bringt die neue EU-Richtlinie für das deutsche Recht? in: Neue Juristische Wochenschrift, 2016, S. 2218 – 2223 (zitiert: *Hauck*, in: NJW 2016, 2218).

Hauck, Ronny, Was lange währt … – Das Gesetz zum Schutz von Geschäftsgeheimnissen (GeschGehG) ist in Kraft, in: Praxis im Immaterialgüter- und Wettbewerbsrecht, 2019, S. 223 – 225 (zitiert: *Hauck*, in: GRUR-Prax 2019, 223).

Hauck, Ronny, Grenzen des Geheimnisschutzes, in: Wettbewerb in Recht und Praxis, 2018, S. 1032 – 1037 (zitiert: *Hauck*, in: WRP 2018, 1032).

Hefendehl, Roland, Alle lieben Whistleblowing, in: *Böse*, Martin/Sternberg-Lieben, Detlev (Hrsg.), Festschrift für Knut Amelung zum 70. Geburtstag, 2009, S. 616 – 642 (zitiert: *Hefendehl*, in: FS Amelung, 616).

Hefendehl, Roland, Die Rechtsgutslehre und der Besondere Teil des Strafrechts, Ein dogmatisch-empirischer Vergleich von Chile, Deutschland und Spanien, in: Zeitschrift für internationale Strafrechtsdogmatik, 2012, S. 506 – 512 (zitiert: *Hefendehl*, in: ZIS 2012, 506).

Hefendehl, Roland/*Hirsch*, Andrew von/*Wohlers*, Wolfgang, Die Rechtsgutstheorie, Legitimationsbasis des Strafrechts oder dogmatisches Glasperlenspiel? (zitiert: *Bearbeiter*, in: Hefendehl/Hirsch/Wohlers, Die Rechtsgutstheorie).

Heghmanns, Michael, Strafrecht Besonderer Teil, 2. Auflage 2021 (zitiert: *Heghmanns*, Strafrecht BT).

Heghmanns, Michael/*Niehaus*, Holger, Outsourcing im Versicherungswesen und der Gehilfenbegriff des § 203 III 2 StGB, in: Neue Zeitschrift für Strafrecht, 2008, S. 57 – 62 (zitiert: *Heghmanns/Niehaus*, in: NStZ 2008, 57).

Heidel, Thomas, Aktienrecht und Kapitalmarktrecht, 5. Auflage 2020 (zitiert: *Bearbeiter*, in: Heidel, Aktienrecht und Kapitalmarktrecht).

Heidel, Thomas/*Hüßtege*, Rainer/*Mansel*, Heinz-Peter/*Noack*, Ulrich (Hrsg.), Bürgerliches Gesetzbuch – BGB Bd. 1: Allgemeiner Teil | EGBGB, 4. Auflage 2021 (zitiert: *Bearbeiter*, in: Heidel/Hüßtege/Mansel/Noack, BGB AT).

Heine, Günther, Der staatliche Ankauf von strafbar erlangten Steuer-Daten deutscher Steuerhinterzieher, in: Heinrich, Manfred/Jäger, Christian/Schünemann, Bernd et al., Festschrift für Claus Roxin zum 80. Geburtstag am 15. Mai 2011, S. 1087 – 1102 (zitiert: *Heine*, in: FS Roxin II, 1087).

Heinrich, Bernd, Strafrecht Allgemeiner Teil, 7. Auflage 2022 (zitiert: *Heinrich*, Strafrecht AT).

Heinrich, Bernd/*Hilgendorf*, Eric/*Arzt*, Gunther, Strafrecht Besonderer Teil, 4. Auflage 2021 (zitiert: *Arzt/Weber/Heinrich/Hilgendorf*, Strafrecht BT).

Heintschel-Heinegg, Bernd von (Hrsg.), BeckOK StGB, 59. Edition, Stand 01.11.2023 (zitiert: *Bearbeiter*, in: BeckOK, StGB).

Heintschel-Heinegg, Bernd von (Hrsg.), Münchener Kommentar zum Strafgesetzbuch, Band 2, 4. Auflage 2020 (zitiert: *Bearbeiter*, in: Müko, StGB).

Hennrichs, Joachim/*Kleindieck*, Detlef/*Watrin*, Christoph, Münchener Kommentar zum Bilanzrecht, Band 2, 2013 (zitiert: *Bearbeiter*, in: Müko, Bilanzrecht).

Henssler, Martin/*Herresthal*, Carsten/*Paschke*, Marian (Hrsg.), beck-online.GROßKOMMENTAR, HGB, Stand: 15.09.2022 (zitiert: *Bearbeiter*, in: BeckOGK, HGB).

Henssler, Martin/*Strohn*, Lutz, Gesellschaftsrecht, 6. Auflage 2023 (zitiert: *Bearbeiter*, in: Henssler/Strohn, Gesellschaftsrecht).

Herbert, Manfred/*Oberath*, Jörg-Dieter, Schweigen ist Gold? Rechtliche Vorgaben für den Umgang des Arbeitnehmers mit seiner Kenntnis über Rechtsverstöße im Betrieb, in: Neue Zeitschrift für Arbeitsrecht, 2005, S. 193 – 199 (zitiert: *Herbert/Oberath*, in: NZA 2005, 193).

Herdegen, Matthias, Europarecht, 23. Auflage 2022 (zitiert: *Herdegen*, Europarecht).

Hermann, Dieter, Werte und Kriminalität, Konzeption einer allgemeinen Kriminalitätstheorie, 2003 (zitiert: *Hermann*, Werte und Kriminalität).

Herold, Nico, Whistleblower, Entscheidungsfindung, Meldeverhalten und kriminologische Bewertung, 2016 (zitiert: *Herold*, Whistleblower).

Herzberg, Rolf Dietrich, Verhaltensnorm, Sanktionsnorm und Tatbegriff – eine kritische Betrachtung, in: Zeitschrift für internationale Strafrechtsdogmatik, 2019, S. 420 – 429 (zitiert: *Herzberg*, in: ZIS 2019, 420).

Heutz, Stefan, Das Spannungsverhältnis zwischen den Immaterialgüterrechten und der kartellrechtlichen Kontrolle marktbeherrschender Unternehmen, 2010 (zitiert: *Heutz*, Das Spannungsverhältnis).

Hiéramente, Mayeul/*Golzio*, Jan Ole, Die Reform des Geheimnisschutzes aus Sicht der Compliance-Abteilung – Ein Überblick, in: Corporate Compliance 2018, S. 262 – 267 (zitiert: *Hiéramente/Golzio*, in: CCZ 2018, 262).

Hilgendorf, Eric/*Kudlich*, Hans/*Valerius*, Brian, Handbuch des Strafrechts Band 6, Teildisziplinen des Strafrechts, 2021 (zitiert: *Hilgendorf/Kudlich/Valerius*, Handbuch des Strafrechts Bd. 6).

Hilgendorf, Eric/*Valerius*, Brian, Strafrecht Allgemeiner Teil, 3. Auflage 2022 (zitiert: *Hilgendorf/Valerius*, Strafrecht AT).

Hilgendorf, Eric/*Valerius*, Brian, Strafrecht Besonderer Teil 2: Vermögensdelikte, 2. Auflage 2021 (zitiert: *Hilgendorf/Valerius*, Strafrecht BT2).

Hillenbrand, Stephan, Der Begriff des Geschäfts- und Betriebsgeheimnisses. Eine vergleichende Untersuchung mit dem Begriff des trade secret in den USA und dem englischen common law, 2017 (zitiert: *Hillenbrand*, Der Begriff des Geschäfts- und Betriebsgeheimnisses).

Hilliger, Fedja Alexander, Das Rechtsdenken Karl Bindings und die „Freigabe der Vernichtung lebensunwerten Lebens, 2018 (zitiert: *Hilliger*, Das Rechtsdenken Karl Bindings).

Hirsch, Hans Joachim, Die aktuelle Diskussion über den Rechtsgutsbegriff, in: Festschrift für Dionysios Spinellis, 2001, Band I, S. 425 – 445 (zitiert: *Hirsch*, in: FS Spinellis, 425).

Hirsch, Hans-Joachim, Ehre und Beleidigung, Grundfragen des strafrechtlichen Ehrenschutzes, 1967 (zitiert: *Hirsch*, Ehre und Beleidigung).

Hirsch, Hans-Joachim, Grundfragen von Ehre und Beleidigung, in: Zaczyk, Rainer/Köhler, Michael/Kahlo, Michael (Hrsg.), Festschrift für E.A. Wolff zum 70. Geburtstag, 1998, S. 125 – 151 (zitiert: *Hirsch*, in: FS Wolff, 125).

Hirsch, Hans-Joachim/*Spendel*, Günter/*Häger*, Joachim/*Geppert*, Klaus/*Gribbohm* Günter/*Rissing-van Saan*, Ruth, Strafgesetzbuch. Leipziger Kommentar/§§ 32 – 60, 11. Auflage 2018 (zitiert: *Bearbeiter*, in: LK-StGB).

Hobe, Stefan/*Fremuth*, Michael Lysander, Europarecht, 11. Auflage 2023 (zitiert: *Hobe/Fremuth*, Europarecht).

Hoeren, Thomas/*Münker*, Reiner (Hrsg.), GeschGehG, Gesetz zum Schutz von Geschäftsgeheimnissen, 2021 (zitiert: *Bearbeiter*, in: Hoeren/Münker, GeschGehG).

Höfer, Carl, Regierungsentwurf zum Geschäftsgeheimnisgesetz (GeschGehG) aus Geschäftsführersicht: Pflicht zum „Geschäftsgeheimnis-Management", in: GmbHRundschau, 2018, S. 1195 – 1198 (zitiert: *Höfer*, in: GmbHR 2018, 1195).

Hoffmann-Theinert, Roland/*Häublein*, Martin (Hrsg.), BeckOK, HGB, 40. Edition, Stand: 01.07.2023 (*Bearbeiter*, in: BeckOK, HGB).

Hofmann, Stefan, Whistleblowing: Heldentat oder Verrat? Hinweisgeber im Spannungsfeld zwischen Zivilcourage und Denunziantentum, Zeitschrift für Corporate Governance, 2006, S. 121 – 126 (zitiert: *Hofmann*, in: ZCG 2006, 121).

Hölters, Wolfgang/*Weber*, Markus, Aktiengesetz Kommentar, 4. Auflage 2022 (zitiert: *Bearbeiter*, in: Hölters/Weber, AktG).

Holthausen, Joachim, Vertragsgestaltung nach Inkrafttreten des GeschGehG, in: Neue Zeitschrift für Arbeitsrecht, 2019, S. 1377 – 1383 (zitiert: *Holthausen*, in: NZA 2019, 1377).

Hommel, Ulf, Die Zusammenarbeit mit Whistleblowern – Anmerkungen zu der EU-Whistleblower-Richtlinie, in: Corporate Compliance, 2021, S. 95 – 97 (zitiert: *Hommel*, in: CCZ 2021, 95).

Hoppe, Daniel/*Oldekop*, Axel, Geschäftsgeheimnisse, Schutz von Know-how und Geschäftsinformationen, Praktikerhandbuch mit Mustern, 2. Auflage 2022 (zitiert: *Bearbeiter*, in: Hoppe/Oldekop).

Hoven, Elisa/*Krause*, Melena, die Strafbarkeit der Verbreitung von „Fake News", in: Juristische Schulung, 2017, S. 1167 – 1170 (zitiert: *Hoven/Krause*, in: JuS 2017, 1167).

Huber, Rainer, Möglichkeiten der Beschleunigung von Wirtschaftsstrafverfahren, in: Neue Zeitschrift für Strafrecht, 1996, S. 530 – 533 (zitiert: *Huber*, in: NStZ 1996, 530).

Huber, Bertold/*de With*, Hans, Der unverzichtbare Zeuge – Recht und Pflicht zur Vernehmung Edward Snowdens vor dem NSA-Untersuchungsausschuss, in: Neue Juristische Wochenschrift, 2014, S. 2698 – 2703 (zitiert: Huber/*de With*, in: NJW 2014, 2698).

Imbach Haumüller, Diana, Whistleblowing in der Schweiz und im internationalen Vergleich – ein Bestandteil einer effektiven Kontrolle? 2011 (zitiert: *Imbach Haumüller*, Whistleblowing in der Schweiz).

Inderst, Cornelia/*Bannenberg*, Britta/*Poppe*, Sina (Hrsg.), Compliance, Aufbau – Management – Risikobereiche, 3. Auflage 2017 (zitiert: *Bearbeiter*, in: Inderst/Bannenberg/Poppe, Compliance).

Jarass, Hans D., Voraussetzungen der innerstaatlichen Wirkung des EG-Rechts, in: Neue Juristische Wochenschrift, 1990, S. 2420 – 2425 (zitiert: *Jarass*, in: NJW 1990, 2420).

Jarass, Hans D./*Pieroth*, Bodo, Grundgesetz für die Bundesrepublik Deutschland, Kommentar, 17. Auflage 2021 (zitiert: *Bearbeiter*, in: Jarass/Pieroth, GG).

Jäschke, Moritz L., Das Schutzgut des § 203 StGB, in: Zeitschrift für die gesamte Strafrechtswissenschaft, 2019, S. 36 – 64 (zitiert: *Jäschke*, in: ZStW 2019, 36).

Jauernig, Othmar (Begr.)/*Stürner*, Rolf (Hrsg.), Bürgerliches Gesetzbuch, mit Rom-I-, Rom-II-VO, Rom-III-VO, EuUnthVO/HUntProt und EuErbVO, 19. Auflage 2023 (zitiert: *Bearbeiter*, in: Jauernig, BGB).

Johnston, Nantje, Lauterkeitsrechtliche Unterlassungsansprüche im Glücksspielrecht, Eine Analyse des deutschen Glücksspielrechts unter Berücksichtigung verfassungs- und gemeinschaftsrechtlicher Aspekte, 2009 (zitiert: *Johnston*, Lauterkeitsrechtliche Unterlassungsansprüche).

Jubb, Peter B., Whistleblowing: A Restrictive Definition and Interpretation, Journal of Business Ethics 21, 1999, S. 77 – 94 (zitiert: *Jubb*, in: Journal of Business Ethics (21) 1999, 77).

Kaiser, Ingo, Zulässigkeit des Ankaufs deliktisch erlangter Steuerdaten, in: Neue Zeitschrift für Strafrecht, 2011, S. 383 – 390 (zitiert: *Kaiser*, in: NStZ 2011, 383).

Kalbfus, Björn, Angemessene Geheimhaltungsmaßnahmen nach der Geschäftsgeheimnis-Richtlinie, in: Praxis im Immaterialgüter- und Wettbewerbsrecht, 2017, S. 391 – 393 (zitiert: *Kalbfus*, in: GRUR-Prax 2017, 391).

Kalbfus, Björn, Die EU-Geschäftsgeheimnis-Richtlinie, Welcher Umsetzungsbedarf besteht in Deutschland? in: Gewerblicher Rechtsschutz und Urheberrecht, 2016, S. 1009 – 1017 (zitiert: *Kalbfus*, in: GRUR 2016, 1009).

Karpenstein, Ulrich/*Mayer*, Franz C. (Hrsg.), Konvention zum Schutze der Menschenrechte und Grundfreiheiten, Kommentar, 3. Auflage 2022 (zitiert: *Bearbeiter*, in: Karpenstein/Mayer, EMRK).

Kasiske, Peter, Übungsfall: Leise pfeift der Whistleblower, in: Zeitschrift für das Juristische Studium, 2016, S. 628 – 638 (zitiert: *Kasiske*, in: ZJS 2016, 628).

Kaufmann, Felix, Logik und Rechtswissenschaft, 1922 (zitiert: *Kaufmann*, Logik und Rechtswissenschaft).

Keller, Erhard/*Schönknecht*, Marcus/*Glinke*, Anna (Hrsg.), Geschäftsgeheimnisschutzgesetz, 2021 (zitiert: *Bearbeiter*, in: Keller/Schönknecht/Glinke).

Kiehte, Kurt/*Hohmann*, Olaf, Der strafrechtliche Schutz von Geschäfts- und Betriebsgeheimnissen, in: Neue Zeitschrift für Strafrecht, 2006, S. 185 – 191 (zitiert: *Kiehte/Hohmann*, in: NStZ 2006, 185).

Kindhäuser, Urs/*Neumann*, Ulfried/*Paeffgen*, Hans Ullrich/*Saliger*, Frank, Strafgesetzbuch, 6. Auflage 2023 (zitiert: Bearbeiter, in: Kindhäuser/Neumann/Paeffgen/Saliger).

Kindhäuser, Urs/*Zimmermann*, Till, Strafrecht Allgemeiner Teil, 10. Auflage 2022 (zitiert: *Kindhäuser/Zimmermann*, Strafrecht AT).

Kingreen, Thorsten/*Poscher*, Ralf, Grundrechte. Staatsrecht II, 38. Auflage 2022 (zitiert: *Kingreen/Poscher*, Grundrechte).

Kingreen, Thorsten/*Poscher*, Ralf, Polizei- und Ordnungsrecht mit Versammlungsrecht, 12. Auflage 2022 (zitiert: *Kingreen/Poscher*, Polizei- und Ordnungsrecht).

Kirch-Heim, Claudio/*Samson*, Erich, Vermeidung der Strafbarkeit durch Einholung juristischer Gutachten, in: Zeitschrift für Wirtschafts- und Steuerstrafrecht, 2008, S. 81 – 87 (zitiert: *Kirch-Heim/Samson*, in: wistra 2008, 81).

Klaas, Arne, Unternehmensinterne Verstöße und „Whistleblowing“: Zum Grundrechtsschutz der Beteiligten und den Anforderungen an eine einfachrechtliche Regelung, in: Corporate Compliance, 2019, S. 163 – 171 (zitiert: *Klaas*, in: CCZ 2019, 163).

Klasen, Evelyn/*Schaefer*, Sandra, Whistleblower, Zeuge und „Beschuldigter“ – Informationsweitergabe im Spannungsfeld grundrechtlicher Positionen, in: Betriebs-Berater 2012, S. 641 – 647 (zitiert: *Klasen/Schaefer*, in: BB 2012, 641).

Koch, Arnd, Korruptionsbekämpfung durch Geheimnisverrat? Strafrechtliche Aspekte des Whistleblowing, in: Zeitschrift für internationale Strafrechtsdogmatik, 2008, S. 500 – 505 (*Koch*, in: ZIS 2008, 500).

Koch, Arnd/*Kubiciel*, Michael/*Löhnig*, Martin/*Pawlik*, Michael, Feuerbachs Bayerisches Strafgesetzbuch, Die Geburt liberalen, modernen und rationalen Strafrechts, 2014 (zitiert: *Bearbeiter*, in:

Koch/Kubiciel/Löhnig/Pawlik, Feuerbachs Bayerisches Strafgesetzbuch).

Köhler, Helmut/*Bornkamm*, Joachim/*Feddersen*, Jörn (Hrsg.), Gesetz gegen den unlauteren Wettbewerb, 41. Auflage 2023 (zitiert: *Bearbeiter*, in: Köhler/Bornkamm/Feddersen, UWG).

Kohte, Wolfhard/*Faber*, Ulrich/*Feldhoff*, Kerstin, Gesamtes Arbeitsschutzrecht, 3. Auflage 2023 (zitiert: *Bearbeiter*, in: Kohte/Faber/Feldhoff).

Kölbel, Ralf/*Herold*, Nico, Grundfragen zur Einrichtung unternehmenseigener Hinweisgebersysteme: Der Forschungsstand zu deren Funktionen und Funktionalität, in: Zeitschrift für Unternehmens- und Gesellschaftsrecht, 2020, S. 961 – 998 (zitiert: *Kölbel/Herold*, in: ZGR 2020, 961).

Kölbel, Ralf/*Herold*, Nico, Whistleblowing: Eine kriminologische Analyse aus Anlass der aktuellen kriminalpolitischen Debatte, in: Monatsschrift für Kriminologie und Strafrechtsreform, 2010, S. 424 – 441 (zitiert: *Kölbel/Herold*, in: MschrKrim 2010, 424).

Kollmer, Norbert/*Klindt*, Thomas/*Schucht*, Carsten, Arbeitsschutzgesetz, 4. Auflage 2021 (zitiert: *Bearbeiter*, in: Kollmer/Klindt/Schucht, ArbSchG).

Koreng, Ansgar, Das „Unternehmenspersönlichkeitsrecht" als Element des gewerblichen Reputationsschutzes, in: Gewerblicher Rechtsschutz und Urheberrecht, 2010, S. 1065 – 1070 (zitiert: *Koreng*, in: GRUR 2010, 1065).

Koriath, Heinz, Grundlagen strafrechtlicher Zurechnung, 1994 (zitiert: *Koriath*, Grundlagen strafrechtlicher Zurechnung).

Kort, Michael, Organpflichten beim Whistleblowing: Paradigmenwechsel durch die Hinweisgeber-Richtlinie? in: Bachmann, Gregor/Grundmann, Stefan/Mengel, Anja/Krolop, Kaspar (Hrsg.), Festschrift für Christine Windbichler zum 70. Geburtstag, S. 837 – 856 (zitiert: *Kort*, in: FS Windbichler, 837).

Korte, Kathrin, Die Information des Aufsichtsrats durch die Mitarbeiter, Whistleblowing und Mitarbeiterbefragung als Mittel zur Verbesserung der Informationsasymmetrien in der AG, 2009 (zitiert: *Korte*, die Information des Aufsichtsrates).

Krack, Ralf, Die Tätige Reue im Wirtschaftsstrafrecht, in: Neue Zeitschrift für Strafrecht, 2001, S. 505 – 511 (zitiert: *Krack*, in: NStZ 2001, 505).

Kratzsch, Dietrich, Das „faktische Organ" im Gesellschaftsstrafrecht, in: Zeitschrift für Unternehmens- und Gesellschaftsrecht, 2009, S. 506 – 536 (zitiert: *Kratzsch*, in: ZGR 2009, 506).

Krause, Rüdiger, Zwischen Treuepflichtverletzung und Rechtsdurchsetzungsinstrument – Externes Whistleblowing im Wandel der Zeiten, in: Soziales Recht, 2019, S. 138 – 152 (zitiert: *Krause*, in: SR 2019, 138).

Krauth, Hermann/*Kurfess*, Werner/*Wulf*, Helmut, Zur Reform des Staatsschutz-Strafrechts durch das Achte

Strafrechtsänderungsgesetz, in: Juristenzeitung, 1968, S. 609 – 613 (zitiert: *Krauth/Kurfess/Wulf*, in: JZ 1968, 609).

Kreis, Simona, Whistleblowing als Beitrag zur Rechtsdurchsetzung. Das öffentliche Informationsinteresse im Arbeitsrecht, 2017 (zitiert: *Kreis*, Whistleblowing als Beitrag zur Rechtsdurchsetzung).

Kreuzer, Arthur, Kriminologische Dunkelfeldforschung, I. Teil: Theorie und Methodik, in: Neue Zeitschrift für Strafrecht, 1994, S. 10 – 16 (zitiert: *Kreuzer*, in: NStZ 1994, 10).

Krey, Volker/*Hellmann*, Uwe/*Heinrich*, Manfred, Strafrecht Besonderer Teil, Band 2, Vermögensdelikte, 18. Auflage 2021 (zitiert: *Krey/Hellmann/Heinrich*, Strafrecht BT Bd. 2).

Kröger, Thomas, Der Aufbau der Fahrlässigkeitsstraftat, 2016 (zitiert: *Kröger*, Der Aufbau der Fahrlässigkeitsstraftat).

Kudlich, Hans, Die Relevanz der Rechtsgutstheorie im modernen Verfassungsstaat, in: Zeitschrift für die gesamte Strafrechtswissenschaft, 2015, S. 635 – 651 (zitiert: *Kudlich*, in: ZStW 2015, 635).

Kudlich, Hans/*Oglakcioglu*, Mustafa Temmuz, Wirtschaftsstrafrecht, 3. Auflage 2020 (zitiert: *Kudlich/Oglakcioglu*, Wirtschaftsstrafrecht).

Kuhli, Milan, Besprechung von: Arnd Koch/Michael Kubiciel/Martin Löhnig/Michael Pawlik (Hrsg.), Feuerbachs Bayerisches Strafgesetzbuch, Mohr Siebeck, Tübingen 2014, Zugleich einige Anmerkungen zu Feuerbachs Rechtsverletzungslehre, in: Rechtsphilosophische Zeitschrift für

Grundlagen des Rechts, 2015, S. 343 – 351 (zitiert: *Kuhli*, in: RphZ 2015, 343).

Küttner, Wolfdieter (Begr.)/*Röller*, Jürgen/*Griese*, Thomas (Hrsg.), Personalbuch: Arbeitsrecht, Lohnsteuerrecht, Sozialversicherungsrecht, 30. Auflage 2023 (zitiert: *Bearbeiter*, in: Küttner, Personalbuch).

La Torre, Massimo/*Hull*, Friedrich, Schaffstein und die Lehre vom Verbrechen als Pflichtverletzung, in: Journal der juristischen Zeitgeschichte, 2010, S. 111 – 123 (zitiert: *La Torre/Hull*, in: JoJZG 2010, 111).

Lackner, Karl/*Kühl*, Kristian/*Heger*, Martin, Strafgesetzbuch, 30. Auflage, 2023 (zitiert: *Bearbeiter*, in: Lackner/Kühl/Heger, StGB).

Landau, Herbert, Die deutsche Strafrechtsdogmatik zwischen Anpassung und Selbstbehauptung – Grenzkontrolle der Kriminalpolitik durch die Dogmatik? in: Zeitschrift für die gesamte Strafrechtswissenschaft, 2009, S. 965 – 976 (zitiert: *Landau*, in: ZStW 2009, 965).

Landmann, Robert/*Rohmer*, Ernst (Begr.), Gewerbeordnung und ergänzende Vorschriften, 88. Auflage 2022 (zitiert: *Bearbeiter*, in: Landmann/Rohmer, GewO).

Lang, Heinrich/*Wilms*, Heinrich, Staatsrecht II: Grundrechte, 2. Auflage 2020 (zitiert: *Lang/Wilms*, Staatsrecht II).

Lauck, Simon, Angemessene Geheimhaltungsmaßnahmen nach dem GeschGehG, Weshalb der Wert des Geschäftsgeheimnisses irrelevant ist, in: Gewerblicher Rechtsschutz und Urheberrecht, S. 1132 – 1133 (zitiert: *Lauck*, in: GRUR 2019, 1132).

Laufhütte, Heinrich Wilhelm/*Rissing van Saan*, Ruth/*Tiedemann*, Klaus, Leipziger Kommentar StGB, Band 6 §§ 146 – 210, 12. Auflage 2009 (zitiert: *Bearbeiter*, in: LK-StGB).

Laufs, Adolf/*Uhlenberg*, Wilhelm (Begr.)/*Kern*, Bernd-Rüdiger/*Rehborn*, Martin (Hrsg.), Handbuch des Arztrechts, 5. Auflage 2019 (zitiert: *Bearbeiter*, in: Laufs/Kern/Rehborn, Handbuch des Arztrechts).

Leipold, Klaus/*Tsambikakis*, Michael/*Zöller*, Mark (Hrsg.), AnwaltKommentar StGB, 3. Auflage 2020 (zitiert: *Bearbeiter*, in: AnwaltKommentar, StGB).

Leisinger, Klaus M., Whistleblowing und Corporate Reputation Management, 2003 (zitiert: *Leisinger*, Whistleblowing und Corporate Reputation Management).

Leister, Alexander, „Angemessene Geheimhaltungsmaßnahmen" – Handlungsbedarf in der Praxis durch Neudefinition des Geschäftsgeheimnisbegriffs, in: Praxis im Immaterialgüter- und Wettbewerbsrecht, 2019, S. 75 – 77 (zitiert: *Leister*, in: GRUR-Prax 2019, 75).

Leitner, Werner/*Rosenau*, Henning (Hrsg.), Wirtschafts- und Steuerstrafrecht, Kommentar, 2. Auflage 2022 (zitiert: *Bearbeiter*, in: Leitner/Rosenau, Wirtschafts- und Steuerstrafrecht).

Lenk, Maximilian, Sanktionsbewehrte Melde- und Anzeigepflichten – Zu den materiell-rechtlichen Problemen einer privatisierten

Kriminalitätsbekämpfung, in: Juristische Rundschau 2020, S. 103 – 111 (zitiert: *Lenk*, in: JR 2020, 103).

Letzel, Ann-Sophie, Bewertung ausgewählter Aspekte des neuen „Gesetzes zum Schutz von Geschäftsgeheimnissen“ (GeschGehG), in: Zeitschrift für das juristische Studium, 2021, S. 1 – 13 (zitiert: *Letzel*, in: ZJS 2021, 1).

Linck, Rüdiger/*Preis*, Ulrich/*Schmidt*, Ingrid, Kündigungsrecht, Kommentar zum gesamten Recht der Beendigung von Arbeitsverhältnissen, 7. Auflage 2024 (zitiert: *Bearbeiter*, in: Ascheid/Preis/Schmidt, Kündigungsrecht).

Lütke, Hans-Josef/*Gramlich*, Ludwig, § 5 Nr. 2 GeschGehG – Ethisch motivierte Durchbrechung von Geschäftsgeheimnissen? in: Zeitschrift für Wirtschafts- und Steuerstrafrecht, 2019, S. 480 – 485 (zitiert: *Gramlich/Lütke*, in: wistra, 2019, 480).

Lutterbach, Carolin, die strafrechtliche Würdigung des Whistleblowings, 2011 (zitiert: *Lutterbach*, Die strafrechtliche Würdigung des Whistleblowings).

Maaßen, Stefan, „Angemessene Geheimhaltungsmaßnahmen“ für Geschäftsgeheimnisse, in: Gewerblicher Rechtsschutz und Urheberrecht, S. 352 – 360 (zitiert: *Maaßen*, in: GRUR 2019, 352).

Mahnhold, Thilo, „Global Whistle” oder „deutsche Pfeife” – Whistleblowing-Systeme im Jurisdiktionskonflikt, in: Neue Zeitschrift für Arbeitsrecht, 2008, S. 737 – 743 (*Mahnhold*, in: NZA 2008, 737).

Mangoldt, Hermann von (Begr.)/*Klein*, Friedrich/*Starck*, Christian, Grundgesetz, Kommentar, Band 1, 8. Auflage, 2023 (Hrsg.: Huber, Peter M./Voßkuhle, Andreas) (zitiert: *Bearbeiter*, in: Mangoldt/Klein/Starck).

Masing, Johannes, Meinungsfreiheit und Schutz der verfassungsrechtlichen Ordnung, in: Juristen Zeitung, 2012, S. 585 – 592 (zitiert: *Masing*, in: JZ 2012, 585).

Masuch, Thorsten, Vom Maß der Freiheit – Der Beamte zwischen Meinungsfreiheit und Mäßigungsgebot, „Die Kontrolle der Kontrolle ist das Maß der Freiheit." (Andrea Mira Meneghin), in: Neue Zeitschrift für Verwaltungsrecht, 2021, S. 520 – 525 (zitiert: *Masuch*, in: NVwZ 2021, 520).

Matt, Holger/*Renzikowski*, Joachim (Hrsg.), Strafgesetzbuch, Kommentar, 2. Auflage 2020 (zitiert: *Bearbeiter*, in: Matt/Renzikowski, StGB).

Maunz, Theodor/*Dürig*, Günter (Begr.)/*Herzog*, Roman/*Scholz*, Rupert/*Herdegen*, Matthias/*Klein*, Hans H. (Hrsg.), Grundgesetz, Kommentar, Band 1, 100. Auflage 2023 (zitiert: *Bearbeiter*, in: Maunz/Dürig, GG).

Mävers, Gunther, Whistleblower-Richtlinie – Stand der Umsetzung, in: Arbeitsrecht Aktuell, 2021, S. 379 – 382 (zitiert: *Mävers*, in: ArbRAktuell, 2021, 379).

McGuire, Mary-Rose, Begriff und Rechtsnatur des Geschäftsgeheimnisses — Über ungeschriebene Unterschiede zwischen altem und neuem Recht, in: Ahrens, Hans-Jürgen/Büscher,

Wolfgang/Goldmann, Michael/McGuire, Mary-Rose, Festschrift für Henning Harte-Bavendamm zum 70. Geburtstag, 2020, S. 367 – 384 (zitiert: *McGuire*, in: FS Harte-Bavendamm, 367).

Meier, Bernd-Dieter, Kriminologie, 6. Auflage 2021 (zitiert: *Meier*, Kriminologie).

Meyer-Ladewig, Jens/*Nettesheim*, Martin/*Raumer*, Stefan von (Hrsg.), Europäische Menschenrechtskonvention, Handkommentar, 5. Auflage 2023 (zitiert: *Bearbeiter*, in: Meyer-Ladewig/Nettesheim/Raumer, EMRK).

Miceli, Marcia P./*Near*, Janet P., Organizational Dissidence: The Case of Whistle-Blowing, Journal of Business Ethics Vol. 4, 1985, No. 1, 1 – 16 (zitiert: Miceli/Near, Organizational Dissidence: The case of Whistle-Blowing).

Miceli, Marcia P/*Near*, Janet P, Blowing the Whistle: The Organizational and Legal Implications for Companies and Employees (Issues in Organization and Management Series), 1992 (zitiert: *Miceli/Near*, Blowing the Whistle).

Michalowski, Sabine, Schutz der Vertraulichkeit strafrechtlich relevanter Patienteninformationen, in: Zeitschrift für die gesamte Strafrechtswissenschaft, 1997, S. 519 – 544 (zitiert: *Michalowski*, in: ZStW 1997, 519).

Michalski, Lutz/*Blaufuß*, Henning/*Schmidt*, Jessica, Kommentar zum Gesetz betreffend die Gesellschaften mit beschränkter Haftung (GmbH-Gesetz), 4. Auflage 2023 (zitiert: *Bearbeiter*, in: Michalski/Heidinger/Leible/Schmidt, GmbHG).

Michl, Hermann, Wirkungen von EU-Richtlinien, in: Juristische Schulung, 2009, S. 1065 – 1070 (zitiert: *Michl*, in: JuS 2009, 1065).

Mischke, Ulrich, Der Subventionsbetrug – eine strafrechtliche Haftungsfalle, in: Kommunaljurist, 2011, S. 281 – 286 (zitiert: *Mischke*, in: KommJur 2011, 281).

Momsen, Carsten/*Benedict*, Paula, in: Kriminalpolitische Zeitschrift, 2021, S. 251 – 260 (zitiert: *Momsen/Benedict*, in: KriPoZ 2021, 251).

Möstl, Markus/*Kugelmann*, Dieter, BeckOK Polizei- und Ordnungsrecht Nordrhein-Westfalen, 27. Edition, Stand 01.11.2023 (zitiert: *Bearbeiter*, in: BeckOK, Polizei- und Ordnungsrecht).

Muckel, Stefan, Zulässigkeit des freiwilligen Dienstes von Frauen in der Bundeswehr – Kollision von nationalem und europäischem Gemeinschaftsrecht, in: Juristische Ausbildung, 2000, S. 406 – 415 (zitiert: *Muckel*, in: JURA 2000, 406).

Müller, Michael, Whistleblowing – Ein Kündigungsgrund, in: Neue Zeitschrift für Arbeitsrecht, 2002, S. 424 – 437 (zitiert: *Müller*, in: NZA 2002, 424).

Müller-Glöge, Rudi/*Preis*, Ulrich/*Schmidt*, Ingrid, Erfurter Kommentar zum Arbeitsrecht, 23. Auflage 2023 (zitiert: *Bearbeiter*, in: Erfurter Kommentar zum Arbeitsrecht).

Müller-Gugenberger, Christian, Wirtschaftsstrafrecht: Handbuch des Wirtschaftsstraf- und -Ordnungswidrigkeitenrechts, 7. Auflage 2021 (zitiert: *Müller-Gugenberger*, Wirtschaftsstrafrecht).

Münch, Ingo von/*Kunig*, Philip (Begr.)/*Kämmerer*, Jörn-Axel/*Kotzur*, Markus (Hrsg.), Grundgesetz, Kommentar, Band 1, 7. Auflage, 2021 (zitiert: *Bearbeiter*, in: Münch/Kunig).

Musielak, Hans-Joachim/*Voit*, Wolfgang, Zivilprozessordnung mit Gerichtsverfassungsgesetz, 19. Auflage 2023 (zitiert: *Bearbeiter*, in: Musielak/Voit).

Naber, Sebastian/*Peukert*, Matthias/*Seeger*, Börge, Arbeitsrechtliche Aspekte des Geschäftsgeheimnisgesetzes, in: Neue Zeitschrift für Arbeitsrecht, 2019, S. 583 – 588 (zitiert: *Naber/Peukert/Seeger*, in: NZA 2019, 583, 586).

Nakamichi, Yuki, Handlung und Schuld der juristischen Person – Überlegungen zum Verbandsstrafrecht, in: Zeitschrift für internationale Strafrechtsdogmatik, 2019, S. 487 – 493 (zitiert: *Nakamichi*, in: ZIS 2019, 487).

Nastelski, Karl, Der Schutz des Betriebsgeheimnisses, in: Gewerblicher Rechtsschutz und Urheberrecht, 1957, S. 1 – 8 (zitiert: *Nastelski*, in: GRUR 1957, 1).

Neubacher, Frank, Kriminologie, 5. Auflage 2023 (zitiert: *Neubacher*, Kriminologie).

Nienaber, David, Bedeutung und Schutz von Geschäftsgeheimnissen im Mittelstand, 2019 (zitiert: *Nienaber*, Bedeutung und Schutz von Geschäftsgeheimnissen).

Niermann, Jonathan, Der Whistleblower im Beamtenrecht, 2019: (zitiert: *Niermann*, Der Whistleblower im Beamtenrecht).

Noack, Ulrich/*Zetzsche*, Dirk, Kölner Kommentar zum Aktiengesetz, 4. Auflage 2021 (zitiert: *Bearbeiter*, in: Kölner Kommentar zum Aktiengesetz).

Nöbel, Eileen/*Veljovcic*, Miguel, Strafbarkeitsrisiken des Whistleblowers in Deutschland, in: Compliance Berater, 2020, S. 34 – 38 (zitiert: *Nöbel/Veljovcic*, in: CB 2020, 34).

Nöcker, Elena, Die Whistleblower-Richtlinie – Vom „Verräter" zum Garanten für Rechtsstaatlichkeit? in: Neue Zeitschrift für Verwaltungsrecht, 2021, S. 1497 – 1502 (zitiert: *Nöcker*, in: NVwZ 2021, 1497).

Nußberger, Angelika, Auswirkungen der Rechtsprechung des Europäischen Gerichtshofs für Menschenrechte auf das deutsche Arbeitsrecht, in: Recht der Arbeit, 2012, S. 270 – 277 (zitiert: *Nußberger*, in: RdA 2012, 270).

Obergfell, Eva Inés/*Pahlow*, Louis/*Peifer*, Karl-Nikolaus, UWG: Großkommentar zum Gesetz gegen den unlauteren Wettbewerb mit Nebengesetzen, Band 3, §§ 8 – 20; § 23 GeschGehG, 3. Auflage 2021 (zitiert: *Bearbeiter*, in: Obergfell/Pahlow/Peifer).

Oberreuter, Heinrich (Hrsg.), Staatslexikon: Recht - Wirtschaft - Gesellschaft. Bd. 3: Herrschaft – Migration, 8. Auflage 2019 (zitiert: *Bearbeiter*, in: Görres-Gesellschaft, Staatslexikon Bd. 3).

Oesch, Matthias, Horizontale unmittelbare Wirkung von EG-Richtlinien: „the facts are simple", in: Aktuelle Juristische Praxis (AJP)/Pratique Juridique Actuelle (PJA), 2001, S. 1158 – 1168 (zitiert: *Oesch*, in: AJP/PJA 2001, 1158).

Oetker, Hartmut, Aktienrechtliche Verschwiegenheitspflicht und Geschäftsgeheimnisgesetz, in: Grundmann, Stefan/Merkt, Hannound/Mülbert, Peter O., Festschrift für Klaus J. Hopt zum 80. Geburtstag, 2020, S. 901 – 922 (zitiert: *Oetker*, in: FS Hopt, 901).

Oetker, Hartmut, Ausgewählte Probleme zum Beschwerderecht des Beschäftigten nach § 13 AGG, in: Neue Zeitschrift für Arbeitsrecht, 2008, S. 264 – 270 (*Oetker*, in: NZA 2008, 264).

Ohly, Ansgar, Das neue Geschäftsgeheimnisgesetz im Überblick, in: Gewerblicher Rechtsschutz und Urheberrecht, 2019, S. 441 – 451 (zitiert: *Ohly*, in: GRUR 2019, 441).

Ohly, Ansgar/*Sosnitza*, Olaf (Hrsg.), Gesetz gegen den unlauteren Wettbewerb, 8. Auflage 2023 (zitiert: *Bearbeiter*, in: Ohly//Sosnitza).

Ostendorf, Heribert, Gekaufte Strafverfolgung, Die Strafbarkeit des Erwerbs von „geklauten“ Steuerdaten und ihre Beweisverwertung, in: Zeitschrift für internationale Strafrechtsdogmatik, 2010, S. 301 – 308 (zitiert: *Ostendorf*, in: ZIS 2010, 301).

Park, Tido (Hrsg.), Kapitalmarktstrafrecht, Straftaten | Ordnungswidrigkeiten Finanzaufsicht | Compliance, 5. Auflage 2019 (zitiert: *Bearbeiter*, in: Park, Kapitalmarktstrafrecht).

Partsch, Christoph/*Rump*, Lauritz, Auslegung der „angemessenen Geheimhaltungsmaßnahme“ im Geschäftsgeheimnis-Schutzgesetz, in: Neue Juristische Wochenschrift, 2020, S. 118 – 121 (zitiert: *Partsch/Rump*, in: NJW 2020, 118).

Paschke, Marian/*Berlit*, Wolfgang/*Meyer*, Claus/*Kröner*, Lars (Hrsg.), Hamburger Kommentar, Gesamtes Medienrecht, 4. Auflage 2021 (zitiert: *Bearbeiter*, in: Hamburger Kommentar, Gesamtes Medienrecht).

Paschke, Marian/*Jessen*, Henning, Effektivere Rechtsdurchsetzung im schiffsbezogenen Umweltrecht durch Whistleblower, in: Zeitschrift für das Recht der Transportwirtschaft, 2015, S. 1 – 8 (zitiert: *Paschke/Jessen*, in: RdTW 2015, 1).

Passarge, Malte, Der Entwurf eines Gesetzes zum Schutz von Geschäftsgeheimnissen (GeschGehG) – Das Gegenteil von gut gemacht ist gut gemeint, in: Compliance Berater, 2018, S. 144 – 147 (zitiert: *Passarge*, in: CB 2018, 144).

Passarge, Malte/*Scherbarth*, Sandra, Geheimnisschutz nach dem GeschGehG. Aktuelles zu den Anforderungen an angemessene Schutzmaßnahmen, Whistleblowing und NDAs, in: Compliance Berater, 2021, S. 49 – 54 (zitiert: *Passarge/Scherbarth*, in: CB 2021, 49).

Pawlik, Michael, Das Unrecht des Bürgers, Grundlinien der Allgemeinen Verbrechenslehre, 2012 (zitiert: *Pawlik*, Das Unrecht des Bürgers).

Pechstein, Matthias/*Nowak*, Carsten/*Häde*, Ulrich (Hrsg.), Frankfurter Kommentar zu EUV, GRC und AEUV, Band 4, 2017 (zitiert: *Bearbeiter*, in: Frankfurter-Kommentar, EUV, GRC, AEUV).

Peters, Charles/*Branch*, Taylor, Blowing the Whistle: Dissent in the Public Interest, 1972 (zitiert: *Peters/Branch*, Blowing the Whistle).

Pfeiffer, Gerd, Der strafrechtliche Verrat von Betriebs- und Geschäftsgeheimnissen nach § 17 UWG, in: Bruchhausen, Karl (Hrsg.), Festschrift für Rudolf Nirk zum 70. Geburtstag, 1992, S. 861 – 892 (zitiert: *Pfeiffer*, in: FS Nirk, 1992).

Pfeifle, Theresa, Finanzielle Anreize für Whistleblower im Kapitalmarktrecht, 2016 (zitiert: *Pfeifle*, Finanzielle Anreize).

Philipp, Renate, Staatliche Verbraucherinformationen im Umwelt- und Gesundheitsrecht Recht – Technik – Wirtschaft, 1989 (zitiert: *Philipp*, Staatliche Verbraucherinformationen).

Pikó, Rita, Schweizer Gesetzesnovelle zum Schutz von Whistleblowern, in: Compliance Berater, 2019, S. 235 – 242 (zitiert: *Pikó*, in: CB 2019, 235).

Pittroff, Esther, Whistle-Blowing-Systeme in deutschen Unternehmen, Eine Untersuchung zur Wahrnehmung und Implementierung, 2011 (zitiert: *Pittroff*, Whistleblowing-Systeme).

Piwinger, Manfred/*Zerfass*, Ansgar (Hrsg.), Handbuch Unternehmensreputation, 2007 (zitiert: *Bearbeiter*, in: Piwinger/Zerfass, Handbuch Unternehmensreputation).

Pohle, Jan/*Ghaffari*, Sheila, Die Neufassung des § 203 StGB – der Befreiungsschlag für IT-Outsourcing am Beispiel der Versicherungswirtschaft?! in: Computer und Recht 2017, S. 489 – 495 (zitiert: *Pohle/Ghaffari*, in: CR 2017, 489).

Preis, Ulrich, Neuere Tendenzen im arbeitsrechtlichen Kündigungsschutz (II), in: Der Betrieb, 1988, S. 1444 – 1451 (zitiert: *Preis*, in: DB 1988, 1444).

Preis, Ulrich, Prinzipien des Kündigungsrechts bei Arbeitsverhältnissen, eine Untersuchung zum Recht des materiellen Kündigungsschutzes, insbesondere zur Theorie der Kündigungsgründe, 2. Auflage 2022 (zitiert: *Preis*, Prinzipien des Kündigungsrechts bei Arbeitsverhältnissen).

Preis, Ulrich/*Reinfeld*, Roland, Schweigepflicht und Anzeigerecht im Arbeitsverhältnis, in: Arbeit und Recht, 1989, S. 361 – 374 (zitiert: *Preis/Reinfeld*, in: AuR 1989, 361).

Preis, Ulrich/*Seiwerth*, Stefan: Geheimnisschutz im Arbeitsrecht nach dem Geschäftsgeheimnisgesetz, Recht der Arbeit, 2019, S. 351 – 360 (*Preis/Seiwerth*, in: RdA 2019, 351).

Quaas, Michael/*Zuck*, Rüdiger/*Funke-Kaiser*, Michael (Hrsg.), Nomos Handbuch, Prozesse in Verwaltungssachen, 3. Auflage 2018 (zitiert: *Bearbeiter*, in: Quaas/Zuck/Funke-Kaiser, Prozesse in Verwaltungssachen).

Querenet-Hahn, Bénédicte/Kettenberger, Karoline, Länderreport Frankreich: Das Gesetz zur Transparenz, zum Kampf gegen die Korruption und zur Modernisierung der Wirtschaft vom 09.12.2016 (Loi Sapin II), Compliance Berater, 2017, S. 8 – 14 (zitiert: *Querenet-Hahn/Kettenberger*, in: CB 2017, S. 8).

Rahimi Azar, Shahin, Strafrechtliche Implikationen des Whistleblowings unter besonderer Berücksichtigung des § 17 UWG, in: Juristische Schulung, 2017, S. 930 – 935 (zitiert: *Rahimi Azar*, in: JuS 2017, 930).

Raue, Peter/*Roegele*, Peter, Kunstvolle Geldwäsche? Neuregelungen zur Geldwäschebekämpfung im Kunstsektor, in: Zeitschrift für Rechtspolitik, 2019, S. 196 – 200 (zitiert: *Raue/Roegele*, in: ZRP 2019, 196).

Redder, Jan-Philipp, Der verfassungsrechtliche Schutz von Whistleblowern, 2020 (zitiert: *Redder*, Der verfassungsrechtliche Schutz von Whistleblowern).

Reinbacher, Tobias, Die Strafbarkeit des Whistleblowings nach § 17 UWG im Lichte der Geheimnisschutzrichtlinie, in: Kriminalpolitische Zeitschrift, 2018, S. 115 – 121 (zitiert: *Reinbacher*, in: KriPoZ 2018, 115).

Reinbacher, Tobias, Neue Herausforderungen an die Zueignungsabsicht i. S. v. § 242 StGB bei Daten- und Informationsträgern, in: Zeitschrift für die gesamte Strafrechtswissenschaft, 2014, S. 642 – 668 (zitiert: *Reinbacher*, in: ZStW 2014, 642).

Reinfeld, Roland, Das neue Gesetz zum Schutz von Geschäftsgeheimnissen, 2019 (zitiert: *Reinfeld*, GeschGehG).

Reinhardt-Kasparek, Sarah/*Kaindl*, Gerd, Whistleblowing und die EU-Geheimnisschutzrichtlinie – Ein Spannungsverhältnis zwischen Geheimnisschutz und Schutz der Hinweisgeber? in: Betriebs-Berater, 2018, S. 1332 – 1336 (zitiert: *Reinhardt-Kasparek/Kaindl*, in: BB 2018, 1332).

Reiter, Christian, Der Schutz des Whistleblowers nach dem Sarbanes-Oxley Act im Rechtsvergleich und im internationalen Arbeitsrecht, in: Recht der internationalen Wirtschaft, 2005, S. 168 – 177 (zitiert: *Reiter*, in: RIW 2005, 168).

Rengier, Rudolf, Strafrecht Allgemeiner Teil, 15. Auflage 2023 (zitiert: *Rengier*, Strafrecht AT).

Renzikowski, Joachim, Normentheorie als Brücke zwischen Strafrechtsdogmatik und Allgemeiner Rechtslehre: zugleich eine Auseinandersetzung mit Andreas Hoyer: Strafrechtsdogmatik nach Armin Kaufmann, in: Archiv für Rechts- und Sozialphilosophie, 2001, S. 110 – 125 (zitiert: *Renzikowski*, in: ARSP 2010, 110).

Reppelmund, Hildegard, Whistleblowing-Richtlinie: Vorläufige Einigung zwischen Europäischem Parlament und den Mitgliedstaaten, in: Europäische Zeitschrift für Wirtschaftsrecht, 2019, S. 307 (*Reppelmund*, in: EuZW 2019, 307).

Reufels, Martin/*Deviard*, Katja, Die Implementierung von Whistleblower-Hotlines aus US-amerikanischer, europäischer und deutscher Sicht, in: Corporate Compliance, 2009, S. 201 – 209 (zitiert: *Reufels/Deviard*, in: CCZ 2009, 201).

Reufels, Martin/*Soltysiak, Laura,* Das neue Whistleblowing-Recht, Das Hinweisgeberschutzgesetz in der betrieblichen und behördlichen Praxis, 2023 (zitiert: Reufels/Soltysiak, Das neue Whistleblowing-Recht).

Reuling, Raimund, Whistleblowing im Krankenhaus. Der rechtliche Schutz des Whistleblowers und dessen Strafbarkeitsrisiko unter

Berücksichtigung des Geschäftsgeheimnisgesetzes am Beispiel der Divergenz zwischen medizinischer Heilbehandlung und Ökonomisierung im Krankenhaus, 2020 (zitiert: *Reuling*, Whistleblowing im Krankenhaus).

Richardi, Reinhard (Hrsg.), Betriebsverfassungsgesetz mit Wahlordnung, 17. Auflage 2022 (zitiert: *Bearbeiter*, in: Richardi, BetrVG).

Richter, Tim, Das Geschäftsgeheimnisgesetz und dessen Ausstrahlung in das Arbeitsrecht, in: Arbeitsrecht Aktuell, S. 375 – 378 (zitiert: *Richter*, in: ArbRAktuell 2019, 375).

Rickert, Beate, Grundrechtsgeltung bei der Umsetzung europäischer Richtlinien, 1997 (zitiert: *Rickert*, Grundrechtsgeltung bei der Umsetzung europäischer Richtlinien).

Riesenhuber, Karl, Die Whistleblower-Richtlinie – Ansätze zur Systematik und Dogmatik, in: Omlor, Sebastian (Hrsg.), Festschrift für Michael Martinek zum 70. Geburtstag, 2020, S. 673 – 683 (zitiert: *Riesenhuber*, in: FS Martinek, 673).

Rogall, Klaus, Die Verletzung von Privatgeheimnissen (§ 203 StGB) – Aktuelle Probleme und ungelöste Fragen –, in: Neue Zeitschrift für Strafrecht, 1983, S. 1 – 9 (zitiert: *Rogall*, in: NStZ 1983, 1).

Rohde-Liebenau, Björn, Whistleblowing – Beitrag der Mitarbeiter zur Risikokommunikation, 2005 (zitiert: *Rohde-Liebenau*, Risikokommunikation).

Rolfs, Christian/*Giesen*, Richard/*Meßling*, Miriam/*Udsching*, Peter (Hrsg.), BeckOK Arbeitsrecht, 70. Edition, Stand 01.12.2023 (zitiert: *Bearbeiter*, in: BeckOK, ArbeitsR).

Rönnau, Thomas, Die Haftungsfreistellung des „Whistleblowers" nach § 5 Nr. 2 GeschGehG – eine gelungene Regelung? in: Bublitz, Jan Christoph/Bung, Jochen/Grünewald, Anette/Magnus, Dorothea/Putzke, Holm/Scheinfeld, Jörg (Hrsg.), Festschrift für Reinhard Merkel zum 70 Geburtstag, 2020, S. 909 – 930 (zitiert: *Rönnau*, in: FS Merkel, 909).

Rönnau, Thomas, Grundwissen – Strafrecht: Der strafrechtliche Rechtsgutsbegriff, in: Juristische Schulung, 2009, S. 209 – 211 (zitiert: *Rönnau*, in: JuS 2009, 209).

Rönnau, Thomas, Grundwissen – Strafrecht: Gewahrsam, in: Juristische Schulung, 2009, S. 1088 – 1090 (zitiert: *Rönnau*, in: JuS 2009, 1088).

Rostalski, Frauke, Bestimmtheit der Sanktionsnorm bei bestimmbarer Verhaltensnorm. Zugleich ein Beitrag zu Inhalt und Aufgabe des verfassungsrechtlichen Gebots gesetzlicher Bestimmtheit der Strafbarkeit, in: Rechtsphilosophie Zeitschrift für Grundlagen des Rechts, 2018, S. 157 – 171 (zitiert: *Rostalski*, in: RphZ 2018, 157).

Roth, Günther (Begr.)/*Altmeppen*, Holger (Hrsg.), Gesetz betreffend die Gesellschaften mit beschränkter Haftung, Kommentar, 11. Auflage 2023 (*Bearbeiter*, in: Altmeppen, GmbHG).

Rotsch, Thomas, Criminal Compliance, Handbuch, 2015 (*Bearbeiter*, in: Rotsch, Criminal Compliance).

Roxin, Claus, Anmerkung zu BGH Urteil vom 03.02.1993 – 3 StR 356/92, in: Neue Zeitschrift für Strafrecht, 1993, S. 333 – 336 (zitiert: *Roxin*, in: NStZ 1993, 335).

Roxin, Claus, Der durch Menschen ausgelöste Defensivnotstand, in: Hermann, Joachim et al. (Hrsg.), Festschrift für Hans-Heinrich Jescheck zum 70. Geburtstag, 1985, S. 457 – 484 (zitiert: *Roxin*, in: FS Jescheck, 457).

Roxin, Claus, Der gesetzgeberische Rechtsgutsbegriff auf dem Prüfstand, in: Goltdammer´s Archiv für Strafrecht, 2013, S. 433 – 453 (zitiert: *Roxin*, in: GA 2013, 433).

Roxin, Claus, Sinn und Grenzen staatlicher Strafe, in: Juristische Schulung, 1966, S. 377 – 387 (zitiert: *Roxin*, in: JuS 1966, 377).

Roxin, Claus, Strafrechtliche Grundlagenprobleme, 1973 (zitiert: *Roxin*, Strafrechtliche Grundlagenprobleme).

Roxin, Claus, Zur neueren Entwicklung der Rechtsgutsdebatte, in: Neumann, Ulfrid/Herzog, Felix (Hrsg.), Festschrift für Winfried Hassemer zum 70. Geburtstag, 2010, S. 573 – 598 (zitiert: *Roxin*, in: FS Hassemer, 573).

Roxin, Claus/*Greco*, Luís, Strafrecht Allgemeiner Teil Band I: Grundlagen. Der Aufbau der Verbrechenslehre, 5. Auflage 2020 (zitiert: *Roxin/Greco*, Strafrecht AT Bd. 1).

Rudolphi, Hans-Joachim, Die verschiedenen Aspekte des Rechtsgutsbegriffs, in: Festschrift für Richard M. Honig zum 80. Geburtstag, 1970, S. 151 – 167 (zitiert: *Rudolphi*, in: FS Honig, 151).

Ruhmannseder, Felix/*Behr*, Nicolai/*Krakow*, Georg, Hinweisgebersysteme Implementierung in Deutschland, Österreich und der Schweiz, 2. Auflage 2021 (zitiert: *Ruhmannseder/Behr/Krakow*, Hinweisgebersysteme).

Rupp, Wolfgang, Strafrechtlicher Schutz von Computersoft- und Orgware nach Parag. 17 ff. UWG unter Berücksichtigung der Reformentwürfe zum UWG, in: Wettbewerb in Recht und Praxis, 1985, S. 676 – 683 (zitiert: *Rupp*, in: WRP 1985, 676).

Ruppel, Conrad, Anreize zur Selbstreinigung oder zum Gang in die Öffentlichkeit? „Compliance Governance" und „Whistleblowing", 2012 (zitiert: *Ruppel*, Anreize zur Selbstreinigung).

Rützel, Stefan, Illegale Unternehmensgeheimnisse? in: Gewerblicher Rechtsschutz und Urheberrecht, 1995, S. 557 – 561 (zitiert: *Rützel*, in: GRUR 1995, 557).

Sachs, Michael, Grundgesetz, Kommentar, 9. Auflage 2021 (zitiert: *Bearbeiter*, in: Sachs, GG).

Sänger, Ingo, Zivilprozessordnung, Familienverfahren, Gerichtsverfassung, Europäisches Verfahrensrecht, 9. Auflage 2021 (*Bearbeiter*, in: Sänger, ZPO).

Sänger, Marc, Whistleblowing in der börsennotierten Aktiengesellschaft, 2011 (zitiert: *Sänger*, Aktiengesellschaft).

Sander, Günter M., Münchener Kommentar zum StGB, Band 4, 4. Auflage 2021 (zitiert: *Bearbeiter*, in: MüKo, StGB).

Satzger, Helmut, Die Internationalisierung des Strafrechts als Herausforderung für den strafrechtlichen Bestimmtheitsgrundsatz, in: Juristische Schulung, 2004, S. 943 – 948 (*Satzger*, in: JuS 2004, 943).

Sauer, Heiko, Horizontalwirkung von Richtlinien und Unionsgrundrechten, in: Juristische Ausbildung, 2021, S. 387 – 400 (zitiert: *Sauer*, in: JURA 2021, 387).

Schäfer, Jürgen, Münchener Kommentar zum StGB, Band 3, 4. Auflage 2021 (zitiert: Bearbeiter, in: MüKo, StGB).

Schaffstein, Friedrich, Das Verbrechen als Pflichtverletzung, 1935 (zitiert: *Schaffstein*, Das Verbrechen als Pflichtverletzung).

Schalast, Christoph/*Safran*, Robert/*Sassenberg*, Thomas, Strafbarkeit von Sparkassenvorständen beim Verkauf notleidender Kredite, in: Neue Juristische Wochenschrift, 2008, S. 1486 – 1490 (zitiert: *Schalast/Safran/Sassenberg*, in: NJW 2008, 1486).

Schaub, Günter (Begr.), Arbeitsrechts-Handbuch, Systematische Darstellung und Nachschlagewerk für die Praxis, 14. Auflage 2011 (zitiert: *Bearbeiter*, in: Schaub, Arbeitsrechts-Handbuch).

Schaut, Andreas, Europäische Strafrechtsprinzipien, Ein Beitrag zur systematischen Fortentwicklung übergreifender Grundlagen, 2012 (zitiert: *Schaut*, Europäische Strafrechtsprinzipien).

Scheicht, Katrin, Update zur EU Whistleblower-Richtlinie, in: Schnellinformationen für Personalmanagement und Arbeitsrecht, 2022, S. 41 – 42 (zitiert: *Scheicht*, in: SPA 2022, 41).

Schenke, Wolf-Rüdiger, Polizei- und Ordnungsrecht, 11. Auflage 2022 (zitiert: *Schenke*, Polizei- und Ordnungsrecht).

Schenkel, Julia-Bianka, Whistleblowing und die Strafbarkeit wegen Geheimnisverrats, 2019 (zitiert: *Schenkel*, Whistleblowing).

Schick, Kim, Über die Strafbarkeit von Whistleblowing, 2022 (zitiert: *Schick*, Über die Strafbarkeit von Whistleblowing).

Schmidt-Bleibtreu, Bruno/*Klein*, Franz/*Hofmann*, Hans/*Henneke*, Hans-Günter (Hrsg.), GG – Kommentar, 15. Auflage 2021 (zitiert: *Bearbeiter*, in: Schmidt-Bleibtreu, GG).

Schmitt, Bettina A., Whistleblowing – „Verpfeifen" des Arbeitgebers, 2003 (zitiert: *Schmitt*, Verpfeifen).

Schmitt, Laura, Geheimnisschutz und Whistleblowing, Aktuelle Rechtslage und Überlegungen zur Umsetzung in Deutschland, in: Neue Zeitschrift für Arbeitsrecht, Beilage, 2020, S. 50 – 57 (zitiert: *Schmitt*, in: NZA-Beilage, 2020, 50).

Schmitt, Laura, Whistleblowing revisited – Anpassungs- und Regelungsbedarf im deutschen Recht, Zugleich ein Beitrag zu den arbeitsrechtlichen Auswirkungen der Geheimnisschutzrichtlinie, in: Recht der Arbeit, 2017, S. 365 – 373 (zitiert: *Schmitt*, in: RdA 2017, 365).

Schmitz, Roland, Verletzung von (Privat)geheimnissen – Der Tatbestand des § 203 StGB, in: Juristische Arbeitsblätter, 1996, S. 772 – 777 (zitiert: *Schmitz*, in: JA 1996, 772).

Schmolke, Klaus Ulrich, Der Vorschlag für eine europäische Whistleblower-Richtlinie, Bessere Rechtsdurchsetzung durch besseren Hinweisgeberschutz, in: Die Aktiengesellschaft, 2018, S. 769 – 780 (zitiert: *Schmolke*, in: AG 2018, 769).

Schmolke, Klaus Ulrich, Die neue Whistleblower-Richtlinie ist da! Und nun? Zur Umsetzung der EU-Richtlinie zum Schutz von Hinweisgebern in das deutsche Recht, in: Neue Zeitschrift für Gesellschaftsrecht, 2020, S. 5 – 12 (zitiert: *Schmolke*, in: NZG 2020, 5).

Schmolke, Klaus Ulrich, Whistleblowing als Regelungsaufgabe, in Zeitschrift für Unternehmens- und Gesellschaftsrecht, 2019, S. 876 – 922 (zitiert: *Schmolke*, in: ZGR 2019, 876).

Schneider, Anne/*Wagner*, Markus (Hrsg.), Normentheorie und Strafrecht, 2018 (zitiert: *Bearbeiter*, Normentheorie und Strafrecht).

Schneider, Hans-Joachim, Kriminologie/Grundlagen, 1986 (zitiert: *Schneider*, Kriminologie).

Schoch, Friedrich/*Schneider*, Jens Peter, Verwaltungsrecht, VwVfG, 3. EL August 2022 (zitiert: *Bearbeiter*, in: Schoch/Schneider).

Scholz, Franz/*Bitter*, Georg/*Cramer*, Carsten, Kommentar zum GmbH-Gesetz, 13. Auflage 2022 (zitiert: *Bearbeiter*, in: Scholz, GmbHG).

Schönke, Adolf/*Schröder*, Horst (Begr.)/*Eser*, Albin (Hrsg.), Strafgesetzbuch, 30. Auflage 2019 (zitiert: *Bearbeiter*, in: Schönke/Schröder, StGB).

Schreiber, Markus: Das neue Gesetz zum Schutz von Geschäftsgeheimnissen – ein „Freifahrtschein" für Whistleblower, in: Neue Zeitschrift für Wirtschafts-, Steuer- und Unternehmensstrafrecht, 2019, S. 332 – 338 (zitiert: *Schreiber*, in: NZWiSt 2019, 332).

Schulte, Philipp, Kontrolle und Delinquenz, Panelanalysen zu justizieller Stigmatisierung und Abschreckung, 2019 (zitiert: *Schulte*, Kontrolle und Delinquenz).

Schulz, Corinna Nadine, Whistleblowing in der Wissenschaft. Rechtliche Aspekte im Umgang mit wissenschaftlichem Fehlverhalten, 2008 (zitiert: *Schulz*, Whistleblowing in der Wissenschaft).

Schulz, Mike, Ethikrichtlinien und Whistleblowing – Arbeitsrechtliche Aspekte der Einführung eines Compliance-Systems, 2010 (zitiert: *Schulz*, Ethikrichtlinien und Whistleblowing).

Schulze, Reiner/*Janssen*, André/*Kadelbach*, Stefan, Europarecht, Handbuch für die deutsche Rechtspraxis, 4. Auflage 2020 (zitiert: *Schulze/Janssen/Kadelbach*, Europarecht).

Schulze-Heiming, Der strafrechtliche Schutz der Computerdaten gegen die Angriffsformen der Spionage, Sabotage und des

Zeitdiebstahls, 1995 (zitiert: *Schulze-Heiming*, Der strafrechtliche Schutz der Computerdaten).

Schünemann, Bernd, Aufgabe und Grenzen der Strafrechtswissenschaft im 21. Jahrhundert, in: Putzke, Holm et al. (Hrsg.), Festschrift für Rolf Dietrich Herzberg zum 70. Geburtstag, 2008, S. 39 – 53 (zitiert: *Schünemann*, in: FS Herzberg, 39).

Schwinge, Erich, Teleologische Begriffsbildung im Strafrecht, ein Beitrag zur strafrechtlichen Methodenlehre, 1930 (zitiert: *Schwinge*, Teleologische Begriffsbildung).

Siemes, Christiane, Die Whistleblowing-Richtlinie der EU, Perspektiven für die Rechtsdurchsetzung, 2021 (zitiert: *Siemes*, Die Whistleblowing-Richtlinie).

Simits, Konstantin, Gute Sitten und Ordre Public, 1960 (zitiert: *Simits*, Gute Sitten und Ordre Public).

Simon, Eberhard/*Wagner*, Andrea, Steuerstrafrecht, 4. Auflage 2015 (zitiert: *Simon/Wagner*, Steuerstrafrecht).

Singelnstein, Tobias/*Kunz*, Karl-Ludwig, Kriminologie, eine Grundlegung, 8. Auflage 2021 (zitiert: *Singelnstein/Kunz*, Kriminologie).

Skouris, Vassilios, Rechtswirkungen von nicht umgesetzten EG-Richtlinien und EU-Rahmenbeschlüssen gegenüber Privaten – neuere Entwicklungen in der Rechtsprechung des EuGH, in: ZEuS Zeitschrift für Europarechtliche Studien, 2005, S. 463 – 478 (zitiert: *Skouris*, in: ZEuS 2005, 463).

Sonnenberg, Thomas, Compliance-Systeme in Unternehmen, Einrichtung, Ausgestaltung und praktische Herausforderungen, in: Juristische Schulung, 2017, S. 917 – 922 (zitiert: *Sonnenberg*, in: JuS 2017, 917).

Soppa, Matthias, Die Strafbarkeit des Whistleblowers, 2017 (zitiert: *Soppa*, die Strafbarkeit des Whistleblowers).

Spindler, Gerald/*Stilz*, Eberhard, Kommentar zum Aktiengesetz, Band 2, 5. Auflage 2022 (zitiert: *Bearbeiter*, in: Spindler/Stilz, AktG).

Spreizer, Hans-Werner, Die Bekämpfung der Geldwäsche vor dem Hintergrund der dritten EU-Richtlinie zur Geldwäschebekämpfung, in: Verbraucher und Recht, 2006, S. 7 – 14 (zitiert: *Spreizer*, in: VuR 2006, 7).

Steinberg, Georg, Liberale Potentiale des strafrechtlichen Rechtsgutskonzepts – Überlegungen zur „Inzest-Entscheidung" des BVerfG vom 26.02.2008 – 2 BvR 392/ 07 –, in: Steinberg, Georg (Hrsg.), Festschrift für Hinrich Rüping, 2009, S. 91 – 108 (zitiert: *Steinberg*, in: FS Rüping, 91).

Steinhauser, Ruth/*Kreis*, *Simona*, Die Umsetzung der EU-Whistleblower-Richtlinie als Herausforderung für Gesetzgeber und Unternehmen, in: Europäische Zeitschrift für Arbeitsrecht, 2021, S. 422 – 442 (zitiert: *Steinhauser/Kreis*, in: EuZA 2021, 422).

Stratenwerth, Günther, Zum Begriff des „Rechtsgutes", in: Eser, Albin/Schittenhelm, Ulrike/Schumann, Heribert (Hrsg.), Festschrift für Theodor Lenckner zum 70. Geburtstag, 1998, S. 377 – 391 (zitiert: *Stratenwerth*, in: FS Lenckner, 377).

Streinz, Rudolf (Hrsg.), Beck'sche Kurz-Kommentare, Band 57 – EUV/AEUV, Vertrag über die Europäische Union und Vertrag über die Arbeitsweise der Europäischen Union, 3. Auflage 2018 (zitiert: *Bearbeiter*, in: Streinz, EUV/AEUV).

Streinz, Rudolf/*Hermann*, Christoph, Der Fall Mangold – eine „kopernikanische Wende im Europarecht"? in: Recht der Arbeit, 2007, S. 165 – 169 (zitiert: *Streinz/Hermann*, in: RdA 2007, 165).

Streinz, Rudolph, Europarecht, 12. Auflage 2023 (zitiert: *Streinz*, Europarecht).

Stück, Volker, Compliance und Mitbestimmung, in: Arbeitsrecht Aktuell, 2015, S. 337 – 340 (zitiert: *Stück*, in: ArbRAktuell 2015, 337).

Stuckenberg, Carl-Friedrich, Grundrechtsdogmatik statt Rechtsgutslehre, in: Goltdammer´s Archiv für Strafrecht, 2011, S. 653 – 661 (zitiert: *Stuckenberg*, in: GA 2011, 653).

Taschke, Jürgen/*Pielow*, Tobias/*Volk*, Eva, Die EU-Whistleblowing-Richtlinie – Herausforderung für die Unternehmenspraxis, in: Neue Zeitschrift für Wirtschafts-, Steuer- und Unternehmensstrafrecht, 2021, S. 85 – 92 (zitiert: *Taschke/Pielow/Volk*, in: NZWiSt 2021, 85).

Teichmann, Arndt, Die Gesetzesumgehung im Spiegel der Rechtsprechung, in: Juristen Zeitung, 2003, S. 761 – 768 (zitiert: *Teichmann*, in: JZ 2003, 761).

Thiel, Linda, Das neue Geschäftsgeheimnisgesetz (GeschGehG) – Risiken und Chancen für Geschäftsgeheimnisinhaber, in: WRP, S. 700 – 703 (zitiert: *Thiel*, in: WRP 2019, 700).

Thüsing, Gregor, Aufsätze – Europarechtlicher Gleichbehandlungsgrundsatz als Bindung des Arbeitgebers? in: Zeitschrift für Wirtschaftsrecht, 2005, S. 2149 – 2151 (zitiert: *Thüsing*, in: ZIP 2005, 2149).

Thüsing, Gregor/*Forst*, Gerrit/*Pötters*, Stephan/*Granetzny*, Thomas/*Traut*, Johannes (Hrsg.), Beschäftigtendatenschutz und Compliance, Effektive Compliance im Spannungsfeld von DS-GVO, BDSG, Persönlichkeitsschutz und betrieblicher Mitbestimmung, 3. Auflage 2021 (zitiert: *Bearbeiter*, in: Thüsing/Forst, Beschäftigtendatenschutz).

Thüsing, Gregor/*Rombey*, Sebastian, Nachdenken über den Richtlinienvorschlag der EU-Kommission zum Schutz von Whistleblowern, in: Neue Zeitschrift für Gesellschaftsrecht, 2018, S. 101 – 107 (zitiert: *Thüsing/Rombey*, in: NZG 2018, 101).

Tiedemann, Klaus/*Engelhart*, Marc, Wirtschaftsstrafrecht, 5. Auflage 2017 (zitiert: *Tiedemann*, Wirtschaftsstrafrecht).

Timm, Frauke, Gesinnung und Straftat, Besinnung auf ein rechtsstaatliches Strafrecht, 2012 (zitiert: *Timm*, Gesinnung).

Tinnefeld, Marie-Theres/*Rauhofer*, Judith, Whistleblower: Verantwortungsbewußte Mitarbeiter oder Denunzianten? Fragen an Grundrechte, Ethikrichtlinien und Arbeitsrecht, in: Datenschutz und

Datensicherheit, 2008, S. 717 – 723 (zitiert: *Tinnefeld/Rauhofer*, in: DuD 2008, 717).

Többens, Hans W., Wirtschaftsspionage und Konkurrenzausspähung in Deutschland, in: Neue Zeitschrift für Strafrecht, 2000, S. 505 – 512 (zitiert: *Többens*, in: NStZ 2000, 505).

Uber, Gisbert, Freiheit des Berufs, Artikel 12 des Grundgesetzes; nach einer rechtsgrundsätzlichen Betrachtung der individuellen Freiheit, 1952 (zitiert: *Uber*, Freiheit des Berufs).

Ullrich, Ines, Der Schutz von Whistleblowern aus strafrechtlicher Perspektive – Rechtslage de lege lata und de lege ferenda, in: Neue Zeitschrift für Wirtschafts-, Steuer- und Unternehmensstrafrecht, 2019, S. 65 – 71 (zitiert: *Ullrich*, in: NZWiSt 2019, 65).

Ullrich, Ines, Die EU-Whistleblower-Richtlinie oder Richtlinien-Potpourri zum Schutz von Whistleblowern, in: Journal der Wirtschaftsstrafrechtlichen Vereinigung, 2019, S. 52 – 62 (zitiert: *Ullrich*, in: WiJ 2019, 52).

Ulmer, Peter (Hrsg.), Rechnungslegung. Abschlussprüfung. Publizität. Tlbd 1: §§ 238 – 289 HGB. Grundlagen. Jahresabschluss der Personen- und Kapitalgesellschaften. Tlbd 2: §§ 290 – 342a HGB. Konzernabschluss, Prüfung und Publizität. Großkommentar, 2002 (zitiert: *Ulmer*, HGB-Bilanzrecht).

Umnuß, Karsten (Hrsg.), Corporate Compliance Checklisten: rechtliche Risiken im Unternehmen erkennen und vermeiden, 5. Auflage 2022 (zitiert: *Bearbeiter*, in: Umnuß, Corporate Compliance).

Veljovic, Miguel, Hinweisgebersysteme – Treiber der unternehmensinternen Sozialisation, in: Compliance Berater, 2019, S. 475 – 480 (zitiert: *Veljovic*, in: CB 2019, 475).

Vogel, Jan-Patrick/*Poth*, Christina, Steine statt Brot für den Whistleblower. Die neue EU-Richtlinie und ihre Vereinbarkeit mit der staatsanwaltlichen Beschlagnahmepraxis, in: Compliance Berater 2019, S. 45 – 49 (zitiert: *Vogel/Poth*, in: CB 2019, 45).

Vogel, Joachim, Norm und Pflicht bei den unechten Unterlassungsdelikten, 1993 (zitiert: *Vogel*, Norm und Pflicht).

Vogel, Joachim, Strafrechtsgüter und Rechtsgüterschutz durch Strafrecht im Spiegel der Rechtsprechung des Bundesverfassungsgerichts, in: Strafverteidiger, 1996, S. 110 – 115 (zitiert: *Vogel*, in: StV 1996, 110).

Vogel, Markus, Das neue Arbeitsschutzgesetz, in: Neue Juristische Wochenschrift, 1996, S. 2753 – 2757 (zitiert: *Vogel*, in: NJW 1996, 2753).

Vogels, Timo, Anmerkung zu OLG Frankfurt, B. v. 08.07.1999 - 8 U 67/99, in: Monatsschrift für Deutsches Recht 1999, S. 1445 – 1446 (zitiert: *Vogels*, in: MDR 1999, 1444).

Volk, Klaus, Münchener Anwaltshandbuch Verteidigung in Wirtschafts- und Steuerstrafsachen, 3. Auflage 2020 (zitiert: *Bearbeiter*, in: MAH WiStR).

Völschow, Yvette, Kriminologie ländlicher Räume, Eine mehrperspektivische Regionalanalyse, 2014 (zitiert: *Völschow*, Kriminologie ländlicher Räume).

Wabnitz, Heinz-Bernd/*Janovski*, Thomas/*Schmitt*, Lothar (Hrsg.), Handbuch des Wirtschafts- und Steuerstrafrechts, 5. Auflage 2020 (zitiert: *Bearbeiter*, in: Wabnitz/Janovski/Schmitt, Handbuch Wirtschafts- und Steuerstrafrecht).

Wank, Rolf, Die Auslegung von Gesetzen, 2017 (zitiert: *Wank*, Die Auslegung von Gesetzen).

Weber, Klaus, Rechtswörterbuch, 30. Edition 2023 (zitiert: *Bearbeiter*, in: Weber, Rechtswörterbuch).

Weber-Rey, Daniela, Whistleblowing zwischen Corporate Governance und better Regulation, in: Die Aktiengesellschaft, 2006, S. 406 – 411 (zitiert: Weber-Rey, in: AG 2006, 406).

Weigert, Daniel, Angemessene Geheimhaltungsmaßnahmen im Sinne des Geheimnisschutzgesetzes – Geheimnisschutz ad absurdum? in: Neue Zeitschrift für Arbeitsrecht, 2020, S. 209 – 214 (zitiert: *Weigert*, in: NZA 2020, 209).

Wessels, Johannes/*Beulke*, Werner/*Satzger*, Helmut, Strafrecht Allgemeiner Teil. Die Straftat und ihr Aufbau, 53. Auflage 2023 (zitiert: *Wessels/Beulke/Satzger*, Strafrecht AT).

Wessels, Johannes/*Hillenkamp*, Thomas/*Schuhr*, Jan C., Strafrecht Besonderer Teil 2, Straftaten gegen Vermögenswerte, 46. Auflage 2023 (zitiert: *Wessels/Hillenkamp/Schuhr*, Strafrecht BT 2).

Widmaier, Gunter (Begr.)/*Müller*, Eckhart/*Schlothauer*, Reinhold/*Knauer*, Christoph (Hrsg.), Münchener Anwaltshandbuch Strafverteidigung, 3. Auflage 2022 (zitiert: *Bearbeiter*, in: MAH, Strafrecht).

Wiebauer, Bernd, Whistleblowing im Arbeitsschutz in: Neue Zeitschrift für Arbeitsrecht, 2015, S. 22 – 27 (zitiert: *Wiebauer*, in: NZA 2015, 22).

Wiedmann, Michael/*Greubel*, Marco, Compliance Management Systeme – Ein Beitrag zur effektiven und effizienten Ausgestaltung, 2019, S. 88 – 94 (zitiert: *Wiedmann/Greubel*, in: CCZ 2019, 88).

Wiedmann, Michael/*Seyfert*, Stefen, Richtlinienentwurf der EU-Kommission zum Whistleblowing, in: Corporate Compliance, 2019, S. 12 – 21 (zitiert: *Wiedmann/Seifert*, in: CCZ 2019, 12).

Wiese, Elena, Die EU-Richtlinie über den Schutz vertraulichen Know-hows und vertraulicher Geschäftsinformationen, Inhalt und Auswirkungen der Richtlinie (EU) 2016/943 auf den gesetzlichen Schutz des Unternehmensgeheimnisses, 2018 (zitiert: *Wiese*, Die EU-Richtlinie über den Schutz vertraulichen Know-hows).

Wittig, Petra, Wirtschaftsstrafrecht, 6. Auflage 2023 (zitiert: *Wittig*, Wirtschaftsstrafrecht).

Wlotzke, Ottfried, Öffentlich-rechtliche Arbeitsschutznormen und privatrechtliche Rechte und Pflichten des einzelnen Arbeitnehmers, in: Dietrich, Thomas (Hrsg.), Festschrift für Marie Luise Hilger und Hermann Stumpf, 1983, S. 723 – 770 (zitiert: *Wlotzke*, in: FS Hilger/Stumpf, 723).

Wolff, Ernst A., Ehre und Beleidigung. Zugleich eine Besprechung des gleichnamigen Buches von H. J. Hirsch, in: Zeitschrift für die gesamte Strafrechtswissenschaft, 1969, S. 886 – 911 (zitiert: *Wolff*, in: ZStW 1969, 886).

Wolff, Heinrich A., Der verfassungsrechtliche Schutz der Betriebs- und Geschäftsgeheimnisse, in: Neue Juristische Wochenschrift, 1997, S. 98 – 101 (zitiert: *Wolff*, in: NJW 1997, 98).

Wolter, Jürgen/*Deiters*, Mark (Hrsg.), Systematischer Kommentar zum Strafgesetzbuch, Band 6, §§ 303 – 358 StGB, 9. Auflage 2016 (zitiert: *Bearbeiter*, in: SK-StGB).

Wolz, Matthias, Whistle Blowing und Concern Management: Neue Herausforderungen für Unternehmen und ihre Prüfer, 2007 (zitiert: *Wolz*, Whistle Blowing).

Zimmermann, Ralph, Die Meinungsfreiheit in der neueren Rechtsprechung des Bundesverfassungsgerichts, in: Neue Justiz, 2011, S. 145 – 154 (zitiert: *Zimmermann*, in: NJ 2011, 145).

Zweigle, Thiemo Alexander, Gesetzgeber im Konflikt zwischen Rechtsstaatlichkeit und Terrorismusbekämpfung, Eine Untersuchung zu § 89a Abs. 2a StGB, 2020 (zitiert: *Zweigle*, Gesetzgeber im Konflikt).